Romane und Erzählungen des Bürgerlichen Realismus

– für Jost
mit herzlichem Gruß
Horst

Romane und Erzählungen des Bürgerlichen Realismus

Neue Interpretationen

Herausgegeben von
Horst Denkler

Philipp Reclam jun. Stuttgart

CIP-Kurztitelaufnahme der Deutschen Bibliothek

Romane und Erzählungen des bürgerlichen Realismus :
neue Interpretationen / hrsg. von Horst Denkler. –
Stuttgart : Reclam, 1980.
ISBN 3-15-010292-8

NE : Denkler, Horst [Hrsg.]

Satz : Kösel, Kempten. Herstellung : Reclam Stuttgart
Umschlagentwurf : Alfred Finsterer, Stuttgart
Printed in Germany 1980
ISBN 3-15-010292-8

Inhalt

Vorwort

Längst ist die Zeit vorbei, in der Literaturwissenschaftler hoffen durften, mit Interpretationen eine neue Epoche literaturgeschichtlicher und -ästhetischer Betrachtung einleiten zu können. In den vergangenen Jahren hat sich vielmehr die Einsicht durchgesetzt, daß es der Forschung besser bekommt und auch den Interpretationen wohl ansteht, wenn sie den methodenkritischen Debatten, den literaturtheoretischen Erörterungen und den literaturhistorischen Entwürfen und Konzeptionen folgen. Denn Interpretationen vermögen weder Gattungs- und Autorenmonographien zu ersetzen noch jenen Anforderungen zu genügen, die die Literaturgeschichtsschreibung an sich selbst stellen muß und die ihr als Erwartungen berechtigterweise entgegengebracht werden. Aber sie sind durchaus in der Lage, auf ästhetische Grundsatzdiskussionen zu reagieren, in ein fruchtbares Spannungsverhältnis zum Gesamtspektrum literaturhistorischer Grundlagenforschung zu treten und vom Einzeltext ausgehend über die Beobachtung von Kleindetails und die Auseinandersetzung mit Sonderfragen schlüssig zu Dichter, Werkreihe, Epoche hinzuführen. Darin besteht bei interpretatorischem Gelingen ihre Leistung: Interpretationen können die Argumente, Resultate und Thesen der weiterausholenden literaturgeschichtlichen und -ästhetischen Arbeiten am konkreten Einzelfall überprüfen, methodologische Verfahrensweisen im überschaubaren Experimentierfeld auf die Probe stellen und schließlich in bekräftigendem, verändertem oder gänzlich neuem Licht erscheinen lassen, was sich in der herrschenden Meinung verfestigt hatte und für wissenschaftlich abgegolten gehalten wurde. Dieser Wirkungsspielraum, der die Ertragskontrolle abgeschlossener und noch andauernder Forschungsanstrengungen ebenso einschließt, wie er die Auffindung weiterführender Perspektiven zuläßt und sogar begünstigt, dürfte besonders Interpretationen zugute kommen, die sich mit Texten des Bürgerlichen Realismus befassen.
Denn die Realismus-Forschung der jüngsten Vergangenheit hat einen Stand erreicht, der geradezu nach Interpretationen verlangt, wie sie hier beschrieben sind. Nachdem nämlich Richard Brinkmann, Wolfgang Preisendanz, Walther Killy u. a. in den fünfziger und sechziger Jahren die ästhetischen Strukturen der realistischen Literatur des 19. Jahrhunderts herausgearbeitet hatten und in der Folgezeit die historischen Dimensionen des Bürgerlichen Realismus von Fritz Martini und (am Rande auch) von Friedrich Sengle ausgelotet worden waren, meldeten sich zahlreiche jüngere Literaturwissenschaftler – darunter mancher Mitarbeiter dieses Bandes – zu Wort. Sie nahmen die weiträumigen Konzeptionen ihrer Vorgänger kritisch unter die Lupe und stellten ihnen kleinerteilige, aber auch gegenstandsnähere Sonderstudien zur Seite oder entgegen, wobei ideologiekritische, sozialhistorische und kommunikationswissenschaftliche Untersuchungsreihen neben formästhetische und geistesgeschichtliche rückten und folgerichtig den Blick zu älteren Realismus-Forschern wie Leo Löwenthal, Georg Lukács und Roman Jakobson zurücklenkten. Diese aus versetzten Startpositionen unternommenen Anläufe führten zur Entfaltung eines sehr komplexen Realismus-Bildes, das auf Interpretationen exemplarischer Texte zu warten scheint, die das Gesamtkonzept am Einzelbefund messen und beide wechselseitiger Prüfung unterziehen.
Solche Interpretationen vereinigt der vorliegende Band. Er liefert keine in sich

geschlossene Darstellung des Realismus-Begriffs, der Realismus-Diskussion, der realistischen Literatur und der Epoche des Realismus im 19. Jahrhundert, sondern nähert sich diesen Themenbereichen von verschiedenen Seiten mit unterschiedlichen Methoden und Erkenntniszielen: Innerhalb eines sehr weit gesteckten Untersuchungsrahmens, der von frührealistischer Erzählprosa aus dem Vormärz bis zu spätrealistischen Zeugnissen des frühen 20. Jahrhunderts reicht und die vielfältigen schriftstellerischen Bemühungen deutschsprachiger Autoren um realistische Erfassung und Gestaltung der damals bereits vergangenen, gerade gegenwärtigen oder erst zukünftigen Wirklichkeit des bürgerlichen Zeitalters umspannen soll, werden Einzelanalysen versucht, die durchaus im Widerspruch zueinander stehen können, bei aller Widersprüchlichkeit aber auf das Übergreifende und Verbindende des Bürgerlichen Realismus schließen lassen. Die dabei beachtete Beschränkung auf Romane, Erzählungen, Novellen, Dorfgeschichten, Märchen usw. als Untersuchungsvorlage geht zwar zu Lasten der allmählich deutlicher aufscheinenden Geltung realistischer Lyrik und Dramatik. Sie wird aber dem Gewicht gerecht, das die meisten zeitgenössischen Autoren der Erzählliteratur zumaßen, und begünstigt Analysen und Deutungen, in denen konzentrierend zusammengefaßt ist, was die erzählende Prosa der Bürgerlichen Realisten aspektreich auszubreiten vermochte. Daß diese Interpretationen sich einerseits als Korrektiv erstarrter Meinungen, Wertungen bewähren und andererseits neue Perspektiven zu öffnen versprechen, begründet ihre Relevanz. Ob aus ihnen hervorgeht, wie nachhaltig Biedermeier- und Vormärztraditionen auf das realistische Kunstwollen eingewirkt haben, wie breitgefächert die Umsetzung sozialer, politischer, kultureller Zielvorstellungen in realistische Programmatik verlaufen ist, wie vielsträngig die Wechselbeziehungen zwischen Programm und Werk angelegt waren und wie mannigfach der Bogenschlag zur Moderne versucht wurde, ob sich mit ihnen abzeichnet, daß die gebräuchlichen methodologischen Ansätze durch sozialpsychologische und psychoanalytische ergänzt werden müssen und vor allem die Synthese ästhetischer, historischer, psychologischer Untersuchungsverfahren und Darstellungsweisen anzustreben ist – hiermit (und auch anderwärts) reiben sich die Interpretationen am bestehenden Erkenntnisstand und der geltenden Methodenpraxis und legen so deren Weiterentwicklung und Veränderung nahe.
Daher sollte ihnen die gattungstypische Begrenztheit, statt des Gesamtüberblicks nur die Betrachtung der Einzelheit bieten zu können, nicht verargt werden. Denn in dieser Funktionsverengung gründet ja auch die Chance der Einzeltextinterpretation: Ganz abgesehen von ihrer Möglichkeit, sich auf das Detail einzulassen und es gebührend zu berücksichtigen, regt sie den Leser an, vom Einzelnen ausgehend das Ganze zu suchen und mit dem Besonderen das Generelle einzuholen. Diese Antizipationsfreiheit wollen auch die im vorliegenden Buch versammelten Interpretationen gewähren. Es wünscht sich deshalb Leser, die sie nutzen und sich in kritischer Auseinandersetzung mit den interpretierten Texten und den Interpretationen ihr eigenes Bild von der deutschsprachigen Erzählprosa des Bürgerlichen Realismus bilden.

Berlin, im Mai 1979 *H. D.*

WERNER HAHL

Jeremias Gotthelf: *Uli der Knecht* (1841)
Die christliche ›Ökonomik‹ als Roman

Im November 1841 erschien *Wie Uli, der Knecht, glücklich wird. Eine Gabe für Dienstboten und Meisterleute von Jeremias Gotthelf* (d. i. Albert Bitzius, 1797–1854).[1]
Dem Buch mit dem volksschriftenmäßigen Titel war der literarische Erfolg nicht auf die Stirn geschrieben, noch weniger seine literaturhistorische Bedeutung. Denn der *Uli* sollte zu jenen Werken gehören, an denen sich um 1850 das Literaturverständnis des Bürgerlichen Realismus heranbildete.
Der Titel sprach eine Schicht an, die kaum las. Im Roman besitzen die geschilderten Bauern denn auch kein anderes Druck-Erzeugnis als die Bibel und den Kalender. Die Expansion des Volksschriftenwesens stand erst bevor. Gotthelf, der damals eine Erziehungsanstalt für arme Kinder beaufsichtigte, mag gehofft haben, daß ähnliche Unternehmen sein Buch anschaffen. – *Gebildete* Leser wurden von dem Titel wohl eher abgeschreckt: Das versprochene Glücksrezept, die altväterisch-exempelhafte Diktion, das kalendermäßige Pseudonym kamen ihrer Anschauungsweise nicht entgegen. Das Desinteresse fing wohl schon beim Verleger (Beyel in Zürich) an, der das Manuskript ein halbes Jahr hatte liegen lassen und der den schlechten Verkauf des Buches nach Gotthelfs Meinung allzu passiv hinnahm.
Durchschlagenden Erfolg hatte die zweite Ausgabe, die 1846 bei Julius Springer in Berlin erschien. Gotthelfs Übertragung berndeutscher Textstellen und die Rührigkeit des Verlegers wirkten förderlich auf die Verbreitung des Buches. Der tiefere Grund des Erfolgs, der Grund, warum der freie Verleger und der Norddeutsche Volksschriftenverein sich damals gleichzeitig um die Verlagsrechte bemühten, lag darin, daß sich die bewußtseinsgeschichtlichen Voraussetzungen für die Aufnahme des Werkes innerhalb weniger Jahre entscheidend geändert hatten.[2]
Die Massenarmut (Pauperismus), die in den vierziger Jahren ihren Höhepunkt erreichte, war fast schlagartig in den Mittelpunkt des öffentlichen Bewußtseins gerückt. Die Gebildeten beschäftigte – neben der unmittelbaren Not der Armen – die Frage, auf welche Kräfte im Volk sich die zu erneuernde Sozialverfassung gründen ließe. Eine reiche sozialpolitische Literatur entstand. Dem vielfachen Bedürfnis, das ›Volk‹ erst einmal kennenzulernen, kam auch die Novellistik sogleich entgegen. Sie wandte sich vom ›aristokratischen‹ Sujet des Salons ab und entdeckte – zur Begeisterung des Publikums – die bäuerliche Mittel- und Unterschicht, die die große Mehrheit der Bevölkerung darstellten. Berthold Auerbachs *Schwarzwälder Dorfgeschichten* (erste Sammlung 1843) hatten unerhörten Erfolg und wurden als Exponent und Namensgeber einer neuen Gattung gefeiert. Sie brachen einer Flut anderer ›Dorfgeschichten‹ Bahn. Die Kritik nannte sie eine »epochemachende Erscheinung«, d. h., man begriff den Eintritt der Bauern in die Literatur als einen die Literatur verändernden Paradigmawechsel. Es war ein Schritt zum Realismus hin, obwohl die Dorfgeschichten an sich vielfältige, auch traditionelle Formen und Tendenzen aufwiesen.
An der Konstitution des Paradigmas hatte das rezipierende Publikum wesentlichen

Anteil: In der kritischen Diskussion behielt der Auerbachsche Typus seine Schlüsselstellung, und er wurde ›realistischer‹ gelesen, als wir dies heute tun. Gemäß der verfassungsgeschichtlichen Entwicklung, die den Bauern aus seinem ›Stand‹ befreite und zum Staatsbürger erhob, sieht Auerbach die Bauern im kulturellen Übergang begriffen. Sie sind nicht mehr die belehrungsbedürftigen Kinder der älteren Bauernaufklärung. Im Gegenteil, ihre Schilderung stellt oft eine Lektion für das gebildete Publikum dar: Eine Behäbigkeit, die von wirtschaftlichen Neuerungen und politischen Theorien nicht viel hält, ist Auerbachs positiven Helden ebenso eigen wie ein einfaches Verständnis politischer Menschenrechte und nachbarlicher Menschenpflichten; in ihnen verbindet sich eine gemäßigte politische Fortschrittsidee mit einem gewissen gesellschaftlichen Konservatismus. Dies war die Lektion, die viele bürgerliche Leser offenbar zu hören wünschten. Denn auch der bürgerliche Mittelstand war im kulturellen Übergang begriffen, und die unsichere Aussicht ins Industriezeitalter weckte ein Bedürfnis nach gesellschaftlich-konservativen Orientierungsmustern. Dem Mittelstand drohten nämlich, nach mancherlei Anzeichen und Vorhersagen, materialistische Entartung und Proletarisierung durch den Industriekapitalismus, wenn nicht gar Enteignung durch die revolutionäre Unterschicht. Von der Entsittlichung des städtischen Proletariats hatte man gerade aus Eugène Sues Sozialroman *Les Mystères de Paris* (1842/43) erfahren und sollte über die Arbeiter beim Eisenbahnbau bald Ähnliches hören. Es ist klar, warum den beunruhigten bürgerlichen Lesern der zähe bäuerliche Mittelstand ›poetisch‹ wurde: weil man selbst Mittelstand bleiben wollte. Und weil allein der mittelständische Betrieb oder Haushalt fähig schien, die besitzlosen Arbeiter in Stadt und Land durch ein Arbeitsverhältnis auch innerlich an die Gesellschaft zu binden. Für Julian Schmidt, den eifrigsten Programmatiker des Bürgerlichen Realismus, bedeutete die »volkstümliche« Dorfgeschichte den Ausgangspunkt einer zukünftigen deutschen Nationalliteratur, die er sich als bürgerliche Literatur mit sozialintegrativer Fähigkeit vorstellte.[3]

Uli der Knecht kam diesem literarischen Paradigmawechsel und Funktionswandel sehr entgegen. Bezeichnenderweise lautete der Titel der zweiten, erfolgreichen Ausgabe im Vergleich zur ersten viel allgemeiner: *Uli, der Knecht. Ein Volksbuch von Jeremias Gotthelf. Bearbeitung des Verfassers für das deutsche Volk.* Das Buch handelt, wenn man tiefer schaut, von der Erhaltung des Mittelstandes durch Reintegration der Unterschicht. Es erzählt von einem jungen, verwaisten, besitzlosen Bauernknecht, der zunächst keine Hoffnung hat, jemals eine selbständige Existenz zu gründen, und der daher auch die Arbeitslust, die moralische Selbstachtung, den Selbsterhaltungstrieb verliert. Die erzieherische Fürsorge seines Meisters gibt ihm den Glauben zurück, daß er in der Gesellschaft noch eine Rolle spielt und daß man seinen Fleiß und Anstand belohnen werde. Im Gegensatz zu den üblichen Gepflogenheiten lehrt der Meister ihn alles, was ein Bauer wissen muß, und verhilft ihm in selbstloser Weise zu einer besseren Stelle, als er sie ihm bieten kann. – Ulis neuer Meister kennt die wahren Interessen des Bauern nicht, glaubt durch Mißtrauen und Zwietracht herrschen zu können, verdirbt oder verscheucht seine Arbeiter. Uli, der von der Gesellschaft durch seinen ersten Meister gleichsam adoptiert, ja zu einer höheren geistigen Kindschaft angenommen worden war, erhält nun Gelegenheit, durch verantwortliches Handeln seinen Dank abzuleisten. Er verläßt den schwer erträglichen Dienst nicht und wird, als die mißratenen Kinder des Großbauern das Gut zu verschleudern drohen, zum Retter des Hofes, den er von dem Alten in Pacht nimmt. – Neben der Achtung und dem Vertrauen der Umwelt gewinnt Uli die Liebe des

Mädchens Vreneli, das als arme, elternlose Verwandte »um Gotteswillen« auf dem Hofe lebt. Vreneli lebt da aber in anderem Sinne »um Gotteswillen«, als es die Redensart meint. Durch die Kraft ihrer reinen und tüchtigen Persönlichkeit und durch treues Ausharren in dem halbzerrütteten Hauswesen wird *sie* zur Wohltäterin ihrer reichen Verwandten. Den oft ungehobelten, oft mißgelaunten Hausgenossen vermag sie mit Würde und unnahbarer Anmut zu dienen, denn sie dient eigentlich der *Idee der Hausgemeinschaft*. Dies ist bei ihr keine Sache der Reflexion, sondern des natürlichen Niveaus. Sie, die Dienende, die zweite Waise des Romans, erscheint als die wahre Tochter des Hauses. Als tadellose Hausfrau ist sie für Uli, der durch seinen Aufstiegskampf ein scharfer Rechner auch in Liebesdingen geworden ist, die richtige Pächtersgattin. Aber gerade auf sie wagt er nicht zu *rechnen*, sondern empfängt ihre Liebe wie eine Gnade.

Der Aufbau des Buches ist demnach sehr klar: Im ersten Teil (Kap. 1–12) sehen wir die Treue des Meisters zu einem unvollkommenen Knecht, im zweiten Teil (Kap. 13–23) die Treue des Knechts zu einem unvollkommenen Meister. Beide Teile zusammen lehren die Interessengleichheit des dienenden und des besitzenden Standes. Der dritte Teil (Kap. 24–26) verherrlicht in der Gestalt Vrenelis die Würde der Person, die auch den Dienenden über materielle Abhängigkeit und die damit verbundene Demütigung erheben kann. Die Grundlage des Ganzen aber ist die Hausgemeinschaft von Arbeitgeber und Arbeitnehmer, die Einheit von Betrieb und Wohnstätte. Uli ist kein freier Lohnarbeiter, der außerhalb der vorgeschriebenen Arbeitszeit mit seinem Geld und seiner Zeit nach Belieben schalten, sich beispielsweise mit seinesgleichen treffen kann. Sein Lohn ist geringer, weil er im Hause verköstigt wird, seine Zeit gehört, nach damaliger Auffassung, ganz dem Dienstherrn, mit Ausnahme des Sonntagnachmittags. Dafür ist er, als Hausgenosse, eine Person, nicht bloß eine Arbeitskraft; er genießt die väterliche Aufsicht und Förderung durch den Meister, schon deshalb, weil man in der engen Gemeinschaft des Hauses keinen disziplinlosen Menschen dulden kann. Freilich bietet der Familienbetrieb nur die persönliche und rechtliche Grundlage zu solcher Zucht. Ihr Geist ist christlich, wie man gleich eingangs den besorgten Worten entnimmt, die die Bäuerin an ihren Mann richtet: »[...] erst in der letzten Woche hat er [Uli] zweimal gehudelt [...]. Es ist mir nicht nur wegen dir, sondern auch wegen Uli. Wenn man ihm nichts sagt, so meint er, er habe das Recht dazu, und tut immer wüster. Und dann müssen wir uns doch ein Gewissen daraus machen; Meisterleut sind Meisterleut, und man mag sagen, was man will, auf die neue Mode, was die Diensten neben der Arbeit machen, gehe niemand was an: die Meisterleut sind doch Meister in ihrem Hause, und was sie in ihrem Hause dulden, was sie ihren Leuten nachlassen, dafür sind sie Gott und den Menschen verantwortlich.« (7f.)

Das auffällig verdoppelte Hauptmotiv der besitzlosen Waisen, die sich als geistige Kinder und Erben des Bauerntums qualifizieren, zeigt aufs nachdrücklichste die christliche Fundierung. Die biblische Bestimmung des Menschen als *Ebenbild* und als *Kind* Gottes wurde in der christlichen Sozialethik so ausgelegt, daß der Besitzende seine Gotteskindschaft zu bewähren hat, indem er Vaterstelle bei den Armen vertritt, ihnen das ›Erbe‹ weiterreicht.

Die Probleme, die der Roman anspricht, gehörten, wie gesagt, zu den damals meistberufenen, die programmatische Bedeutung und der didaktische Aufbau des Buches liegen auf der Hand, die Antworten sind eindeutig. Dennoch hat die literaturwissenschaftliche Gotthelf-Forschung die volkserzieherische und sozialpolitische Seite des *Uli* wenig beachtet. Unbemerkt oder ungedeutet blieb die entstehungsgeschichtliche und innere Nähe des *Uli* zur *Armennot* (1840), Gotthelfs weitausholender Analyse des Pauperismus, in der er die sozialintegrative Bedeutung der christlichen Familien- und Hausgemeinschaft programmatisch ausführte. Die Forschung hat den Roman von den vorangegangenen Schriften gern isoliert und ihn als Durchbruch zum tendenzlosen künstlerischen Realismus gefeiert.[4] Es ist richtig: Der *Uli* mit seiner behaglicheren Darstellung des bäuerlichen Lebens gibt eine vielseitigere Ansicht der menschlichen Dinge als die vorangegangenen, polemisch zugespitzten Romane. Aber dieser epische Zug darf nicht verabsolutiert werden. Gottfried Keller, der Gotthelfs episches Genie intensiv gewürdigt hat, verhehlte sich nie, daß der *Uli* (wie alle Werke des Berners) volksschriftstellerische Elemente enthielt, die nach seinen Begriffen nicht poetisch integriert waren.[5] Die plattrealistische Ansicht, *Uli der Knecht* sei der erste Roman, der das Bauernleben als eine Welt für sich darstelle, ohne etwas Fremdes hineinzutragen[6] – diese Ansicht ist schon deshalb schief, weil die bernischen Pfarrer als Religionslehrer und Sittenrichter stets ›Fremdes‹ in das Bauernleben hineingetragen hatten. Der Autor des *Uli* macht keine Ausnahme. – Ein englischer Interpret zuckte die Achseln über die sozialen und religiösen Implikationen des *Uli*, »that may or may not be found in its pages«; indem er die soziale Lehre des *Uli* stark vereinfacht wiedergab, nannte er sie langweilig und »not a Christian one«.[7] – Ein Autorenkollektiv aus der DDR sieht richtig, daß die Geschlossenheit und realistische Überzeugungskraft von Gotthelfs Welt der Bedrohung durch Liberalismus und Kapitalismus zu verdanken ist, welche jene Geschlossenheit erst zu Bewußtsein brachten. Wir möchten modifizierend sagen: Die alteuropäische Kultur mit ihren *spannungsreichen Elementen von Lehre und Leben* wird sich in Gotthelf ihrer *relativen Geschlossenheit* gegenüber dem Neuen bewußt. Leider nehmen die bezeichneten Autoren nicht die Gesamtkultur wahr, sondern nur das »Volksleben«, und erfinden, um dessen Eigenständigkeit zu untermauern, die »geographisch streng abgeschlossenen Schweizer Bauerndörfer«.[8] – Walter Muschg schließlich betonte stärker als andere Interpreten des *Uli* die künstlerische Verklärung des Bauerntums, in welchem der Dichter »seinen tiefsten Gedanken, das rechte Leben« dargestellt habe.[9] *Seinen* Gedanken? Die Vorstellung eines einsamen Sehers ist ebenso kulturfremd wie die pseudorealistische Annahme einer abgeschlossenen Bauernwelt.

Sozialpolitische Ideen – um solche handelt es sich bei Gotthelf offenbar – sind selten persönlicher Art, sondern sie werden in der Regel literarisch oder institutionell vermittelt. So kommt auch die Idee einer christlichen Familienwirtschaft aus jahrhundertealter Tradition. In der frühen Neuzeit hieß sie *Oeconomia Christiana* oder Lehre *von christlicher Haushaltung*. Die moderne sozialgeschichtliche Forschung bezeichnet sie, unter Einschluß der antiken Vorgänger, als Lehre vom »ganzen Haus«.[10] Sie bezieht sich auf eine solche Hauswirtschaft, wo Hausherr, Hausfrau und Arbeiter (Sklaven, später Gesinde, Gesellen, Gehilfen, Lehrlinge) unter einem Dach tätig sind. Dieses ›Haus‹ oder diese ›Familie‹, zu deren Begriff eben auch die genannten Arbeiter gehörten, war eine wirtschaftliche Zweckeinheit für Erwerb, Erwerbssicherung und Konsum. Erst wo sich Haushalt und ›Geschäft‹ trennen, wo man unter ›Familie‹ eine bloße Konsumgemeinschaft versteht, fällt das Gesinde usw. aus dem Familienbegriff heraus. Das ›ganze Haus‹ war außerdem ein Organismus personaler Verhältnisse (Ehe-, Eltern-, Herrschaftsverhältnis), der der christlichen Gestaltung dieser Verhältnisse gewidmet war. Die pädagogischen Ziele, etwa Fleiß und Geduld, entsprachen zwar dem wirtschaftlichen Zweck, doch sollte dieser letztlich hinter dem Persönlichen zurücktreten. Die geistige Heimat dieser ›Haus‹-Lehre ist die Reformation. Verbreitet war sie bis ins 18. Jahrhundert. Aufklärung und Frühromantik waren ihr nicht günstig, doch erlebte sie im 19. Jahrhundert eine gewisse Renaissance.

Die Gotthelf-Forschung hat diesen Hintergrund bisher nur punktuell wahrgenommen.[11] Welche Dokumente aus der reichen ›Haus‹-Literatur auch immer den Dichter beeinflußt haben mögen, das Verhältnis stellt sich so dar: Gotthelf kannte die Lehre, die sich durch die Jahrhunderte hindurch wenig veränderte, aufs genaueste. *Uli der Knecht* ist weithin eine Übertragung derselben in Erzählung, unter besonderer Berücksichtigung des Dienstbotenverhältnisses. Im ersten und zweiten Teil (nach unsrer obigen Gliederung) folgt der Autor der ›Haus‹-Lehre eng, erst im dritten erlaubt er sich eine freie, poetische, lustspielhafte Gestaltung. Dem Roman soll damit nichts von jener unmittelbaren Wirkung abgesprochen werden, mit der er seine Leser stets fasziniert hat. Aber das soziale Normen- und Rollengefüge wie auch der Gesamtplan beruhen auf dem Weltbild der ›Ökonomik‹. Selbst die psychologische Feinmotivation, so sehr sie mit unserem Erfahrungssinn übereinstimmt, ist durch jene Tradition, die ja auch Selektion bedeutet, zumeist vorgegeben. Das ist zu bedenken, wenn man mit Gottfried Keller – völlig zu Recht – Gotthelfs sichere, vielfältige und nuancierte Charakterisierungskunst bewundert.[12] Gotthelf ist kein ›freier‹ psychologischer Gestalter in dem Sinne, daß er einem empirisch-naturalistischen Interesse folgt. Er fügt, wie gesagt, seine Personen einem von christlicher Sozialpsychologie vorgegebenen Rollenspiel ein, wobei sie allerdings z. T. den Spielraum voll ausgeprägter, einmaliger Charaktere gewinnen. Diese epischen und teilrealistischen Möglichkeiten erklären sich daraus, daß die christlichen Normen nicht nur gedachte, sondern lebensweltlich verwurzelte waren. Christliche ›Ökonomik‹ und vorindustriell-neuzeitliche Gesellschaft, vor allem ›Ökonomik‹ und naturale Ackerbaukultur bilden historische Entsprechungen. Biblische Gebote hatten sich in Sitten und Gewohnheitsrecht befestigt. Dies ist der Punkt, an dem die ›realistische‹ Gotthelf-Interpretation zu integrieren ist. Der Protestantismus hatte von Anfang an den materiellen Erwerb nicht verachtet, sondern kultiviert. In Luthers *Sermon von den guten Werken* fällt der Rangunterschied heiliger und profaner Werke dahin. Jede Handlung, in der rechten Gesinnung gegen Gott verrichtet, ist sittlich bedeutend. Die neue Sittlichkeit wird an die weltlichen Stände und Berufe gebunden. So ist auch der ›Hausstand‹ mit seinen gegliederten Pflichten eine Ordnung Gottes. Damit sind Grundlage und Grenze von Gotthelfs ›Realismus‹ gegeben: Eines jeden Menschen Tun verdient Beachtung, wie es in der *Armennot* heißt, denn »alle sind Gott verwandt, alle tragen in sich schöpferische Kraft«; aber jedes Tun muß daran gemessen werden, ob es dient, »unseres Gottes Ebenbild aus uns heraus treten zu lassen ins Leben hinein«. Ob Kaiser, Bauer, Pfarrer, Künstler, »es ist all eitel und niederträchtig ihr Tun, wenn sie ob dem ihnen eigentümlichen Menschlichen das allgemeine Göttliche vergessen«.[13] Dieses Festhalten an der christlichen Norm, die gleichsam einen ständigen Vorbehalt gegen die Realität darstellt, unterscheidet Gotthelf von den ›poetischen Realisten‹ des 19. Jahrhunderts. Als Erzähler ist er daher in viel höherem Maße und auf offenere Weise didaktisch als jene.

Selbst das scheinbar autochthone Element des Romans, die Schilderung der Berner Bauernwelt, hat didaktische Funktion und ist entsprechend selektiert. Am Anfang wird, in einer Art von topographischem Exkurs, das Berner Bauernhaus als Muster der patriarchalischen Familiensitte gezeichnet: Wenn ein rechter Bernerbauer seinem Knecht Vorhaltungen machen muß, tut er es diskret, ruhig, mit Überlegung und großem Ernst, aber auch mit Billigkeit und ohne Bitternis (8f.). Wie realistisch ist dieses Bauernlob? Bot der Bernerbauer ein objektives Zeugnis für den Realitätswert der ›Haus‹-Lehre? Wir möchten die Möglichkeit nicht bestreiten, aber doch auf folgendes hinweisen: Einerseits berichtet Gotthelf in der *Armennot* entsetzliche Greuel, die an armen Kindern im Machtbereich der reichen Bernerbauern begangen wurden.[14] Andererseits ist das obige Bild des Hausvaters vollkommen topisch. Seine Verhaltensvorschrift lautet in der ›Haus‹-Lehre: »ernsthaffte Freundlichkeit und freundlicher Ernst«.[15] Luther sagte: »Vater und Mutter werden Gott hie gleich, denn sie sind Regenten, Bischoff, Bapst, Doctor, Pfarrer, Prediger, Schulmeister, Richter und Herr, der Vatter hat alle namen und ampt Gottes uber seine kinder.«[16] Man ahnt, wie sehr die theologische Interpretation des ›Hauses‹ dem Gotthelfschen Bild der Bauernwelt vorgearbeitet hat. Der Bauer Johannes schöpft denn auch die guten Lehren, die er Uli gibt, nicht aus sich selbst, sondern teilt sie als die Worte eines Pfarrers mit (30–33). Trotzdem ist es kein Zufall, daß gerade dem Berner Bauerntum diese Verklärung zuteil wurde: Der geläufigen Begründung, daß die Bernerbauern freier und wohlhabender als die meisten andern waren, möchten wir hinzufügen, daß auch der bernische Pfarrerstand mehr Würde, Verantwortung, Gestaltungsmöglichkeit besaß als die deutschen Kollegen und daß er seine Utopie deshalb wohl überzeugter vertreten konnte. – Noch mehr als im ersten Kapitel erscheint das Bild des bäuerlichen Patriarchen im zweiten Kapitel gesteigert. Das Sujet eines Sommersonntagmorgens im Bauernhaus wird hier in Form einer zugleich anmutigen und feierlichen *Idylle* dargestellt (15f.). Die traditionellen Mittel bildlicher und rhythmischer Allegorisierung finden kunstvolle Verwendung: das Licht als Gottessymbol, die strahlende Natur als Reflex und Lobpreis des Schöpfers, die rhetorischen Figuren der Fülle, die bildliche und sprachrhythmische Wellenbewegung, welche seit der Empfindsamkeit für das ἓν καὶ πᾶν (das Eine in Allem) des Göttlichen steht. Die sehr literarische Passage ist nicht nur im allgemeinen Sinn christlich gefärbt, sondern in besonderer Weise auf die christliche ›Ökonomik‹ bezogen: Die Idylle ist *familiarisiert,* insofern das Naturbild zu einer ebenso mystischen wie behaglichen Hochzeitsfeier stilisiert wird. In ihrem Rahmen tritt der Bauer als Andächtiger auf, der im Anblick seiner blühenden Felder nicht an den Gewinn, sondern an den Segen Gottes und die daraus erwachsende Verpflichtung denkt, selbst ein Vater der ihm Anvertrauten zu sein. In seinen Gedanken taucht das Kernwort aller ›Ökonomik‹ auf: »Ich und mein Haus, wir wollen dem Herrn dienen.« Dafür genießt er das Bewußtsein, das ihm nach der Hausväterliteratur zukommt, daß nämlich »der Gewinn / den er erlangt / ein Seegen GOttes / und eine Erfüllung seiner Verheißung ist: Da hingegen in einer bloß-weltlichen Haushaltung / alles was man erwirbt / ja Speise und Tranck selbst / als ein bloß natürlich Ding / so Menschen und Vieh zugleich gemein haben / ohne diesen Seegen bleibt / und wohl gar allerdings unter dem Fluch liegt.«[17] Dieses religiöse Hausvater-Bewußtsein, nicht allein die naturalwirtschaftliche Genügsamkeit, ist für Gotthelf Gegenstand der idyllisch-poetischen Steigerung.

Ist aber nicht Joggeli auf der Glungge ›realistisch‹ nach dem Leben gezeichnet? Sein schwächliches, menschenverachtendes Mißtrauen scheint von dem Dichter mit dem Instinkt eines urwüchsigen Erzählers aufgegriffen und ausgesponnen worden zu sein.

Dennoch ist auch dieser Charakter systematisch gewählt. *Mißtrauen* ist über die Figur Joggelis hinaus ein zentrales Thema des Romans, ein Problem der poetischen Sozialpolitik, die hier getrieben wird. Auch Uli hat gegen eignes Mißtrauen zu kämpfen, etwa wenn er zögert, seinen Meistern den Gewinn eines außerordentlichen Trinkgeldes mitzuteilen. Immer wieder tauchen Nebenfiguren auf, die Mißtrauen säen zwischen Knecht und Meister, also zwischen die Stände. Der Bauer Resli ist geradezu eine Allegorie des *sozialen Versuchers*, hat Teufelsmanieren und Teufelsattribute: »Einer war Ulis Meister [dem Hausvater und Stellvertreter Gottes] feindlich [Widersacher] und verstund es meisterlich [Teufelskünste], fremde Dienste anzulocken und sie, wenn er sie hatte [Teufelsschlingen], auszunutzen auf eine unglaubliche Weise.« Das »Seil, an dem er sie festhielt«, waren Schulden und die Gewährung sexueller Freiheit (47). Von dem törichten Joggeli, der nur ein Werkzeug des Versuchers ist, unterscheidet sich Resli durch seine teuflische List, mit der er fremde Dienstverhältnisse vergiftet, während er in seinem »Reich« das beste Einvernehmen vortäuscht. Solche allegorisierenden Nebenfiguren sind Bindeglieder zwischen den realistisch ausgemalten Hauptfiguren und den normativen Predigteinlagen, die das Thema der sozialen Versuchung weiterführen und es durch kein geringeres Symbol deuten als durch die Schlange im Paradies: der Gedanke des Klasseninteresses als Erbsünde.

An den allegorisch überhöhten Gegenbildern der guten und schlechten Bauern sieht man, daß Gotthelf eigentlich erzählt, um Probleme zu thematisieren und sie normativ zu lösen. Die Drastik seiner Allegorien – man denke an die beiden Mägde, die sich streitend im (Höllen-)Pfuhl wälzen und die nichts als eine Frau-Welt-Allegorie mit verteilten Rollen darstellen (96–103) – ist nicht genuin ›ökonomisch‹, sondern eine Anleihe bei spätmittelalterlichen Volkstraditionen. Aber das Problembewußtsein ist das der ›Ökonomik‹, die die Realität niemals *völlig* in religiöse Embleme auflöst, sondern sie zu gestalten unternimmt. (Eine Verbindung der völkstümlich-allegorischen mit der christlich-ökonomischen Tradition stellt übrigens der ältere Volkskalender dar, den Gotthelf damals zu restaurieren suchte.)

Allerdings ist der Held Uli in keiner Weise allegorisiert, und die Frage nach dem Realismus der Charakteristik darf an ihm nicht vorbeigehen. Doch müssen zuvor einige allgemeine Feststellungen über den geistigen und strukturellen Einfluß der ›Ökonomik‹ auf den Roman getroffen werden.

Trotz ihres einheitlichen Repertoires von biblischen Lehrsätzen sind die Werke der ›Ökonomik‹ nicht uniform. Dem *Uli* verwandt erscheint uns der *Oeconomus prudens et legalis* (1705) von Franciscus Philippus Florinus. Das (deutschsprachige) Werk, dem Kurerzbischof von Mainz gewidmet, bezeugt die erlangte Interkonfessionalität der ›Haus‹-Lehre und trägt deutliche Züge der Aufklärung. Während man den meisten Umschreibungen des Dienstbotenstatus nachsagen kann, daß der himmlische Gewinn des Dienens vertrackte Ähnlichkeit mit dem irdischen Gewinn der Herrschaft hat, muß man Florinus eine humane Interpretation dieses Status im Rahmen der gegebenen Rechtslage bescheinigen. Sie liest sich wie ein Programm zu *Uli der Knecht*: »Es sollen aber Christliche Herrschaften ihr Gesinde nicht nur mit der *allgemeinen Liebe* / die sie allen Menschen schuldig sind / lieben / sondern so viel näher sie denen selben sind / und öffters mit ihnen umgehen / und aus einer hierzu von GOtt gemachten Ordnung seines Dienstes zur Erleichterung ihres Lebens genießen / so viel sollen sie es ihrer Liebe werther / und das Band / das die Liebe deßwegen an dasselbe bindet / fester und stärker achten.

Deme Christenthum ist noch diese Betrachtung beygefüget: *Daß nemlich Herrschaften in ihrer Haushaltung der Eltern Stelle dißfalls vertretten* / und *deßwegen auch im gemeinen Leben in der Absicht auf ihr Gesinde den Namen der Haus-Vätter und Haus-Mütter führen.* Dieweil aber die *Liebe der Brunnen* ist / woraus alles übrige / was eine Herrschaft dem Gesinde schuldig ist / fliessen muß / so soll sie erstlich und vornehmlich *für die Seele* ihres Gesindes sorgen.«[18]

Solche Töne waren nicht originell, klangen aber reiner als gewöhnlich. Die von Luther bevorwortete und entsprechend einflußreiche *Oeconomia Christiana* (1529) von Justus Menius achtete zwar auch das Seelenheil der Dienenden hoch, trennte es aber von der humanen Schätzung. Es hieß da, »gesind ist gesind«, man dürfe ihm nicht trauen und müsse ihm »zu zeiten mit der faust auff die hauben greiffen«.[19] Von diesem Geist ist bei Florinus so wenig zu spüren wie im *Uli.* Gotthelf hat das noch zu seiner Zeit bestehende Züchtigungsrecht mit guter Absicht ignoriert und hat das menschenverachtende Mißtrauen am Beispiel Joggelis als törichtes Herrschaftsdenken bloßgestellt.

Auch milderte er – mit Feuerbach zu reden – die Selbstentfremdung des Menschen durch Religion. Der aus 1. Petr. 2,18ff. abgeleitete Gemeinplatz, der den Dienst bei einem tyrannischen Herrn als *imitatio Christi* verklärt, kommt zwar bei Florinus noch vor[20] und wirft einen Nachglanz auf Ulis Dienst bei Joggeli, aber beide Werke eröffnen noch eine andere Perspektive: Florinus fordert für die Dienstboten eine Berufsausbildung, die ihnen den Schritt in die Selbständigkeit erleichtern soll,[21] und auf eben diese Aussicht gründet Gotthelf die moralische Aufrichtung seines Helden (29, 83). Ulis Dienst bei Joggeli ist nicht so sehr eine Leidenszeit als eine harte Schule für den zukünftigen Meister (149). (Das hat der zeitgenössische Rezensent des *Christlichen Volksboten aus Basel* übelgenommen, der gewünscht hätte, daß »das zerschlagene Gewissen eines Menschen, der gegen Gott gesündigt hat«, den Grundstein und ein rein *inneres* Glück das Ziel eines solchen Romans bilden.[22] Zehn Jahre später, als die Propaganda-Großmacht der Inneren Mission jene Einstellung zu ihrem Feldzugsplan erhoben hatte, erfolgte Gotthelfs Antwort: Eine Zerknirschungstheologie, die sich auf die ohnehin mutlosen Armen werfe, statt die Ursachen des Elends bei den Herrschenden zu suchen, nannte er heuchlerisch.[23])

So sehr aber Gotthelf die Notwendigkeit menschlicher Achtung und realer Zukunftsaussichten für die Dienstboten betont, so heftig verurteilt er es, wenn ein Dritter den Dienstboten durch Versprechungen oder durch Aufweisen seiner schlechten Lage seinem Dienstort abspenstig macht. Dies wird, wie gesagt, mit der Ursünde gleichgesetzt (46f., 142f.) und zieht sich als Leitmotiv durch das ganze Buch. Der Argumentationszusammenhang ist nach ›ökonomischer‹ Tradition so zu ergänzen, daß der Knecht nicht einfach seinem zeitlichen Herrn dient, sondern Gott als dem obersten Hausvater. Während also Gotthelf die Leidensmystik ebenso wie das Sünden- und Erlösungsbewußtsein, die immer jenseitsorientiert sind, unterdrückt, stärkt er den Ordnungsgedanken, der ohnehin in der ›Ökonomik‹ kräftig betont wurde. Wie ist aber der Widerspruch zu lösen, daß die Dienstboten auf das Fortkommen in der Welt eingestimmt und doch nicht über etwaige Ausbeutung aufgeklärt werden sollen?

Der Widerspruch ist nur in den Denkstrukturen der ›Ökonomik‹ zu lösen. Denn dies muß festgehalten werden: Trotz einer gewissen liberalen Akzentuierung bleibt Gotthelfs Weltbild traditionell. Die Familie, die nach den Begriffen der ›Ökonomik‹ für Erziehung und soziale Annäherung sorgte, wurde aufgrund ihrer personalistischen Struktur interpretiert als gesellschaftliche Institutionalisierung des christlichen Liebesgebots. Gotthelf hielt es daher für einen Rückschritt, daß die *moderne* Familie sozial verkleinert und entpflichtet, also privatisiert wurde und daß an ihre Stelle in den Arbeitsverhältnissen *objektive Rechtsnormen ohne die Grundlage persönlicher zwischenmenschlicher Beziehungen* traten. Das hieß für ihn: ohne Liebe. Diese hielt er aber in der Sozialisierung für ebenso wesentlich wie die Aussicht auf materielles Gedeihen. In der *Armennot* steht, die verwahrlosten Kinder »hatten ja nie Liebe empfangen, warum sollten sie lieben?«[24] – eine ebenso einfache wie unumstößliche Einsicht, die die Grenzen staatlicher Sozialpolitik bezeichnet. Für den traditionell Denkenden war es also ein wesentlicher Unterschied, ob ein Meister für seinen Knecht sorgt oder ob der Knecht, bestärkt durch das Urteil Dritter oder durch objektive Rechtsnormen, dies selber tut. Die Methode, nach der die ›Ökonomik‹ seit je zwischen den Ständen vermittelte, war nicht juristischer, sondern religiöser Art in dem Sinne, daß beide Seiten mehr an ihre wechselseitigen Pflichten als an ihre jeweiligen Rechte erinnert wurden. Dieser Vermittlungstypus ist für *Uli* strukturbildend:

Wie die Hausväterliteratur gliedert sich der Roman in komplementäre Teile (hier zwei), die die Pflichten eines Standes gegen den anderen vorführen nebst den Problemen, die aus der Unvollkommenheit des Partners und aus den daraus entstehenden Anfechtungen erwachsen. Die typische Inachtnahme der Pflichten vor den Rechten wiederholt sich im einzelnen: Der Bauer denkt vorbildlicherweise nicht nur an seine materiellen Interessen, wenn er sich entschließt, Uli die Exzesse zu verbieten, sondern an Uli selbst und an seine Kinder (7f.). Es ist der Bauer, nicht Uli, der für dessen berufliches Fortkommen sorgt und auch noch den Lohn mit dem neuen Meister aushandelt. Sogar der Erzähler springt einmal ein und plädiert für ordentliche Dienstbotenlöhne (120f.), während wir zugleich Ulis zunehmende Bescheidenheit als vorbildliches Verhalten eines Dienstboten verstehen sollen. Ulis Arbeit auf der Glungge, seinem zweiten Dienstort, ist ein einziges Beispiel dafür, wie ein Knecht freiwillig und aus Liebe zur Sache die Interessen seines Meisters verfolgt, die dieser in seiner Verblendung nicht erkennt. Im allgemeinen strebt Uli zwar den sozialen Aufstieg an, im einzelnen aber verzichtet er lieber auf einen Vorteil, als daß er ihn ohne Billigung seines Meisters in Anspruch nähme.[25] Nur in Heiratsfragen spekuliert er auf eigene Faust, aber ohne Glück; am Schluß ist es die Glunggenbäurin, die, wie es die ›Haus‹-Literatur empfiehlt, ihrem Knecht eine Frau findet, und der väterliche Freund Johannes, zu dem sie eigens gereist sind, heißt die Wahl gut. Darin zeigt sich der traditionelle Geist des Buches, daß Uli seinen Aufstieg und sein Glück nicht aus eigener Kraft vollendet, sondern daß seine Initiative eher bedenklich abnimmt und die ›Meisterleute‹ für ihn einspringen.

In dem Maße, wie er zu einer eigenen kleinen Barschaft kommt, gewöhnt er sich eine selbstlose, fast heilige Sorgfalt für die Sachen des Meisters an, die ihm zur zweiten Natur wird. Dies entspricht der Wichtigkeit, die der Sorgfaltspflicht in den ›Haus‹-Lehren und Dienstbotenordnungen beigelegt wurde. Vergegenwärtigt man sich die mannigfaltigen gefährlichen Schadensquellen in einer Landwirtschaft, so versteht man, daß es nicht nur Gewinnsucht war, die die Sorgfalt einschärfte. Aber hat der Dichter das Problem nicht sentimentalisiert, indem er Uli – mit einer armseligen Barschaft – emotionell in die Reihe der Eigentümer hineinwachsen ließ? Es wäre in der Tat so, wenn Gotthelf nicht – mit welchem Recht auch immer – einen älteren, schon äußerst bedrohten Eigentumsbegriff verträte, der Ulis Einstellung verständlicher macht. Eigentum war nach reformatorischer

Auffassung ein Mandat Gottes, der Eigentümer ein von Gott berufener Verwalter. Er konnte tatsächlich nach den moralischen und familienrechtlichen Regeln nicht so frei über das Seine verfügen, wie es seit der liberalen, individualistisch begründeten Gesetzgebung der Fall ist. Durch das Familienrecht, durch die Sitte der Almosen und, wo noch vorhanden, durch die Betriebsform der Hauswirtschaft (die ja, wenn ein unhistorischer Ausdruck erlaubt ist, mit ›Privateigentum‹ Arbeitsplätze schuf) war das Eigentum sozialgebunden.[26] Daß der naturalwirtschaftliche Landwirt in seiner Betriebsführung besonders eingeengt war, daß ihm genau wie dem Taglöhner Handarbeit auferlegt war, das verlieh dem religiösen Eigentumsbegriff zusätzliche Glaubwürdigkeit. Für deren Erhaltung kämpfte Gotthelf erbittert. Den Rentiers drohte er immer wieder mit dem in der ›Haus‹-Literatur geläufigen Apostelspruch: Wer nicht arbeitet, soll auch nicht essen![27] Nur weil der Bauer Johannes mit Uli arbeitet, kann er ihn überzeugen, daß Körperkraft ein wertvolles, von Gott verliehenes Eigentum sei, daß Uli nicht zu den Deklassierten gehöre (30). Und dieser wird nur so lange überzeugt bleiben, als er neben dem Lebensunterhalt auch materielle Sicherheit gewinnt, wie es der Roman programmatisch in Aussicht stellt. Unter den Voraussetzungen also, daß Arbeit Eigentum erwirbt und daß dieses durch den erweiterten Familienhaushalt sozialverpflichtet bleibt, entsteht nach Gotthelf jene *Liebe zum Eigentum schlechthin,* die Eigentum als etwas Allgemeines und Gott als den Geber desselben betrachtet. So kann Uli, nachdem ihm väterlich der Weg zum Aufstieg gezeigt wurde, das neugeborene Kälbchen des Meisters mit »Zuneigung« behandeln (34). In der *Armennot* wird die Verflechtung von Familienliebe und Eigentumssinn noch deutlicher ausgedrückt: »[...] sie [die verwahrloste Jugend] hatten ja nie Liebe empfangen, warum sollten sie lieben? Daher suchen sie so wenig als möglich zu arbeiten [...] und wenn sie Gott den ganzen Tag, dem Meister den ganzen Lohn abstehlen könnten, so wäre das ihnen das Rechte.«[24]
Wenn wir nun die aufgeschobene Frage nach dem Realismus in der Gestalt des Uli stellen, so ergibt sich schon aus dem obigen, daß Uli die traditionellen Lernziele, die die ›Ökonomik‹ für Dienstboten vorschreibt, erreichen muß. Gotthelf geht nicht von dem Vorsatz aus, sich ohne weiteres in einen Proletarier hineinzuversetzen; seine Voraussetzung ist das komplementäre Verhältnis des Dienens, dem der einzelne gerecht werden muß, das aber auch, nach seiner Überzeugung, dem einzelnen gerecht wird. Unter dieser Voraussetzung versteht er es allerdings, sich in seinen Helden hineinzuversetzen. Uli wird Meisterknecht nicht bloß durch Belehrung; er findet seinen Weg auch durch *ganzheitliche leibseelische Erfahrungen,* die ihm sagen, daß ein ›guter‹ Dienstbote der menschlichen Selbstverwirklichung viel näher kommt als ein ›schlechter‹. So sehen wir Uli am Anfang, wie er, vom Wein erhitzt, jeden Tadel mit Wut quittiert, das Werkzeug herumwirft, die Tiere anbrüllt und eine Art desperaten Klassenbewußtseins entwickelt, das gerade durch seine Aggressivität die innere Unsicherheit und Abhängigkeit verrät; wir sehen ihn in Katerstimmung, wie er den Ärger gegen sich selbst richtet, aber immer die Umwelt entgelten läßt; wir sehen ihn wieder nüchtern, versöhnungsbereit, doch unfähig, ein gutes Wort zu äußern; und wir sehen ihn schließlich, nach der vom Meister herbeigeführten Aussprache, wie erlöst, als er einem neugeborenen Kälbchen – offenbar stellvertretend – die Zuneigung zuwendet, auf die er seine Stellung im Haus neu gründen wird. Das Ziel des Prozesses, die Erfahrung der Liebe oder ihrer Vorstufe, der Zuneigung, ist als Wert allerdings religiös fundiert; Uli macht keine Erfahrungen, die im Widerspruch mit der christlich-ökonomischen Ethik stünden. Wie er z. B. mit sexueller

Enthaltsamkeit bis zum dreißigsten Lebensjahr fertig wird, das wird einfach nicht problematisiert. Er macht auch nicht die Erfahrung, daß Freizeit etwas anderes als ›Hudelei‹ sein kann und soll. Aber die Erfahrungen, die der Autor zuläßt, sind so überzeugend geschildert, daß sie ebenso für rein menschlich wie für religiös vorgegeben gelten können. Diesen Doppelcharakter haben viele, auch unscheinbare Handlungen in dem Roman, wofür wir nur ein Beispiel nennen: Wenn Uli für wenig Geld eine bedenklich magere Kuh kauft, von der er überzeugt ist, daß sie gedeihen, ihm aber zunächst Spott und Tadel einbringen wird, so lesen wir daraus die Kennerschaft und Selbstsicherheit ab, die er in seinem *persönlichen* Entwicklungsgang erreicht hat; zugleich verarbeitet diese Episode das zur ›Haus‹-Lehre gehörende Apostelwort wider den Augendienst (184f.). Mit sinnvoller Widersprüchlichkeit sagt Gottfried Keller über die Gestalt Ulis: »Mit meisterhafter Hand hat Gotthelf einen ganz gewöhnlichen Menschen genommen, gesund und kräftig an Leib und Seele, aber eher etwas beschränkt als geistreich, wenigstens allen Einflüssen offen und für das Gute und das Böse fast gleich empfänglich.«[28] *Allen* Einflüssen scheint Uli offen, weil er, unverbildet, durch konkrete Erfahrungen lernt, aber nach dem verborgenen System der Erzählung sind die Einflüsse eben doch *gut* oder *böse*. Uli ist eine lehrhafte Gestalt, und er ist es dadurch, daß er den Skeptizismus oder die ›Anfechtungen‹ seiner Zeit in sich verarbeitet. Ein Heiliger oder Frommer hätte nicht mehr überzeugt. Dem Realismus, der den ›mittleren Helden‹ gefordert hat, kam die Gestalt Ulis daher entgegen.

Sein mittlerer Charakter ist aber nicht nur ein Zugeständnis an einen zu überwindenden Skeptizismus, sondern er hat eine positive Bedeutung. Nach der ›Haus‹-Ethik lag das richtige Verhalten schon immer in der Mitte[29] – wohl als Reaktion auf die extremen Verhaltensweisen des Spätmittelalters. So wird auch Uli zwischen Geiz und Üppigkeit (Stini, Ürsi), zwischen Roheit und Zimperlichkeit (Käthi, Elisi) hindurchgeführt; sein Meister Johannes stellt die freundliche Strenge dar, Vreneli die Selbstbewahrung in der Hingabe. – Mit Vreneli tritt, wie schon gesagt, die Würde des Individuums in den Vordergrund. Die Norm der richtigen Mitte gewinnt hier humanistische Substanz. Von Gotthelfs Voraussetzungen her gesehen, geschieht da eine säkularisierende Umsetzung der christlichen Maxime, daß das Seelenheil über allen weltlichen Interessen stehe. Statt des Heils sind es nun Persönlichkeitswerte, die über das ökonomische Streben hinausgehoben werden. Wie nach lutherischer Lehre der Mensch die Gnade nicht verdienen kann, aber der Tüchtige sie erwarten darf, so ist es hier mit dem menschlichen Glück, d. h. jenem Glück, das den Wert der Persönlichkeit besiegelt. Keller sagt treffend, daß bei Gotthelf das Glück zwar vorhersehbar, aber nicht berechenbar sei.[30] In dieser Humanisierung und Poetisierung der lehrhaften Volksschrift sah er Gotthelfs dichterischen Rang begründet.[31]

Die Tendenz zur humanen Dichtung zeigt sich in dem von Vreneli beherrschten Schluß auch darin, daß der Humor die Satire verdrängt und die Intrige ihre Funktion verändert: Vorher waren es Joggeli und die anderen sozialen ›Versucher‹, die bösartige, scheiternswürdige und auch erzählerisch nicht sehr ergiebige Anschläge ausführten; jetzt ist es die gutmütige Glunggenbäurin, die eine Art Hochzeitsreise für die nichtsahnenden Uli und Vreneli arrangiert und dadurch erst die beiden zum gegenseitigen Geständnis ihrer Liebe bringt. Vorher standen die Intrigen unter der Kontrolle des auktorialen Erzählers, der gleichsam den strafenden Standpunkt Gottes vertrat; jetzt führt die Bäurin Regie, ohne daß ihr der Erzähler in die Karten schaut, und in dem nun abrollenden *ernsthaften*

Lustspiel zeigen sich die Charaktere in freier dramatischer Entfaltung. Auch dies ist ein Schritt zur realistischen Poetik hin, die ja den personalen Roman gefordert hat. Nur wird man nicht mit Keller das Poetische auf Kosten des Sozialpolitischen loben dürfen. Die humanen Werte bestehen bei Gotthelf nur im Einklang mit den Normen der christlichen Ethik, und er hat sich gegen Ende seiner Schaffenszeit immer deutlicher für die letztere ausgesprochen.

Die Rolle der ›Haus‹-Lehre war immer undankbar und oft zwielichtig gewesen. Sie predigte moralische Partnerschaft, während die Dienstboten rechtlich und wirtschaftlich tief benachteiligt blieben.[32] Sie wurden nicht selten schlecht ernährt, schlecht untergebracht, um Lohn betrogen und bei Krankheit entlassen.[33] Die Hausandacht wurde manchmal rein zur Disziplinierung empfohlen.[34] Der Zustand eines Menschen, dem jede Entscheidungsfreiheit genommen ist, lieferte den sich fortzeugenden Grund, ihn auch ferner zu bevormunden. Höherer Lohn galt als ›verderblich‹ für die Dienstbotenseele![35]
Die kapitalistische Veränderung in Industrie, Handwerk und Ackerbau verringerte den Anteil der Dienenden. Die Ursachen waren die Verrufenheit des Dienens,[36] die Vorteile der Fabrikarbeit in Hinsicht auf Lohn und persönliche Freiheit, die Verdrängung oder fabrikmäßige Umgestaltung von Handwerksbetrieben, der völlige Wandel der Arbeitsverfassung in der Landwirtschaft Ost- und Mitteldeutschlands.[37] Im süd- und westdeutschen Sprachraum blieben die Ackerbauverhältnisse allerdings recht stabil, der Landarbeiter war weniger deklassiert und demoralisiert als im Osten.[38] Die Handwerke, die sich meist behaupten konnten, behielten ein familiaristisches Selbstverständnis bei.[39] Noch um 1890 arbeiteten in Deutschland 14%–20% der Frauen zwischen fünfzehn und fünfundzwanzig als Dienstboten im Haushalt, obwohl ihnen die Fabriken offenstanden.[40] Eine intensive Kampagne zur Wiederbelebung der Haus- und Dienstethik, die in der Biedermeierzeit begann und unter dem Druck der Industriekonkurrenz andauerte, scheint das Niveau und Ansehen des Dienstverhältnisses gebessert zu haben.[41] Demnach war die Arbeitsverfassung, die Gotthelf in *Uli der Knecht* (und in *Jakobs des Handwerksgesellen Wanderungen durch die Schweiz*, 1846/47) als die allein seligmachende verteidigt, weder so gut noch so schlimm, daß sie nicht noch ein dreiviertel Jahrhundert neben der Lohnarbeit bestehen konnte. Dabei ist nicht zu verkennen, daß erst die Fähigkeit der freien Lohnarbeiter zur organisierten Interessenvertretung und der wachsende Wohlstand der Industriegesellschaft dazu geführt haben, daß es *allen* Handarbeitenden besser ging.
Der sich aufdrängende schwere Einwand gegen *Uli* ist nun der, daß Gotthelf die Notwendigkeit der Organisation der Arbeiter im Kapitalismus nicht gesehen, ja ihr entgegengearbeitet hat. Ferner hat er die Notwendigkeit der Freizeit für den modernen Staatsbürger nicht sehen wollen. Der Staat war keine Republik von Hausvätern, die Wirtschaft keine ›Haus‹-Wirtschaft mehr; vom Bürger war mehr als der Horizont einer Arbeitserziehung gefordert. Schließlich noch dies: Der Roman sucht die soziale Verständigungsbereitschaft zu beleben, indem er die im Rechtsstaat gegebene Möglichkeit, Rechtsansprüche zu erkämpfen und geltend zu machen, ausblendet. Der Roman umgeht schwerere Konflikte der Sozialpartner und rückt sie stimmungsmäßig in den Bereich des Undenkbaren. All diese Verschrobenheiten haben ihren Grund nicht in einer Herrschafts- und Entmündigungsideologie, denn Gotthelf war geradezu von der Idee besessen, aus Habenichtsen Bauern zu machen. Vielmehr fürchtete er, daß Arbeits-

kampf, allgemeines Räsonieren und juristische Problemlösungen jedes wirklich kommunikative Verhalten von Person zu Person ersticken würden. Daß dies der Schatten ist, der auf unserem sozialen Leben liegt, wird man kaum leugnen wollen. Wenn wir Gotthelf auch kein politisches Konzept abgewinnen können, so mag es doch lehrreich sein, unser System von ›Recht und Freiheit‹ dem Licht seiner *Provokation* auszusetzen: Er predigte Liebe und Moral, nicht Freiheit und Recht, weil er mit überscharfem Blick sah, daß der liberale Rechtsstaat eine Freiheit ohne Liebe, ein Recht ohne Moral (außer der zum Buchstaben des Gesetzes erstarrten) erzeugt. Man tut, was nicht verboten ist, unter besonderer Berücksichtigung der Gesetzeslücken, und steht nicht mehr in einem lebendigen gesellschaftlichen Verhältnis, sondern in einem bürokratisch vermittelten. Diese Vision liegt keimhaft im *Uli* und sollte sich in den *Erlebnissen eines Schuldenbauers* (1854) voll entfalten.[42] Im *Uli* tritt auch zum erstenmal bei Gotthelf die Macht auf, die nach seiner Meinung die menschliche Solidarität am schwersten bedroht: die ungezügelte kapitalistische *Spekulation.* Sie wird durch die geniale Zeitallegorie des Baumwollenhändlers verkörpert. Die Baumwollimporte, die damals die Emmentaler Heimindustrie der Leinenweberei zerstörten, galten als billige, minderwertige, aber bunte und modische Ware. Baumwollkleidung verbarg den ›Stand‹ des Trägers wenigstens auf den ersten Blick – im Unterschied zur heimischen Tracht. Sie war die ›richtige‹ Spekulation auf die Emanzipationsträume der Unterschichten, die aber ihre fadenscheinige Aufwertung durch neue Deklassierung bezahlen müssen: Der Baumwollenhändler selbst, ein steiler Aufsteiger, liebt Baumwolle nicht, sondern feinste Wolle, schweres Gold, edelste Weine und eine seidene Braut. Dabei hat er riesige Schulden. Die alten Symbole der Gediegenheit sind ihm nur Mittel der Spekulation, wie er überhaupt zu Dingen und Menschen nur investierend und ausbeutend in Beziehung tritt. Er schindet gemietete Pferde, jagt die Kellner, heuchelt dem reichen Elisi Liebe, möchte das hübsche Vreneli kaufen und verschachert die Vorräte des Hofes. Der Vorratswirtschaft erklärt er grundsätzlich den Krieg und damit dem sozialen Auftrag des Bauerngutes als Arbeit- und Almosengeber in Notzeiten. – Diesen menschlich beziehungslosen Freibeuter haben die Grundsätze von individuellem Recht und Freiheit zusammen mit der entfremdenden Macht des Geldes geformt. Der Baumwollenhändler ist die Karikatur dessen, was man eine dynamische Persönlichkeit nennt. An ihm sucht Gotthelf zu zeigen, daß hinter dem aufkommenden Kult der Persönlichkeit die tatsächliche Entpersönlichung der Verhältnisse vor sich geht. Der Baumwollenhändler erfährt sein Personsein nicht mehr in der teilnehmenden Begegnung oder in der persönlichen Sinnerfüllung sozialer Umgangsformen, die er manipuliert oder ignoriert. Als einer, der das formelle persönliche Recht – erlaubt ist, was nicht gesetzlich verboten ist – ausschöpft und im Fieber seiner Spekulationen jedes Vertrauen mißbraucht, infiziert er die übertölpelten Mitmenschen mit seiner Aggressivität. Bezeichnend ist eine Handlungsfolge, deren er allein unter allen Romanfiguren fähig ist: zuerst frech-libidinöse Annäherung an Vreneli unter Gefährdung ihrer schwachen sozialen Position, dann – nach ihrer überaus heftigen Gegenwehr – Drohung einer Klage wegen Körperverletzung. Triebhaftes Sich-Ausleben und abstrakt-juristische Abgrenzung des Ich sind für Gotthelf gleichermaßen Zeichen der Entpersönlichung. Sie wurden von ihm hier mit Bedacht situativ verquickt.

Die Episoden des Baumwollenhändlers, eine Monadologie der modernen Persönlichkeit, verraten den Weitblick, der Gotthelfs Verklärung des Bauernlebens vorangeht. Gewiß war sein Blick einseitig auf die Gefahren des Liberalismus geheftet, gewiß war die

Verabsolutierung des Bauerntums vom praktisch-politischen Standpunkt unmöglich, gewiß hatte die Agrargesellschaft nicht minder als die bürgerliche, und oft auf brutale Weise, die Verdinglichung der menschlichen Verhältnisse erlaubt. Wo wäre letzteres eindrucksvoller bezeugt als in Gotthelfs *Bauernspiegel* (1837)? Wenn sich Gotthelf dennoch zur bäuerlichen Lebensweise zurückwendet, so deshalb, weil er in der bürgerlich-kapitalistischen Gesellschaft eine *systembedingte* Verdrängung des sozialen Bewußtseins zu erkennen glaubt. Sie liegt in dem Programmwort des Individualismus, sie zeigt sich in der Bürokratisierung des Armenwesens, in der Reproduktion menschlicher Oberflächlichkeit durch Produktion materieller Kompensationsgüter. Widerstrebend sieht Gotthelf das Auseinanderfallen von Wirtschaft und humanem Ethos als ›Sachzwang‹ herankommen. Wenn er die Moderne immer wieder *verteufelt*, so ist dies eigentlich ein frommer Wunsch: Er personifiziert die Gebrechen, um sie nicht als Sachzwänge verstehen zu müssen. Dieses Personalisieren, wo ihm selber der anonyme, gesellschaftssystematische Charakter der Entwicklung eigentlich klar war, mag als ein tadelnswertes Ausweichen vor der Realität erscheinen. Gotthelfs Leistung liegt aber auf anderem Gebiet: Mit dem Schein höchster sozialpsychologischer Authentizität stellt er dar, wie sich Charaktere in naturnahen Verhältnissen und unter dem Gebot des christlichen Personalismus gegeneinander öffnen, wie sich ihre Persönlichkeiten in der Begegnung erweitern und wie die persönliche Solidarität sie gegen jene Seite ihres Wesens stärkt, die unguten Zwängen nachzugeben bereit ist. Den Schein der Authentizität haben Gotthelfs Schriften fast unverändert erhalten: Zeichen dafür, daß es *unser* wunder Punkt ist, auf den Gotthelf den Finger legt.

Anmerkungen

1 *Wir zitieren Jeremias Gotthelf: Sämtliche Werke in 24 Bänden hrsg. von Rudolf Hunziker und Hans Bloesch. Bd. IV. Erlenbach–Zürich 1921.*

2 Nachweise zum folgenden bei Werner Hahl: Gesellschaftlicher Konservatismus und literarischer Realismus. Das Modell einer deutschen Sozialverfassung in den Dorfgeschichten. In: Realismus und Gründerzeit. Manifeste und Dokumente zur deutschen Literatur 1848–1880. Hrsg. von Max Bucher [u. a.]. Bd. 1. Stuttgart 1976. S. 48–93, 269–274. – Über revolutionäre, nach 1849 unterdrückte Tendenzen der Dorfgeschichte s. Uwe Baur: Dorfgeschichte. Zur Entfaltung und gesellschaftlichen Funktion einer literarischen Gattung im Vormärz. München 1978.

3 Zur Bindung der Unterschicht durch den kleinen Mittelstand s. Friedrich Schleiermacher: Predigten über den christlichen Hausstand. Berlin 1820. S. 121f.; Johann Gottfried Hofmann: Die Macht des Geldes. Eine Aufsuchung der Ursachen der Verarmung und des sittlichen Verfalls [...]. Leipzig 1845. – Literaturprogrammatische Aufwertung ›volkstümlicher‹ Verhältnisse und Mentalität bei Julian Schmidt: Geschichte der deutschen Literatur. 4. Aufl. Leipzig 1858. Bd. 3. Kap. »Die volksthümliche Reaction«.

4 Nicht so Karl Fehr: Das Bild des Menschen bei Jeremias Gotthelf. Frauenfeld 1953. S. 254–256.

5 Gottfried Keller: Jeremias Gotthelf. In: G. K.: Sämtliche Werke. Hrsg. von Jonas Fränkel und Carl Helbling. Bd. 22. Bern 1948. S. 83, 108, 112–114 [Epik], 50, 60, 68, 117 [Genre, Predigt, Volksdichtung im Unterschied zu hoher Dichtung].

6 Adolf Bartels: Jeremias Gotthelfs (Albert Bitzius') ausgewählte Werke in zehn Bänden. Leipzig o. J. Einleitungsband. S. 69.

7 Herbert Morgan Waidson: Jeremias Gotthelf. An Introduction into the Swiss Novelist. Oxford 1953. S. 84, 75.
8 Autorenkollektiv: Geschichte der deutschen Literatur von den Anfängen bis zur Gegenwart. Bd. 8,1: Von 1830 bis zum Ausgang des 19. Jahrhunderts. Berlin 1975. S. 279f.
9 Walter Muschg: Jeremias Gotthelf. Eine Einführung in seine Werke. 2. Aufl. Bern/München 1960. S. 89, 82.
10 Otto Brunner: Das ›ganze Haus‹ und die alteuropäische Ökonomik. In: O. B.: Neue Wege der Verfassungs- und Sozialgeschichte. 2. Aufl. Göttingen 1968; Julius Hoffmann: Die »Hausväterliteratur« und die »Predigten über den christlichen Hausstand«. Lehre vom Hause und Bildung für das häusliche Leben im 16., 17. und 18. Jahrhundert. Weinheim/Berlin 1959; Dieter Schwab: Familie. In: Geschichtliche Grundbegriffe. Historisches Lexikon zur politisch-sozialen Sprache in Deutschland. Hrsg. von Otto Brunner, Werner Conze und Reinhart Koselleck. Bd. 2. Stuttgart 1975. S. 253–301.
11 Nämlich im Einfluß Johann Heinrich Pestalozzis auf Gotthelf.
12 Keller (Anm. 5) S. 68.
13 Gotthelf (Anm. 1) Bd. XV. S. 159–161.
14 Ebd. S. 105.
15 Franciscus Philippus Florinus: Oeconomus prudens et legalis. Oder Allgemeiner Klug- und Rechts-verständiger Haus-Vatter. Nürnberg 1705. S. 74.
16 Martin Luther: Predigten über das 2. Buch Mose. Weimarer Ausgabe. Bd. 16. S. 490.
17 Florinus (Anm. 15) S. 5.
18 Ebd. S. 71.
19 Justus Menius: Oeconomia Christiana / das ist / von Christlicher Haushaltung. Mit einer schönen Vorrede D. Martin Luther. Wittemberg 1529. Abschnitt XII. – So auch andere Autoren, s. Hoffmann (Anm. 10) S. 185.
20 Florinus (Anm. 15) S. 84.
21 Ebd. S. 72.
22 Jg. 1842. Nr. 1. S. 5.
23 Gotthelf (Anm. 1) Bd. XV. S. 257f., 394f.
24 Ebd. S. 108.
25 Zweimal zeigt Uli seinen Meistern ein unerwartet hohes Trinkgeld an, wobei sein Mißtrauen gegen dieselben durch die Empfindung der Heiligkeit des Meisters bzw. durch den Gedanken an Gott und die eigene Ehre besiegt wird (113f., 185f.).
26 Hoffmann (Anm. 10) S. 97; Leonhard Friedrich: Eigentum und Erziehung bei Pestalozzi. Geistes- und realgeschichtliche Voraussetzungen. Bern/Frankfurt a. M. 1972. S. 12, 81–126; Werner Hahl: Jeremias Gotthelf und der Rechtsstaat. Dichtung im Kontext der Rechts- und Verfassungsgeschichte am Beispiel der »Erlebnisse eines Schuldenbauers«. In: Internationales Archiv für Sozialgeschichte der deutschen Literatur 4 (1979) S. 68–99.
27 Das Muster einer reichen und doch auf Bauernart arbeitenden Familie ist die des patrizischen Oberamtmanns in Gotthelfs »Der Oberamtmann und der Amtsrichter« (1853).
28 Keller (Anm. 5) S. 52.
29 Hoffmann (Anm. 10) S. 104.
30 Keller (Anm. 5) S. 69.
31 Ebd. S. 68.
32 Wilhelm Kähler: Gesindewesen und Gesinderecht in Deutschland. Jena 1896. Kap. III: »Das geltende Gesinderecht«. – Durch Zusatzverträge wurden z. T. Geldstrafen festgelegt für: Trunkenheit, Beschädigung, Abwesenheit, Vergeßlichkeit, Unordentlichkeit, Unreinlichkeit usw. Selbst das Zubettgehen sollte, einem Vorschlag zufolge, vertraglich geregelt werden, s. William Löbe: Das Dienstbotenwesen unserer Tage. [...] Eine von der XIV. Versammlung deutscher Land- und Forstwirthe gekrönte Preisschrift. Leipzig 1852. S. 64.
33 Löbe (Anm. 32) S. 57.

34 W[ilhelm] H[einrich] Riehl: Die Familie. Stuttgart 1861. S. 192–194. [Hausandachten als Mittel, die Folgen der bürgerlichen Revolution zu bekämpfen.]
35 Löbe (Anm. 32) S. 42f., 64.
36 Ebd. S. 1f.; Th[eodor] von der Goltz: Die ländliche Arbeiterfrage und ihre Lösung. Danzig 1872. S. 64; Max Weber: Die ländliche Arbeitsverfassung (1893). In: M. W.: Gesammelte Aufsätze zur Sozial- und Wirtschaftsgeschichte. Tübingen 1924. S. 450.
37 Max Weber: Entwickelungstendenzen in der Lage der ostelbischen Landarbeiter (1894). Ebd. S. 470–507.
38 Goltz (Anm. 36) S. 25–34; Weber (Anm. 36) S. 445.
39 Schwab (Anm. 10) S. 276.
40 Kähler (Anm. 32) S. 208.
41 Mit familienrestaurativen Tendenzen im Sinne des ›ganzen Hauses‹ traten hervor: die historische Rechtsschule (Schwab, Anm. 10, S. 275, 278, 290), die Versammlung deutscher Land- und Forstwirte (Löbe, Anm. 32), zahlreiche lokale »Dienstbotenbesserungsvereine« (Löbe, Anm. 32, S. 42–48). Die evangelischen Kirchen führten in den dreißiger Jahren Luthers »Kleinen Katechismus«, das Grundbuch der Predigten über den christlichen Hausstand, wieder ein (Hoffmann, Anm. 10, S. 49). Als Autor mit weitreichender Wirkung auf Schulen und Volksbildungsvereine ist Riehl (Anm. 34) zu nennen, der Gotthelf den größten Dichter des ›Hauses‹ nannte (ebd. S. 294f.).
42 Hahl (Anm. 26).

Literaturhinweise

Zum Begriff des ›ganzen Hauses‹ und zum Dienstbotenwesen

Hoffmann, Julius: Die »Hausväterliteratur« und die »Predigten über den christlichen Hausstand«. Lehre vom Hause und Bildung für das häusliche Leben im 16., 17. und 18. Jahrhundert. Weinheim/Berlin 1959.
Hofmann, Johann Gottfried: Die Macht des Geldes. Eine Aufsuchung der Ursachen der Verarmung und des sittlichen Verfalls so vieler unserer Mitmenschen, nebst Mitteln zur Abhülfe. Leipzig 1845.
Kähler, Wilhelm: Gesindewesen und Gesinderecht in Deutschland. Jena 1896.
Löbe, William: Das Dienstbotenwesen unserer Tage. [...]. Eine von der XIV. Versammlung deutscher Land- und Forstwirthe gekrönte Preisschrift. Leipzig 1852.
Riehl, W[ilhelm] H[einrich]: Die Familie. Stuttgart 1854.
Schleiermacher, F[riedrich]: Predigten über den christlichen Hausstand. Berlin 1820.
Schwab, Dieter: Familie. In: Geschichtliche Grundbegriffe. Historisches Lexikon zur politisch-sozialen Sprache in Deutschland. Hrsg. von Otto Brunner, Werner Conze und Reinhart Koselleck. Bd. 2. Stuttgart 1975. S. 253–301.

Zur Dorfgeschichte

Baur, Uwe: Dorfgeschichte. Zur Entfaltung und gesellschaftlichen Funktion einer literarischen Gattung im Vormärz. München 1978.
Hahl, Werner: Gesellschaftlicher Konservatismus und literarischer Realismus. Das Modell einer deutschen Sozialverfassung in den Dorfgeschichten. In: Realismus und Gründerzeit. Manifeste und Dokumente zur deutschen Literatur 1848–1880. Hrsg. von Max Bucher [u. a.]. Bd. 1. Stuttgart 1976. S. 48–93, 269–274.

Zu Gotthelf (grundlegend)

Sengle, Friedrich: Biedermeierzeit. Bd. 3. Stuttgart 1980. Kap. ›Jeremias Gotthelf‹.

Zu »Uli der Knecht«

Bartels, Adolf: Jeremias Gotthelfs (Albert Bitzius') ausgewählte Werke in zehn Bänden. Leipzig o. J. Einleitungsband. S. 68–71; Bd. 2. S. 5–12.

Fehr, Karl: Das Bild des Menschen bei Jeremias Gotthelf. Frauenfeld 1953. S. 254–300.

Grolman, Adolf von: Jeremias Gotthelf, Uli der Knecht. In: A. v. G.: Europäische Dichterprofile. Zweite Reihe. Düsseldorf 1948. S. 96–110.

Keller, Gottfried: Jeremias Gotthelf I. In: G. K.: Sämtliche Werke. Hrsg. von Jonas Fränkel und Carl Helbling. Bd. 22. Bern 1948. S. 43–73.

Manuel, Carl: Albert Bitzius (Jeremias Gotthelf). Sein Leben und seine Schriften. Berlin 1857. S. 82–86.

Muschg, Walter: Jeremias Gotthelf. Eine Einführung in seine Werke. Bern 1954 u. ö. S. 82–92.

Waidson, Herbert Morgan: Jeremias Gotthelf. An Introduction into the Swiss Novelist. Oxford 1953. S. 71–84.

PETER HASUBEK

Karl Gutzkow: *Die Ritter vom Geiste* (1850/51) Gesellschaftsdarstellung im deutschen Roman nach 1848

Wenn man *Die Ritter vom Geiste* von Karl Gutzkow (1811–78) typologisch einzuordnen versucht, so stellt sich aufgrund der Forschungslage zur Charakterisierung der Darstellungsabsichten Gutzkows schnell der Begriff ›Zeitroman‹ ein. Aber auch vom ›Gesellschaftsroman‹ zu reden ist gelegentlich üblich und durchaus nicht abwegig, hat doch Gutzkow 1854 im Zusammenhang mit seiner bemerkenswerten Definition des Romans des Nebeneinander selbst von den *Rittern vom Geiste* als von einem »socialen Roman«[1] gesprochen. Der Zeitroman ist bei Gutzkow zugleich Gesellschaftsroman, und zwar in dem Sinne, daß der Aspekt der Gesellschaftsdarstellung in dem weitergehenden Konzept des Zeitromans aufgehoben ist. Die Offenheit gesellschaftlichen Problemen gegenüber kann bei den aus der jungdeutschen Bewegung hervorgegangenen Schriftstellern ohne weiteres vorausgesetzt werden, wurde von ihnen doch als den ersten in der deutschen Literaturgeschichte die gesellschaftliche Bedingtheit der Kultur und insbesondere der Literatur klar erkannt und ausgesprochen. Seit der Revolution von 1830 ist bei Gutzkow ein wachsendes Interesse an gesellschaftlichen Problemstellungen zu beobachten, und es ist mehr als nur ein oberflächliches Kuriosum, wenn er mit der Darstellung seiner eigenen Jugend in der autobiographischen Schrift *Aus der Knabenzeit* zugleich Beiträge zu einer »Gesellschaftskunde«[2], die er als ein neuartiges Interessen- und Beobachtungsfeld sowohl der Literatur als auch der Wissenschaft seiner Zeit erachtete, zu liefern bemüht war. Die eigene Individualgeschichte wird von Gutzkow in weit größerem Maße in Abhängigkeit von gesellschaftlichen Prozessen begriffen, als dies Goethe in *Dichtung und Wahrheit* beabsichtigte.

Im Rahmen seines Zeitromans realisierte Gutzkow auch das Konzept eines Gesellschaftsromans, das seinen Intentionen nach in Deutschland um 1850 höchst bemerkenswert war und im Hinblick auf den europäischen Gesellschaftsroman der gleichen Zeit Originalität beanspruchen durfte. Wenn Gutzkow seinen »socialen Roman« charakterisiert, so gebraucht er dabei bezeichnende Vergleiche: er spricht von einem »Teppich« (I,8) und von einem »Concert, wo der Autor alle Instrumente und Stimmen zu gleicher Zeit in- und nebeneinander hört«[3]. ›Konzert‹ und ›Teppich‹ sind Umschreibungsversuche der Darstellungsweise eines Gesellschaftsromans, die vorausweisenden Charakter besitzen und in der Erzählkunst des 20. Jahrhunderts Widerhall finden werden: bei André Gide, James Joyce, John Dos Passos, Thomas Mann, Robert Musil, Hermann Broch. Bei Gutzkow soll uns vornehmlich die Frage interessieren, welcher Begriff von der Gesellschaft den *Rittern vom Geiste* zugrunde liegt, wie diese Gesellschaft beschaffen ist und wie sie dargestellt wird.

Mit Gutzkows Vorstellung vom Gesellschaftsroman als einem vielstimmigen »Concert« und einem feinstrukturierten Gewebe eines »Teppichs« hängt es zusammen, daß er das Ziel verfolgt, ein umfassendes Bild der Gesellschaft zu vermitteln. Diesen Totalitätsanspruch seines Erzählkonzeptes formulierte er bereits in der ersten Vorrede der *Ritter vom Geiste* vom Jahre 1850: »Da liegt die ganze Welt! Da ist die Zeit wie ein ausgespanntes

Tuch! Da begegnen sich Könige und Bettler!« (I,7)[4] »Könige« und »Bettler«, das ist in der Tat die weiteste Klammer für die Schilderung einer *›gemischten‹* Gesellschaft, wie sie Gutzkow in den *Rittern vom Geiste* bietet. Auf der einen Seite erhält der Leser Einblicke in das Leben der sozial und moralisch auf der untersten Stufe der gesellschaftlichen Skala stehenden Menschen der Brandgasse Nr. 9, auf der anderen Seite scheut Gutzkow nicht davor zurück, auch das Königspaar und den engeren Hof mehrfach erzählerisch in Erscheinung treten zu lassen (V,313ff. und IX,82ff.). Gutzkow wollte keine gesellschaftliche Schicht von der Schilderung im Roman ausschließen. Demzufolge wird der gesellschaftliche Corpus zwischen Bettler und König sehr differenziert dargestellt: Es gibt keine Schwarzweißmalerei gesellschaftlicher Verhältnisse. In dem Milieu der Brandgasse begegnen sich heruntergekommene Subjekte, Diebe und Gauner, desgleichen aber auch strebsame Kleinbürger und Handwerker, die ein begrenztes Selbstgefühl entwickeln und über einen milieubedingten ›Wohlstand‹ verfügen. Breit ist vor allem die soziale Streuung im Bereich des mittelständischen Bürgertums mit zahlreichen Vertretern unterschiedlicher Berufssparten, einschließlich der Kunstsphäre in vielperspektivischer Nuancierung.[5] Vom Adel gilt, daß Gutzkow vom Königshaus bis herab zum unbedeutenden Landadel von Plessen ein farbenreiches Bild adliger Lebens- und Verhaltensweisen der Zeit entwirft.[6] Gutzkows Vorstellung vom Gesellschaftsroman übertrifft, was die Breite der präsentierten Gesellschaft angeht, die meisten anderen Vertreter des europäischen Gesellschaftsromans, so z. B. Thackeray (*Vanity Fair. A novel without a hero*, 1847/48) und Dickens (*The posthumous papers of the Pickwick-Club*, 1837), die entweder nur bestimmte, ausgewählte Schichten der Gesellschaft schildern oder gar ein Kuriositätenkabinett gesellschaftlicher Sonderlinge aufbieten.

Die Beobachtungen über die Gesellschaft bei Gutzkow könnten indes den Anschein erwecken, als läge Gutzkows Roman ein dreigliedriges Gesellschaftssystem nach herkömmlichem Muster zugrunde: Adel – Bürgertum – Proletariat. Unterschwellig kann man diese Gliederung in der Tat auch wahrnehmen, doch ist es nicht Gutzkows Absicht, diese Schichtung im Roman zu betonen, er will sie vielmehr überwinden. Überhaupt operiert Gutzkow – das sei nebenbei angemerkt – nicht mit gesellschaftlichen Klassen- oder Schichtenklischees. Die Begriffe ›Proletariat‹ oder ›Arbeiterstand‹ werden von Gutzkow nicht artikuliert. Die Überwindung der gesellschaftlichen Klassenschranken ermöglicht Gutzkow im Roman durch verschiedene Darstellungsweisen. Zunächst ist hier an die bereits erwähnte differenzierende Abstufung bei der Schilderung der Gesellschaft zu erinnern, wodurch ständig fließende Übergänge von einer Gesellschaftsschicht zur anderen auftreten. Zum anderen beobachtet man eine intensive Verflechtung und innere Verbindung aller Gesellschaftskreise, die Gutzkow durch das wechselseitige Auftreten einzelner Romanfiguren in den unterschiedlichsten Kreisen erreicht. Eine enge Verfilzung, ein Ineinander der gesellschaftlichen Bereiche, strebt Gutzkow auch dadurch an, daß er einzelne Motivstränge des Romans quer durch alle gesellschaftlichen Schichten als verknüpfende Elemente führt.[7] Derart realisiert Gutzkow seine Vorstellung vom sozialen Roman als einem »Concert«, bei dem viele Instrumente gleichzeitig »in- und nebeneinander« hörbar sind. Die fließenden Übergänge zwischen den Bereichen der Gesellschaft haben auch den Sinn, den Abbau der Hierarchie in der Gesellschaft zu verdeutlichen. Zu den frühen Entscheidungen des politisch liberal gesinnten Gutzkow gehört es, daß er eine Gesellschaft, die nach hierarchischen Prinzipien strukturiert ist, ablehnt. In dem Roman *Die Ritter vom Geiste* zieht er bei der Beschreibung der zeitgenössischen Gesellschaft die Konsequenzen aus dieser Einstellung. Gutzkows Gesellschaftsschilderung in den *Rittern vom Geiste* bedeutet danach einen Schritt auf dem Wege zu einer demokratischen Gesellschaft, soweit dies jedenfalls im zeitüblichen Verständnis um 1850 denkbar war.

Mit diesem Modell einer allseitig verbundenen und in Übergängen befindlichen Gesellschaft unterscheidet sich Gutzkow deutlich von gleichzeitigen Darstellungs- und Lösungsversuchen der gesellschaftlichen Problematik des sozialen Romans in Deutschland. In dem *Fragment eines Romans* von Georg Weerth von 1847[8] treffen wir eine Gesellschaft an, die nach marxistischem Muster polar strukturiert ist. Die Schichten des kapitalistischen Unternehmers (Preiss) – der Adel wird zwar geschildert, ist aber gesellschaftlich bedeutungslos und ebenso vom Unternehmer ausgebeutet wie das Proletariat – stehen in scharfem Gegensatz zur Klasse des Fabrikproletariats, dessen Situation von Weerth in entsprechenden Schilderungen vorgeführt wird. Ein harmonisierender Kompromiß zwischen den Kontrahenten erscheint unmöglich, die gesellschaftlichen Konflikte (mehr Lohn, bessere Arbeitsbedingungen, Beteiligung am Gewinn) können nur durch Streik und offenen Kampf gelöst werden. Polarisierte Gesellschaftsstrukturen trifft man auch in anderen sozialen Romanen der vierziger Jahre an: so bei Ernst Willkomm in *Eisen, Gold und Geist* (1843) und *Weisse Sclaven* (1845) sowie in *Das Engelchen* von Robert Prutz.[9] Die soziale Spannung besteht hier jeweils zwischen dem Fabrikherrn als Vertreter des frühkapitalistischen Unternehmertums und den Fabrikarbeitern.[10]

Dem sozialen Roman der vierziger Jahre eignet durch diese polare Gesellschaftsstruktur ein dynamisches Element, das eine Weiterentwicklung der Gesellschaft in Richtung auf die Durchsetzung der Interessen einer Klasse, der Arbeiter, impliziert. Allerdings ist die Tendenz zu beobachten, daß die gesellschaftlichen Konflikte bei Willkomm und Prutz nach teilweise scharfer Auseinandersetzung in einer Art Kompromiß harmonisierend gelöst werden.

Derartige Konfrontationen von Interessen gesellschaftlicher Schichten und Spannungen kennt der Roman Gutzkows nicht, obwohl auch in den *Rittern vom Geiste* Elendsschilderungen unterprivilegierter Schichten anzutreffen sind. Verglichen mit der Dynamik gesellschaftlicher Veränderungsabsichten im sozialen Roman der vierziger Jahre wirkt die Gesellschaft in Gutzkows Roman eher spannungslos, fast statisch. Gutzkow sucht die Lösung der gesellschaftlichen Probleme in den *Rittern vom Geiste* nicht auf dem Weg der Verbesserung der Lebens- und Arbeitsbedingungen einer bestimmten sozialen Schicht, möglicherweise gar auf dem Wege gewaltsamer Lösungen.[11] Von der ganzen Konzeption des Romans her gesehen (Allseitigkeit, Gesamtbild), war es unmöglich, eine Gesellschaftsschicht oder -gruppe mit absolut gesetztem Geltungsanspruch zu akzentuieren, weil dadurch die Proportionen der Gesellschaft im Roman erheblich gestört worden wären. Gutzkow strebte eine neue Gesellschaft auf der Grundlage der Synthese aller Kräfte der Gesellschaft an, nicht die Durchsetzung der Herrschaft einer Schicht im Roman, etwa des Proletariats. Danach bedeutet es interpretatorisch auch keinen Fortschritt, wenn man Gutzkows Gesellschaftsbild mit den handelsüblichen Maßstäben der marxistischen Gesellschaftstheorie mißt, man würde dann nur zu den bekannten negativen Urteilen über den Roman Gutzkows gelangen, nicht zu einer weiterführenden Interpretation.[12]

Der Eindruck spannungsloser Ausgeglichenheit gesellschaftlicher Zustände bei Gutzkow entsteht vor allem dadurch, daß bisher nur auf diejenige Schicht der Gesellschaftsdarstellung eingegangen wurde, in der die spannungshaften Momente der Gesellschaft durch jenes Prinzip der kommunikativ allseitigen Verbundenheit der gesellschaftlichen Kreise bereits aufgehoben sind. Es ist dies ein zukunftsorientiertes Gesellschaftsbild, das als Wunschvorstellung vornehmlich in der Phantasie des Dichters als *vates* (Seher, Zukunftsdeuter) besteht (I,7f.). Dieser Art der Darstellung der Gesellschaft steht ein anderes Gesellschaftsbild gegenüber, in dem analysierend diejenige Gesellschaft beschrieben wird, die Gutzkow um 1850 vorfindet. Sie ist gekennzeichnet durch Zerrissenheit und Atomisierung, durch die Isolierung der einzelnen Mitglieder der Gesellschaft, durch egoistische und parteiliche Interessen. Gutzkow hat diesen Zustand der Gesellschaft mehrfach in seinen essayistischen und zeitkritischen Schriften der dreißiger und vierziger Jahre analysiert.[13]

Das Querschnittsverfahren, das Gutzkow zur Schilderung der Gesellschaft in den *Rittern vom Geiste* anwendet, vermittelt ein Oberflächenbild der Gesellschaft, das sich auf die Reproduktion eines kurzen Zeitabschnitts beschränkt. Diese Erzähltechnik tritt in Konkurrenz mit Gutzkows erkennbarer Absicht, dem Geschehen doch historische Tiefe zu geben. Zu diesem Zweck blendet er Charakterporträts und Lebensläufe als Relikte des Bildungsromans ein, die besonders im neunten Buch seine fortschrittliche Konzeption eines zeitgemäßen Gesellschaftsromans in Frage stellen. Mit dem Verfahren der chronikalisch möglichst genauen Reproduktion der Gesellschaft, ihres Ist-Zustandes, steht Gutzkows sozialer Roman dem Gesellschaftsroman Balzacs nahe. Wie Balzac ist auch Gutzkow darum bemüht, nach dem Prinzip der Allseitigkeit ein umfassendes Bild der Gesellschaft zu gestalten, das gleichsam wie bei Balzac »Szenen aus dem Pariser [=Berliner] Leben«, »Szenen aus dem Landleben« (Plessen), »Szenen aus dem politischen Leben« usw. beinhaltet. Während Balzac in der *Menschlichen Komödie* zur Verwirklichung dieser Erzählabsicht eine Vielzahl von Romanen und Erzählungen wählte, die freilich nur locker untereinander verbunden sind, drängte Gutzkow Balzacs Darstellungsziel auf *einen* Roman von neun Büchern mit der intensiven Verflechtung der einzelnen gesellschaftlichen Bereiche zusammen. Als Beispiel dafür, wie Gutzkow einzelne Kräfte der zeitgenössischen Gesellschaft analysierend darstellt und beurteilt, sei ein Blick auf die Handlungsweisen der staatlichen Ordnungsorgane geworfen. Der Staat unterhält ein ausgeprägtes Polizei- und Spitzelsystem, mit dessen Hilfe alle nicht staatskonformen Aktionen unter Kontrolle gebracht und unterdrückt werden sollen. Mit Verhaftungen und Verurteilungen wird dabei von seiten des Staates nicht zaghaft verfahren. Die Aktivitäten der Polizisten und Spitzel beziehen sich einmal auf die Entdeckung krimineller Handlungen, z. B. im Milieu der Brandgasse und auf dem Fortunaball, zum anderen auf die Überwachung jeglicher politischer ›Umtriebe‹, die nicht in das Bild eines konservativen preußischen Staates passen: So werden die politischen Aktivitäten der Ritter vom Geiste und anderer Gruppen beobachtet. Egon von Hohenberg schreckt als Innenminister nicht davor zurück, seinen Freund Dankmar Wildungen, den Initiator des Bundes der Ritter vom Geiste, verhaften zu lassen. Diese Beispiele zeigen zweierlei: Aus der Sicht politischen Denkens und Handelns gibt es in dieser Gesellschaft, wie sie Gutzkow analysierend beschreibt, keine Freiheit. Jeder politisch abweichende Kurs wird als staatsgefährdend unterdrückt. Die Gesellschaft erscheint als im höchsten Grade reglementiert und kontrolliert. Durch den Umstand, daß in ihr keine politisch weiterführende Aktivität erlaubt, alles von vornherein festgelegt ist, kann man sie als politisch ›geschlossen‹ bezeichnen. Zum anderen erkennt man in der Hervorhebung der Macht der polizeilichen Organe und des von ihnen ausgehenden Drucks auf die Staatsbürger eine ›realistisch‹ zutreffende Gestaltung der Gesellschaft Preußens vor und nach der Revolution von 1848 wieder.

Es kann jedoch nicht geleugnet werden, daß Gutzkow gerade diesen politischen Verhaltensweisen des Staates kritisch gegenübersteht. Dies resultiert nicht nur daraus, daß die Polizeiaktionen als dunkle Machenschaften und von Illegalität behaftet ins Zwielicht gerückt werden (z. B. die Haussuchung bei den Brüdern Wildungen), sondern vor allem auch daraus, daß die im Roman geschilderten Vertreter der Ordnungsmächte (Pax[!], Mullrich und Schmelzing) überwiegend karikierend und abwertend dargestellt werden.

Die kritische Einstellung Gutzkows der Gesellschaft gegenüber zeigt sich nicht nur in der pointiert negativen Darstellungsweise der Staatsorgane, sie begegnet auch häufig in anderen Zusammenhängen. So werden gesellschaftlich exponierte und fragwürdige Existenzen kritisch beleuchtet und teilweise satirisch dargestellt. Beispiele hierfür sind die schriftstellernde und politisierende Pauline von Harder und ihr als Karikatur geschilderter Ehemann Henning von Harder, der verantwortliche Staatsbeamte für die königlichen Gärten und Schlösser. Mit scharfer Kritik werden die an verschiedenen Mitgliedern der Gesellschaft veranschaulichten religiösen Umtriebe der Zeit verfolgt: die pietistische Richtung der Amanda von Hohenberg und vor allem die im privaten, religiösen und politischen Beziehungsfeld agierenden Jesuiten. Mit kritischen Akzenten versieht Gutzkow auch das konservativ-militärische Gebaren der Wilhelmine von Flottwitz und ihrer Brüder, den national gefärbten Kunstrummel, den Frau von Trompetta inszeniert, die stockkonservativ-altfränkischen Kreise und das reaktionär-absolutistische Verhalten Egon von Hohenbergs als preußischer Minister. Die Reihe der Beispiele ließe sich fortsetzen.

In einem wesentlichen Punkt geht Gutzkow über die Chronik der Gesellschaft vom Typ Balzacscher und auch Stendhalscher Gesellschaftsromane hinaus und sprengt die politische Geschlossenheit der Gesellschaft in einer bestimmten Richtung auf. Der im geheimen agierende, vom Staat verfolgte Bund der Ritter vom Geiste strebt eine Lösung der die Zeit und die Gesellschaft bedrängenden Fragen und Probleme in ihrer Gesamtheit an. Ausgangspunkt für die Konzeption des Bundes sind offensichtlich Gutzkows politische Erfahrungen der jüngsten Vergangenheit. Die Revolution von 1848 war deswegen zum Scheitern verurteilt, weil es ihr nicht gelang, einen Konsens der zahlreichen in der politischen Landschaft vorhandenen Interessen und Standpunkte herzustellen. Die Zeit und die Gesellschaft sind aufgesplittert in viele sich bekämpfende Machtpositionen, deren Widersprüche keine positive Weiterentwicklung der gesellschaftlichen und politischen Zustände gestatten. Erst wenn diese Spannungen und Gegensätze auf einen gemeinsamen vermittelnden Nenner gebracht werden können, ist eine Lösung der Zeit- und Gesellschaftsproblematik möglich. Einen solchen Integrationspunkt findet Gutzkow, dabei locker an Lessings Toleranzidee anknüpfend, im Moment des *Geistes*. Eine Weiterentwicklung gesellschaftlicher Zustände ist nach Gutzkow nur dann möglich, wenn eine auf dem Geist basierende höhere Reflexionsstufe bei der Lösung gesellschaftlicher Probleme erreicht wird. Demzufolge lehnen die Mitglieder des Ritterbundes jegliche Gewaltanwendung ab und kämpfen auch nicht für die Durchsetzung bestimmter Einzelinteressen sozialer Gruppen (vgl. IX,338f.): eine Handlungsweise z. B. im Sinne der Zielvorstellungen des Arbeiterstandes wäre ein

Rückschritt in den Ist-Zustand der Gesellschaft und stände im Widerspruch zu den weitergehenden politischen Vorstellungen des Ritterbundes, der gerade die egoistischen Einzelinteressen überwinden möchte. Die Absage Gutzkows an vordergründige gesellschaftliche Zielsetzungen ist sicher eine Konsequenz, die sich ihm angesichts des Scheiterns der Revolution von 1848 aufdrängte. Wir sehen, die politischen Vorstellungen der Ritter vom Geiste tendieren auf eine Lösung der gesamtgesellschaftlichen Problematik; die Beseitigung von partiellen Mängelzuständen der Gesellschaft ist von untergeordneter Bedeutung. Eine Gesellschaft, die von ihren Wurzeln, d.h. von der geistigen Einstellung ihrer Mitglieder her kuriert wird, beinhaltet als Folge auch die Aufhebung vorhandener Mißstände. Dieses utopische Modell wird freilich von Gutzkow nicht weiter erläutert, seine Inhalte werden nicht wörtlich ausformuliert, aber in der Art der Darstellung der Gesellschaft ist teilweise dieses weiterführende Konzept veranschaulicht und realisiert.

Am Beispiel einiger kurzer Gesprächseinheiten soll nun der Frage nach der Art und Weise der Gestaltung der Gesellschaft in den *Rittern vom Geiste* nachgegangen werden. Die Beantwortung dieser Frage ist indes sehr komplexer Natur und kann in diesem Rahmen nur partiell geleistet werden.

Zunächst ist zu beobachten, daß durch die Porträtierung einzelner Romanfiguren die gesellschaftlichen Positionen und Verhältnisse ebendieser Figuren verdeutlicht werden. Darüber hinaus wählt Gutzkow bei der Konzipierung seiner Romanfiguren ein Verfahren, das eine Mischung aus typenhaften und individuell bestimmten Merkmalen verwirklicht. Die typenhaften Züge verkörpern jeweils diejenigen Merkmale, die über das Individuelle der Figur auf überpersönliche Gegebenheiten, auf gesellschaftliche Beziehungen und Verhältnisse, hinausweisen.[14] In ähnlicher Weise wird später auch Theodor Fontane seine Figuren in seinen Gesellschaftsromanen gestalten.[15]

Mit Fontanes Gesellschaftsromanen haben Gutzkows *Ritter vom Geiste* indes noch eine andere, weit wichtigere Darstellungsweise der Gesellschaft im Roman gemeinsam: die Bevorzugung der Gesprächsstruktur als Mittel, gesellschaftliche Zustände durch die Figuren selbst zu verdeutlichen. Was für Gutzkows Roman *Die Ritter vom Geiste* bereits konstitutiv und kennzeichnend ist, das wird Fontane vier Jahrzehnte später zu hoher literarischer Kunstfertigkeit entwickeln. Das Gespräch, auf dessen Betrachtung als Mittel der Gesellschaftsdarstellung bei Gutzkow wir uns hier beschränken müssen, ist die sprachliche Form, mit deren Hilfe die Gesellschaft im Roman in erster Linie veranschaulicht wird.[16] Im Gespräch erscheinen die Romanfiguren als vergesellschaftete Wesen, als Menschen, die in einer Gesellschaft agieren und auf gesellschaftliche Partner reagieren, von der Gesellschaft geprägt und bestimmt werden, die nicht mehr als Personen sprechen und handeln, die ihr Leben individuell unabhängig verwirklichen können, wie ihnen dies z.B. noch im Entwicklungsroman möglich war. Gutzkow hat diese wichtige ›gesellschaftliche‹ Funktion der Gesprächsform schon frühzeitig erkannt. In den anonym erschienenen *Briefen eines Narren an eine Närrin* von 1832 zeigt er an einem Beispiel,[17] wie die isolierten Einzelwesen einer Gruppe von Menschen in dem Augenblick, da sich ein Gespräch entwickelt, zu einer interagierenden, sich zusammenfügenden Gemeinschaft werden. Durch das Gespräch wird die Isolierung der Menschen aufgehoben, sie leben nicht mehr fremd und beziehungslos nebeneinander her. Das Gespräch als Kommunikation begründendes Element hat demnach entscheidende Bedeutung für die spezifische Darstellungsweise eines Gesellschaftsromans.

Vergleicht man in Gutzkows Roman *Die Ritter vom Geiste* mehrere Gespräche miteinander, so stellt man fest, daß der Autor mit einer Vielzahl von Gesprächstypen variierend arbeitet. In dem farbenreichen Spektrum dialogischer Formen erkennt man Mitteilungs- oder Informationsgespräche, Diskussionen, theoretisierende Gespräche, Reden und Ansprachen, Streitgespräche, Figuren charakterisierende Gespräche und an vielen Stellen auch Plaudereien über alltägliche Belanglosigkeiten.
Die hier näher zu betrachtende Gesprächsreihe führt den Leser anläßlich eines geselligen Nachmittags in das Haus der Fürstin Wäsämskoi (VI,124ff.). Nachdem die Weinlese, der eigentliche Anlaß der Einladung, vorüber ist, läßt Gutzkow einige der Gäste sich in einer Sequenz von Gesprächen in verschiedenen, z. T. wechselnden Gruppierungen über unterschiedliche Gegenstände unterhalten. Die Gesellschaft, die sich an diesem geselligen Nachmittag im Hause Wäsämskoi zusammengefunden hat, ist ›gemischt‹: Adel, Bürgerliche, Militärs, Untergebene und Arbeiter haben Gelegenheit, miteinander Kontakt aufzunehmen und sich in der Unterhaltung näherzukommen. Nach einer Unterredung mit drei Arbeitern, die die Aufgabe hatten, ein Feuerwerk zu organisieren, läßt Gutzkow Siegbert Wildungen eine bezeichnende Äußerung über die Gesellschaft des Nachmittags machen: »Und habt Euch doch heute überzeugen können, daß die Schranke zwischen denen und uns und Euch nicht mehr gar zu hoch ist!« (159) Unter diesem Blickwinkel erhalten die Party bei der Fürstin Wäsämskoi und die dabei geführten Gespräche gesellschaftspolitische Relevanz.
Die für einen Gesellschaftsroman typische Situation – man denke an ähnliche Gesprächsanlässe in den Romanen Fontanes – wird durch eine charakteristische Formel eingeleitet: »Die Gesellschaft wandelte im Garten auf und ab, bald vereint, bald zerstreut.« (124) Die erste Gesprächspartie zwischen Anna von Harder und Frau von Trompetta, bei der einige andere Personen als Zuhörer, die sich mit kurzen Bemerkungen am Gespräch beteiligen, zugegen sind, wird über Literatur (Goethes *Wilhelm Meister*) geführt. Die Literaturthematik bildet das Bindeglied zum nächsten Gesprächsabschnitt: Man neckt Peters, den Kutscher des Hauses, damit, daß er in seiner Freizeit den *Don Quijote* von Cervantes liest, um den Ärger über seine Frau zu vergessen. Nach einer Überleitung durch den Erzähler wird eine neue Gesprächskonstellation gebildet: Propst Gelbsattel, Frau von Trompetta und Siegbert Wildungen unterhalten sich über Kunst, wobei der erste Teil des Gesprächs, der eine Attacke Gelbsattels gegen den von Frau von Trompetta veranstalteten Kunstbetrieb enthält, von Gutzkow raffend-erzählend vermittelt wird. Durch das Hinzutreten einer vierten Person wird eine Aufteilung der Gesprächspartner in zwei Gruppen vorgenommen: Gelbsattel–Siegbert; Frau von Trompetta–Leidenfrost. Da das Gespräch zwischen Gelbsattel und Siegbert wichtige, die Handlung weiterführende Impulse enthält, wird nur dieses dem Leser vermittelt. Das Auftreten einer neuen Figur, des Sergeanten Heinrich Sandrart, unterbricht dieses Gespräch und läßt eine neue Gesprächseinheit mit militärischer Thematik zwischen Wilhelmine von Flottwitz und dem Soldaten entstehen. Bevor es zu der Unterredung zwischen Dankmar und Wilhelmine von Flottwitz kommt, auf die wir noch genauer eingehen werden, schiebt Gutzkow eine Gesprächspartie zwischen Dankmar und Sandrart und eine überleitende Erzählung ein. Nach dem Gespräch zwischen Dankmar Wildungen und Wilhelmine von Flottwitz wird als Unterbrechung der Gesprächsfolge eine Schilderung des Feuerwerks durch den Erzähler eingefügt, der sich eine Gesprächsszene mit den Arbeitern anschließt, bevor die Aussprache zwischen Siegbert

Wildungen und Olga Wäsämskoi folgt. Danach endet die Nachmittagsgesellschaft mit der Abfahrt der Gäste. – Die Abfolge der Gespräche wurde mit Absicht so ausführlich wiedergegeben, um an einem Beispiel zu verdeutlichen, wie Gutzkow eine Sequenz von Gesprächen und den situativen gesellschaftlichen Kontext häufig arrangiert.

Gutzkow konzipiert seine Romanfiguren in einer Weise und führt Figurenkonstellationen im Gespräch herbei, die überwiegend das gesellschaftliche Sein, nicht das private und individuelle Bild des Menschen zur Geltung bringen. In dem Gespräch zwischen Wilhelmine von Flottwitz mit dem Sergeanten Heinrich Sandrart wird dieser ausschließlich aus einem Blickwinkel gezeigt: als Vertreter des Militärs. Von seinen privaten Interessen oder seinen sonstigen Eigenschaften verlautet nichts. Wilhelmine von Flottwitz wird dabei als eine Person gekennzeichnet, die durch ihr Wissen und ihre Sprachformen ebenfalls in bestimmter Weise der Sphäre des Militärs zuzuordnen ist. Das Gespräch wird von Gutzkow als *Verhör* gestaltet: Wilhelmine agiert als Verhörende, Sandrart reagiert lediglich. Diese Gesprächsstruktur signalisiert zugleich Aussagen über die gesellschaftlichen Standorte der Sprecher. Sandrart wird als in gesellschaftlich untergeordneter und abhängiger Situation befindlich gekennzeichnet, während Wilhelmine allein schon durch ihr selbstsicheres, apodiktisches, keinen Widerspruch duldendes Sprechen als einer wesentlich höheren Gesellschaftsschicht zugehörig charakterisiert wird. Gerade bei dem Versuch Wilhelmines, die gesellschaftliche Kluft zwischen ihr und Sandrart herauszustellen, greift Dankmar, der bisher Beobachter des Gesprächs war und sich dadurch auf die Redestrategie der Wilhelmine von Flottwitz einstellen konnte, ein und verweist ihr rügend die Behandlungsweise des Soldaten und ihren darin zutage tretenden gesellschaftlichen Snobismus, indem er auf andere Bereiche des Menschseins von Sandrart aufmerksam macht und dessen allgemeinmenschliche Werte betont (143f., 154). Diese Korrektur erscheint aus der Sicht Dankmars und des Erzählers notwendig, weil die Art und Weise, mit der jener im Gespräch verkürzt lediglich unter dem Aspekt seiner Position in der gesellschaftlichen Öffentlichkeit in Erscheinung trat, unangemessen wirkt. Durch dieses Verhalten charakterisiert Gutzkow Dankmar zugleich als eine Person, die den Abbau gesellschaftlicher Klassenunterschiede als ihr gesellschaftspolitisches Ziel verfolgt.

In dem Gespräch zwischen Dankmar Wildungen und Wilhelmine von Flottwitz wird in der Folge das Verhältnis von privatem Sein und gesellschaftlicher Gebundenheit des Menschen gestaltet. Die Auseinandersetzung erhält die Bedeutung eines gesellschaftlichen Experimentes, bei dem Gutzkow das Aufeinandertreffen zweier gegensätzlicher gesellschaftlicher und politischer Positionen gleich der Reaktion zweier chemischer Stoffe studieren möchte: »Dies Paar war heute zum ersten male in eine persönliche, durch Gespräch verbundene Beziehung gekommen und wunderbar rasch, wie zwei chemische Stoffe, die sich vereinigen, um zu explodiren hatten sie sich während des Festes gesucht und gefunden.« (142) Es ist die Intention beider Gesprächspartner während dieser Unterredung, die Aura vorgegebener gesellschaftlicher Einstellungen und Prägungen zu durchstoßen, um eine persönliche, menschliche Beziehung zwischen sich zu stiften. In der Gesprächsstruktur dokumentiert sich die Annäherungsabsicht in wiederholten Redeansätzen und Vorstößen beider Partner. Äußerlich hat es den Anschein, so kommentiert es der Erzähler, daß sich beide sehr »schnell in eine gewisse, Allen auffallende Vertraulichkeit fanden« (143). In der Eröffnungsphase des Gesprächs kritisiert Dankmar, wie gesagt, auf spöttische Weise Wilhelmines Verhalten Sandrart gegenüber und macht der Partnerin im gleichen Augenblick Komplimente, die redestrategisch den Sinn haben, das Gespräch und damit die Kommunikation in Gang zu setzen. Diese Bemerkungen gleiten unversehens ins Politische hinüber und geben Wilhelmine den Anlaß, ihre eigene politische Position und Einstellung zu beschreiben: Sie charakterisiert ihre Gesinnnung als vaterländisch, königstreu und, wie der von Gutzkow bewußt gewählte – karikierende – Name bereits verrät, als begeistert im Dienste des deutschen Flottenwesens tätig. An späterer Stelle bekennt sie von sich im politischen Jargon der Zeit: »Man muß dem Throne Kraft geben, den Arm der Fürsten stärken, die Bürgschaften der Ordnung befestigen!« (150) Dankmar, der dem Leser aus früheren Romanpartien vertraut ist, wird unter politischem Aspekt jetzt aus der Perspektive seiner gänzlich anders eingestellten Gesprächspartnerin beschrieben: Er erscheint Wilhelmine als der radikale Demokrat, der den Staat zerstören will. »Sie haben Ihren Geist wie ein Arsenal mit lauter feindseligen Waffen gegen das Bestehende ausgerüstet. In ihrem Kopfe leben nur Mordgewehre, Dolche, Barrikaden. [...] Es ist die Trommel des Aufruhrs, die Sie rühren [...].« (145) Der unterrichtete Leser wird diese Einschätzung Dankmars als standortbedingt übertrieben, deshalb verfälschend entlarven. Wilhelmine hat ein Bild von Dankmar, das weniger durch die Kenntnis seiner Person, als vielmehr durch von der Gesellschaft tradierte Vorurteile geprägt ist. Dankmar selbst korrigiert später diese Äußerungen Wilhelmines und begründet seine Kritik am Staat (152ff.). In Dankmar und Wilhelmine konfrontiert Gutzkow zwei Vertreter unterschiedlicher politischer Gesinnungen und stellt die Frage nach den Verständigungs- und Annäherungsmöglichkeiten beider.

Wilhelmines Interesse gilt nicht nur Dankmars politischen Anschauungen, es gilt darüber hinaus dem Menschen Dankmar, mit dem sie in ein tieferes als nur äußerliches Verhältnis kommen möchte. Wiederholt äußert sie mehr oder weniger verhüllt Anteilnahme an Dankmar, was durch die Art ihres Sprechens und ihres Verhaltens, nicht durch Worte selbst, von Gutzkow zum Ausdruck gebracht wird. Es hat fast den Anschein, daß die Sprache in dieser Situation unfähig ist, die Gefühlsgehalte der Partner zu artikulieren. Insofern stellen Gestik und Mimik, durch den Erzählerbericht vermittelt, wesentliche Bestandteile des Gesprächs dar. Gutzkow umschreibt Wilhelmines Einstellung zu Dankmar mit den Worten, daß sie ihn »fast zu lieben schien« (144). Als Dankmar einen Annäherungsversuch unternimmt, drückt Gutzkow ihre Reaktion folgendermaßen aus: Sie »zuckte zusammen. Sie ließ die Hand in Dankmar's Rechten; er mußte fühlen, daß sie zitterte« (145). Das Anzeichen einer gefühlsmäßigen Annäherung an Dankmar bildet jedoch nicht den Ausgangspunkt zu einer weiteren Annäherung, im Gegenteil: Die Regung wird unterdrückt durch die gleich folgenden politischen Redeinhalte. Dankmar seinerseits zieht sich zurück und reagiert mit humoristisch-ironischen Tiraden, wenn gesellschaftliche oder politische Verhältnisse angesprochen werden, in die er verwickelt ist.[18]

Persönliches kann bei dem Menschen in Gutzkows Roman nur im Zusammenhang mit dem gesellschaftlichen Rollenverständnis durchscheinen.[19] Es ist bemerkenswert, daß herkömmliche Standesschranken, anders als in dem Gespräch zwischen Wilhelmine und Sandrart, in der Unterhaltung zwischen der Adligen Wilhelmine von Flottwitz und dem Bürger Dankmar Wildungen keine Rolle spielen, vielmehr ist Wilhelmine die deutlich Unterlegene und Dankmar dank seiner weitergehenden politischen Vorstellungen und seiner geistigen Überlegenheit der Dominierende in der Diskussion. Der Elastizität von

Dankmars politischem Denken, basierend auf dem Prinzip der Veränderung und der Absage an herkömmliche erstarrte Ordnungen und Institutionen, vermag Wilhelmine als Vertreterin des sterilen monarchischen Systems nur eine wirkungslose politische Phraseologie entgegenzusetzen.

Es hat den Anschein, daß Dankmar zeitweise mit Wilhelmine spielt, um sie zu provozieren. Dennoch ist auch bei ihm ein über die gesellschaftliche Ebene hinausgehendes persönliches Interesse an Wilhelmine zu notieren. Auch Dankmar versucht die gesellschaftliche Oberfläche zu durchstoßen, indem er nach Wilhelmines wirklichen Ansichten forscht, denn er glaubt zu erkennen, daß Wilhelmine, wenn sie ihre konservativ-reaktionären Einstellungen nicht zur Schau stellen muß, ganz anders denkt und fühlt. Aber auch Dankmars Bemühen, eine weitergehende Annäherung zu bewirken, ist der Erfolg versagt, seine Versuche, ihr menschlich näher zu kommen, bleiben Episode. Weder Dankmar noch Wilhelmine gelingt es, die Hülle ihres gesellschaftlichen Seins zu durchstoßen. Der Mensch ist Gefangener eines politischen Systems, dessen Intoleranz die Kommunikation mit dem andersdenkenden Mitmenschen unmöglich macht. Die Fortsetzung des Gespräches bringt nur erneute politische Standpunkterklärungen und damit eher Entfernung als Annäherung. Dabei durchschauen die Gesprächspartner nicht, daß sie in ihrer Gesprächsstrategie einen Weg einschlagen, der bei den festgefahrenen Einstellungen beider zwangsläufig zu einem negativen Ausgang führen muß: Jeder versucht den andern auf die Seite der eigenen Anschauungen hinüberzuziehen, ihn zu ›bekehren‹. So kommt es, daß die als Experiment angelegte Gesprächssituation in die Sackgasse führt, es bleibt bei der früheren Distanz. Das resigniert und »aufseufzend« gesprochene letzte Wort Wilhelmines beendet die Unterredung. »Wir verständigen uns nicht!« (154) Das Gespräch hat hier sein bereits vorher absehbares negatives Ziel erreicht, sowohl formal als auch existentiell. Der Verständigungsversuch zweier Menschen unterschiedlicher Anschauungen ist gescheitert, die Kommunikation hört auf. Die Wertung dieses Gespräches durch den Erzähler unterstreicht die Aussichtslosigkeit des Experiments nachträglich: »Sie [Wilhelmine] ahnte fast, daß Dankmar für sich Recht hatte. Sie konnte ihm nur nicht sagen, daß es eins der schmerzlichsten Gefühle, das die Seelen unserer Zeit zerreißt, genannt werden muß, Menschen, die man liebt und verehrt, in Ansichten gefangen sehen muß, die man selbst nicht theilen kann.« (151f.) Der Mensch als Gesellschaftswesen schiebt sich in den *Rittern vom Geiste* übermächtig vor den Menschen als Privatwesen. Der Mensch erkennt zwar seinen widersprüchlichen Zustand zwischen gesellschaftlichem und privatem Sein, doch kann er von sich aus wenig daran ändern, es sei denn in einer Gesellschaft mit anderen sozialen und politischen Gegebenheiten. Der Zustand der Gesellschaft in den *Rittern vom Geiste* ist so beschaffen, daß dem Menschen, handelt und redet er im Angesicht der gesellschaftlichen Öffentlichkeit, ein bestimmtes Rollenverhalten von der Gesellschaft vorgeschrieben wird. Daß es darüber hinaus auch andere Verhaltensmuster gibt, weiß er, kann sie aber nur in seltenen Fällen praktizieren. Während des Gesprächs fragt Wilhelmine Dankmar, ob sie sich ganz so geben dürfe, wie sie ist (152), ohne dadurch Nachteile befürchten zu müssen. Die Frage zeigt noch einmal, daß die gesellschaftliche Rolle, die der Mensch zu spielen gezwungen ist, etwas Künstliches, Angenommenes ist, an dem er aber festhalten muß, will er in der Gesellschaft bestehen.

Mit dieser Darstellung von durch gegensätzliche Standpunkte fixierten Figuren exemplifiziert Gutzkow das, was er theoretisch mehrfach ausgesprochen hatte und wogegen sich auch der Bund der Ritter wendet, nämlich die Paralyse des Gesellschaftsganzen als einer Form des kommunikativen Miteinanders der Menschen durch das Nebeneinander und Gegeneinander einer Vielzahl widerstreitender Meinungen und Interessen. Es wäre jedoch ein einseitiges Verfahren der Gesellschaftsdarstellung, hätte Gutzkow nicht auch andere Möglichkeiten der Kommunikation in der Form von Gesprächen dargestellt. Dort, wo Politik ausgeklammert bleibt oder wo sich der Mensch über die Kluft gesellschaftlicher Gegensätze und politischer Schranken hinwegzusetzen vermag, funktioniert die Kommunikation von Mensch zu Mensch noch oder wieder. Dies zeigt beispielhaft die freilich stark triviale Züge aufweisende letzte Einheit unserer Gesprächsreihe, die Begegnung zwischen Siegbert Wildungen und Olga Wäsämskoi mit der Erklärung ihrer Liebe und Zusammengehörigkeit. Die dem Adel angehörende Olga ist imstande, ihre gesellschaftlichen Schranken zu überspringen und sich für den Bürgerlichen Siegbert zu entscheiden. In dem Augenblick jedoch, da dieser Liebesbund der gesellschaftlichen Öffentlichkeit bekannt wird, entsteht ein offener oder verdeckter Widerstand gegen dieses Bündnis. Olga indes hat den starken Willen, den Intrigen der Gesellschaft zu widerstehen, so daß es am Ende des Romans zu einem Ehebund beider kommen kann. Der Handlungsstrang zwischen Olga und Siegbert könnte den Eindruck erwecken, als habe der Mensch nur die Möglichkeit, sich und sein Glück ›außerhalb der Gesellschaft‹ zu verwirklichen. Gutzkow ist jedoch weit davon entfernt, dem Menschen die Selbstverwirklichung durch das Mittel der Flucht aus der Gesellschaft anzuraten. Das Gegenteil ist vielmehr der Fall: Gutzkow kennt nur einen Menschen, der permanent in der Gesellschaft lebt. Die Gesellschaft allerdings, die er sich als Lebensmöglichkeit des Menschen um die Mitte des 19. Jahrhunderts vorstellt, ist nicht die Gesellschaft Preußens von 1850, sondern eine Gesellschaft, in der Vorurteile und Schranken aufgehoben sind, in der eine allseitige, uneingeschränkte Kommunikation gleichberechtigter Mitglieder der Sozietät möglich ist, so, wie sie von den Rittern vom Geiste gedacht und in dem Roman andeutungsweise verwirklicht ist.

Gutzkow gestaltet innerhalb seines Zeitromans *Die Ritter vom Geiste* die umfassende Konzeption eines zeitgemäßen deutschen Gesellschaftsromans, deren besonderes Verdienst es u. a. ist, einen Schritt von der Darstellung einer introvertierten Weltsicht im Sinne des deutschen Bildungsromans abgerückt zu sein und sich auf die Darstellung extrovertierter gesellschaftsbezogener Menschen eingelassen zu haben. Hätte sich seiner Idee vom Gesellschaftsroman ein dichterisches Talent vom Range Theodor Fontanes oder Thomas Manns bemächtigt, dann wäre gewiß Schopenhauers Wort, nach dem ein Roman um so edlerer Natur ist, je mehr er inneres Leben vergegenwärtigt,[20] widerlegt worden, und die deutsche Romangeschichte hätte bereits um die Mitte des 19. Jahrhunderts über einen eigenständigen Gesellschaftsroman verfügt und Anschluß an die große europäische Erzählkunst eines Stendhal, Balzac, Dickens und Thackeray gewonnen. Doch es ist müßig, über das ›Wenn‹ und ›Aber‹ zu reflektieren. Es läßt sich nicht leugnen, daß sich durch Gutzkows Roman ein tiefgreifender Widerspruch, der den Roman als Kunstwerk betrifft, zieht: Trivialität in Motivik und Sprachform auf der einen Seite, der Anspruch, dem Roman ein neues strukturelles Gepräge und einen bedeutsamen (politischen) Gehalt zu geben, auf der anderen. Mit der trivialen Erzählweise konnten gewiß größere Leserkreise angesprochen und über die Distanz von 4000 Seiten hin unterhalten werden. In der Tat scheint Gutzkow dies gelungen zu sein, wenn man die wiederholten Auflagen berücksichtigt, die der Roman zu seinen Lebzeiten erfuhr. Es verwundert nicht, daß Gutzkows Name später unter den Autoren der *Gartenlaube* zu finden ist: Er kannte den Geschmack eines bestimmten literarischen Publikums genau. Doch wird man Gutzkows Roman nicht gerecht, stuft man ihn nur als Unterhaltungsroman ein. Dem widersprechen die ungewohnte, neuartige Romanstruktur und der teilweise anspruchsvolle Gehalt, die ihrerseits der anhaltenden Rezeption des Romans deutliche Grenzen setzten.

Anmerkungen

Die mit Bandzahl (römisch) und Seitenzahl (arabisch) nachgewiesenen Zitate im Text folgen dem Erstdruck: Karl Gutzkow: Die Ritter vom Geiste. Roman in neun Büchern. Leipzig 1850/51. Der Roman ist außerdem veröffentlicht in: Karl Gutzkow: Werke. Auswahl in zwölf Teilen. Hrsg. von Reinhold Gensel. Ergänzung zur Auswahl in zwölf Teilen: Die Ritter vom Geiste. In drei Teilen. Bd. 13–15. Berlin/Leipzig [u. a.] o. J.

1 Vgl. Karl Gutzkow: Vom deutschen Parnaß. In: Unterhaltungen am häuslichen Herd (1854) Nr. 18. S. 288. Die Definition des ›Nebeneinander‹ ist in der Ausgabe von Reinhold Gensel (Bd. 12, S. 112f.) mit Auslassungen und sinnentstellenden Fehlern abgedruckt, was zur Folge hatte, daß in der Forschung, soweit sie sich auf die Wiedergabe des Textes nach der Ausgabe von Gensel bezog, Mißverständnisse und Fehlinterpretationen auftraten. So fehlt bei Gensel z.B. der wichtige, die Definition einleitende Satz: »Dies Wort [Nebeneinander] ging auf Inhalt und Form.« Es ist indes hier nicht die Absicht, neuerdings in eine Interpretation von Gutzkows Vorstellung des Nebeneinander einzutreten, da fast keine Arbeit über »Die Ritter vom Geiste« auf einen entsprechenden Interpretationsversuch verzichtet (vgl. insbesondere die Arbeiten von Karl Macho: Der ›Roman des Nebeneinander‹. Eine Stiluntersuchung. Diss. Wien 1939; Eva Schmidt: Möglichkeiten und Verwirklichungen des Gutzkowschen ›Romans des Nebeneinander‹. Diss. Erlangen 1953 [masch.]; Hermann Gerig: Karl Gutzkow. Der Roman des Nebeneinander. Winterthur 1954; Peter Hasubek: Karl Gutzkows Romane »Die Ritter vom Geiste« und »Der Zauberer von Rom«. Studien zur Typologie des deutschen Zeitromans im 19. Jahrhundert. Diss. Hamburg 1964 [photomech.]; Volkmar Hansen: »Freiheit! Freiheit! Freiheit!« Das Bild Karl Gutzkows in der Forschung; mit Ausblicken auf Ludolf Wienbarg. In: Literatur in der sozialen Bewegung. Aufsätze und Forschungsberichte zum 19. Jahrhundert. Hrsg. von Alberto Martino. Tübingen 1977. S. 488–542).

2 Gensel Bd. 7. S. 15. Bezeichnend genug lautet der erste Satz des Vorwortes von 1852: »Dem Verfasser war bei der Abfassung derselben [der nachfolgenden Blätter] seine Person in dem Grade Nebensache, daß er sich ausdrücklich gegen die Auslegung verwahrt, als hätte er von sich ein Entwicklungsbild geben wollen.« (13)

3 Unterhaltungen am häuslichen Herd (Anm. 1) S. 288.

4 Diesen weiten Rahmen hat Gutzkow in derselben Vorrede relativiert und eingeschränkt, vermutlich aus taktischen Gründen, um dem Vorwurf zu entgehen, den einen oder anderen Aspekt der gesellschaftlichen Wirklichkeit vernachlässigt zu haben: »Diese Allseitigkeit war mein Ziel. Ich sage nicht, daß ich ein Panorama unserer Zeit geben wollte. Wer vermöchte Das! Die Aufgabe wäre nicht zu lösen [...]« (9).

5 Als Beispiel sei auf die Streuung politischer Standpunkte verwiesen: Dankmar Wildungen (liberal-demokratisch), Egon von Hohenberg (liberal-reaktionär), Pauline von Harder (konservativ), Wilhelmine von Flottwitz (deutsch-national), Schlurk (indifferent-opportunistisch), Justus (konservativ-reaktionär), Louis Armand (sozialistisch-kommunistisch), von Werdeck (revolutionär).

6 Hier sei generell auf die wichtige und ergebnisreiche Arbeit von Herbert Kaiser: »Studien zum deutschen Roman nach 1848« (Duisburg 1977) verwiesen, die eine eingehende Beschreibung der politischen und ideologischen Aspekte zahlreicher Romanfiguren beinhaltet.

7 Einen derartigen Motivstrang stellt die Kunstthematik dar, die immer wieder in verschiedenen Gesellschaftskreisen auftaucht und diskutiert wird; ein anderer ist die religiöse Thematik; zu nennen sind hier auch das Prozeß- und das Schrein-Motiv.

8 Das Romanfragment wurde 1846/47, also bereits vor der Revolution, geschrieben, aber erst 100 Jahre später erstmals publiziert (vgl. Georg Weerth: Fragment eines Romans. Vorgestellt von Siegfried Unseld. Frankfurt a. M. 1965. S. 18 und die Anmerkung von Bruno Kaiser S. 215).

9 An dem erst 1851 veröffentlichten Roman arbeitete Prutz schon seit 1845.

10 Die Linie läßt sich zurückverfolgen zu den »Epigonen« Immermanns, wo erstmals in der deutschen Literatur des 19. Jahrhunderts die Interessen verschiedener gesellschaftlicher Schichten aufeinandertreffen. Die gesellschaftlichen Spannungen bestehen hier zwischen Adel und Bürgertum, das Arbeiterproletariat spielt noch keine Rolle.

11 Hier ist sicher auch von Bedeutung, daß die erwähnten Romane größtenteils vor der Revolution von 1848 entstanden und deshalb noch von einer Hoffnungs- und Aufbruchsstimmung bestimmt sind, während »Die Ritter vom Geiste« aus der Resignation der gescheiterten Revolution von 1848 hervorgegangen sind.

12 Man könnte einwenden, daß Gutzkow im 8. Buch der »Ritter vom Geiste« revolutionäres Geschehen aus der Sicht der Arbeiter schildert, bei dem sogar zwei Todesopfer zu beklagen sind. Ferner könnte man darauf hinweisen, daß die revolutionären Parolen der Louise Eisold angesichts der Leiche ihres durch einen unglücklichen Zufall getöteten Bruders Karl der gesellschaftlichen Konfrontation, wie sie der soziale Roman der vierziger Jahre kennt, vergleichbar wären (VIII,327ff.). Indes bleibt dieses Handlungsmotiv für den folgenden Ablauf des Romangeschehens ohne tragende Bedeutung: Im »socialen Roman« Gutzkows stellt diese Episode eine Stimme im Konzert des Lebens dar.

13 Besonders in den 1837 unter dem Pseudonym E. L. Bulwer veröffentlichten Bänden: Die Zeitgenossen. Ihre Schicksale, ihre Tendenzen, ihre großen Charaktere. 2 Bde., vgl. auch Hasubek (Anm. 1) S. 39ff.

14 Vgl. Hasubek (Anm. 1) S. 83ff.

15 Vgl. Kurt Wölfel: ›Man ist nicht bloß ein einzelner Mensch.‹ Zum Figurenentwurf in Fontanes Gesellschaftsromanen. In: Zeitschrift für deutsche Philologie 82 (1963) S. 152–171.

16 Vor Gutzkow hatte das Gespräch zum Zwecke der Gesellschaftsdarstellung bereits in den späten Erzählungen Tiecks erhöhte Bedeutung erlangt. Manche seiner Novellen bestehen überwiegend aus Gesprächen. Während Heine und Mundt die Bedeutung der Gesprächsform in den späten Novellen Tiecks erkannten, lehnte Gutzkow Tiecks Novellen ab. Dennoch steht die Gesprächsform der »Ritter vom Geiste« den Gesprächen in Tiecks Erzählungen besonders nahe. Grundsätzlich muß bemerkt werden, daß der Gebrauch des Gesprächs im Roman mit dem Vorurteil konfrontiert war, daß das Gespräch als dialogische Form im Roman nichts zu suchen habe. Erst bei Friedrich Spielhagen ist die Gattungsfremdheit des Gesprächs im Roman überwunden (vgl. Vermischte Schriften. Bd. 1. Berlin 1864. S. 190).

17 Briefe eines Narren an eine Närrin. Hamburg 1832. S. 292.

18 Befragt über sein Verhältnis zu Werdeck, weicht Dankmar mit dem humoristischen Hinweis auf die »Schädellehre« (145) aus, die er mit ihm zusammen betreibe. Als Wilhelmine die politische Bedeutung des möglichen Gewinns von Dankmars Prozeß erörtert, verstellt er sich ebenfalls mit dem Argument, daß er das Geld benötige für eine Frau, die er glücklich machen möchte (148).

19 An verschiedenen Stellen des Gesprächs äußert Wilhelmine Anteilnahme an dem ›Menschen‹ Dankmar und zeigt Schmerz und Sorge über seine ›verfehlte‹ politische Entwicklung. Indem sie sich bemüht, Dankmar von seiner (in ihren Augen) gefährlichen politischen Laufbahn abzubringen, verrät sie ihr menschliches Engagement an ihm.

20 Arthur Schopenhauer: Sämtliche Werke. Hrsg. von Wolfgang von Löhneysen. Bd. 5 (Parerga und Paralipomena II). Stuttgart/Frankfurt a. M. 1965, S. 520.

Literaturhinweise

Bauer, Gerhard: Zur Poetik des Dialogs. Leistung und Formen der Gesprächsführung in der neueren deutschen Literatur. Darmstadt 1969.

Edler, Erich: Die Anfänge des sozialen Romans und der sozialen Novelle in Deutschland. Frankfurt a. M. 1977.

Hansen, Volkmar: »Freiheit! Freiheit! Freiheit!« Das Bild Karl Gutzkows in der Forschung; mit Ausblicken auf Ludolf Wienbarg. In: Literatur in der sozialen Bewegung. Aufsätze und Forschungsberichte zum 19. Jahrhundert. Hrsg. von Alberto Martino. Tübingen 1977. S. 488–542.

Hasubek, Peter: Karl Gutzkows Romane »Die Ritter vom Geiste« und »Der Zauberer von Rom«. Studien zur Typologie des deutschen Zeitromans im 19. Jahrhundert. Diss. Hamburg 1964 [photomech.].

Kaiser, Herbert: Studien zum deutschen Roman nach 1848. Karl Gutzkow: Die Ritter vom Geiste. Gustav Freytag: Soll und Haben. Adalbert Stifter: Der Nachsommer. Duisburg 1977.

Rarisch, Ilsedore: Das Unternehmerbild in der deutschen Erzählliteratur der ersten Hälfte des 19. Jahrhunderts. Ein Beitrag zur Rezeption der frühen Industrialisierung in der belletristischen Literatur. Berlin 1977.

Worthmann, Joachim: Probleme des Zeitromans. Studien zur Geschichte des deutschen Romans im 19. Jahrhundert. Heidelberg 1974.

KARL PRÜMM

Robert Prutz: *Das Engelchen* (1851) Experiment eines »mittleren Romans«: Unterhaltung zu den höchsten Zwecken

Die schlesischen Weberaufstände im Juni 1844 bedeuteten für die deutsche Vormärzgesellschaft eine gewaltige Erschütterung. Was von der Obrigkeit vorher geleugnet und durch die Zensur unterdrückt wurde, der Pauperismus als Folge der Industrialisierung und das allmähliche Entstehen eines Proletariats, das sich gegen die unerträglichen Verhältnisse aufzulehnen begann, war vor aller Welt sichtbar geworden. »Selbst dem blödesten Auge« – so schrieb der Sozialist Wilhelm Wolff in seinem Bericht *Das Elend und der Aufruhr in Schlesien* – könnten »die unausbleiblichen Folgen eines der Gerechtigkeit, der Gleichheit und Brüderlichkeit feindlichen Princips« nicht mehr verborgen bleiben, der »Schleier« sei nun endlich weggerissen und das Elend dem Publikum »bloß gelegt« worden.[1]
Öffentlich wurden die Ereignisse nicht zuletzt durch ihre breite Literarisierung. Die »Exzesse« von Peterswaldau und Langenbielau, wie sie in der Terminologie der Behörden bezeichnet wurden, sind schnell zu einem bevorzugten Thema der Literatur und auch der bildenden Kunst geworden.[2] Die zahlreichen Webergedichte von Freiligrath, Hoffmann von Fallersleben, Weerth, Heine, Dronke, Aston, Püttmann u. a. knüpfen an jenes anonyme Weberlied *Das Blutgericht* an, das die Ereignisse so entscheidend bestimmt hatte. Prosaskizzen und Novellen nehmen zum Teil einen beinahe dokumentarischen Bezug auf den realen Ablauf, und bereits 1845 benutzt Ernst Willkomm den Weberaufstand als Hintergrund seines fünfbändigen Romans *Weisse Sclaven oder Die Leiden des Volkes.* Karl Wilhelm Hübners Gemälde *Die schlesischen Weber* wurde noch im Jahre 1844 in mehreren deutschen Städten gezeigt und erregte großes Aufsehen.[3]
Der Weberstoff ist keineswegs an die kurzfristige Aktualität des Aufstandes gebunden; bis hin zu Gerhart Hauptmanns Drama *Die Weber* (1892) bleibt er das beherrschende ästhetische Paradigma der sozialen Frage. Das historisch überholte Motiv behauptet sich gegenüber entwickelteren Phänomenen der Industrialisierung, wie den Lebensbedingungen des städtischen Proletariats oder der Herrschaftsstruktur eines Großbetriebes, deren ästhetische Erfassung jedoch weit mehr Widerstände und Schwierigkeiten bot. Am Weberstoff ließ sich der Gegensatz von handwerklicher und industrieller Produktion idealtypisch exemplifizieren, die Akteure sind lokalisierbar in der Überschaubarkeit des Dorfes und der Familie, ihr Selbstverständnis wurzelt noch in der religiösen Überlieferung. Ohne daß es der dramatisierenden Zuspitzung bedarf, sind hier die Kontraste von äußerstem Elend und provokativem Reichtum, von unerbittlicher Ausbeutung und verzweifelter Auflehnung zu finden. Diese Gegensätze sind dann auch die Grundmuster der Weberliteratur in den vierziger Jahren; die Kontrasttechnik ist ihr entscheidendes Strukturprinzip. Die Nähe zum Oben-Unten-Schema von Eugène Sues *Les Mystères de Paris* (1842/43) ist kein Zufall. Denn ebenso ausschlaggebend für die soziale Wendung der deutschen Vormärzliteratur sind die Sue-Rezeption durch das Leserpublikum und

die Nachahmung des Sensationserfolgs durch die deutschen Autoren.[4] Der rasch übersetzte Fortsetzungsroman galt vielen Zeitgenossen als Prototyp einer neuen Erzählweise, die sie weitgehend unkritisch adaptierten.

Auch Robert (Eduard) Prutz (1816–72), damals eine Größe der zeitkritischen und literaturhistorischen Publizistik, berühmter Autor politischer Gedichte und politischer Dramen, gehört zu denen, die den Modellcharakter des Sueschen Massenerfolgs rückhaltlos anerkennen. Gerade die Franzosen seien es – meint er 1847 –, die beginnen, »uns den sozialen Roman zu liefern«, und er nennt dabei die Namen Sue und George Sand.[5]

Durch diese Gleichzeitigkeit rückt das Webermotiv in die Nachbarschaft jener dunklen sozialen Bezirke, die Sue mit besonderer Vorliebe durchstreift, tritt neben die Großstadtwelt der Hinterhöfe, der Keller, der Irrenhäuser und Gefängnisse.[6] Das Elend der Weber wird zu einem der »Geheimnisse«, das man dem schaudernden Leser offenbart. Der Versuchung, der schlesischen Armut exotische Reize zu verleihen und die Szenerie mit eher malerischen Paria-Existenzen zu bevölkern, sind die deutschen Autoren im Laufe der vierziger Jahre immer stärker erlegen. Die grellen Elendsbilder waren in Mode gekommen, das sensationelle Moment verdrängte zunehmend den sozialkritischen Impetus, die Änderungsintention. Bereits 1846 beklagt sich Moses Heß über die »neueste Geheimnisseliteratur«, »welche sich zwar Schilderungen aus dem socialen Leben der Gegenwart nennen, aber gewöhnlich nichts weniger als dieses sind, sondern nur darauf berechnet, die abgestumpften Nerven der Romanleser [...] durch die abenteuerlichsten Mischungen des Unmöglichen und Möglichen, Wunderbaren und Natürlichen, durch furchtbare und grausenerregende Ereignisse, wie sie die überspannteste Phantasie nur erdenken kann, für kurze Zeit zu kitzeln«.[7] Im Vorwort zur zweiten Auflage seines Romans *Karl Gutherz, eine Geschichte aus dem Wiener Volksleben* (1841/44) sieht Franz Schuselka sich gezwungen, seinen Roman von den Sue-Nachahmern abzusetzen, denen es mit ihrer Darstellung der »Schandseiten des Volkslebens« nur darum ginge, »der überreizten Neugier des Publikums eine recht pikante Nahrung zu schaffen«.[8]

Als 1851 Robert Prutz seinen dreibändigen Roman *Das Engelchen* herausbrachte, genügte diese Distanznahme im Vorwort offenbar nicht mehr, um die eigene erzählerische Unternehmung überzeugend von der Welle der sozialen Literatur abzugrenzen.[9] Seit 1845 hatte Prutz an dem Versuch gearbeitet, den schlesischen Weberaufstand in das Zentrum eines weitgespannten sozialen Romans zu stellen. Nun, sechs Jahre später, waren ihm zahlreiche Autoren (Ernst Willkomm, Otto Ruppius, Julius Krebs u. a.) mit Webernovellen und Weberromanen zuvorgekommen, der Pioniercharakter des Projekts war dahin. Je größer die historische Distanz zu den realen Ereignissen, um so stärker drohte der Verlust des Authentischen, erstarrte der Weberstoff zu einem Katalog stehender Motive. Die Not der Weber wurde zu einer beliebig verfügbaren Szenerie des Elends, mit der sich dramatische Effekte und düstere Hintergründe erstellen ließen. Mit solchen Zielen schiebt Friedrich Hackländer in seinen 1850 erschienenen Kaufmannsroman *Handel und Wandel* die bis zu Gerhart Hauptmann beliebte Szene eines Weberzahltages ein.[10]

Die Abwehrbewegung gegen diese Tendenzen, die Moses Heß literaturkritisch und Franz Schuselka in einem programmatischen Vorwort artikuliert hatten, vollzieht Prutz nun auf der Ebene des Romans selbst, Indiz ihrer ungleich höheren Notwendigkeit. In allen drei Bänden läßt er einen Dichter namens Florus agieren, der mit seinen »zierlichen Taschenbuchnovellen, seinen sentimentalen Liederchen und historisch-romantischen Dramen« (II,291) zu einem Idol des Literaturbetriebs geworden ist. Da seine Phantasie in diesen althergebrachten Genres sich erschöpft hat, sein Stern in den literarischen Salons der Hauptstadt im Sinken begriffen ist, bereist er das abgelegene Fabrikdorf, um »socialistische Studien« zu treiben und sich »sechs Wochen lang auf das Elend« zu verlegen (I,197). Florus verfolgt den »Plan eines großen, weitschichtigen Romans, den er ganz auf dem Boden der modernsten politischen und socialen Zustände aufbauen wollte« (II,293). Doch der explizite Gegenwartsbezug, das revolutionäre Genre sind allein durch die Mode erzwungen, das soziale Engagement ist nur vorgetäuscht, wie Florus selbst eingesteht:

»Indessen was will man machen? Das Ding ist einmal in der Mode, alle Welt will etwas Sociales lesen: verhungernde Proletarier, reiche Wucherer, bleiche Weberkinder – auf mein Wort [...] ich liebe eine behagliche Existenz und mein ganzer ästhetischer Magen dreht sich um, wo ich eine von diesen Jammerhöhlen erblicke, selbst nur im Buche. Aber die Zeit will es, die Literatur verlangt es.« (I,196)

Trotz aller Anstrengungen scheitert das Projekt, weil dem Autor nach der Erklärung des Erzählers »wie den meisten deutschen Poeten [...] der Blick für die Wirklichkeit der Dinge gebrach« (II,294). Florus kommt mit seinem sozialen Roman nie zu einem Ende, weit erfolgreicher dagegen ist er als Salonpoet und Auftragslyriker.

Mit dem satirisch zugespitzten Literatenporträt geraten sowohl die Sensationserwartungen des bürgerlichen Vormärzpublikums als auch die Anpassungsbereitschaft der Autoren ins kritische Blickfeld. Karikiert wird das literarische Leben mit seinen Mechanismen und Institutionen. Florus beliefert »dienstbereite Zeitungen« mit großspurigen Ankündigungen seines Riesenopus, verhandelt mit Verlegern und Buchhändlern, so daß der als Gerücht annoncierte »neue social-politische Roman« zu einer »Thatsache« wurde, »noch bevor eine Zeile davon niedergeschrieben war« (II,294). Thematisiert wird die Ästhetisierung und literarische Umsetzung der ›sozialen Frage‹, ein singulärer Vorgang in der gleichzeitigen Romanliteratur. In der satirischen Verzerrung sind analytische Positionen enthalten, die sich in der Literaturkritik und in den politischen Aufsätzen von Robert Prutz vor 1848 wiederfinden lassen. Dies ist ein Hinweis darauf, in welch engem Zusammenhang *Das Engelchen* mit der vielfältigen Publizistik des Autors gesehen werden muß. Mit der nicht bloß abwehrenden Karikatur sind zugleich indirekt die eigenen ambitionierten Ziele formuliert: Radikaler Gegenwartsbezug, Authentizität, soziales Ethos und Engagement, ein individueller Erzählprozeß, der dem Stoff angemessen ist, Verzicht auf modische Anpassungen, Brechung der auf Sensation und Nervenkitzel festgelegten Lesererwartungen.

Seine literarische Programmatik hat Robert Prutz mit vielen Variationen und Wiederholungen in seinen zahlreichen Essays breit entfaltet. Mit dem gleichen Pathos, mit dem er als Hegelianer im Vormärz den dialektischen Umschlag der Literatur zur »Tat«, zur »Praxis« prognostiziert, fordert er deren Annäherung an die Wirklichkeit. Eindeutig wird Literatur politischen Prioritäten unterstellt, dem »Dienst der Geschichte und des Vaterlandes«,[11] den Zielen der liberalen Emanzipationsbewegung unterworfen. In den »Bedürfnissen des Volkes, in den Forderungen der Wirklichkeit, den Zusammenhängen der Geschichte« glaubt Prutz den entscheidenden »Maßstab« gefunden zu haben, um die Literatur zu »messen«.[12] Die kategoriale Sicherheit, die aus politischen Aktualitätsbezügen abgeleitet wird, bedient sich dennoch tradierter Wertungsmuster. In den Spuren der jungdeutschen Kritik zieht Prutz gegen den »Quietismus« Goethes zu Felde und gegen die Romantik, die in dieser Haltung ihren »Ausgangspunkt« genommen habe.[13] Immer wieder wirft er den Romantikern vor, sie hätten versucht, »die Kunst einseitig auf sich selbst zu fixieren«,[14] ihre »Literatur der Literatur« sei nur auf »gewisse exklusive Kreise« bezogen und gehe an der »Masse des Volks« völlig vorbei.[15] In zeittypischen Antinomien wird dann das eigene Konzept als totale Entgegensetzung zum attackierten Literaturbegriff der Romantik abgeleitet. Prutz' Programmentwürfe setzen stets das polemisch akzentuierte Gegenbild voraus, wie etwa die Bemerkung aus dem Jahre 1847, »daß in unserer Literatur alles zu finden ist und alles zu sehen, von den Palmen am Ganges bis zur Laus im Felle des Löwen: nur deutsche Zustände und deutsches Leben suchst du in ihr umsonst«.[16] Alle literaturtheoretischen Arbeiten von Robert Prutz insistieren auf diesem Wirklichkeitsrekurs; Aktualität und Zeitgemäßheit sind ihre bestimmenden Vokabeln. Literatur, wie sie ihm vorschwebt, muß ihre Stoffe wählen auf dem »natürlichen Boden [...] der Geschichte, des Volkes, der Sitte«,[17] sie muß gleichzeitig auf breite Publikumsschichten ausgerichtet sein. Rückblickend lastet Prutz der Vormärzliteratur an, sie habe es versäumt, »dem Volk ein Bildnis seiner selbst aufzurichten«.[18] Der enge Zusammenhang von Themenwahl und Adressatenbezug ist hier auf eine bündige Formel gebracht.

Das Drama ist für Prutz wie auch für die meisten seiner Zeitgenossen immer noch die »höchste Kunstform«,[19] aber dem Roman spricht er die Fähigkeit zu, »eine Welt der Wirklichkeit, voll plastischen Lebens« zu liefern.[20] Ein Jahr vor der Märzrevolution appelliert er an die Romanciers, ihre Sujets der greifbaren, aktuellen Realität zu entnehmen:

»Der Stoff liegt eben überall zutage: wir haben nur noch keine Augen, ihn zu sehen, keine Hände, ihn zu bilden: es ist die Geschichte unsers Volkes, die Wirklichkeit unsrer Zeit, es sind unsre Sitten, die Ihr schildern, unsre Landschaften, die Ihr poetisch beleben, unsre Städte, deren Treiben Ihr abmalen, es ist unser eigenstes Dasein, das Ihr im Zauberspiegel der Kunst verklären und mit dem Ihr uns unterhalten sollt!

Ja Deutschland gerade, mit dieser vielverzweigten, isolierten, auseinanderlaufenden Geschichte, mit diesem Kontrast der Sitten, mit dieser Mannigfaltigkeit seiner Provinzen, seiner Stände, seiner Verfassungen – welche Stoffe, welche Staffagen, welche Verwicklungen!«[21]

Diese Forderungen richtet Prutz vor allem auch an sich selbst. Die Rollen des Literaturkritikers und des Romanciers greifen ineinander, die Analyse thematischer Defizite gibt der eigenen Romanproduktion die entscheidenden Impulse.

»[...] ganz neue Provinzen, neue Sphären des Lebens, neue Schichten der Gesellschaft sind entdeckt, welche die Literatur weder bisher berührt hat, noch, wie die Dinge liegen, zu berühren weiß; neue Geschwüre sind aufgebrochen, welche kein kühlender Umschlag von Broschüren heilen wird [...]«.[22]

Mit seinem Roman *Das Engelchen* bemüht Prutz sich dann, den Versäumnissen entgegenzuwirken, die ›neuen Sphären‹, die Industrialisierung mit all ihren Konsequenzen, die ›aufgebrochenen Geschwüre‹, den Pauperismus und die sozialrevolutionären Bewegungen literarisch zu erfassen.

Nimmt man die dringlichen Aktualitätsgebote, den dauernden Wirklichkeitsrekurs, die wiederholten Aufforderungen zur konkreten Alltagsbeobachtung[23] isoliert, so muß Prutz als ein Vorläufer der Realismus-Tendenzen gesehen oder doch zumindest unmittelbar neben Autoren wie Ernst Dronke und Georg Weerth gestellt werden, bei denen diese ›veristischen‹ Elemente in Ansätzen vorhanden sind. Doch ist vor einer übereilten Zuordnung zu warnen. Der unausgetragene Widerspruch zwischen Authentizität und poetischer Stilisierung, das unmittelbare Nebeneinander von »Abmalen« und »Verklären«, bedeutet noch keinen Dissenz zu den Protagonisten des Bürgerlichen Realismus. Definitionen der Kunst »als die ideale Verklärung des Realen, die Aufnahme und Wiedergeburt der Wirklichkeit in dem ewig unvergänglichen Reiche des Schönen«[24] lassen sich ähnlich bei Otto Ludwig, Keller oder Raabe finden. Auch diese betonen wie Prutz die notwendige Balance zwischen Idealismus und Objektivismus, zwischen ästhetischer Versöhnung und Reproduktion der Wirklichkeit.[25] Aber die faktische Höhergewichtung der schönen Verklärung durch Prutz und die fehlende Konsequenz seiner Programmatik auf der Textebene konstituieren die Differenz. Prutz ist weit davon entfernt, in einem sachgebundenen Darstellungsstil, in Dingnähe und Abbildcharakter, in der Konzentration auf das Detail, in formaler und perspektivischer Reduktion, realistisches Erzählen vorwegzunehmen.[26] Die ästhetischen Mittel, die den Wirklichkeitsbezug einlösen sollen, werden der Grundforderung nach Realitätsnähe und Aktualität entzogen. Merkwürdig reflexionslos beharrt Prutz auf einer Ästhetik der Überzeitlichkeit, der Verklärung und schreibt damit letzthin die klassisch-romantische Tradition fort, von der er sich so radikal absetzen will. Zu der Erkenntnis, daß die neuen Themen, die neuen Aufgaben auch neue literarische Techniken, eine spezifische Theorie des Romans und auch eine neue Darstellungsweise verlangen, kommt er im Gegensatz zu Gutzkow sowie partiell Weerth und Dronke nicht. Harte Kritik trifft dann auch die Texte, die diesen Schritt vollzogen. Das »Vorwiegen des realistischen Elements« in der Literatur der fünfziger Jahre beurteilt Prutz negativ, weil die »Poeten« nach seiner Ansicht »mehr nach der realistischen als nach der idealistischen Seite hin« ausschweifen.[27] In seinem 1862 erschienenen Roman *Oberndorf* hat er selbst die Balance verloren. Aus der poetischen ›Verklärung‹ der sozialen Misere ist die Verharmlosung, die Verbrämung geworden. »Schlimm genug, daß des Elends so viel in der Welt ist!«, wird dort ein imaginäres Leservotum zustimmend zitiert: »Die Poesie soll es verschleiern, nicht uns täglich und stündlich aufs neue daran erinnern; wir lesen, um uns zu unterhalten, nicht um Ermahnungen und Bußpredigten mitanzuhören.«[28]

Das Unterhaltungsbedürfnis der Leser hat Prutz wie kaum einer seiner deutschen Zeitgenossen theoretisch ernst genommen. Gerade die Konsequenz, mit der seine Konzeptionen vom Publikum ausgehen und auf das Publikum bezogen sind, verleiht seinen Essays eine geradezu frappierende Modernität und war das ausschlaggebende Moment ihrer Wiederentdeckung nach 1965.[29] In einer Phase literaturwissenschaftlicher Neuorientierung wurde der Versuch von Robert Prutz unversehens aktuell, die Wertungsprozesse umzukehren, Ansprüche der Leser an die Literatur heranzutragen. Die Einlösung dieser Ansprüche war für ihn ein zentraler Maßstab literarischer Beurteilung. So kommt der Hinweis, Romantik und Junges Deutschland hätten es gleichermaßen nicht verstanden, »sich die Teilnahme des größeren Publikums zu erwerben«, einem Verdikt gleich, während umgekehrt die »politische Poesie« des Vormärz schon allein dadurch umfassend legitimiert ist, daß sie der massenhaften »Entfremdung« und »Verdrossenheit« gegenüber der »Literatur der Zeitgenossen« ein Ende bereitet habe.[30] In all seinen historischen Arbeiten operiert Prutz mit einem »sympathetischen Zusammenhang« von Publikum, das die »Stimmung des Zeitalters« definiert, und den literarischen Produkten selbst,[31] entwickelt er eine Art Rezeptionsästhetik. Der Geschichte des Journalismus gilt seine intensive Aufmerksamkeit, weil hier diese wechselseitigen Abhängigkeiten detailliert rekonstruierbar sind. Als Grundfunktion der Zeitungen bestimmt Prutz »die theoretische Betheiligung des Publikums an den Ereignissen der Geschichte«, die der liberale Oppositionelle emphatisch begrüßt.

»Der Journalismus zuerst hat die Möglichkeit einer solchen Theilnahme gegeben, wie er dem Bedürfniß derselben sein eigenes Dasein verdankt. Erst die Zeitungen haben das geschaffen, was wir heut zu Tage die Stimme des Publikums, die Macht der öffentlichen Meinung nennen; ja ein Publikum selber ist erst durch die Zeitungen gebildet worden. In der Geschichte dieses Instituts daher erhalten wir zugleich die Grundzüge zu einer Geschichte des deutschen Publikums, einer Geschichte der öffentlichen Meinung in Deutschland.«[32]

Aber nicht nur die Zweckformen, auch die Belletristik faßt Prutz als das Resultat von Publikumsgeschmack, von kollektiven Wünschen und Erwartungen. Literatur figuriert daher für ihn als das getreue Spiegelbild einer Epoche mit all ihren Möglichkeiten und Grenzen. Einer Literaturkritik, die diese Repräsentanz außer acht läßt, hält Prutz entgegen: »[...] kein Volk muß bessere Dichter verlangen, als es erzeugen kann, und wenn diejenigen, die es hat, ihm nicht gefallen, so fasse es zuerst in seinen eigenen Busen und bekenne, daß es sich selbst auch nicht gefällt ...«[33]

Die programmatische Zuwendung zum Publikum rückt dessen Lesepraxis und Lesegewohnheiten ins Blickfeld des Interesses. Doch Massenliteratur und Modedichter behandelt Prutz keineswegs mit der seit dem Ende des 18. Jahrhunderts gängigen diskriminierenden Distanz. Er entzieht sich erfolgreich der eingebürgerten Wertungsfigur, von den exklusiven Höhen einer Elitekultur auf die Niederungen herabzublicken, die – so Eichendorff – »Dichterpöbel und Leserpöbel« besetzt halten.[34] Prutz fordert statt dessen die genaue Auseinandersetzung mit dem Erfolgreichen und warnt vor seiner leichtfertigen Abqualifizierung. Sein Aufwertungsversuch der Unterhaltungsliteratur ist in dieser Prägnanz in dieser Epoche ohne Beispiel und Vorbild.[35] Mit einer begrifflichen und analytischen Schärfe, die von der Literaturwissenschaft erst sehr viel später wiederaufgenommen wurde,[36] beschreibt Prutz den historischen Prozeß der Spaltung der literarischen Kultur in einen Bereich, der für gewöhnlich als der »eigentliche« begriffen werde, und in eine Literatur, über die sich eine »gewisse ästhetische Geringschätzung« gelagert habe.[37]

»In der Literaturgeschichte, wie unsre Gelehrten sie schreiben, hat diese Literatur bisher keine Rolle gespielt; man hat sie entweder ganz mit Stillschweigen übergangen, oder, bestenfalls, mit einer Kürze abgefertigt, die dem außerordentlichen Umfang dieser Literatur nur wenig entspricht.«[38]

Als Publikum dieser »eigentlich herrschenden Literatur« bestimmt Prutz in einem schon literatursoziologisch zu nennenden Verfahren den »Mittelstand«, der in seiner Lektüre den totalen Kontrast zum Alltag suche. Der »Kaufmann, der Gewerbetreibende, der Beamte«, die »Tage und Wochen an das einförmige Zahlbrett, das Kontobuch, den

Aktentisch gebannt« seien, erwarteten von der Literatur mit Fug und Recht »Unterhaltung und Erholung«.[39] Sozial und ästhetisch wird die Unterhaltungsliteratur einer Mittellage zugeschrieben:

»[...] sie ist die Literatur derjenigen, welche gebildet genug sind, um überhaupt an künstlerischer Produktion Anteil zu nehmen: und wieder nicht gebildet genug, um zu dem eigentlichen Kern der Kunst, dem innerlichen Verständnis des Schönen vorzudringen und sich von etwas anderm befriedigen zu lassen, als allein von dem Höchsten und Vortrefflichsten.«[40]

Den deutschen Autoren wirft Prutz vor, daß sie im Unterschied zu Frankreich und England sich den legitimen Unterhaltungsansprüchen verweigern, daß sie allein Literatur für »Literaten« produzieren und die Massen »preisgegeben« haben.[41] Wiederum wird aus der Analyse der historischen Entwicklung der eigene Impetus abgeleitet, die in ihren negativen Konsequenzen erkannte Dichotomie zu durchbrechen. Prutz will explizit die Kluft zwischen »Volksliteratur« und »Kunstliteratur«[42] schließen, er sucht nach »Vermittlungspunkten« und »Übergangsbrücken«.[43] Der in Fraktionen und Hierarchien zerfallenen bürgerlichen Lesekultur stellt er das utopische Modell einer Literatur der absoluten Gleichheit entgegen, wo »die verschiedenen Bildungsstufen, die getrennten Lebenskreise sich friedlich zusammenfinden und in gemeinsamem Genusse sich befreunden«.[44] Diese ›égalité littéraire‹, dieser idealistische Freundschaftsbund der Literatur ist das kulturelle Pendant zur unbeschränkten politischen Öffentlichkeit, für deren Durchsetzung Prutz im Vormärz leidenschaftlich kämpft. In dieser politischen Mission hat das Pathos der Mitte seinen Ursprung, das zum generellen Merkmal aller seiner Publikationen wird. Vor 1848 setzte Prutz Verbreiterung der Öffentlichkeit, Mediatisierung politischer Aufklärung optimistisch gleich mit Emanzipation und Befreiung. Nach der gescheiterten Revolution lebte der Impuls weiter, nun jedoch verschoben zu einem patriotisch-national getönten Engagement, das vorher noch in den Kontext des Liberalismus eingebunden war, und zum Popularisierungsauftrag von Wissenschaft. Mit seiner 1851 gegründeten Zeitschrift *Deutsches Museum* setzt sich Prutz ähnlich wie kurz darauf die *Gartenlaube* das Ziel, »das gebildete Publikum mit den Resultaten und dem Gang der Wissenschaften zu vermitteln«, wobei »der aufrichtigste Patriotismus, die innigste Hingabe an die Interessen deutscher Einigkeit, Macht und Ehre« zu den tragenden Prinzipien erklärt werden.[45]

In der Unterhaltungsliteratur glaubt Prutz nun das verkannte Zentrum einer »mittleren« Kultur, das ideale Medium der »Vermittlung« neu entdeckt zu haben, in dem die hochgeschraubten Ansprüche der literarischen Elite und die Zerstreuungserwartungen des breiten Publikums konfliktlos zusammengeführt werden können. Hier ortet er das ungenutzte Potential einer massenwirksamen Aufklärung, der »Erhebung«, der »Bildung unsers Volkes«.

»Welch ein Werkzeug zu den höchsten Zwecken, diese verachtete, behohnlächelte, preisgegebene Unterhaltungsliteratur«,[46] ruft er begeistert aus. Diese didaktischen Ziele können jedoch nur erreicht werden – und hier berührt sich das Konzept der Unterhaltungsliteratur mit Prutz' Wirklichkeitsrekurs –, wenn die unterhaltsamen Stoffe dem Leser die Möglichkeit des Wiedererkennens geben. Gefordert werden »Volksromane« im doppelten Sinn.

»[...] das Publikum, wenn es sich an unsern Büchern unterhalten soll, will eben *unterhalten* sein: es will Stoff, Abenteuer, Verwicklungen, es will Umgebungen, die ihm

bekannt sind, es will Situationen, die es versteht, es will Personen, für die es sich interessieren kann; es will Abwechselung, Farbenglanz, Fülle und Lebendigkeit.«[47] Schiller, der sich dem Publikum »in die Arme geworfen« habe, wird beschworen als Gewährsmann für den zielsicheren Einsatz von »Effekten«, derer er sich ohne falsche Prüderie und ohne Selbstzweck bediene, allein bestimmt von der Absicht, die Zuschauer »mit sich zu ziehen in seine ideale Welt«.[48]
Wenn Prutz von »unsern Büchern« spricht, so identifiziert er sich deutlich mit der Elitekultur, bringt aber ebenso klar die eigenen Vermittlungsansprüche zum Ausdruck. Es kann kein Zweifel daran bestehen, daß der 1847, mitten im vielfach unterbrochenen Schreibprozeß des *Engelchens* publizierte Aufsatz *Über die Unterhaltungsliteratur, insbesondere der Deutschen* die grundlegende Programmatik des Romans fixiert. *Das Engelchen* ist eine der »stoffhaltigen, soliden Geschichten voll Abenteuer, Spannung und Verwicklung«, wie Prutz sie den ambitionierten Autoren abverlangt.[49] Seine erste größere Prosaveröffentlichung[50] präsentiert sich als Experiment eines »mittleren Romans«, als Exempel einer operativen Literatur, die ihre »Effekte« für die »höchsten Zwecke« funktionalisiert.[51] Zu einem Zeitpunkt, zu dem sich unter den Vorzeichen der wachsenden Industrialisierung die Kluft zwischen Elitekultur und den massenhaften Lesestoffen dramatisch zu öffnen beginnt, unternimmt Prutz den spannenden Versuch, die auseinanderstrebenden Pole einer effektgeladenen Unterhaltung und der ästhetischen Erziehung idealistischer Provenienz in einem »Volksroman« noch einmal zusammenzufassen. Nichts anderes als die angestrebte Balance zwischen moralischer Verantwortung und Amüsement der Lektüre meint die »Widmung« des *Engelchens,* in der Prutz die Hoffnung artikuliert, »daß namentlich auch jene höheren sittlichen Ideen, die ich ihm zu Grunde gelegt habe, nicht ganz unbemerkt geblieben sind, so wenig dieselben sich allerdings hervorzudrängen suchen« (I,V).

Sichtbarster Ausdruck des emphatischen Publikumsbezugs sind die zahlreichen Wendungen an den Leser. Mit seiner ganzen Fülle ornamentaler Erzählerfiguren verlängert *Das Engelchen* die erzählerische Apparatur des Biedermeier auf den sozialen Roman. Von den Objektivierungstendenzen, wie sie für die Prosa des Bürgerlichen Realismus charakteristisch sind, vom Rückzug des Erzählers hinter das Erzählte, der in der Romanpoetik Spielhagens einen Höhepunkt findet, kündigt sich noch nichts an. Für Prutz ist der auktoriale, kompakt eingreifende Erzähler unverzichtbar, ihm fallen wichtige Aufgaben zu. Die Möglichkeit der kommentierenden Begleitung wird ausgiebig wahrgenommen. Der Erzähler versucht, die individuelle Romanhandlung zu einer allgemeinen sozialen Repräsentanz auszuweiten, sein Räsonnement verstärkt den moralischen Impuls und steigert sich an einigen Stellen zur offenen sozialen Anklage. Als die männliche Hauptfigur, der Weber Reinhold, sich einen Spaziergang gestattet, heißt es:
»Zwar mußte er sich selbst darüber schelten: für arme Leute, wie er war, gibt es kein Spazierengehen, selbst der Genuß dieser allumgebenden, allgegenwärtigen Natur ist bei uns zu einem Privilegium geworden für die Wohlhabenden und Vornehmen, welche die Zeit dazu haben. – Weshalb wir uns denn auch nicht wundern und noch weniger es als Roheit verdammen sollten, wenn bei unseren sogenannten niederen Ständen der Sinn für die Natur im Allgemeinen so wenig entwickelt ist: gebt ihnen erst die Muße, gebt ihnen

erst die Freiheit und Unbekümmertheit der Stimmung, die dazu gehört, und euer Urtheil wird vermuthlich anders ausfallen müssen.« (II,221f.)
Eine dramaturgische Funktion erfüllen die unzähligen floskelhaften Einschübe des Erzählers, mit denen er den Ablauf verzögert, den ungeduldigen Leser vertröstet oder ihn einen schaudernden Blick auf die anstehenden Katastrophen werfen läßt. Die Reflexion der Erzählbarkeit auf der Ebene des Auktorialen setzt Akzente und steuert die Aufmerksamkeit. Dabei markieren der vielfach wiederkehrende Unbeschreiblichkeitstopos oder die formelhaft angekündigte Aussparung (»wir verzichten darauf, zu schildern [...]«) gerade die Höhepunkte.
Durch die Intimität des direkten und permanenten Dialogs mit dem Erzähler wird der Leser auf behagliche Weise in die düstere Romanwelt hineingezogen. Deutlich ist die Atmosphäre des Vertrauens, um die sich die auktorialen Erzählpartien bemühen, als Gegengewicht zu den geschilderten Schrecken konzipiert. Auf den verschlungenen Pfaden der Romanhandlung läßt der Erzähler seinen Leser niemals im Stich. Er gibt Erklärungen und Erläuterungen, stellt Zusammenhänge her, leitet vorsichtig zum Neuen über und knüpft an Vergangenes an, springt ein, um die Erinnerung aufzufrischen, wiederholt Informationen, die in der gebotenen Fülle unterzugehen drohen. Prutz richtet seinen Erzählprozeß ganz auf den angstvollen und zerstreuten bürgerlichen Leser aus. Das behaglich-weitschweifige Ausbreiten, das so zustande kommt, schwächt jedoch zugleich die Radikalität der Sozialkritik entscheidend ab, bringt ein versöhnendes Moment hinein. Das Provokative verliert seine Anstößigkeit, wenn es immer wieder umständlich legitimiert wird. Die möglichen Einsprüche der Rezipienten versucht der Roman selbst argumentativ zu entkräften, ein Beweis für jene intensive Reflexion der Publikumswirkung, wie sie für Prutz kennzeichnend ist. Der auktoriale Erzähler ist die willkommene Ebene der Vermittlung von Romangeschehen und Publikum, dies ist seine wichtigste Rolle. Er hat die Authentizität der Handlung gegen die ästhetischen Vorbehalte der Leser durchzusetzen. »Es ist eine wahre Geschichte, eine Geschichte aus dem Volk, die wir hier erzählen: und so dürfen wir uns keine Ausschmückung oder Auslassung gestatten, selbst da nicht, wo wir in Gefahr sind, durch die nackte Treue des Historikers das Gefühl unserer Leser zu verletzen.« (I,427) So wird die Wendung einer Liebesszene sorgsam vorbereitet, bei der der männliche Part nach einem leidenschaftlichen Treueschwur seine ganz trivialen Hungergefühle äußert:
»Ganz gewiß, schöne Leserin: hätte bei Ihnen, nach einem ähnlichen Vorgang, die Schwäche der Natur sich gemeldet (wiewohl schon das im Grunde eine Beleidigung ist gegen Ihre Bildung), allen Respect vor Ihrer Zartheit, Sie hätten sie unterdrückt, ja nicht sich selber hätten Sie eingestanden, daß Sie hungert. Aber die schlechte Gesellschaft, in welche dieses Buch Sie nun einmal geführt hat, besitzt diese Regards nicht –: Konrad fühlte, daß ihn hungerte und so sagte er's.« (I,428)
Schon hier zeigt sich, daß auch der Roman *Das Engelchen* nicht ganz frei ist von der Pose der ›Geheimnisse‹-Literatur, von dem demonstrativen Hinabsteigen in die gesellschaftlichen Tiefen, von dem offenen Kalkül mit den sensationellen Erwartungen. Idealtypisch wird ein Leser voller Ressentiments und mit engem Geschmackshorizont vorausgesetzt. Der Ausweitung des Publikums, die Prutz mit seinem didaktischen Versuch anstrebt, sind doch wohl enge Grenzen gesteckt.[52]
Offenbar hat Prutz bei seinem Romanexperiment von Anfang an die ästhetischen Erwartungen der anvisierten Leser weit höher gewichtet als die Notwendigkeiten des

gewählten Stoffes und des neuartigen Genres. Vor allem das zugrundegelegte Erzählmodell, der Familienroman, folgt ganz den altbewährten, dem bürgerlichen Lesepublikum höchst vertrauten Mustern der Erfolgsliteratur. Die widerstandslose Anpassung an das Konventionelle überrascht bei der hochambitionierten Programmatik des Romans. Denn Prutz' Absichten gehen weit darüber hinaus, eine reine Webergeschichte zu liefern. Als Schauplatz seines Romans wählt er ein »Fabrikdorf« mit einem Industrieproletariat, das gänzlich der maschinellen Produktionsweise unterworfen ist. Die konkreten sozialen Hintergründe der Weberunruhen, die Heimarbeit in der Abhängigkeit des Fabrikherrn und die Vorherrschaft des sogenannten ›Truck-Systems‹, werden also erheblich verschärft. Prutz radikalisiert den wirklichen Grad der Industrialisierung des Jahres 1844, in einem Vorgriff auf kommende Entwicklungen zielt er auf das Prinzip industrieller Produktion. Er strebt einen Industrieroman an, dessen Gültigkeit nicht an die spezifische Weberproblematik gebunden ist.

Otto Ruppius hatte in seiner 1844 entstandenen Novelle *Eine Weberfamilie* den Aufstand durch das Einmontieren eines Zeitungsberichts dokumentarisch belegt.[53] 1851 ist für Prutz dieser Ausgangspunkt in weite Ferne gerückt. Seine Schilderungen gewinnen die Konturen des Näherliegenden, der revolutionären Ereignisse des Jahres 1848. Prutz läßt die Gelegenheit nicht vorübergehen, seine Einschätzungen und Analysen einzubringen. So wird aus dem *Engelchen* das schillernde Phänomen eines Weber-, Industrie- und Revolutionsromans.

Für diese vielschichtigen Realitätsbezüge bedient sich Prutz nun eines Romanmusters, das in der deutschen Literatur des ausgehenden 18. Jahrhunderts von englischen Vorbildern adaptiert worden war,[54] das dann um die Wende zum 19. Jahrhundert von Autoren wie August Lafontaine zum risikolosen Erfolgsrezept gemacht und später dann von Heinrich Clauren und zahlreichen biedermeierlichen Nachahmern bis zur Erschöpfung strapaziert wurde.[55] Die Unterhaltungsromane von Robert Prutz sind ein wichtiges Verbindungsstück von den biedermeierlichen Familienepen zu den Fortsetzungsromanen der *Gartenlaube* und anderer Familienzeitschriften, die diesem Genre eine neue, noch verstärkte Wirksamkeit einbrachten. 1847, in seinem Aufsatz über die *Politische Poesie,* hatte Prutz die »Verirrungen und Exzesse unserer Literatur« gegeißelt und sich ironisch von den »Verfertigern allerliebster rührender Familiengemälde« abgesetzt.[56] Freilich sind seine Romane selbst unter diese Begriffe zu subsumieren. Erich Edler hat im Nachwort zur Faksimileausgabe des *Engelchens* die Herkunft der einzelnen Sensationsmotive aufgeschlüsselt und resümiert: »Prutz greift vielfältige Anregungen auf; die eigene Erfindung ist begrenzt« (III, Nachwort S. 15). Originalität kann allenfalls die Kumulation der Effekte und ihre Anordnung beanspruchen. Prutz läßt keinen extremen Reiz aus, der in der biedermeierlichen und jungdeutschen Literatur im Schwange war und Aussicht auf Erfolg versprach: der erbitterte Kampf zweier Familien mit einer sich langsam aufklärenden dunklen Vergangenheit, die zwielichtige Herkunft gleich mehrerer Figuren, uneheliche Geburt und Kindesvertauschung, die Trennung und Vereinigung der Liebenden, nachdem lange eine »falsche« Lösung der Liebeshandlung droht, Freundschaftskult und Geschwisterliebe, Diebstahl, Betrug, Erpressung, Schmuggel, Mord, Selbstmord und Wahnsinn in mehreren Varianten, Generationskonflikte, Familienkabale und Testamentsfälschung und schließlich die Elementarkatastrophe, in die alles einmündet. Die Liste ist längst nicht vollständig.

Dieses schon damals abgenutzte und herabgesunkene Motivarsenal hat Prutz unverändert und ungerührt auch bei seinen anderen sozialen Romanen (*Der Musikantenthurm*, 1855; *Oberndorf*, 1862) als übertragbares Erzählgerüst verwandt. Sicherlich hat er sich dadurch den handwerklichen Akt des Schreibens sehr erleichtert, er hat aber damit auch den hohen Authentizitätsanspruch zurückgenommen und die ästhetische Zweitrangigkeit seiner Texte besiegelt.

Daß selbst ein scheinbar erschöpftes und trivialisiertes Genre durchaus eine produktive Weiterentwicklung zuläßt, beweist Karl Immermanns Roman *Die Epigonen*,[57] der nur äußerlich dem Muster des Familienromans folgt und ein differenziertes Epochenbild entwirft. Georg Weerth deutet in seinem *Romanfragment* an, daß gerade das neuartige Industriethema, will man ihm gerecht werden, eine Abwandlung der vorgegebenen Erzählstrukturen unumgänglich macht.[58] Auch Weerth steht noch spürbar in der mächtigen Tradition des Familienromans, auch er verzichtet nicht ganz auf die gängigen spektakulären Motive. Bei ihm stehen jedoch nicht Intrige und dunkle Vergangenheit im Vordergrund, sondern konkrete Alltagsbeobachtung, eine genaue, an das Dokumentarische heranreichende Schilderung von Arbeitsbedingungen und Lebensverhältnissen, die Zusammenhänge von Privatsphäre und öffentlicher Rolle. Der Generationskonflikt wird nicht wie bei Prutz verabsolutiert, sondern von einem gegensätzlichen sozialen Verhalten her erklärt und begründet. In eingeschobenen, beinahe schon soziologischen Reflexionen essayistischen Charakters prüft Weerth die soziale Repräsentanz seiner Erzählfiguren.

Von all dem ist im *Engelchen* nichts zu finden. Hier wird ein für die damalige Literatur revolutionäres Thema, die Wirklichkeit der industriellen Produktion, den Zwängen eines überholten Erzählmodells geopfert. Die Übersteigerung der Familiengeschichte ins Kriminalistische und Melodramatische degradiert die soziale Realität zur reinen Staffage. Konträr zur eigenen Programmatik bleibt der Ausgriff auf Wirklichkeitsphänomene rein selektiv und ist an die Anknüpfungsmöglichkeiten des Romanmusters gebunden. Die Häufung der sensationellen Motive, die es voraussetzt, kann nur durch eine wohlkalkulierte Dramaturgie der extremen Ereignisse plausibel gemacht werden. Diese entwickelt ihre Eigengesetzlichkeit und zwingt die romanhaften Abläufe in ihren deformierenden Bann. Die Realitätsbezüge werden zweitrangig.

Erich Edler wertet *Das Engelchen* als »Gipfelleistung der deutschen Sue-Schule«,[59] und dies gilt sicher für die Virtuosität, mit der Prutz in Suescher Manier Spannung erzeugt und sie durch drei Bände hindurch aufrechterhält. Obwohl für sein voluminöses Opus die publizistischen Voraussetzungen gar nicht gegeben sind, entlehnt Prutz von seinem Vorbild die typische Fortsetzungsstruktur, jedes Einzelkapitel auf seinem Höhepunkt abzubrechen und im folgenden mit der überraschenden Wendung einzusetzen. Prutz hatte erkannt, daß gerade die Fortsetzungstechnik die Überwältigung des Lesers bewirkt, der atemlos von Höhepunkt zu Höhepunkt gejagt wird. Die Diskrepanz zu den aufklärerischen Zielen seiner Publikumskonzeption ist nicht zu übersehen. Schon der Beginn des Romans ist kennzeichnend für Prutz' generelles Vorgehen. Im ersten Kapitel (»Unter der Galgenfichte«) wird eine düstere Szenerie aufgebaut, und der Selbstmordversuch, den der tolle Heiner am Ende unternimmt, entspricht ganz den immer dichter werdenden bedrohlichen Signalen des Textes. Mit dem Knalleffekt der Verhinderung des Selbstmords beginnt das zweite Kapitel (»Eine Störung«).[60] Ebenbürtig ist Prutz Sue auch in der Fähigkeit, extrem zugespitzte Situationen, bei denen der Leser eine Steigerungsmöglichkeit absolut ausschließt, doch noch mit einem grellen Effekt zu übertrumpfen. So glaubt man, jene den Schauerroman kopierende Szene, in der die Diebslore der sterbenden, vom wahnsinnigen Großvater bewachten Lene das Testament entreißt, sei an Gruseleffekten und dramatischer Steigerung nicht mehr zu überbieten. Da fällt die triumphierende Diebslore am Ende des Kapitels ihrerseits einem Räuber zum Opfer, der ihr in der dunklen Gasse das gleiche Testament abnimmt.

Selbst die auf den ersten Blick retardierenden Momente erweisen sich dann im weiteren Verlauf als äußerst wirksame Mittel der Dramatisierung. Die Wirtshaus-Szene im ersten Band führt der Autor bis dicht an einen Mordversuch heran, um dann plötzlich den Schauplatz zu wechseln:

»Und indem er dies hervorstieß aus der zugeschnürten Kehle, zuckten seine Finger bereits an dem Griff des Messers...

Als plötzlich von draußen ein wilder Lärm in den Saal drang; scheltende Männerstimmen, Flüche und Drohungen, dazwischen das Wehklagen einer weiblichen Stimme...« (I,237).

Bei dem Massenauflauf, der sich dann anschließt, wartet eine noch viel spannendere Konfrontation auf den Leser.

Zusätzlich zu der jeweils am Kapitelschluß und Kapitelanfang ansteigenden Spannungskurve ist am Ende der sechs Bücher immer noch ein Höhepunkt besonderer Art eingebaut, und schließlich wird das Ganze überwölbt von der Klimaxstruktur des gesamten Romans, dessen vielfältige Handlungsstränge alle auf die Schlußkatastrophe und die glückliche Wendung der Dinge ausgerichtet sind.

Ein weiteres Mittel der Spannungssteigerung sind die Verzögerungstechniken, das Unterbrechen der Spannungsbögen und ihre Wiederaufnahme. Das Geheimnis der Familie Wolston wird in einem raffiniert ausgeklügelten, vielfach gebrochenen, den gesamten Roman umfassenden Prozeß der Aufschlüsselung erzählerisch in vier Stufen entfaltet: Die vom Erzähler eingebrachten allgemein bekannten Tatsachen werden durch die Recherchen des Justizrats erweitert, dann jedoch vom wiedergefundenen Testament widerlegt. Die endgültige Auflösung wird wiederum aufgeschoben, weil das letzte Blatt verlorengegangen ist und erst ganz am Ende wieder auftaucht.

Neben der Klimaxstruktur wird die Kontrasttechnik zum alles beherrschenden Prinzip. Wie Sue vertraut Prutz auf die Wirkung verabsolutierter Gegensätze und verzichtet konsequent auf Übergänge und Zwischenstufen. Ohne Schwierigkeiten kann der Leser die Figuren den extremen Polen zuordnen, es gibt nur Bösewichter und Lichtgestalten, aber keine individuelle Charakteristik. Ambivalenzen werden allein als temporäres Mittel zusätzlicher Spannungssteigerung zugelassen. Für kurze Frist sieht sich der Leser der Irritation ausgesetzt, ob er nun eine Figur dem Bösen oder dem Guten zuschlagen soll.[61] Doch schon bald liefert der Erzähler die beruhigende, eindeutige Bewertung nach, nimmt den Leser wieder in sein strenges Regiment.

Die eindimensionale und extreme Charakteristik ist denkbar ungeeignet zur Erfassung differenzierter sozialer Prozesse, und sie erschwert dem Rezipienten das Wiedererkennen sozialer Repräsentanten. In der verzeichnenden Zuspitzung werden die Realitätspartikel unkenntlich gemacht. Die Figur des Fabrikanten Wolston enthält viele Komponenten, die auf den realen Unternehmertypus des Vormärz verweisen: das feudalistisch-dynastische Gehabe im Nebeneinander von Schloß und Fabrik, das rigide Arbeitsethos des Parvenus, das zur Grundlage seiner Karriere und seiner sozialen Dynamik wird, strenge Rationalität und Fortschrittsoptimismus, der absolute Glaube an Technik und Mechanisierung, die weltweiten Handelsverbindungen und die patriarchalische Unerbittlichkeit gegenüber den Arbeitern.[62] Doch Prutz verdunkelt diese Bezüge durch eine bis ins Gigantische reichende Kriminalisierung der Figur. Wie die Verbrecher aus der großstädtischen Unterwelt in Sues *Les Mystères de Paris* handelt Wolston nicht aus bestimmbaren sozialen Interessen heraus, sondern steht unter der geheimnisvollen, metaphysischen Urgewalt des Bösen. Sein Reichtum beruht auf Diebstahl, er ist Betrüger, Schmuggler und Mörder. Als skrupelloser Bösewicht gehört er mehr in die lange literarische Tradition der Kanaille, als daß er soziale Verhaltensweisen repräsentiert. Einer subversiven Gleichsetzung von Unternehmertum und Kriminalität steuert Prutz entgegen, indem er das Verbrechen zu gleichen Teilen auf allen sozialen Ebenen lokalisiert. Das Böse ist omnipräsent. Bei den grotesk akzentuierten Figuren des Sandmoll und der Diebslore, die dem Sueschen Verbrecherpaar Schulmeister und Eule nachempfunden sind, laufen die Fäden der Intrige zusammen. Auf der unteren Ebene gehört der rote Konrad, der am Ende zum Mörder wird, zu der Partei des Bösen. Ihr treten die Heldengestalten entgegen, allen voran die Hauptfigur, Angelica, das Engelchen, das Prutz aus der lyrischen Emblematik des Biedermeier in den sozialen Roman hinüberrettet.[63] In ihrer schönen Reinheit ist sie die Zwillingsschwester von Sues Fleur de Marie, mit der gleichen madonnenhaften Überhöhung, allerdings ohne den Schatten einer düsteren Vergangenheit, der in Sues Roman die Heldenhaftigkeit trübt. Das Engelchen ist in allem das getreue Gegenbild der Welt des Verbrechens, der Kabale und Intrige. Ihr Erscheinen bereitet Prutz mit äußerster Sorgfalt vor, im Augenblick der dramatischsten Zuspitzung betritt sie die Szene. Dem »Zauber des holden Kindes« (II,168) kann niemand widerstehen. »Freudigkeit und Friede« (II,10) verbreitet sie überall, vor der Aura ihrer ›Persönlichkeit‹ kapitulieren selbst die Bösewichter.

Auf der gleichen Stufe der Positivität stehen die Figuren um den Meister Werner. Sie verkörpern die von Prutz heroisierte Gegenwelt zur industriellen Produktion. Der personalisierte Kontrast von Industrie und Handwerk erzwingt einen strengen Parallelismus des Extremen, er verdoppelt damit die Entfernung von der sozialgeschichtlichen Realität. Der absoluten Herrschaft des Industriellen entspricht das ebenso unerbittliche Festhalten an der »alten gewissenhaften Arbeitsweise« (I,253), an den »ererbten Vorschriften der Zunftordnung« (I,255). Als einziger im ganzen Dorf widersetzt er sich hartnäckig der maschinellen Produktion: »[...] seine sonst so schlichte Ausdrucksweise erhob sich, indem er auf Fabriken und Maschinen zu sprechen kam, zu den gewaltigsten und kühnsten Bildern.« (I,263) Die übermenschlichen Energien seines Protagonisten faßt Prutz in einem nicht weniger kühnen, weit hergeholten Vergleich:

»Aber er haßte alles Fabrikwesen, haßte alle Maschinenarbeit, mit einem Haß, so ingrimmig, so glühend – wir wissen kein passenderes Beispiel: wie der flüchtige Indianer, der arme Sohn der Wälder, den klugen, sinnreichen Weißen haßt, der ihn unaufhaltsam, Schritt vor Schritt, Meile vor Meile, herunterdrängt von dem Erbe seiner Väter.« (I,262f.)

Die simple Kontrasttechnik determiniert nicht nur die Figurenkonstellation, sondern auch die szenische Abfolge. Das gesamte Romangeschehen wird aus harten Gegensätzen heraus entwickelt, Idylle und Chaos, Freude und Schmerz, Vitalität und Hinfälligkeit, Glück und Unglück, Wahnsinn und strahlende Heldenhaftigkeit, Geburt und Tod folgen einander auf dem Fuß oder fallen gar zusammen. Eine nie nachlassende emotionale

Überhitzung ist das Resultat der auf engstem Raum zusammengeballten konträren Affekte.
Vor allem der »Unwiderstehlichkeit des Contrastes«, meint Prutz in einem Essay aus dem Jahre 1854, verdanke der preußische Autor Christian Friedrich Scherenberg den naiv-enthusiastischen Beifall des patriotischen Publikums. Wie kaum ein anderer verstehe es dieser »Modedichter«, dem Bedürfnis der Zeit nach »kurzen und starken Emotionen« entgegenzukommen.[64] Die verwandten Mechanismen sind also klar als modische Anpassung erkannt, und dennoch beansprucht Prutz, mit seinem Romanexperiment eben nicht wie Scherenbergs Gedichte ins »Triviale und Unbedeutende« abzusinken.[65]

»Wir verlassen die prächtige Wohnung des Fabrikanten, um in die niedrige Hütte seiner Arbeiter zu treten.
Unser Weg führt hinunter nach dem Rhein, bis an die Stadtmauer. Zwischen ihr und der letzten Häuserreihe schreiten wir vorwärts. Anfangs ist die Straße noch leidlich, allmählich hört das Pflaster auf, wir gehen auf einem lehmigen, schmutzigen Wege; der Regen sammelt sich rechts und links in den Vertiefungen – nicht selten steht ein förmlicher Morast vor den Türen der Wohnungen, die immer kleiner und unansehnlicher werden, deren alte, vornüberhängenden Giebel, deren verwitterte Wände und mit Lappen und Stroh verstopfte Fenster uns mit jedem Augenblicke mehr verraten, daß wir in dem ärmlichsten Stadtteil anlangten, daß wir in dem schlechten Viertel sind. Mühsam waten wir fort durch Schmutz und Gestank, alle zwei, drei Schritt treten wir in eine Pfütze, denn es gibt hier keine Laternen, deren flatterndes Licht unsern Weg erhellen könnte. Die Gasse wird immer enger – wir verirren uns gewiß nicht – mit der Linken können wir die Wände der Häuser greifen, mit der Rechten beinah die Seite der Stadtmauer. Da stehen wir vor der Wohnung des Arbeiters.«[66]
Georg Weerth hat hier das dokumentarische Verfahren von Friedrich Engels, dessen exakte Erkundung der ›schlechten Viertel‹ englischer Industriestädte literarisch produktiv gemacht. Eine solche reportagehafte Annäherung an die Lebensbedingungen des industriellen Proletariats, diese protokollarische Schreibhaltung, die detailgetreue, objektbezogene Registratur, wie sie auch für die Beschreibung der Schauplätze in den Webernovellen von Otto Ruppius und Ernst Willkomm kennzeichnend sind, sucht man bei Prutz vergeblich. Das Ambiente der Figuren ist im *Engelchen* ihrer entindividualisierten Charakteristik vollends angepaßt. Die Lokalitäten sind nichts anderes als der überdimensionale Ausdruck der extremen Grundeigenschaften, wie das Erzählmodell sie vorschreibt. Die Skizzierung der Schauplätze ist ohne jede über den Roman hinausweisende Abbildfunktion, sie dient lediglich als Vehikel der Charakteristik. Die »düstern, einförmigen Mauern« des Fabrikschlosses (II,4) zeigen in derselben direkten Linie auf ihren Besitzer wie der »wohlthätige Anblick«, den die »reinliche« und »helle« Weberhütte und ihr Garten bieten. Hier ist die Stilisierung des Elends zur biedermeierlichen Beschaulichkeit besonders offenkundig:
»Aber dieses dürftige Stückchen Land, wie sorgfältig war es gehalten! wie sinnig benutzt! wie zierlich eingefaßt, mit handhohen grauen Weidenstäbchen, kreuzweis gesteckt! Auf den Beeten blühten arme, bescheidene Wiesen- und Heideblümchen, lauter einfache und gemeine Sorten: aber sie waren verständig zusammengestellt, und gewährten, in ihrem

sinnreichen Farbenwechsel, bei aller Einfachheit einen überraschend wohlthätigen Anblick.« (I,242)

Allein der Symbolwert der Lokalitäten für das Romanmuster ist für Prutz ausschlaggebend. Zusammen mit der extremen, kontrastiven Charakteristik und der melodramatischen Übersteigerung konstituieren sie eine Romanwelt des Phantastischen, der poetischen Konstruktion. Mitte der fünfziger Jahre diagnostiziert der scharfsinnige Kritiker Prutz die immensen Schwierigkeiten der Literatur, »sich den Zuständen der Wirklichkeit mehr anzuschließen, als es bisher der Fall war«. Daß »unsere erzählenden Dichtungen noch immer phantastischer und spielender werden«, erklärt er mit der notwendigen »Schule, die unsere Poeten eben durchmachen und in der sie sich eben so sehr wieder an die Freiheit der Phantasie wie an die genauere Beobachtung des wirklichen Lebens gewöhnen müssen«.[67] Exakt jenen diffizilen Übergang illustriert *Das Engelchen.* Prutz' Vorsatz, die neue Wirklichkeit der Industrie romanhaft zu konkretisieren, bleibt uneingelöste Programmatik. Industrielle Produktion wird übergeführt in ein abstraktes Prinzip der Maschine, die wiederum als abgelöst von jedem Funktionszusammenhang erscheint. Der Roman hält strikte Distanz von diesem mit überdeutlichen Negativsignalen stigmatisierten Bezirk. Den gespenstischen Maschinenraum der Fabrik läßt er den Leser nur in der verzerrenden Traumperspektive und bei der Ausnahmesituation der Schlußkatastrophe betreten, die Normalität ist ausgespart. Ganz im Gegensatz zu dieser Verkürzung bemüht sich Florus eifrig darum, den Ablauf der Produktion, industrielle Funktionszusammenhänge zu verstehen und wiederzugeben. Er recherchiert mit der Neugier des Reporters und sammelt Informationen.

»Auch war er wirklich überall in dem weitläufigen Gebäude zu finden, bald bei den Arbeitern im Maschinensaal, bald (und dies Letztere allerdings noch etwas öfter) bei den Arbeiterinnen, bald unten im Comptoir, bald oben auf dem Trockenboden; nach Allem fragte er, Alles ließ er sich auseinandersetzen, Alles trug er in sein Notizbuch.« (II,295f.)

So ergibt sich die Paradoxie, daß in dem satirischen Literatenporträt ein historisch fortgeschrittenerer Schriftstellertypus enthalten ist, als er auf der Ebene des Romans selbst zum Ausdruck kommt. Dort wird die Maschine als abstraktes Motiv eingesetzt oder mit monumentalen Bildern der Angst belegt. Die mechanisierte Produktion ist in den Zusammenhang der Familiengeschichte hineingenommen, den sagenhaften Erfolg der Maschinen umgibt ein dunkles Geheimnis. Sie sind eng mit dem Wahnsinnsmotiv verbunden, sie stehen für Berechnung und Rationalität, für Verbrechen und Intrige. Die Ausführung des Motivs spiegelt die beherrschende Klimaxstruktur wider. In den Anklagen des Meisters werden die großen Fabriken als »Werkstätten des Teufels« (I,263) dämonisiert, die Maschinen erscheinen in phantastisch-grotesker Überhöhung als »die gigantischen Unthiere der Vorwelt, Drachen und Kraken, heraufbeschworen aus dem Abgrund des Meeres, mit ihren eisernen Kiefern, ihrem unersättlichen Schlund die blühende Welt, zahllose Geschlechter und Recht, Scham, Tugend hinabzuschlingen und zu vernichten« (I,264). Der Angsttraum Angelicas im dritten Buch nimmt die bedrohliche Animalisierung der Maschinen auf und steigert sie noch. Die Warnungen des Meisters werden im Alptraum weitergeführt:

»[...] das ganze Maschinenwerk auf einmal war lebendig geworden und drängte, wie von Geisterhand gezogen, unentrinnbar, unabwendbar, von allen Seiten auf das entsetzte Mädchen ein. Wohin sie, hilferufend, die Hand erhebt, schnurren ihr, dichter und dichter, scharfgezahnte Räder entgegen; wohin sie den Fuß setzen will, geräth er in das

Labyrinth des Maschinenwerks; schon fühlt sie, wie die Räder, hier und dort, ihr nach den Kleidern schnappen, fühlt schon den Druck des schweren eisernen Kolben auf ihrer Stirn...« (II,61).

Am Romanende erfüllen sich die prophetische Warnung und der vorausdeutende Alptraum. Den Maschinensturm der Arbeiter, das Flammenmeer eines Brandes, der die ganze Fabrik erfaßt, und das Ingangsetzen der neuen Maschinen durch den wahnsinnigen Großvater bringt Prutz zu einem effektvollen Schreckenstableau zusammen. Die menschenverschlingende Gewalt der Maschine, die den zermalmt, der sie erdacht hat, wird mit aller Drastik ausgeführt:

»Gab das zierlich gearbeitete Gitter seinem furchtbaren Rütteln nach oder schwang er sich absichtlich über dasselbe hinweg – Ein geller Aufschrei, Ein Sprung, Ein Fall – und gleich gefräßigen Ungeheuern zerrten, knackten, knirschten die Räder und Walzen an den Knochen des zerschmetterten Greises.« (III,429f.)

Mit der gleichen katastrophenhaften Akzentuierung, als einen Racheakt der vergewaltigten Natur, hatten vor Prutz auch Immermann und Willkomm das drastische und spektakuläre Motiv in ihren Romanen benutzt.[68] Seine Häufigkeit beweist, daß es als zeittypischer Ausdruck ganz realer, elementarer Ängste und äußerster Betroffenheit, als ein radikaler Protest zu werten ist. Die destruktive Gewalt der Industrialisierung wurde offenbar in ihren Anfängen intensiver, bis hin zur körperlichen Bedrohung empfunden. Das Bewußtsein der Zerstörung und des Verlusts, die Furcht vor den Folgen des Eingriffs in die Natur waren zu einer Zeit ausgeprägter, als die Industrie ihre erdrückende Macht noch nicht entfaltet hatte. Noch hatte die Technik ihre mitreißenden Symbole nicht gefunden, noch hatte sich kein Fortschrittsoptimismus mit besänftigender Gewöhnung über diese elementaren Ängste gelegt.

Auch mit seiner Romanlösung, der Rückkehr zur vorindustriellen handwerklichen Produktion, zur Idylle des Familienbetriebs und des Zunftwesens, konnte Prutz auf das Vorbild von Immermann und Willkomm zurückgreifen. Doch diese Rezepte einer Reagrarisierung waren inzwischen illusionär und naiv geworden, und so ist die Auflösung der Konflikte durch einen Sprung in die Vergangenheit auch mehr der Anschluß an eine literarische Tradition als ein ernstgemeinter, auf die Wirklichkeit bezogener Vorschlag wie die Armenkasse, die Sue propagiert. Die Ablehnung der Industrialisierung ist nicht einmal im *Engelchen* mit letzter Konsequenz durchgehalten. Reinhold, eine Sympathiefigur des Autors, bejaht an einer Stelle ausdrücklich die maschinelle Produktion und betont, »daß es gar nicht anders sein kann, daß wir die unerläßlichen Opfer sind, sein müssen für die neue Zeit, die neue Weltordnung, die über unserm Lande emporsteigt« (II,193).

In der konzedierten Zwangsläufigkeit und der nationalen Apotheose der Technik deutet sich ein Umschwung an, der dann in dem 1862 erschienenen Roman *Oberndorf* endgültig vollzogen ist. Seine Behandlung des Industriemotivs ist symptomatisch für die Bewußtseinswandlung, die der publikumsbezogene Autor Robert Prutz voraussetzen kann. *Oberndorf* blendet in den Vormärz zurück und schreibt damit *Das Engelchen* aus veränderter und aufschlußreicher Perspektive neu. Die Handlung basiert auf dem Schicksal zweier Freunde, doch der eine Held wird am Ende des ersten Bandes unvermuteter Erbe von Fabriken in Rußland, er verschwindet aus dem Roman. Erst ganz am Ende taucht er wieder auf mit einem Brief, der die Absicht verkündet, seine Fabriken nach Deutschland zu verlagern. Die angstbesetzte industrielle Produktion ist in exotische

Ferne gerückt, durch diese Verdrängung wird es möglich, die Industrie in das rosarote Schlußtableau aufzunehmen. Liebevoll wird ein Versöhnungsmodell gemalt, das die träumerischen Sehnsüchte des Nationalliberalen Prutz offenbart. Nicht um sich zu bereichern, will der Freund das in der Fremde akkumulierte Kapital in die Heimat transferieren, sondern um zum Besten des Ganzen so etwas wie soziale Kolonisation zu betreiben, um »die niedern Klassen [...] zu heben, zu bilden und zu veredeln«.[69] Der Feudalherr zieht sich sanft zurück und überläßt in einem »Arrangement«[70] dem guten Kapitalisten das Feld, der die Güter zur Fabrik umbaut. Das Proletariat ist durch eine sinnlose Revolte ›geläutert‹ und preist die Wohltäter. Prutz hat seinen Widerstand gegen die Industrie aufgegeben und sie als Fortschritt, als nationales Erziehungsinstrument akzeptiert. Seine Lösung ist nun nicht mehr nostalgisch nach rückwärts gewendet, sondern nimmt die soziale Versöhnungspolitik des preußisch-wilhelminischen Obrigkeitsstaates in aller Deutlichkeit vorweg.

Identisch ist in beiden Romanen die soziale Aufstandsbewegung, in beiden Fällen wird sie ans Ende gesetzt und fungiert als dramatisierende Kulisse, als letzte Zuspitzung des familiären Konflikts. *Oberndorf* bezieht sich ausdrücklich auf die Ereignisse des Jahres 1848. Die Austauschbarkeit des Ablaufs mit dem *Engelchen* beweist deutlich, daß mit den Weberaufständen eigentlich die Märzrevolution getroffen werden soll. In *Oberndorf* wie im *Engelchen* setzt sich ein wahnsinniger Hasardeur an die Spitze der revolutionären Bewegung, die allein auf eine sinnlose Zerstörung aus ist. Hinter der »blutrothen Fahne«, die er entfaltet, sammelt sich der »wüthende Pöbel [...], der von allen Seiten herbeiströmte und sich in dunklen Wogen immer näher gegen das Schloß heranwälzte«.[71] Der bürgerliche Held, gräflicher Vorleser und Gesellschafter, erfolgreicher politischer Lyriker, stellt spontan seine starken antifeudalistischen Gefühle zurück und kämpft an der Seite des bedrohten Adels, um »dem wahnsinnigen Pöbel möglichst entschlossen und möglichst zahlreich entgegenzutreten«.[72]

Eine so spektakuläre Parteinahme wird im *Engelchen* noch vermieden, aber dennoch ist die Abwehrhaltung gegen jede sozialrevolutionäre Tendenz unübersehbar. Das Erlebnis der Revolution von 1848/49 bedeutete für Prutz einen entscheidenden Bruch, und dies betrifft nicht allein, wie Hans Joachim Kreutzer meint, das Scheitern der eigenen politischen Ziele.[73] Vor 1848 stand Prutz an vorderster publizistischer Front der liberalen Befreiungsbewegung, der antifeudalistischen und antiklerikalen Polemik.[74] Aber sein politischer Aktionismus, seine Philosophie der Tat, beschränkt sich auf die abstrakten Forderungen von Freiheit und Konstitution. Mehr noch als das Scheitern des bürgerlich-liberalen Programms erschreckte ihn die sozialrevolutionäre Wendung der Ereignisse in den Jahren 1848/49. Prutz erkennt, daß eine neue Klasse als historisches Subjekt aufgetreten ist, »die Klasse der Besitzlosen, die zahlreiche und infolge unserer gewerblichen Verhältnisse noch täglich wachsende Klasse jener Arbeiter, die von der Hand in den Mund leben und deren ganzes Kapital in der Kraft ihrer Arme liegt«.[75] Zugleich warnt er jedoch vor der »Gewaltherrschaft des Pöbels, der Barbarei und Unwissenheit der Massen«.[76] In der Angst vor dem sozialen Chaos identifiziert sich der vor 1848 von der preußischen Zensur verfolgte Autor sogar mit dem »preußischen Soldatenthum«, dem es zu verdanken sei, »daß durch seine energische und sichere Hilfe Deutschland wenigstens vor jener kindisch furchtbaren Anarchie gerettet ward, mit welcher die Aufstände in Baden und der Pfalz im Mai 1849 uns bedrohten«.[77] Zunehmend distanziert sich Prutz von den radikalen Positionen der Vormärzliteratur.

Ihr wirft er retrospektiv vor, sie habe »auf halb naive, halb frevelhafte Weise mit dem Bilde der Revolution gespielt, wie das Kind mit dem Feuer«.[78] Nach der desillusionierenden Erfahrung von 1848 als einer »großen Katastrophe«[79] ist Revolution für Prutz kein programmatisches Ziel mehr. Schon *Das Engelchen* ist der Versuch, die sozialrevolutionäre Bewegung im Gefolge der Märzrevolution radikal zu entwerten. Dem Weberaufstand gesteht Prutz in seiner romanhaften Reproduktion weder deutliche Motive noch klar umrissene Ziele zu, er entzieht ihm jede Legitimation. Der Aufruhr entzündet sich am Konflikt des familiären Geschehens, als dessen passiver Zuschauer das Volk von Anfang an figuriert. Träger des Aufstands ist der wütende Mob, der beliebig lenkbar und von extremen Stimmungsumschwüngen abhängig ist, der ausschließlich von krimineller Energie nach vorn getrieben wird. Die revolutionären Parolen und sozialen Ansprüche werden denunziert, indem sie Prutz Tagedieben und zwielichtigen Gestalten in den Mund legt. Nach seiner Konstruktion kulminiert alles zwangsläufig in einem Akt sinnloser Zerstörung und blutiger Konfrontation mit dem Militär.

In seiner historischen Schrift *Das Jahr achtzehnhundertneunundvierzig*, im gleichen Jahr wie *Das Engelchen* erschienen, unterscheidet Prutz die erfolglose spontane Revolution und die weit folgenreichere, groß angelegte »Konterrevolution«, hinter der er eine weitgespannte europäische Konspiration wittert. Ihre Mächtigkeit stuft Prutz so hoch ein, daß er selbst den revolutionären Barrikadenkampf, den er vorher noch als »Naturprozeß« bezeichnet, der konterrevolutionären Intrige zuschreibt.

»Es ist wahr, die Revolution von achtundvierzig hat ihr Ziel nicht erreicht, schon nach den ersten Schritten, die sie auf der Bahn der Reform getan, ist sie stehengeblieben und sogar wieder umgekehrt. Aber das ist nur zum kleinen Teil ihre Schuld. Das größere Hindernis hat sie in der Konterrevolution gefunden, zu deren oben berührten Plänen namentlich auch dies gehört, die Revolution durch unzeitige und darum verbrecherische Nachgiebigkeit, durch halbe Maßregeln, zweideutige Zugeständnisse, schlechtverhüllte Intrigen immer mehr angereizt und dadurch endlich jene Überstürzung herbeigeführt zu haben, unter deren unglücklichen Folgen wir jetzt alle leiden.«[80]

Das Engelchen setzt diese Analyse romanhaft um. Auch hier ist der Aufstand eingepaßt in das allumfassende Netz der Intrige, ein letztes Moment seiner Entwertung. Herr von Lehfeld handelt als Agent provocateur im allerhöchsten Auftrag, an seinen Fäden zappeln die Akteure, die Revolution wird zum Sandkastenspiel der Hofintriganten. Prutz hat noch den Anspruch der Romanpoetik des 18. Jahrhunderts, die Gesellschaft in ihrer Totalität abzubilden. Der Blick erweitert sich, neben dem Fabrikdorf erscheinen – indirekt – die ferne Hauptstadt des Herzogtums, die Salons, der Hofklatsch, das universitäre Milieu. Mühsam zusammengehalten und erzählerisch reproduzierbar werden sie allein durch die Intrige; nur das Klischee der biedermeierlichen Erfolgsliteratur, das die Residenz mit der Kabale gleichsetzt,[81] gewährleistet noch die Totalität.

Zwischen dem konterrevolutionären Feudalismus, den er leidenschaftlich ablehnt, und der sozialen Revolution, die er ebenso leidenschaftlich denunziert, gerät Prutz in die Mittelposition einer politischen Immobilität, in der das spätere Dilemma der Nationalliberalen vorgezeichnet ist. Es bleibt nur noch die Hoffnung auf den Eingriff des Schicksals, auf den ›reitenden Boten‹, der gerade noch rechtzeitig das Ableben des schlechten und den Regierungsantritt des guten Fürsten proklamiert. Und alles ändert sich mit einem Schlag: »Der neue Regent war, wie neue Regenten sind: er wollte seine Regierung mit Milde und Nachsicht beginnen.« (III,459)

Dennoch dokumentiert der Roman an einigen Stellen soziale Unterdrückung, Elend und frühindustrielle Ausbeutung in einer beeindruckenden Schärfe, deren revolutionäre Konsequenz dann allerdings wiederum abgebogen wird. Die einzige direkte Schilderung industrieller Wirklichkeit, die Lohnzahlung an die Fabrikarbeiter, ist genau und konsequent vorbereitet. Von den ersten Seiten des Romans an ist die soziale Frage präsent in vielfachen Andeutungen, Spiegelungen und Verzerrungen. Der Intrigant von Lehfeld heuchelt ein Sozialengagement vor, wenn er behauptet, daß er »das Elend unserer Gesellschaft mitfühlend im tiefsten Herzen trage« (I,30). Der Polizeispitzel Sandmoll, von seinem Auftraggeber verhört, berichtet von »Aufsässigkeit und üblem Willen« bei den Fabrikarbeitern (I,92). Der eigentlichen Fabrik-Szene ist das Gegenbild eines ländlichen Feierabends vorgeschaltet mit dem ganzen Motivarsenal der pastoralen Idyllenliteratur. Wiederum will Prutz seine Leser für das provokative Thema gewinnen und zugleich dessen Wirkung theatralisch steigern. Mit der daran anschließenden Szene der Lohnzahlung liefert Prutz eine der überzeugendsten und prägnantesten Versionen dieses Motivs in der gesamten Weberliteratur. Schon die Erzählperspektive ist Ausdruck der eindeutigen Machtkonstellation. Die Arbeiter bleiben wortlos, zu hören ist nur der Zahlmeister mit seinen Befehlen und Haßtiraden, ein ›Herrschaftsmonolog‹, der die absolute Rechtlosigkeit des industriellen Proletariats sinnfällig macht:

»Nun Ordnung, Gesindel! der Reihe nach, Mann für Mann, tretet vor! Wo sind Eure Arbeitbücher? – Du da, Weib, du bist dreimal eine halbe Stunde zu spät gekommen ... Du hast ein kleines Kind zu Hause, sagst du? Das heckt gedankenlos in die Welt hinein; als ob es nicht schon genug solch Gesindel gäbe wie Ihr! Und krank obenein? Gut, so werde Krankenwärterin, in der Fabrik kann man dich nicht dafür bezahlen, daß du zu Hause kranke Kinder pflegst ... Nichts da geheult! Hier ist der halbe Wochenlohn, die andere Hälfte kommt zur Strafkasse ...« (I,121f.).

Nach der Lohnzahlung ziehen die Arbeiter in die Schenke, um ihre Ohnmacht im Rausch zu kompensieren, eine Illustration der Prutzschen These von der demoralisierenden Wirkung der Industriearbeit. Der räsonierende Erzähler erhebt Anklage:

»Sechs Tage haben diese Unglücklichen gearbeitet, von früh bis spät, Maschine unter den Maschinen, ohne Trieb, ohne Gedanken, ohne Gefühl des Eigenthums, stumpfsinnig, bewußtlos, wie das Thier im Pfluge, ja schlimmer noch: denn das Thier im Pfluge athmet doch wenigstens reine Luft – darf es uns Wunder nehmen, dürfen wir den Stein aufheben wider sie, weil sie jetzt, am Schluß dieses langwierigen Tagewerks, in den wenigen Stunden, die sie aus ihrem Joch entlassen werden, sich in ihren Freuden gleichfalls roh und thierisch zeigen? Sechs Tage lang ununterbrochen, Jahr aus, Jahr ein, von Kindesbeinen an, ist an diesen Armseligen gearbeitet worden, den letzten Rest von Menschenwürde, den letzten Funken menschlichen Bewußtseins in ihnen zu ersticken – und jetzt wollt ihr Zeter schreien und wollt den Stab über sie brechen, weil ihr euch überzeugt, daß euer Werk gelungen ist? Alles, was das Leben veredelt und verschönert, was ihm Anmuth, Werth und Würde verleiht, das Glück des eigenen Herdes, die Gemeinschaft der Familie, der Segen der Bildung, habt ihr es ihnen nicht vorenthalten und verkümmert, habt ihr sie nicht absichtlich blind, dumm, taub erhalten, weil sie euch so besser dienen und weil blinde Pferde am Besten in das Tretrad taugen – und nun überrascht es euch, daß sie wirklich geworden sind, wozu ihr sie mit so viel Eifer zu machen gesucht habt – Bestien?!« (I,128–130)

Solche Partien, in denen die Radikalität, der sozialkritische Impetus und der moralische

Rigorismus des Vormärz weiterleben, gibt es in den späteren sozialen Romanen von Prutz nicht mehr. Schon im *Engelchen* wirken sie deplaziert, als bloße Zugabe zum verwickelten Familienroman. Das industrielle Proletariat, für das Prutz im pathetischen Räsonnement des Erzählers so entschieden Partei ergreift, ist im übrigen Erzählprozeß durch keine Hauptfigur vertreten. Allein der rote Konrad, eine kriminalisierte Figur, zieht die erzählerische Aufmerksamkeit auf sich. Aber auch er ist als Schwiegersohn des Meisters in das dominierende Milieu des Weberhandwerks einbezogen. Dessen Elend verharmlost Prutz zu biedermeierlicher Anmut oder kleidet es in schaurig-schöne Bilder, die in die Tradition der populären Pauperismusliteratur gehören, die seit dem Ende des 18. Jahrhunderts – so Rudolf Schenda – Armut und Malheur für »sensationelle Effekte« ausschlachtet und damit eine »Bereicherung der bürgerlichen Idylle« ermöglicht.[82] In dieses Genre des malerischen Unglücks sinkt der Roman ab, wenn der arbeitslose Weber den eigenen Sarg zimmert, um sich »einen sicheren Fleck zu verschaffen« (III,159), oder wenn der Meister am Sarg der toten Schwester niederkniet, »keine Muskel seines starren Antlitzes veränderte sich, nur zwei langsame, schwere Thränen tropften auf die kalte Stirn der Entschlafenen« (III,291).

Diese bitter-süßen Bilder des Elends, die sich wirkungssicher des Todesmotivs bedienen und die den Lesern Tränenströme entlocken sollen, bilden das Gegenstück zu den ebenso gefühlsträchtigen biedermeierlichen Genreszenen, der innigen Geschwisterliebe oder der Familienidylle im Schlußtableau, wo die »blondgelockten, schelmischen Köpfchen« der »holden Kleinen« die Knie der stolzen Eltern »umspielen« (III,461), und zu den melodramatischen Figurationen, in denen die Liebeshandlung erstarrt: »[...] in wenigen Minuten war der Saal eine Einöde voll Dampf, Flammen, Zerstörung. Nur zwei lebende Wesen blieben unbeweglich, gleich Bildsäulen, mitten in der allgemeinen, entsetzlichen Flucht – Reinhold und Angelica, die Leiche Julian's zwischen ihnen.« (III,431)

Hauptintention des Romans ist es, neben der »äußeren Noth« vor allem das »sittliche Elend« (II,349) als Resultat der Industrialisierung zu geißeln. Dazu dienen die breiten Wirtshaus-Szenen, das reichhaltige kriminelle Figurenarsenal des Proletariats. Das moralisierende Räsonnement rückt in den Vordergrund, bestimmt den Wirklichkeitsrekurs, und auch die Rezepte bewegen sich folgerichtig ausschließlich auf dieser Ebene. Traktathafte Züge gewinnt der Roman, als er ein sozialethisches Engagement, die »öffentliche Wohlthätigkeit« der Frauen als Erlösung von dem »Müssiggang« empfiehlt, »zu welchem die Mehrzahl unserer Frauen, wenigstens in den sogenannten gebildeten Ständen, erzogen werde« (II,353). Emanzipation von einem einseitigen Rollenbild soll in die Bahnen einer praktischen sozialen Caritas gelenkt werden. Angelica verkörpert vorbildlich die geforderte »Anmuth der Wohlthätigkeit« (II,355), wie überhaupt alle Heldenfiguren jene »Sittlichkeit« ausstrahlen, die zur entscheidenden Botschaft des Romans werden soll. Selbst in den Bewertungsprozessen von Prutz' historischen Arbeiten geben oft moralische Kategorien den Ausschlag. Ganz in den Bahnen der orthodox-religiösen Kritik vermißt er beispielsweise bei Heine eine »starke, strenge, zürnende Sittlichkeit«, wie sie Aristophanes dagegen auszeichne: »Er ist so zynisch, weil er so keusch ist. Bei Heine ist gerade das Gegenteil der Fall: nicht die Ungezogenheit der Grazie, er hat zum höchsten die Grazie der Ungezogenheit – und auch sie verläßt ihn oft, weil es allerdings nicht leicht ist, sich mit Grazie im Kot zu wälzen.«[83]

Der gleiche säuerliche Moralismus kennzeichnet *Das Engelchen*. Die Prüderie und rigide Sexualmoral findet ihre Ergänzung in der Apotheose der Familie und ihrer patriarchalischen Struktur. Der Wertkodex von Prutz ist zutiefst konservativ und reicht über die biedermeierliche Enge nicht hinaus. Seine Helden sind züchtig, sittsam, bescheiden, ihr Arbeitsethos ist selbst im äußersten Elend ungebrochen, ehrfürchtig achten sie die Standesgrenzen. Ihre »erprobteste sittliche Tüchtigkeit« (I,253) riskiert wohl kaum einen Konflikt mit der ›schönen Leserin‹.

Prutz hatte gehofft, daß die ›Sittlichkeit‹ seiner Protagonisten und das didaktische Engagement des Erzählers *Das Engelchen* zu einer unangreifbaren moralischen Höhe emporheben, der die Sensationseffekte rein funktional zugeordnet sein sollen. Das Kalkül geht nicht auf, weil auch das Tugendsystem sich als Anpassung an konventionalisierte Muster zu erkennen gibt. So fällt das Resultat des Romanexperiments zwiespältig aus. Die Wirklichkeitsintention, dem »praktischen Geschlecht« des 19. Jahrhunderts die revolutionäre Realität der Industrie vorzuführen, ist dem Bürgerlichen Realismus mit seinen häufigen Rückzugsbewegungen in die kleinstädtische Welt der Sonderlinge überlegen. Doch das vermeintlich bewußte und instrumentelle Verfügen über die erfolgsträchtigen Mittel erweist sich als Unterwerfung unter die deformierenden Zwänge einer überholten Erzählstruktur. Die satirische Schärfe, die radikale Sozialkritik, die an die Begrifflichkeit der Marxschen Frühschriften, an ›Entfremdung‹ und ›Verdinglichung‹ heranreicht, verblassen gegenüber der Fülle der ›Staffagen‹, der ›Verwicklungen‹, der melodramatisch sich überschlagenden Handlung. Die Analysen, die dem Roman vorausgingen, sind weit überzeugender als die erzählerischen Konsequenzen; die Essays von Robert Prutz sind viel bedeutender als seine Romane. Die anvisierte ›Mitte‹ hat *Das Engelchen* nicht erreichen können, weder die ästhetische Qualität der höchsten Ansprüche noch die Ausweitung der Rezipienten. Zu ängstlich schreitet der Roman den Horizont der bürgerlichen Leser biedermeierlicher Familientragödien ab und schreckt vor Grenzüberschreitungen zurück. »Das Publikum ist unsre ganze Macht, es ist das einzige (aber dann auch ein Fels!), auf das wir uns stützen können: ehren wir es denn als unsern Meister«, bekennt Prutz in einem offenen Brief an Arnold Ruge. Die Replik beweist, daß Ruge die Schwäche und die Anpassungsgefahr der Prutzschen Publikumsemphase klar erkannt hat:
»Wir andern haben bisher gedacht, ein Autor schriebe, wenn er etwas zu sagen habe, wenn er *seine* Gedanken ins Publikum bringen wolle. Dies ist aber Dein Fall nicht. Du stehst Dich ganz umgekehrt mit dem Publikum, nicht *Du* hast etwas zu sagen und zu geben, wenn *Du* sprichst, im Gegenteil, *Du* empfängst; man klatscht. Nicht Du bewegst die Massen mit Deiner Gewalt, im Gegenteil, *Du* bist in *ihrer* Gewalt. [...] Sein Wasser nur in den allgemeinen Fluß zu lassen! welch ein Ideal für einen Schriftsteller!«[84]

Anmerkungen

1 Wilhelm Wolff: Das Elend und der Aufruhr in Schlesien. In: Deutsches Bürgerbuch für 1845. Hrsg. von Hermann Püttmann. Darmstadt 1845. S. 174f. Hier zit. nach dem Neudruck: Hrsg. von Rolf Schloesser. Köln 1975.

2 Karin Gafert: Die Soziale Frage in Literatur und Kunst des 19. Jahrhunderts. Ästhetische Politisierung des Weberstoffes. 2 Bde. Kronberg i. Ts. 1973.

3 Ebd. Bd. 1. S. 264.
4 Vgl. Erich Edler: Die Anfänge des sozialen Romans und der sozialen Novelle in Deutschland. Frankfurt a. M. 1977. S. 92ff.
5 Robert Prutz: Über die Unterhaltungsliteratur, insbesondere der Deutschen. In: Kleine Schriften. Zur Politik und Literatur. 2 Bde. Merseburg 1847. Hier zit. nach: Schriften zur Literatur und Politik. Ausgew. und mit einer Einführung hrsg. von Bernd Hüppauf. Tübingen 1973. S. 30.
6 Vgl.: Norbert Miller / Karl Riha: Eugène Sue und die Wildnis der Städte. Nachwort zu: Die Geheimnisse von Paris. München 1970. S. 671ff.
7 Moses Heß: Neueste Geheimnisseliteratur. In: Gesellschaftsspiegel (Wuppertal) 1846. Zit. nach Edler (Anm. 4) S. 125.
8 Franz Schuselka: Karl Gutherz. Eine Geschichte aus dem Wiener Volksleben. Vorwort zur 2. Auflage (1844). Zit. nach Edler: Nachwort zur Faksimileausgabe von: Robert Prutz: Das Engelchen. Roman. Bd. 3. Göttingen 1970. S. 3.
9 *Die im Text in Klammern angegebenen Zitathinweise beziehen sich auf den von Edler herausgegebenen dreibändigen Faksimiledruck der 1. Auflage von 1851.* Göttingen 1970.
10 Vgl. Edler (Anm. 4) S. 196f.
11 Prutz: Vorlesungen über die deutsche Literatur der Gegenwart. Leipzig 1847. Hier zit. nach dem Nachdruck in: Zwischen Vaterland und Freiheit. Eine Werkauswahl. Hrsg. von Hartmut Kircher. Köln 1975. S. 254.
12 Ebd.
13 Ebd. S. 264.
14 Ebd.
15 Prutz: Die politische Poesie vor und nach dem Jahre achtundvierzig. In: Die deutsche Literatur der Gegenwart. 1848 bis 1858. 2 Bde. 2. Aufl. Leipzig 1870. Zit. nach: Zwischen Vaterland und Freiheit (Anm. 11) S. 230.
16 Prutz: Die politische Poesie, ihre Berechtigung und Zukunft. In: Kleine Schriften zur Politik und Literatur (Anm. 5). Zit. nach: Zwischen Vaterland und Freiheit (Anm. 11) S. 163.
17 Prutz: Vorlesungen über die deutsche Literatur der Gegenwart (Anm. 11) S. 278.
18 Prutz: Die Literaturgeschichte und ihre Stellung zur Gegenwart. In: Die deutsche Literatur der Gegenwart (Anm. 15). Zit. nach: Schriften zur Literatur und Politik (Anm. 5) S. 57.
19 Prutz: Epos und Drama in der deutschen Literatur der Gegenwart. In: Neue Schriften. Zur deutschen Literatur- und Kulturgeschichte. Bd. 2. Halle a. d. S. 1854. S. 202.
20 Prutz: Über die Unterhaltungsliteratur (Anm. 5) S. 28.
21 Ebd. S. 31.
22 Prutz: Theologie oder Politik? Staat oder Kirche? In: Kleine Schriften. Zur Politik und Literatur (Anm. 5). Zit. nach: Zwischen Vaterland und Freiheit (Anm. 11) S. 132.
23 So heißt es etwa in dem Aufsatz »Die Literaturgeschichte und ihre Stellung zur Gegenwart«: »Oder wenn ihr die Tinte einmal mit Gewalt nicht halten könnt, nun gut, so verschont uns wenigstens mit euren idealistischen Traumbildern und beschreibt uns, wenn ihr durchaus schreiben müßt, die Wirklichkeit der Dinge, und zwar in ihrer allerwirklichsten Gestalt; zeigt uns den Bauern, wie er seinen Mist fährt, den Schuster, wie er seinen Pechdraht zieht, den Kaufmann, wie er seinen Kaffee und Zucker abwägt – ihr schwankt? ihr zaudert? ihr rümpft wohl gar die Nase und meint, Mistfahren und Pechdrahtziehen seien zwar recht nützliche und ehrbare Beschäftigungen, aber doch nicht im mindesten poetisch? Ah ertappt, Verräter! So gehört ihr auch noch der alten volksfeindlichen Schule der Idealisten an und seid nicht wert, für das aufgeklärte praktische Geschlecht aus der Mitte des neunzehnten Jahrhunderts die Feder zu führen!« In: Die deutsche Literatur der Gegenwart. 1848–1858. Bd. 1. Leipzig 1859. Zit. nach: Schriften zur Literatur und Politik (Anm. 5) S. 57f.
24 Prutz: Das Jahr 1848 und die deutsche Literatur. In: Die deutsche Literatur der Gegenwart (Anm. 23). Zit. nach: Schriften zur Literatur und Politik (Anm. 5) S. 77.

25 Vgl. Fritz Martini: Deutsche Literatur im bürgerlichen Realismus 1848–1898. 3. Aufl. Stuttgart 1974. S. 80f.
26 Ebd. S. 70ff.
27 Prutz: Das Jahr 1848 und die deutsche Literatur (Anm. 24) S. 79 und 78.
28 Prutz: Oberndorf. Roman. Bd. 1. Leipzig 1862. S. 24.
29 Zwei Aufsätze haben diese Wiederentdeckung eingeleitet: Eva D. Becker: Das Literaturgespräch zwischen 1848 und 1870 in Robert Prutz' Zeitschrift »Deutsches Museum«. In: Publizistik 12 (1967) S. 14–36; Wolfgang R. Langenbucher: Robert Prutz als Theoretiker und Historiker der Unterhaltungsliteratur. Eine wissenschaftsgeschichtliche Erinnerung. In: Studien zur Trivialliteratur. Hrsg. von Heinz Otto Burger. Frankfurt a. M. 1968. S. 117–136.
30 Prutz: Die politische Poesie vor und nach dem Jahre achtundvierzig (Anm. 15) S. 230.
31 Prutz: Dichter und Modedichter. In: Neue Schriften (Anm. 19) Bd. 1. Halle 1854. S. 252. Prutz greift hier theoretische Ansätze auf, wie sie im Umfeld des Jungen Deutschland Ende der dreißiger Jahre entwickelt worden waren. Vgl. dazu Walter Hömberg: Zeitgeist und Ideenschmuggel. Die Kommunikationsstrategie des Jungen Deutschland. Stuttgart 1975. S. 73.
32 Prutz: Geschichte des deutschen Journalismus. Zum ersten Male vollständig aus den Quellen gearbeitet. Hannover 1845. Neudr. Göttingen 1971. Mit einem Nachwort von Hans Joachim Kreutzer. Einleitung S. 19.
33 Prutz: Die politische Poesie vor und nach dem Jahre achtundvierzig (Anm. 15) S. 232.
34 Zit. nach Jochen Schulte-Sasse: Die Kritik an der Trivialliteratur seit der Aufklärung. Studie zur Geschichte des modernen Kitschbegriffs. München 1971. S. 130.
35 Schulte-Sasse nennt Prutz »die große Ausnahme [...,] der für die Literaturwissenschaft und Literaturgeschichtsschreibung eine intensive Beschäftigung mit der Unterhaltungsliteratur forderte« (Anm. 34; S. 131).
36 Vgl. Helmut Kreuzer: Trivialliteratur als Forschungsproblem. Zur Kritik des deutschen Trivialromans seit der Aufklärung. In: Deutsche Vierteljahrsschrift für Literaturwissenschaft und Geistesgeschichte 41 (1967) S. 173–191; Schulte-Sasse (Anm. 34).
37 Prutz: Über die Unterhaltungsliteratur (Anm. 5) S. 10.
38 Ebd.
39 Ebd. S. 12.
40 Ebd. S. 19.
41 Ebd. S. 22.
42 Ebd. S. 18.
43 Ebd. S. 25.
44 Ebd.
45 So Prutz in einem »Prospectus«, der die Gründung der Zeitschrift annonciert. Zit. nach Becker (Anm. 29) S. 16f.
46 Prutz: Über die Unterhaltungsliteratur (Anm. 5) S. 30.
47 Ebd. S. 28.
48 Ebd. S. 26f.
49 Ebd. S. 27.
50 1847 hatte Prutz eine Erzählung publiziert: Der Heizer vom Ätna. In: Kleine Schriften zur Politik und Literatur (Anm. 5).
51 Diese Zusammenhänge zwischen Literaturtheorie und Romanpraxis hat die Sekundärliteratur über Prutz, die ohnehin mehr auf die Rolle des Autors im Vormärz ausgerichtet ist, bisher vernachlässigt.
52 Auf den Widerspruch zwischen intendierter Volkstümlichkeit, einer beabsichtigten Wendung an breite Publikumsschichten und der realen Bezugnahme auf ein eng begrenztes bürgerliches Lesepublikum hat Eva D. Becker hingewiesen (Anm. 29; S. 16).
53 Otto Ruppius: Eine Weberfamilie (1844). In: Aus dem deutschen Volksleben. Bd. 2. Leipzig 1862. S. 188–190.

54 Vgl. dazu Marion Beaujean: Der Trivialroman in der zweiten Hälfte des 18. Jahrhunderts. Die Ursprünge des modernen Unterhaltungsromans. Bonn 1969. 2. Aufl. S. 33ff.
55 Vgl. Friedrich Sengle: Biedermeierzeit. Deutsche Literatur im Spannungsfeld zwischen Restauration und Revolution 1815–1848. Bd. 1: Allgemeine Voraussetzungen, Richtungen, Darstellungsmittel. Stuttgart 1971. S. 872ff.
56 Prutz: Die politische Poesie (Anm. 16) S. 162.
57 Karl Immermann: Die Epigonen. Familienmemoiren in neun Büchern. 1823–1835. In: Werke. Hrsg. von Benno von Wiese. Bd. 2. Frankfurt a. M. 1971.
58 Georg Weerth: Romanfragment. In: Vergessene Texte. Werkauswahl. Bd. 2. Hrsg. von Jürgen-W. Goette, Jost Hermand, Rolf Schloesser. Köln 1976. S. 265ff.
59 Edler (Anm. 4) S. 253.
60 Auch die einzelnen Kapitelüberschriften müßten detailliert auf ihre dramaturgische Funktion hin untersucht werden.
61 Herr von Lehfeld wird zunächst als Lebensretter und Sympathieträger eingeführt, wobei jedoch schon Negativsignale die kommende Entlarvung als Intrigant vorbereiten. Der Prediger Waller dagegen wird mit eindeutigen Negativcharakteristika vorgestellt, bewegt sich dann kurzfristig zum positiven Pol hin, weil er temporär die Interessen der Hauptfigur Angelica vertritt.
62 Vgl. dazu Wolfram Fischer: Die deutschen Unternehmer im Vormärz. In: Weerth: Werkauswahl. Bd. 1 (Anm. 58) S. 293ff.
63 Sengle (Anm. 55) S. 873.
64 Prutz: Dichter und Modedichter (Anm. 31) S. 264f.
65 Ebd. S. 263.
66 Weerth: Romanfragment (Anm. 58) S. 305.
67 Prutz: Epos und Drama (Anm. 19) S. 189f.
68 Immermann: Die Epigonen (Anm. 57); Ernst Willkomm: Eisen, Gold und Geist. Ein tragikomischer Roman. 3 Tle. Leipzig 1843; Weisse Sclaven oder Die Leiden des Volkes. Roman in 5 Tln. Leipzig 1845.
69 Prutz: Oberndorf (Anm. 28) Bd. 3. S. 240.
70 Ebd. S. 241.
71 Ebd. S. 226.
72 Ebd. S. 231.
73 Kreutzer: Nachwort zu: Geschichte des deutschen Journalismus (Anm. 32) S. 441.
74 Vgl. dazu Kircher: Robert Prutz – eine liberale Stimme im Vormärz. In: Zwischen Vaterland und Freiheit (Anm. 11) S. 407ff.
75 Prutz: Das Jahr 1848 und eine vorläufige Charakteristik des Jahres 1849. In: Das Jahr Achtzehnhundertneunundvierzig. Dessau 1851. Zit. nach: Zwischen Vaterland und Freiheit (Anm. 11) S. 374.
76 Ebd. S. 375.
77 Prutz: Dichter und Modedichter (Anm. 31) S. 281.
78 Prutz: Das Jahr 1848 und die deutsche Literatur (Anm. 24) S. 66.
79 Ebd. S. 64.
80 Prutz: Das Jahr 1848 (Anm. 75) S. 388.
81 Vgl. Sengle (Anm. 55) S. 874.
82 Rudolf Schenda: Volk ohne Buch. Studien zur Sozialgeschichte der populären Lesestoffe 1770–1910. München 1977. S. 347.
83 Prutz: Vorlesungen über die deutsche Literatur der Gegenwart (Anm. 11) S. 328.
84 Prutz: Vaterland? Oder Freiheit? Brief an einen Freund. In: Kleine Schriften zur Politik und Literatur (Anm. 5). Zit. nach: Zwischen Vaterland und Freiheit (Anm. 11) S. 88; Arnold Ruge: Offene Briefe zur Verteidigung des Humanismus. In: Gesammelte Schriften. Bd. 9. Mannheim 1847. Zit. nach: Zwischen Vaterland und Freiheit (Anm. 11) S. 110.

Literaturhinweise

Becker, Eva D.: Das Literaturgespräch zwischen 1848 und 1870 in Robert Prutz' Zeitschrift »Deutsches Museum«. In: Publizistik 12 (1967) S. 14–36.

Edler, Erich: Nachwort zu: Robert Prutz: Das Engelchen. Roman. Faksimiledruck nach der 1. Aufl. von 1851. Bd. 3. Göttingen 1970. S. 1–31.

– Die Anfänge des sozialen Romans und der sozialen Novelle in Deutschland. Frankfurt a. M. 1977.

Gafert, Karin: Die Soziale Frage in Literatur und Kunst des 19. Jahrhunderts. Ästhetische Politisierung des Weberstoffes. 2 Bde. Kronberg i. Ts. 1973.

Hüppauf, Bernd: Einleitung zu: Robert Prutz: Schriften zur Literatur und Politik. Hrsg. von B. H. Tübingen 1973. S. VII–XXXVI.

Industrie und deutsche Literatur 1830–1914. Eine Anthologie. Hrsg. von Keith Bullivant und Hugh Ridley. München 1976.

Kircher, Hartmut: Robert Prutz – eine liberale Stimme im Vormärz. In: Robert Prutz: Zwischen Vaterland und Freiheit. Eine Werkauswahl. Hrsg. und kommentiert von H. K. Mit einem Geleitwort von Gustav W. Heinemann. Köln 1975. S. 407–430.

Kreutzer, Hans Joachim: Nachwort zu: Robert E. Prutz: Geschichte des deutschen Journalismus. T. 1. Faksimiledruck nach der 1. Aufl. von 1845. Göttingen 1971. S. 423–456.

Langenbucher, Wolfgang R.: Robert Prutz als Theoretiker und Historiker der Unterhaltungsliteratur. Eine wissenschaftsgeschichtliche Erinnerung. In: Studien zur Trivialliteratur. Hrsg. von Heinz Otto Burger. Frankfurt a. M. 1968. S. 117–136.

WOLFGANG BEUTIN

Willibald Alexis: *Ruhe ist die erste Bürgerpflicht* (1852)
Eine »Zeit, die nicht mehr ist, in ihren großen Lineamenten«

Von den acht historischen Romanen des Willibald Alexis (d. i. Georg Wilhelm Heinrich Häring, 1798–1871), deren Stoff der brandenburg-preußischen Geschichte entstammt und denen der Verfasser selbst den Untertitel beigab: »vaterländische Romane«, erschienen drei nach 1848, in dem Jahrzehnt zwischen der Niederlage der deutschen bürgerlichen Revolution und dem Beginn eines erneuten Aufschwungs der Volksbewegungen (1859): *Ruhe ist die erste Bürgerpflicht* (1852); die Fortsetzung dazu: *Isegrimm* (1854); *Dorothee* (1856). Der Gesamtumfang der drei Werke beträgt über zweieinhalbtausend Seiten, wovon auf das erstgenannte allein mehr als tausend entfallen.
Es konnte nicht anders sein: In der Phase, die einem historischen Ereignis vom Rang der 48er Revolution folgte, reflektierte die Dichtung das Geschehene und Geschehende, die Erfahrungen der Revolution und postrevolutionären Ära, und selbst noch die Abwendung von der Zeitgeschichte und Zeit stellte einen solchen Reflex dar. Jedoch war die Abwendung nicht der Regelfall: »Im ersten Jahrzehnt nach der Revolution wurde die Literatur zu einem Hauptfeld der ideologisch-politischen Auseinandersetzung und Programmatik.«[1] Für Auseinandersetzung und Programmatik bot sich der Zeit- oder Gesellschaftsroman als das geeignete Genre an. Wie kein anderes eröffnete er die Möglichkeit, auf dichterische Weise Kritik der jüngsten Vergangenheit mit der Gegenwartsanalyse und dem Entwurf der Zukunft zu verbinden. Der historische Roman indes – gewährte er diese Möglichkeit auch?
Wählten die Verfasser historischer Dichtungen ihre Stoffe meistens aus weiter zurückliegenden Geschichtsperioden, zumindest aber aus dem 18. Jahrhundert, so bildete die Stoffwahl des Willibald Alexis in den Romanen, worin er die Erfahrungen der Revolutionsära am stärksten reflektierte *(Ruhe ist die erste Bürgerpflicht, Isegrimm)*, die Ausnahme. Er wandte sich keineswegs einer längst vergangenen Epoche zu, vielmehr nur der – aus dem Abstand von damals – etwa ein halbes Jahrhundert entfernten: 1806, den Jahren kurz vor Jena und kurz danach. Die Wahl gerade dieser Epoche zu gerade diesem Zeitpunkt hing aufs engste mit den literarischen ebenso wie den ideologisch-politischen Absichten des Autors zusammen: Analyse des Geschehenen und Geschehenden sowie Zukunftsprogrammatik vorzutragen, diese sämtlich eingebettet in Vergangenheitsschilderung. Und unübersehbar verbanden sich der Vergangenheitsschilderung auffällige Kolportage-Züge.
In dem Berliner Roman *Ruhe ist die erste Bürgerpflicht* treten solche so bestimmend hervor, daß bereits die ältere Forschung ihn mit dem Kriminalroman der von Eugène Sue begonnenen Tradition verknüpfte.[2] In dieser Hinsicht erweist sich der Nachfolger *Isegrimm* als minder problematisch:[3] Die Kolportagezüge sind in ihm vergleichsweise reduziert. Notwendigerweise, weil die Handlung auf dem Lande bzw. in der kleinen Landstadt spielt. Das Hervortreten der Kolportagezüge in dem Berliner Roman bringt für den Untersuchenden einige zusätzliche Schwierigkeiten mit sich, u. a. bei der Ermittlung des Romantypus, der Haupthandlung, der Haupt- und Nebenfiguren. Da-

her – und nicht zuletzt, weil Literaturkritiker und -wissenschaftler ihn oftmals als das beste Werk des Dichters bezeichnet haben – rücke ich ihn in den Mittelpunkt der Betrachtung.

Voran das Faktum: Es ist von einem Buch die Rede, das hierzulande wenig oder gar nicht gelesen wird. Es zählt in den deutschsprachigen Territorien (mit einer Ausnahme) nicht anders als die übrigen »vaterländischen Romane« des Willibald Alexis – abgesehen einmal von dem am ehesten bekannt gebliebenen: *Die Hosen des Herrn von Bredow* – zu demjenigen Ausschnitt des Gesamtvorrats deutscher Dichtung, der für eine größere literarische Öffentlichkeit kaum noch existiert und wovon allenfalls einzelne Beispiele eine gelegentliche Wiederauflage erfahren, seltener eine kritische Edition.

Die Ausnahme heißt: DDR. Damit stehen wir bei einer gewiß aktuellen Problematik im Konnex mit dem Œuvre des Willibald Alexis. Sie lautet: die *unterschiedliche Rezeption* eben dieses Œuvres in den Nachfolgestaaten des Deutschen Reichs. Oder: der Gegensatz von Hinausdrängen aus der literarischen Tradition in einem Maße, das sich der völligen Eliminierung nähert, einerseits, überlegter Einfügung in eine bewußt konstituierte Tradition anderseits. In der DDR wurden mehrere Werke des Dichters, darunter die größere Zahl der »vaterländischen Romane«, in Neuausgaben vorgelegt; *Ruhe ist die erste Bürgerpflicht* zweimal.[4] Ein Blick auf die neueren literaturgeschichtlichen Darstellungen bestätigt den angedeuteten Sachverhalt. In Westdeutschland erübrigte Werner Kohlschmidt in seiner *Geschichte der deutschen Literatur vom Jungen Deutschland bis zum Naturalismus* (1975) für das gesamte Spätwerk lediglich einen Satz.[5] Hingegen das gleichzeitig erschienene Standardunternehmen aus der DDR, die *Geschichte der deutschen Literatur*, enthält in Band 8 umfassende Ausführungen, insbesondere auch zum Spätwerk und hier wiederum zu dem Berliner Roman.[6] Daß die Urteile von Literaturwissenschaftlern nicht stets einhellig lauten, zeigt sich in der DDR freilich ebenfalls, und selbst unter einem für die marxistische Theorie wichtigen Betracht: Wenn etwa Rainer Rosenberg meinte, Alexis sei zu der Gruppe Liberaler zu rechnen, die sich »prinzipiell in Übereinstimmung mit der kapitalistischen Entwicklung des Bürgertums« befunden und »die Partei seiner sich kapitalistisch entwickelnden Führungsschicht« genommen habe[7], während Peter Wruck demselben Autor einen »am Ständestaat orientierten Antikapitalismus« attestierte[8]. Wurde dem Schaffen des Willibald Alexis in der DDR jedenfalls eine ungleich größere Aufmerksamkeit zuteil als in den andren deutschsprachigen Ländern, so geht dies nicht zuletzt auf die ältere marxistische Tradition zurück: In seinem Alexis-Aufsatz stellte Franz Mehring die brandenburg-preußischen Romane von Alexis 1903 auf eine Stufe mit Werken von Lessing und Kleist.[9]

Eine nächste, in der Literaturgeschichte nicht singuläre, jedoch merkwürdige Problematik gehört ebenfalls der Geschichte der Rezeption des Schaffens von Alexis an – die *Rezeption als Absorption*. Der umfangreiche Alexis-Essay Theodor Fontanes half nicht, das Andenken des älteren Dichters der Nachwelt zu empfehlen, sondern beförderte, durch gerechte Kritik und auch Ungerechtigkeit in Beschreibung und Bewertung, dessen Hinausdrängung aus der literarischen Tradition. Mehr noch. Fontane, der literarische Erbe des Willibald Alexis, wurde diesem am stärksten dadurch zum Verhängnis, daß – gemäß der Feststellung I. M. Langes – »das Werk des Willibald Alexis in seinen besten Teilen im Werk Fontanes aufgegangen« ist: »*Schach von Wuthenow* führt das Grundthema von *Ruhe ist die erste Bürgerpflicht* zu höchster künstlerischer Vollen-

dung«, und in seinem historischen Roman *Vor dem Sturm* nahm Fontane das Thema des *Isegrimm* wieder auf, welches er später nochmals einem umfänglichen Werk zugrunde legte, dem *Stechlin.*[10]
Eine weitere literaturgeschichtliche Problematik resultiert aus dem Verhältnis des untersuchten Romans zu *zwei Traditionen literarischer Verarbeitung von Kriminalstoffen*: der bereits erwähnten, von Sue begonnenen und der Tradition der Darstellung »merkwürdiger Rechtsfälle« durch François Gayot de Pitaval und seine Progenitur. In ihrem Nachwort zur deutschen Neuausgabe von Sues Erfolgsroman *Les Mystères de Paris* beschrieben Miller und Riha u. a. »die deutsche Rezeption«, besonders Sues Einfluß auf die Romantheorie und -praxis Karl Gutzkows; Alexis blieb unerwähnt, und unerwähnt seine Rezension des Romans von Sue und der durch Sue verursachten Reihe: *Die Geheimnisse von London, Rom, Prag* und *Wien*, aber auch *Berlin, Hamburg* usw., 1845 in den *Blättern für litterarische Unterhaltung.*[11] Inwiefern wirkte Sues Erfolgsroman (1844) auf das eigene Werk des Rezensenten zurück? *Ruhe ist die erste Bürgerpflicht* gibt sich als der Roman einer Großstadt zu erkennen, die allerhand wüste Geheimnisse in ihren Mauern birgt und von deren Bewohnern einige am Ende als Verbrecher großen Stils entlarvt werden. Haben wir also eine historisierende Variante der *Mystères de Paris* (bzw. *Berlin*) vor uns? Was Alexis seinem Berlin-Roman zugrunde legte, waren, wie wir wissen, zwei historische Kriminalfälle: der einer Giftmischerin (Geheimrätin Ursinus, bei Alexis: Lupinus) und der eines politischen Schwindlers à la Cagliostro, mutmaßlichen Mörders auch (Wilster, genannt Baron von Essen, bei Alexis: von Wandel).[12] Bereits Jahre vor der Abfassung des Berliner Romans hatte Alexis beide Fälle recherchiert und bearbeitet – aus den Kriminalakten für den von ihm selbst und Hitzig herausgegebenen *Neuen Pitaval*[13]; die ausgedehnten Charakteristiken (mehr als 50 bzw. 100 Seiten) beweisen ebensosehr das kriminalistische Talent des Juristen wie die analytischen Fähigkeiten des Psychologen Alexis. Die von ihm beigegebene Theorie: daß man auch in den Verbrechen »ein Volk, eine Zeitepoche studieren soll«[14], enthält schon die Legitimation für die Einbringung der Kriminalfälle in den historischen Roman. Fällt diesem die Aufgabe zu, ein Volk, eine Zeitepoche der Vergangenheit zu porträtieren, so muß er die Verbrecher so weit einbeziehen, wie sie Bestandteile des Volkes waren, und die Verbrechen so weit, wie sie eine Zeitepoche konstituieren halfen.
Aus der älteren Forschung kennen wir die Ansicht, der Berliner Roman des Alexis entspreche »so ziemlich dem Ideale des ›Romans des Nebeneinander‹« oder des »Milieuromans«[15]. Dies Ideal oder vielmehr die Theorie war von Gutzkow im Vorwort des Romans *Die Ritter vom Geiste* (1850/51) dargelegt worden. Alexis machte sich Ende 1850 an die Lektüre des Werks, 1851/52 rezensierte er es ausführlich in den *Blättern für litterarische Unterhaltung*[16]. Kann eine *Einwirkung der literarischen Theorie und Praxis Gutzkows* auf die Entstehung des Romans *Ruhe ist die erste Bürgerpflicht* festgestellt werden? Zur Klärung können wir den Briefwechsel zwischen den beiden Autoren heranziehen, der gerade aus dieser Zeit stammt. In seinem Brief vom 12. Januar 1851 an Gutzkow notierte Alexis die Ansatzpunkte einer Vergleichung von beider Produktionen: »Auch ich habe mich endlich an ein 15jähriges Thema gemacht – einen preußischen Roman aus Haugwitz' Zeit bis zur Schlacht von Jena; auch ich baue da hinauf von unten; vom sozialen Leben bis zu den politischen Gipfeln und Spitzen, und auch ich fange (seltsames Zusammentreffen) im Dorfe Tempelhof mit der Familiengeschichte an. Sonst freilich sind unsere Aufgaben ganz andere, meine ein historisch abgeschlossenes Ganze,

Ihre eine Frage an die unendliche Zukunft.«[17] In der Tat ein »seltsames Zusammentreffen«: Beginnt Gutzkow mit einem Erlebnis seines Siegbert Wildungen in einem Dorf namens »Tempelheide«[18], so ist es zwar nicht ganz korrekt, daß Alexis mit dem Ausflug nach dem Dorfe Tempel*hof* »anfängt«, wohl aber, daß mehrere Kapitel (9ff.) des 1. Buchs seines Romans auf die Schilderung verwendet werden.[19] Die sonstigen Aussagen bedürfen der sorgfältigen Überprüfung. Nämlich was die »ganz anderen Aufgaben« anlangt, so darf man in dieser Bekundung einen Abgrenzungsversuch vermuten, der dem eigentlichen Problem nicht unbedingt gerecht wird, sondern es vielleicht sogar verdeckt.[20]

Nach der aktuellen und der literaturgeschichtlichen Problematik ist eine weitere die *literaturtheoretische*: Ein historisch »abgeschlossenes« Ganzes behauptete Alexis zu geben, eine »Frage an die unendliche Zukunft« hingegen nicht zu stellen. Doch wurde ja *Ruhe ist die erste Bürgerpflicht* schon insofern kein »abgeschlossenes« Ganzes, als eine Fortsetzung bald folgte. Geplant gewesen ist ursprünglich gar eine Trilogie. Ein Roman unter dem Titel *Großbeeren* sollte die Darstellung der Zeitereignisse von 1804/06 bis 1813 fortführen, kam jedoch nicht mehr zustande. Und Zukunftsprogrammatik gab Alexis zumindest in der Fortsetzung *Isegrimm* (Bd. 2, Kap. 17: *Die Brücke in die Zukunft*). Was bei der Untersuchung ebenfalls nicht unbeachtet bleiben dürfte, sind die verstreuten Reflexionen des Dichters, die wir als Bausteine seiner Theorie des historischen Romans bewerten können. Im Vorwort zu seinem Roman *Ruhe ist die erste Bürgerpflicht* schrieb Alexis: »Unternimmt die Dichtung eine Zeit, die nicht mehr ist, in ihren großen Lineamenten darzustellen, so wird sie erst klar und verständlich, wenn sie zugleich das bürgerliche, das Familienleben, die Sitte in den Palästen und Hütten zur Anschauung bringt.« (1,16)[21] Ein weiteres Theorem entwickelte er in seiner Literaturkritik: Zwar der historische Roman, so gab er zu bedenken, habe die Möglichkeit, die Heroen der Geschichte als Romanfiguren einzuführen, solle aber lieber darauf verzichten zugunsten einer Fabel, die am besten im Familienleben spiele.[22] Wie Walter Scott und andere Verfasser historischer Romane fügte Alexis die gelegentlichen Anmerkungen zu seiner eigenen Romanpraxis gern in die Romane selber ein. So finden wir in *Ruhe ist die erste Bürgerpflicht* eine literaturtheoretische Disputation, deren Teilnehmer Adelheid Alltag und die Königin Louise[23] sind und worin die Bürgerliche ihre Fürstin belehrt: »Mich dünkt, des Dichters Aufgabe ist, die Menschen zu schildern, wie sie sind. Weil er Dichter ist, darf er das Schöne und Erhabene in seinem wunderbar geschliffenen Spiegel vergrößern und verschönern, und es mag ihm auch vielleicht erlaubt sein, das Häßliche und Schlechte noch etwas häßlicher zu machen.« (2,434)[24]

Die Probleme, die sich dem Untersuchenden stellen, sind in der Kritik und bisherigen Forschungsliteratur zwar erkannt, jedoch nicht gelöst worden. Eine einzige speziell dem Roman *Ruhe ist die erste Bürgerpflicht* gewidmete Abhandlung erschien vor nunmehr etwa einem halben Jahrhundert. Sie gibt Auskunft über die von Alexis benutzten Quellen (historische Dokumente und Darstellungen sowie andere Materialien, z. B. Zeitungen),[25] klärt damit also die Vorgeschichte, die Frage nach dem, *was* der Verfasser verarbeitete, indes nicht schon die nach dem *Wie* der Verarbeitung. Dabei wäre nur die Beantwortung dieser Frage identisch mit einer Lösung der wichtigsten Probleme: Welcher Romantypus liegt vor? (Kriminal-, historischer Roman oder was?) Wo suchen wir die Haupthandlung, wo die Nebenhandlung(en)? Wo die Haupt- und Nebenfiguren? Welche Merkmale erlauben es, das Werk dem Bürgerlichen Realismus zuzuweisen?

Ausgangspunkt müßte sein die Ermittlung der Haupthandlung und -figuren. Unstrittig ist zunächst lediglich eines: Alexis ließ zwar seine eigene Forderung unerfüllt, auf die Einführung von Heroen der Geschichte als Romanfiguren zu verzichten, kam indes der Erfüllung immerhin einigermaßen nahe, da die historischen Heroen (Louise, Stein, Napoleon) offenbar bloß in Episoden begegnen. Ihre Taten bestimmen nicht den Handlungsverlauf im Roman. Hiernach verbliebe eine Dreizahl möglicher Lösungen:

– Hauptfiguren sind die Verbrecher, alle anderen Personen untergeordnet. Die Kriminalhandlung dominiert. Die Züge, die der Dichter dem Familienleben, der Alltagswirklichkeit der Zeit entnahm, bilden die Nebenhandlung.

– Hauptfiguren sind erfundene Personen, die der Alltagswirklichkeit der Zeit angehören, und die Handlungszüge, die der Dichter dieser entnahm, machen die Haupthandlung aus. Die Verbrecherwelt, das Kriminalgeschehen bleiben untergeordnet.

– Die Kriminalhandlung einerseits, das Handlungsgeschehen aus der Alltagswirklichkeit anderseits durchdringen einander, sind miteinander verflochten, ohne daß dies jene überwöge und umgekehrt. Womöglich werden sie beide in einem größeren Ganzen aufgehoben, das mehr wäre als die Summe beider.

Welche Schwierigkeiten bereits dem Autor aus der Notwendigkeit entstanden, seine Hauptfiguren zu rechtfertigen, entnehmen wir seinem Brief an Adolf Stahr vom 29. Juli 1852. Darin setzte er sich gegen Beanstandungen zur Wehr, es seien keinerlei Hauptpersonen des Romans auffindbar, zumindest keine »Menschen«; statt dessen »Figuren«, die »Begriffe« »repräsentiren«[26]. Alexis erwiderte:

»Aber *ich habe meine Hauptpersonen,* meine Helden in diesem Romane – die Lupinus und Wandel. Sie sind nicht Nebenpersonen, die in der Ausführung sich gegen den ursprünglichen Willen breit machen, sondern nach meiner Absicht waren sie von Anbeginn bestimmt, die Helden, die Träger *dieses* Romans zu sein. [...]

Wer sonst konnte der Träger sein! Ein passiver Held, ein Simplicissimus oder eine Simplicissima, das wäre mir vorgekommen, wie den Ulmbaum sich auf die Rebe lehnen lassen. Wo aber einen aktiven Helden in dieser allgemeinen Zerfressenheit finden! Entweder müßte es ein ungesunder, selbst schon angefressener sein [...], und das hätte dem dunkeln Bilde eine noch düsterere Färbung gegeben, oder – ich mußte die Gesundheit und Kraft aus der Zukunft citiren. Einen Romantiker, einen Fichteschen Idealisten wählen, welche Ironie! Ich habe es in Walter van Asten, Stein gethan; ich bin aber zweifelhaft, ob ich davon nicht schon zu viel gewagt.

Gewagt ist auch der Versuch, zwei Verbrecherseelen zu Romanhelden zu machen; das gestehe ich mir ein. Ich gestehe mir noch mehr ein, ich war von Anfang an besorgt, ob diese beiden sich durchschlängelnden und kreuzenden Cloakenströmungen nicht ein Mißbehagen beim Leser hervorrufen würden. Interessiren kann man sich nicht für derartige Helden, ich kenne das Publicum. Auch legte ich nicht solches Gewicht auf die wenigen Lichtgestalten, Adelheid, Walter etc. noch auf die gefallenen Engel, Louis B(ovillard) u.s.w., noch auf die ergötzlichen Nebenpersonen und Liebesintriguen, wohl aber hoffte ich, daß das historische Interesse den Leser mit fortreißen, ihn über das Entmuthigende, Peinliche, den Dampf und Dunst aus jenen moralischen Schlammströmungen forttragen würde.«[27]

Die Angemessenheit der Deutung unterstellt, machen die Taten der Verbrecher sowie ihre Aufdeckung das hauptsächliche Handlungsgeschehen aus:[28] eine zweisträngige Kriminalhandlung (zwei »Cloakenströmungen«), hinter welcher alle anderen Handlungszüge zurücktreten müssen. Kein Motiv außer denjenigen aus der Verbrecherwelt könnte beanspruchen, als Hauptmotiv um seiner selbst willen zu figurieren; es wäre funktional innerhalb der Kriminalhandlung bzw. ein Nebenmotiv. Ähnlich wie der Dichter selber verstand dessen Kritiker Fontane die Intention, die dem Romanganzen zugrunde lag. Er tadelte nicht ein Mißlingen der Absicht, sondern vielmehr, daß gerade das Gelingen einem Überschreiten der Schönheitslinie gleichkäme:

»Der Roman ist zu sehr erheblichem Teile die Behandlung eines kriminalistisch-psychologischen Problems und der Versuch, dieses Problem zu lösen. Es gelingt; aber unter Daransetzung von mehr Fleiß und Mühe, als der Gegenstand verdient, wenigstens innerhalb eines Kunstgebildes. Der Kriminalist [...] verliebt sich hier in seinen ›interessanten Fall‹ in einer Weise, die ihn über den Unterschied zwischen einem pikanten Prozeß und einem fesselnden Roman oder Drama hinwegsehen läßt.

Er überschreitet die Schönheitslinie und verstimmt uns durch ein Übermaß von psychologischer Teilnahme, die er dem moralisch Häßlichen zuwendet. Nicht die Schilderung dieser Dinge an und für sich ist zu beanstanden; im Gegenteil, der Gedanke war richtig, an einer einzigen Nachtschattenblüte den ganzen Giftgehalt jenes Schutt- und Kehrichthaufens von anno fünf und sechs zeigen zu wollen; aber er versah es im *Maß*.«[29]

Der heutige Leser verspürt die Verstimmung womöglich ebenfalls. Doch fragt sich: aus welcher Ursache? Überschritte nämlich Alexis die Grenze vom Roman zur kriminalistischen Schilderung verbrecherischer Taten, zur wissenschaftlichen Monographie, und verwandelte sich ihm sein Vorhaben dergestalt unversehens in die »Behandlung eines kriminalistisch-psychologischen Problems«, so hätte er nicht leicht ein »Übermaß von psychologischer Teilnahme« auf den Gegenstand wenden können. In Wirklichkeit unternahm er umgekehrt gerade all das, was seiner Meinung nach dazu beitrug, aus dem kriminalistischen Sujet einen »fesselnden Roman« zu entwickeln: (1) Nicht eine »einzige Nachtschattenblüte« zeichnete er, sondern dem Giftmord- und Cagliostro-Motiv setzte er noch eine Anzahl weiterer Motive zur Seite aus der Sphäre des Verbrechens und ›Lasters‹. So beginnt er gleich mit einem Kriminalmotiv, das wir aus der Sturm-und-Drang-Dichtung kennen *(Die Kindesmörderin)*. Es folgen: das Motiv der unschuldigen Schönheit im Bordell, die Bediententötung u. a. (2) Der Vergleich mit der Behandlung derselben Kriminalfälle durch Alexis im *Neuen Pitaval* zeigt: eine auffällige Anreicherung der Schilderungen im Roman durch Elemente des Schauerlichen, so z. B. wenn Wandel die Bilder der von ihm ermordeten Frauen auf seinen Reisen bei sich hat, dazu das Skelett der einen davon, dem er zuweilen die Hand schüttelt.[30] (3) Das »Übermaß« an Psychologie ist nicht einzig das Charakteristikum der »Behandlung eines kriminalistisch-psychologischen Problems«, sondern das des Romanganzen. Zwar am deutlichsten hervortretend in der Darstellung der Lupinus,[31] wird in den Lebensgeschichten anderer Personen ebenfalls viel Psychologie geliefert wie z. B. in der des Geheimrats Lupinus, Typus des Buchgelehrten und Opfers seiner Frau.[32] Dazu gibt Alexis sehr modern anmutende Analysen einzelner sexueller Neigungen, z. B. des Sadismus (2,183ff.).

Fassen wir die Vielzahl von Motiven aus der Welt des Verbrechens und ›Lasters‹ sowie die Elemente des Schauerlichen in dem Begriff der »Kolportage« zusammen, so hätten wir, wenn sie um ihrer selbst willen da wäre, mit den Verbrechern als Hauptpersonen, schlechterdings nichts anderes vor uns als einen Kolportageroman der Mitte des 19.

Jahrhunderts, eben jene historisierende Variante der *Geheimnisse von Paris/Berlin.* Aber so einfach liegt das Problem hier nicht. Nämlich keinesfalls ist die Kolportage um ihrer selbst willen da. So hat es der Autor bestimmt. Aus der Analyse des Romanganzen läßt sich erweisen, daß nicht die Szenen aus dem bürgerlichen Familienleben eine Funktion innerhalb der Kolportagehandlung haben, sondern: die Kolportagezüge eine im Konnex der Entwicklungsgeschichten der Figuren aus dem Familienleben. Und zusätzlich werden die Kolportagezüge dadurch mit anderer Bedeutung versehen, daß der Autor ihnen kraft literarischer Technik Gleichnischarakter aufstempelt.

Außer auf die zwei Gruppen historischer Personen, der Heroen der Geschichte und der geschichtlichen Verbrecher, muß sich der Blick auf diejenigen Figuren lenken, die der Autor erfunden hat. In ihnen wird das Familienleben, die Alltagswirklichkeit der älteren Epoche präsent, und aus ihren Erfahrungen und Taten konstituiert sich ebenfalls eine Handlung – eine Handlung in welchem Verhältnis zur Kriminalhandlung? In der Forschung gibt es die These auch, daß die »Haupthandlung« aus den Schicksalen einer der erfundenen Figuren erwachse, Adelheids, wie denn überhaupt die Frauen »im Vordergrunde des Romans« agierten.[33] Tatsächlich erwächst sie aber – so meine These – aus den Erlebnissen einer Dreiergruppe erfundener Personen, der »Lichtgestalten« Adelheid und Walter und des »gefallenen Engels« Louis Bovillard. Allen gemeinsam ist, daß sie einen Lebensweg derselben Art haben oder zumindest einschlagen wollen. Er folgt einem in der Psychologie bekannten Muster, das als das »psychodramatische Substrat«[34] des Textganzen verstanden werden kann: Was jede von ihnen erreichen möchte, ist nichts anderes als die Verwirklichung des »Familienromans der Neurotiker«, das Ziel, »die geringgeschätzten Eltern loszuwerden und durch in der Regel sozial höher stehende zu ersetzen«.[35]

Adelheid, die einer Familie entstammt, die der Autor ausdrücklich eine »glückliche« nennt (1,95), entfernt sich doch von dieser, bis sie im Kreis der Königin Louise Aufnahme findet, psychoanalytisch: der höhergestellten (Landes-)Mutter. Zwischenstationen zuvor versprachen fälschlich schon eine Erhöhung, nämlich das Bordell der Hochstaplerin »Obristin« Malchen sowie das Haus der Giftmörderin Geheimrätin Lupinus. Objektiv, obwohl von der unwissenden Königin nicht so gemeint, ist deren Bemerkung daher stärkste Ironie: »Aber Sie, liebes Mädchen, können doch nicht klagen, Ihr guter Genius führte Sie nur unter edle Menschen –« (2,432). Walter gelangt aus dem bürgerlichen Handelshaus in den Mitarbeiterstab des Freiherrn vom Stein, des höhergestellten »Vaters«. Die Bemühung des Bürgersohns, Zugang zu einer höheren Sphäre zu erhalten, deutete der Dichter, eine Generation vor der Psychoanalyse, schon als die Bemühung um einen anderen Vater. Walter tagträumt: »Wenn er einen andern Vater hätte, ein ander Vaterland!« (1,130) Den Abkömmling des Geheimrats Bovillard, Louis, lenkt sein Stern, nach einigen Irrungen und Wirrungen (»gefallener Engel«) an der Seite Walters und Adelheids ebenfalls in die Umgebung Louises und Steins, in den Kreis der hochgestellten neuen »Eltern«-Figuren. Doch gerät er 1806 in das Kriegsgeschehen um Jena, worin er – die Strafe für einen »gefallenen Engel«? – auf heroische Weise untergeht, nicht ohne zuvor noch dem »größten Genius« des Jahrhunderts zu begegnen, Napoleon (2,543–547), einem »Vater« auch, jedoch, wenn denn Louis der »gefallene Engel« ist – ein »gefallener Vater«-Gott, ein Meteor, von dem es heißt, »die Ideen der Zeit werden es [...] in den Abgrund stürzen« (I 3,22). Die nach höhergestellten »Eltern« verlangenden und strebenden »Lichtgestalten« sowie der »gefallene Engel« gehen untereinander wieder Verbindungen ein: Walter und Bovillard sind befreundet, Adelheid ist zuerst Walters, später Bovillards Braut. Mit Louis verbunden bleibt bis zu beider Tod außerdem seine Geliebte, die Kurtisane Jülli, eine »Verlorene«, die ihm zugeordnet ist, soweit er selber den »gefallenen Engel« verkörpert. Und ähnlich wie Adelheid auf ihrem Lebensweg der Giftmörderin Lupinus begegnet, kreuzt denjenigen Bovillards Cagliostro-Wandel. Dieser und die Lupinus bilden das Extrem eines durchaus kriminellen, ›entmenschten‹ »Eltern«-Paars, während Stein und Louise den Gegensatz darstellen, das ideale Paar von »Eltern«, mit dessen Gewinnung Adelheid und Walter ihre höchste Wunscherfüllung erreichen. Die Funktion des ›entmenschten‹ Paars ist also deutlich: ein Schreckbild auf dem Wege der »Lichtgestalten«, das Gegenteil dessen, wonach diese streben.

Den »Lichtgestalten« gehört die Zukunft. Mit ihnen muß sich der Leser identifizieren oder wenigstens einverstanden erklären. Daher können der Seele des Lesers auch nicht die Lupinus und Wandel als Hauptfiguren gelten, und selbst der ausgesprochene Wille des Autors bleibt dagegen unkräftig. (Er wußte es und kleidete sein Wissen in die Worte: »Interessiren kann man sich nicht für derartige Helden«.) Der Leser, dem die psychologische Schematik (des »Familienromans«) aus eigenem Erleben oder der Literatur nicht unvertraut ist, obgleich keineswegs notwendigerweise bewußt, registriert zwar, daß der Autor seine Absicht realisierte: »Auch legte ich nicht solches Gewicht auf die wenigen Lichtgestalten«. Und wohl oder übel empfindet er, wie bläßlich bzw. undifferenziert Alexis die Charaktere ausführte (etwa Adelheids Erscheinung: »zwei wunderblaue Augen [...] unter einer blonden Lockenfülle, [...] die kirschroten Lippen« 1,97) – eine Ursache der Verstimmung? Der Bedeutung, die der Leser unwillkürlich dem »psychodramatischen Substrat« beilegen muß, entspricht nicht das Gewicht, das der Verfasser auf die »Lichtgestalten« legte, und *wider*spricht das Gewicht, das er auf die von ihm als Hauptfiguren gewollten Personen legte.

Es kommt etwas Ferneres hinzu. Neben der Funktion, die der Kolportage im Konnex der Entwicklungsgeschichte der Dreiergruppe Adelheid/Walter/Louis eignet, muß sie als Gleichnis dienen, Material der Veranschaulichung theoretischer Aussagen. Von wem stammen diese? – Alle Gruppen von Figuren: Heroen der Geschichte, geschichtliche Verbrecher, erfundene Personen, werden vom Autor miteinander vereinigt in einem Medium, in das sie sämtlich eingetaucht sind – in einem unendlichen Gespräch. Dies unendliche Gespräch, das sich über die mehr als tausend Seiten hinwegzieht, besteht aus Alltagsplauderei und Kasinogerede, verschwörerischem Getuschel und geschäftlicher Unterhaltung, geistreichelndem Gewäsch und ernsthafter theoretischer Disputation. Zusammengenommen haben wir darin eine verbale Abspiegelung der Zustände und Stimmungen in Preußen um 1806, eine Reflexion riesigen Ausmaßes, an der alle Personen des Romans beteiligt sind und worin die Ereignisse der ›großen‹ Politik ebenso abgehandelt werden wie die Erfahrungen und Taten der Romanfiguren. Daraus erfährt der Leser, daß die Verbrechen der Lupinus und Wandels die Verbrechen der führenden Schichten repräsentieren, des Adels und Bürgertums. Die »Cloakenströmungen« im kleinen bilden nach dem Willen des Autors die Gebrechen der Gesamtgesellschaft ab, zuweilen gar diejenigen der Weltgeschichte. Hatte Sue die Kriminellen als die ganz anderen vorgeführt und die Vorführung im Bilde der »Wanderung« erläutert, »die wir dem Leser zu den Eingeborenen dieser infernalischen Rasse vorschlagen wollen, welche die Zuchthäuser und Bagnos bevölkert und mit ihrem Blute die Schaffotte rötet«,[36] so

fehlt bei Alexis eine solche Konfrontation der zwei »Rassen«, der Infernalischen und ihrer Beobachter. Bei ihm sind es gerade die Angehörigen der Adels- und Bürgerwelt, die sich als die »Infernalischen« entpuppen, und – sie bleiben nach wie vor die Repräsentanten ihrer Welt, die wiederum zuweilen die ›große‹ Weltgeschichte reflektiert. Etwa die Greueltaten der Lupinus sollen wir als Analogie der von Napoleon in Szene gesetzten Würgereien erkennen. Cagliostro-Wandel selbst zieht die Parallele zu den »großen Spielern« auf dem Welttheater: »Die haben gespielt und spielen fort, mit Tausenden, mit Hunderttausenden von Menschenleben«, und der einzige Unterschied sei, daß die einen »in die Geschichtsbücher« kämen und »wir kleinen irgendwo in ein Kriminalregister« (2,599f.). Und das Bordell der »Obristin« Malchen: Der Autor möchte den Leser jedenfalls bereden, es ebenso als Gleichnis aufzufassen, indem er den Dante-Vers herbeizitiert: »Ah tutta l'Italia è un gran bordello!« sowie Bovillard den Ausruf in den Mund legt: »Wenn ich solch ein Haus betrachte und die Wirtschaft drin, werde ich unwillkürlich an unsern Staat erinnert.« (1,231f.)
Gelenkstückfunktion des Verses und Ausrufs: veraltete Technik, eine Beziehung zu stiften zwischen Kolportagemotiv und ideologischem Räsonnement. Und dubios erscheint heute die Funktionalisierung eines Motivs derart, daß es zum Moment einer politischen Kritik herabgesetzt wird, die dadurch nicht an Überzeugungskraft gewinnt. Immerhin ist die Absicht des Autors unverkennbar, von der Kolportage auf den Inhalt des unendlichen Gesprächs hinzuleiten: Dies muß jener Bedeutung verleihen, jener kommt in diesem eine Funktion zu, die zweite neben derjenigen im Zusammenhang der Familiengeschichte. Die Familiengeschichte, worin der Kriminalhandlung eine Funktion zugeteilt ist, steht ihrerseits in einem besonderen Verhältnis zu dem alles verbindenden Medium, dem Gespräch als der verbalen Abspiegelung der Zustände und Stimmungen in Preußen um 1806. Das in dem unendlichen Gespräch gegebene Bild Preußens läßt sich unschwer in drei Komponenten zerlegen:
– Eine kritische. Besonders bezogen auf den Staat, die führenden Schichten, die Denkweisen der Verantwortlichen. Im wesentlichen ist es diese Komponente, die dem Berlin-Roman die rühmenden Urteile eintrug, auch von seiten der marxistischen Literaturwissenschaft[37]. Preußen ist der Hauptgegenstand der Kritik des preußischen Schriftstellers Alexis. Preußen-Kritik zieht sich durch das gesamte Werk,[38] die sich in *Isegrimm* bis hin zur Untergangsahnung steigert: »Wenn so große Reiche und Völker untergehen konnten, welche die Geschichte noch gekannt, spurlos, ohne Erinnerung verschwanden, kann nicht auch an uns die Reihe kommen?« (1,36) Scharfer Ablehnung verfallen: die Leibeigenschaft nebst aller feudalen Ideologie; die »Junkerherrschaft«[39]; diverse Weltanschauungen, die z. T. überhaupt erst in der zweiten Hälfte des Jahrhunderts in Mode kamen, so daß es beinahe eine Kritik a priori war (an der Philosophie des Egoismus, des Nihilismus, am Biologismus[40]); hohle Humanitätsschwärmerei[41].
– Die Ermittlung einer alternativen Ideologie, die das Fundament einer Rekonstruktion Preußens abgäbe. Dazugehörige Ideologeme sind z. B. der Konstitutionalismus und die Fridericus-Legende.[42] Als grundlegend erscheint der »Vaterlands«-Gedanke (2,287), weswegen die historischen Romane aus der brandenburg-preußischen Geschichte ihren Untertitel von ihm haben: in der damaligen Epoche eine revolutionäre Tendenz signalisierend, die ihm bis 1870/71 eignete, gegen die Kleinstaaterei, die dynastischen Interessen der deutschen Fürsten. »Vaterland« bei Alexis bedeutete jenes Stück der Erde,

auf dem der Mensch, politisch handelnd, Humanität zu verwirklichen hat.[43] Und Humanität: die Ideen des Liberalismus in Realität übersetzen. Welche Ideen? Die Ideen der preußischen Reformzeit, als deren Repräsentant in dem Roman die Figur Steins erscheint. Somit enthüllt sich die alternative Ideologie als Spielart des Liberalismus, weltanschaulich: als Idealismus, aber als ein Idealismus, der nicht die Wirklichkeit verschleiern, sondern sie erkennen half, scharfe Kritik hervortreibend. Auch verschmolzen sich mit ihm Elemente materialistischer Lehre, so in der Eigentumsfrage: »Mein und Dein [...] Ist das nicht die große Frage, die alles regiert!« (2,371) »Draußen stehen die Hungrigen, drinnen die sich satt gegessen haben [...] Darauf läuft's hinaus, das andre sind Redensarten. Das Rechenexempel ist nun, wer mehr Courage hat, die Satten oder die Hungrigen?« (I 3,224)

– Die Bemühung, eine Trägergruppe zu entdecken, die, Verfechter der alternativen Ideologie, den Neuaufbau Preußens initiierte. Hatte das Alte, Zustände und Denkweisen, in dem großen Debakel von Jena geendet, wo waren in der Folgezeit die Neuansätze zu finden gewesen, das richtige Programm, die Kräfte, die es realisierten? Die Antwort, die Alexis gab, lautete zunächst verneinend: das Bürgertum keinesfalls! Wie die Kritik an der »Junkerherrschaft« durchzieht nämlich die am Bürgertum, besonders an den Kaufleuten, den ganzen Roman. Sie gipfelt in dem Passus, der zugleich die Vorhersage der Weltherrschaft der Bourgeoisie einschließt: »Ihnen, den großen Kaufleuten, Fabrikanten blüht die künftige Weltherrschaft entgegen [...] Sie haben die Sprache, die alle Welt versteht, das Geld [...] so prophezeie ich Ihnen, Sie, die Herren von der Industrie, werden bald die wahre, reelle, effektive Universalmonarchie in Händen haben, wie die großen Handelsherren in dem kleinen Venedig ehedem, wie im großen England und im noch größern Amerika jetzt schon und in Zukunft noch mehr.« (2,332) Wer denn konnte, da Adel und Bürgertum als Trägergruppe entfielen, der Träger der umwälzenden Ideologie sein? Die »Gesundheit und Kraft«, gestand Alexis, mußte er »aus der Zukunft citiren«: Stein, Louise, die Schar derer, die das Programm der preußischen Reformen entwickelten und in die Tat umsetzten. Eine Elite? Aber damit erfaßte, wie Gisela Strandt darlegte, Alexis nichts anderes als genau das weitertreibende Moment in der preußischen Geschichte der Zeit,[44] und sie berief sich auf Lenins Betrachtung: »Damals [...] machten ein paar Handvoll Adlige und ein paar Häuflein bürgerliche Intellektuelle Geschichte, während die Massen der Arbeiter und Bauern schlummerten und schliefen.«[45]

Der Roman *Ruhe ist die erste Bürgerpflicht*, der Schilderung eines damals fünfzig Jahre zurückliegenden Geschichtsabschnitts gewidmet, bleibt damit dennoch ein Dokument des Nachmärz. Mochte das Thema, wie Alexis 1851 erwähnte, ein »fünfzehnjähriges« sein, also weit in den Vormärz zurückreichen, bezeichnend ist doch, daß der Verfasser erst nach der verlorenen Revolution daranging, es auszuarbeiten. Es bot ihm die hervorragende Möglichkeit, in dem preußischen Niedergang vor 1806 die Verkommenheit des Systems der Reaktion nach 1849 zu reflektieren. Die auf »unsern Staat« vor 1806 gemünzte Kritik (Treiben der Hofkamarilla usw.) bezog der Leser umstandslos auf »unsern Staat« – seit 1849. Die Ermittlung einer alternativen Ideologie in Form der Rückgewinnung des Ideenguts der Reformzeit, das ja eine abmildernde Herübernahme von Maßnahmen der Französischen Revolution bedeutet hatte, entsprang der Erkenntnis, daß der Liberalismus nach 1849 eine Erneuerung seiner Programmatik benötigte. Die Neubestimmung von deren Träger, der »Ideologen« und »preußischen Jakobiner« (2,545f.), resultierte aus der damals gegebenen Notwendigkeit, in den kommenden

Volksbewegungen über eine Avantgarde zu verfügen, nachdem die vorangegangene Phase gezeigt hatte, daß es das Bürgertum nicht sein konnte oder wollte, weder die Großbourgeoisie, die im Sommer 1848 von der Revolution abgeschwenkt, noch das Kleinbürgertum, dessen Unfähigkeit, an der Spitze zu stehen, in der ersten Hälfte des Jahres 1849 offenbar geworden war. Vom Proletariat und seinen Aktivitäten nahm Alexis erst in *Isegrimm* Notiz (Schlußkapitel), und selbst dort lediglich beiläufig; als Avantgarde des Fortschritts erschien es – oder erschienen seine Führer, Heines »Doktoren der Revolution« – ihm jedenfalls nicht. Daher blieb ihm nur der Rückgriff auf die Erfahrungen der Zeit nach 1806, auf die Handvoll Adliger und Häuflein bürgerlicher Intellektueller, »Fichteschen Idealisten«, und Mitglieder des »Tugendbunds«, jene kleine Auswahl, die er als eine neue Aristokratie verstand: »Nein, das Volk wird zusammentreten, beraten, die Tüchtigsten aus sich, die Erfahrensten, die Kühnsten auswählen, sie in die Masten schicken, ihnen das Steuer in die Hand geben [...]« (2,407).

Die Idee der neuen Aristokratie ist der Vereinigungspunkt von theoretischer Reflexion und Familiengeschichte. Als Ausgewählte in dem Roman figurieren nämlich neben den geschichtlichen Heroen die erfundenen (»Licht-«)Gestalten Walter und Adelheid. Die Familiengeschichte, worin neben Louis Bovillard diese beiden die Hauptpersonen sind, steht mit dem unendlichen Gespräch in dem Verhältnis der gegenseitigen Spiegelung. Wird von dem Theoretiker die neue Aristokratie gefordert, so bilden die Lebensgeschichten Adelheids und Walters die Muster, wie die postulierten »Tüchtigsten« heranwachsen, und umgekehrt ist vermöge der Existenz solcher Muster der Nachweis geliefert, daß die Forderung nicht in den luftleeren Raum gestellt wurde.

Freilich ein Nachweis bloß im Roman. Als Vorschlag, wie eine Avantgarde der kommenden Bewegungen herausfindbar sei, der die Führung zufallen konnte, auf Illusion beruhend. Rosenberg irrte: Alexis befand sich nicht in prinzipieller »Übereinstimmung mit der kapitalistischen Entwicklung des Bürgertums« und nahm keineswegs »die Partei seiner sich kapitalistisch entwickelnden Führungsschicht«. Und Wruck traf das Richtige nur halb: Der im Werk vorhandene »Antikapitalismus« orientierte sich nicht am »Ständestaat«, sondern an den Erfahrungen der Zeit nach 1806, als »ein paar Handvoll Adlige und ein paar Häuflein bürgerliche Intellektuelle« Geschichte machten. Aber: was nach 1806 richtig gewesen war, mußte es nach 1849 nicht gleichfalls sein – die Illusion lag in der Übertragung auf die postrevolutionären Verhältnisse.

Die Illusion gehörte nicht einem Willibald Alexis allein. Sie bildete z. B. das hauptsächlich verbindende Moment zwischen der politischen Konzeption dieses Autors und der seines Zeitgenossen Gutzkow. Auch Gutzkows Thema, in dem Roman *Die Ritter vom Geiste*, lautete: Schaffung einer Avantgarde der »reinen Humanität«. »Die Ritter vom Geiste streiten, sichtbar und unsichtbar, allein für die Gesinnung«: so ihre Aufgabe. Die Parallele zum Tugendbund wurde bewußt herangezogen. Und obwohl Gutzkow die »Aristokratie des Geistes« ausdrücklich verwarf, brachte er seiner eigenen Auffassung zum Trotz im Grunde doch genau eine solche Aristokratie in Vorschlag, genannt: die »neuen Templer«.[46] Es war damals offenbar eine unter Teilen der bürgerlichen Intelligenz verbreitete Illusion, durch Erneuerung liberaler Ideologie sowie vermittels Neubestimmung einer Avantgarde den Gang der Ereignisse wesentlich beeinflussen zu können. Diese Teile und die Schicht des Bürgertums, die sie repräsentierten, standen abseits der kapitalistischen Entwicklung, in heftiger Opposition zu der sich »kapitalistisch entwickelnden Führungsschicht« der Bourgeoisie. Unter ihren

Wortführern rückten Autoren wie Alexis und Gutzkow gedanklich, mit der Schärfe ihrer Kritik, in die Nähe solcher Kritiker des Bürgertums, die in den Reihen der sich formierenden Arbeiterbewegung standen. So verwundert es auch nicht, wenn wir in der marxistischen Literaturgeschichtsschreibung das Spätwerk des Willibald Alexis an der »Schwelle des kritisch-realistischen Gesellschaftsromans« eingeordnet finden.[47]
Das heißt jedoch: innerhalb des Bürgerlichen Realismus. Wirklich sind wir berechtigt, zumindest seinen Roman *Ruhe ist die erste Bürgerpflicht* diesem zuzurechnen, gestaltete der Verfasser hier doch tatsächlich »eine Zeit« »in ihren großen Lineamenten« und darin zugleich das weitertreibende gesellschaftliche Moment ebenso wie »das bürgerliche, das Familienleben«. Eine wichtige Phase der preußisch-deutschen Vergangenheit in die Erinnerung rufend, seiner Tendenz nach »vaterländisch«, nämlich gegen die dynastischen Interessen des Duodezabsolutismus gerichtet, überhaupt kritisch-realistisch auf die Gesellschaft Preußens bezogen, ein Beitrag zur ideologisch-politischen Diskussion seiner Zeit, erweist sich das Werk als eigenartiges Beispiel eines historischen Romans; insgesamt keineswegs als Kriminalroman zu bezeichnen, präsentiert es sich über längere Strecken auch als Beitrag zur kriminalistischen Psychologie und ist endlich nicht zu knapp mit Kolportage-Elementen versetzt.
Den weiteren Gang der geschichtlichen Ereignisse schilderte der Autor in *Isegrimm*, worin vor allem das unendliche Gespräch fortgeführt wird. Gegen Schluß fällt die Bemerkung: »Ein Komödienstück spielen wir nicht« (3,207). Aber in Wirklichkeit wohnen wir genau diesem bei. Nach einem alten Lustspielschema überwinden drei Töchter ihren Vater, indem sich jede einzelne anders entwickelt, als er es geplant hatte. Isegrimm, eigentlich Major von der Quarbitz, ist geformt nach dem historischen Vorbild des altadligen Frondeurs von der Marwitz. Mit der Erledigung der Lebens- und Weltanschauung dieses Mannes im Verlauf der Romanhandlung soll die Ideologie des alten Adels überhaupt als erledigt vorgeführt werden. Und zeigt sich, daß sie es ist, so erhebt sich strahlend ein neuer Adel: die »Aristokratie des Geistes«, von der es heißt, daß sie »in Deutschland, Preußen die nächste Zukunft beherrschen« werde (2,340) – die »Brücke in die Zukunft« (2,329). Alexis beschreibt sie auch als die »Macht des Genius«, »die Aristokratie, die endlich alle Aristokratien besiegt« (2,271).
Wurde *Großbeeren*, der dritte Teil der ursprünglich geplanten Trilogie, nicht mehr ausgeführt, so dürfen wir nach den voranstehenden Erörterungen eine begründete Vermutung formulieren, worauf sein Ausbleiben beruht. In dem Sieg von Großbeeren (1813) wären die Ergebnisse der preußischen und deutschen Erhebung komprimiert sichtbar zu machen gewesen, und dazu bot die postrevolutionäre Ära nicht genügend Anreiz. Was Alexis schuf – ohne Schonung seiner Kräfte, weswegen er am 13. April 1856 an Gutzkow schrieb: »Die Dorothe [!] hat mich umgebracht, das weiß ich.«[48] –, war der Roman *Dorothee*. Es ist derjenige aus der Reihe der »vaterländischen Romane«, der seit Fontanes Anweisung, über ihn schlicht hinwegzugehen, in der Literaturkritik und -geschichte am wenigsten geschätzt wird, und selbst die Verfasser der *Geschichte der deutschen Literatur* (DDR) befolgen die Anweisung noch.[49] Könnte es aber nicht sein, daß man sich dergestalt sowohl den Weg zur Erklärung dafür versperrte, weshalb statt des geplanten Werks *Großbeeren* dies ganz andere entstand, als auch die Sicht auf die Summe der Gedankenarbeit des Dichters während dieser Periode? Vorsätzlich schilderte er in *Dorothee* wiederum eine Zeit des Verfalls, die letzten Regierungsjahre Friedrich Wilhelms, des »großen Kurfürsten«, eine Niedergangssituation ähnlich derjenigen in

Ruhe ist die erste Bürgerpflicht. Die politische Situation am Ende des 17. Jahrhunderts – und darin fand der Leser nochmals die Ära nach 1848 wieder – gab den Hintergrund ab für das Wirken des sanften Revolutionärs Skytte;[50] da liegt die Thematik des Romans. Skyttes Vorhaben ist die Gründung der Stadt *Futura*, eines Sonnenstaats in der Tradition platonischen Denkens.[51] Die Schilderung der Verfallszeit durfte das letzte Wort nicht sein, und wenn schon triumphale Siege nicht abgemalt werden, Großbeeren das Sujet nicht sein konnte, so konfrontierte Alexis mit dem Elend der Niedergangsepoche die Vorstellung des Lichtreichs *Futura* – es war die explizierte Utopie. Ein Schritt weiter hinein in den Illusionismus, unbestreitbar, aber selbst als solcher ein Ausdruck des Elends im Jahrzehnt nach der verlorenen Revolution und zugleich Dokument des Bemühens, dem System der Reaktion nochmals trotzig die Freiheitslehre entgegenzusetzen.

Anmerkungen

1 Autorenkollektiv: Geschichte der deutschen Literatur. Von 1830 bis zum Ausgang des 19. Jahrhunderts. Bd. 8.1. Berlin 1975. S. 505.
2 Adolf Bartels: Einleitung. In: Willibald Alexis: Ruhe ist die erste Bürgerpflicht. Vaterländischer Roman. Leipzig o. J. T. 1. S. 7.
3 In anderer auch wieder als problematischer, so z. B. unter dem Aspekt der Einheit der Erzählung (Bd. 3, Kap. 14ff. skizziert der Autor die weiteren Schicksale seiner Figuren nur noch).
4 Berlin 1953f. (Nachwort: I. M. Lange); ebd. 1969 (Nachwort: Henri Poschmann).
5 Stuttgart 1975. S. 672.
6 Autorenkollektiv (Anm. 1) S. 625–629.
7 Rainer Rosenberg: Literaturverhältnisse im deutschen Vormärz. München 1975. S. 119.
8 Peter Wruck: »Schach von Wuthenow« und die »preußische Legende«. In: Hans Kaufmann/Hans-Günther Thalheim (Hrsg.): Frieden – Krieg – Militarismus im kritischen und sozialistischen Realismus. Berlin 1961. S. 58.
9 Gesammelte Schriften. Bd. 11. Berlin 1961. S. 7–11, bes. S. 8f.
10 Nachwort. In: Willibald Alexis: Isegrimm. Berlin 1955. S. 513f.
11 Norbert Miller / Karl Riha: Eugène Sue und die Wildnis der Städte. In: Eugène Sue: Die Geheimnisse von Paris. München 1974. S. 679 und 685; vgl. Karl Goedeke: Grundriß zur Geschichte der deutschen Dichtung. IX. Buch 8. Abtlg. 2. Dresden 1910. S. 476.
12 Vgl. den Brief von Alexis an Stahr. In: Aus Adolf Stahrs Nachlaß. Briefe von Stahr nebst Briefen an ihn [...]. Oldenburg 1903. S. 171; ferner: Felix Hasselberg: Quellen zu »Ruhe ist die erste Bürgerpflicht«. In: Willibald-Alexis-Bund (Hrsg.): Jahrbuch 1929/31. Berlin 1932. S. 49–54.
13 Willibald Alexis: Die Geheimräthin Ursinus (1803). In: Der neue Pitaval. Eine Sammlung der interessantesten Criminalgeschichten aller Länder aus älterer Zeit und neuerer Zeit. Hrsg. von J[ulius] E. Hitzig und W. Häring (W. Alexis). T. 2. Leipzig 1842. S. 161–217; sowie ders.: Wilster, genannt Baron von Essen (1809–1813). Ebd. T. 9. Leipzig 1846. S. 387–488.
14 Zit. bei Alfred Christoph: Einleitung. In: Willibald Alexis: Große Kriminalfälle. Aus dem Neuen Pitaval [...]. München 1965. S. 13.
15 Bartels (Anm. 2) S. 7.
16 Heinrich Hubert Houben: Gutzkow-Funde. Beiträge zur Litteratur- und Kulturgeschichte des neunzehnten Jahrhunderts. Berlin 1901. S. 505.
17 Ebd. S. 503f.
18 Karl Gutzkow: Die Ritter vom Geiste. Roman in neun Büchern. 3. Aufl. Leipzig 1854f. Bd. 1. S. 4.

19 Die Linie führt weiter zum 4. Kap. von Fontanes »Schach von Wuthenow« (Überschrift: »In Tempelhof«).
20 Vgl. S. 75.
21 Die meisten Ausgaben der Werke des Willibald Alexis sind – weil willkürlich gekürzt bzw. ›bearbeitet‹ – für wissenschaftliche Zwecke unbrauchbar; brauchbar: lediglich die Erstausgaben, ferner: die »vaterländischen Romane« in der Edition von Ludwig Lorenz und Adolf Bartels, Leipzig o. J. *Nach dieser zitiere ich »Ruhe ist die erste Bürgerpflicht« (2 Tle.); forthin im Text: Angabe des Teils und der Seitenzahl. – Die Fortsetzung »Isegrimm« zitiere ich nach der Erstausgabe:* 3 Bde. Berlin 1854 (bei Barthol); *im Text: Sigel I (= »Isegrimm«) sowie Angabe des Bandes und der Seitenzahl.*
22 Ausführlich bei: Paul K. Richter: Willibald Alexis als Literatur- und Theaterkritiker. Berlin 1931. S. 78.
23 So bei Alexis für: Luise.
24 Alle Theoreme dieserart im Romanwerk des Willibald Alexis müßten noch daraufhin untersucht werden, ob sie sich zu einer Theorie (u. a. des historischen Romans) zusammenschließen ließen.
25 Vgl. Anm. 12.
26 Vgl. Gustav Freytags Kritik an der Fortsetzung »Isegrimm«. In: Aufsätze zur Geschichte, Literatur und Kunst. 2. Aufl. Leipzig 1888. S. 188.
27 In: Stahr (Anm. 12) S. 171ff.
28 So etwa auch zuletzt Autorenkollektiv (Anm. 1) S. 626.
29 In: Theodor Fontane: Aufsätze zur Literatur. München 1963. S. 200.
30 Etwa 2,318ff., 339 und 352.
31 Aufweis, daß die Kriminalität aus sexueller Motivation (Frustration) entstehe, z. B. 2,165.
32 Vgl. 1,29 und 1,252–255 sowie 2,295.
33 Bartels (Anm. 2) S. 10f.
34 Peter von Matt: Literaturwissenschaft und Psychoanalyse. Freiburg i. Br. 1972. S. 76 u. ö.; vgl. Hans-Sievert Hansen: Neuere deutsche Beiträge zur psychoanalytischen Literaturbetrachtung (1971–1976). Forschungsbericht. In: Literatur in Wissenschaft und Unterricht 11 (1978) H. 2. S. 106.
35 Sigmund Freud: Gesammelte Werke. Bd. 7. Frankfurt a. M. 1972. S. 229.
36 Anm. 11. S. 6.
37 Autorenkollektiv (Anm. 1) S. 625.
38 Etwa 1,235, 240, 301, 537; 2,112, 143, 272, 491.
39 2,74 sowie 2,551.
40 1,264, 286f., 396f.; 1,125; 2,33, 163 und 599f.
41 1,171, 185; 2,187.
42 2,118 und 405ff.; 1,92f., 106, 233f., 303, 541, 547; 2,17.
43 Wolfgang Beutin: Königtum und Adel in den historischen Romanen von Willibald Alexis. Berlin 1966. S. 97f.
44 Gisela Strandt: Die Gestaltung des Adels, des fortschrittlichen Bürgertums und der Volksschichten im historischen Roman von Willibald Alexis. Diss. Rostock 1965. S. 178 und 2.
45 Ausgewählte Werke. Bd. 2. Berlin 1970. S. 704.
46 Gutzkow (Anm. 18) Bd. 5. S. 195 und 197; Bd. 6. S. 231f. und 172. – Ausdrückliche Wendung gegen die »Capitale«: Bd. 6. S. 180.
47 Autorenkollektiv (Anm. 1) S. 625.
48 Houben (Anm. 16) S. 509.
49 Fontane (Anm. 29) S. 207; Autorenkollektiv (Anm. 1) S. 628.
50 Historische Persönlichkeit; vgl. Beutin (Anm. 43) S. 47f.
51 Ausführlich: Beutin (Anm. 43) S. 81–86.

Literaturhinweise

Beutin, Wolfgang: Königtum und Adel in den historischen Romanen von Willibald Alexis. Berlin 1966.

Hasselberg, Felix: Quellen zu »Ruhe ist die erste Bürgerpflicht.« In: Willibald-Alexis-Bund (Hrsg.): Jahrbuch 1929/31. Berlin 1932.

Strandt, Gisela: Die Gestaltung des Adels, des fortschrittlichen Bürgertums und der Volksschichten im historischen Roman von Willibald Alexis. Diss. Rostock 1965.

Thomas, Lionel H. C.: Willibald Alexis. A German Writer of the 19th Century. Oxford 1964.

GERT SAUTERMEISTER

Gottfried Keller: *Der grüne Heinrich* (1854/55; 2. Fassung 1879/80) Gesellschaftsroman, Seelendrama, Romankunst

Vorbemerkung

Wie kein anderes Werk Gottfried Kellers (1819–90) erfreut sich *Der grüne Heinrich* seit einem Jahrhundert eines anhaltenden Interesses. Zumindest die berufsmäßigen Liebhaber der schönen Literatur halten dem Roman eine seltene Treue, mit gutem Grund: Die wachsende Fülle der Deutungen ist ein Abglanz des unausdeutbaren Reichtums dieses Werks. Es gibt seinen Reichtum im Wandel der Zeiten erst preis, während die Interpretationen teilweise verarmen als Zeugnisse einer zeitbedingten und daher begrenzten Perspektive. Das Verhältnis der Keller-Forschung zu ihrem Gegenstand erscheint dem zurückblickenden Betrachter wie das des grünen Heinrich zu der majestätischen Buche, die er »mit leichter Mühe [...] bezwingen zu können wähnte«: »bald lächelte ein grauer Silberfleck, bald eine saftige Moosstelle aus dem Helldunkel, bald schwankte ein aus den Wurzeln sprossendes Zweiglein im Lichte, ein Reflex ließ auf der dunkelsten Schattenseite eine neue mit Flechten bezogene Linie entdecken, bis alles wieder verschwand und neuen Erscheinungen Raum gab, während der Baum in seiner Größe immer gleich ruhig dastand und in seinem Innern ein geisterhaftes Flüstern vernehmen ließ.« (204)[1]

Neue Erscheinungen in Kellers Bildungsroman, auf die von der Gegenwart her Licht fällt, sind schon vor anderthalb Jahrzehnten formelhaft benannt, jedoch nicht eingehender in Betracht gezogen worden: »die Verknüpfung von objektiver Welt und subjektiver Innerlichkeit«.[2] Das Interesse an dieser Verknüpfung war in der literaturhistorischen Tradition früh erloschen[3] – und geraume Zeit führten der subjektive und der objektive Pol ein getrenntes Leben, bei offenkundiger Bevorzugung des ersteren. Ursprünglich zog die Subjektivität des Helden die wissenschaftliche Neugierde auf sich, weil Dichtung als Manifestation des Lebensweges eines Autors galt.[4] Die Reduktion der Hauptfigur zum Spiegelbild der Dichterseele ließ zwar Kunstverstand vermissen, zeitigte aber auch psychoanalytische Befunde, die wenigstens eine kritische Würdigung verdient hätten.[5] Als sich die Literaturwissenschaft, namentlich nach dem Zweiten Weltkrieg, vom Autor als Helden zum Helden als poetische Gestalt wandte, schärfte sich gewiß das ästhetische Sensorium, kaum jedoch der Blick für die objektive Welt, in welcher der Held verkehrt. Denn die werkimmanente Literaturbetrachtung, von der die Rede ist, erkaufte sich mit der Ablösung des Werks von seinem gesellschaftlichen Umfeld eine eigentümliche Beschneidung ihres Erkenntnisinteresses: Sie verfehlte auch die gesellschaftliche Dimension *innerhalb* des Romans.[6] Sie hat aber, dank kunstsinniger Versenkung in Werkdetails, wichtige Auskünfte über die ästhetische Darstellungsweise der Individualität des Helden zu geben vermocht.[7] Wenn sie gleichwohl des »psychologischen Tiefenblicks« ermangelt,[8] dann aufgrund ihres Desinteresses nicht nur an moderner Seelenkunde, sondern an Sozialstrukturen außerdem. Bleibt deren Bedeutung für die

Psyche des Helden verborgen, so treten Besonderheit und Vielschichtigkeit seiner Individualität nur partiell zutage.[9] Umgekehrt mündet auch der literatursoziologische Weg nicht notwendig in die Analyse komplexer, gesellschaftlich vermittelter Individualität. Gewiß ist das historisch-politische, ideologische und soziokulturelle Umfeld des Kellerschen Werks rechtschaffen ausgemessen worden,[10] nicht jedoch das entsprechende Feld im Roman selbst. Dessen programmatisch beschworene »immerwährende Gegenwärtigkeit des gesellschaftlichen Moments in allen Beziehungen der Menschen zueinander, in ihrer Psychologie, Moral und Weltanschauung, in ihrem Fühlen, Erleben, Denken und Handeln«[11] scheint noch heute eher Programm als interpretatorische Wirklichkeit zu sein.[12] Zwar wurde jüngst eine ebenso ideenreiche wie tiefgehende Verknüpfung von Subjektivität und Objektivität geleistet – sie bezieht sich aber auf den Menschen Gottfried Keller und auf die Widerspiegelung seiner sozialhaltigen Biographie im Gesamtwerk.[13] Die Subjekt-Objekt-Dialektik in den Einzelwerken ist jedoch nicht nur über ihren biographischen Gehalt erweisbar, sondern erschließt sich stets auch aus der individuellen »Logik ihres Produziertseins«.[14] Der eigentümliche Verknüpfungsmodus von Individuum und Gesellschaft als eine ästhetische Grundstruktur des Romans wird daher die Aufmerksamkeit nachfolgender Analyse besonders auf sich ziehen.[15]

Ihr Vorhaben geht allerdings nicht von der zweiten Fassung des *Grünen Heinrich* aus, die das eingangs erwähnte Leserinteresse erst auslöste,[16] sondern von der Erstfassung aus den Jahren 1854/55. Sie war relativ unbekannt geblieben, und als Keller ihre letzten 100 Exemplare nach 25 Jahren, während der Niederschrift und Publikation der Zweitfassung (1879/80), aufkaufte und dem Ofen anheimgab, wurde sie fortan auch von den Interpreten in Acht und Bann getan. Ein Schriftsteller ist jedoch nicht unbedingt der gerechteste Beurteiler seiner Werke. Vielleicht können der Gang der Interpretation und besonders ihr letztes Kapitel plausibel machen, warum die vor kurzem erfolgte Renaissance der Erstfassung legitim ist.[17] Solche Plausibilität wird zwar nicht unabhängig von der Forschungstradition, wohl aber von Konventionalität gewonnen. Daher legt die Analyse Wert auf vernachlässigte Gesichtspunkte im Rahmen der Subjekt-Objekt-Verknüpfung: auf das Bild des Vaters als eines Sinnbilds frühbürgerlicher Idealität, auf tödliche Verdrängungsmechanismen des Sohns, auf die realitätsbedingte Entstehung seines Künstlertums, den Entwicklungscharakter seines Liebeslebens und dessen kulturgeschichtliche Symbolik, auf Sozialisationsfaktoren wie Geld, Arbeit und freier Markt und auf das Verhältnis von Gesellschaft und Familie – allesamt Gesichtspunkte, die sich erst bei eingehender Formbetrachtung erschließen. Deren Anfang bilde die polare Struktur des Romans.

Polaritäten

Die erste Fassung des *Grünen Heinrich* widmet der Jugendgeschichte des Helden in der heimatlichen Schweiz dreieinhalb Bände, anderthalb Bände seinem Aufenthalt in der Fremde. Ehe jedoch der Held sich mit der von ihm selbst verfaßten Jugendgeschichte zu Wort meldet, wird er vom Romanerzähler in drei kleineren Eingangskapiteln kurz vorgestellt. Er ist im Begriff, Abschied zu nehmen von seiner Heimat, die der Erzähler mit knappen Strichen skizziert. Ihren Kern bildet eine Stadt-Republik, in der unter anderem politische Flüchtlinge aus den spätabsolutistischen deutschen Kleinstaaten

Aufnahme finden (9f.). Dieser politischen Opposition – sie bezieht sich offensichtlich auf die Vormärzepoche – gesellt der Erzähler historische und wirtschaftliche Gegensätze hinzu. Da ist einmal der Gegensatz zwischen ländlicher Idylle und industriellen Werkstätten im heimatlichen Stadtbereich, dann die Kontrastfülle in der Stadt selbst: modernes Handelswesen und Altertümlichkeit, »tätiges Leben« und »Tod und Elend«, Reichtum und Armut sind zu einem polaren Zusammenhang verschlungen (12). Solcher Polaritäten sind die Personen würdig, die alsbald die Szene betreten: der Held, ein Virtuose in der Kunst des poetischen und phantasievollen Sehens, und seine Mutter, ein Muster an nüchterner und praktischer Umsicht (13–17). Die spannungsreiche Gefühlsbindung zwischen beiden klingt in der Atmosphäre des Abschieds nach: Bei idyllischer »Morgensonne« herrscht »Totenstille in der Stube« (19). Zur »Lebens- und Wanderlust« des Sohns bildet das mütterliche Gefühl der »Verlassenheit und der Einsamkeit« einen dunklen Hintergrund (19f.), ähnlich wie das Bild der Rose wenig später das Ineinanderspiel von Lebensmut und Lebensleid beschwören soll (25). Der hoffnungsvoll in die Ferne Reisende gedenkt der kummervoll Daheimgebliebenen mit Todesahnungen. Er deutet sich seine innere Spannung aus dem ungelösten Gegensatz zwischen tiefreichender Familienbindung und gesellschaftlicher Isolation (29f.). Überhaupt dünkt ihn die Welt in Gegensätze zerrissen, registriert er die Ideologie eines lebensfernen »Katechismus« hier und den Geist »lebenswarmer Natur« dort (27), wird ihm die aufgeklärte Gesinnung seiner republikanischen Heimat zum freundlichen Gegenbild der Intoleranz und des Untertanengeists, denen er auf seiner Reise durch die deutsche monarchische Kleinstaatlichkeit begegnet (37–46). Einer starren Antithese wird damit nicht das Wort geredet. Vielmehr werden politischer Fortschritt und kulturelle Askese, politische Rückschrittlichkeit und kulturelle Blüte wechselseitig aneinander gespiegelt.

Die polare Struktur der einleitenden Kapitel wird später auch den zweiten Romanteil prägen. Vor allem aber prägt sie die Jugendgeschichte des Helden, mit der inzwischen der Leser vertraut gemacht wird. Ihr kann nur gerecht werden, wer ihre Spannungsvielfalt ermißt. Gleich der Auftakt zur Biographie des grünen Heinrich schlägt ein für sie bestimmendes Doppelmotiv an: Der Kirchhof seiner Ahnen zeugt von der polaren Verschlungenheit des Todes und des Lebens (48f.), und zwar nicht nur an dieser Stelle, sondern zu allen Zeiten, so beim ersten Besuch des elterlichen Heimatdorfes (187), bei der ersten »schulgerechten« Umarmung der Geliebten (249) und bei ihrem Begräbnis (457f.). Wenn im Verlauf des Romans der Tod ein erdrückendes Übergewicht gewinnt, so deshalb, weil das Leben seine zerstörerische Bürgerlichkeit mehr und mehr enthüllt. Darin erweist sich Kellers Bildungsroman als Desillusionsroman schlechthin: Die klassische Stufenleiter der Selbstvervollkommnung ist zum abschüssigen Weg in den Untergang verwandelt. Und nicht nur der Held stirbt am Ende: Seinen gesamten Bildungsweg säumen Menschen, die, in größerer Anzahl als in irgendeinem Bildungsroman zuvor, für den Tod ausersehen sind.

Noch ehe die »Prosa des bürgerlichen Lebens« ihre tödliche Kehrseite offenbart, nimmt sie alle Gegenkräfte in Beschlag, die das Individuum für ein besseres Leben mobilisiert. Schaulust, Phantasie und Gestaltungsdrang erhalten durch die unbefriedigende soziale Realität, der sie sich entgegensetzen, ihre unverwechselbare Prägung. Als Kräfte aus dem Bereich des Eros, denen die sperrige Realität eine ästhetische Selbstgenügsamkeit aufzwingt, speisen sie zwar das Künstlertum des Helden; aber sie vertiefen auch die polare Spannung seines Eros zu lebensbedrohender Spaltung. Gerade in diesem

Erzählbereich bezeugt sich das *dialektische* Verfahren des Romans auf das eindringlichste. Es verschränkt die Dualismen zu einer widersprüchlichen, realitätshaltigen Einheit. Erfährt der Held seine zärtliche und seine sinnliche Liebesart als einander ausschließende Extreme, so macht der Erzähler ihre geheime Ergänzungsbedürftigkeit durchsichtig. Sie zwingt dem grünen Heinrich das Hin und Her seiner Liebeswege auf, wenn er auf der Flucht vor der Stadt im Heimatdorf seiner Eltern weilt. So prägen polare Spannungen den Handlungsverlauf bis in Einzelheiten. Die entgegengesetzten Liebeswege haben ihrerseits keinen autonomen, gesellschaftsabgewandten Geltungsbereich, sondern bezeugen nur die fortwirkende Gewalt der Sozialisation, die das Stadtbürgertum dem Helden auferlegt hat. Die Polarität von Stadt und Dorf, Zivilisation und Idylle, Kultur und Natur entfaltet in der Folge eine reiche Bewegung. Ihr Verlauf wird durch die Übermacht moderner Stadtbürgerlichkeit gesteuert: durch privatwirtschaftliche Interessen, durch den Fetisch Geld, durch den Zusammenhang von Arbeit und freiem Markt. Das Spannungsverhältnis, in das die Subjektivität des Helden zur Sphäre der Privatwirtschaft tritt, behält seine Geltung bis zum Ende des Romans. Heinrichs künstlerische Mühen haben den freien Markt zum Gegner; sein immerwährendes Scheitern und sein Verstummen darüber reiben die Mutter just in dem Augenblick auf, da er endlich Erfolg hat. In die spannungsreiche Mutter-Sohn-Beziehung wirkt das unbewältigte Liebesleben des Helden polarisierend hinein. Die Nähe der Geliebten und die Ferne der Mutter geraten ihm zu einem unlösbaren Widerspruch, der die Extreme einer bürgerlichen Sozialisation hervortreten läßt: gehemmter, hochsublimierter Eros und hemmendes, tiefverinnerlichtes Über-Ich.

Nur im Blick auf Kellers polar gespanntes Erzählen enthüllen sich kritischer Gehalt und ästhetische Struktur seines *bürgerlichen* Realismus. Man hat diesen Realismus nicht zu Unrecht auch einen *poetischen* genannt, bezeugt er doch, bei aller sozialen und tiefenpsychologischen Welthaltigkeit, die »Reichsunmittelbarkeit der Phantasie«, auf die Keller sich berief.[18] Solche Reichsunmittelbarkeit aber ist bis in ihre innersten Zellen geschichtlich vermittelt, real- wie literaturgeschichtlich. Was Kellers Bildungsroman an Naturanschauung etwa darbietet, gehorcht den genannten polaren Spannungsverhältnissen. So regiert die Nähe-Ferne-Polarität gleich die ersten Wahrnehmungsakte des noch kindlichen Helden, ergänzt durch die Polaritäten von Höhe und Tiefe, Dunkel und Licht, Vertrautheit und Fremde (64f.). Der dichterischen Einbildungskraft genügen weder Intimität und Häuslichkeit des biedermeierlich-beschaulichen Bürgers noch das schweifende Fernweh romantischer Unbürgerlichkeit: wohl aber entspringt ihr, kraft der Verschränkung beider Bereiche, das poetische Bild eines *zwischen* den extremen Polen ausgespannten Realismus. Kellers dialektische, Gegensätze hervortreibende und verknüpfende Epik wird durch die Erzählperspektive der Jugendgeschichte in prägnanter Weise sinnfällig: Das in der Gegenwart schreibende Ich ruft sich seine Vergangenheit ins Gedächtnis. In der Verschränkung unmittelbar widergespiegelter Entwicklungsstufen und einer sie distanzierenden Reflexion, in der polaren Gleichzeitigkeit des erzählten und des erzählenden, des gelebten und urteilenden Ich wird der Leser des Prozesses einer Selbstfindung, vielmehr des Versuchs einer Selbstfindung inne: Die doppelgesichtige Erzählperspektive ist die ästhetische Beurkundung einer unabgeschlossenen, Vergangenheit und Gegenwart in eins schlingenden Standortbestimmung des Subjekts in der Realität.

Für diese Standortbestimmung nun ist die Gestalt des Vaters von elementarer Bedeutung.

Was der Roman an Polaritäten aufbietet, scheint im Vater allein zur höheren Synthese vereinigt, dergestalt, daß er in der verklärenden Erinnerung des Ich-Erzählers zur verpflichtenden Idealfigur wird (63). Das Vaterbild, Zeugnis eines *poetischen* Realismus, der die progressive Phase des aufstrebenden Bürgertums zitiert, wird durch den *bürgerlichen* Realismus der Jugendgeschichte nach und nach als ein unrealisierbarer, aber den Sohn moralisch fordernder Ideenhimmel enthüllt.

Das Vaterbild

Den eigentlichen Raum der Vater-Erzählung betritt der Leser durch die Vorhalle der Politik (50–58). Die »junge Saat der französischen Ideen«, die »kluge Mediationsverfassung«, die »Dame Restauration« (50f.) – mit solchen Begriffen spannt der Erzähler einen Bogen über die bewegte Zeit zwischen der Französischen Revolution und der europäischen Restauration. Die Schweiz durcheilt in dieser Epoche den Weg von der fortschrittsfreundlichen Helvetischen Republik (1797) über die gemäßigte Mediationsakte (1803) zum konservativen Bundesvertrag (1815), der die Restauration einläutet. Der revolutionäre Schwung, der so manchen Europäer während der Befreiungskriege beflügelt hatte, war offenbar nur der alten Adelsherrlichkeit förderlich gewesen. Er lebte aber in einigen beharrlichen Idealisten weiter, und der Erzähler erblickt schon Mitte der zwanziger Jahre eine Renaissance der »abgeklärten Ideen der großen Revolution«, erblickt darin eine Vorbotin der Julirevolution von 1830 (58). Den wenigen, die inmitten feudalaristokratischer Restauration der Hoffnung »auf eine bessere, schönere Zeit« (55) tatkräftig die Treue hielten, setzt der Erzähler ein Denkmal in der Gestalt seines Vaters, dessen Gesellenzeit in die Jahre der Befreiungskriege gefallen war. In der Erinnerung des Ich-Erzählers wird die Vatergestalt zum Urbild des aufgeklärten wandernden Handwerkers, der in den dreißiger und vierziger Jahren als Sozialsymbol einer verheißungsvollen Zukunft die politische Bühne Europas durchqueren sollte (55). Doch erschöpft sich darin die Bedeutung der Vatergestalt keineswegs. In der idealisierenden Erinnerung des erzählenden Sohns erweitert sie sich zum Selbstbildnis des fortschrittlichen Bürgertums, das seine revolutionäre Befreiung vom Adel als eine Angelegenheit der ganzen Menschheit verstand: als Heraufführung des Zeitalters der Humanität. Im Bild des Vaters vereinigen sich die drei Gestalten, in die der moderne Bürger auseinanderfällt: die des Wirtschaftsbürgers (bourgeois), des öffentlich-politischen Bürgers (citoyen) und des privaten Kulturbürgers (homme). Als Wirtschaftsbürger versinnbildlicht der Vater die ökonomische Zeitenwende, verbindet er den hergebrachten Fleiß, die Sparsamkeit und Mäßigkeit des Handwerkerstands mit dem »unternehmenden Geiste« des emporstrebenden Geschäftsgründers und künftigen Industriellen (57). Was er an Gewinn erwirtschaftet, fließt jedoch nicht nur in sein stürmisch expandierendes Bauunternehmen, sondern bildet auch den materiellen Grund für sein öffentlich-politisches Wirken, beispielsweise für die Gründung von Schulen. Zwanglos verschränken sich ökonomisches Eigeninteresse und Gemeinnützigkeit, individueller Aufstieg und sozialer Erziehungswille. Als öffentlich-politischer Bürger entfaltet der Baumeister überdies einen »edeln kosmopolitischen Schwung« (58), vom griechischen Freiheitskampf in seiner Zeit kräftig genährt, und offenbar vertiefen er und seine Freunde ihre politische Gesinnung, wenn sie als private Kulturbürger im Selbststudium in die Geschichte eindringen oder die Dramen eines Schiller, des Dichters des *Tell*, als Theater inszenieren, »leidenschaftlich erregt, mit hohen Idealen in einem mühsamen Ringen begriffen« (61). Die solidarisch verbundenen Citoyens erschauen in der Kunst das Bild der neuen, besseren Zeit, erschauen es und dienen ihm praktisch durch ihre Vereins- und Schulgründungen. Und nicht nur in ihrer freien Zeit widmen sie sich der sinnlichen Erscheinung des hohen Ideals, sie nehmen es sich sogar in ihrem Arbeitsalltag zum Vorbild. Zumal des Baumeisters »rastloses Suchen nach dem Guten und Schönen« durchdringt seinen wirtschaftlichen Ehrgeiz; denn »alle seine Gebäude trugen das Gepräge eines beständigen Strebens nach Formen- und Gedankenreichtum« (57). Das »Schöne mit dem Nützlichen« verbindend (56), bringt er zur Einheit: Verwertungsinteresse und Phantasie, Kapital und Kunst, Zweckrationalität und ideellen Schwung, Realitätssinn und Realitätsveränderung, persönliches Emporkommen und politisch-sozialen Gemeinsinn, Selbstbestimmung und demokratische Weltbürgerlichkeit. Arbeit, Politik und Freizeit gelangen im Vater des Erzählers zu einer idealen Synthese, worin die hochfliegenden Humanitätsideen der Aufklärung und der Klassik aufgehoben sind: die Selbstvervollkommnung des Menschen nicht als eines für sich seienden Subjekts, sondern als eines politisch-sozialen Lebewesens.

Dieses Ideal des Menschseins war dem Bürgertum in seiner revolutionären Phase als geschichtliche Hoffnung aufgeblitzt und wurde dann von der Realität verfinstert. Im Schicksal des Vaters nimmt der Ich-Erzähler die allgemeine Desillusionierung vorweg. Nur rastlose Dynamik ermöglicht es dem Baumeister, die gewaltigen Anforderungen seitens der Arbeit, der Politik und der freien Zeit in ein produktives Gleichgewicht zu bringen. Durch seine »gehäuften Arbeiten in steter Anstrengung« gehalten, ist er zuletzt nicht mehr Herr der entfesselten Dynamik, überfordert sich, erkrankt und stirbt plötzlich dahin, »als ein junger, blühender Mann [...] und ohne die neue Zeit aufgehen zu sehen, welcher er mit seinen Freunden zuversichtlich entgegenblickte« (61). Der Tod des Vaters wirft seine Schatten auf die neue, desillusionierende Zeit voraus; er deutet metaphorisch auf die ihr innewohnenden Disharmonien. Überwölbte die Dynamik des Baumeisters gerade noch die auseinanderstrebenden Gestalten des Wirtschafts-, des öffentlich-politischen und des privaten Kulturbürgers, jedoch um den Preis der Selbstgefährdung, so rettet sich das Bürgertum aus der extremen Spannung, indem es ihre einzelnen Pole auseinandertreten läßt und der Eigendynamik anheimgibt.

Die Vaterfigur bildet den Schlüssel zum Verständnis des Romans. Der Zerfall der väterlichen Synthese in unversöhnbare Gegensätze bestimmt sowohl die Geschichte des Bürgertums wie die epischen Grundstrukturen im Werk Kellers. In mannigfaltigen Spiegelungen, Variationen und Verschärfungen wird der Zerfall der Synthese plastisch, erhalten die sich ausbildenden und bekämpfenden Gegensätze eine zerstörerische Eigenkraft. Aus dem Idealbild des Vaters erwächst dem Sohn ein uneinlösbarer Anspruch: Was jenem sich eine kurze Zeitspanne lang zur schwebenden Einheit fügte, muß dem unberatenen Kind und Jugendlichen in Bruchstücke und Widersprüche zergehen. Die objektiv auseinanderstrebenden Pole des bürgerlichen Lebens lassen sich nicht subjektiv versöhnen: Alltag und Phantasie, Arbeit und Kunst, materielle Lebenspraxis und ideelles Sein, äußerer Besitz und innerer Reichtum, Moral und Lust, Vita activa und Vita contemplativa, öffentliche und private Existenz. Der erzählende Sohn erwehrt sich des väterlichen Anspruchs, seines idealen Über-Ich, unbewußt durch die Macht der Phantasie. Die heroische Lebensdynamik des Vaters muß im Sohn eine unbewußte Abwehr hervorrufen – hinterläßt sie doch an ihrem Ende eine geschwächte,

aus einer Witwe und einer Waise zusammengewürfelte Familie. Und wie soll ausgerechnet der im Schatten der Vaterlosigkeit Heranwachsende das blühende Leben des Vaters fortsetzen können? Der Sohn schlichtet den Widerstreit zwischen idealmoralischem väterlichem Anspruch und unbewußter Abwehr zum Teil durch Todesphantasien. Was ihn überfordert, entfernt er entweder aus dem Umkreis seines Lebens oder weiht es dem Untergang, ehe er zuletzt sich selbst zugrunde richtet. Der Tod des Vaters, Sinnbild einer zerbrechenden Einheit, kehrt so in anderen Todesgestaltungen leitmotivisch wieder – entsprechend dem epischen *Strukturprinzip der Spiegelung, Variation und Verschärfung einer Grundsituation.* Was der Sohn dem väterlichen Idealbild schuldig bleibt, rechnet er sich jedoch als subjektives Versagen zu. Im Schuldbewußtsein, das von der unzulänglichen Stellvertreterin des Vaters, der Mutter, genährt wird, macht sich das leidende Subjekt für die gesellschaftlichen Verhältnisse verantwortlich.
So gesehen mindert die Abwesenheit des Vaters als eines Mittelpunkts der bürgerlichen Familie durchaus nicht den bürgerlichen Realitätsgehalt des Romans. Wenn normalerweise der Vater dem Heranwachsenden »die Welt in ihrer Kraftfülle von frühester Jugend an zugänglich« macht (62), so dringt die Welt hier unvermittelt auf eine werdende Jugend ein, mit ihrer ganzen ungemilderten Last. Der *poetische* Realismus wird zum *bürgerlich-kritischen,* das im Vater idealisierte Bürgertum enthüllt sein wirkliches Gesicht vor dem schutzlosen Individuum. Ihm angemessen ist die Ich-Form des Erzählens. Ein Erzähler, der über seinen Helden in der Er-Form berichtet, sieht nicht den Helden allein: Er kann auch die Welt überblicken, in die er ihn versetzt. Über diesen souveränen Standort verfügt das der Welt unmittelbar ausgelieferte Individuum nicht; es erfährt die Gesellschaft nur im Brennpunkt des eigenen Selbst. Die bedrängende Unmittelbarkeit dieser Erfahrung reproduziert und distanziert der Erzähler in der Ich-Form. Das erzählende Ich zitiert und durchdringt, spiegelt und reflektiert sein vergangenes Leben in einem Atemzug. Die erzählerische Polarität von Unmittelbarkeit und Distanz, Selbstdarstellung und Selbstkritik, Lebens- und Reflexionsprozeß ist Ausdruck des auf sich selbst zurückgeworfenen Subjekts, das sich seines gesellschaftlichen Orts und seiner Identität auf dem Wege der Erinnerung zu vergewissern sucht.

Schaulust, Phantasieren und Gestalten

Die Entwicklung des grünen Heinrich wird maßgeblich geprägt vom Zusammentreffen seines »Spiel- und Lustlebens« (116) mit der sozialen Realität. Vor allem drei Kräfte gewinnen im Entwicklungsgang des Heranwachsenden plastische Wirkung: Schau-, Phantasie- und Gestaltungslust. Für die erste Lusterfahrung, die der Ich-Erzähler rückblickend vergegenwärtigt, ist die Einsamkeit des vaterlosen Knaben von Belang. Das viel sich selbst überlassene Kind übt sich zunächst in einer Tätigkeit, die des Beistands Erwachsener nicht bedarf: im *Schauen.* Der Blick des Knaben, der vom sonnenbeschienenen Hausgärtchen zu leuchtenden Dächern hinaufschweift, den rotbeglänzten Kirchturm und die fernen Berge umfaßt, ist ein Liebesblick: sonst würden ihn die angeschauten Gegenstände wohl kaum wie das Paradies anmuten. Das Schauen ist eine Lust, ein erotischer Akt – und es ist kein Zufall, wenn später der theaterbesessene Knabe die erregende Betrachtung der schönen Brust einer Schauspielerin mit der Hingabe seiner Kinderaugen an die Abendröte vergleicht. Der Erzähler wirft Licht auf den verborgenen

Eros der Kindheit, den die Erwachsenen früher – und bisweilen noch heute – in Abrede zu stellen pflegten. Kellers ästhetisches Verfahren gewinnt eine ihm eigentümliche Tiefendimension, indem es verborgene Kindheitserfahrungen nicht nur ans Licht zieht, sondern ihre fortwirkende, lebensgeschichtliche Kraft verfolgt. Die Schaulust, die dem kleinen Heinrich durch die Abendröte bereitet wird, bleibt ein bestimmendes Motiv seiner Existenz, und zahlreich sind die Spiegelbilder dieser kindlichen Grunderfahrung, wo schauender Eros und Glanz des Abendrots sich vereinigen: etwa bei dem Schülerfeldzug in eine Nachbarstadt (140), bei ersten Malversuchen (181) und der ästhetischen Gestaltung einer Esche (205), bei der ersten Mädchenliebe, als der Vierzehnjährige Gott und Anna zusammenphantasiert (219) oder sich von Judith zu Anna hinwegträumt (228), bei der ersten künstlerischen Arbeit für Anna (235) oder beim poetischen Genuß von Annas Tod (451 und 457). Die Urlust des Sehens, die so leicht an der »durchsichtigen Rosenglut des Himmels« sich entzündet (228), nimmt die sublimierte Sinnlichkeit des Helden vorweg: Ihn schlägt weniger das ungebrochen strahlende Licht als vielmehr sein allmähliches Verglühen in Bann, so wie auch an den Dingen und Menschen weniger ihre unmittelbar fordernde Präsenz als vielmehr ihr gebrochener Widerschein ihn anziehen wird. Die Sehweise des Helden wird zum Protosymbol für eine distanzierte, vor praktischen Eingriffen zurückschreckende Realitätsaneignung.

Wenn der kleine Heinrich die Gegenstände, die seinen Blick am meisten faszinieren, mit dem Namen Gott tauft, so bringt er gleichzeitig seine *Phantasie* ins Spiel. Im Medium der Schau- und Phantasielust des Knaben erscheint Gott nicht als ein für sich seiendes Absolutum, sondern als ein Spiegelbild seiner erotischen Bedürfnisse. Nicht nur hier erinnert der Roman an die Philosophie Ludwig Feuerbachs, die Keller just zu der Zeit kennenlernte, als er seinen *Grünen Heinrich* schrieb. Für Feuerbach ist das göttliche Wesen eine Projektion der noch unverwirklichten Möglichkeiten des Menschen, ein Ersatzbild für seine dringendsten Wünsche. Weil die Liebesbedürfnisse des Heranwachsenden von der Mutter nicht zur Genüge gestillt werden, hält er sich am einsamen, gottseligen Schauen und Phantasieren schadlos. Darin kommt nicht etwa eine Kritik des Erzählers an der Mutter zum Ausdruck, sondern vielmehr die Eigentümlichkeit einer in Einzelfamilien aufgesplitterten Gesellschaft: Als Stellvertreterin des Vaters muß die Mutter ihre Liebe zum Sohn ins Haushälterische, Planende, Lehrhafte kleiden. Der Gott, den sie verehrt, ist gleichfalls eine Projektion, die ihrer sozialen Situation entspricht: ein Ersatzbild für den Gatten und Vater, der als fürsorglicher Ernährer und Beschützer aus dem Leben geschieden ist. Aus den verschiedenartigen Gottesphantasien von Mutter und Sohn wird ersichtlich, wie der Erzähler metaphysische Ideen auf die Psychologie und Lebenspraxis seiner Figuren zurückführt: ein aufklärerisches Verfahren, das für den kritischen Realismus seines Romans charakteristisch ist.

Die Polarität einer lustbetonten und einer lustfeindlichen Phantasie durchzieht auch die Geschichte des kleinen Meretlein (75–84). Die erotisch spontane Einbildungskraft des Mädchens wird von einer streng religiösen Umwelt als Hexenwesen verfolgt; damit die Erzieher des Meretlein nicht an die Dinge erinnert werden, die sie aus ihrem eigenen Leben verbannt haben, unterwerfen sie das Mädchen religiöser Kasteiung; als es nicht pariert, seinen wahren Bedürfnissen die Treue hält, zeiht man es der Teufelei. Der kindliche Anspruch auf Eros und Selbstbehauptung wird im Keim zerstört. Im Tod des Mädchens richtet der Erzähler ein Erziehungssystem, dessen Nachwehen er am eigenen

Leib zu spüren bekam. Selbst die gesprächsbereite Toleranz seiner Mutter wehrt elementare Bedürfnisse des Heranwachsenden ab, biegt kindliche Kritik in Schweigen und Schuldbewußtsein um. Mehr noch ist der gottesfürchtige Schulmeister, Annas Vater, an den erzieherischen Geist gefesselt, der das Meretlein zu Fall bringt – von der Schule, die der kleine Heinrich besucht, ganz zu schweigen. So fängt der Erzähler, getreu seinem Gestaltungsprinzip, eine Grundsituation in mehrfachen Variationen und Spiegelungen ein. Die Schule ist zwar »das Werk eines gemeinnützigen wohltätigen Vereins«, also durchaus im Sinne des Vaters unseres Helden (109), aber ihre Gemeinnützigkeit atmet auch den geharnischten Aufstiegswillen eines kleinbürgerlich-asketischen Protestantismus. Bei aller Berufung auf den kindgemäßen Reformismus Pestalozzis ertüchtigt sie die jüngsten und ärmsten Mitglieder der bürgerlichen Gesellschaft zu verfrühter Selbstdisziplinierung, knechtet ihr kindliches Phantasiespiel (67f.), beugt sie unter das Joch frostiger Zweckrationalität (113f.), macht aus dem Gott der Liebe einen blutlosen Lebensregenten (114f.). Der enthusiastische Bildungsgeist der Väter wird durch die unvermeidliche Daseinsvorsorge bereits hier ernüchtert.

Als Gegenkräfte gegen eine lust- und phantasiearme Realität entbindet der Knabe neben der Schau- und Phantasielust vor allem seinen *Gestaltungsdrang*. Am »sinnlichen Stoff« (116) – an bunten Steinen, an Tieren und Wachsfiguren – erprobt er seine »schaffende Gewalt« (116–122). Die Phantasie des Heranwachsenden will nicht mehr nur im Schauen sich darstellen, sondern praktisch werden. Allerdings erleidet er hierbei das gesellschaftliche Außenseitertum einer unvollständigen, sich selbst überlassenen Familie. Die Gestaltungslust, die den Knaben für die Nüchternheit der Mutter entschädigen soll, treibt den Unberatenen und Vaterlosen wiederholt in die Irre. Seine Versuche, sich die Umwelt zum erstenmal selbsttätig anzueignen, durch Sammlung, Anordnung und Formung der Natur, mißlingen: Die Selbsttätigkeit, die eines wegweisenden »männlichen Mentors« (116) bedurft hätte, schlägt jedesmal in Zerstörung und Vernichtung um. Die Todeswünsche, die später in die Freundschaftsverhältnisse des Knaben hineinregieren, können wir hier auf einer früheren Stufe fassen. Sie gehen auf aggressive und destruktive Regungen zurück. Erklärt etwa die Psychoanalyse deren Vorhandensein aus einem Primärtrieb (dem Todes- bzw. Destruktions- oder Aggressionstrieb[19]), so bringt Kellers Roman sie dialektisch, im Medium sozialer Zusammenhänge, zur Sprache. Schon das phantasierende Kind rächte sich für den Mangel an Lebensfülle und Liebeszuwendung durch »ein unbewußtes Experiment mit der Allgegenwart Gottes«, wobei der Auflehnung gegen die höchste Autorität stets die qual- und lustvolle Selbstbestrafung folgte (85). Der spielende Knabe erfährt dieses Wechselspiel von Aggression und Reue, Herrscherphantasien und Selbstbezichtigung erneut an sich. Sobald seine Gestaltungslust regelrecht praktisch wird, in die Natur und die Dinge verändernd eingreift, erlebt er die Gewalt seiner »mörderischen Hände« (117) mit trauernder Selbstanklage. Die stets aufs neue wiederkehrende Melancholie ist der schuldbewußte Ausdruck hierfür (117f.). Die von ihren Vätern angeleiteten Spiele Gleichaltriger werden für ihn zum sozialen Maßstab, vor dem er versagt.

Angesichts solch schmerzlicher Erfahrungen muß die Scheu vor praktischer Realitätsaneignung zu einem unveräußerlichen Bestandteil des Phantasie- und Gestaltungsdranges werden. Diese Scheu vertieft sich im weiteren Entwicklungsgang des Knaben. Im sozialen Bannkreis von Reichtum und Geld erleiden Einbildungskraft und gestalterisches Vermögen die ökonomische Gewalt der Realität.

Fetisch Geld

Im märchenhaften Trödlerladen der Frau Margret darf sich der Knabe über eine lust- und phantasiearme Realität nach Belieben hinwegträumen (Kap. 5). Aber wie in die Phantasiewelt der Frau Margret bricht auch in die von ihm herbeiphantasierte Welt die materielle Wirklichkeit zerstörend ein. In der Gewerbeschule, die er besucht, um den Bildungsvorstellungen des verstorbenen Vaters Genüge zu tun, kommt er auf die unterste Stufe der gesellschaftlichen Stufenleiter zu sitzen. Ein Symbol dafür ist die grüne Kleidung, die ihm die Mutter aus des Vaters reichlichen Uniformbeständen unaufhörlich schneidern läßt, so daß seine soziale Situation mit einem unverwechselbaren grünen Farbton die innigste Verbindung eingeht: Der grüne Heinrich ist nicht nur der Herkunft, sondern auch der Erscheinung nach ein Außenseiter. Nichts ist für die Zwiespältigkeit seiner Lage sinnfälliger als der Umstand, daß er dem anspruchsvollen Erziehungswillen des Vaters im Gewande sozialer Anspruchslosigkeit Folge leisten muß. Die Farbe Grün, womit er die Erinnerung an den Vater zur Schau trägt, ist zugleich ein Armutszeugnis, das die Pflege des väterlichen Vermächtnisses als besonders schwierig erscheinen läßt. Der »unerträgliche Anstrich von Dürftigkeit und Verlassenheit« (142), unter dem der »grüne« Heinrich leidet, bringt in der Klassengesellschaft den Reichtum der Privilegierten erst richtig zum Leuchten – kein Wunder, daß der Knabe dieses Glanzes teilhaftig werden will. Gerade die unterprivilegierte, »gedrückte und enthaltsame Rolle« (144) macht für ein höheres Rollenspiel anfällig, und der Held erliegt der Versuchung, entwendet Geld aus einem häuslichen Schatzkästlein, rückt an die soziale Spitze seines Klassenverbands, wobei sich sein Verhalten sprunghaft ändert: aus »einem stillen und blöden Fernesteher« (149), der bisher das »unheilvolle Giftkraut« der »falschen Scham« essen mußte (143), wird ein »lauter Tonangeber«, dem die »wohlversehene Kasse« die »nötige Sicherheit und Freiheit« verleiht: »beredsam und ausgelassen, keck und gewandt« (149). In Kellers Schrifttum treten solche Querverbindungen zwischen den ökonomischen Lebensumständen einer Person und ihren Verhaltensweisen immer wieder hervor: Sie bekunden seinen Materialismus, seine so unidealistische Verfahrensweise, einen Charakter aus dessen sozialer Lage zu entwickeln. Wenn Geld als ein treibender Motor in dieser Entwicklung immer wieder auftaucht, so wird offenbar, daß Kellers ›poetischer Realismus‹ ein wahrhaft ›bürgerlicher‹ ist, insofern Geld, Reichtum, Besitz der Hebel sind, womit das Bürgertum seinen Aufstieg zur tonangebenden gesellschaftlichen Klasse bewerkstelligt. Kritisch aber ist dieser bürgerliche Realismus Kellers in dem Maße, wie er die blendende und verblendende Eigendynamik des Geldes, seine Verführungskraft, seine Herrschaft über die Menschen ans Licht zieht. In der »Leidenschaft des unbeschränkten Geldausgebens, der Verschwendung an sich« (150f.), kommt die Phantasie an die Macht, erwächst dem Gestaltungsdrang die Chance eines höheren gesellschaftlichen Rollenspiels. Aber aus dem materiellen Reichtum, der den Flügelschlag der Phantasie und des Gestaltungsdranges ermöglicht, entspringt ein Zwang, der sie flügellahm macht. Der Zwang hat einen Namen: Meierlein, ein Schulkamerad des grünen Heinrich, »fleißig und genau«, seine Schulhefte »korrekt und in bester Ordnung« haltend, immer bestrebt, »sich alles Erdenkliche anzueignen« (151f.). Es scheint zunächst, als würde die Freundschaft der beiden, gegründet auf den Scheinreichtum des Helden, im Sinne einer produktiven wechselseitigen Ergänzung gedeihen: »Meine Unternehmungen gingen immer auf das Phantastische, Bunte und

Wirksame aus, während er durch Genauigkeit und Dauerhaftigkeit der mechanischen Arbeit meinen flüchtigen und rohen Entwürfen Nutzen und Ordnung verlieh.« (152) Ganz offenkundig winkt hier dem Helden die Aufgabe, das Vermächtnis des Vaters zu tradieren: Zu dessen Hauptabsichten gehörte es, das ›Schöne mit dem Nützlichen‹, ideellen Schwung mit praktischer Arbeit, Phantasie mit nüchternem Geschäft in einer höheren Synthese zu verbinden. Aber die Synthese kommt nicht zustande, weil ihre beiden Pole von Anbeginn an die Spuren einer Entstellung tragen. Irrt der grüne Heinrich auf den Flügeln der Phantasie über die Klassengrenzen der Gesellschaft, so stutzt der Freund diese Flügel, um das Wirtschaftsprinzip dieser Gesellschaft und dadurch sich selbst zur Geltung zu bringen. Dieses Prinzip besteht in der zweckrationalen Verfolgung des materiellen Eigeninteresses unter Ausnutzung des Mitmenschen. Aus dem Geld des Freundes errichtet das Meierlein eine gemeinschaftliche, von ihm selbst verwaltete Kasse, woraus er dem eigentlichen Geldgeber Vorschüsse zahlt, die er auf dessen Sollseite verzeichnet, während er durch geschickte Wetten und allerlei Dienstleistungen auf der Habenseite ein ständig wachsendes Vermögen registriert: Das Meierlein ist in einer Person die kindliche Präfiguration des Kapitalisten, der sich aneignet, was er sich selbst nicht erarbeitet hat, und des Kaufmanns, der mit den Mitteln des Leihens und Tauschens die Kunden in ein profitables »Schuldverhältnis« (153) bringt. Als das Meierlein endlich seine Forderungen auf das bestimmteste einklagt, schreckt der Held vor weiteren Geldentwendungen zurück: nicht jedoch aus Feigheit, sondern aus dem Willen zur Selbstbehauptung. Angesichts des trockenen, kaltblütigen Gläubigers erlangt der Schuldner allmählich das Bewußtsein seiner Lage. Doch mit dem zögernden Widerstand erkauft er sich gleichzeitig die Feindschaft des Gefährten, den kein Friedensangebot und kein Kompromißvorschlag zu erweichen vermag. Im Bild der wachsenden Gegnerschaft zweier Kameraden wird der Zerfall des väterlichen Vermächtnisses ansichtig, treten Phantasie und Wirklichkeit, Schöpferlust und Rechenhaftigkeit, Spontaneität und Zielstrebigkeit, Leidenschaft des Gebens und Beharrlichkeit des Nehmens, Mitteilungs- und Aneignungsbedürfnis auseinander und verzerren sich: Im ersten Fall treibt das Subjekt mit Hilfe des Gelds in eine phantastische Scheinexistenz; im zweiten Fall gefriert es zum Sachwalter einer geldbestimmten Zweckrationalität. Beide Male trägt es den Prägestempel einer von Besitzverhältnissen bestimmten Sozialverfassung. In ihrem Bann erfährt der Held abermals das Scheitern seines kommunikativen, weltzugewandten Gestaltungsdranges.

Bewußt-unbewußtes Erzählen

Von dieser Mitschuld der Gesellschaft weiß der Held nichts – so wie auch die Bindung an den Vater hier nicht in die Helle seines Bewußtseins tritt. Aber das »wilde Weh«, das er einige Zeit später empfindet, als er sich mit dem früheren Freund in einen Ringkampf einläßt, ist von der unerhörten und unwiederholbaren Gewalt, wie sie nur einem Existenzkampf eignet (162). Der Held ringt mit der vom Vater gestellten Lebensaufgabe, mit einem Lebensbereich, der Teil seiner selbst hätte werden sollen, und er löst die Aufgabe, indem er verstößt, was nicht Teil seiner selbst werden kann. Die Verfolgung erstreckt sich bis in den Tod des Meierlein. Das unerträgliche Schuldgefühl des Erzähler-Helden, entsprungen aus der Ohnmacht gegenüber der väterlichen Lebensaufgabe, wird in aggressive, lebenszerstörende Energie umgewandelt. Noch der rückblikkende Erzähler durchdringt nicht bewußt diesen gespenstischen Vorgang. Allein das Unbewußte oder das Halbbewußte kann einem Erzähler so traumhaft verwinkelt und verräterisch die Feder führen wie hier (vgl. 163ff.): daß der Vater des einstigen Freundes und jetzigen Widersachers – wie einst der Vater des Erzähler-Helden zu tun pflegte – ein altes Gebäude kauft, um es zu verändern; daß der Sohn sogleich »Geschicklichkeit und Selbsthilfe« an den Tag legt, nicht ruht noch rastet, die Arbeiten anderer übernimmt, tatkräftig und sparsam – wie der Erzähler-Held nach dem Vorbild des eigenen Vaters hätte verfahren sollen; daß bei diesem Tun und Treiben der Widersacher plötzlich »liebenswürdig und tüchtig« erscheint – wie ja auch der lebenspraktische Vater dem erzählenden Sohn so erschienen war; daß aber diese liebenswürdige Tüchtigkeit ebenso plötzlich gehässige Züge annimmt – gewiß nicht ohne Zutun des Erzähler-Helden, der ja von solcher Lebenspraxis sich gleichzeitig auch abgestoßen fühlt. Nachdem er dergestalt sein Alter ego auf das Baugerüst projiziert hat, spaziert er täglich daran vorbei, vielmehr läßt er sich auf seinem täglichen »Weg zur Arbeit« daran vorüberführen. Der werdende Künstler mit seiner fragwürdig-zwecklosen Arbeit muß von der zweckgebunden-sinnvollen des Lebenspraktikers magisch angezogen sein, muß darin die von alters her geforderte Ergänzung erblicken. Und wie entledigt er sich dieser täglich pochenden Forderung? Indem er sie ein für allemal aus dem Leben schafft, mit Dezenz zwar, aber einer insgeheim aggressiven Dezenz. Damit der Todeswunsch nicht allzu massiv hervortrete, der Erzähler-Held nicht als Urheber eines tödlichen Verhängnisses erscheine, läßt er instinktiv den Zufall walten. Instinktiv heißt: insgeheim geleitet von künstlerischem Takt und moralischen Skrupeln, also von jenem »milden Stern«, der ihn eines Tags durch eine Seitenstraße vom Baugerüst hinwegführt, so daß er nicht den herabstürzenden Widersacher erblicken und beschreiben muß, sondern mit der Kunde von seinem fürchterlichen Tod sich begnügen kann. Es ist ein durch geschäftige Sparsamkeit verursachter Tod – womit der Erzähler-Held zugleich die selbstmörderische Dynamik des Vaters und das blutsaugerische Schatzhorten des früheren Freundes treffen kann. Doch damit nicht genug: Gerade weil er es sich ersparte, die Qualen des Herabstürzenden oder das Elend des Zerschmetterten sinnlich wahrzunehmen, bleiben ihm auch ›Erbarmen oder Reue‹ erspart, kann er statt dessen dem Gefühl befriedigter ›Rache‹ sich hingeben und so immer wieder das selbstquälerische Empfinden seines Versagens, des Scheiterns seiner Lebensaufgabe, aggressiv durch Todesphantasien nach außen kehren. Die künstlerisch-moralische Verhüllung des Todeswunsches ist die Bedingung dafür, daß der Wunsch ungestraft und stets von neuem sich in der Phantasie ausleben kann.

So ist der bürgerliche Realismus Kellers nicht durchweg ein bewußt kritischer – das Verhältnis von bewußter und unbewußter Kritik ist von Mal zu Mal neu zu bestimmen. Die durchdringende Kraft des Unbewußten hat im vorliegenden Fall gewiß auch autobiographischen Charakter: Der am Baugerüst emsig auf und ab kletternde Freund ist »seit der Kinderzeit fast gar nicht mehr gewachsen« (164) – ein Zwerg, an dem Keller die eigene Kleinwüchsigkeit spiegelt; indem er sein Alter ego auf das Baugerüst verjagt und tödlich verunglücken läßt, attackiert er die eigene Zwerggestalt und in ihr den Lebenspraktiker, der er nicht sein kann. Im Ganzen der Kellerschen Epik werden solche unbewußten Preisgaben des privaten Lebens zu historisch-gesellschaftlichen Zitaten. Was der Ich-Erzähler an unbewußter Seelendynamik zum Vorschein bringt, symbolisiert

stets auch den objektiven, von einer desillusionierenden Realität geförderten Zerfall eines im Vater repräsentierten Ideals der bürgerlichen Gesellschaft. Dieser Zerfall wird vom Subjekt vielerorts als Individualschuld empfunden, aus historisch gutem Grund: Das gesellschaftliche Ideal des seiner selbst mächtigen Subjekts überlebt das Factum brutum der in den machtlosen Subjekten sich durchsetzenden Gesellschaft. Diese Ungleichzeitigkeit ruht auf einer Sozialstruktur, die das wahre Verhältnis von gesellschaftlicher und individueller Verantwortung verschleiert, ja dem Individuum noch dort die Möglichkeit einer Selbstbestimmung vorspiegelt, wo es längst gesteuert wird. So repräsentiert der Vater des Helden nicht nur in Reinkultur die bürgerlichen Ideale: Er ist auch dann noch das verpflichtende Ich-Ideal seines Sohns, als er längst gestorben und seine Idealwelt von der Gesellschaft praktisch widerrufen ist. Als pflichtbewußter Sohn wendet der Heranwachsende das Mißverhältnis zwischen Familienüberlieferung und gesellschaftlichem Wandel, subjektiver Verantwortung und objektiver Ungunst gegen sich selbst: Er schreibt sich das Mißlingen seiner Absichten als persönliche Schuld zu. Über die Familie als ihre Bauzelle schützt sich die Gesellschaft vor der längst fälligen Kritik einer neuen Generation. Im Schuldbewußtsein zieht das Subjekt nicht die Welt, sondern sich selbst zur Rechenschaft. Diese Diskrepanz überwindet auch der reflektierende Erzähler nicht vollständig. So wird die bürgerliche Gesellschaft zwar im Akt des Erzählens als eine veränderungsbedürftige sichtbar, aber dieses kritische Potential wird weniger zu selbstbewußter, Ich-entlastender Sozialkritik als vielmehr zu schuldbewußter, Ich-belastender Selbstkritik entwickelt.
Solche Selbstkritik ist denn auch eines der bevorzugten Medien erzählender Vergangenheitsbewältigung. Ihr wirkt die Sprache des Unbewußten entgegen, das sich den Zumutungen der gesellschaftlichen Normen und Ideale widersetzt. Während der bewußte Erzähler sich für sein Versagen in der Gesellschaft persönlich haftbar macht, stellt er sie gleichzeitig ohne sein Wissen bloß. Das über sein Verhältnis zur Welt nicht zu kritischem Bewußtsein gelangende und von der Welt überforderte Ich kritisiert diese mittelbar durch das Unbewußte. Im Todeswunsch bekundet sich dieser Protest gegen eine das Ich überfordernde Lebensaufgabe. Nicht nur bewußte Analyse, sondern gerade auch unbewußter Widerstand kann daher das Echtheitssiegel eines bürgerlich-realistischen Romans sein. Das historische und – das künstlerische Echtheitssiegel. Denn die dem unbewußten Widerstand folgende Feder des Erzählers verleiht dem Geschehen jenes eigentümliche Todesgefälle, das vom bewußten Erzählerkommentar nicht restlos begriffen wird. So kann eine Inkongruenz zwischen Handlungsverlauf und Erzählerreflexion entstehen, die des Lesers Urteilskraft und kombinatorische Phantasie herausfordert, ihn wahrhaft zum Mitspieler macht.

Die Geburt des Künstlers aus dem Geist der Wirklichkeit

Wie sehr die unvollendete Selbstaufklärung des Erzähler-Helden sowohl eine Bedingung seines Entwicklungsganges wie seines rückblickenden Schreibens ist, verraten die Nahtstellen des achten Kapitels. So wird beispielsweise der Durchbruch des Malers im Helden erzählt, aber nur den Anlaß dazu macht der Schreiber im Rückblick sich bewußt, nicht den ganzen Grund und die vollständige Genese der Malerei. Der Anlaß ist die im Rahmen der Meierlein-Episode von der Mutter entdeckte Geldwirtschaft ihres Sohns.

Wurde dieser im zögernden Widerstand gegen das Meierlein seiner täuschenden Scheinexistenz inne, so kann er sie dank der Entdeckung der Mutter vollständig abstreifen, ein von ihm als Selbstbefreiung empfundener Akt. Freilich ist damit die Ursache der Scheinexistenz noch nicht erhellt. Denn die Mutter vermag nur als »strenge und strafende Richterin« dem Knaben gegenüberzutreten (158), nicht als verstehende, begreifende, analysierende Aufklärerin. So bleibt die Welt dem Knaben, der sich in ihr verloren hat, zunächst ein undurchdringlich-angstbesetztes Geheimnis, überkommt ihn schon beim einfachen Blick durchs Fenster der Eindruck, als ob »die unheimliche Vergangenheit« zu ihm heraufsteige (156). Doch dieser Mangel an bewußter Durchdringung der Welt und seines Ortes in ihr ist es, der den Knaben den Blick weg vom Fenster, ins Stubeninnere wenden läßt, der ihn auf die Suche nach einem Weltersatz, nach einem Schutz für das getäuschte, verwundete und über sich selbst nicht aufgeklärte Ich treibt. Es ist nur logisch, psycho-logisch, wenn er dabei in die kindliche Urlust des Schauens zurückflüchtet, bietet doch die Wiederbelebung der frühesten Lusterfahrungen nach Auskunft auch der modernen Seelenkunde Schutz gegen unverarbeitete und bedrängende Welterlebnisse. So findet sich denn der Held als stiller Betrachter unversehens vor einem Landschaftsbild: »Stundenlang stand ich auf einem Stuhle davor und versenkte den Blick in die anhaltlose Fläche des Himmels und in das unendliche Blattgewirre der Bäume [...].« (157) Wenn der Betrachter, angezogen vom »Frieden« des Bilds, dieses nachzuahmen beginnt und sich dabei immer mehr »vergißt« (157f.), bis er es schließlich vollständig abgemalt hat, dann ersetzt er die trostlose Welt durch die tröstende Malerei. Nur – warum gerade durch die Malerei? Warum schließt sich an die Betrachtung eines Bildes so spontan eine selbsttätige Bildgestaltung an? Auch hier spielen Kräfte aus dem kindlichen ›Spiel- und Lustleben‹ herein: Phantasie und Gestaltungsdrang. Nur spielen sie zwangsläufig in abgewandelter, weltabgewandter Form herein. Weil beide Kräfte dem Helden bei der Aneignung der Natur und des sozialen Lebens zum schmerzlichen Verhängnis geworden sind, hält er sie jetzt von einem unmittelbaren Kontakt mit der Realität fern. Erst wenn er Phantasie und Gestaltungswille nicht länger für praktische Eingriffe in die bürgerliche Realität nutzt, allesamt mißlingende und verstörende Eingriffe, kann der Enttäuschte ihren ursprünglichen Gehalt an Lust freisetzen. Was aber könnte seiner Realitätsscheu mehr entsprechen als die künstlerische Tätigkeit, die der Außenwelt sich bemächtigt, ohne faktisch in sie einzugreifen! Nur indirekt, mittels seiner Augen, der Farben und des Papiers eignet sich der malende Gestalter die Außenwelt an! Was die klassische Psychoanalyse Sublimierung genannt hat, gerät hier zu einem Modellfall: Das frei strömende Bedürfnis wird, damit es nicht willkürlich-zerstörerisch wirke, kanalisiert und eingedämmt. Der in die Kunst sich Einübende erbringt durch die Umwandlung zerstörerischer Energie eine Leistung, wie sie für den Beginn und die Fortdauer einer Kultur unverzichtbar ist.[20] Er gesellt seiner gewaltlosen Schaulust den sublimierten Phantasie- und Gestaltungsdrang zu. Wie harmonisch alle drei Kräfte sich verschränken können, ahnte er schon, als er die Arbeit des Theatermalers mit dem Staunen dessen verfolgte, der etwas in der Realität Geschautes kraft exakter Phantasie auf dem Papier neu entstehen sieht: »Es entstand in mir die erste ahnende Einsicht in den Geist der Malerei [...].« (124) So ist dem grünen Heinrich die Kunst als eine Synthese sublimierter, der unmittelbaren Lebenspraxis entzogener Lustbedürfnisse bereits vertraut. Es bedarf nur des unglücklichen Aufeinandertreffens zwischen

Individuum und Gesellschaft, um alle Bedürfnisse gleichzeitig zum ›punktuellen‹ Zünden zu bringen.
Zum regelrechten Refugium wird dem Heranwachsenden die Malerei, nachdem er noch einmal an der bürgerlichen Welt scheitert. Von seinen Klassenkameraden läßt er sich in eine großangelegte Demonstration gegen einen Lehrer hineinziehen (174ff.), der als Freisinniger die Aggressionen einer konservativen Mehrheit an der Schule auf sich zieht. Zwar hat der Held nichts Böses im Sinn, gehorcht er nur seiner tatendurstigen, durch Lektüre genährten Phantasie. Diese aber ist von destruktiven Impulsen nicht frei, enthält Spuren der bereits dargestellten Ambivalenz von Aggressivität und Selbstbeschädigung, ist mithin der farbige Abglanz eines in Schule und Gesellschaft wahrnehmbaren Gewaltverhältnisses. An der Schülermasse fasziniert ihn »das improvisierte Beisammensein aus eigener Machtvollkommenheit« (175): die Macht der Phantasie und die Phantasie der Macht. Dem einen wird er gerecht, indem er das Improvisierte einfallsreich organisiert und den Straßenauflauf ordnet, dem andern, indem er unreflektiert gegenüber dem kranken Lehrer die gesellschaftsübliche Stärke demonstriert. An beidem nimmt die Erwachsenenwelt jedoch Anstoß: Wird durch die Macht jugendlich-phantasievoller Gestaltungslust nicht ihr eigener Machtanspruch überhört? Die rigorose Strafmaßnahme, mit der die staatliche Behörde interveniert, trifft den grünen Heinrich als den sozial Schwächsten. Mit seinem Schulausschluß setzt »der große und allmächtige Staat einer hilflosen Witwe das einzige Kind vor die Türe« (178) und verhindert dadurch eine weitere Schulbildung, wie sie für eine angemessene Berufswahl, für eine »einsichtsvollere Selbstbestimmung« (179) erforderlich wäre. Wenn der Emanzipationsgrad einer Gesellschaft sich stets auch an ihrem Verhalten gegen Minderheiten und Benachteiligten messen läßt, dann spricht der patriarchalische Gewaltakt, der den vaterlosen Helden trifft, eine unüberhörbare Sprache. In der Intervention des Staats setzt sich die Gesellschaft gegen das Individuum durch: gegen seine Phantasie und seine Gestaltungslust, die nicht tatkräftig werden, nicht an der Realität eines normalen Bildungsganges sich erproben dürfen. Des Helden schöpferische Kraft muß sich vorläufig in privatem Künstlertum und in narzißtischer Innerlichkeit (180f.), sein aggressiv-zerstörerischer Impuls in der Wendung gegen sich selbst, in Schuldbewußtsein oder in künstlerisch sublimierten Naturdeformationen äußern (vgl. unser Kapitel »Arbeit. Wirtschaftliche Verkehrsformen«). So wohnt der Leser unter anderem auch der Entstehung des Künstlers als eines Außenseiters der bürgerlichen Gesellschaft bei.

Gespaltener Eros

Dem Heranwachsenden, dem kein Vater »die Welt in ihrer inneren Kraftfülle« erschließt, dessen praktischer Gestaltungswille zerstörerisch auf die Natur einwirkte und scheu geworden ist, dem die tätige Selbstverwirklichung in der Schule verwehrt wurde: Ihm sind vor allem das Schauen, das sublimierte symbolische Gestalten und das Spiel der Phantasie zu den Stützpfeilern seiner Vita contemplativa geworden, einer Vita contemplativa, in deren Bann auch sein Liebesleben gerät. Mit der Flucht aus der Stadt in die ländliche Idylle kann der grüne Heinrich nicht nur der Kunst, sondern mehr noch der Liebe sich zuwenden. Den Zwängen einer bürgerlichen Ausbildung entronnen, von den Verpflichtungen einer regelmäßigen Arbeit befreit, hat er die Zeit, die für aufwendige

Liebeserfahrungen notwendig ist. Ohne Zeit, ohne Muße und Müßiggang kann Liebe sich nicht zur Darstellung bringen: Insofern ist der Auszug des Helden aus dem bürgerlichen Alltag kein Auszug aus der Realität, vielmehr ermöglicht er die ausgiebige Präsentation eines durch die Realität vorgeformten Liebesverhaltens. Die Spuren, welche die Realität im Lusthaushalt des Helden hinterlassen hat, werden durch den Sprung in die Dorfidylle nicht etwa verwischt, sondern ins hellste Licht gerückt. Gerade dort, wo Kellers bürgerlicher Realismus poetisch wird, Naturidyllik und erwachte Liebe vereint, bringt er die Realität zum Vorschein. Fünfmal, jeweils unterbrochen durch eine Rückkehr in die Stadt, enthüllt der grüne Heinrich den Doppelcharakter seiner Liebe, und jedesmal enthüllt er ihn schärfer, bietet er ihn unversöhnlicher dar. Das Prinzip der erzählerischen Variation und Verschärfung einer Grundsituation tritt an Heinrichs Liebesleben eindringlich zutage. Seine beiden Pole sind der zärtliche und der sinnliche Eros. Richtet sich der zärtliche Eros auf Anna, so der sinnliche auf Judith. Ersterer zieht vor allem die sublimierten Lustbedürfnisse des Helden auf sich: die zu ästhetischen Dispositionen entwickelte Phantasie, Schau- und Gestaltungslust. Letzterer enthält vor allem die libidinösen Energien, die sich der Sublimierung entziehen: Von ihrer Existenz vermittelte etwa die nächtliche Begegnung mit der Gretchen-Darstellerin einen Begriff. Jeder Erosbereich birgt freilich auch Kräfte des anderen: Die Beziehung zu Anna entbehrt der Sinnlichkeit nicht, die zu Judith nicht sublimierender Züge. Erst aus der wachsenden Verselbständigung beider Bereiche entsteht das Liebesdrama des grünen Heinrich.

Wie sehr beide Liebesarten im Grunde einander benötigen, zeigt sich darin, daß der Held bei jedem Aufenthalt im Dorf von Anna zu Judith und von Judith zu Anna eilt, als würde er von einer magisch wirkenden Macht umgetrieben. Der unbewußt beschrittene Weg hin und zurück, vom zärtlichen zum sinnlichen Eros und umgekehrt, strukturiert die Handlung in der Dorfidylle. Obgleich der Held durch sein Hin- und Herwandern die Ergänzungsbedürftigkeit beider Liebesarten verrät, wehrt er sich unbewußt gegen ihre Verschränkung. So ist er zwar in Anna verliebt, flieht aber ihre Nähe; er begehrt sie und entzieht sich ihr im selben Atemzug: Seine Gedanken haben »von der feinen Erscheinung Annas plötzlich so vollständigen Besitz ergriffen«, daß er sich »in diesem gedanken- und erwartungsvollen Zustande« nachgerade gefällt und seine »Unentschlossenheit« zu genießen beginnt (226). Diese phantasievolle Hemmung im zärtlichen Fühlen kehrt im sinnlichen Begehren wieder. Erwähnenswert ist nicht allein der Umstand, daß der zärtlich verliebte Held auch unmittelbar sinnlich sich darstellen will und daher unversehens bei der Judith einkehrt; erwähnenswert ist vielmehr, daß er mitten in Judiths Liebkosungen abermals in das Reich der Einbildungskraft flüchtet und Annas Gestalt herbeiphantasiert, daß er »im Anblicke der entfalteten Frauengestalt behaglicher an die abwesende zarte Knospe dachte als anderswo, ja als in Gegenwart dieser selbst« (227). Trotz der vollsten sinnlichen Präsenz der Judith benötigt der Vierzehnjährige die schaulustig abschweifende Phantasie. Wenn er, an der Brust der »großen und schönen Judith« ruhend (229), »in der durchsichtigen Rosenglut des Himmels das feine, schlanke Bild Annas auftauchen« sieht, so ist ihm diese Schwebe zwischen sinnlicher Körperlichkeit und abschweifender Schaulust eine »stille Seligkeit« (228). Im Bilde der Abendröte erneuert er die Lust, die ihm als Kind seine schaukräftige Phantasie bereitete. So ist er der Judith körperlich nahe und ihr zugleich seelisch entrückt, läßt er die sinnliche Tätigkeit in das Spiel der Phantasie münden, tut er jene Scheu vor dem Handeln kund, die sich seinem unberatenen Gestaltungswillen frühzeitig einprägte. Diese Scheu im sinnlichen Begehren kehrt alsbald im zärtlichen Fühlen des Helden wieder. Indem er Anna vor jeder »zudringlichen« Berührung, auch vor seiner eigenen, schützt, kann er sie zu einer ästhetischen Gestalt emporstilisieren: Anna als »Elfe« ohne »irdische Bedürfnisse« (233), als »ein holdseliges Märchen« (239), als »eine Art Stiftsfräulein«, die »Bewegungen voll Sitte«, ein »liebenswürdiges und seltenes Wesen«, »inniger Verehrung« wert (243) – mit diesem Heiligenbild schafft sich die Phantasie des Helden eine unberührbare ästhetische Welt, wo sie verehren, verweilen, sich selbst bespiegeln darf. Die Sinnlichkeit zügelt sich zu zärtlich anbetender Einbildungskraft und – zu künstlerischer Produktivität. Anna avanciert zur Muse des Helden und wird zur Adressatin eines hingebungsvoll gemalten Blumenstraußes: »Die Neigung für das Mädchen lehrte mich dies gewissenhafte Fertigmachen und Durchgehen der Arbeit [...].« (235) Daß Kunst hier in der Tat sublimierter, von seiner naturwüchsigen Richtung abgelenkter Eros ist, ganz im Sinne der modernen Psychoanalyse nach Keller, wird aus der Gegenprobe ersichtlich: Bei Judith, die den Helden zu Liebkosungen, zu sinnlicher Tätigkeit einlädt, bescheidet er sich mit vorkünstlerischem Spiel, das heißt »mit solchen Bildchen, die ich in ein paar Minuten anfertigte« (227). Wo sinnliche Energien sich unmittelbar äußern dürfen, wenigstens bis zu einem gewissen Grad wie im Umkreis der Judith, kann an die Stelle der hohen die Gelegenheitskunst treten.

Ob der Held beiden weiblichen Wesen gerecht wird, wenn er über ihnen das Zepter einer selbstgenügsamen Phantasie schwingt, stellt der Roman in Frage. Zwar ist diese Phantasie dem spielerischen Probehandeln eines Vierzehnjährigen in Liebesdingen angemessen, bietet sie seinem extensiven Liebesleben Schutz vor der allzu frühen Bindung an eine Person. Aber im Laufe der Jahre erweist es sich als verhängnisvoll, daß der Held im Banne seiner narzißtisch schweifenden, zur Verselbständigung neigenden Einbildungskraft wieder und wieder von der künstlerisch scheinbar anspruchslosen Judith zur anspruchsvolleren Anna wechselt und von der sinnlich scheinbar anspruchslosen Anna zur anspruchsvolleren Judith zurückkehrt. Beide weibliche Gestalten erheben insgeheim Anspruch auf die ganze, Sinnlichkeit und Zärtlichkeit, vitale Fülle und platonischen Ideenhimmel, körperliche Präsenz und Innerlichkeit vereinende Liebe. Während Judith »etwas Edleres [...] als ihr die Welt bisher geboten« in der Jugend des Helden sucht, dieser jedoch nur seine »sinnliche Hälfte« durch sie ansprechen läßt, muß ihm Anna für »den besseren und geistigeren Teil« seines Wesens zu Diensten sein (418f.), obgleich doch mit ihrem »bescheidenen Anstand am Tische« ein »begieriges Essen im Gehen und Plaudern« kontrastiert, mit ihrer bedürfnislosen Elfenhaftigkeit die Lust am erotischen Spiel beim nächtlichen Bohnenputzen, mit ihrer stilisierten Erscheinung als »Himmelsbote« ihre Tanzlust und ihr ausdauerndes Küssen (238–248). Daß der Held just in dem Augenblick, da Anna ihm die sinnliche Seite ihres Wesens aufschließt, ohne weitere Begründung in die Stadt zurückkehrt, sieht einer Flucht nicht unähnlich. Es ist, als wolle er das ätherisch-ästhetische Denkmal, das seine Phantasie erbaut hat, nicht enthüllen. Die Unvermitteltheit seiner Abreise läßt auf eine ihm unbewußte, am Heiligenbild Annas webende Kraft schließen.

Der Eros des in die Stadt Zurückgekehrten wird in der Folgezeit immer zwiespältiger. Als angehender Maler hospitiert er in einem kunstgewerblichen Kleinbetrieb, wo er die »künstliche Krankhaftigkeit« moderner Kulturindustrie am eigenen Leib erfährt (262). Um so mehr geht in seinen freien Stunden der »freundliche Stern Anna« auf (262): Weil

die vom Markt bestimmte Realität eines Kunstbetriebs den »inneren edleren Teil des Menschen unentwickelt« läßt (262), muß sich die Phantasie in einem idealen Gegenbild Ersatz schaffen. Reichlich Gelegenheit hierfür bietet sich dem Helden bei einem späteren Dorfaufenthalt (301–310). Während er aus pubertärer Scham Judith von vornherein meidet, türmt er mit jedem Schritt, der ihn Anna näher bringen soll, ein Hindernis vor sich auf, wird ein Liebesbrief zur Verleugnung der Liebe, entzieht ihm die Angst vor einem Liebesentzug die reale Geliebte erst recht. An die Stelle des wirklichen Genusses tritt der Traumgenuß des verletzlichen Narziß, an die Stelle einer Realitätsgestaltung das der autonomen Phantasie eigene Zögern und Verweilen, Ausmalen und entschlußlose Warten. Der von der Realität Verwundete flüchtet sich in die qualvolle Lust einer Phantasie, die das geliebte Mädchen begehrt und meidet. Eine Geburt dieser Phantasie ist das Porträt Annas, das der Einsame malt: Für den entgehenden Eros hält er sich an seinem Widerscheine schadlos; die vor sich selbst erschreckende Sinnlichkeit verklärt das geliebte Wesen zur unantastbaren »märchenhaften Kirchenheiligen« (311).
Kunst als Produkt eines sublimierten, welt- und menschenflüchtigen Eros! Der Roman erfindet für diesen Vorgang ein unvergleichliches Symbol: Glas und Spiegel. Ist schon das Porträt Annas nur eine symbolische, nicht eine praktische Kundgabe der Liebe, so wird es außerdem hinter Glas verwahrt, als müßte die Unantastbarkeit der Geliebten noch einmal symbolisch hervorgehoben werden. Dafür hält sich die Schaulust schadlos: Sie kann sich daran erbauen, daß »die Sonne sich in dem glänzenden Glas spiegelt[e]« (310). Auch beim ersten Dorfbesuch des grünen Heinrich hatte sich mit der Verklärung Annas ihre Entrückung ins körperlose Bild angebahnt, etwa bei einer Rast am Rande eines Waldteiches: »Nun sah sie ganz aus wie ein holdseliges Märchen, aus der tiefen dunkelgrünen Flut schaute ihr Bild lächelnd herauf, das weiß und rote Gesicht wie durch ein dunkles Glas fabelhaft überschattet.« (239) Nicht die leibliche Gestalt Annas, sondern ihr farbiger Abglanz, ihr märchenhaftes Spiegelbild schlägt den Betrachter in Bann. Die im Medium des Spiegels distanzierte Realität entspricht vollkommen seiner versehrten, am poetischen Widerschein des Lebens sich genügenden Tat- und Gestaltungskraft. So kann ihm selbst die bitterste Wirklichkeit – der Tod Annas – noch zur Lust gereichen. Die Glasscheibe, die er in den Sarg Annas einsetzt (455), beglaubigt durch ihren ätherischen Kunstcharakter die Reinheit des Mädchens, entrückt es aber auch dem Helden ein für allemal, so daß es zu einem »in Glas und Rahmen gefaßten Teil« seines Lebens werden kann (457). Daß ihm dieser Vorgang mehr Lust als Schmerz bereitet (458), läßt erkennen, wie sehr seine weltflüchtige Schaulust und das ästhetisierende Spiel seiner Phantasie über die Realität einen Schleier zu ziehen vermögen, unter dem sich das Leben verflüchtigt und der Tod genießbar wird.

Die Verflüchtigung Annas, die Sublimierung ihrer Sinnlichkeit und Körperlichkeit, symbolisch gespiegelt im Bild des Glases, wird nur einmal unterbrochen: anläßlich einer *Tell*-Aufführung, einer »großartigen dramatischen Schaustellung«, die den Mittelpunkt der alljährlichen »Frühlingsfeier« bildet (335). Im Glanz der festlich verbundenen Gemeinschaft blüht die heimgekehrte Anna neu auf, in strahlender Lebenslust befreit sich ihre gefesselte Sinnlichkeit. Der Ritt durch die erwachende Natur ist wie »eine Ewigkeit von Glück« (365). Die nur symbolische Kundgabe der Liebe – Anna stellt im Schauspiel die Berta von Bruneck vor, der Held den Ulrich von Rudenz – wird praktisch im Tausch leidenschaftlicher Küsse. Die aber ersterben alsbald in tödlicher »Angst und

Traurigkeit«, in »eisiger Kälte« (367f.). Die moralische Konvention und das tief verinnerlichte Ideal einer zärtlich-heiligen Liebe erzeugen ein Schuldgefühl, das die beiden Sechzehnjährigen körperlich einander entfremdet, so sehr, daß die sinnliche Kundgabe der Liebe sich zurückbildet in die symbolische, welche im schauspielerhaften Aufzug der Reiter zum Ausdruck kommt: Dem grünen Heinrich scheint jetzt, »daß unsere Küsse in den seltsamen Kleidern wohnten, welche wir anhatten« (369).

Just in dem Augenblick, da der sinnliche Eros sich dem zärtlichen spontan zugesellt, macht letzterer seine Ansprüche herrisch geltend: Anna soll das Ideal der *sublimierten* Sinnlichkeit bleiben, das Ideal unsinnlich-moralischer Reinheit, von Geist und Seele des Verehrenden umworben, schätzenswerter als jene erfahreneren Weiber, die dem Geist und der Seele gleichgültig, aber als Auffangbecken der *unsublimierten* Sinnlichkeit wie geschaffen sind. »[...] wenn mich verlangte, schöne Frauen zu liebkosen«, so bekennt der Held an dieser Stelle, »hatte ich [...] immer mir sonst gleichgültige, meist nicht ganz junge Weiber im Sinne, nicht ein einziges Mal aber Anna, welcher immer nah zu sein und sie mein eigen zu wissen mein einziger Wunsch war. Um wieviel mehr mußte sie betroffen sein, welche ein Mädchen und dazu tausendmal feiner, reiner und stolzer war als alle anderen!« (368)

Wie bei seinem ersten Dorfaufenthalt sieht sich auch jetzt der grüne Heinrich von Anna zu Judith und von Judith zu Anna geführt. Den Hin- und Herweg schreibt der widerspruchsvolle Eros ihm vor, ohne daß er planender Herr seiner Gänge durch die Nacht wäre. Wieder wird die Handlung von einer Seelenschicht unterhalb der Bewußtseinsschwelle gesteuert, empfängt sie ihre Prägung durch die geheime Ergänzungsbedürftigkeit auseinanderstrebender Liebesarten. So gesehen ist der bürgerliche Realismus Kellers auch ein *tiefenpsychologischer* Realismus. Wähnte der von seinen Schuldgefühlen Beherrschte in einer zärtlichen Distanz zu Anna »eine tiefe und von Grund aus glückliche Ruhe« zu finden (370), so rebelliert alsbald sein Blut gegen den edelgesinnten Aufschub der Lust. Die unruhig schweifende Triebnatur leitet ihn quer durch das nächtliche Fest zur Judith hin, bei der ihn sogleich »das Frauenhafte, Sichere und die Fülle ihres Wesens« (380) berauscht. Wie einst bei der Schauspielerin seiner Kinderjahre erschaut er an Judiths Brust »die ewige Heimat des Glücks« (382). Daß er seine Leidenschaft in einem Bild des Opfers ausdrückt – er möchte sich von Judith »ein Messer in die Brust stoßen lassen« und sein Blut ruhig auf ihren Schoß fließen sehen (385) –, offenbart die Eigenart seiner Sinnlichkeit: Der Tatkraft der Frau soll es überlassen bleiben, ihn gleichsam seiner Jungfernschaft zu berauben; das Blut, das er vergießt, bedeutet gleichzeitig Lust und Qual, genußreiche Beschädigung des eigenen Selbst. Dieser Neigung zur Selbstverletzung frönt er alsbald unter dem Zwang seiner schuldbewußten Phantasie: Ihm geht »mitten im heftigen Küssen Annas Stern« auf (386). Die Fülle leibhaftigen Lebens weicht der Einbildungskraft, die zu gestaltende Gegenwart dem herbeiphantasierten Ideal, die ästhetische Sinnlichkeit der ätherischen Sittlichkeit. Im Banne »bitterster Vorwürfe« und heilloser Selbstzerknirschung findet sich Heinrich beim Morgengrauen erschöpft vor Annas Haus wieder. Er hat sich dem gestaltbaren Leben bei Judith entzogen, zuvor jedoch, so bildet er sich ein, sinnlichen Verrat am moralischen Ideal geübt. So ist er sowohl dem sinnlichen wie dem zärtlichen Eros untreu geworden, entfremdet er sich seiner selbst gleich zweimal: »Ich fühlte mein Wesen in zwei Teile gespalten und hätte mich vor Anna bei der Judith und vor der Judith bei der Anna verbergen mögen.« (387)

Die Entstehung dieser doppelten Selbstentfremdung bildet ein wesentliches Moment in der Entwicklung von Heinrichs Liebesleben. Man verfehlt die Eigenart dieses Liebeslebens, wird man nicht eines zweiten, ebenso wesentlichen *Entwicklungsmoments* gewahr: Im polarisierten Eros des Helden steigt Anna allmählich zu einem Ideal auf, das nach einer bestimmten Seite hin das *Vaterideal* fortsetzt, wenn auch auf bescheidenere Weise. Es ist die Seite der Moral und der Arbeit: »für die Anna«, sagt der grüne Heinrich zu Judith, »möchte ich alles Mögliche ertragen und jedem Winke gehorchen; ich möchte für sie ein braver und ehrenvoller Mann werden, an welchem alles durch und durch rein und klar ist, daß sie mich durchschauen dürfte wie einen Kristall [...].« (385) Zu den wahrhaft realistischen Prägungen des Bildungsganges Heinrichs gehört, daß der Eros, als das Gegenprinzip zur bürgerlichen Welt, deren Ethik in sich aufnimmt, womit in verwandelter Form das bürgerliche Vaterideal wieder zum Vorschein kommt. Die Chance, ein »braver und ehrenvoller Mann« im Sinne des Vaters zu werden, bietet sich dem Helden, als er nach der Rückkehr in die Stadt anstelle der »ungeleiteten haltlosen Arbeit« (389) endlich »die wahre Arbeit und Mühe« kennenlernt, die »in sich selbst den Lohn der immer neuen Erholung und Verjüngung trägt« (402). Unter dem Einfluß Römers, eines wirklichen Künstlers, schult er seine intuitive Sehweise, bildet er seine Schaulust ebenso zweckmäßig aus wie seine künstlerische Gestaltungskraft. Zwar ist, anders als beim Vater, der soziale Ort seiner Tätigkeit unbestimmt, ist ihre Nützlichkeit und ihr Nährwert ungesichert, ist das kunstausübende Individuum als öffentliche Person ein unbeschriebenes Blatt, bedeutet die Beschränkung auf das Künstlertum eine Reduktion des sozialen und politischen Anspruchs des Vaters – aber in diesem beschränkten Rahmen befolgt der Held doch wenigstens das bürgerliche Prinzip Arbeit. So darf er hoffen, in Annas Augen »einigen wirklichen Wert« zu erhalten und den Grundstein zu einem dauernden Verhältnis zu legen (406). Macht er auf diese Weise Anna zum moralisch-ideellen Zielpunkt seiner Tätigkeit, so entfernt er sich aber auch gleichzeitig von seinem Ziel. Anna, die für ihren Vater zur »Erfüllung seines Ideals« (293) werden mußte, wird diesem Zweck auch seitens des Helden unterworfen, abermals auf Kosten ihrer Lebenskraft: So, wie sie fern von Dorf und väterlichem Haus zu gebildeter Reinheit erzogen wurde, erhebt auch der Held sie aus der Ferne der Stadt in die dünne Luft der Idee, entrückt er sie dem lebensvollen Grund erwärmender Sinnlichkeit. Heinrich begehrt insgeheim gegen das verpflichtende Ideal auf, das er sich, um dem väterlichen Über-Ich wenigstens teilweise Genüge zu tun, selbst geschaffen hat. Beim nächsten Dorfaufenthalt gesellt sich seiner rebellierenden Phantasie die Tat hinzu. Während er vor der kränkelnden Anna ein »gereinigtes und festtägliches Dasein« zelebriert (417), führt ihn seine ungesättigte Sinnlichkeit zur Judith, läßt er sich von der Äpfel pflückenden und Äpfel austeilenden Frau, Nachfahrin der Eva im Paradies, in Bann schlagen (414–419). In dem Maße, wie die Entsinnlichung Annas fortschreitet, wächst die lebenskräftige Magie der Judith; aber am vollen Genuß dieser Lebenskraft wird der Held in dem Maße gehindert, wie er die entsinnlichte Anna zur moralischen Instanz erhebt. Sein letzter Aufenthalt im Dorf bringt dieses Spannungsverhältnis zum Zerreißen. Nicht unerwartet – des Helden Tun und Treiben in der Stadt bildet dazu ein Vorspiel. Seinem verarmten Lehrer Römer versetzt er den Dolchstoß einer korrekten und eben darum perfiden Geldforderung. Insgeheim opponiert der Held damit gegen die von Römer geförderte Arbeitsmoral, deren Muse Anna ist. Mehr noch: Er opponiert gegen die in Anna verkörperte Moral schlechthin. Denn mit seiner Geldforderung, die dem

Lehrer die Existenzgrundlage entzieht und ihn ins Irrenhaus bringt (433f.), entledigt er sich seiner moralischen Überanstrengungen, seines »puritanischen Wesens«, das er Anna zuliebe meinte annehmen zu müssen (435). Und nicht nur an Römer rächt er sich für die Zumutungen seines moralischen Über-Ich, sondern auch an Anna selbst, indem er die Kranke, bei seiner letzten Rückkehr ins Dorf, durch die unverhüllte Zurschaustellung seiner »Teufelei« gegen Römer (434) zu einem »heftigen Anfall ihrer Krämpfe und Leiden« reizt (437) – als müßte er ihr aggressiv zu verstehen geben, wieviel er ihr in moralischer Hinsicht schuldig geblieben ist.

Erst durch den Dialog mit Judith gelangt Heinrich zum klaren Bewußtsein des an Römer verübten Unrechts – es ist dies das erstemal, daß die schöne Frau ihn eine Etappe verfehlten Lebens durchschauen lehrt (437–440). Auch im Hinblick auf Judith macht Heinrichs gespaltener Eros eine *Entwicklung* durch: Mehr und mehr erscheint Judith dem Helden – in spiegelbildlicher Umkehrung zum Verfall Annas – als Sinnbild der Daseinsfülle, der »voll entfalteten Kraft und Schönheit« (447), begabt mit der Poesie, die bislang von der platonisch verehrten Anna ausgestrahlt wurde. Es ist allerdings eine immer auch *romantische* Poesie: Vom bürgerlichen Arbeitsprinzip befreit, lebt die Judith in realitätsfernem Müßiggang (414), erblühen ihre Schönheit und Sinnlichkeit vor dem Helden am intensivsten in der Nacht, weil die Konventionen des Tags, des bürgerlichen Alltags, es nicht anders erlauben. Eine uneingeschränkte Teilhabe an dieser romantisch umhauchten Wirklichkeit versagt sich der inzwischen Achtzehnjährige, behindert durch seine narzißtische, lust- und qualvolle Selbstzensur: sein »platonisches Pflicht- und Treuegefühl«, seine schuldbeladene Vorstellung von Annas Leiden, seine Wahnidee, die Kranke könne in ihren Träumen sein Tun und Lassen sehen (442f.). Die berühmte Bade-Szene, wo der Held vor der mondbeschienenen Judith im Krebsgang zurückweicht, erhellt den Grund seiner Psyche: Zwischen sinnlicher Betörung und Selbstbehinderung, Lebenszauber und Schuldbewußtsein schwankend, bleibt er seiner Schaulust ebenso treu wie seiner Scheu vor entschiedener Gestaltung des Lebens (443ff.). Die Vorfreude auf den »nun ernst werdenden Wechsel des Lebens« am Grab der Anna (458) verrät zwar den Wunsch nach einer ungehinderten, von moralischer Überforderung freien Selbstbestimmung. Aber im Gelöbnis der »ewigen Treue« gegenüber Anna bewahrt er das Gefühl der Mitschuld an ihrem Schicksal auf (458), versteinert er das »Andenken der Verstorbenen« (458) – und in der unwiderruflichen Trennung von Judith opfert er die unmittelbar sinnliche Gegenwart einer zärtlichen Erinnerungspflege (460). So erneuert er die alte Scheu vor praktischer Gestaltung des Daseins, verzichtet er darauf, das Romantische in Judiths blühender Wirklichkeit dem Alltag anzuverwandeln, bleibt er seiner die Lebenspraxis fliehenden Phantasie treu. Während er den sinnlichen Eros schlicht verdrängt, dünnt er den zärtlichen zu idealistischer Selbstdisziplin aus. Der übermächtige Anspruch des Vaters hat sich in ein Über-Ich verwandelt, das, symbolisiert in einer Toten, dem Subjekt den produktiven Stoffwechselaustausch mit der Welt erst recht erschwert.

Individuelles Liebesschicksal und Zivilisationsprozeß

Es ist schon mehrfach auf die gesellschaftlichen Umstände hingewiesen worden, die den Entwicklungsgang des grünen Heinrich bedingen. Ob freilich die individuelle Verarbeitung dessen, was gesellschaftlich bedingt ist, gleichfalls überindividuellen Charakter gewinnt, ist eine noch offene Frage. Der auf seine Liebeswirren zurückblickende Ich-Erzähler enthält sich verallgemeinernder Kommentare. Man braucht sich jedoch nur daran zu erinnern, wie sehr der europäische Roman des 19. Jahrhunderts vom Thema des gespaltenen Eros angezogen ist,[21] um im Liebesschicksal des grünen Heinrich mehr zu sehen als einen pathologischen Einzelfall. Freud hat die Kluft zwischen der zärtlichen und der sinnlichen Strömung als »ein allgemeines Kulturleiden« bezeichnet.[22] Beide Strömungen verfehlen sich, wenn einerseits verehrte Erziehergestalten die Zärtlichkeit des Kindes zu intensiv auf sich gelenkt haben, andererseits die Sinnlichkeit des Jugendlichen zu lange von einer Erfüllung abgelenkt und moralisch entwertet wurde: Sie fixiert sich dann als ›niedere‹ Sinnlichkeit auf ›minderwertige‹ Personen, während die Zärtlichkeit als hohe Liebe verehrten und geschätzten Menschen zuteil wird. Im einen wie im anderen Fall spielt der Prozeß bürgerlicher Kulturbildung eine Rolle: Einer übertriebenen Zärtlichkeitsbindung kommt die Familie als kleinste Bauzelle der Gesellschaft entgegen; die Sinnlichkeit dagegen hat keinen Wert an und für sich, sondern wird für zivilisatorische Leistung und Arbeit zweckentfremdet. Für die konstante Entmischung der zärtlichen und der sinnlichen Strömung sorgt das Über-Ich, das ein Herüberfließen der Sinnlichkeit in die Zärtlichkeit als Entweihung vorwegempfinden läßt oder mit Schuldgefühlen ahndet.

Des grünen Heinrich Liebesgeschichte ist zu vielgestaltig, als daß sie sich in dieses oder ein ähnliches Zivilisationsmodell restlos einschreiben ließe. Möglich aber sind immerhin partielle Einschreibungen. So bekundet der Held seine geistig-seelische Gleichgültigkeit gegenüber diversen Objekten seines sinnlichen Begehrens (368), leugnet er in seiner Beziehung zu Judith bis zuletzt die »edlere und höhere Hälfte der Liebe« (460), obgleich gerade Judith ihm am Ende die Tiefe der Moral aufschließt und seine poetischen Höhenflüge verstehend begleitet (438–442). Bereits der Umstand, daß Judiths schöne Sinnlichkeit im romantischen Müßiggang sich entfaltet, dürfte den Helden zu einer Herabwertung veranlassen: Vom kultur- und wertbildenden Prozeß der Arbeit hat sich Judith sehr weit entfernt. Umgekehrt erheben Heinrichs zärtliche Empfindungen Anna von Anfang an zur Muse seiner künstlerischen Tätigkeit und zum Idealbild der Moral. So legt er die Umrisse eines erzieherischen Leitbilds bloß, das ihm seit frühester Kindheit überliefert wurde: des Vaters produktive Arbeit und moralische Integrität. Im Medium einer verklärenden Erinnerung war der Vater zum verpflichtenden Ideal emanzipatorischer Bürgerlichkeit geworden: zum Ich-Ideal des Helden, seinem idealen Über-Ich. Die Mutter, Übermittlerin des Vaterbilds und Instanz moralischer Unfehlbarkeit, geht ebenso wie Anna in dieses Ideal mit ein. Und in dem Maße, wie die Mutter der moralisch verehrten Anna näher rückt, nimmt der Held auch sie als Kontrastfigur zur Judith wahr (446f.). Seine Abwendung von Judith leistet also insgeheim einer Mutterbindung Vorschub.

Judiths Auswanderung am Ende der Jugendgeschichte ist nicht nur eine Reaktion auf den gespaltenen Eros als ein »allgemeines Kulturleiden«: Sie ist auch ein Zeichen dafür, daß die Dorfidylle unterm Einfluß des städtischen Kulturprozesses endgültig zerronnen ist. So erscheint der verheißungsvolle Anfang von Heinrichs Dorfleben im Rückblick als uneinlösbare Utopie. Als Vierzehnjähriger hatte der Held, eben von der Schule verwiesen, die ländliche Natur als das tröstliche und sinnenberauschende Gegenbild zum enttäuschenden Stadtleben erfahren. Die aus der Perspektive des leidenden Menschen erlebte Naturidylle hatte Schiller als Resultat eines »sentimentalischen« Empfindens beschrieben: Der Enttäuschte nimmt die Natur nicht mehr »naiv« als praktisch-nützlichen Lebensraum wahr, sondern er idealisiert sie zum glückverheißenden Kontrapunkt seines entfremdeten Kulturlebens.[23] Dem Schreckbild Stadt wird das Trostbild Land entgegengesetzt.[24] Diese für die europäische Literatur seit dem 18. Jahrhundert so bezeichnende antithetische Wahrnehmungsweise[25] gilt freilich in Kellers Roman nur bedingt: Sie wird alsbald überformt von der dynamischen Dialektik einer Erzählperspektive, die den Einbruch städtischer Kultur in das ländliche Paradies zusehends bloßlegt.[26] So zerfällt beispielsweise die patriarchalische Familienidylle im Hause von Heinrichs Oheim unter dem Einfluß moderner Ideen. Mit den Argumenten der naturrechtlichen Vernunft und der Selbstbestimmung setzen sich die Heranwachsenden gegen Tradition und Alter durch (447ff.). Der Held selbst trägt zur Auflösung der Dorfidylle durch die fremdbestimmte, von der bürgerlichen Stadtgesellschaft ihm aufgeprägte Sozialisation bei. Sie wirkt notgedrungen, ohne Rücksicht auf sein bewußtes Wollen, in die Beziehung zu Anna und Judith hinein. Zwar kann sich der Eros frei in der Idylle entfalten, wo der Held von bürgerlicher Pflicht und regelmäßiger Arbeit dispensiert ist – aber die freie Entfaltung hebt die Zwiespältigkeit nicht auf, die er im Kulturprozeß erlitt, sondern verhilft ihr gerade zum Durchbruch. Auf der einen Seite wirkt der gespaltene Eros an der Verstädterung und Überkultivierung, Vergeistigung und Entsinnlichung mit, die Annas Entwicklungsgang definitiv prägen; auf der anderen Seite hält er Judith in ihrem romantisch-sinnlichen Müßiggang fest, streift er sie nur flüchtig als geistig-seelisches Wesen mit eigenen Bedürfnissen. Heinrichs regelmäßige, unbewußte Fluchten aus dem Dorf verraten, daß sein zwiespältiges Liebesleben weder Annas noch Judiths wirklichen Ansprüchen gerecht werden kann: Es untergräbt diese vielmehr – und mit ihnen die Idylle. Die Natur heilt die Wunden nicht, die eine bürgerliche Gesellschaft dem Individuum zufügt, sondern wird selbst für sie empfänglich. Die Bewegung von der Stadt auf das Land verrät das Ungenügen an der Gesellschaft, aber auch deren um sich greifende, alles ergreifende Macht. Kulturhistorisch gesehen, bekräftigt der Untergang der Idylle im *Grünen Heinrich* die Illusion jeder Utopie außerhalb der Gesellschaft.

Arbeit. Wirtschaftliche Verkehrsformen

Es ist ein Charakteristikum der Liebesgeschichte des grünen Heinrich, daß sie frühzeitig durch den Gedanken der Arbeit beschwert wird, wenigstens im Hinblick auf Anna, vor der Heinrich als tätiger Künstler ›Wert‹ erlangen will. Der Erzähler bringt das Lust- und das Realitätsprinzip nicht isoliert, sondern ineinander verschränkt zur Anschauung, wie es dem wirklichen Entwicklungsgang künftiger Bürger entspricht. Die Besonderheit seiner Erzählweise liegt jedoch in der Unverzüglichkeit, Intensität, ja Beharrlichkeit, womit er dem Realitätsprinzip Geltung verschafft. Am Beispiel der Freundschaften des Knaben läßt sich zeigen, welche einschneidende Rolle im kindlichen Welterleben das handgreiflichste und trivialste Element der Realität, das Geld, spielt – in der Geschichte des deutschen Bildungsromans gewiß eine Novität. In die scheinbar autonome Sphäre der Phantasie dringt der Geldfetisch ein. Doch die Phantasie als eine Möglichkeit selbständigen Lustgewinns kann auch, der Schülerstreich zeigt es, zu einer Provokation der Erwachsenenwelt werden, auf welche die Gesellschaft mit Schulausschluß und Bildungsverbot antwortet: Dergestalt auf sich selbst zurückgeworfen, muß der Held die Phantasie als die einzige Quelle seiner Tätigkeit und der Arbeit betrachten.

In welchem Ausmaß die bürgerliche Gesellschaft diese Quelle, die sie dem Individuum als Refugium zugewiesen hat, wiederum zu verschütten droht, läßt sich am zweiten Buch des Romans ermessen. Die negative Stadt-Land-Dialektik erweist sich auch in dieser Hinsicht als konstitutiv. Im Umkreis der Dorfidylle kann der Held, fern von schulischen Zwecken und Zwängen, seine Schaulust neu entbinden und sich zu künstlerischer Gestaltung anregen lassen. Die Natur als Mittelpunkt der neuen Schaffenslust ist für den Stadtflüchtigen nicht ein Gegenstand täglicher Mühe, wie etwa für seine bäuerlichen Verwandten, sondern Metapher einer »höheren Erscheinung«, einer von ihm ersehnten »Unschuld« und »Schönheit«, eines neuen »Friedens« (215). Ziel des Malers ist »eine Art wahren Nachgenusses der Schöpfung« (216), widergespiegelt in Bildern, die eine naturferne Stadtgesellschaft über ihr zweckgerichtetes Leben erheben sollen. Der Landmann, dessen Arbeit in die Natur eingebettet ist, bedarf solcher Bilder nicht: Ihm ist Natur stets Lebenspraxis, niemals deren symbolischer Gegenentwurf. Als Hersteller naturhaft-zweckfreier, unpraktischer Produkte trennt den stadtflüchtigen Maler daher eine spezifische Differenz von seinen Dorfgenossen. Seine Naturidylle ist in der Tat eine »sentimentalische«, über Kulturerfahrungen vermittelte: Der Erzähler spiegelt in ihr etwas vom historischen Werden einer Kunstautonomie wider, die, als Antithese zu naturferner bürgerlicher Lebenspraxis entstanden, die Ahnung eines schöneren, naturversöhnten Daseins nährt, zugleich aber auch selbstgenügsamer Ersatz für die unbefriedigende Lebenspraxis ist: Protest gegen die Realität und Trostbild in einem.

Noch ist freilich der Held erst im Vorfeld gelingender autonomer Kunst, die als utopischer Gegenentwurf zur bürgerlichen Lebenspraxis nur dann taugt, wenn sie diese verarbeitet hat. Solcher »Dialektik der Kulturbewegung«[27] scheint der grüne Heinrich nicht genügen zu können. Zwar entdeckt der Stadtflüchtige auf dem Weg zu seinem schöpferischen Nachgenuß mit Hilfe der schauenden Phantasie die Reize der Natur, erwachsen ihm »malerische Anblicke«, erschließt sich ihm das »Wunder« einer Landschaft (200). Doch will es ihm nicht gelingen, die schaulustige Phantasie in der künstlerischen Produktion dingfest zu machen. Die majestätische Buche etwa, die er »mit leichter Mühe« bezwingen zu können wähnte, wird unter seinem herrisch-verfügenden, ungeübten Zugriff ein hohnlächelndes »Zerrbild« (204): Der altbekannte destruktive Impuls paart sich mit einem empfindlichen Mangel an Arbeitserfahrung. Was der angehende Künstler aufs Papier bringt, verrät ein Defizit an erarbeiteter Technik, wie sie allein im Kulturbetrieb der Stadt vermittelt wird. Gerade in dieser Hinsicht jedoch sieht sich der grüne Heinrich neuen Schwierigkeiten ausgesetzt. Die Gänge seiner Mutter zu den städtischen Ratgebern sind hierfür ein erstes Zeugnis (220–225). Leitmotivisch kehrt die Rede vom »reichlichen und anständigen Erwerb« (221) wieder, in den die künstlerische Tätigkeit zu münden hätte. Kunstpraxis an sich gilt als »kindische Träumerei« (224) und als Weg in eine »liederliche und ungewisse Zukunft« (220). Nicht nur diese Reservatio mentalis eines immerhin wohlhabenden Bürgertums gibt den Blick auf die isolierte Stellung der Kunst in weiten Bereichen der Gesellschaft frei. Mehr noch tut das der Rat, das Künstlerische ungesäumt für den Markt produktiv werden zu lassen – sei dies nun in kleingewerblicher oder industrieller Produktion, in der Knechtsgestalt entweder des Landkartenstechens oder der Dessinmalerei großen Stils. Wenn dieser Rat dem Helden bzw. seiner Mutter ausgerechnet von den früheren Freunden und Genossen des Vaters erteilt wird, so erhellt dies schlaglichtartig, daß die väterliche Synthese von gediegenem Handwerk und künstlerischem Ideenreichtum, dynamischer Betriebserweiterung und innovatorischer Ästhetik nur als utopischer Silberstreif am frühbürgerlichen Horizont aufleuchten konnte. Den »herrschenden Geschmack durch ganz Neues und Originelles zu überbieten« ist das Programm des auf farbige und bedruckte Tücher spezialisierten Fabrikanten (222). Dem wirtschaftlich emporstrebenden Bürgertum sind künstlerische Innovation und Originalität nur unter Marktgesichtspunkten von Belang. Nach dem Willen des Fabrikanten soll der Sohn des verstorbenen Freundes »aus der reichen Natur die wunderbarsten und zierlichsten Gebilde abstrahieren, welche meine Konkurrenten zur Verzweiflung bringen« (222). Aus dem Ratgeber spricht das unvermeidliche konkurrenzbedingte Verwertungsinteresse, der Heißhunger des Kapitals. Weder für den Fabrikanten noch für den politisch radikalen Schuster, auch ein Weggenosse des Vaters, ist der grüne Heinrich ein Individuum mit spezifischen Interessen und eigenen Lebensvorstellungen. Eigennutz oder zumindest Blindheit gegenüber den wahren Interessen des Mitmenschen ist ein die Ratgeber gleichförmig charakterisierendes Merkmal. Vereinten sie zu Lebzeiten ihres gemeinsamen Freundes, des Vaters des Helden, noch Kunstleidenschaft und Berufstätigkeit, öffentliches und privates Interesse, so machen sie jetzt gegenüber einem Heranwachsenden die blinde, amusische Selbstbefangenheit des seine Einzelzwecke verfolgenden Wirtschaftsbürgers geltend.

Aufdringlichster Sachwalter des Wirtschaftsbürgertums ist der Kulturindustrielle Habersaat, dessen kunstgewerblicher Betrieb auf »schlau entwendetem Kinderleben« beruht (255). Aus der Arbeitskraft talentierter Knaben und Jünglinge zieht Habersaat einen Gewinn, der nicht durch die mindeste Lohnzahlung geschmälert wird (254). Diesem Höchstmaß an Ausbeutung bereitet der findige Unternehmer einen fruchtbaren Boden durch die manufakturartige Aufteilung der Arbeitsvorgänge, eine Vorstufe moderner Fließbandproduktion (252–256). Was an Gegenständen hergestellt wird, muß den Produzenten (außer Heranwachsenden auch Erwachsene) gleichgültig bleiben: Es ist das Resultat einer formalisierten Technik, die ohne Rücksicht auf das wirkliche Talent der Arbeitenden und auf die mögliche künstlerische Individualität der Produkte ausgeübt sein will. Die dämonische Metaphorik, die der Erzähler bewußt dem arbeitsteiligen Betrieb aufprägt, verrät die Inhumanität einer für den Warentausch produzierenden, den Bedürfnissen ihrer Produzenten entfremdeten Industrie (255). Der Held, der in ihre Fänge gerät, erlernt einen »fixen Jargon« (259) und eine »Pinselvirtuosität« (260), die ihrerseits den Gegenständen der Natur äußerlich sind. Seine »alte voreilige Erfindungslust« (260) kann sich, der trügerischen unbedarften Technik wegen, gegen die »Naturwahrheit« durchsetzen, so daß der seiner Phantasie immanente herrisch-destruktive Zug wieder hervortreten kann. Abermals von »aller männlichen Stütze und Leitung entblößt« (261), fällt der Held einem »träumerischen Müßiggange« anheim, worin er deformierenden Impulsen folgen und »mit den bunten Farben der Fäulnis und des Zerfalls« kokettieren kann (265). So wird die »künstliche Krankhaftigkeit« des Habersaatschen Industriebetriebes (268) zum Sinnbild des »Wesens heutiger Industrie« (255): Sie läßt den »inneren edleren Teil des Menschen unentwickelt« (261), indem sie ihn einerseits über die Realität hinweg betrügt und regressiv-zerstörerischen Neigungen

Vorschub leistet, andererseits ihn zum Virtuosen der Arbeitsteiligkeit macht, zu »einer Art Tausendkünstler und Faktotum« (272).
Der Held, der Künstler werden will, erfährt auf diese Weise den Widerspruch zwischen Berufung und Beruf. Die äußere Notwendigkeit künftigen Broterwerbs erfordert die solide Basis einer Technik, die erst einer inneren Notwendigkeit, seinem künstlerischen Bedürfnis, zum Ausdruck verhelfen kann. Aber der Markt als der den Broterwerb bestimmende Regulator ist diesem Bedürfnis gegenüber gleichgültig, wenn nicht feindlich. Deshalb wandert der künftige Künstler zwischen der Stadt als Schauplatz zweckrationaler, marktbestimmter Berufsvorbereitung und seinem Heimatdorf als Stätte zweckfreier Bedürfnisbefriedigung hin und her. Der den Handlungsverlauf der Jugendgeschichte prägende Wechsel zwischen Stadt und Land macht, so gesehen, nicht nur ein kulturtypisches Liebesschicksal transparent; er spiegelt auch die Zwänge bürgerlicher Wirtschaftsordnung wider.

Dem *bürgerlichen* Realismus als einem umfassenden Erzählprinzip verschreibt sich der Roman im Fortgang der Handlung bis zur äußersten Konsequenz. Er verfolgt die desillusionierende Gewalt der privatwirtschaftlichen Ordnung bis in das Landleben hinein, mit besonderer Intensität im achten Kapitel des zweiten Buchs. Desillusioniert im Geiste des *bürgerlich-kritischen* Realismus wird eine Illusion, die der *poetische* Realismus aufgebaut hat – so unmittelbar verschränkt Keller die beiden Schreibweisen, welche der Literaturwissenschaft zur alternativen Charakterisierung der Epoche zwischen Vormärz und Naturalismus dienen. Die allgemeine Frühlingsfeier, in deren Mittelpunkt die Aufführung von Schillers *Wilhelm Tell* steht, verbreitet den Anschein, als wäre das mitspielende und teilnehmende Volk eine »einzige Familie« (348), die in einer »rauschenden Freudenfeier« sich unzertrennlich weiß (371). Entzaubert wird dieses Ideal politischer Einheit durch eine Wirtschaftsordnung, die der Erzähler inmitten des Volksfests realistisch zum Vorschein bringt. Zur Illustration dient ihm ein von der Regierung geplanter Straßenbau großen Stils, womit er auf die wachsende Bedeutung des Handels als Ausdruck eines aufblühenden, staatlich unterstützten Wirtschaftsliberalismus aufmerksam macht. Dessen Repräsentant ist ein »reicher Holzhändler« (353), vom Erzähler durch die mannigfaltigen Bilder des Unterwegsseins, des Wanderns und Umgestaltens zum Symbol einer neuen Zeit erhoben, die den Prinzipien der Zweckrationalität und der wirtschaftlichen Dynamik verpflichtet ist (353–355). Politisch betrachtet ist der Holzhändler ein Volksvertreter »im Sinne des Fortschritts« (353) – eines Fortschritts jedoch, den er vor allen Dingen als wirtschaftliches Fortschreiten nicht nur des ganzen Volks, sondern auch des eigenen Unternehmens versteht. Der Wirtschaftsliberalismus, der in dieser Doppelung keinen Widerspruch sieht, wird vom Erzähler eines Besseren belehrt. Denn der Holzhändler, der »die Sache der Freiheit und Aufklärung nach der Weise eines klugen Fabrikanten betrieben wissen« will (353), kehrt unversehens die Interessen des Privatunternehmers, nicht die des gemeinnützigen Aufklärers hervor: Er wünscht sich die Straße in unmittelbarer Nähe seiner Arbeitsstätte zwecks Förderung seines Holzhandels. Die aufklärerische Vernunft wird aus ihrem Dienst am Allgemeininteresse entlassen und zur Rationalisierung von »Starrsinn und Eigennutz« mißbraucht (357). Wirtschaftliches Eigeninteresse macht auch der Kontrahent des Holzhändlers geltend, ein Wirt und gleichfalls ein angesehener Volksvertreter. Mit seinem »beschränkten Weinhandel«, seiner Vorliebe für eine »anständige Ruhe« und eine »erbauliche

Betrachtung« (355) ist er das gerade Gegenteil des dynamisch aufstrebenden, modernen Wirtschaftstypus: Repräsentant einer althergebrachten Ordnung, die der Unabhängigkeit kleiner Gewerbetreibender günstig ist und das Konkurrenzwesen in Grenzen hält. Will der Wirt jedoch seine beschauliche Unabhängigkeit wahren, muß er dem Holzhändler hartnäckig Paroli bieten: Er wünscht sich die Straße daher in unmittelbarer Nähe seines Gasthauses zwecks Erhaltung seines eigenen Gewerbes. Daß er zur selben Stunde die Hauptfigur des Schauspiels, den Tell, darzustellen hat, Symbolfigur der Gemeinnützigkeit und des wagemutigen Einsatzes für die allgemeine Sache der Freiheit, hindert ihn außerhalb des Schauspiels keineswegs am »unverhohlenen Verfechten des eigenen Vorteiles« (357). So produziert er zusammen mit seinem Konkurrenten den tiefsten Gegensatz zur Idee der allgemeinen Frühlingsfeier. Freiheit, Gleichheit und Brüderlichkeit treten im Zeichen einer Wirtschaftsordnung auseinander, die mit dem Privateigentum zugleich das Konkurrenzwesen fördert. Die Freiheit der konkurrierenden Privateigentümer führt zwangsläufig zur Aufhebung wirtschaftlicher Gleichheit und allgemeiner Brüderlichkeit. Der Erzähler, dessen Vater die frühbürgerlich-revolutionären Ideale noch zur harmonischen Synthese zu vereinen schien, verbirgt seine Enttäuschung über den Konkurrenzstreit nicht. Mit seiner Kritik (357f.) stellt er sich quer zur Liberalismus-Ideologie des neuen Schweizer Bundesstaats. Sowohl die Idee einer naturwüchsigen Harmonie des privatwirtschaftlichen Wettbewerbs wie die These vom liberalen Staat als dem unabhängigen Garanten dieser Harmonie steht in Frage. Der Statthalter, der den Streit der Konkurrenten vergeblich schlichtet, sieht zwar in »einem tüchtigen Zank um den Vorteil ein Zeichen von Gesundheit« (359). Aber seine eigene Lebenspraxis widerlegt ihn: Er bringt seinen Vorteil selbst nie zur Geltung, ist vielmehr ein Vorbild an »Entsagung« und »Selbstverleugnung«, weil er ein »dunkles Grauen« davor hat, politische Zivilcourage unter Umständen mit Brotlosigkeit bezahlen zu müssen (360). Brotlosigkeit erscheint überhaupt als ständige Gefahr im Rahmen der Privatwirtschaft: Im Anschluß an die desillusionierenden Reden des Holzhändlers, des Wirts und des Statthalters charakterisiert der Schulmeister den »freien Erwerb« als eine Angelegenheit des »Zufalls und Glücks« – wer Pech hat, kann als »bettelhafter Mensch« oder als »sogenannter Lump« enden (362). Die Unplanbarkeit privatwirtschaftlicher Selbsterhaltung enthält im Keime auch die Ungleichheit der Menschen; die durch keinerlei Vernunft begründbaren Vor- oder Nachteile der Geburt, der Familientradition, der privaten »Überlieferung« (362) können hierbei den Ausschlag geben.

Solcher Undurchschaubarkeit im bürgerlichen Wirtschaftswesen entspricht ein abstraktes Staatswesen, dessen Verwalter und Diener aus den »allgemeinen Einkünften« besoldet werden (362), ohne daß sie von der Allgemeinheit, die in unübersichtlich viele Einzelkonkurrenten aufgesplittert ist, einen lebendigen, plastischen Begriff gewinnen könnten: »Sie stehen so«, wie es Annas Vater gegenüber Heinrich formuliert, »als eine ganz verschiedene Welt dem Volke gegenüber, dessen öffentliche Einrichtung sie verwalten.« (362) Diese Entfremdung tritt angeblich »durch den einfachen Prozeß der Wahl« ein, durch jenes politische Mittel also, das in einer »repräsentativen Demokratie« für Freiheit und Gleichheit bürgen soll (361).

Die in eine poetische Illusion hineinragende bürgerliche Wirklichkeit lernt der Held einige Zeit nach dem Fest in vollem Umfang am eigenen Leib kennen. Als er endlich in die Anfangsgründe technisch adäquater Naturnachahmung durch Römer eingeweiht wird, kann er die produktive Seite seiner Phantasie betätigen. Alles deutet darauf hin, daß er dadurch der Realität selbst gerecht wird: dem Prinzip gewissenhafter Arbeit, der bürgerlichen Forderung seines Über-Ich (402). Allerdings vermißt er in einem schon fortgeschritteneren Stadium an seinem Lehrer bei aller vorbildlichen Naturwahrheit die schöpferische Erfindungskraft (421): Sie lebt sich offensichtlich in wahnhafter Verzerrung der politisch-sozialen Realität aus (422f.). Bei Römer ist die Phantasietätigkeit in eine objektiv mimetische (nach der Seite der künstlerischen Naturnachahmung) und eine subjektivistisch entstellende (nach der Seite seines Gesellschaftsverständnisses) zerfallen. An diesem Zerfall ist die gesellschaftliche Realität nicht schuldlos. Die Wechselfälle des bürgerlichen Kunstmarkts haben allem Anschein nach Römer bald auf die Höhe der sozialen Anerkennung und der Selbstüberhebung, bald in die tiefste Verlassenheit und Armut geführt (429). Durch politische Omnipotenzphantasien hält er sich für das Desinteresse schadlos, womit das Publikum schließlich auf seine hohe Kunst der Naturnachahmung reagiert. So geht durch seine Phantasie ein unaufhebbarer, soziale und künstlerische Tätigkeit trennender Riß. Römer stellt gleichsam die tiefste Polarisierung der Synthese dar, die im Vater des Helden für eine kurze Spanne Zeit gegeben schien. Wenn der grüne Heinrich diese Polarisierung mit aggressiver Empfindlichkeit registriert, dann wohl aus eigener, undurchschauter Betroffenheit: Er selbst bildet ja im Umkreis Römers seine Phantasieproduktion zu vollster Widersprüchlichkeit aus. Repräsentiert Judith die sinnlich-müßige Seite der Phantasie, so Anna ihre tätig-soziale Seite, ihr künstlerisches und bürgerliches Gewissen gleichsam (406f.). Weil bei Römer die Phantasie in eine objektiv arbeitende, schöpferisch begrenzte und eine subjektiv schweifende, wahnhaft schöpferische auseinandergetreten ist, empfindet der seinerseits gespalten phantasierende und liebende Held die Existenz des Lehrers als Bedrohung seiner selbst. Er flieht davor, indem er dem Lehrer übel mitspielt und die produktive Seite der Einbildungskraft ganz seinen narzißtisch-müßigen Liebesphantasien opfert. Sie enden in der lebensfernen Treue gegenüber einer Toten und der fluchtartigen Abwendung von der lebensvollen Judith. Am Ende der Jugendgeschichte kann der grüne Heinrich, inzwischen 18 Jahre alt, noch nicht absehen, »wie bald und auf welche Weise ich ein nützliches Glied dieser Gesamtheit werden würde«, wogegen andere »junge Leute [...] als Handwerker, Kaufleute oder Studierende entweder schon selbständig oder durch ihre Väter oder durch einen bestimmten, nahe gesteckten Zweck mit der öffentlichen Wohlfahrt in einem klaren und sicheren Zusammenhang standen« (464).

Nichts könnte für eine Grundstruktur des Romans hellhöriger machen als dieses Bekenntnis. Es steht im schärfsten Gegensatz zum verheißungsvollen Anfang der Jugendgeschichte. Von der Höhe des Vaters als eines Idealbürgers verläuft der Weg des Sohns abwärts in die Niederung des nutzlosen bürgerlichen Außenseiters. Zutage tritt jene Struktur der Desillusionierung, die dem Bildungsroman Kellers so eigentümlich ist. Jede Station im Entwicklungsgang des Helden enthält diese Struktur in nuce. Aus jeder Hoffnung wird eine Enttäuschung, auf jeden Höhenflug folgt ein Absturz – und jedesmal wirft die Realität tiefere Schatten auf die bürgerliche Idealwelt des Vaters. Im Lebensgang eines vaterlosen, der bürgerlichen Gesellschaft schutzlos ausgelieferten Individuums entzaubert diese sich selbst.

Feuerbachiade

Wenn nach Abschluß der Jugendgeschichte der Romanerzähler dem Ich-Erzähler die Feder wieder aus der Hand nimmt, so könnte man ebensogut sagen, daß der Autor Keller seinem Romanerzähler die Feder wieder aufnötigt. Zu beiden Erzählergestalten unterhält der Autor verwandtschaftliche Beziehungen: Sowohl die Aufzeichnungen des Romanerzählers wie die darin eingebetteten Bekenntnisse des Ich-Erzählers haben in vieler Hinsicht autobiographischen Charakter.[28] Der Autor, der sich nicht länger durch den Ich-Erzähler allein repräsentieren läßt, kann sein Ich in mehr als nur eine Gestalt übersetzen: in den Helden und andere Romanfiguren. So erzeugt er sich die Möglichkeit, mit eigenen Erfahrungen zu experimentieren und ihre unmittelbare Gewalt durch verschiedene Medien hindurch zu brechen.
Zu diesem distanzierten Erzählverfahren bietet die verzweifelte Situation des grünen Heinrich seit dem Ende der Jugendgeschichte allen Anlaß. Um »dem reineren Andenken Annas leben zu können«, geht des grünen Heinrich Sehnsucht »in die Vergangenheit« zurück (479), lebt er in der Gegenwart als geistig-übersinnlicher Zaungast. »Dies gab seiner Denkart«, wie der Erzähler mit sanfter Ironie hinzufügt, »etwas Zartes und Edles, welches er wirklich fühlte und ihn über sich selbst täuschte.« (479) Die Selbsttäuschung beruht unter anderm darin, daß er sich seine sinnliche Natur und sein unbefriedigendes Leben durch religiöse Nebelbildungen verschleiert: Sein Gott ist »ein wahrer Diamantberg von einem Wunder, in welchem sich die Zustände und Bedürfnisse Heinrichs abspiegelten« (476). Der Satz atmet den Geist Feuerbachs, den Geist seiner Projektionslehre. Er trat uns bereits aus den Passagen über das Gottesbild des kleinen Heinrich und seiner Mutter unverkennbar entgegen. Intensiver noch schlägt er zu Buche in der Kritik des Konfirmandenunterrichts (315ff.) oder auch in der Darstellung des Grafen und seiner Adoptivtochter am Ende des Romans. Wenn Feuerbachs Religionskritik den Menschen dazu anleiten will, die Bedürfnisse und Fähigkeiten, die er an den weltflüchtigen Geist veräußert hat, sich wieder anzueignen, so liefert er damit dem Erzähler einen Maßstab zu seiner Kritik an der ungelebten Gegenwart des Helden.[28a] Dessen unsinnliche Vergangenheitsflucht treibt den »Spiritualismus« seiner Malerei hervor – »schattenhafte Symbole« und »gespenstige Schemen« (474): Zeugnisse einer »Arbeitsscheu«, die der Erzähler ersetzt wissen will durch den »Fleiß des wirklichen Lebens«, »das Schaffen aus dem Notwendigen und Wirklichen heraus«, durch »Leben und Mühe, die sich selbst verzehren«, indem sie die Gegenstandswelt zum »Erblühen« bringen (477).
Mit der Konfrontation von tätiger Aneignung der Welt und ihrer spiritualistischen Verflüchtigung nimmt der Erzähler unverkennbar Stellung zur Ästhetik-Diskussion seiner Zeit. In den vierziger Jahren, also zur Zeit von Kellers Münchner Aufenthalt, hatten beispielsweise die Junghegelianer den Realismus der Kunstästhetik Hegels »gegen den Akademismus der religiösen und historischen Malerei« ausgespielt,[28b] der nicht nur in München zu Hause war.[29] Kritik an dieser Kunstrichtung übt der Erzähler in der Weise Feuerbachs, indem er ihren lebensfernen Antirealismus am Beispiel der Verdrängungsmanöver Heinrichs zum Vorschein bringt. Anstatt angesichts der Liebesabenteuer seines Freundes Ferdinand Lys sich der eigenen unbewältigten Erotik bewußt zu werden, attackiert er Lys. In der Vision eines Duells mit »glänzenden Klingen« verleiht er einer sado-masochistischen Todessehnsucht Ausdruck (548): Das unbewältigte, verdrängte Leben realisiert sich am konsequentesten im Nichts. Der im Duell

verwundete Freund faßt diesen Sachverhalt in die treffenden Worte: »[...] der grüne Heinrich hat nur die Feder, mit welcher er seine Jugendgeschichte geschrieben, an meiner Lunge ausgewischt – ein komischer Kauz –« (550). Das Romangeschehen desillusioniert an dieser Stelle die Lebensphilosophie Feuerbachs, die zum Bindemittel einer glücklichen Gesellschaft die Liebe erhoben hatte. Es ist, wie aus dem weiteren Handlungsverlauf ersichtlich wird, die Struktur der Gesellschaft selbst, die der Liebe entgegenwirkt.

Reflexionsepik. Wissenschaft und Ökonomie

Getreu seiner Verdrängungsmechanik verfällt der Held nach seinem Duell alsbald einem »melancholischen Müßiggang«, dessen künstlerische Frucht »ein ungeheures graues Spinnennetz« ist, »ein unendliches Gewebe von Federstrichen« (560). Aus diesen »Irrgängen einer zerstreuten, gramseligen Seele« (561), aus der lebensflüchtigen Geringschätzung aller Gegenständlichkeit und Sinnlichkeit, aller Realität und Materie wird der Held durch die Wissenschaften erlöst. Mit der Selbstbildung in den Hörsälen der Universität eröffnet sich ihm die Chance eines neuen Lebens (568–596). Seine wissenschaftlichen Mühen heben an mit dem Studium der Anthropologie,[30] der Einsicht in die »Zweckmäßigkeit« und die Zusammensetzung des »organischen Wesens« (571 und 573), in die naturgesetzlich-materielle Basis des Lebensprozesses also, woraus unverzüglich die Dialektik von Geist und Materie am Beispiel des Lichts entfaltet wird – eine Dialektik, der gegenüber das »begriffslose Wort Ewigkeit« und die Rede vom »Übernatürlichen«, von »Gott und Unsterblichkeit«, als unerforschbar-willkürliche Spekulationen erbleichen (574ff.). Solcher Dialektik setzt der Held ein Denkmal in den Reflexionen über den »freien Willen«, die anstelle einer vulgär-empirischen Verneinung bzw. einer idealistischen Rechtfertigung (581ff.) die Möglichkeit der Freiheit auf dem Grund von »tausend ineinandergreifenden Bedingungen« (586) anvisieren. Der freie Wille als »das bedingteste Wesen von der Welt« (587) ist ein Zeugnis des materiell und historisch gebundenen Geistes, nicht weniger als das »römische Recht«, das für den Helden »in jeder Faser eine Abspiegelung der Menschenverhältnisse, ihrer Bestimmungen, Bedürfnisse, Leidenschaften, Sitten und Zustände, Fähigkeiten und Mängel, Tugenden und Laster« darstellt (588). Als wissenschaftlicher Autodidakt holt der grüne Heinrich seine versäumten Lektionen nicht in Gestalt abgesunkener Schulweisheiten, sondern fortschrittlichster Positionen im Universitätsbetrieb der Jahrhundertmitte nach. Die Aneignung der Hauptelemente empirisch-dialektischen Denkens – die Prozeßhaftigkeit, Veränderbarkeit und wechselseitige Bedingtheit der Erscheinungen – erweckt in ihm »Begeisterung« für die »unmittelbare Kenntnis der Faser und der Textur der Wirklichkeit« (590), lehrt ihn, die Geschichte in Analogie zur Natur als gesetzmäßigen Prozeß zu erkunden, als »ununterbrochene Ursachenreihe«, in der »Bewegung und Rückschlag ihren wohlgemessenen und begründeten Rhythmus« haben (594f.). In Umrissen entsteht ein methodisch reflektiertes Geschichtsbewußtsein, aus dem erst ein gegründetes Handeln – das »Feuer für das nächst zu Ergreifende« (595) – hervorgehen kann. Daraus erwächst ein Geschichtsoptimismus, der die Erkennbarkeit der Geschichte mit der Hoffnung auf ihre Veränderbarkeit durch die fortschrittlichen, willensstarken Individuen verknüpft (594): »[...] in Bewegung und Gesellschaft der Menschen, mit

ihnen und für sie, unmittelbar wirken« zu sollen ist daher die Quintessenz der wissenschaftlichen Studien des Helden (596).
Heinrichs Autodidaktentum vollzieht sich naturgemäß in ausgreifenden Reflexionen, die den Gralshütern des literarischen Realismus nach 1848 nur ein Dorn im Auge sein konnten.[31] Der Feldzug der »Realidealisten« gegen den Empirismus und »Positivismus der sich durchsetzenden exakten Wissenschaften« und die »materialistischen Naturwissenschaften« gipfelt in dem Programm »Dichtung contra Wissenschaft«.[32] Es definiert künstlerische Objektivität als sinnliche Erschließung einer sinnvollen Welt. Deren angeblich organische Ordnung erfordert den Organismus des Kunstwerks als in sich geschlossene, bedeutungsvolle Erscheinungswelt, die durch das »anatomische Messer« der Reflexion und die »mikroskopische Beobachtung«[33] des Wissenschaftlers empfindlich gestört würde. Dagegen bedarf der grüne Heinrich einer analytischen Durchdringung der Welt, um seine Bestimmung in ihr zu erkunden. Die Breite und Eindringlichkeit der in den Roman eingelassenen Reflexionen, Vergewisserungsversuche des in einer abstrakten Welt entfremdeten Subjekts, verleihen dem Werk Züge moderner Reflexionsepik. Allerdings überschätzt der Held emphatisch die durch sein wissenschaftliches Studium mögliche Bewußtheit und Planbarkeit der Lebensführung. Hierin erweist sich seine dialektische Ansicht des Weltverlaufs als idealistisch. Die mögliche Kenntnis der historisch variablen Gesetzmäßigkeiten, die den Gang des menschlichen Lebens und der Geschichte bestimmen, läßt ihn hoffen, »von nun an sein Schifflein tapfer lenken und seines Glückes und des Guten Schmied« sein zu können (586).
Diese gleichsam wissenschaftliche Idee planvoller Selbstbestimmung wird wenig später kontrapunktiert von einer Erzähler-Reflexion über die Ökonomie (600–606). Abermals gehorcht der Roman einem seiner Grundprinzipien: die menschenwürdigsten Interessen des Individuums durch die überindividuelle bürgerliche Realität zu desillusionieren. An der »Textur der Wirklichkeit« hatte der Held die wirtschaftliche Faser übersehen – übersehen müssen: auf die Wissenschaft von der Ökonomie war er in seinen autodidaktischen Studien nicht gestoßen; die Wahrheit über das neue Wirtschaftsleben im Zeichen des alles ergreifenden Kapitals mußte um die Jahrhundertmitte erst noch entwickelt werden. Kellers Roman, der von Anbeginn an die Schwerkraft des Ökonomischen im menschlichen Leben durchsichtig gemacht hatte, fängt Bruchstücke dieser Wahrheit in der Erzähler-Reflexion ein. Ausgehend von ländlicher Selbstversorgungswirtschaft, wo die Arbeit den konkreten und jedermann verständlichen Zweck hat, das »Leben unmittelbar der Natur« abzugewinnen (601), stellt die Erzähler-Reflexion folgende Entfremdungsmerkmale an denjenigen fest, »die in der Werkstatt der fortschreitenden Kultur beschäftigt sind« (600f.): 1. Der Zusammenhang zwischen der Arbeit des einzelnen und den Lebensmitteln, die er dafür erhält, ist zerrissen. Die warentauschende Gesellschaft schiebt zwischen die individuelle Produktion und die Reproduktion des Lebens derart viele Zwischeninstanzen, daß sie dem einzelnen wie »eine ungeheure Abstraktion« vorkommt (601). 2. Die Undurchschaubarkeit der wirtschaftlichen Verkehrsformen erhält den Charakter der Irrationalität, weil das Individuum sowohl die Anwendung seiner Arbeitskraft wie auch den Lohn dafür als »unberechenbar, launenhaft und zufällig« ansehen muß. Die Reproduktion des Lebens durch Arbeit erscheint auf dem freien Markt wie ein »blinder Glücksfall« (601). 3. Produktionsidee, Herstellung und »Zweck« eines Produkts stehen in keinerlei vernünftigem Verhältnis zueinander (602): Der Spekulant kann für einen müßigen Einfall kraft der

sachgemäßen Produktion vieler Arbeiter einen reichlichen Gewinn erhalten, ohne daß das von ihm vertriebene Erzeugnis von sonderlichem Nutzen für die Käufer wäre, die sich durch Reklame haben blenden lassen. Es handelt sich also darum, daß die Verausgabung der Arbeitskraft vieler einzelner einem Privateigentümer zugute kommt, der den Gebrauchswert des Produkts für den Käufer vernachlässigt zugunsten seines Tauschwerts. Der Erzähler demonstriert diese Widersprüche zwischen Privat- und Allgemeininteresse, gesellschaftlicher Arbeit und privater Aneignung am Beispiel der »Idee der Revalenta arabica« – Demonstration eines zeitgenössischen Vorkommnisses in satirischer Absicht (602f.). 4. Unter den obwaltenden Aspekten des »Erfolgs« (602) und des privaten »Vorteils« (605), des Zufalls und der Irrationalität drängt sich dem Erzähler der Schluß auf: In der warentauschenden »abstrakten Welt aber ist einstweilen alles auf den Kopf gestellt und die Begriffe von der Bedeutung der Arbeit verkehrt bis zum Unkenntlichwerden« (602). 5. Für das Individuum hat dies zur Folge, daß es, anstatt »sein wahres Wesen hervorkehren zu dürfen und dieses einfach wirken zu lassen«, die »Spaltung des Wesens« unter dem Zepter eines unplanbaren, anonymen Arbeitsprozesses in Kauf nehmen muß (605).
Nichts könnte die Distanz des Erzählers zum bürgerlichen Selbstverständnis seiner Zeitgenossen, etwa zur Ideologie der organischen Gesellschaft der Realismus-Ästhetiker, schlagender erhellen als diese weitausgreifende Reflexion. Sie lüftet, ähnlich wie schon die erzählkritische Darstellung der großen Schweizer Frühlingsfeier, den Schleier der Harmonie, den die liberale Wirtschaftsauffassung der Zeit über eine in konkurrierende Privateigentümer und durch entfremdete Arbeitsvorgänge zerklüftete Gesellschaft breitete. Und sie entzaubert im selben Atemzug den Ideenhimmel des klassischen Humanismus, dem die wirtschaftliche Harmonievorstellung entlehnt worden war. In der Gestalt des Vaters unseres Helden schien die klassische Idee einer Versöhnung von Individuum und Gesellschaft einst Wirklichkeit zu werden – im Münchner Künstlerfest war sie noch einmal beschworen worden. Dieses Fest hatte im Gewande eines vergangenen Jahrhunderts »mit einer wahren Republik kraftvoller, empfindungsreicher und arbeittreuer Handwerks- und Kunstmänner« aufgewartet (496), allesamt vorbildliche Gestalten aus dem Zunftleben, denen Arbeit und Phantasie, handwerkliche »Beschränkung« und schöpferische »Allseitigkeit« eine ebenso selbstverständliche Einheit war (497) wie individuelle und gesellschaftliche Zwecke. Gleichsam zum Gedenken an den Vater des Helden hatte der Erzähler dessen Vorfahren, den »kundigen Baumeistern«, im Fest einen Ehrenplatz angewiesen als Handwerker-Künstler, die »Rat und Tat für das öffentliche Ganze wie für das Bedürfnis des einzelnen« besonders eindrucksvoll repräsentieren (501). Daß jenes »organische, republikanisch bürgerliche Gemeinwesen« von einst (503) aus einem bloßen Kostümfest zu wirklichem Leben erwache, war des Erzählers ausdrückliche Hoffnung angesichts der modernen Kostümträger (510), hatte doch jeder von ihnen bei »der sachgerechten und allseitigen Vorbereitung« des Festes »eine anhaltend wachsende Lust und Geselligkeit« entwickelt und sich als »ein lebendiger Teil des Ganzen« verstanden (483). Diese Idee einer Synthese individueller und gesellschaftlicher Bedürfnisse macht der Erzähler zuletzt an der »edlen Lebensarbeit« Schillers transparent (604). Schillers »folgerechte und kristallreine Arbeit der Wahrheit und des Idealen« war »die Erfüllung seines innersten Wesens« und gleichzeitig Dienst an der Gesellschaft (604): Hierin ist der Klassiker mit dem Vater des Helden verwandt, jener Idealgestalt, deren Wirken exemplarisch ein »einheitliches

organisches Leben« darstellte im Gegensatz zum »gespaltenen, getrennten, gewissermaßen unorganischen Leben« der nachfolgenden Generationen (605).
Indem der Erzähler dieses unorganische Leben in seinen verallgemeinernden ökonomischen Reflexionen hervortreten läßt, rücken diese weit mehr in die Nähe des Wirtschaftsrealismus der Marxschen *Ökonomisch-philosophischen Manuskripte*[34] als irgendeines anderen zeitgenössischen Wirtschaftskonzeptes. Mit Beinamen wie ›historisch-materialistisch‹ dürfen sie dennoch keineswegs belegt werden. Dem Erzähler erscheint die »abstrakte Welt« wie ein naturhaftes Verhängnis, dessen Triebfeder, das Kapital, nicht als ein allumfassendes, historisch bedingtes Bewegungsgesetz, sondern als eine unangreifbare Gewalt ins Blickfeld tritt. Das Bild der »zivilisierten Wildnis« (613) macht diesen Sachverhalt treffend anschaulich: nicht die der chaotischen Gesellschaft zugrunde liegenden Gesetze, sondern deren Folgen für das individuelle Leben als des eigentlichen Mediums von Dichtung ziehen die ästhetische Gestaltungskraft auf sich. Im Schicksal des grünen Heinrich gewinnen diese allgemeinen Folgen einen plastischen Umriß. Der Held gewährt Einblick in ein gesellschaftstypisches, »höchst mißliches« Zusammentreffen zweier »Entdeckungsreisen«: »diejenige nach seiner menschlichen Bestimmung und diejenige nach dem zwischenweiligen Auskommen« (613). Die vom grünen Heinrich entworfene Utopie der Selbstbestimmung, die aus seiner wissenschaftlichen Kenntnis der Wirklichkeit hervorgehen sollte, wird von ökonomischen Überlegungen ebenso in Frage gestellt wie von ökonomischer Lebenspraxis.

Gesellschaft und Familie

Selbstentfremdung durch Arbeit erfährt der Held in einer kontinuierlich abwärts führenden Stufenfolge. Die Willkür des freien Markts trifft ihn, als ein technisch versierterer Künstler ihm ein originelles Motiv entwendet und damit Erfolg hat (607–610). Der Konkurrenzgesellschaft ist solidarischer Beistand fremd und Eigennutz, private Aneignung auch im Bereich der Kultur selbstverständlich. Diesem Marktgesetz ist selbst der »kauflustige Höker« (627) unterworfen, der wenig später zum ersten und einzigen Kunsthändler des Helden wird, ein kauziger »Krämersmann« (626), der sich Heinrichs »ganzes künstlerisches Besitztum« (627) nach und nach erwirbt und es offenbar zu ansehnlichen Preisen verkauft, ohne daß der Produzent die Höhe der Summe und den Käufer kennenlernt (629): Er ist von seinen Erzeugnissen, die immerhin ein Stück Identität, »die liebsten Erinnerungen an Heimat und Jugendarbeit« darstellen, abgeschnitten, und sieht sie aus ohnmächtiger Distanz am »Pranger der Armut und Verkommenheit hangen« (627). So veräußert er mit seinen Produkten stets auch einen Teil seiner selbst an die anonyme Welt des Markts – und es liegt in der Logik dieser Selbstentäußerung, daß er auf die Bahn »einer hohlen herzlosen Tätigkeit« zu gleiten droht (634), einer schludrigen Malerei, gegen die ihn gerade noch rechtzeitig seine Arbeitsmoral feit. Ist dieser Moral auch eine ordentliche Fließbandproduktion eher angemessen, beispielsweise die endlose Herstellung von Stäben (636), so erlebt der Held doch diese ewige Wiederkehr derselben Verrichtung als »unnatürliches Joch« (639). Es ist das Joch der ökonomischen Lebensfristung, das ihm den eingeschlagenen Weg zu wissenschaftlicher »Selbstbildung«, zu »allem tieferen und inneren Streben und Sein« versperrt (633). Daß sich der Held an dieser Stelle zum »Widerstand« gegen die unwürdige Selbsterhaltung, zur »Treue gegen sich selbst« aufruft (636), zeigt nur, wie gegenwärtig ihm das Bewußtsein der Fremdbestimmung durch Arbeit ist. In der Folge aber zeigt sich auch, wie wenig ein isoliertes Individuum mit diesem Bewußtsein zu leben vermag. Es stellt an sich ein unerträgliches Sinndefizit dar, das nach einer Sinngebung ruft, soll das Leben erträglich bleiben. Der Held verwandelt daher sein »Unglück« in eine »sehr deutlich gestaltete Sache, die um ihrer Klarheit willen zu einem Gute wurde« (642). Die im wissenschaftlichen Studium erworbene Einsicht in die Gesetzmäßigkeit geschichtlicher und kultureller Vorgänge, eine Einsicht, aus der die Möglichkeit selbstbestimmten Handelns folgen sollte, wird auf das Marktgeschehen übertragen. Dessen Zufälligkeit, Anonymität und Undurchschaubarkeit erscheint jetzt als ein notwendiges und gesetzmäßiges Naturgeschehen, das seinen Sinn in seiner schicksalhaften Unentrinnbarkeit hat. Schon Heinrichs erstes »Gefühl der nackten Armut« war alsbald einem »Gefühl der Achtung vor der ordentlichen Regelmäßigkeit und Folgerichtigkeit der Dinge«, dem »notwendigen und gründlichen Weltverlauf« gewichen (620). Die heroische Festigkeit, mit welcher er auf der untersten Stufe der gesellschaftlichen Rangordnung ausharrt (641), gerät jedoch ins Wanken, sobald ihm die Mutter in den Sinn kommt. Sein Verhältnis zu ihr ist auf das strengste von den blinden Zwängen bürgerlichen Lebens bestimmt. Die Familienbande, aus denen die Verkehrsformen dieses Lebens geknüpft werden, fesseln Mutter und Sohn aneinander, so daß die mütterliche Opferbereitschaft ebenso selbstverständlich ist wie das Schuldbewußtsein des Kindes. Das eine wie das andere entwächst dem Grund privatwirtschaftlicher Lebensorganisation. Die Mutter rettet den Sohn zweimal aus seinen Schulden, weil niemand sonst für ihn sorgt, keine gesellschaftliche Instanz ihm hilft – ihm, der gleichwohl den gesellschaftlichen Maßstäben einer schuldenfreien, erwerbstüchtigen, angesehenen Existenz genügen soll. Jedes Lebenszeichen der Mutter, zumal jedes materielle, redet die stumme Sprache dieser Maßstäbe. Eine »herbe Sparsamkeit« (599), der die Mutter in gänzlicher »Selbstverleugnung« (646) Groschen für Groschen abgewinnt, begründet ihren »mütterlichen Stolz« (619), den der Sohn nicht verletzen darf. Die opferbereite Mutterliebe, der Heinrich sein wirtschaftliches Überleben verdankt, wird gleichzeitig für ihn zur stärksten seelischen Fessel. Sein moralisches Über-Ich, das ihm einen erfolgreichen Berufsabschluß zur Auflage macht, nimmt mehr und mehr die Gestalt der einsamen Mutter in sich auf, die das verblassende Vaterbild ersetzt. Das Über-Ich entwickelt sich angesichts der fernen, schutzlosen Mutter nachgerade zu »künstlerischer Gewissenhaftigkeit« (649). Aus Angst, die mütterlichen Erwartungen, die eins sind mit denen des Bürgertums, zu enttäuschen, unterbricht der Held mehrfach den Briefwechsel, läßt er die Kommunikation im völligen Verstummen enden (642f.). Erst bei einer »günstigeren Wendung« der Dinge (642), die der bürgerlichen Lebensregel entspräche und einen sicheren »Grund und Abschluß« seiner Ausbildung erkennen ließe (649), meint er das Schweigen brechen zu dürfen. Im Geflecht der privatesten Beziehung nisten sich soziale Wertvorstellungen ein, welche die Subjekte zutiefst verstören. Heinrichs Verstummen macht ihm »Kummer und Leid« und »Vereinsamung« der Mutter doppelt fühlbar (643), erhöht daher sein Schuldbewußtsein, obgleich doch die Gründe für das Verstummen nicht in ihm selber, sondern in der Ungunst der äußeren Umstände liegen. So gerät er in den »Doppelzustand« vollkommener Selbstentfremdung, worin er, »während er für seine Person sich schuldlos fühlte und die Dinge nicht fürchtete, in Ansehung seiner Mutter eine große Schuld erwachsen sah, an der er doch wieder nicht schuld zu sein

meinte« (643). Kann die schwindelnde Tiefe bürgerlicher Widersprüchlichkeit genauer ausgeleuchtet werden? Das Individuum wird in privatwirtschaftlichen Verhältnissen von einem Schicksal ereilt, für das es nichts kann, das es aber gleichwohl vor der Familie verantworten muß. Die Familie, Bauzelle der bürgerlichen Gesellschaft, muß deren privatwirtschaftliche Ethik, also Leistung und Erfolg, trotz der Willkürherrschaft des Privateigentums unter Beweis stellen, will sie als Familie soziale Geltung erlangen: Auf diese Weise erhält sie das System am Leben. Hineingeboren in die Familie und ihre privatwirtschaftliche Ethik, muß dem heranwachsenden Bürger als verpflichtende Naturtatsache erscheinen, was gesellschaftlichen Wesens ist. Wird er der Wirtschaftsethik nicht gerecht, sei es auch ohne eigenes Verschulden, so wird er vor der Familie schuldig, die mit ihm rechnet. Da dieser quälende Widersinn von Heinrich weder in distanzierter Sozialkritik noch in seiner Vorstellung eines »wirklich vorsehenden und eingreifenden Gottes« (643) aufgefangen werden kann, muß er ihn, will er sinnvoll weiterleben, einem »klaren notwendigen Verlauf der Dinge« zuschreiben, muß er den entfremdeten »Doppelzustand«, der ihm wider Willen aufgenötigt wurde, als die »Erfüllung eines jeden Teilchens seiner Selbstbestimmung« deuten (649). Solche Stilisierung der Willkür bürgerlichen Erwerbslebens und unverschuldeter Schuld zur Notwendigkeit des Weltlaufs und der persönlichen Entwicklung markiert eine neue Stufe in der Geschichte des Bildungsromans. Dieser hatte in seinen Anfängen den Lebensgang des Helden aus der Perspektive innerer Notwendigkeit entwickelt, aus der organischen Verschränkung individueller und gesellschaftlicher Antriebe. Kellers *Grüner Heinrich* läßt die innere Notwendigkeit des Entwicklungsweges wie nie zuvor aus der äußeren Notwendigkeit der Sozialstruktur hervorgehen, ehe das Subjekt in der Tiefe seiner Selbstentfremdung den Rettungsanker spekulativer Notwendigkeit wirft: Nun kann ihm sein sozialbedingtes Schicksal als vorherbestimmt, seinem Wesen gemäß, als Natur und organisches Wachstum erscheinen. Daß aber das Subjekt noch die gottverlassene Armut als natürliche Notwendigkeit zu legitimieren vermag, zeugt von der Undurchdringlichkeit der sozialen Verhältnisse, die Armut erst produzieren.
Diesen Schein naturhafter Notwendigkeit entzaubert der Held fast im selben Atemzug, wenn er der heroischen Identifikation mit seinem Schicksal untreu wird. In Wunsch- und Angstträumen zerbricht sein vorgebliches Einverständnis mit dem Schicksal (657ff.). Kellers Bildungsroman entzaubert auch die lebensnotwendigen Illusionsbildungen der tiefsten Verelendung. Dem Träumenden bleibt ein letzter Selbstbetrug: der narzißtische Genuß des Schicksals, »Leidseligkeit« und »begieriges Aufsichladen einer verhängnisvollen Verschuldung« (670). Erst als der Leidselige seines Zimmers verwiesen wird, sieht er sich selbst ungeschönt in seiner ganzen Blöße. Als verlorener Sohn, »in dem ernsten heiligen Bettlerleide eines gänzlich Obdachlosen und Hilfesuchenden« (672), tritt er die Heimkehr an.

Die unverhüllte Selbstdarstellung vor der Mutter und die erlösende Freisprechung durch sie erfolgen jedoch nicht. Ein letztes Mal werden Absicht und bewußter Wille des Helden durchkreuzt, sieht er seine Bildungsidee der Naturnotwendigkeit und des schicksalhaften Einklangs mit dem äußeren Elend, der Läuterung und Erlösung durch Leiden, gestört. Keller versagt sich eine säkularisierte Heiligenlegende, um die Gewalt einer realen Notwendigkeit offenzulegen: die der unbewußt wirkenden Psyche. Die märchenhafte Wendung, die Heinrichs Schicksal nimmt, macht die gebundenen

Seelenkräfte wieder frei, die seine Jugendgeschichte so unheilvoll steuerten. Während er wie der Hans-im-Glück bei einer Grafenfamilie einkehrt, ereilt ihn die unbewältigte Vergangenheit. Die späte, auch materielle Rehabilitierung seines Künstlertums durch den Grafen (701ff., 716ff., 747) verläuft disharmonisch zur Renaissance seines vor Jahren abgebrochenen Liebeslebens. Vor der schönen Adoptivtochter des Grafen überfallen ihn die alten Liebeshemmungen. Die neue gesellschaftliche Anerkennung kann nicht heilen, was im alten Konflikt mit der Gesellschaft dem Individuum anerzogen worden ist: Scheu vor spontanem Handeln, vor tatkräftiger Unmittelbarkeit, Selbstzweifel, Zögern, Ersatzhandeln in der Phantasie, Kommunikation par distance. Eben diese ›Fehler‹, die als Tugenden sublimierten Gestaltens den Helden zum Künstler prädestiniert haben, erschweren ihm die wagemutige Selbstdarstellung und die handelnde Spontaneität im Lieben. Zwar ist Dortchen Schönfund Gegenstand der ungeteilten Liebe des Helden, harmonisiert ihre Gegenwart die beiden Seiten seines gespaltenen Eros (733). Aber die Grundbefindlichkeit, auf welcher dieser Eros ruhte, wirkt noch immer fort. Die Macht der Phantasie, das zögernde Verweilen der Einbildungskraft, die qualvolle Selbstbehinderung lassen anstelle der leibhaftigen Geliebten die Idee von ihr, den körperlosen Schatten hervortreten. Das Über-Ich, in Gestalt moralischer Skrupel, übt seine alte versklavende Macht aus und verbündet sich mit dem Narzißmus des Helden, der sich durch kein Bekenntnis etwas vergeben will (734f.). Dieses Über-Ich, ehedem durch den Vater und durch Anna formiert, offenbart mehr und mehr eine Abhängigkeit von der Mutter, gegen die der Held gleichzeitig rebelliert. Weil die Mutter in seiner Einbildung »die unerhörtesten Ansprüche« an ihn stellt, ihm zur Rivalin der Dortchen Schönfund sich verwandelt, also zur Verkörperung von Askese und Verzicht wird (715), verzögert er die Heimreise. So leistet er weder dem Bedürfnis des Eros noch dem gestrengen Über-Ich Genüge: Zwischen beiden unselig schwankend, bekundet das Ich seine anerzogene Schwäche. Sträubt sich das Über-Ich gegen die Ansprüche des Eros, verkörpert durch Dortchen Schönfund, so der Eros gegen die Ansprüche des Über-Ich, versinnbildlicht durch die Mutter, eine »strenge Richterin« (753). So macht sich der Held zuletzt unverrichteter Dinge, unverrichteter Liebesdinge, auf den Heimweg, aber »in einem Bogen durch Süddeutschland« wohlgemerkt (752): Er flieht gleichzeitig die Mutter, verargt ihr unbewußt seinen Liebesgram, macht einen »mäßigen Umweg«, um die »Ruhe und Unbefangenheit« des Herzens wiederzuerlangen, die er der fernen »Königin« schuldig zu sein glaubt (753). Zwar »vertraut« er bei diesem Umweg auf »die gute Natur« der zuhause Wartenden (753); andererseits spiegelt ihm seine Vorstellungskraft auch das beklemmende Bild der »alternden Mutter« vor (752). Jede Verzögerung des Sohns beschleunigt dieses Altern – und der Held läßt es, einmal in der Schweiz angelangt, an Verzögerungen nicht fehlen. Hier wirken wohlbekannte destruktive Impulse mit, die aus seiner Sozialisation hinreichend vertraute Neigung zum zerstörerischen Eingriff in die Umwelt und zur reuigen Selbstbestrafung. Die Katastrophe, die er wie im Traum mit seinem Zögern herbeiruft, ereilt ihn bei der verspäteten Ankunft. Er begegnet dem Leichenzug der Mutter, hört von den Nachbarn, daß die Tränen, die sie um den »verschollenen Sohn« geweint habe, Ausdruck eines »unwillkürlichen Vorwurfs« gegen ihn gewesen seien (763), und verzehrt sich im Bewußtsein eines »durch ihn verschuldeten Tods« (763). Während der Sohn die Mutter durch sein destruktives Zögern aus dem Leben entfernt hat, erneuert diese mit ihrem Ableben seine Neigung zur Selbstbestra-

fung. Des Sohnes eigener Tod ist die Erfüllung eines unbewußten, vom Leben allseitig genährten Zerstörungswunsches.
Nicht zufällig war dem Helden beim Abschied von der Familie des Grafen dieser Wunsch von außen entgegengetreten: Der Tod des Ferdinand Lys, ein von ihm mitverursachter Tod, ist Zeugnis einer alten Selbstgefährdung, die noch immer fortdauert (748f.). Nicht minder symbolkräftig ist eine zweite Todesnachricht. Der Trödler, dem er einst seine Bilder verkaufte, hat ihn in seinem Testament als Erben eines nicht unbeträchtlichen Vermögens eingesetzt (749f.). Heinrichs neues Lebensglück erhebt sich auf den Trümmern des Todes. In dem Maße, wie er sich dem Leben öffnet, besiegelt er seinen Untergang. Dieses Paradoxon bricht in seiner ganzen Schärfe beim eidgenössischen Schützenfest zu Basel auf (753f.). Dort verzögert er seine Heimreise noch einmal, läßt er die Mutter dem Grab einen Schritt näher rücken, während ihn gleichzeitig die »feurige Lust« anwandelt, »sich als der einzelne Mann, als der widerspiegelnde Teil vom Ganzen« zum politischen Kampf zu »gesellen«, der mit dem Basler Schützenfest anhebt (759). Der grüne Heinrich betritt sein Land in der »gärenden Umwandlungszeit« der vierziger Jahre (754), die mit der revolutionären Überführung »eines Jahrhunderte alten Staatenbundes in einen Bundesstaat« (755) abschließen sollte (Sonderbundskrieg 1847). Indem der Held für den Fortschritt zu kämpfen bereit ist und in die »wundersame Wechselwirkung [...] zwischen dem Ganzen und seinem lebendigen Teile« eintreten will (760), bekräftigt er seinen längst vorbereiteten Entschluß, den Künstlerberuf mit dem unmittelbaren öffentlichen Wirken für eine bessere Gesellschaft zu vertauschen: ein anläßlich seiner wissenschaftlichen Studien geborener Entschluß, dem der glückhafte Abschluß seiner künstlerischen Praxis nur förderlich sein konnte. Als ein gemachter Mann, der seine Individualität auf gesamtgesellschaftliche Humanität gründen möchte, scheint er endlich der vom Vater überlieferten Lebensaufgabe würdig zu werden. Doch der Schein trügt in mehr als einer Hinsicht. Indem der Sohn den Tod der Mutter verschuldet zu haben meint, sieht er den Grund öffentlichen Wirkens dahinschwinden: »Denn da er die unmittelbare Lebensquelle, welche ihn mit seinem Volke verband, vernichtet, so hatte er kein Recht und keine Ehre, unter diesem Volke mitwirken zu wollen, nach dem Worte: Wer die Welt will verbessern helfen, kehre erst vor seiner Tür.« (763) Hier redet der Irrtum – ein tödlicher Lebensirrtum. Denn Heinrichs persönliche Schuld entstammt seinem gesellschaftlichen Leben. Er hat nicht anders gehandelt als nach Maßgabe des Gesetzes, das seine Sozialisation ihm eingeschrieben hat. Wenn Sozialisation die Formung des Individuums durch Sozialinstanzen wie Elternhaus, Schule, Arbeit und Kultur bedeutet, dann sind Heinrichs Charakter und seine Schuld gesellschaftlicher Natur. Aber sein Irrtum, er habe das Schicksal der Mutter rein persönlich zu verantworten, enthält zugleich eine allgemeine Wahrheit, die bürgerliche Gesellschaft betreffend. Deren Gliederung in Einzelfamilien kettet die Familienmitglieder durch ein Verantwortungsbewußtsein aneinander, das noch dort Schuld vorspiegeln kann, wo im Grunde die Gesellschaft verantwortlich ist. Diese bittere Wahrheit streift der grüne Heinrich einmal, vor seiner Abreise nach München: »›Haben wohl‹, dachte er, ›jene Propheten nicht unrecht, welche die jetzige Bedeutung der Familie vernichten wollen? Wie kühl, wie ruhig könnten nun meine Mutter und ich sein, wenn das Einzelleben mehr im Ganzen aufgehen, wenn nach jeder Trennung man sich gesichert in den Schoß der Gesamtheit zurückflüchten könnte, wohl wissend, daß der andere Teil auch darin seine Wurzeln hat, welche nie durchschnitten werden können, und wenn endlich demzufolge die

verwandtschaftlichen Leiden beseitigt würden!« (29f.) Diese verwandtschaftlichen Leiden enthüllt Kellers Bildungsroman in exemplarischer Reinheit als gesellschaftstypische, indem er das »ganze Gewicht«, das auf der Einzelfamilie zu lasten pflegt, auf »zwei einzige Seelen«, Mutter und Sohn, konzentriert (29). Unter der Last dieses Gewichts kann schließlich die Sozialverfassung als eigentliche Ursache ihrer Leiden den Familienmitgliedern aus dem Gesichtsfeld geraten. Auch dieses Übergewicht der Moral, des familialen Über-Ich, der verinnerlichten Familienbindung über die gesellschaftskritische Reflexion ist der bürgerlichen Sozialverfassung eigentümlich. Im Schicksal des grünen Heinrich und seiner Mutter entschleiert sie die Kehrseite ihrer vitalen Durchsetzungskraft.

Wenn das »Einzelleben« hier nicht »im Ganzen« aufgehen kann, so wirft dies ein Licht auf die negative Dialektik von Privatem und Öffentlichem. Just zu der Stunde, da der Privatmann der Politik sich widmen will, enthüllt sich sein Leben als versehrt bis an die Wurzel: versehrt von der Gesellschaft, für die er tätig werden sollte. Zwar haben andere politische Bürger die revolutionäre Umgestaltung der Schweiz ins Werk gesetzt; diese aber hat jene bürgerlich-familiale Grundstruktur beibehalten, die das Individuum noch immer zutiefst verstören kann. Und sie hat die privatwirtschaftliche Ordnung als die Grundlage des freien Marktes beibehalten, der in Kellers Roman seine ganze Unberechenbarkeit und Inhumanität offenbart als Stätte der Konkurrenz. Die wirtschaftliche Konkurrenz wird die politische Solidarität der freien Bürger überdauern und die schöne Wechselwirkung zwischen einzelnem und Gesellschaft, Teil und Ganzem zum Stillstand bringen. So fördert der an familialen und wirtschaftlichen Strukturen sich aufreibende Held des Romans Sachverhalte zutage, die tiefer in der bürgerlichen Gesellschaft verankert sind als seine politische Utopie. Die könnte erst beständige Wirklichkeit werden, wenn jene Sachverhalte angefochten und entmachtet würden.

Wandlungen des Bildungsromans

Die Entscheidung Kellers für die durchgehende Ich-Form in der zweiten Fassung ist eine ästhetische und zugleich weltanschauliche. Zur durchgehenden Ich-Form gehört der überlebende Held: Er könnte sonst nicht rückblickend sein Leben erzählen. Eine andere Lösung nach Art der Rahmenerzählung – ein anonymer Erzähler veröffentlicht die Ich-Erzählung – wollte Keller in seiner zweiten Fassung vermeiden: Sie hätte zu jener Doppelgestalt von Er- und Ich-Erzählung geführt, die er im Vorwort zu seiner ersten Fassung rügte – ganz im Geiste der Ästhetik des bürgerlichen Realismus seiner Zeit.[35] Dieser Geist hat Geltung bis heute, fordert jedoch zum Widerspruch heraus. Die extreme Ohnmacht des Subjekts gegenüber der Realität macht ja in der ersten Fassung eine wenigstens ästhetische Schutzmaßnahme geradezu notwendig: Die Ich-Form dankt zugunsten der Er-Form ab, die das unmittelbar subjektive Erleiden der ›Prosa des bürgerlichen Lebens‹ distanziert. Die Polarität zwischen einer Ich-Erzählung, deren Held tödlich scheitern wird, und einer Er-Erzählung, die dazu Distanz sucht, ist in der Erstfassung Ausdruck einer ästhetisch überwölbten Lebensbedrängnis Kellers.

Der im Leben ausharrende Held der zweiten Fassung entspricht wohl auch lebensgeschichtlichen Wandlungen des Autors. Keller hatte seine tiefreichenden Selbst- und Existenzzweifel, denen er als freier, materiell unselbständiger Schriftsteller ausgeliefert war, in ein öffentliches, verantwortungsbeladenes Amt einzubinden gewußt. Die Perspektive eines Dienstes an der Gesellschaft eröffnet er in der zweiten Fassung auch seinem Helden. Soll dieser am Ende seines Entwicklungsganges reif für eine öffentliche Tätigkeit werden, so dürfen die Schicksalsschläge, die ihn treffen, nicht länger von tödlicher Wirkung sein. Sie müssen vielmehr entgiftet, gemildert, dosiert werden. Mit dieser klassischen Dämpfung des tragischen Abschwunges verbindet Keller die Dämpfung auch der enthusiastischen Aufschwünge, so daß die Erzähltöne der Illusion und der Desillusion in ein gemäßigtes Spannungsverhältnis zueinander treten. Dem dargestellten Ich wird aus der gewachsenen lebensgeschichtlichen Distanz und im Hinblick auf ein untragisches Ende die Selbstbewahrung von Anfang an entschiedener eingeschrieben: Es darf sich weder auf den Höhen des Sinnen- und Lebensrausches noch in der Tiefe des Schuldbewußtseins und der Todeswünsche verlieren. Dieser globalen Steuerung des zweiten Entwicklungsganges des Helden gehorcht der Erzählstil bis in feinste Verästelungen – in Satzstruktur, Bildersprache, Auslassungen und Erweiterungen. Ein Beispiel: Der sinnenberauschende und glückverheißende Anblick der Anna anläßlich der Frühlingsfeier (365), widergespiegelt in einem schwebenden, rhythmisch langgezogenen, in Appositionen von kühner Bildlichkeit gipfelnden Satz (»ihr Haar wie ein leuchtender Streif«) und einer daran geknüpften Impression über die erfüllte Zeitlosigkeit des Augenblicks – dieser Anblick wird in der zweiten Fassung durch Satzumstellung, korrektere Ordnung der Wahrnehmungen und Streichung der Zeitlosigkeitsimpression um seine Spontaneität, seine Wahrnehmungskraft, sein Glücksversprechen gebracht, als müßte das Ich vor der Magie des Augenblicks geschützt werden. In seelischer Entsprechung zu dieser Entsinnlichung und Mäßigung ist auch der Sturz aus der Zweisamkeit in die gegenseitige Vereinsamung etwas weniger schmerzlich als in der ersten Fassung: Mit der Streichung einiger Selbstvorwürfe (369) mildert sich das ursprüngliche Schuldbewußtsein des Helden.

Dieselbe Szene läßt, ganz im Sinne einer Dämpfung der extremen Pole des Seelenlebens, die Reflexion des Erzähler-Ich über seinen gespaltenen Eros vermissen (368), eine Reflexion von schonungsloser Offenheit, die manchen Zeitgenossen Kellers schockiert haben mag. Die Streichung versittlicht die Szene nicht nur, glättet nicht nur ihre unkonventionelle Wahrhaftigkeit, ähnlich wie die Streichung der Bade-Szene um Judith der Versittlichung und Glättung einer unkonventionellen Liebesbeziehung und damit dem kultiviert-verblümten Lesergeschmack dient. Sie zeugt auch von jener Askese gegen die epische Reflexion an sich, die ohne Zweifel die zweite Fassung von der ersten bedeutsam unterscheidet. Letztere präsentiert das Erzähler-Ich in der ganzen Spontaneität und Intensität seiner Selbst- und Weltvergewisserung, gleichviel, ob diese zu einem vorläufigen Resultat führt, in quälender Kreisbewegung verläuft oder über die eigentliche Handlung hinausschießt. Demgegenüber beschneidet die zweite Fassung den Wildwuchs der Ich-Reflexionen, um die eigentlichen Handlungslinien hervortreten zu lassen, so daß auch Kostbarkeiten wie das Diktum zur lebensgeschichtlichen Bedeutung der Kindheit (176) oder zur Relativität ethischer Normen und zur Individualität des Sündenbewußtseins verlorengehen (317f.). Nach der Jugendgeschichte verstärken sich in dieser Hinsicht die Differenzen zwischen den Fassungen notgedrungen. Der unpersönliche, allwissende Erzähler, der dem Ich-Erzähler die Feder wieder aus der Hand nimmt, kann mit seinen Reflexionen relativ frei schalten: Sie sind ebenso seiner souveränen Verfügung anheimgegeben wie die Figuren und die Handlungsteile. Die Reflexionen des

Ich-Erzählers dagegen, den die zweite Fassung ja konsequent beibehält, lehnen sich ausschließlich an seinen eigenen Entwicklungsgang an. Kapitel 4 etwa im vierten Band der ersten Fassung wird in der Weise umgestaltet, daß die Überlegungen des Erzählers zur Ökonomie als Folgen der Handlungen des Helden erkennbar werden: Ihrer Selbständigkeit und ihrer Allgemeinheit beraubt, um wesentliche Einsichten beschnitten (vgl. 600f. und 605f.), entspringen sie nun gleichsam organisch den Markterfahrungen des enttäuschten Ich (Kap. 2: »Lebensarten«).

Es ist augenfällig, daß Stileigentümlichkeiten wie Dämpfung der Töne, Mäßigung der Sinnen- und Reflexionslust, organischere Abfolge der Erzählerschritte und vermehrtes Gleichmaß der Erzählerkritik den ästhetischen Vorstellungen der tonangebenden Realidealisten entsprechen, teilweise auch ihren ideologischen:[36] Kellers neue künstlerische Behandlungsart tritt in den Dienst eines Realismus, der anstelle eines immer abschüssigeren Todesgefälles die aufsteigende Linie distanzierter Lebensbejahung verfolgt. Damit knüpft die zweite Fassung an die klassische Tradition des Bildungsromans an, die von der ersten durchbrochen worden war:[37] Statt auf dem Kompromiß zwischen gesellschaftlichen Anforderungen und individueller Selbstbestimmung, wie er etwa in Goethes *Wilhelm Meister* zustande kommt,[38] beharrte Kellers ursprünglicher *Grüner Heinrich* auf der negativen Dialektik von Lust- und Realitätsprinzip, Phantasie und gesellschaftlicher Norm, individueller Zielsetzung und Ökonomie, Familienbindung und Sozialstruktur. Diese Dialektik, am tödlichen Scheitern einer Mutter-Sohn-Beziehung versinnlicht, wendet die zweite Fassung an ihrem Ende positiv.

Der positiven Wendung entspricht nicht nur, daß der Erzähler seinen Helden den Extremen des Daseins weniger aussetzt als der Erzähler der ersten Fassung. Vielmehr wird auch der gesamte Lebensweg in eine übersichtlichere Struktur gebannt. Zu ihren auffälligsten Merkmalen gehört die jeweilige Bezeichnung der einzelnen Lebensstationen durch eine Kapitelüberschrift. Der epische Atem der Großkapitel der ersten Fassung wird durch eine Vielzahl neuer Kapitel in kleinere Atemzüge aufgeteilt. Es ist, als müßte der Erzähler den Strom des Lebens stauen, um seiner Herr zu werden. Die Stauungen des Erzählers regulieren den Lektüreverlauf stärker als zuvor. Die Beschriftung der Lebensstationen in Form kleinteiliger Kapitel steuert den Leser, dient ihm als Orientierungszeichen. Der Erzähler hat es darauf abgesehen, solche Zeichen auch in den Kapiteln selber zu setzen. Mehr als zuvor deutet er einzelne Vorgänge, gibt er ihnen einen bestimmten Sinn, so, wenn er das Scheitern einer Freundschaft des Helden höchstpersönlich erklärt und begründet (2. Fassung: »Fortsetzung des Schwindelhabers« gegenüber der 1. Fassung S. 279). Der kombinatorischen Phantasie und Assoziationskraft des Lesers werden dadurch neue Grenzen gesetzt; der unausgesprochene Tiefsinn und die Beziehungsfülle mancher Episode vermindern sich durch die leserlenkende Didaktisierung des späten Keller.

Parallel dazu verläuft sein ästhetisches Ordnungsbemühen. Wo er Sprünge, Leerstellen, Lücken in der Handlungsführung wahrnimmt, fügt er verbindende, erklärende, begründende Partien ein. Damit das Geschehen als organisch erscheine, motiviert er es, ersetzt er fehlende Handlungsglieder, arbeitet er vorhandene sorgfältiger aus. Unverkennbar die mit dieser ästhetischen Sorgfalt verbundene Neigung zum Detailrealismus: Man denke etwa an die wirklichkeitsadäquate Umsicht, die der spätere grüne Heinrich bei seiner Abreise aus München walten läßt (2. Fassung: »Der wandernde Schädel«).

Allerdings macht gerade dieses Beispiel auch deutlich, wieviel an unmittelbarer

Ausstrahlungskraft das ursprüngliche Seelendrama des grünen Heinrich eingebüßt hat. Das schmerzhafte Pathos, womit einst der verlorene Sohn im »heiligen Bettlerleide« den Heimweg antrat, weicht einer stillen Fassung; die absolute, trostlose Ferne zur bürgerlichen Wirklichkeit verringert sich um des neuen Kompromisses willen. Im Sinne dieses Kompromisses wird auch von vornherein das politische Idealbild relativiert, das der ursprüngliche grüne Heinrich von seiner Schweizer Heimat bei der Rückkehr entworfen hatte; kraft dieser Relativierung ist der Held der zweiten Fassung gegen eine tödliche Desillusionierung gefeit. Der Dämpfung seelischer Extreme entspricht die Mäßigung politischer Perspektiven. Damit ist zwar eine größere Nähe zur bürgerlichen Realität erreicht, nicht aber mehr Realitätsgehalt. Im Spiegel des an der Gesellschaft verzweifelnden Individuums treten deren Widersprüche schroffer zutage als am überlebenden Bürger; am Gegenbild des politischen Ideals der Gesellschaft tritt deren wirkliche Verfassung schärfer hervor als an der auf Kompromiß eingestellten Perspektive.

Anmerkungen

1 *Zitiert wird nach der ersten Fassung des »Grünen Heinrich«*, die Clemens Heselhaus im Carl Hanser Verlag herausgegeben hat *(Gottfried Keller: Sämtliche Werke und ausgewählte Briefe. Bd. 1. 3. Aufl. München 1969).*

2 Fritz Martini: Deutsche Literatur im bürgerlichen Realismus 1848–1898. Stuttgart 1962. S. 574.

3 Es war, wenngleich in idealisierender Gestalt, greifbar bei Emil Ermatinger: Gottfried Kellers Leben. Mit Benutzung von Jakob Baechtolds Biographie dargestellt. 3. Bde. Zürich 1916 (8. Aufl. 1950).

4 Vgl. dazu den literaturhistorischen, von selten gewordenem Forscher-Ethos zeugenden Exkurs Hartmut Laufhüttes: Wirklichkeit und Kunst in Gottfried Kellers Roman »Der grüne Heinrich«. Bonn 1969. S. 37–52.

5 Vereinzelt finden sich auch Zeugnisse eines wachen Kunstverstands. Vgl. etwa Karl Beckenhaupt: Die Entstehung des »Grünen Heinrich«. Diss. München 1915. – Eine für die Zeit bemerkenswerte psychoanalytische Fragestellung entwickelt Eduard Hitschmann: Gottfried Keller. Psychoanalyse des Dichters, seiner Gestalten und Motive. Leipzig/Wien [u. a.] 1919.

6 Der Begriff Werkimmanenz ist mit Vorsicht anzuwenden. Gerade in werkimmanenten Darstellungen finden sich bevorzugt geistesgeschichtliche Weiterungen. Dennoch dürfte meine These nicht fehlgehen. Vgl. dazu zwei bemerkenswerte Studien: 1. Wolfgang Preisendanz: Keller. Der grüne Heinrich. In: Der Deutsche Roman. Vom Barock bis zur Gegenwart. Struktur und Geschichte. Hrsg. von Benno von Wiese. Bd. 2. Düsseldorf 1963. S. 76–127. – Preisendanz behandelt zentral »das Verhältnis von innerer und äußerer Wirklichkeit« (101), ohne daß ersichtlich würde, was denn äußere Wirklichkeit ist. So wird die »Unverantwortlichkeit der Einbildungskraft« zu einem seiner Hauptbegriffe, als trüge nicht auch die »äußere Wirklichkeit« Verantwortung für die Eigenart der Phantasie des Helden. – 2. Laufhütte (Anm. 4) hält rechtens dafür, daß »Wirklichkeitsflucht und gesteigertes Erleben des eigenen Ich« der Ursprung von Heinrichs Kunst sind (104). Welche Art von Wirklichkeit das Individuum in die Flucht treibt, klärt er nicht. Damit erscheinen an sich zutreffende Leitbegriffe wie »subjektive Willkür« (130) und »herrscherliche Willkür« von allem sozialen Kontext isoliert.

7 So insbesondere die Beiträge von Laufhütte (Anm. 4) und Preisendanz (Anm. 6).

8 Dies die Formulierung Martinis (Anm. 2) S. 571.

9 Eine neuere Darstellung (Hans Meier: Gottfried Kellers »Grüner Heinrich«. Betrachtungen

zum Roman des poetischen Realismus. Zürich/München 1977) macht zu ihrem Programm die Askese gegenüber textexternen »wissenschaftlichen Theorien« (10). Es ist jedoch verräterisch, daß der einfühlsamen Interpretation dort wesentliche Einblicke in den Roman glücken, wo sie etwa auf die wissenschaftliche Theorie eines Max Weber zurückgreift (16–20), sonst jedoch sich ins Allgemein-Menschliche verliert oder in idealisierende Deskription übergeht (etwa hinsichtlich der Anna-Judith-Konstellation oder der Wilhelm-Tell-Darstellung). – Umgekehrt geht Hans Schumachers »Ein Gang durch den ›Grünen Heinrich‹« (Kilchberg am Zürichsee 1974; insel-taschenbuch 184, Frankfurt a. M. 1976) vom wissenschaftlichen Begriff der Dialektik aus (vgl. 175f.), zerlegt diesen jedoch in »soziales Verhalten« einerseits und »transzendentes« andererseits (176). Entsprechend bietet seine wohlformulierte Deutung, die mit sprechenden Zitaten aufwartet, statt Dialektik vielerorts ungeschichtliche Antithesenbildung.

10 Vgl. dazu den Aufsatz von Georg Lukács über »Gottfried Keller« aus dem Jahre 1939, in: Werke. Bd. 7: Deutsche Literatur in zwei Jahrhunderten. Neuwied/Berlin 1964. – Michael Kaiser: Literatursoziologische Studien zu Gottfried Kellers Dichtung. Bonn 1965. – Carl Winter: Gottfried Keller. Zeit, Geschichte, Dichtung. Diss. Kiel 1970.

11 Lukács (Anm. 10) S. 405.

12 Das belegt Lukács' eigene, holzschnittartige Deutung des »Grünen Heinrich« (Anm. 10). – Dem gesellschaftlichen Charakter der Naturdarstellung im »Grünen Heinrich« widmet sich, in Anlehnung an die »Dialektik der Aufklärung« von Theodor W. Adorno und Max Horkheimer, die Dissertation von Rainer Würgau: Der Naturbegriff im Werk Gottfried Kellers. Topik der Natur, Materialismus, Mimesis. Tübingen 1970. Wünschbar bleibt eine Synthese zwischen sorgfältiger Textanalyse, wie sie etwa Laufhütte (Anm. 4) vornimmt, und Würgaus textübergreifenden, allerdings auch über den Text hinwegeilenden Ideen. – Die erst jetzt in den Bibliotheken greifbaren Studien von Friedrich Hildt, Gerhard Kaiser und Bernhard Spies (s. Lit.) konnten bei der Entstehung dieses Aufsatzes noch nicht in Betracht gezogen werden.

13 Adolf Muschg: Gottfried Keller. München 1977.

14 So eine Formulierung Theodor W. Adornos in einem Aufsatz über »Valérys Abweichungen«. In: Noten zur Literatur II. Frankfurt a. M. 1963. S. 43.

15 Versuche in dieser Richtung habe ich in zwei Aufsätzen unternommen. Vgl. Gert Sautermeister: Gottfried Keller – Kritik und Apologie des Privateigentums. Möglichkeiten und Schranken liberaler Intelligenz. In: Positionen der literarischen Intelligenz zwischen bürgerlicher Reaktion und Imperialismus. Hrsg. von Gert Mattenklott und Klaus R. Scherpe. Kronberg i. Ts. 1973. S. 39–102. – Ders.: Erziehung und Gesellschaft in Gottfried Kellers Novelle »Kleider machen Leute«. In: Der alte Kanon neu. Zur Revision des literarischen Kanons in Wissenschaft und Unterricht. Hrsg. von Walter Raitz und Erhard Schütz. Opladen 1976. S. 176–207.

16 Vgl. Michael Kaiser (Anm. 10) S. 114f.

17 Sie wurde vor allem von Clemens Heselhaus (Anm. 1) eingeleitet.

18 Werke (Anm. 1) Bd. 3. S. 1251. Brief vom 27. 7. 1881.

19 Sigmund Freud: Abriß der Psychoanalyse. Kap. 2. In: Abriß der Psychoanalyse. Das Unbehagen in der Kultur. Frankfurt a. M. 1972.

20 Sigmund Freud: Das Unbehagen in der Kultur. Ebd.

21 Hinsichtlich der Epoche Kellers nenne ich zwei Beispiele aus dem europäischen Raum: »L'éducation sentimentale« (1869) von Gustave Flaubert und »Jude the Obscure« (1895) von Thomas Hardy.

22 Sigmund Freud: Über die allgemeine Erniedrigung des Liebeslebens. In: Sexualleben. Studienausgabe. Bd. 5. Frankfurt a. M. 1972. S. 203. Die Ausführungen meinerseits lehnen sich an diese kleine Schrift Freuds, teilweise auch an die in Anm. 20 zitierte an.

23 Friedrich Schiller: Über naive und sentimentalische Dichtung (1795/96).

24 Erinnert sei an Friedrich Sengle: Wunschbild Land und Schreckbild Stadt. In: Studium Generale 16 (1963) S. 619–631.

25 Vgl. die instruktive Studie von Raymond Williams: The Country and the City. London 1973.

26 Dies gegen einzelne undialektische und eher antithetische Konfrontationen in dem anregenden Aufsatz von Klaus-Detlef Müller: Die ›Dialektik der Kulturbewegung‹. Hegels romantheoretische Grundsätze und Kellers »Grüner Heinrich«. In: Poetica 8 (1976) S. 300–320. – Vgl. außerdem Bruno Hillebrand: Der Garten des Grünen Heinrich. In: Deutsche Vierteljahrsschrift für Literaturwissenschaft und Geistesgeschichte 45 (1971) S. 567–582.

27 Die vielzitierte Wendung Kellers findet sich in einem Brief vom 26. Juni 1854 an Hermann Hettner. Werke. Bd. 3 (Anm. 1) S. 1139.

28 Das belegen Kellers eigene Äußerungen. Vgl. Klaus Jeziorkowski (Hrsg.): Gottfried Keller. München 1969. Darin Kellers Briefe vom 4. März 1851 (S. 95) und vom 12. September 1883 (S. 205) sowie seine *Autobiographie 1876/77* (S. 164f.).

28a Feuerbachs Religionskritik hatte auf Keller offenbar eine therapeutische Wirkung, war das rettende Gegengift gegen das Schicksal, an dem sein grüner Heinrich zugrunde geht (vgl. Kellers Brief vom 27. März 1851. In: Werke. Bd. 3 [Anm. 1] S. 1119f.). – Noch für Keller hat Feuerbach die Bedeutung, die der Philosoph nach der Aussage von Friedrich Engels für die junge Intelligenz Anfang der vierziger Jahre erlangt hatte. (Vgl. Friedrich Engels: Ludwig Feuerbach und der Ausgang der klassischen deutschen Philosophie.)
Systematisch, obgleich nicht mit allen Konsequenzen für Form und Aufbau des Romans, behandelt den Feuerbach-Komplex Ernst Otto: Die Philosophie Feuerbachs in Gottfried Kellers Roman »Der grüne Heinrich«. In: Weimarer Beiträge 6 (1960) S. 76–111.

28b Georg Jäger: Der Realismus. In: Realismus und Gründerzeit. Manifeste und Dokumente zur deutschen Literatur 1848–1880. Hrsg. von Max Bucher, Werner Hahl [u. a.]. Bd. 1. Stuttgart 1976. S. 16.

29 Die angedeutete Ästhetik-Kontroverse ist um die Jahrhundertmitte nicht nur ein in Deutschland wahrnehmbares Phänomen, sie läßt sich auch in Frankreich beobachten. Das zeigt, ausgehend von Honoré Daumiers Karikatur »Kampf der Schulen. Der Idealismus und der Realismus« (1855), u. a. Gabriele Sprigath: Paul Baudrys »Charlotte Corday« im Pariser Salon von 1861. Ein Beitrag zur Realismus-Debatte um 1860. In: Städel Jahrbuch. Neue Folge 5 (1975) (Sonderdruck). – Zur Situation in Deutschland, besonders in München, vgl. den Ausstellungskatalog »Die Münchner Schule (1850–1914)«. München 1979.

30 Vgl. dazu Kellers eigenes Selbststudium. Werke. Bd. 3 (Anm. 1) S. 1082ff. Brief vom 28. 1. 1849.

31 Vgl. die Rezension des Romans durch Julian Schmidt. In: Realismus und Gründerzeit (Anm. 28b) Bd. 2. Stuttgart 1975. S. 381f.

32 Vgl. Jäger (Anm. 28b), vor allem S. 36–47, Zitate S. 47.

33 So die Wendungen Julian Schmidts in seiner Keller-Rezension (Anm. 31) bzw. seiner Thackeray-Rezension (S. 383).

34 Karl Marx: Ökonomisch-philosophische Manuskripte aus dem Jahre 1844. In: Karl Marx/ Friedrich Engels: Werke. Erg.-Bd. Schriften bis 1844. T. 1. Berlin 1973. S. 465–588.

35 Vgl. die Rezension von Berthold Auerbach. In: Realismus und Gründerzeit (Anm. 28b) Bd. 2. S. 106.

36 Siehe den Beitrag von Jäger (Anm. 28b).

37 Die einzelnen Stadien in der Geschichte des Bildungsromans stellt Jürgen Jacobs dar: Wilhelm Meister und seine Brüder. Untersuchungen zum deutschen Bildungsroman. München 1972. Über den »Grünen Heinrich« S. 180–188.

38 Zur Ambivalenz des Kompromisses vgl. das gehaltvolle Nachwort zu Goethes *Wilhelm Meisters Lehrjahre* von Hannelore Schlaffer. München 1979.

Literaturhinweise

Ermatinger, Emil: Gottfried Kellers Leben. Mit Benutzung von Jakob Baechtolds Biographie dargestellt. 3 Bde. Zürich 1916 (8. Aufl. 1950).

Heselhaus, Clemens: Nachwort zu Gottfried Keller: Der grüne Heinrich. München 1978.

Hildt, Friedrich: Gottfried Keller. Literarische Verheißung und Kritik der bürgerlichen Gesellschaft im Romanwerk. Bonn 1978.

Hitschmann, Eduard: Gottfried Keller. Psychoanalyse des Dichters, seiner Gestalten und Motive. Leipzig/Wien [u. a.] 1919.

Jacobs, Jürgen: Gottfried Keller: Der grüne Heinrich. In: Wilhelm Meister und seine Brüder. Untersuchungen zum deutschen Bildungsroman. München 1972.

Jeziorkowski, Klaus (Hrsg.): Gottfried Keller. München 1969.

Kaiser, Gerhard: Dichtung als Sozialisationsspiel. Studien zu Goethe und Gottfried Keller. Göttingen 1978.

Kaiser, Michael: Literatursoziologische Studien zu Gottfried Kellers Dichtung. Bonn 1965.

Karcic, Lucie: Light and Darkness in Gottfried Keller's »Der grüne Heinrich«. Bonn 1976.

Laufhütte, Hartmut: Wirklichkeit und Kunst in Gottfried Kellers Roman »Der grüne Heinrich«. Bonn 1969.

Lukács, Georg: Gottfried Keller. In: Werke. Bd. 7: Deutsche Literatur in zwei Jahrhunderten. Neuwied/Berlin 1964.

Marcuse, Herbert: Gottfried Keller. »Der grüne Heinrich«. In: Der deutsche Künstlerroman. Frankfurt a. M. 1978 (urspr. Diss. Freiburg i. Br. 1922).

Martini, Fritz: Deutsche Literatur im bürgerlichen Realismus 1848–1898. Stuttgart 1962. S. 565–575.

Meier, Hans: Gottfried Kellers »Grüner Heinrich«. Betrachtungen zum Roman des poetischen Realismus. Zürich/München 1977.

Müller, Klaus-Detlef: Die ›Dialektik der Kulturbewegung‹. Hegels romantheoretische Grundsätze und Kellers »Grüner Heinrich«. In: Poetica 8 (1976) S. 300–320.

Muschg, Adolf: Gottfried Keller. München 1977.

Otto, Ernst: Die Philosophie Ludwig Feuerbachs in Gottfried Kellers Roman »Der grüne Heinrich«. In: Weimarer Beiträge 6 (1960) S. 76–111.

Preisendanz, Wolfgang: Keller. Der grüne Heinrich. In: Der deutsche Roman. Vom Barock bis zur Gegenwart. Struktur und Geschichte. Hrsg. von Benno von Wiese. Bd. 2. Düsseldorf 1963.

Rilla, Paul: Gottfried Keller und der »Grüne Heinrich«. In: Essays. Berlin 1955. S. 51–108.

Schumacher, Hans: Ein Gang durch den »Grünen Heinrich«. Kilchberg am Zürichsee 1974; Frankfurt a. M. 1976 (insel-taschenbuch 184).

Spies, Bernhard: Behauptete Synthesis. Gottfried Kellers Roman »Der grüne Heinrich«. Bonn 1978.

Würgau, Rainer: Der Naturbegriff im Werk Gottfried Kellers. Topik der Natur, Materialismus, Mimesis. Diss. Tübingen 1970.

HARTMUT EGGERT

Hermann Kurz: *Der Sonnenwirt* (1855)
Fiktion und Dokument – Formkrise des historischen Romans im 19. Jahrhundert

Wie eine übermächtige Silhouette liegt Schillers *Verbrecher aus verlorener Ehre* (1785) über der Lektüre des Romans. Bereits in der Einleitung zu einem Vorabdruck 1846 im Cottaschen *Morgenblatt für gebildete Leser* versuchte Hermann Kurz (1813–73) sein Werk aus der mächtigen Umklammerung zu befreien:

»Der Held dieser Erzählung, von welcher hier die zwei ersten Kapitel mitgetheilt werden, ist derselbe, den Schiller in der Novelle ›der Verbrecher aus verlorener Ehre‹ seines großen Pinsels gewürdigt hat. Indem ich dieß ausdrücklich bevorworte, muß ich zugleich versichern, daß ich hierdurch keine Vergleichung herauszufordern beabsichtige. Der kraftvolle Geist, dessen Gepräge unser Dichter auch dieser kleinen, von ihm selbst nicht sonderlich beachteten Nebenarbeit aufgedrückt hat, macht sie für immer zu einer unübertrefflichen Erfindung. Auch gebührt ihr, was jedem ächt poetischen Erzeugnisse zukommt, die Eigenschaft der allgemeinen Wahrheit. Dagegen in dem Sinne, welchen Schillers Ueberschrift ›eine wahre Geschichte‹ anzudeuten scheint und in welchem auch gewöhnlich eine solche Ueberschrift verstanden wird, in diesem Sinne ist sie gerade nicht wahr; vielmehr weicht sie in den Hauptmotiven und in dem größern Theile ihres ganzen Verlaufes von den Begebenheiten, die ihr zu Grunde liegen, völlig ab. Mit Unrecht wird sie von den Biographen unter Schillers historische Arbeiten gerechnet.«[1]

Das klingt – trotz aller rhetorischer Verbeugungen – nach Zaunkönigtum und Häme, die dem großen Kollegen leichtfertigen Umgang mit der Wahrheit vorhält; zumal heute, da die Wirkungsgeschichte längst ihr Urteil gesprochen hat: Hermann Kurz' *Sonnenwirt* ist in keinem Neudruck erhältlich; in Literaturgeschichten findet er allenfalls Erwähnung als epigonale Bearbeitung des Schillerschen Stoffes. Der Roman läßt sich einreihen in die Gruppe einstmals überschätzter Werke – Zeitgenossen meinten, nur Kleists *Michael Kohlhaas* ließe sich ihm im literarischen Rang vergleichen[2] –, seine tatsächliche Verbreitung blieb allerdings beträchtlich hinter dem Ruhm des zum Meisterwerke hochgelobten Buches zurück. 1855 in der Meidingerschen *Deutschen Bibliothek* erschienen, kam es erst 1862 zu einer zweiten Auflage im Verlag Otto Janke; zwei weitere Auflagen erschienen 1874 in der von Paul Heyse veranstalteten Werkausgabe und 1880 in Cottas *Deutscher Volksbibliothek*.

Freilich ist die Wirkungsgeschichte nicht immer ein zuverlässiges Indiz, worauf die Topoi von den »verschütteten Traditionen« und »versäumten Lektionen« hinweisen. Der Versuch, das Werk unter dieser Perspektive zu einer literarischen Neuentdeckung stilisieren zu wollen, verfiele jedoch in den Fehler unangemessener Erhöhung seiner literarischen Qualität, einen Fehler, wie er für zahlreiche deutsche Romane des 19. Jahrhunderts bis in die neuere Literaturgeschichtsschreibung zu beobachten ist. Ihm entgeht man nur, wenn der Blick auf die europäische Romantradition nicht verstellt wird. Allerdings ist die Beschäftigung mit dem *Sonnenwirt* geeignet, manches allzu einsinnige Klischee vom historischen Roman des 19. Jahrhunderts aufzubrechen und die verbreitete

Vorstellung einer durchgängigen, geschichtsklitternden Verklärung nationaler Geschichte zu korrigieren. In diesem eingeschränkten Sinne kann heutige Lektüre des Romans auf verschüttete Traditionen aufmerksam machen.

In seinem ersten historischen Roman *Schillers Heimatjahre* (1843) läßt Hermann Kurz seinen Helden Heinrich Roller auf der Karlsschule den Eleven Schiller, als dieser ihm von seiner Arbeit an den *Räubern* erzählt, sagen: »Nicht übel [...] aber etwas starker Taback. Der Sonnenwirt ist ein Kind dagegen. Übrigens, beiläufig gesagt, der wär auch kein schlechter Stoff.«[3] Uns ist nicht bekannt, ob Kurz bereits zum Zeitpunkt, da er die Zeilen schrieb – vermutlich 1838 –, den Plan gefaßt hatte, selbst den Stoff neuerlich aufzugreifen. Belegbar ist die Arbeit am *Sonnenwirt* seit 1843 aus dem Briefwechsel mit Adelbert Keller;[4] aus ihm ist bereits *seine* Art, das Räuber-Thema anzugehen, ablesbar: Kurz berichtet mehrfach, daß er nach den Prozeßakten des Friedrich Schwan, Sohn des Ebersbacher Wirts des Gasthofs »Zur Sonne«, fahndet und sie im gleichen Jahr in Vaihingen aufspürt. Schiller hatten die Erzählungen seines Lehrers Abel über den Fall des 1760 hingerichteten Räubers und Mörders genügt. Hermann Kurz recherchierte sorgfältig, fast akribisch historische Quellen, exzerpierte seitenlang Gerichtsakten und Verhörprotokolle,[5] sammelte alle ihm erreichbaren vorherigen Darstellungen – im Vorspann zur Erstausgabe 1855 sind die Quellen aufgelistet[6] –, und es ist angesichts der gezielten, hartnäckigen Such- und Archivarbeit eine glatte Untertreibung, wenn er in der erwähnten Einleitung zum Vorabdruck schreibt, daß »mir ein günstiger Zufall und freundliche Bereitwilligkeit die Prozeßakten des ›Sonnenwirts‹ nebst andern ihn betreffenden Papieren in die Hände gelegt«.[7]
Freilich ist es nicht Schwierigkeiten bei den historischen Recherchen zuzuschreiben, wenn der Roman erst fast ein Jahrzehnt später fertiggestellt wurde. Zwischen den Anfängen und dem Abschluß des Romans liegen entscheidende Jahre im Leben des Autors, die hier nur skizzenhaft angedeutet werden können[8]: Der ehemalige Zögling Maulbronns und des Tübinger Stiftes hatte 1836 die theologische Laufbahn im Vikariat aufgegeben, um als freier Schriftsteller tätig zu werden. Da er aus den Einkünften der eigenen Werke kaum seinen Lebensunterhalt bestreiten konnte, verdiente er sich diesen vor allem mit Übersetzungen Byrons, Chateaubriands, Ariosts und von Gottfrieds *Tristan und Isolde*, bis er 1844 eine Redakteursstellung beim *Deutschen Familienbuch* in Karlsruhe fand. Die Verbindung zu Kreisen des badischen Liberalismus – er hatte Kontakt zu Bassermann, Mathy, Hecker, Pfau – wurde prägend für seine politischen Überzeugungen. Zwar führten ihn die Recherchen zum *Sonnenwirt* in den Februartagen 1848 zurück in die schwäbische Heimat, aber die politischen Ereignisse des Frühjahrs brachten die literarischen Pläne erneut ins Stocken, denn im April trat er in die Redaktion des *Beobachters*, des Organs des schwäbischen Liberalismus, ein. Als der verantwortliche Redakteur Adolf Weißer 1849 in die Schweiz fliehen mußte, übernahm er die Redaktionsverantwortung. 1850 wurde er, der für seine politischen Überzeugungen einen publizistischen Balanceakt unternahm, wegen »Preßvergehens« zu acht Wochen Hohenasperg verurteilt. Seine demokratisch-oppositionelle Einstellung gab er auch unter den verschärften Auspizien der Restauration und angesichts des Einschwenkens auf die Linie der ›Realpolitik‹ nicht auf, vielmehr schied er Ende 1854 resigniert aus der Redaktion des *Beobachters* aus; dabei hatte er im letzten Jahr schon nur noch formell die redaktionelle Verantwortung getragen[9] und sich voll der Niederschrift des *Sonnenwirts*

gewidmet. Innerhalb von acht Monaten wurde der Roman von 500 Seiten fertiggestellt (»Sechs Setzer hat Meidinger« – der Verleger – »hinter mir hergejagt«[10]).
Dieses entstehungsgeschichtliche Detail erhielt in der Folgezeit für die Rezeption des Werkes besonderes Gewicht. Die Biographen von Hermann Kurz und Literaturgeschichtsschreiber des 19. Jahrhunderts haben es dem Zeitdruck, unter dem das Manuskript entstand, zugeschrieben, daß das umfängliche (vorletzte) 38. Kapitel stilmäßig die Ebene der Romanform durchbricht. Der traktatmäßige Stil – durchsetzt mit langen Auszügen aus den Gerichtsakten und Verhörprotokollen – wird zum Angelpunkt der Kritik. Berthold Auerbach schrieb an den gemeinsamen Freund Rudolf Kausler 1854: »Kurz' Sonnenwirth [ist] bei manchen guten Einzelheiten ein leichtfertig Stück Arbeit, mit den zuletzt eingeflochtenen Reflexionen sogar wirklich anmaßend. Ist es nicht fürchterlich, daß er zuletzt alles mit Aktenbündeln ausstopft wo wir auf die dichterische Akme hoffen, entlegene theologische Reflexionen eingepappt [hat,] statt daß er den Helden der Volkssage hätte aufgreifen müssen und wir [? – Handschrift schwer lesbar] im ganzen Buch erwarten den Sonnenwirth und den Herzog einmal gegenüber zu stehen, wie ja die Sage Anlehnung dazu gab. Das Zwitterhafte zwischen strenger Historie und freier Dichtung läßt ihn nicht zu eigentlicher Composition kommen [...].«[11]
Selbst, wenn man in Rechnung stellt, daß Hermann Kurz angesichts solcher Kritik später an dem Wert dieses Kapitels zu zweifeln begann,[12] so zeigt sich im Durchbrechen der Romanebene eine innere Konsequenz, die den *Sonnenwirt* zum Dokument eines gewandelten Dichtungsverständnisses macht. Denn Auerbachs Kritik, daß Hermann Kurz nicht »zu eigentlicher Composition« komme, ist unberechtigt. Der Konflikt zeigt sich vielmehr dort, wo Auerbach die »dichterische Akme«, die dramatische Zuspitzung, vermißt und dabei die mögliche Anlehnung an die Volkssage erwähnt. Hermann Kurz ging es aber, wie noch zu zeigen sein wird, um die Destruktion einer Geschichtslegende – um die Spannung zur Sage und zu literarischen Verarbeitungen des Sonnenwirt-Stoffes vor ihm, auch zu Schillers *Verbrecher aus verlorener Ehre*; diese Spannung wird ihm zum Agens geschichtlicher Erkenntnis. In der Einleitung von 1846 hatte er bereits geschrieben: »Diese Urkunden« – die von ihm in den Archiven aufgespürt waren – »enthüllten meinem Auge in und zwischen ihren Zeilen ein Lebensbild, grundverschieden von dem bisher gekannten, aber belebender Darstellung gewiß nicht minder werth. Indem ich eine solche versuchte, mußte ich allerdings die Erfindung zu Hülfe rufen, jedoch keine willkürliche, sondern diejenige Art von Erfindung, welche die vorhandenen geschichtlichen Züge, eine trockene zerstreute Masse zu verbinden und zu erklären unternimmt. Meine Erzählung ist keine bloß thatsächliche, sie ist Dichtung, aber innerhalb streng gegebener Grenzen.«[13]
Die »Composition« des Romans ist unter dem nichtssagenden Gliederungsprinzip durchgehender Kapitelzählung 1–39 verborgen, wobei diese Oberflächenstruktur noch dadurch entwertet wird, daß die einzelnen Kapitel von sehr unterschiedlichem Umfang und Gewicht sind. Die ursprüngliche Verteilung auf die üblichen drei Bändchen, in denen damals viele Romane erschienen, konnte noch zusätzlich zur Irritation des Lesers beitragen, da diese Aufteilung nicht dem inneren Aufbau des Romans entspricht und die beobachtbare Vierteiligkeit des Romans in der Kapitelzählung und Bandaufteilung nicht zum Ausdruck kommt. Liest man den Roman mit der Erinnerung an die Lektüre der Schillerschen Erzählung, so kann bereits eine Inhaltsparaphrase zu erkennen geben, wo Hermann Kurz in seiner Bearbeitung des Sonnenwirt-Stoffes die Schwerpunkte setzt:

Der Roman beginnt mit der Entlassung des zwanzigjährigen Gastwirtssohnes aus dem Ludwigsburger Zucht- und Arbeitshaus, in dem er wegen körperlicher Mißhandlung eines Ebersbacher Bürgers 1½ Jahre zubringen mußte. Bevor der ›mißratene‹ Sohn in das heimatliche Dorf und ungeliebte Elternhaus zurückkehrt, wird in Wirtshausgesprächen in der »Sonne« seine jämmerliche Jugendgeschichte vergegenwärtigt: Unter dem lieblosen, strengen Regiment der Stiefmutter verkümmerte Friedrich Schwan mehr, als daß er heranwuchs; er suchte sich in auflehnendem Trotz, in Streichen und Prügeleien zu behaupten und Atemluft zu verschaffen. Seiner ›Unbändigkeit‹ wußte der Vater nur durch immer neue Einschränkungen zu begegnen, und als der 14jährige im Elternhaus einen kleinen Diebstahl beging, wurde der Sonnenwirt unter Zutun seiner Eltern das erstemal für 6 Monate ins Zuchthaus gesteckt. Bei seiner Rückkehr nach dem zweiten Zuchthausaufenthalt widerfährt dem Gebeutelten und Kriminalisierten erneute Zurückweisung. Zwar lebt er als geduldeter Knecht im Vaterhaus, wird aber immer wieder geduckt und gedemütigt. Als sich Friedrich Schwan in die Häuslerstochter Christine – die »blonde Christine« des Romans – verliebt, lernt der Leser den ganz anderen Menschen in ihm kennen: sanft, fürsorglich, mildtätig, mit sozialem Gewissen. Aber die Eltern widersetzen sich der Heirat zwischen dem Sohn »aus angesehenem Hause« und der sozial deklassierten Häuslerstochter. Friedrich wird in den Zustand der Unmündigkeit zurückversetzt, indem er mit Dorfkindern in den Konfirmandenunterricht ›geknechtet‹ wird. Seine Werbung um Christine setzt er trotz väterlicher Verbote fort; der »Fischerhanne« – ein Nebenbuhler, an dem er sieben Jahre später zum Mörder wird – trägt es den Eltern zu.

Dieses in der Inhaltsparaphrase schematisch klingende Geschehen wird – mit ausführlichen Schilderungen dörflich-sozialer Enge und Reflexionen über christliche Doppelmoral (»Maulchristentum«) durchsetzt – auf 130 Seiten in den ersten neun Kapiteln dargestellt und gewinnt im Detail psychologische Tiefendimension. Dabei überwiegen eher spröde zu nennende Darstellungsweisen die auch vorhandenen pathetischen und sentimentalischen Passagen, so daß der Leser mehr erschrickt, als er gerührt wird über eine gedrückte, geknechtete Kreatur.

Das zweite Drittel des Hauptteils (Kap. 10–26) ist den Versuchen Friedrich Schwans gewidmet, zu einer legalisierten Verbindung mit Christine zu kommen und als Vater ihres Kindes anerkannt zu werden: Die Verweigerung der Heirat konnte nicht eine folgenreiche Liebesnacht verhindern. Friedrich wird »zur Besinnung« einem Frankfurter Vetter ins Haus geschickt. Seiner Rückkehr stimmt man nach einem halben Jahr unter den Bedingungen zu, sich zu unterwerfen und von der Geliebten zu trennen. Als Christine, die »versündigte« Schwangere, vor den inquisitorischen Kirchenkonvent geladen wird, bricht der Sohn des Sonnenwirts seine Unterwerfungszusage und will sich öffentlich zur Vaterschaft bekennen. Um Christine das auferlegte Strafgeld beibringen zu können, begeht er im Vaterhaus, da ihm sein Erbteil verweigert wird, einen neuerlichen Diebstahl. Als der Vater nunmehr ihn vor dem Kirchenkonvent verklagt, beantragt der Sohn beim Herzog eine Erklärung der Heiratsmündigkeit; ihr wird auch – mit einiger zeitlicher Verzögerung – stattgegeben. Die erforderliche dreifache Heiratsproklamation versucht man aber von verschiedenen Seiten der dörflichen Gemeinde zu hintertreiben, wobei soziale Pressionen auf den Häusler ausgeübt und die Bemühungen des Sonnenwirts, sich als Posthalter eine eigene wirtschaftliche Existenz zu schaffen, zum Scheitern gebracht werden. Vor der endgültigen 3. Proklamation kommt es zu einer

Beschreibung

des famosen Bößwichts Friderich Schwahnen, von Eberspach Göppinger Amts.

DJeser Räuber und Mörder ist 27. Jahr alt, kurzer Statur, und nur 5. Fuß 7. Zoll lang, dabey aber besezt, eines starcken Kopfs, weissen saubern Angesichts, dicker rother Backen, braun-oder vielmehr gelblechter kurzer glatter Haaren, schwarzbrauner Augen, breiter Schultern, und starcker Waaden.

Was seine Kleidung anbetrifft, so hat er sonsten gemeiniglich ein rothes Brusttuch, blauen- auch zu Zeiten grünen Frieß-Rock, schwarze Hosen, und weisse Strümpf getragen, worauf aber nicht zu gehen, indeme er seine Montirung je, nachdeme er einen Raub, und gewaltsamen Einbruch begangen, verändert, manchmal Waden-Stiffel träget, beständig heimlich Gewöhr- auch mehrmalen eine Flinten oder Kugel-Büxen und Hirschfänger bey sich führet, und sich mittelst Führung eines Hunds bald vor einen Mezger- bald Kieffer-Knecht, welcher Handwercker gewohnliche Ohren-Gehäng er zu Zeiten träget, bald vor einen Bierbrauer, bald vor einen andern Professionisten, bald aber vor einen Jäger ausgibet, und zu solchem Ende falsche Pässe und gedruckte Kundschafften mit sich führet, zu Zeiten auch sich in Weibs-Kleider verkleidet, bald allein gehet, bald aber eine Concubine, bald einen Cameraden, zu Zeiten auch mehrere mit sich führet, und zu Diebs-Banden sich gesellet, bey leztern aber länger nicht verbleibet, als bis er einen Raub mit ihnen begangen, zur Winters-Zeit hin und wieder auf einzelen Höfen, oder abgelegenen Orten, auch mehrmalen im Futter in Ställen jedoch ganz kurze Zeit- zur Sommers-Zeit aber meistens seinen Auffenthalt, als ein Erz-Wilderer in denen Waldungen und Höhlenen hat, wohin er sich das Essen und Trincken entweder durch Cameraden, oder seine Concubinen, nebst Pulver und Bley aus denen Kauf-Läden abholen lässet.

Wann er einen gewaltsamen Einbruch und Raub vor hat, gehet er, wo er vorhero nicht schon bekannt, wie es zu Heßenthal, Geißlingen und Gmünd, und anderer Orten ergangen, etliche Tag, oder etliche Wochen vorhero mit seinen Cameraden oder Concubinen in solches Haus, und wann es ein Wirth, zechet er bey ihme, wann es aber ein Kauffmann, so kauffet, oder failset er Waaren, und siehet mittlerweilen die Gelegenheit zu einem Einbruch aus.

Seine

Seine Einbrüch verübt er gemeiniglich in der Nacht vor einem Feyer-Sonn- oder Festtag, und, wann solche vorbey, so bleibet er entweder, wann ihme die Situation bekannt, in der Nähe an verborgenen Orten, oder er entfernet sich alsobalden 10. bis 12. auch mehrere Stunden weit.

Ansonsten ist sein Auffenthalt meistens um Eberspach herum, zu Hattenhofen bey seinem Schwager, Ochsenwirth Strauben, in dem Gmündischen in der Stadt, und St. Catharina, Rechbergischen, Schwäbisch Hallischen, Limpurgischen, auch zu Zeiten in und um Reuttlingen, und Urach herum. Seine Sprache ist angenehm, und sein Umgang also schmeichlend, daß er einen jeden, der ihne nicht kennet, dergestalten einzunehmen weißt, daß man seinem fälschlichen Vorgeben vollkommenen Glauben beymisset.

Wobey noch anzumercken, daß er sich zu Zeiten starck bezeche, und volltrincke, also zwar, daß er hernach auf dem Feld, und zwar zur Sommers-Zeit in Früchten, oder auf dem Graß verliegen bleibe.

Steckbrief des ›Sonnenwirt‹ Friedrich Schwan aus dem Jahre 1758.
Erschienen in Verbindung mit dem Herzoglichen Erlaß vom 25. 4. 1758.
Fundort: Württembergische Landesbibliothek, Nachlaß Hermann Kurz.

verhängnisvollen Messerdrohung, die der »aufs Blut gereizte« Friedrich zur Verteidigung Christines ausspricht. In Verbindung mit der väterlichen Diebstahlanklage muß Friedrich Schwan ein drittesmal für 1½ Jahre nach Ludwigsburg ins Zuchthaus. Das 26. Kapitel schließt symbolträchtig mit dem Tod des Zuchthauspfarrers, der dem Geschundenen immer wieder einen seelischen und moralischen Halt geboten hatte.

Dieser Teil des Romans liest sich streckenweise wie ein Kapitel aus einer Sozialgeschichte über dörfliche Enge im Zeitalter des Feudalismus, über die Macht der Kirche und ihre Eheregularien. Zusammen mit dem Erzählgeschehen des ersten Teils umfaßt die Darstellung bis zum neuerlichen Zwangsaufenthalt im Ludwigsburger Zucht- und Arbeitshaus mehr als die Hälfte des Romans. Es läßt sich rekonstruieren, daß sich das erzählte Geschehen über ein Jahr erstreckt, chronikalisch gesprochen: 1750/51.

Das letzte Drittel des Hauptteils (Kap. 27–37) bringt die ›Räuberexistenz‹ des Friedrich Schwan zur Darstellung, wiederum konzentriert auf ein Lebensjahr. Zwischen dem 26. und 27. Kapitel liegt ein Zeitsprung von sechs Jahren; die dazwischenliegenden Ereignisse werden in Gesprächen und Erzählerberichten eingeholt. Schon die Tatsache allein, daß diesem Teil des Sonnenwirt-Stoffes nur ein Drittel des Romans eingeräumt wird, zeigt die Schwerpunktverlegung in der Interessenahme an. Nach der Analyse Klaus Oettingers spielte in den verbreiteten Kriminalgeschichten des 18. Jahrhunderts »die Frage nach der Motivation des kriminellen Handelns im Strafverfahren des 18. Jahrhunderts kaum eine Rolle, sind die Angaben zur Person des Verbrechers, zu seiner Vorgeschichte, seiner Herkunft, seiner Erziehung, seinen Lebensverhältnissen, jeweils recht spärlich, so daß es nur in den seltensten Fällen gelingt, sich aufgrund des Textes auch nur in groben Zügen eine Vorstellung von der Individualität des Betreffenden zu machen. Die Tat allein – so scheint es – definiert den Täter«.[14] Gerade auf das hier unterlegte Gegenbild verlagert Hermann Kurz den Schwerpunkt. Das kommt in der Darstellung der Räuberexistenz selbst zum Ausdruck: Friedrich Schwans Eintritt in die Räuberbande der Zigeuner um Bettelmelcher – der sich im 32. Kapitel vollzieht – erweist sich als Folge jämmerlicher, mehrjähriger Not, die er als Wilderer ausgestanden hatte, sowie als Konsequenz einer trickreichen Verstrickung in Raubüberfälle der Bande. Das vorgegaukelte »freie Räuberleben« als Gegenwelt zu einer korrumpierten ›bürgerlichen‹ Existenz zeigt sehr bald seine wahre Seite: eine Welt der Gewalt, der Not, andauernder Verfolgung, sozialer Zwistigkeiten und ständiger Reibereien. Trug die Welt des Räuber Hannikel, in die Heinrich Roller in Kurz' erstem historischen Roman *Schillers Heimatjahre* gerät, noch romantisch verklärende Züge, so wird im *Sonnenwirt* der Leser parallel zu den Erfahrungen des Friedrich Schwan zunehmend ernüchtert: in diesem dritten Teil ist Desillusionierung Kompositionsprinzip. Drastisch vollzogen wird die Desillusionierung mittels der Gestalt der »schwarzen Christine«, einer Zigeunerin aus dem Bettelmelcher-Clan, mit der sich der historische Friedrich Schwan verheiratete.[15] In den langen Jahren der Not als Wilderer und Gelegenheitsräuber hatte der in der Zwischenzeit berühmt-berüchtigte Sonnenwirt sein Ziel, die Verbindung mit der »blonden Christine« zu legalisieren, nicht aufgegeben. Aber die Jahre der Trennung und Entbehrung hatten ihre Beziehung belastet. (Christine mußte zwei Jahre im Zuchthaus als Strafe für ihren ›unchristlichen Lebenswandel‹ verbringen. Friedrich war aus dem Hohentwiel nach 1½ Jahren ausgebrochen, wohin er zu lebenslänglicher Strafe nach einem Überfall auf ein Pfarrhaus verbracht worden war.) In dem Augenblick, da es gelingt, vor einem abgedankten Pfarrer heimlich getraut zu werden – dies ist der vermittelnde Preis, mit dem ihn die Räuberbande in ihren Bann zieht –, zeigt sich Friedrich Schwan anfällig gegenüber den ›Sirenengesängen‹ der »schwarzen Christine«. Die Liebschaft mit ihr trägt melodramatische Züge, zumal nunmehr Eifersucht geschürt wird. Bei einer Begegnung mit seiner angetrauten Frau, die sich weigert, das Räuberleben mit ihm zu teilen, und versucht, ihn aus der Räuberbande zu lösen, wird die »blonde Christine« festgenommen. Nun beginnt (in Kap. 36 und 37) die dramatische Zuspitzung des Romans: Bei seinem Versuch, Christine gewaltsam zu befreien, gerät nächtens der Sonnenwirt in die Umgebung seines Heimatdorfes Ebersbach, und Hermann Kurz läßt den »Verbrecher aus versagter Liebe« pathetisch Bilanz ziehen:

»In dieser schweren Nacht« – als er oberhalb des Dorfes nächtigt – »gedachte er an jene biblische Erzählung von dem Erzvater, der im Traume eine Leiter auf der Erde stehen sah, die mit der Spitze bis an den Himmel reichte; die Engel stiegen daran auf und nieder, und Gott selbst stand oben darauf. Ihm nahm das Traumgesicht die entgegengesetzte Richtung: er sah endlose Stufen in die Tiefe führen; der Weg hinab war leicht, aber die Rückkehr abgeschnitten; schon war er weit hinuntergestiegen, und jetzt reichten ihm seine Genossen die Hände und tanzten lustig lachend immer tiefer mit ihm hinab. Die verführerische Gestalt der Gefährtin seines Verderbens winkte ihm, die Tochter einer gesetzlosen Welt erschien ihm wie eine Tigerin, die mit heißer Zunge an seinem Herzen leckte. Mitten im Grausen der Verworfenheit empfand er den Reiz, der ihn zu ihr hinzog, und seine Sinne riefen ihm zu, die Lust des Lebens noch recht zu kosten, wenn er denn doch rettungslos verloren sein solle.«[16]

Hin- und hergerissen zwischen Wut und Wehmut begegnet er dem Fischerhanne, an dem er die »Rachetat« an einer Gesellschaft vollzieht, die ihn ausgestoßen hat: »Kampf und Wut und Schrecken umnebelten den Geist des ausgestoßenen Sohnes der Gesellschaft, der sich vergebens beredete, daß er mit kaltem Blute in dem Kriege, welcher gegen ihn geführt wurde, seinen Feind niederschießen könne.«[17] Nach dem Mord am Fischerhanne kommt es zu einer kurzen gespenstischen Begegnung mit dem Vater auf einer Waldlichtung, dem er seine Anklage ins Gesicht schleudert. Damit endet der Roman – könnte der Roman enden, gäbe es nicht das umstrittene 38. Kapitel, dem noch eine epilogartige kurze Romanszene folgt.

Hätte Hermann Kurz den Roman mit dem Mord an Fischerhanne enden lassen, so wäre ihm, so will es scheinen, der buchhändlerische Erfolg fast sicherer gewesen. »Die Kritik verdenkt's Ihnen einstimmig bis zum Hallischen Courier hinunter, daß sie die Akten noch angereiht haben«, schrieb der Verleger Meidinger am 20. März 1855 an den Autor.[18] Freilich handelt es sich bei der Charakterisierung des 38. Kapitels als ›Aktenanhang‹ um eine irreführende Verkürzung: Zwar ›dokumentiert‹ Hermann Kurz mittels Auszügen aus Gerichtsakten und Verhörprotokollen das weitere Schicksal des Sonnenwirts von seiner Gefangennahme bis zur Hinrichtung, aber die dokumentarischen Informationen für den Leser sind eingebettet in einen traktatmäßigen Reflexionszusammenhang, in dem der Autor zum Zwecke *gegenwärtiger* Handlungsorientierung ein kritisches Fazit der dargestellten Lebensgeschichte zieht. Einbezogen in die Kritik wird gleich zu Anfang des Kapitels die Dichtung selbst, sofern sie das Verbrechen zum literarischen Sujet macht:

»Obwohl frei ohne jedes andere Maß und Ziel, als das sie selbst sich setzt, folgt doch die Dichtung gern dem Gefangenen in die Kerkerzelle und zum Schafott, aber sie verstummt

unter dem Geräusch der christlich-deutschen Justiz. Wie sie es verschmäht, ihm in die schmutzigen Höhlen des gewerbsmäßigen Verbrechens zu folgen, so bleibt sie auch vor jenen verschlossenen Türen stehen, hinter welchen das Leben des Menschen stückweise an die Paragraphen eines fremden, toten Rechts gehalten wird. Sie läßt an ihrer Statt ihre Schwester mit dem stillen, unbewegten Auge, die Geschichtsschreibung, eintreten und in dem Aktenstaube wühlen.«[19]
Man darf zwar nicht außer acht lassen, daß der Abschluß des Romans unter großem Zeitdruck stand und Hermann Kurz das weitere Schicksal Friedrich Schwans darstellen wollte und mußte, aber er scheute ganz offensichtlich davor zurück, den weiteren Abstieg des »Verbrechers aus verlorener gesellschaftlicher Stellung«[20] und dessen Hinrichtung in aller üblichen Ausführlichkeit und Anschaulichkeit dem Leser vor Augen zu führen. Der überlieferte Stoff, die Quellen und Akten hätten Stoff genug geboten für eine Verdoppelung des Romanumfangs, wenn er in der bisherigen Erzählweise fortgesetzt worden wäre. Aus der gründlichen Quellenstudie Walter Heynens von 1913 zum *Sonnenwirt*, in der das Verhältnis zu den literarischen Vorlagen und Dokumenten untersucht wird,[21] wissen wir, daß Hermann Kurz sich sehr eng an die schriftlichen Überlieferungen gehalten hat. Dies entspricht einer früh von ihm geäußerten Auffassung, daß der Dichter die »Erfindung« nur dort zu Hilfe nehmen solle, wo sie bei der Bearbeitung historischer Stoffe lebendiger Vergegenwärtigung und dem Auffüllen von Überlieferungslücken diene: »Hier bleibt dann ein großes dunkles Gebiet zu durchforschen, in das kein anderes Licht zu dringen vermag als das Licht der Poesie, aber nicht zu willkürlichen Spielereyen, nicht zu schaler Unterhaltung müßiger Köpfe und leerer Herzen, sondern im Dienst der Geschichte.«[22] Nach diesem Prinzip verfahrend, hätte er allerdings den *Sonnenwirt* als Räuber- und Mordgeschichte sehr plastisch einem stoffhungrigen, sensationslüsternen Publikum darbieten können, einem Publikum, dem die *Mystères de Paris* von Eugène Sue zur Lieblingslektüre gereichten und bei dem zwischen 1842 und 1862 dreißig Bände des *Neuen Pitaval*, herausgegeben von Willibald Alexis und Julius Eduard Hitzig, Absatz fanden, von den Räuber- und Kriminalgeschichten trivialerer Art ganz zu schweigen. Gerade solche Leserinteressen setzt Hermann Kurz aber in seinen Reflexionen des 38. Kapitels auf die Anklagebank, und er schließt in seine harsche Kritik die moralische Fundierung bürgerlichen Dichtungsverständnisses, wie sie sich seit der Mitte des 18. Jahrhunderts ausgebildet hat, ein. Wegen der grundsätzlichen Bedeutung dieser Reflexion für das Verständnis des *Sonnenwirt*-Romans und insbesondere des »mißlungenen« 38. Kapitels sei an dieser Stelle etwas ausführlicher zitiert:
»Will man aber vollends mit ganzem Maße messen, so muß man ferner nicht bloß das Gehenlassen der Regierungen, sondern auch den Zeitgeist selbst mit zur Anklage ziehen, dessen sonderbare Vorliebe für Erzählungen von Räuberabenteuern, dessen krankhaft zärtliche Teilnahme an den Helden derselben beweist, wie verkehrt und widerspruchsvoll der Geist des Menschen werden kann, wenn er dunkel spürt, daß seine Zeit in Haushalt und Menschenrecht nicht wohl bestellt ist. Diese Bildung schwelgte aasvogelartig in Lebensbeschreibungen berüchtigter Räuber und bald auch, da der Bedarf nicht zureichte, in erdichteten Räubergeschichten, deren wirkliches Erleben sie jeden Augenblick in Haus und Hof ernstlich zu befürchten hatte, und all dieser Angst zum Trotze stellte sie sich dennoch, so oft sie in ihren Romanen von einem Kampfe der Räuber mit den Dienern des Gesetzes las, auf die Seite der ersteren, und bekannte hierdurch den

Zwiespalt zwischen ihr und dem Gesetz; ja als endlich ein zum höchsten berufener Dichtergeist seine Jugendkraft und seinen Jugendzorn über die Zeit, die er so erbärmlich fand, in die Gestalten jener Räuberwelt einkleidete, da jauchzte fast die ganze gebildete Welt auf und ging mit unter die Räuber und Mörder, obwohl ein kurzes Nachdenken sie belehren konnte, daß nicht jeden Tag ein verbrecherischer Reichsgraf durch die böhmischen Wälder reist, um einen edlen Räuber als den Vollstrecker einer höheren Justiz zu ernähren, sondern daß dieser gar bald bei ehrlichen und unschuldigen Menschen mit List oder Gewalt sein tägliches Brot holen muß.
In dieser Zeit, deren Sitte, Geist und Bildung sich so gänzlich vom Bestehenden nicht nur, sondern auch vom Rechten abgewendet hatte, daß nur eine große Völkerumwälzung die Welt wieder in das verlorene Geleise zurückbringen konnte, fielen die Enthüllungen des Ebersbacher Bürgersohnes wie ein Wetterschlag – nicht in die Lesewelt, denn sie blieben bei den Akten des Gerichts begraben und würden den modischen Lesehunger schlecht befriedigt haben, sondern in die ›alerte‹ Welt des Verbrechens und in die schlaffe Welt des Gesetzes.«[23]

Spätestens bei dieser Reflexionspassage hätten die Kritiker, die den Romanschluß für mißlungen erklärten, stutzen müssen. Hermann Kurz zitierte aus den Gerichtsakten und Verhörprotokollen nicht aus schriftstellerischer Verlegenheit, aus Zeitnot oder weil »der Strom der Erfindung stockte, die Gesichte verschwanden«.[24] Vielmehr setzte er die Dokumente bewußt gegen ›dichterische Verklärung‹ und Mystifikation. Sie werden ihm zum Beleg für verpaßte Chancen von Aufklärung im Dienste einer Humanisierung der geschichtlichen Welt und praktischer Handlungsorientierung. Denn der Reflexionszusammenhang, in den er die Dokumente stellt – dieser konstituiert das 38. Kapitel, nicht das Interesse, auf abgekürzte Weise das weitere Schicksal des Sonnenwirts dem Leser zur Kenntnis zu bringen –, dieser Reflexionszusammenhang macht deutlich, worauf es Hermann Kurz ankam: Die Gerichtsakten und Verhörprotokolle geben seiner Meinung nach Aufschluß darüber, wie auch die gesellschaftliche Institution der Justiz vor einem Menschen versagte, an dem die Gesellschaft zuvor schuldig geworden war. Denn unter den überlieferten Dokumenten ist das bemerkenswerteste vermutlich das freimütige Geständnis des Sonnenwirts, in dem er sich vom Verbrechen lossagt und die Preisgabe seiner ›früheren Kumpane‹ rechtfertigt, obwohl er sich damit keine Strafmilderung erhoffen konnte. Der ehemalige Theologe Kurz kritisiert in diesem Kapitel nicht nur ›christliche Doppelmoral‹, die zur Quelle gesellschaftlicher Mitschuld an der Entstehung von Verbrechen wird, sondern auch eine ›literarische Doppelmoral‹, die zum einen sich im Lesegenuß an Räubergeschichten delektiert, zum anderen aber die authentischen Zeugnisse nicht zur Quelle geschichtlicher und handlungsnaher, humanisierender Erkenntnis macht. Darauf zielt seine – in dem ausführlichen Zitat wiedergegebene – Argumentation, und er führt in diesem 38. Kapitel gleichsam den Beweis, welcher Nutzen aus eingehender geschichtlicher Analyse zu ziehen ist. Zum einen erweist sich ihm aus dem ganzen Gerichtsverfahren und den Sachverhalten, die in ihm aufgedeckt werden, die Korruptheit einer Gesellschaft,[25] die nur durch »eine große Völkerumwälzung die Welt wieder in das verlorene Geleise zurückbringen konnte« – darin zeigt sich Hermann Kurz' optimistisches Bewußtsein vom geschichtlichen Fortschritt durch die ›bürgerliche Revolution‹; zum anderen plädiert er auf der Grundlage einer einlässigen Erörterung der an Friedrich Schwan vollzogenen grausamen Urteilsvollstreckung für die Abschaffung der Todesstrafe (1855!):

»Das war die Todesstrafe, die ein christlicher Staat unter dem Beistande einer christlichen Kirche an einem Menschenbilde, das sie Gottes Ebenbild nannten, vollzog, indem er sich für so arm an leiblichen und geistigen Mitteln bekannte, daß er mit einem, wenn auch noch so tief gefallenen Menschen nichts Menschlicheres, nichts Christlicheres zu tun wußte, als ihm das Leben zu rauben, und für so beschränkt in Menschenkenntnis, daß er meinte, durch eine recht ausgesucht grausame Strafe werde er andere vom Wege des Verbrechens abschrecken. Und doch hätte gerade dieser ihn vor tausend anderen belehren können, wie irrig eine solche Voraussetzung ist.«[26]
Hermann Kurz resümiert in der Weiterführung seiner Reflexion die Details eines Bildes von dem »famosen Bösewicht Friedrich Schwahnen«, das sich ihm aus dem Studium der Akten so ganz anders darstellte, als es die Sage und die literarischen Bearbeitungen des Sonnenwirt-Stoffes zuvor darboten. Zu den Facetten dieses Bildes gehört auch die zuvor dargestellte Begegnung mit der »schwarzen Christine«, die mit ihm zusammen am 30. Juli 1760 hingerichtet wurde. Als historischer Quellenkritiker korrigiert der Autor den Eindruck eines »Versöhnungsauftrittes«, den frühere Geschichtsschreiber hervorgerufen hatten. Die »eingepappten, entlegenen theologischen Reflexionen«, die Berthold Auerbach monierte, beziehen sich auf den Nutzen der Beichte, der sich die katholische Zigeunerin Christine Schettinger unterzieht und die sich als Lippenbekenntnis, um das Leben zu retten, erweist. Auf die Anklagebank gerät dabei aber weniger die Zigeunerin als der Beichtvater, der mit Bibelsprüchen die Todesstrafe rechtfertigt. Die gleiche Kritik wird auf den lutherischen Geistlichen ausgedehnt, der Friedrich Schwan zur Hinrichtung begleitete; sie wird in der Bemerkung zusammengefaßt:
»Er [der Pfarrer] fand nichts aufzuzeichnen nötig, als die karge, schauerliche Randbemerkung, die er auf einem Blatte des Taufbuchs, wo der Name des am 4. Juni 1729 geborenen Kindes Friedrich Schwan nebst den Namen seiner Eltern und Taufpaten eingetragen ist, mit roter Tinte hinzugeschrieben hat: ›Wurde den 30. Juli 1760 zu Vaihingen lebendig auf das Rad gelegt. Gott sei seiner armen Seele gnädig!‹«[27]

In seiner Einleitung zum Vorabdruck im Cottaschen *Morgenblatt* hatte Hermann Kurz 1846 geschrieben: »Ich glaube, daß die Geschichte, deren Wissenschaft zu einem Kultus zu werden beginnt, der Dichtkunst denselben Dienst zu leisten berufen ist, welchen einst die Kirche den bildenden Künsten leistete: durch Zwang und Beschränkung zu innerer Freiheit und geistiger Kraft zu führen.«[28] Persönlich hatte er zu diesem Zeitpunkt – fast paradigmatisch für Entwicklungen im 19. Jahrhundert – die Loslösung von der Theologie als Handlungsorientierung vollzogen (er war, wie erwähnt, aus dem Vikariat ausgeschieden). Der Weg in eine freie Schriftstellerexistenz schien ihm wie manch anderem Schwaben, der den Weg übers Landexamen nach Maulbronn und ins Tübinger Stift gegangen war, vorgebahnt. Neu war die Orientierung an der Geschichte, die er mit der Dichtung zu verbinden suchte. Das schriftstellerische Handwerk und mit ihm ein spezifisches Dichtungsverständnis hatte er zwar schon in Uhlands ›Dichterschule‹ gelernt, der zu seinen Tübinger Lehrern zählte. Aber Anfang der vierziger Jahre fand er darüber hinaus in Walter Scott, dem »das große Verdienst vorbehalten, der Dichtung eine neue, reiche Fundgrube zu schenken«,[29] sein literarisches Vorbild. Zu dieser Zeit sah er noch die Aufgabe des Dichters darin, »sich neben den Geschichtsschreiber zu stellen und seinen grauen Umrissen Farbe und Leben zu leihen«.[30] Spätestens bei der Arbeit am *Sonnenwirt* muß er aber gemerkt haben, daß die spezifischen literarischen Formen, die im Roman dazu ausgebildet waren, in Konflikt gerieten mit einer strikteren Orientierung an der Geschichte; vor allem auch deshalb, weil die Lesererwartungen an ›romanhafte Darstellung‹ seinen aufklärerischen Interessen zuwiderliefen. Das umstrittene 38. Kapitel dokumentiert sinnfällig die Krise, die sich im Konflikt zwischen den überkommenen literarischen Formen und den gewandelten Intentionen auftat. Seine Tochter Isolde berichtet in ihrer Biographie des Vaters, daß Hermann Kurz nach dem Mißerfolg des *Sonnenwirts* »eine Zeitlang glaubte, ganz zur Historie übergehen zu sollen, denn daß die unzünftige Wissenschaft ihren Mann noch weniger nährt als die Poesie, wußte er bei seiner Welt- und Geschäftsunkenntnis nicht«.[31] Der andere Weg, den er hätte gehen können, nämlich eine neue literarische Form für den »Hiatus von Geschichte und Fiktion« (Geppert[32]) zu finden und produktiv zu wenden, dieser Weg war ihm persönlich-biographisch wohl noch versperrt. Das umfängliche 38. Kapitel (60 Seiten) ragt auch deshalb als erratischer Block aus dem Roman heraus, weil es ›nur‹ die Romanebene durchbricht und nicht den Abschluß des Werkes bildet. Dem Leser wird die Durchbrechung fiktionalen Erzählens durch ein kurzes 39. Kapitel bewußt gehalten: In ihm begegnen sich auf dem Wege zur Hinrichtung ein letztesmal Friedrich Schwan und die »blonde Christine«. Diese Begegnung ist in ihrer rührseligen Pathetik, insbesondere nach dem gewichtigen 38. Kapitel, schier unerträglich, genauso wie die letzten Sätze des ganzen Werkes. Der Sonnenwirt sieht vom Schafottwagen den alten Invaliden aus seinem Heimatdorf, der immer zu ihm gehalten hatte: »›O wo 'naus, Frieder, wo 'naus?‹ rief der Alte traurig. ›Dem Himmel zu!‹ antwortete er mit der hellen Kommandostimme, die bei so manchem Einbruch erschollen war.«[33]

Das 39. Kapitel beginnt mit den Worten, die deutlich die Fiktionsebene markieren: »Noch einmal den Vorhang auf und nun das letzte Bild.«[34] Obwohl damit die Durchbrechung der Fiktionsebene, worin sich die poetische Krise dokumentiert, scharf angezeigt und die Fiktion als Fiktion desillusioniert wird, wäre der »Vorhang« besser nicht noch einmal aufgegangen. Dem ganzen Duktus eines Romans, in dem die soziale Verschuldung einer Gesellschaft dargestellt wird, die aus Unverständnis und Unmenschlichkeit einen jähzornigen, labilen Menschen dazu treibt, zu rauben und zu morden, einem solchen Duktus wäre die Schlußpassage des 38. Kapitels – trotz aller auch hier nicht zu übersehenden Emphase – angemessen gewesen:

»Eine beschränkte Umgebung hindert ja auch den Unbefangensten, das Leben frei anzuschauen und frisch hineinzugreifen. In kleinen Verhältnissen ist dies nicht so leicht zu ändern. Ein Volk aber soll seine Wahrzeichen nicht wegwerfen, und ein Wahrzeichen ist ihm auch der Verbrecher, dessen es sich schämt. Wir mögen ihn verwünschen und verfluchen, wir mögen ihn aus der Gesellschaft und aus dem Lande stoßen, wir mögen ihn in der Gruft des lebenslangen Kerkers begraben oder mit der Maschine töten, die uns ein wenig von der Bildung und noch mehr von der selbsttätigen Kraft unserer Vorfahren unterscheidet – eines können wir ihm nicht nehmen, ein Gepräge können wir nicht an ihm vernichten. Wir müssen bekennen: Er war unser.«[35]

Das waren in einer Zeit, da »die Aufsuchung der grünen Stellen«[36] in der prosaischen Wirklichkeit zum romantheoretischen Programm erhoben wurde, kaum mehr aufklingende Töne. Der alles verklärende Humor als Stilprinzip und Geisteshaltung erwies sich als Weg der Resignation, den Hermann Kurz danach für eine kurze Zeitspanne schriftstellerisch zu gehen versuchte, bevor er das ›poetische Schreiben‹ ganz aufgab. (Hermann Kurz starb 1873 als Unterbibliothekar an der Tübinger Universitätsbibliothek.) Mit dem 38. Kapitel des *Sonnenwirts* war er literarisch konsequent an die Grenze gelangt, die er mit dem traditionellen historischen Roman »im Dienste der Geschichte« auszuloten sich bemüht hatte. *Der Sonnenwirt* kann von heutigen Lesern als ein Dokument politischen *und* literarischen Scheiterns gelesen werden; freilich erscheint im Lichte der weiteren Geschichte das Scheitern ehrenvoll. Im gleichen Jahr, da der Roman herauskam, erschienen zwei Romane auf dem Buchmarkt, die zu Bestsellern der zweiten Jahrhunderthälfte werden sollten: Gustav Freytags *Soll und Haben* und Viktor von Scheffels *Ekkehard.*

Anmerkungen

1 Morgenblatt für gebildete Leser (18. 2. 1846) Nr. 42. S. 165.

2 So noch 1904 der Herausgeber der Werke von Hermann Kurz, Hermann Fischer, der sich dabei auf die Aussage von Paul Heyse beruft. In: Hermann Kurz: Sämtliche Werke in zwölf Bänden (Teilen). Hrsg. von Hermann Fischer. Leipzig o. J. [1904]. Bd. 5–7: Der Sonnenwirt. Bd. 5. S. 7. – *Nach dieser Ausgabe wird im folgenden der Romantext zitiert.*

3 Schillers Heimatjahre. Mit einer Einleitung von Hermann Fischer. Leipzig o. J. S. 162.

4 Briefwechsel mit Adelbert Keller. Nachlaß »Hermann Kurz« im Literaturarchiv des Schiller-Nationalmuseums in Marbach.

5 Die handschriftlichen Abschriften befinden sich in der Württembergischen Landesbibliothek Stuttgart, Nachlaß H. Kurz.

6 Der Sonnenwirt. Ein deutscher Volksroman. Frankfurt a. M. 1855. S. III-V.

7 Morgenblatt (Anm. 1) S. 165.

8 Ausführliche Darstellung vor allem bei Hermann Fischer: Hermann Kurz. Sein Leben und seine Werke. In: Sämtliche Werke (Anm. 1) T. 1. In Details aufschlußreich, aber mit Vorsicht zu lesen, die Biographie, die seine Tochter schrieb: Isolde Kurz: Hermann Kurz. Ein Beitrag zu seiner Lebensgeschichte. München/Leipzig 1906.

9 Isolde Kurz (Anm. 8) S. 188.

10 Ebd. S. 196.

11 Berthold Auerbach an Rudolf Kausler. Brief vom 20. 12. 1854 im Nachlaß »Hermann Kurz«, Literaturarchiv Marbach.

12 Isolde Kurz (Anm. 8) S. 196.

13 Morgenblatt (Anm. 1) S. 165.

14 Klaus Oettinger: Schillers Erzählung »Der Verbrecher aus Infamie«. Ein Beitrag zur Rechtsaufklärung der Zeit. In: Jahrbuch der Deutschen Schillergesellschaft 16 (1972) S. 270.

15 Vgl. den kurzen historischen Lebensabriß in der Einleitung Hermann Fischers zum »Sonnenwirt« in den Sämtlichen Werken (Anm. 2) S. 3.

16 Sonnenwirt. Bd. 7. Buch 3. S. 99f.

17 Ebd. S. 104.

18 Zit. nach Walter Heynen: Der »Sonnenwirt« von Hermann Kurz. Eine Quellenstudie. Berlin 1913. S. 250.

19 Sonnenwirt. Bd. 7. Buch 3. S. 107.

20 Ebd. S. 110.

21 Heynen (Anm. 18).

22 Hermann Kurz: [Nachwort zu] Schillers Heimatjahre. T. 1. Stuttgart 1843. S. 395f.

23 Sonnenwirt. Bd. 7. Buch 3. S. 146f.

24 Isolde Kurz (Anm. 8) S. 194.

25 Unmittelbar vor dem ausführlichen Zitat über die Mitschuld des bürgerlichen Lesepublikums

heißt es im Roman: »Es ergibt sich aus diesem allem, daß die Zeit für das Schwurgericht noch nicht reif war, weil auf der Anklagebank die Stehler und auf der Geschworenenbank die Hehler gesessen wären. Aber nicht bloß das Bürgertum bis zu seinen Vorstehern hinauf, sondern auch der Adel, der einen so großen Teil von Land und Leuten in unbedingter Abhängigkeit hielt, hat in einzelnen Mitgliedern, aus Furcht oder Vorteil, an der Begünstigung dieses Raubwesens Teil genommen.« (Bd. 7. Buch 3. S. 146)

26 Sonnenwirt. Bd. 7. Buch 3. S. 163f.

27 Ebd.

28 Morgenblatt (Anm. 1) S. 165.

29 [Nachwort zu] Schillers Heimatjahre (Anm. 22) S. 396.

30 Ebd. S. 397.

31 Isolde Kurz (Anm. 8) S. 264.

32 Hans Vilmar Geppert: Der ›andere‹ historische Roman. Theorie und Strukturen einer diskontinuierlichen Gattung. Tübingen 1976.

33 Sonnenwirt. Bd. 7. Buch 3. S. 172.

34 Ebd. S. 167.

35 Ebd. S. 166f.

36 Friedrich Theodor Vischer: Ästhetik oder Wissenschaft des Schönen. § 879–882: Die epische Dichtung des modernen, charakteristischen Stils oder der Roman. Stuttgart 1857. S. 1305.

Literaturhinweise

Eggert, Hartmut: Studien zur Wirkungsgeschichte des deutschen historischen Romans 1850–1875. Frankfurt a. M. 1971.

Fischer, Hermann: Hermann Kurz. Sein Leben und seine Werke. In: Hermann Kurz: Sämtliche Werke in zwölf Bänden (Teilen). Leipzig o. J. [1904]. Bd. 1. S. III–XXXVII.

Geppert, Hans Vilmar: Der ›andere‹ historische Roman. Theorie und Strukturen einer diskontinuierlichen Gattung. Tübingen 1976.

Heynen, Walter: Der »Sonnenwirt« von Hermann Kurz. Eine Quellenstudie. Berlin 1913.

Sulger-Gebing, Emil: Hermann Kurz, ein deutscher Volksdichter. Eine Charakteristik. Nebst einer Bibliographie seiner Schriften. Berlin 1904. [Werkbibliographie wichtig.]

HARTMUT STEINECKE

Gustav Freytag: *Soll und Haben* (1855)
Weltbild und Wirkung eines deutschen Bestsellers

Als 1855 der Roman *Soll und Haben* von Gustav Freytag (1816–95) erschien, rühmte Theodor Fontane »diese bedeutsame literarische Erscheinung« als »eine *Verdeutschung* (im vollsten und edelsten Sinne) des neueren englischen Romans«.[1] Berthold Auerbach pries das Werk als Griff »in das unmittelbare Leben, wie es sich täglich vor unsern Augen bewegt«, und als realistische »Männer-Litteratur«.[2] Felix Dahn sah in dem Roman ein »Gegenbild des Götheschen Wilhelm Meister«[3]; für Wilhelm Dilthey war es der »erste ächt deutsche Roman«[4]. Zahlreiche weitere Kritiker, bekannte und namenlose, stimmten in dieses Lob ein. Julian Schmidt, der Literaturpapst des Jahrzehnts, proklamierte *Soll und Haben* zum Meisterwerk der nachklassischen deutschen Literatur.[5] Wolf Graf Baudissin regte der Roman gar zu einem hymnischen Sonett an, dessen Quartette auf »Soll« und »Haben« reimen; das in der letzten Gedichtzeile formulierte Gesamturteil: »Du schriebst die herzerfreulichste Geschichte« traf die Empfindung sehr vieler Leser der Zeit.[6] Bereits 1859 stellte die *Gartenlaube* fest, daß in Deutschland »seit Jahrzehnten [...] kein belletristisches Werk einen solchen Erfolg gehabt« habe wie Freytags Roman.[7] Am Ende des Jahrhunderts lag die Auflage des Werkes bereits weit über 100000; selbst Gegner Freytags wie Franz Mehring gaben zu, *Soll und Haben* sei »der gelesenste aller deutschen Romane«.[8] Doch das Interesse der Leser stieg noch weiter: 1925, beim Auslaufen des Copyrights, waren über eine halbe Million Exemplare gedruckt; um 1960 wurde die Millionengrenze überschritten.[9] Danach wurde es für einige Zeit stiller um *Soll und Haben:* Die solideste Säule von Freytags Ruhm, der Erfolg bei den Lesern, schien geschwunden; die Literaturwissenschaft, die den Roman so lange zu rühmen gewußt hatte, war bereits zuvor auf Distanz gegangen. Aber wer glaubte, auch dieses Werk sei nun auf dem großen Friedhof der Literaturgeschichte beigesetzt, sah sich getäuscht. In der zweiten Hälfte der siebziger Jahre erschienen wieder mehrere Neuausgaben (darunter zwei Taschenbuchausgaben). Das Fernsehen faßte den Plan, das Werk in aufwendiger Weise (10 Folgen) zu verfilmen. Diese Ankündigung löste eine längere öffentliche Diskussion aus, in der sich zahlreiche Zeitungen und Zeitschriften, vor allem die *Frankfurter Allgemeine Zeitung* und die *Zeit* heftig engagierten, in der Wissenschaftler und Künstler wie Hans Mayer, Theodor Eschenburg und Rainer Werner Fassbinder mit- und gegeneinander über den Roman, sein Verständnis, seine Bedeutung debattierten.[10]

Wohl kaum ein zweiter deutscher Roman des 19. Jahrhunderts hat einen derart breiten und langanhaltenden Erfolg zu verzeichnen, zieht noch heute öffentliche Aufmerksamkeit auf sich, erregt Ärger, entfacht Kontroversen. Im Falle von *Soll und Haben* beansprucht die Wirkungsgeschichte mindestens ein ebenso großes Interesse wie das Werk selbst. Um die Wirkung zu erklären und zu verstehen, ist es allerdings notwendig, zunächst den Roman genauer zu analysieren, ihn im literatur- und werkgeschichtlichen Zusammenhang, vor dem geistigen und politischen Hintergrund seiner Entstehung zu betrachten.

Der 1816 in Kreuzberg, im schlesischen Grenzland, geborene Gustav Freytag war 1855, als *Soll und Haben* erschien, bereits eine bekannte Gestalt im literarischen Leben Deutschlands. Seit Anfang der vierziger Jahre war er durch verschiedene Lust- und Trauerspiele, die ein gewisses formales Geschick zeigten und dem Salongeschmack der Zeit entgegenkamen, bekannt geworden (sein bestes Stück, *Die Journalisten* [1852], ist noch heute lesbar). Nachdem der promovierte und habilitierte Germanist (der u. a. bei Hoffmann von Fallersleben in Breslau und bei Karl Lachmann in Berlin studierte) 1844 seine Privatdozentur aufgegeben hatte, widmete er sich ganz dem Schriftstellerberuf. 1848 übernahm er zusammen mit Julian Schmidt in Leipzig die Redaktion der *Grenzboten*. Die *Zeitschrift für Politik und Literatur* entwickelte sich im Laufe der fünfziger Jahre, vor allem dank der Energie Schmidts, zur tonangebenden literaturkritischen Zeitschrift Deutschlands, zum einflußreichsten Programmorgan des ›Realismus‹ in der Literatur. Zugleich wurde sie zu einem wichtigen politischen Forum, dessen Leitlinien die Stärkung des Bürgertums und seines Selbstbewußtseins, die Weltanschauung des Liberalismus und die Begeisterung für Preußen waren. Die 1853 geschlossene Freundschaft mit Herzog Ernst II. von Sachsen-Coburg-Gotha brachte Freytag zu einer Intensivierung seiner politischen Bemühungen, insbesondere zur Unterstützung von dessen nationalliberaler und ›kleindeutscher‹ Politik. Der Roman *Soll und Haben* stand unter den gleichen Vorzeichen wie die *Grenzboten*: Er war ein Roman des ›Realismus‹, und er war, wie die Widmung an den Herzog zu verstehen gibt, ein Roman im Dienst politischer Ziele.

Nach dem Erfolg seines ersten Romans war Freytag ein berühmter Mann. Er verstärkte seine politische Arbeit, trat seit den späten fünfziger Jahren gegen die Politik des preußischen Ministerpräsidenten Bismarck auf, wirkte seit 1859 im Nationalverein mit, in dem sein Herzog eine wichtige Rolle spielte, wurde 1867 Abgeordneter der Nationalliberalen im Norddeutschen Landtag. Das literarische Werk begleitete weiterhin das politische Streben: Das gilt für den Roman *Die verlorene Handschrift* (1864) ebenso wie für die umfangreiche Sammlung kulturhistorischer *Bilder aus der deutschen Vergangenheit* (1859–67), die sich das Ziel setzten, den endgültigen Triumph des Bürgertums in der Gegenwart als Ergebnis eines langen geschichtlichen Prozesses zu zeigen: »[...] in dem deutschen Bürgertum liegt die edelste Kraft, die Führerschaft auf dem Gebiet idealer und praktischer Interessen. [... Es] ist jetzt mitten in starker Anstrengung, sich das höchste irdische Besitztum, den Staat, zu bilden«.[11] Der ebenfalls vielbändige Zyklus historischer Romane von der Zeit der germanischen Völkerwanderung bis ins 19. Jahrhundert *Die Ahnen* (1872–80) verfolgte einen ähnlichen Zweck. Die politischen Realitäten der Bismarck-Ära, besonders nach der Reichsgründung, machten Freytag jedoch – trotz der hohen Ehrungen, die er erfuhr – deutlich, daß das deutsche Bürgertum und der preußische Staat einen anderen Weg nahmen, als er ihnen vorgezeichnet hatte: So kamen seine Behauptungen immer mehr Beschwörungen gleich, seine Werke wurden zum Rückzug aus der Gegenwart, zur Flucht in die Geschichte. In Zeiten, die für diese gelehrte, etwas trockene, ja »lederne«, mäßig unterhaltsame, altväterlich erzählte »Tapisseriekunst« (wie Fontane sie charakterisierte[12]) etwas übrig hatten, erreichten auch diese Werke eine beachtliche Verbreitung; seit langem sind sie jedoch weitgehend aus dem Blickfeld der Leser und der Literaturwissenschaft entschwunden. Einzig *Soll und Haben* zieht nach wie vor das Interesse und die Aufmerksamkeit auf sich.

Worum geht es in *Soll und Haben*?[13]
Der Roman schildert den Entwicklungs- und Bildungsgang des jungen Anton Wohlfart aus »rechtschaffenem« kleinbürgerlichem Haus von den Lehrjahren im Kontor des Handelshauses Schröter bis zum Kompagnon des Prinzipals. Dem Aufstieg des Bürgers kontrastiert der Niedergang des Adels: Der angesehene Freiherr von Rothsattel gerät durch seine geschäftliche Unerfahrenheit und durch dunkle Manipulationen an den Rand des Chaos. Entscheidend zu seinem Untergang tragen Juden bei, deren Geschäft der wucherische Geldhandel und deren Mittel nicht selten der Betrug ist. Die drei Gesellschaftskreise sind eng miteinander verwoben: Wohlfart schwärmt für die Tochter des Freiherrn, Lenore, und verläßt eine Zeitlang die Firma, um dessen Finanzen zu sanieren; die treibende Kraft der jüdischen Intrige ist Veitel Itzig, mit dem Wohlfart von der Schule her bekannt ist, der zusammen mit ihm in die Hauptstadt gekommen war und der auf seine Weise einen beachtlichen Aufstieg erlebt hat. Und noch ein dritter Entwicklungsgang wird ausführlicher vorgeführt: der des Herrn von Fink, der zeitweilig als Volontär in Schröters Firma arbeitet und mit dem sich Wohlfart befreundet. Das Ende des Romans führt alle Lebenswege zum Abschluß: Itzigs Betrügereien werden entlarvt, er kommt auf der Flucht vor der Polizei um; Fink kauft das Gut des durch einen Selbstmordversuch erblindeten Freiherrn und erhält Lenore als willkommene Dreingabe; Wohlfart aber wird von der Schwester seines Prinzipals, Sabine, geheiratet und dadurch Teilhaber der Firma.
Die individuellen Entwicklungsgänge stehen in diesem Roman zwar im Vordergrund; aber er bietet zugleich eine breite Darstellung wichtiger gesellschaftlicher Schichten und ein Zeitpanorama. Obwohl genaue Zeitangaben fehlen, läßt sich das Geschehen unschwer auf die vierziger Jahre des 19. Jahrhunderts datieren; die Handlung spielt im schlesisch-polnischen Grenzgebiet, die ungenannte Hauptstadt ist Breslau. Freytag hat in diesem Roman seine eigene engere Heimat, seinen Erlebniskreis der Vormärzzeit als »realistische« Grundlage der Darstellung gewählt.
Die »Idee« von *Soll und Haben* ist nach einer treffenden Formulierung des jungen Theodor Fontane die »Verherrlichung des Bürgerthums und insonderheit des *deutschen* Bürgerthums«.[14] Diesem Grundgedanken sind die anderen Aspekte untergeordnet, unter denen man das Werk häufig betrachtet hat: der Roman als Verherrlichung der Arbeit und als der Bildungsroman Anton Wohlfarts.
Auf die Bedeutung des Themas der Arbeit weist das berühmte Motto des Romans, das Freytag Julian Schmidt verdankt: »Der Roman soll das deutsche Volk da suchen, wo es in seiner Tüchtigkeit zu finden ist, nämlich bei seiner Arbeit«. Dieses Motto ist allerdings mißverständlich. Der Handel war nicht das typischste Moment der Arbeit jener Zeit: Die Produktion von Gütern, Arbeit in Handwerk oder Industrie, in der Fabrik wird nicht gezeigt, zudem war die dargestellte Form des Handels 1855 bereits antiquiert. Es ging Freytag jedoch gar nicht um die Arbeit in all ihren Erscheinungsformen und um das realistische Festhalten und Abschildern von Arbeitsverläufen und -verhältnissen. Arbeit ist für Freytag vielmehr der wesentliche Lebensinhalt und das entscheidende Moment bürgerlicher Kultur und Entwicklung. Prinzipal Schröter, der immer wieder wesentliche Lehren des Romans in griffige Maximen bringt, so daß dem Leser lästiges Nachdenken erspart bleibt, weist mehrfach darauf hin, welchen Wert »die bescheidene und regelmäßige Tätigkeit« im Kontor »für die Bildung« von Wohlfarts »Charakter« besitzt (309). Der Bildungswert der Arbeit besteht in der Vermittlung bürgerlicher Tugenden

und Verhaltensweisen: Ordnung und Regelmäßigkeit, Fleiß und Pflichtbewußtsein (Wohlfart tut »mit Entzücken seine Pflicht« – 171), »aufrichtiger und unbedingter Diensteifer« (87), Gehorsam, Realitätssinn, d. h. Anerkennung der gegebenen Herrschafts- und Arbeitsverhältnisse und die Abgewöhnung von poetischen Träumereien (der Mensch müsse sich hüten, »daß Gedanken und Wünsche, welche durch die Phantasie in ihm aufgeregt werden, nicht allzu große Herrschaft über sein Leben erhalten«, diese zu Beginn des Romans verkündete Maxime nüchterner »realistischer« Selbstbescheidung hat Freytag später als die »poetische Idee« des Werkes bezeichnet).[15] Wohlfart wird »als Rad eingefügt in die Maschine«, und es wird von ihm erwartet, daß er »das ganze Jahr regelmäßig abschnurren« wird (63). Diese »ewige Gleichförmigkeit« macht Wohlfart »nicht unglücklich« (64), da er die Langeweile der Arbeit durch die »Poesie des Geschäfts« kompensiert, die immer wieder beschworen wird: beim Anblick gefüllter Warenlager und exotischer Importe ebenso wie beim Abschluß eines erfolgversprechenden Handels oder der Verteidigung von Gütern gegen die »Insurrektion« (64, 326).

Diese ›Poetisierung‹ des Geschäfts kann kaum verdecken, in welchem Maße das Ökonomische im Mittelpunkt von Wohlfarts Entwicklungsgang steht: Politische Ereignisse werden ebenso auf das Ökonomische reduziert wie die Bildung. Selbst das private Glück untersteht dieser Kategorie: Wohlfart erhält zunächst Einblick in das Hauptbuch der Firma Schröter, dann den ersten »leisen Kuß« Sabines; um keine sentimentalen Mißverständnisse aufkommen zu lassen, kommentiert der Bruder sogleich, sie habe »als kluger Kaufmann gehandelt« (835).

Mit dieser Vorrangstellung des Ökonomischen, mit dem Versuch, das eigentlich recht Materialistische zu ›poetisieren‹ und zu ›idealisieren‹, erfaßt der Roman Situation und Einstellung großer Teile des Bürgertums im Nachmärz völlig richtig. Die Arbeitsethik des Liberalismus wird von Freytag voll übernommen; und wie im Programm der Liberalen ist bei ihm die ideelle von der materiellen Seite der Arbeit getrennt.[16] So erfahren wir sehr viel von den inneren Werten und dem idealen Lohn dieser Arbeit, das Materielle (Gehaltserhöhungen und Beförderungen Wohlfarts) stellt sich gleichsam nebenbei ein.

Um den Leser von dem naheliegenden Gedanken abzulenken, dieses Verhalten sei nichtsdestoweniger materialistisch, wird an einem extremen Gegenbeispiel demonstriert, was ›schnöder‹ Materialismus ist: am Verhalten von Juden, in deren Denken und Tun das Geld die Hauptrolle spielt, denen jedes Mittel recht ist, ihre Geldgier zu befriedigen, die keine edlen Motive kennen, also ausschließlich materialistisch handeln. Um dieses Gegenbeispiel so negativ wie möglich erscheinen zu lassen, häuft Freytag die in seiner Zeit gängigen Klischees. Veitel Itzig, sein Dienstherr Hirsch Ehrenthal und die meisten anderen Juden werden mit abwertenden und abstoßenden Merkmalen überschüttet: Das beginnt beim schmutzigen Äußeren, der krummen Nase und dem mangelhaften Deutsch, setzt sich fort beim unterwürfigen oder frechen Auftreten und endet beim Charakter, dem falschen Denken und dem egoistischen, gelegentlich sogar verbrecherischen Handeln. Der Blick auf die Wirkungsgeschichte des Romans wird zeigen, daß die Juden die ihnen zugedachte Funktion, vom »cruden Materialismus«[17] der Bürger abzulenken, nur bei den ohnehin bereits Überzeugten erfüllten; hingegen wurde ihre zu diesem Zweck so überspitzte Verunglimpfung für viele zum willkommenen Beleg für eine angebliche ›Wirklichkeit‹. Freytag hat dies zwar wohl nicht intendiert (denn er war kein Antisemit, argumentierte nicht ›rassistisch‹),[18] aber in jedem Fall zu verantworten.

Zu den wichtigsten Tugenden, die Wohlfart auf seinem Entwicklungsgang erwirbt, gehört das Selbstbewußtsein als Bürger, der Stolz, dem Bürgertum anzugehören. Dieses Selbstbewußtsein bildet sich außer in der Konfrontation mit den Juden insbesondere in der Auseinandersetzung mit dem Adel. Die Träume vom herrlichen Leben der Adligen und die Sympathie für die hübsche Lenore lassen Wohlfart zwar zeitweilig vom Pfad der bürgerlichen Tugend abweichen und den Verführungen von »Wünschen« der »Phantasie«, Gefühlen und Stimmungen – Mitleid, Liebe – folgen; aber das Zusammenleben mit den Adligen macht ihm die Verfallenheit und Brüchigkeit dieses Standes bald deutlich. Er erfährt, daß es dem Bürger nicht gut tut, seine Klasse zu verlassen und nach der Verbindung mit Adelskreisen zu schielen. Auch diese Hochschätzung des Bürgertums und sein Selbstbewußtsein werden von Schröter mit kernigen Maximen bestätigt: »das arbeitsame Bürgertum« ist der »Stand, welcher Zivilisation und Fortschritt darstellt« (331). Das bürgerliche Selbstbewußtsein wendet sich nach oben hin gegen den Adel und lehnt jede Vermischung (Heirat) mit ihm ab. Undeutlicher sind die Abgrenzungen nach unten: Die wenigen deutschen Arbeiter, die der Roman zeigt, streben – wie der »wackere« Sturm und sein ebenfalls »wackerer« Sohn – nach bürgerlichen Tugenden, zu denen freilich gerade auch für sie Selbstbescheidung, Zufriedenheit mit den gegebenen Verhältnissen gehören. »Proletariat« (das Freytag 1848 in Breslau kennengelernt und als »drohend und unbändig« beschrieben hatte)[19] gibt es im Roman nur als polnischen Pöbel.

Die Erziehung Wohlfarts zum Bürger ist zugleich eine Erziehung zum Deutschen (wobei »deutsch« eine kaum verhüllte Identität mit »preußisch« besitzt) und zum Nationalen, denn die Werte des Bürgertums sind zugleich deutsch-preußische, nationale Werte: Ordnung, Rechtschaffenheit, Pflichterfüllung. Auf diese innere Identität weist nicht zuletzt wiederum die Arbeit hin. Es ist »deutsche Arbeit«, und immer wieder erfahren wir, wie man »Arbeit in der deutschen Weise« verrichtet: nicht wie der »gemütlose« Amerikaner, der sich nicht in seine Arbeit »verlieben« kann, auch nicht mit materiellen Hintergedanken wie die Juden – der gelehrige Wohlfart predigt schon bald: »Keinem von uns fällt ein zu denken, so und soviel Taler erhalte ich von der Firma, folglich ist mir die Firma so und soviel wert« (269) –, sondern aus freudiger Pflicht, aus Berufung, zur Sinnerfüllung des Lebens.

Neben der positiven Darstellung des preußisch-deutschen Wesens steht auch hier wieder die Beleuchtung ex negativo; die Kontrastfunktion ist den Polen zugeteilt. Ihr Wesen in diesem Roman ist daher durch eine einfache Umkehr der deutsch-bürgerlichen Tugenden charakterisiert. Eine Reise mit dem Prinzipal nach Polen und der Aufbau eines neuen Rothsattelschen Gutes in diesem Land gibt mannigfach Gelegenheit zur Beschreibung und Kommentierung. Dabei wird kaum ein Vorurteil aus dem traurigen Repertoire der Völkerklischees ausgelassen. Die Polen sind unordentlich und nicht arbeitsam (»polnische Wirtschaft« – 674), unaufrichtig und falsch, pflichtvergessen und unzufrieden mit den gegebenen Verhältnissen. Daher haben die Deutschen in diesem Roman ein gleichsam moralisches Recht, das polnische Land in Besitz zu nehmen (bzw. das besetzte Land gegen die »Insurgenten« zu verteidigen); sie sind berufen, es zu kolonialisieren. Wohlfart hat am Ende auch das Ziel seiner nationalen Lehrjahre erreicht und kann andere belehren: »Du wirst mit der Pflugschar in der Hand hier ein deutscher Soldat sein« – so prophezeit er dem jungen Sturm –, »der den Grenzstein unserer Sprache und Sitte weiter hinausrückt gegen unsere Feinde.« Und damit kein Zweifel bleibt, wo sie zu finden sind, weist er bei dieser Rede »mit der Hand nach Morgen« (746). Der Erzähler selbst wird an anderer Stelle noch penetranter; er beschwört den »unaufhörlichen siegreichen Kampf« der Deutschen im Slawenland: »ein neues deutsches Geschlecht, dauerhaft an Leib und Seele, wird sich über das Land verbreiten, ein Geschlecht von Kolonisten und Eroberern« (830).

Wie ›undeutsch‹ und ›unbürgerlich‹ die Polen sind, zeigt sich vor allem an ihrer Vorliebe für Revolutionen. Wiederum Schröter belehrt Wohlfart und den Leser, was eine Revolution ist: ein Zusammenrotten undisziplinierter, zumeist dreckiger Haufen, bestehend aus »Adel« und »Pöbel«, von denen »jeder einzeln schlimm genug [ist], wenn sie für sich Politik treiben«; »Revolution« ist Chaos, »sie verwüstet immer und schafft selten Neues« (347). Noch bevor wir dies erfahren, malt uns der Autorkommentar »die furchtbaren Folgen« einer Revolution aus: »Der Verkehr stockte, die Werte der Güter und Waren fielen, [...] viele Kapitalien wurden gekündiget, große Summen, welche in kaufmännischen Unternehmungen angelegt waren, kamen in Gefahr.« (321) Das Schlimmste an einer Revolution ist also, daß sie die Geschäfte stört. Eine bürgerliche und eine deutsche Revolution wäre demnach ein doppelter Widerspruch in sich selbst, sie widerspräche Mentalität, Charakter und Interessen des deutschen Bürgertums: Im Zeichen der »Realpolitik«, der Anerkennung der gegebenen Verhältnisse, tilgt Freytag jede Erinnerung an 1848.

Die Revolution findet nur in Polen statt – ›Politisches‹ im weitesten Sinne gehört nicht zum Entwicklungsgang des deutschen Bürgers Wohlfart. Ebenso bezeichnend ist, daß auch die Bildungsmächte des klassisch-romantischen Entwicklungsromans nur eine geringe Rolle spielen. Mit religiösen oder philosophischen Vorstellungen kommt Wohlfart zu keinem Zeitpunkt in Berührung; auch das Künstlerisch-Literarische und die Wissenschaften bleiben am Rande. Dies alles hat offensichtlich mit schwärmerisch-subjektiver Phantasie und brotloser Mühe zu tun, wie auch das Beispiel des zwar sympathischen, aber lebensuntüchtigen Stubenhockers und Schöngeistes Bernhard Ehrenthal zeigt. Der Roman ist so auf das Ökonomische fixiert, daß er erstaunlicherweise den zweiten Eckpfeiler des liberalen Bürgertums, die »Bildung«, weitgehend vernachlässigt (da Freytag dies offensichtlich selbst bemerkte, wählte er in seinem nächsten Roman *Die verlorene Handschrift* einen Wissenschaftler als bürgerlichen Helden). Zugleich wird damit jedoch bereits angedeutet, daß Freytags Roman nicht nur auf das traditionelle Besitz- und Bildungsbürgertum abzielt, daß er vielmehr auch und gerade den kleinbürgerlichen Lesern Identifikationsmöglichkeiten bietet.

Fontane rühmte *Soll und Haben* als »die erste Blüthe des modernen Realismus«; Auerbach sprach ebenfalls vom »Realismus« des Romans; auch seine Gegner vermerkten, hier werde erstmals »das realistische Princip« verwirklicht[20] – spätere Literaturgeschichtsschreiber haben diese Urteile zunächst bestätigt, bis sich dann ein anderes Begriffsverständnis durchsetzte. Sieht man Realismus jedoch nicht unter der Optik spekulativer »Wesensbestimmungen« von Literaturwissenschaftlern des 20. Jahrhunderts, sondern vom Verständnis der 1850er Jahre, so wird man die ältere Zuordnung sinnvoll finden.[21] Realismus in diesem Sinne bedeutete zunächst formal: geschlossener Aufbau, klare Handlungsführung, Bemühen um Motivierung; sprachlich-stilistisch: Verankerung des Romans in einer mittleren Sprachebene, Eindämmen der Rhetorik, des

Pathos, der Reflexion; darstellungstechnisch: detailgetreue Wiedergabe der »äußeren« Wirklichkeit, von Schauplätzen und Interieurs sowie von Personen, »wie sie im täglichen Leben stehen«, mit einem an Dickens geschulten Humor; ethisch: »Optimismus« und »Gesundheit«, positive Helden, die ihre Umwelt und ihr Schicksal fröhlich bejahen. Die meisten zeitgenössischen Kritiker und Leser begrüßten diesen »Realismus« der Darstellung. Er galt ihnen als ein erfreulicher Gegenschlag gegen die Masse der üblichen zäh geschriebenen, rhetoriküberfrachteten, formlosen Romane der Biedermeierzeit und vor allem als eine »gesunde Reaction« gegen alles, was am Roman der Jungdeutschen und des Vormärz als subjektiv und zersetzend empfunden und abgelehnt wurde: die zerrissenen, dekadenten und moralisch verwahrlosten Helden, die skeptische und ironische Weltsicht, die kritisch-unzufriedene Einstellung zur gegebenen Wirklichkeit des Staates und der Gesellschaftsverhältnisse. »Realismus« heißt hier also auch: Ablehnung der Gesellschaftskritik, Anerkennung des Vorhandenen, der bestehenden sozialen und politischen Verhältnisse.

Die enge Verflechtung dieses Realismusbegriffs mit politischen Grundüberzeugungen, die darin überaus deutlich wird, zeigt sich ebenso bei dem wichtigsten Kernpunkt des »programmatischen Realismus«: der Forderung nach »Objektivität« und der Gestaltung einer »Idee«. Unter »Idee« verstanden die Programmatiker des Realismus etwas Objektives, allgemein Gültiges, Erstrebenswertes, Anerkennenswertes. Der »subjektive Idealismus« der romantisch-jungdeutschen Zeit hingegen wurde als abstrakt, leer und illusionär bekämpft. Eine »subjektive« Idee wurde als »Tendenz« bezeichnet und scharf verurteilt.

Die Abgrenzung erscheint vielleicht zunächst einleuchtend, ist aber im Grunde völlig willkürlich. So nannte Fontane die Idee des Freytagschen Romans eine »Tendenz (im guten Sinne des Wortes)«, und Freytag selbst, der sich in der Widmungsvorrede seines Werkes emphatisch zur objektiven Gestaltung einer Idee bekannte, äußerte Vertrauten gegenüber, ihm habe »während der Arbeit am meisten an der *Tendenz* und zwar an der *politischen*« gelegen; er habe sich dabei »in einem stillen Eifer«, den er »am liebsten einen *preussischen* nennen« mochte, gefühlt.[22] Diese Bemerkungen zeigen, daß Begriffe wie ›Idee‹ und ›Objektivität‹ in der Realismus-Diskussion dieser Zeit primär nicht philosophisch-ästhetischer Natur sind, sondern ebenfalls der politischen Prägung unterliegen: Politische Vorstellungen, die der Kritiker teilt, akzeptiert und rühmt er als ›Idee‹, andere Ansichten verfemt er (zumindest in der öffentlichen Polemik) als ›Tendenz‹.

Unter diesen Vorzeichen ist Fontanes Lob der »Idee« des Romans zu lesen, die ihn über die Werke der englischen Realisten hinaushebe: Die »Verherrlichung des Bürgerthums« und des preußisch-deutschen Wesens schien dem Korrespondenten der preußisch-nationalen *Kreuzzeitung* verständlicherweise besonders verdienstlich. Auch Robert Giseke rühmte die »kraft- und poesievolle Pflichterfüllung als Muster«, Felix Dahn begeisterte sich an der Vermittlung der Wahrheit, »daß das arbeittreue, glanzlose aber kraftvolle Bürgerthum mit seinem Fleiß und seiner sittlichen Gediegenheit die höchste und edelste Macht unserer heutigen Culturwelt« sei.[23] Selbstverständlich pries auch Julian Schmidt die »einsichtsvollste Verherrlichung des Bürgerthums, welche die deutsche Poesie bisher kennt«, den »gesunde[n] Lebensmuth«, die Vermittlung der bürgerlich-sittlichen Werte, in besonderer Weise.[24] Diese Verdienste wurden auch an ›höherer‹, politischer Stelle gewürdigt: nicht nur von Freytags herzoglichem Freund, sondern etwa auch von dem langjährigen preußischen Botschafter in London, Christian Bunsen, der einer der drei 1857 erschienenen englischen Übersetzungen ein rühmendes Vorwort mitgab, in dem er die preußisch-deutschen Werte des Buches in einer die englischen Leser eher aufreizenden Weise hervorhob. Neben die begeisterten Anhänger des Bürgertums und des Preußisch-Deutschen traten diejenigen, die besonderen Gefallen an der Schilderung der deutschen Ostkolonisation fanden und sich auch an den damit verbundenen Ausfällen gegen die Slawen zu begeistern wußten. Der imperialistische Expansionsanspruch, die Vorstellung von der Überlegenheit der deutschen über die slawische Rasse, fand insbesondere nach dem Ersten Weltkrieg die begeisterte Zustimmung vieler. Als drittes politisch-ideologisches Motiv trat schließlich die Darstellung der Juden in den Vordergrund. Fand sie zunächst auch noch unter den Anhängern des Romans Tadler und Kritiker (Fontane, Auerbach), so schwanden solche Differenzierungen im geistigen Klima der Wilhelminischen Zeit. Die in diesen Jahren einsetzenden antisemitischen Kampagnen bedienten sich gerne ausgiebig der teilweise zu Karikaturen verzerrten Judenschilderungen des Romans. Hier wurde der ›Realismus‹ des Werkes zu einem problematischen Argument: Viele Leser glaubten, die Darstellung der Juden (wie die der Polen) sei ›objektive‹ Wirklichkeit; freilich glaubten die meisten daran, weil sie daran glauben wollten, weil sie ihre eigenen Vorurteile dadurch bestätigt sahen. Auch dieses Lesemotiv war in den zwanziger Jahren und in der Zeit des Nationalsozialismus naturgemäß besonders ausgeprägt.[25]

Unter denen, die dem breiten Strom der Zustimmung und Anerkennung von Beginn an energisch entgegentraten, die Wert und Rang des Romans bestritten, die ihn als problematisch, ja gefährlich attackierten, spielten die Vormärzliberalen die entscheidende Rolle: allen voran der streitbare Karl Gutzkow, daneben aber auch so wichtige Kritiker wie Hermann Marggraff, Robert Prutz und Rudolf Gottschall. Sie erkannten – in unterschiedlicher Klarheit –, daß die formalen und erzählerischen ›Fortschritte‹ des Romans auch sehr bedenkliche Kehrseiten hatten: Sie sahen in der formalen Geschlossenheit auch das Bemühte, Konstruierte, den Ausschluß weiter Wirklichkeitsbereiche; sie vermißten psychologische Vertiefung und Differenzierung der Charaktere. Allerdings spielten auch bei diesen Kritikern ästhetisch-literarische Gesichtspunkte im engeren Sinne von Beginn an nur eine Nebenrolle gegenüber der politisch-ideologischen Auseinandersetzung. Die liberale Kritik, die sich noch zu den demokratischen Vormärz-Idealen bekannte, lehnte die einseitige Verherrlichung des Bürgertums scharf ab und zeigte das Materialistische seiner Grundeinstellung. Sie prangerte die vordergründig unpolitische Haltung an, die in Wahrheit überaus politisch sei, weil sie die Anerkennung der gegebenen Verhältnisse als ›realistisch‹ hinnehme, ja rühme. ›Optimismus‹ und ›Gesundheit‹ bedeuteten ihrer Meinung nach, daß Freytag einseitig nur das Positive sehen wolle, daß er daher allen Problemen der Zeit ausweiche, namentlich allen politischen Fragen und »socialen Conflicten [...] aus dem Wege« gehe; alles werde in einem »rosenfarbenen Lichte« falscher Versöhnung dargestellt, geglättet und verniedlicht.[26] Neben diesen Vorwürfen standen von Beginn an scharfe Proteste gegen den »Judenhaß« (so Gutzkow),[27] seltener Widerspruch gegen die nationalistische Überheblichkeit und die antipolnische Tendenz des Romans.

Der sich in der Wilhelminischen Zeit ständig steigernde Ruhm des Werkes drängte diese Bedenken der zeitgenössischen Kritik weitgehend zurück.[28] 1895, beim Tode des Dichters, erhob gegen eine Flut von Elogen einzig Franz Mehring Einspruch: Freytag habe eine »Ideologie des Philisters« geliefert und eine entscheidende, in seinen Augen verhängnisvolle Entwicklung des Bürgertums gerechtfertigt und verklärt: »Er half ihnen aus der idealistischen Haut heraus- und in die mammonistische Haut hineinschlüpfen«; er habe das Profitstreben des deutschen »Bourgeois« mit einer »moralischen Sauce« serviert.[29] In der ersten Hälfte des 20. Jahrhunderts wurde der Roman zwar immer deutlicher als literarisch mittelmäßig erkannt und bezeichnet; die Ideen und Ideologien des Werkes fanden aber weiterhin zumindest ein indifferentes Wohlwollen. Es kam zu keiner einzigen umfassenden kritischen Auseinandersetzung mit dem Roman oder mit jener ›wissenschaftlichen‹ Literatur, die ihn als Eideshelfer nationalistischer Weltvorstellungen und aus ›volkspädagogischen‹ Gründen rühmte. Nach 1945 verschwanden diese Produkte (von wenigen Nachzüglern abgesehen), auch das Wohlwollen ging zurück, nun dominierte die Indifferenz, der Roman wurde ignoriert, verdrängt (selbstverständlich mit der Begründung seiner ästhetischen Bedeutungslosigkeit).

Das Verdienst, die lange Phase der Berührungsangst und der Ratlosigkeit überwunden zu haben, gebührt der angelsächsischen Literaturwissenschaft (T. E. Carter, Jeffrey L. Sammons), die als erste die kritische Beschäftigung mit dem Roman, seiner Ideologie und den Gründen seines Erfolges begann. Im Anschluß daran nahm endlich auch die deutsche Literaturwissenschaft die Diskussion auf. Trotz wichtiger Ergebnisse und Einsichten im einzelnen wird dabei allerdings nicht selten die Gefahr deutlich, sich nun, in Kompensation zu früheren Unterlassungssünden, auf die politische Argumentation zu beschränken. Während die ausländischen Beiträge überwiegend zurückhaltend-nüchtern analysieren, herrscht daher in den deutschen nicht selten die moralisch-politische Anklage vor. Das wurde insbesondere in der eingangs erwähnten Verfilmungskontroverse deutlich, in der die Argumente der Literaturwissenschaft feuilletonistisch pointiert und teilweise vergröbert wiederkehrten. Hans Mayer sprach für viele, wenn er meinte, ein »gerader Weg« führe von der »bösartigen Karikatur« des Veitel Itzig »zu den späteren Judenfratzen eines Julius Streicher«; Freytag sei zwar »kein ›Vorläufer‹«, aber der Nationalliberalismus habe mit Hilfe solcher Thesen den Weg für die Politik des Nationalsozialismus vorbereitet.[30] Wahrscheinlich wird man mit diesen Vorwürfen Freytag nicht »gerecht«, wie verschiedene Kritiker einwandten; demgegenüber ist jedoch festzuhalten, daß in diesem Falle die faktische Wirkung sicher wesentlich wichtiger ist als die Autorintention. Man sollte die Einflußmöglichkeiten von Literatur auch im Negativen nicht überschätzen; aber man wird wohl davon ausgehen können, daß der Roman bei vielen Lesern antislawisch-imperialistische und antisemitische Denkweisen zumindest unterstützt und gerechtfertigt, Vorurteile und Klischees bestärkt hat.

Diese Faktoren spielen bei dem langanhaltenden Erfolg von *Soll und Haben* sicher eine zentrale Rolle. Erklärt man die Wirkung jedoch allein damit, wird man zu dem Ergebnis kommen, daß – wie Kienzle in einer in vielem überzeugenden Untersuchung noch 1975 formulierte – »die *durchschnittliche* Rezeptionsbereitschaft« erlöschen mußte, nachdem »das Potential an Identifikationsmöglichkeiten und ideologischen Projektionsmöglichkeiten erschöpft« war: »Mit seiner ideologischen Bedeutung verlor der Roman jede Bedeutung.«[31] Die Entwicklung hat diese vor einigen Jahren verbreitete Ansicht widerlegt. Worauf beruht das erneute Interesse an *Soll und Haben* seit der zweiten Hälfte der siebziger Jahre? Auch Gegner des Romans oder die in dieser Frage unbefangeneren ausländischen Kritiker sehen darin kein Wiederaufleben der Neigung für antisemitische, antislawische und nationalistische Parolen. Aber dies sind im Grunde nur die Spitzen des ideologischen Eisbergs, die Auswüchse einer Ideologie, deren Fundamente sich nach wie vor einiger Wertschätzung erfreuen. Diese Fundamente, die auch noch unter der »Verherrlichung des Bürgertums« liegen, sind die allgemeinen Wertvorstellungen des Romans, die sich in seinem einfachen, klar geordneten, überschaubaren Weltbild manifestieren.

Diese Werte waren nicht nur in ›bürgerlichen‹ Kreisen der Vergangenheit hochgeschätzt, sie erscheinen offenbar auch und gerade in einer Zeit des Autoritäts- und Wertverfalls vielen wieder erstrebenswert. Hier gibt es noch klare Ordnungen, eindeutige Maximen des ›gesunden Menschenverstandes‹, anerkannte Autoritäten. Wohlfarts Tugenden, seine Ordnungsliebe und Arbeitsamkeit, seine Bescheidenheit und sein Diensteifer, seine Verehrung der Eltern und des Arbeitgebers betrachteten und betrachten viele als erstrebenswerte Bildungsziele für die heranwachsenden Söhne: Bereits Bunsen berichtet darüber, und die Beliebtheit als Konfirmations- und Schulpreisgeschenk im 20. Jahrhundert zeigt das Zeitüberdauernde derartiger elterlicher Wunschvorstellungen. Darüber hinaus kommt der Roman zweifellos der Neigung vieler Leser zur »Gesundheit« gegenüber der Dekadenz, zur Bejahung gegenüber der negativen Kritik, zur Überschaubarkeit der Welt, zur klaren Trennung von Gut und Böse, entgegen. Der Roman wird also von vielen, ähnlich wie im Nachmärz, als eine »Reaktion« gelesen – eine nun teilweise nostalgisch verklärte »Reaktion« (die erste Neuausgabe des Romans 1976 erschien im Rahmen einer »Nostalgie«-Bibliothek) – gegen die komplizierte, vielschichtige Welt der Moderne.

In ähnlicher Weise kann die Wirklichkeitsdarstellung als erholsames Gegenbild zu dem schwerer zugänglichen, geistige Anstrengung erfordernden ›modernen‹ Roman und den verwirrenden Diskussionen darüber, was ›Wirklichkeit‹ eigentlich sei, wirken. In welchem Maße die Darstellungsweise dem Weltbild entspricht, wird besonders an der von Freytag verwirklichten Spielart des Realismus deutlich. Auch sie kommt in ihrer Einfachheit und ihrem Pragmatismus offensichtlich den Bedürfnissen einer großen Zahl von Lesern entgegen. Die Wirklichkeit ist im wesentlichen ›getreu‹, wiedererkennbar dargestellt. Formal betrachtet handelt es sich um einen Roman mit einem positiven Helden, in dessen Welt es nur Scheinkonflikte gibt; Grundkonzeption und Ausgang des Romans sind optimistisch; die Darstellung ist volkspädagogisch, die Sprache unkompliziert, Reflexionen sind weitgehend vermieden. Der Bildungs- und Entwicklungsgang des Helden ist geprägt durch die Arbeitswelt und zielt darauf ab, Klassenbewußtsein und nationales Selbstbewußtsein zu gewinnen, vor dem Hintergrund der Überzeugung des Autors, daß dieser Klasse die Zukunft gehört. Die Ähnlichkeit dieses Roman- und Realismusmodells mit Programmpunkten des sozialistischen Realismus zeigt eine Basis der »Volkstümlichkeit« von *Soll und Haben*.[32]

In die Breite wirken wird ein derartiger Roman vor allem dann, wenn er nicht nur inhaltlich-ideologisch viele Leser anspricht, sondern seine Botschaften zugleich unterhaltsam vermittelt. Auch darin liegt ein Grund der langanhaltenden Beliebtheit des Werkes, den man bei den früheren Erklärungsversuchen vernachlässigt hat. Auf viele »Außenstehende«, die sich nicht mit den Klassenzielen des Helden und den Wertvorstellungen des Autors identifizieren oder als intellektuelle Kritiker mit Maßstäben ›hoher‹ Literatur messen, wirkt die Darstellung des Romans betulich, der Humor (im Vergleich zu seinem Vorbild Dickens) gequält, die Charaktere erscheinen farblos – der ganze Roman langweilig. Derartige Urteile ziehen sich durch die Kritiken von Marggraff über

Mehring bis Mayer. Offensichtlich empfinden zahlreiche Leser den Roman jedoch keineswegs als langweilig, sondern im Gegenteil als durchaus unterhaltsam. Das mag nicht nur an der Einfachheit des Weltbildes, der Erzählweise oder der Sprache liegen. Nicht ganz selten setzt sich das ›Romanhafte‹ des Romans erfolgreich gegen die Einschnürungen durch den konstruierenden Verstand des Germanisten und Ideologen Freytag durch. Das wird etwa an der Gestalt Finks deutlich. Er ist mit viel Sympathie gezeichnet, obwohl er von Adel ist, den bürgerlichen Werten und Tugenden gegenüber in weiten Teilen des Buches eher spöttisch gegenübersteht, ein Nachfahr jungdeutscher Salonhelden, eloquent, nie um ›witzige‹ Bemerkungen verlegen – zweifellos lockert er das Penetrant-Gutbürgerliche vieler Szenen in unterhaltsamer Weise auf.[33] Auch im Bereich der Handlung tragen Partien, die vielleicht nicht sehr realistisch und ›gesund‹ sind, aber doch spannend-romantisch, zu einer gewissen Farbigkeit und Unterhaltsamkeit bei: z. B. die an Eugène Sue oder Charles Dickens erinnernden Schilderungen der Judenherberge, des ausbrechenden Wahnsinns bei Ehrenthal oder der Kämpfe um das polnische Gut, die bereits Fontane an Coopersche Abenteuerbücher denken ließen. Angelsächsische Interpreten, die in ihrer Pragmatik dem ›normalen‹ Leser vielleicht etwas näher stehen, halten den Roman abseits von allem Ideologischen daher auch heute noch für durchaus lesbar, »not really all that atrocious, at least not for anyone who genuinely likes long and detailed nineteenth-century novels«.[34] Auch Fassbinder, dem man ein Gespür für Publikumswirksamkeit gewiß nicht absprechen kann, nennt *Soll und Haben* eine »gut gebaute, spannende, aufregende Geschichte [...]. Das ist spannende Unterhaltung«.[35] Der anhaltende Publikumserfolg ist ein starkes Argument für diese positive Einschätzung, selbst wenn man sie für etwas übertrieben hält. Es ließe sich folgern: Der Roman hatte nicht nur deswegen gleich von Beginn an so viel Erfolg, weil er den Lesern ideologisch willkommen war und ihnen »Identifikationsmöglichkeiten« bot (viele Romane, die der jeweils herrschenden Ideologie noch mehr entsprachen, hatten keinen auch nur entfernt vergleichbaren Dauer-Erfolg); vielmehr: weil er bestimmten offensichtlich nicht an bestimmte Lesergenerationen und historische Konstellationen gebundenen Lesererwartungen entsprach und entspricht und einige Eigenschaften eines guten Unterhaltungsromans besitzt, konnte die Ideologie, die er mitführte, so wirksam sein.

Da die Geschichte des deutschen Romans im 19. Jahrhundert sehr arm an Werken ist, die breiten Erfolg bei den Lesern und Unterhaltsamkeit mit einer gewissen, wenn auch sehr begrenzten literarischen Qualität verbinden, war es verständlich, daß sich auch die heutigen Massenmedien mit diesem Werk befassen wollten. Dabei stand von Beginn an bei allen Beteiligten außer Frage, daß es bei einer Beschäftigung nicht darum gehen dürfe – so der vorgesehene Drehbuchautor –, »Freytags Ideologie« »zu reproduzieren, sondern darzustellen«.[36] Auch nach Fassbinders Ansicht könnte und müßte der Film »das uns falsch erscheinende politische Bewußtsein« zeigen und dazu beitragen, »Brüche und falsche Klebestellen in der eigenen Wirklichkeit zu entdecken«.[37] Wenn der Intendant das Projekt mit der Begründung zurückzog, »die historische Aufarbeitung« des Romans sei gegenwärtig noch »zu vielen Risiken und Mißverständnissen ausgesetzt«,[38] beurteilte er entweder die filmimmanenten Möglichkeiten der Kritik dargestellter Vorgänge und Ideologien gering oder die Fähigkeit eines Regisseurs, eine erarbeitete Konzeption konsequent durchzuführen. Immerhin ist eine Haltung vertretbar, die mögliche Nachteile einer verfehlten Wirkung – Verharmlosung problematischer oder

gefährlicher Verhaltensweisen – für größer einschätzt als den Vorteil einer gelungenen Literaturverfilmung.
Für die Literaturwissenschaft ist ein derartiges Abwägen nicht möglich, sie kann einer Auseinandersetzung mit dem Roman nicht ausweichen. Sie darf den Leser, der offensichtlich nach wie vor freiwillig zu diesem Werk greift, nicht mit ihm allein lassen, damit er nicht die gleichen Irrwege geht wie so viele Leser zuvor. Dabei sollte sie sich nicht in gutgemeinter politisch-didaktischer Absicht damit begnügen, das Problematische und Gefährliche der Ideologie zu zeigen und die ästhetischen Defizite zusammenzustellen, sondern auch die Lesemotive in ihrer ganzen Breite ernst nehmen: Das hieße, die Leser nicht nur zu belehren, sondern vielleicht zum Nachdenken anzuregen.
Es ist notwendig, sich mit Freytags *Soll und Haben* zu befassen, weil dieser Roman – auch wenn uns das unangenehm oder gar peinlich ist – zu unserem literarischen Erbe gehört. Theodor Fontane schloß seine in vielem problematische, weil sehr zeitgebundene Besprechung mit einer Bemerkung, die andeutet, worin der Sinn einer heutigen Beschäftigung mit diesem Werk liegen könnte: Er sei der Überzeugung, daß der Roman »von kommenden Geschlechtern als ein Spiegel unsrer Zeit und ihrer Kämpfe betrachtet und gewürdigt werden wird«.[39] Es wäre eine Aufgabe der Literaturwissenschaft, dieses gewiß auch stets vorhandene Lesemotiv zu unterstützen und zu fördern. Denn »Spiegel« heißt ja nicht nur in naiv-mimetischer Weise ›getreue Wiedergabe‹ der gegenständlichen Details, sondern auch und gerade des ›Geistes‹ der Zeit. So zeigt uns dieser Roman die Wünsche und die Hoffnungen des aufsteigenden Bürgertums, seine Wandlungen vom Liberalismus zum Nationalen, seine Verstrickung in das Ökonomische, seine Vorurteile und Denkklischees, aber auch – zumindest dem etwas genaueren Leser – seine Ängste und seine Traumata nach der gescheiterten Revolution. Es kann für den heutigen Betrachter durchaus nützlich und wichtig sein zu wissen, in welchem Spiegel sich ein großer Teil des Bürgertums im Nachmärz wiedererkannte, worin es seine Leitbilder und Werte sah, womit sich mehrere Lesergenerationen so intensiv beschäftigten.

Anmerkungen

Zitate aus »Soll und Haben« sind im Text nach der dem Erstdruck folgenden Ausgabe des Hanser Verlages (München 1977) nachgewiesen. Bei Hinweisen auf zeitgenössische Besprechungen, die in die Literaturhinweise aufgenommen wurden, wird nur der Name des Autors genannt.

1 Fontane. S. 59.
2 Auerbach. S. 3994.
3 Dahn. S. 2731.
4 Clara Misch (Hrsg.): Der junge Dilthey. Briefe, Tagebücher 1852–1870. Leipzig/Berlin 1933. S. 29.
5 Schmidt. S. 412ff.
6 Wolf Graf Baudissin: An Freytag. In: Gustav Freytag. Bilder aus seinem Leben. Wangen im Allgäu 1970. S. 16.
7 Die Gartenlaube (1859) Nr. 11. S. 10.
8 Mehring (s. Lit.) S. 161.
9 Genaue Zahlen zur Erfolgsgeschichte des Romans bringt Carter (s. Lit.).
10 Siehe dazu Hans Mayer: Ist Gustav Freytag neu zu entdecken? In: Frankfurter Allgemeine

Zeitung (26. 2. 1977) S. 23. – [anonym:] Tragischer Itzig. In: Der Spiegel 31 (7. 3. 1977) Nr. 11. S. 193f. – Rainer Werner Fassbinder: Gehabtes Sollen – gesolltes Haben. In: Die Zeit (11. 3. 1977) S. 39. – Hans C. Blumenberg: Die Angst des Intendanten. In: Die Zeit (18. 3. 1977) S. 33. – Theodor Eschenburg: Gustav Freytag und der Antisemitismus. In: Frankfurter Allgemeine Zeitung (9. 4. 1977) S. 21. – Hans Mayer: Gustav Freytag und die Folgen. In: Frankfurter Allgemeine Zeitung (22. 4. 1977) S. 27.

11 Gustav Freytag: Gesammelte Werke. Serie 2. Bd. 7. Leipzig o. J. S. 495.

12 Theodor Fontane: Sämtliche Werke. Hrsg. von Walter Keitel. Aufsätze, Kritiken, Erinnerungen. Bd. 1. München 1969. S. 851 und 322.

13 Von besonderer Bedeutung für die folgende Analyse waren die Arbeiten von Sammons und Kienzle, daneben die von Carter, Thomas, Hubrich, Kaiser und Kafitz (s. Lit.).

14 Fontane. S. 61f.

15 Freytag: Werke (Anm. 11) Bd. 8. S. 600.

16 Vgl. dazu Wolfgang Hock: Liberales Denken im Zeitalter der Paulskirche. Droysen und die Frankfurter Mitte. Münster 1957. Bes. S. 43ff., 93ff., 108ff.

17 [anonym] Gr. S. 418.

18 Vgl. Kienzle (s. Lit.) S. 36ff.; Cadot (s. Lit.) S. 293ff.

19 Freytag: An den Freigärtner Michael Mroß. In: Die Grenzboten (1848) Sem. IV. S. 292.

20 Fontane. S. 59; Auerbach. S. 3994; Gutzkow. S. 573.

21 Die Frage des ›Realismus‹ habe ich anhand der zeitgenössischen Kritik ausführlich diskutiert in der gleichzeitig erscheinenden Studie: Gustav Freytags »Soll und Haben« – ein ›realistischer‹ Roman? (s. Lit.). Daher können hier abkürzende Hinweise genügen, Einzelbelege fehlen.

22 Fontane. S. 62; Freytag an Geffcken am 23. 8. 1856. In: Johannes Geffcken: Die Tendenz in Gustav Freytags »Soll und Haben«. In: Zeitschrift für vergleichende Litteraturgeschichte. N. F. 13 (1899) S. 89f.

23 Fontane. S. 61f.; Giseke. S. 313; Dahn. S. 2731.

24 Schmidt. S. 414 und 415.

25 Stimmen aus diesen Lagern zitiert Hubrich (s. Lit.) S. 32ff.

26 Marggraff. S. 450; auch Prutz. S. 455f.; [anonym] Gr. S. 417.

27 Gutzkow. S. 574; ähnlich Fontane. S. 63; Marggraff. S. 449; Auerbach. S. 3995.

28 Die wenigen Ausnahmen finden sich weiterhin unter den Vormärz-Liberalen, z. B. Rudolf Gottschall und Hermann Kurz.

29 Mehring (s. Lit.) S. 161 und 163.

30 Mayer (Anm. 10) S. 23; vgl. außer den dort genannten Beiträgen auch Jean Améry: Schlecht klingt das Lied vom braven Mann. Anläßlich der Neuausgabe von Gustav Freytags »Soll und Haben«. In: Neue Rundschau 89 (1978) S. 84–93. – Apologetisch sind die Beiträge der Gustav-Freytag-Blätter, z. B. Helmut Schwitzgebel: Gustav Freytags »Soll und Haben« in der modernen Literaturkritik. In: Bd. 20 (1976) S. 40–50; und: Zu zwei neuen Ausgaben von »Soll und Haben« und zu dem Freytag-Essay von Hans Mayer. In: Bd. 21/22 (1977/78) S. 39–44.

31 Kienzle (s. Lit.) S. 50.

32 Vgl. dazu Kafitz (s. Lit.) S. 87.

33 Viele Kritiker sahen in Fink Freytags »Lieblingsfigur« (Fontane. S. 61; Marggraff. S. 447; Prutz. S. 453); allerdings bezeichneten einige bereits früh seine Art auch als arrogant, rücksichtslos und »malitiös« (Prutz. S. 453), seine »Schnurrpfeifereien« als albern (Gutzkow. S. 574) und seinen »Humor« als »gemacht und gekünstelt« (Marggraff. S. 447); am Schluß wandelt sich der leichtlebige Adlige übrigens zum arbeitsamen Ostlandstreiter.

34 Sammons (s. Lit.) S. 321. Zustimmend zitiert auch von Thomas (s. Lit.) S. 69.

35 Fassbinder (Anm. 10) S. 39.

36 Herbert Knopp: Zu einigen Problemen bei der Verfilmung von »Soll und Haben« S. 12 [unveröffentlichtes Treatment]. Für die freundliche Überlassung dieses Manuskriptes und der Entwürfe für die Drehbücher danke ich Herrn Dr. Knopp.

37 Fassbinder (Anm. 10) S. 39.
38 Wilhelm von Sell laut dpa, zitiert nach Blumenberg (Anm. 10) S. 33.
39 Fontane. S. 63.

Literaturhinweise

Zeitgenössische Besprechungen und Urteile

[anonym] Gr.: Drei deutsche Romane. In: Abendblatt zur Neuen Münchener Zeitung (2., 9., 19. 5. 1857) Nr. 105, 111, 119. S. 417f., 441f., 473f.

Auerbach, Berthold: Rez. in: Allgemeine Zeitung [Augsburg], Beilage (7. 9. 1855) Nr. 250. S. 3994–96.

[Busch, Moritz] M. B.: Rez. in: Allgemeine Zeitung [Augsburg], Beilage (23. 6. 1855) Nr. 174. S. 2778f.

[Dahn, Felix] D.: Rez. in: Neue Münchener Zeitung, Beilage (7. 11. 1855) Nr. 266. S. 2731.

[Fontane, Theodor:] Rez. in: Literatur-Blatt des Deutschen Kunstblattes 3 (26. 7. 1855) Nr. 15. S. 59–63.

Giseke, R[obert]: Soll und Haben. Roman in sechs Büchern von Gustav Freitag. Eine Charakteristik. In: Novellen-Zeitung, 3. Folge. 1 (1855) S. 311–318.

[Gutzkow, Karl:] Ein neuer Roman. In: Unterhaltungen am häuslichen Herd 3 (1855) Nr. 35. S. 558–560; Nr. 36. S. 572–576.

[Gutzkow, Karl:] Der Roman und die Arbeit. Ebd. Nr. 44. S. 702f.

[Lewes, George Henry:] Realism in Art: Recent German Fiction. In: Westminster Review 70 (1858) S. 488–518.

Marggraff, Hermann: Ein Roman, »der das deutsche Volk bei seiner Arbeit sucht«. In: Blätter für literarische Unterhaltung (21. 6. 1855) Nr. 25. S. 445–452.

– Die Kritik und »Soll und Haben«. Ebd. (6. 9. 1855) Nr. 36. S. 662–664.

[Marggraff, Hermann] H. M.: Die »Westminster Review« über den deutschen realistischen Roman. Ebd. (1858) Nr. 49. S. 902–905.

[Menzel, Wolfgang:] Rez. in: Literaturblatt [Stuttgart] (15. 8. 1855) Nr. 65. S. 260.

Pletzer, F.: Gustav Freytag als Romandichter. In: Bremer Sonntagsblatt 3 (1855) Nr. 31. S. 244–246.

[Prutz, Robert] R. P.: Gustav Freytag. Eine literarhistorische Skizze. In: Deutsches Museum 8/2 (1858) Nr. 39. S. 441–458.

Schmidt, Julian: Geschichte der deutschen Literatur seit Lessing's Tod. Bd. 3. 4. Aufl. Leipzig 1858. S. 412–417.

[Stahr, Adolf (?):] Rez. in: National-Zeitung [Berlin] Morgenausgabe (12. 6. 1855) Nr. 267. S. 1f.

Forschungsliteratur

Andrews, John S.: The Impact on Nineteenth-Century Britain of Freytag's »Soll und Haben«. In: Proceedings of the Leeds Philosophical and Literary Society. Literary and historical Section 8 (1959) S. 315–331.

Autorenkollektiv: Geschichte der deutschen Literatur von den Anfängen bis zur Gegenwart. Bd. 8.1. Berlin 1975. (Bes. S. 513–519).

Cadot, Marie Th.: Positivisme politique et inégalité des races dans l'Œuvre narrative de G. Freytag. In: Études Germaniques 31 (1976) S. 281–296.

Carter, T. E.: Freytag's »Soll und Haben«. A Liberal National Manifesto as a Best-Seller. In: German Life and Letters 21 (1967/68) S. 320–329.

Hubrich, Peter Heinz: Gustav Freytags »Deutsche Ideologie« in Soll und Haben. Kronberg i. Ts. 1974.

Jäger, Hans-Wolf: Gesellschaftliche Aspekte des bürgerlichen Realismus und seiner Theorie. Bemerkungen zu Julian Schmidt und Gustav Freytag. In: Text und Kontext 2 (1974) H. 3. S. 3–41.

Kafitz, Dieter: Figurenkonstellation als Mittel der Wirklichkeitserfassung. Dargestellt an Romanen der zweiten Hälfte des 19. Jahrhunderts (Freytag, Spielhagen, Fontane, Raabe). Kronberg i. Ts. 1978. (Bes. S. 65–90.)

Kaiser, Herbert: Studien zum deutschen Roman nach 1848. Karl Gutzkow: Die Ritter vom Geiste. Gustav Freytag: Soll und Haben. Adalbert Stifter: Der Nachsommer. Duisburg 1977. (Bes. S. 57–106.)

Kienzle, Michael: Der Erfolgsroman. Zur Kritik seiner poetischen Ökonomie bei Gustav Freytag und Eugenie Marlitt. Stuttgart 1975. (Bes. S. 5–53.)

Löwenthal, Leo: Gustav Freytag – der bürgerliche Materialismus. In: Erzählkunst und Gesellschaft. Die Gesellschaftsproblematik in der deutschen Literatur des 19. Jahrhunderts. Neuwied/Berlin 1971. S. 120–136.

Martini, Fritz: Deutsche Literatur im bürgerlichen Realismus 1848–1898. 2. Aufl. Stuttgart 1964. (Bes. S. 421–424.)

Mayer, Hans: Gustav Freytags bürgerliches Heldenleben. Nachwort der Ausgabe München 1977. S. 837–844. Gekürzt in: Frankfurter Allgemeine Zeitung (26. 2. 1977) S. 23.

McInnes, Edward: »Die Poesie des Geschäfts«. Social Analysis and Polemic in Freytag's »Soll und Haben«. In: Jörg Thunecke (Hrsg.): Formen realistischer Erzählkunst. Festschrift für Charlotte Jolles. Stuttgart 1979.

Mehring, Franz: Gustav Freytag. In: Die Neue Zeit 13 (1894/95) Bd. 2. Nr. 32. S. 161–164.

Rhöse, Franz: Konflikt und Versöhnung. Untersuchungen zur Theorie des Romans von Hegel bis zum Naturalismus. Stuttgart 1978. (Bes. S. 117–145.)

Sammons, Jeffrey L.: The Evaluation of Freytag's »Soll und Haben«. In: German Life and Letters N. F. 22 (1969) S. 315–324.

Sengle, Friedrich: Biedermeierzeit. Deutsche Literatur im Spannungsfeld zwischen Restauration und Revolution 1815–1848. 2 Bde. Stuttgart 1971/72.

Steinecke, Hartmut: Romantheorie und Romankritik in Deutschland. Die Entwicklung des Gattungsverständnisses von der Scott-Rezeption bis zum programmatischen Realismus. 2 Bde. Stuttgart 1975/76.

– Gustav Freytags »Soll und Haben« – ein ›realistischer‹ Roman? In: Formen realistischer Erzählkunst. Festschrift for Charlotte Jolles in honour of her 70th birthday. Ed. by Jörg Thunecke, in conjunction with Eda Sagarra. Nottingham 1979.

Thomas, Lionel: Bourgeois Attitudes: Gustav Freytag's Novels of Life in nineteenth-century Germany. In: Proceedings of the Leeds Philosophical and Literary Society. Literary and historical Section 15 (1973) T. 3. S. 59–74.

Worthmann, Joachim: Probleme des Zeitromans. Studien zur Geschichte des deutschen Romans im 19. Jahrhundert. Heidelberg 1974. (Bes. S. 91–99.)

JÖRG SCHÖNERT

Otto Ludwig: *Zwischen Himmel und Erde* (1856) Die Wahrheit des Wirklichen als Problem poetischer Konstruktion

1. Das aktuelle Interesse an Otto Ludwig

Als der Hanser Verlag (München) 1977 die von William J. Lillyman besorgte Ausgabe ausgewählter Romane und Romanstudien Otto Ludwigs (1813–65) auf den Buchmarkt brachte,[1] forderte er in Anzeigen die potentiellen Leser zur Neuentdeckung eines der »kühnsten, eigenwilligsten und experimentierfreudigsten Erzähler des 19. Jahrhunderts (Hans Heinrich Reuter)« auf (vgl. Literaturhinweise [fortan abgekürzt: Lit.] Nr. 13) und siedelte den Autor zwischen Dickens und Dostojewski an. Nachdem Otto Ludwig von den Zeitgenossen vor allem als Dramatiker geschätzt worden war *(Die Makkabäer, Der Erbförster)*, verschob sich gegen Ende des 19. Jahrhunderts das Interesse zugunsten der Erzählungen und Romane; während die Zusammenschau von Erzählprosa und den posthum veröffentlichten *Romanstudien*, wie sie auch von der Ausgabe des Hanser Verlags nahegelegt wird, gegenwärtigen Tendenzen der wissenschaftlichen Beschäftigung mit Otto Ludwig entspricht.

2. Stellung von »Zwischen Himmel und Erde« im Gesamtwerk

Wer sich in Literaturkritik und Forschung mit Ludwigs Erzählprosa auseinandersetzte, bezog sich vor allem auf *Zwischen Himmel und Erde*.[2] Die Erzählung, die an die Dimensionen eines Romans heranreicht, entstand 1855 in Dresden. Sie war ursprünglich zur Veröffentlichung in Fortsetzungen in Ernst Keils Familienblatt *Die Gartenlaube* gedacht, kam jedoch dafür dann allein schon von der Ausdehnung des Textes her nicht mehr in Frage. Die erste Buchausgabe – dem Freund Berthold Auerbach gewidmet – erschien 1856 im Verlag Meidinger in Frankfurt a. M., bereits 1858 wurde die zweite Auflage notwendig. Mit der dritten Auflage von 1862 wechselte Otto Ludwig in den Verlag von Otto Janke in Berlin. Obwohl der Autor seine Erzählprosa in Selbstkommentaren gegenüber seinen Projekten im Bereich des Dramas zurücksetzte und als »Brotarbeiten« einstufte, gab er sich mit den verschiedenen Ausgaben von *Zwischen Himmel und Erde* viel Mühe: Die Detailkorrekturen und Erwägungen zur Gliederung des Textes bis hin zur dritten Auflage beweisen das Engagement des Autors.[3]
Besonderes Gewicht erhalten diese Bemühungen im Zusammenhang mit Otto Ludwigs *Romanstudien*, die bei der Veröffentlichung der Nachlaßschriften zunächst hinter den *Shakespeare-Studien* (einer unsystematischen Theorie und Technik des Dramas) zurückstanden, heute jedoch sowohl als aufschlußreiches Rezeptionsdokument zur Auseinandersetzung eines gebildeten Lesers mit der Romanliteratur – insbesondere der englischen – der vorrealistischen und realistischen Phase des 19. Jahrhunderts wie auch als Vorstufe einer modernen Poetik des Romans Aufmerksamkeit gefunden haben.[4]

3.1. Neuere Forschungsinteressen

Die wichtigsten Untersuchungen zu *Zwischen Himmel und Erde* lassen sich – mit unterschiedlichem Gewicht – zwei generellen Perspektiven der *Romanstudien* zuordnen, da sie die Textdiskussion an den entsprechenden Problemen orientieren: Zum einen steht das Verhältnis zwischen dargestellter Wirklichkeit und historischer Lebenspraxis im Sinne des Realismus-Begriffs zur Debatte; zum anderen sind es die spezifischen Verfahren, die in Otto Ludwigs Erzählprosa zur Herstellung der Illusion von ›Wirklichkeit‹ eingesetzt werden. Beide Aspekte sind freilich nicht exakt gegeneinander abzugrenzen; schwerpunktmäßig stehen jedoch die meisten Darstellungen der deutschen Germanistik im Umkreis der gegenstandsbezogenen Realismus-Debatten, die angelsächsischen Untersuchungen hingegen bevorzugen oft Fragen zum Verfahren des Erzählens.
Das in den letzten Jahren im Gefolge von Friedrich Sengles Forschungen zur Biedermeierzeit in der Bundesrepublik neubelebte Interesse am ›Poetischen Realismus‹ hat diesen Fragen einen weiteren Aspekt hinzugewonnen: Es stellt Ludwigs Romanpraxis und Erzähltheorie in den Zusammenhang des bürgerlich-liberalen Literaturprogramms des Nachmärz, wobei sowohl die poetologischen und stilistischen als auch die ideologischen Aspekte aufeinander bezogen werden.[5]
Von dieser Synthese her sind auch die Ansatzpunkte der nachfolgenden Textanalyse bestimmt. Am Beispiel von *Zwischen Himmel und Erde* soll diskutiert werden, welche Mittel der poetischen Konstruktion einer fiktiven Realität Otto Ludwig einsetzt, um eine bestimmte Wertung von Wirklichkeit zu erreichen, und wie dieser Entwurf einer poetisch konditionierten Welt sich zur Erfahrungswirklichkeit der anvisierten Leser im Zeitraum nach 1855 verhält.

3.2. Otto Ludwigs »Romanstudien« im Verhältnis zur Praxis des Autors

Meine Überlegungen gehen dabei von den widersprüchlichen Wesens- und Funktionsbestimmungen des Romans in Otto Ludwigs *Romanstudien* aus (vgl. auch McInnes, Lit. Nr. 10). Zu Lese-Erfahrungen mit Walter Scott wird im Hinblick auf grundsätzliche Bestimmungen des Romans notiert:
»Die handelnden Helden [...] sind die sittlichen Mächte, die Menschen selbst und ihre Leidenschaften und Schicksale, die er nach sittlicher Gewissenhaftigkeit ordnet. Es geht keine Gestalt an den Sitten, an der Zeit zugrunde, nur an ihrer eigenen Schuld. [...] Es ist jede Person gut und schlecht in ihrem menschlichen Kerne, nicht als Vertreter einer Zeit oder Partei; sie selbst sind, nicht die Zeit, gut oder böse in ihnen.« (*RS* 565)
Dieses theoretisch formulierte ›Abschotten‹ gegenüber den Einflüssen von Zeit und Milieu im Bereich der Figurenrepräsentanz könnte dazu veranlassen, Ludwigs Dichtungsprogramm auf die entschiedene Distanzierung vom Einfluß aktueller Zeiterfahrungen festzulegen. In der Auseinandersetzung mit Dickens kommt es dagegen in den *Romanstudien* zu konträren Aussagen:
»Im Romane ist das Handeln nicht die Hauptsache, auch nicht ein freies im dramatischen Sinne [...] Der Charakter ist nicht sowohl ein handelnder, also auf eine große Leidenschaft als seinen Kern gebauter, er ist mehr ein Naturwesen, ein Repräsentant der

Sitte und Mode der Zeit, eines Standes, einer Bildungsstufe.« (*RS* 608, vgl. ferner 571 und 626.)
Zunächst hat es den Anschein, als ob der wechselnde Bezug auf Scott und Dickens zu widersprüchlichen Formulierungen über die Wesensbestimmung des Romans führt.[6] Aufs Ganze gesehen verdeutlicht dieser Widerspruch jedoch Otto Ludwigs prinzipielles Schwanken zwischen Traditionalität und Modernität, wobei dieser Antagonismus zwischen der Vorstellung vom freien und vom determinierten Individuum in *Zwischen Himmel und Erde* nicht unter dem Aspekt eines Entweder–Oder formuliert, sondern im Sinne einer Hierarchisierung der Perspektiven aufgelöst wird.
Die Voraussetzungen, der Vollzug und die Konsequenzen dieser Hierarchisierung sollen im folgenden aufgezeigt und diskutiert werden, wobei Otto Ludwigs *Romanstudien* nicht als Reduktionsfolie des poetischen Textes, sondern als Korrelat gesehen werden, über das sich poetologische Probleme mit ideologischen, sozialgeschichtlichen und sozialpsychologischen Zeiterfahrungen des Autors vermitteln lassen.

4. Ebenen der Entfaltung der Geschichte in »Zwischen Himmel und Erde«

4.1. Historisches, soziales und lokales Milieu

Auf den ersten Blick scheint das historische und geographische Milieu für die Geschehnisse in der Familie Nettenmair nicht näher festgelegt zu sein. Nur so viel wird klar: Die Handlung spielt in einer Kleinstadt, in einer Gegend mit größerem Schiefervorkommen. Der Rückschluß auf die thüringische Heimat des Autors bietet sich an. Die zeitliche Schichtung der erzählten Geschichte – von den Ereignissen beim Pfingstschießen bis hin zu den bevorstehenden Eheschließungen der Kinder von Fritz und Christiane – läßt sich aufgrund der Angaben des Erzählers genau rekonstruieren, dagegen bleibt der historische Bezug weitgehend offen. Die wirtschaftlichen Schwierigkeiten, mit denen die Schieferdeckerfamilie zu kämpfen hat, sowie die von Apollonius angestrebte Verbindung von Handwerk und Rohstofferzeugung (vgl. 334, 501f., 526) zur Sicherung des Wohlergehens der Familie machen deutlich, daß der Leser in die Zeit der in Deutschland fortschreitenden Industrialisierung geführt wird, als viele Handwerksunternehmen um ihre Existenz zu kämpfen hatten. Es liegt nahe, daß mit dem vom Erzähler im ›Rahmen‹ angesprochenen »Jetzt« (z. B. 335) die Entstehungszeit des Romans gemeint ist und die ersten Ereignisse der Handlung demzufolge um 1820 anzusetzen sind. Zu vermerken ist, daß alle nationalhistorischen Ereignisse – beispielsweise die Revolution von 1848/49 – ausgespart bleiben und lediglich der Fritz angebotene Neuanfang in Amerika über den begrenzten Lebensraum Mitteldeutschland / Köln hinausreicht und auf die Auswanderungsbewegung zwischen 1840 und 1860 verweist.
Genauer wird das kleinbürgerlich-handwerkliche Lebensmilieu in seinen sozialen und moralischen Bedingungen beschrieben. Der Vorsprung an Berufserfahrungen, den Apollonius gegenüber Fritz in den Kölner Jahren sammelt, ist ein Resultat seiner ›Mobilität‹. Dem Erfahrungsraum der Großstadt sind alle Momente des ökonomischen und politischen Fortschritts zugeordnet; im Gegensatz zur Kleinstadt gelten dort in Familie und Handwerk demokratische, nicht autoritäre Entscheidungsabläufe (346f.);

ebenso ist man in den Arbeitsweisen allem Neuen aufgeschlossen und denkt in umfassenderen Bezügen, was sich beispielsweise in Apollonius' Ablehnung der Flickschusterei bei der Ausbesserung des Kirchendachs äußert (369f.). Eingehender als dieser – mit Köln repräsentierte – Bezirk des Neuen ist freilich der Bereich des Alten, der Starre und Traditionalität beschrieben, dem alle Mitglieder der Nettenmair-Familie (vom alten Herrn bis hin zu Christiane) verpflichtet sind.

Die hier dominierenden Normen von Familien- und Standesehre, Autorität und strengen Ordnungsvorstellungen haben sich die Figuren wie Rüstungen zur Selbstversicherung des eigenen Ich und zur Erhaltung des öffentlichen Ansehens angelegt. Innerhalb dieser Verhaltensweisen ist kein Raum für Spontaneität (vgl. z. B. 357) und Lebenslust. Wie vor allem am Beispiel des alten Nettenmair gezeigt, führt die Rigorosität dieses Wertekanons in Isolation und in die Unfähigkeit, sich zu verständigen (527).[7] Das »eigene Zusammenleben« im Hause Nettenmair bedeutet nicht Miteinander, sondern abgezirkeltes Nebeneinander. Nur nach außen wird der Anschein einer Familiengemeinschaft erweckt. Zu Verständigungsversuchen kommt es zumeist nur in Katastrophensituationen. Ansonsten ist die Geschichte der Familie Nettenmair von gescheiterter und abgebrochener Kommunikation (vgl. z. B. 359: Apollonius' unterlassene Anrede an Christiane; 433: Ännchens Sterbeszene) bzw. von sprachlosen, nicht immer eindeutigen Ersatzhandlungen bestimmt (vgl. z. B. 341, 351, 409: die Blume; 481: das Kind zwischen den Liebenden; 529: die an Christianes Brust und Mund gedrückten Tücher für den kranken Apollonius). Diese ›Kommunikationsschwäche‹ trifft insbesondere für Apollonius zu, dem es andererseits gelingt, dem entleerten Prinzip der Familien- und Berufsehre (466, 495f., 507) durch Übernahme persönlicher Verantwortung (415f.) wieder einen Sinn zu geben (als Sinnbild: der blanke Deckhammer – 531) und das von Vater und Bruder nur auf dem Wege von Täuschungen und Bestechungen (364, 496f.) erkaufte öffentliche Ansehen durch eigene Leistungen substantiell zu begründen. Aber auch die Hochachtung, die Apollonius nach seiner Rettungstat für die Stadt von allen Seiten erfährt, bleibt außerhalb von Spontaneität und Gemeinschaft (vgl. 526). Selbst am ›Helden‹ Apollonius – der die moralischen Prinzipien des Vaters in gemilderter Form vertritt (336) – wird deutlich, daß die im Raum der Familie Nettenmair praktizierten Normen als undiskutierbare Regeln idealer ›Bürgerlichkeit‹ ihren Bezug zur Lebenspraxis verloren haben und auf Selbsttäuschung begründet sind (vgl. die Scheinautorität des alten Herrn [360f.] oder von Fritz [356, 380]). Sie entarten zum Selbstzweck und ›entfremden‹ die Figuren ihren natürlichen Lebenszielen. Alle Mitglieder der Familie Nettenmair werden so zu Ersatzhandlungen gedrängt: Fritz heiratet statt Beate Christiane; Apollonius sucht seinen Ersatz-Vater im Kölner Vetter und im Ratsbauherrn, sein Gemeinsinn und seine Sorge für die Kinder von Fritz und Christiane ersetzen ihm die eigene Familie, sein Ordnungssinn bewahrt ihn vor spontanen Handlungen; Christianes ›Liebesdienste‹ für den kranken Apollonius sind Ersatzhandlungen für sexuelle Erfüllung.

Da in der Hauptsache die Familie Nettenmair den sozialen Lebensraum der Kleinstadt repräsentiert, könnte man von der Annahme ausgehen, daß Otto Ludwig gezielt Kritik an einer erstarrten bürgerlichen, ins ›Kleinbürgerliche‹ denaturierten Moral übt,[8] und nicht umsonst ist der alte Nettenmair wiederholt mit Hebbels Meister Anton verglichen worden, wie auch Apollonius mit Klara bzw. dem Sekretär und Fritz mit Karl zu vergleichen wären. Doch anders als Hebbel geht es dem Autor von *Zwischen Himmel*

und Erde nicht darum, die geschichtliche Unzulänglichkeit der Nettenmairschen Verhaltensnormen darzustellen. Den möglichen tragischen Konflikten wird durch Verschiebungen in der Begründung und Gewichtung dieser Normen ausgewichen (s. dazu unter 7); Verletzungen der Normen – wie im Verhalten von Fritz oder partiell auch in den ›unlauteren‹ Wunschvorstellungen von Christiane und Apollonius – werden innerhalb des Systems der poetischen Gerechtigkeit der Geschichte bestraft. Allein im Verhalten der Kinder (von denen Ännchen für ihre spontanen Äußerungen über den Onkel Apollonius und ihre ›Kommunikationsfähigkeit‹ [387, 395] gleichsam mit ihrem Tod bezahlen muß) zeigt sich – in der Zukunft der dritten Generation angesiedelt – so etwas wie eine Herausforderung oder gar Veränderung des Bestehenden.
Daß sich Otto Ludwig zwar als genauer Präparator zeitspezifischer sozialer Verhaltensweisen charakterisieren, nicht aber als kritischer Analytiker der Systembedingungen der beschriebenen Symptome vereinnahmen läßt, wird auch unter einem weiteren Aspekt deutlich. Die Normen und Reaktionen der Figuren verbleiben im Bereich individueller Verantwortung; sie sind charakterologisch begründet (vgl. z. B. die »krankhaft gewachsene Empfindlichkeit« des Ehrgefühls des alten Herrn – 457). Als ›realistisch‹ erscheinen sie nur insofern, als sie im beschriebenen zeitlichen, lokalen und sozialen Milieu häufig vorkommen, nicht aber dadurch geprägt werden.[9] Ebenso wird die begrenzte Relevanz des sozialen und ökonomischen Milieus für die poetisch konstruierte und zu vermittelnde Wirklichkeit in der Funktion der genauen Beschreibungen zur Tätigkeit des Schieferdeckers deutlich (374ff., 419f., 449f., 517ff.). Was sich stellenweise wie eine Gebrauchsanweisung für Dachreparaturen liest, ist letzten Endes doch nur Folie für die übergeordneten Probleme des besonderen Berufsethos der Schieferdecker und ihrer ›symbolischen‹ Lebenssituation »zwischen Himmel und Erde« (s. unter 4.4).

4.2. Physischer und psychischer Status der Figuren

Die für *Zwischen Himmel und Erde* charakteristische Beschränkung der Darstellung von sozialem Milieu, nationalen und historischen Zusammenhängen zugunsten der Vertiefung des Erzählten im Bereich des ›Innengeschehens‹ (der psychischen Vorgänge, der ethischen Probleme und allgemeinmenschlichen Bedeutungen) entspricht erzähltheoretischen Überlegungen, die Otto Ludwig im Vergleich des englischen mit dem deutschen zeitgenössischen Roman anstellt (*RS* 549f.). Extensität der Vorgänge soll im deutschen Roman durch Intensität der Darstellung im Sinne des ›Poetischen‹ ersetzt werden. Unreflektiert bleibt dabei freilich, daß diese Akzentverschiebung zwangsläufig auch verschobene Prioritäten in der Wahl der Konfliktmotivationen mit sich bringt. So ist das »eigene Zusammenleben« im Hause Nettenmair, sind die Kommunikationsschwierigkeiten und die Probleme der individuellen Selbstverwirklichung von Otto Ludwig im wesentlichen auf der psychologischen und erkenntnistheoretischen Ebene begründet: Insbesondere bei den beiden Brüdern und dem alten Herrn resultieren Verständnisschwierigkeiten aus der Tatsache, daß jeder seine spezifische Weltvorstellung und Erfahrungsweise absolut setzt und den jeweiligen Partner oder die jeweilige Situation ausschließlich aus der Perspektive des eigenen Ichs interpretiert.[10]
Der Autor stellt diese Fixierungen und Selbsttäuschungen eindeutig kritisch dar (373); er kennzeichnet sie durch wiederkehrende Redewendungen der Selbst- und Fremdcharak-

terisierung in der Figurenrede (»Ich bin einer, der das Leben kennt«, »Federchensucher«, »Ich leide etwas an den Augen, aber es hat nichts zu sagen«) und versinnbildlicht die verschiedenen Vorgänge der gestörten Wirklichkeitserfahrung durch physische und psychische Mangelerscheinungen: Der Vater Nettenmair erblindet, als Fritz seine Autorität unterläuft und Christiane heiratet (349); Fritz' Illusionen über sich und die Umwelt führen in einen sich ständig steigernden Verfolgungswahn und zu einer »kranken« Weltsicht (433f.); Apollonius' Flucht vor dem Risiko der Spontaneität in Ordnungen und Prinzipien begründet einen »Tick«, und die Verdrängung seiner erotischen Wünsche in bezug auf Christiane endet in einem Schuldkomplex, der sich in Fieber- und Schwindelanfällen manifestiert (504f.) und den pflichtbewußten Handwerker darin hindert, seine Dachreparatur zu Ende zu führen; Christianes erzwungener Verzicht auf Apollonius bedingt eine Verehrungs- und Diensthaltung mit hysterischen Momenten.

Es liegt nahe – und Weigand (Lit. Nr. 18) hat dies auch getan –, das Verhalten der Figuren vom Stand des heutigen psychiatrischen und tiefenpsychologischen Wissens zu beschreiben. Als Beschreibungsmodell ist dieses Verfahren legitim, als Erklärung von Autorintention und Textkonstruktion dagegen unzulässig, weil Otto Ludwig nur intuitiv oder partiell über entsprechende Kenntnisse verfügen konnte. Er arbeitet mit den literarisch bereits etablierten Motiven von Wunschbild, Traum und Wahnvorstellung; akzentuiert sie unter einer ›realistischen‹ Erkenntnisvorstellung jedoch anders, als sie beispielsweise in der Erzählliteratur der Romantik gebraucht werden,[11] und – hier liegt die vielfach diskutierte innovatorische Qualität seiner Erzähltechnik – nimmt den Leser immer wieder in die defizitäre Wirklichkeitserfahrung der Figuren hinein, so daß die personale Erzählperspektive dazu dient, die Konstruktion von ›Realität‹ über die subjektiv begrenzte Weltsicht der Figuren zu simulieren (vgl. z. B. Apollonius' Eindrücke von Christiane – 393). Der Wechsel zwischen den Figurenperspektiven und der sich nach und nach offenbarenden ›Allwissenheit‹ des Erzählers stellt den Leser zugleich in die Spannung zwischen den realen Mängeln von intellektueller und sinnlicher Erfahrung und der höheren Wahrheit des poetischen Konstrukts in der vom Erzähler gelenkten Vermittlung der Perspektiven. Insofern prägt das in der Geschichte dargestellte psychologisch-erkenntnistheoretische Problem auch den Erzählvorgang und verweist auf entsprechende Aspekte der Erzähltheorie. In Abgrenzung zu Entwicklungen des Erzählens gegen Ende des 19. Jahrhunderts ist es allerdings wichtig zu sehen, daß bei Otto Ludwig die psychologischen Probleme der Wirklichkeitserfahrung einer allgemeingültigen ›Ethik‹ untergeordnet sind.[12] Je sittlich bedenklicher die Intrigen und Lügen von Fritz werden, um so nachhaltiger wird sein Wahrnehmungsvermögen getrübt. Handelt es sich zunächst noch um Selbsttäuschungen und Illusionen über die Absichten seiner Umwelt (379f. u. 392f.), so führt ihn schließlich der Teufelskreis aus Angst vor dem übermächtigen Bruder, Aggression (437), Schuldgefühlen (400, 438) und Projektion dieser Schuld auf die Angegriffenen (417f.) zu »nebelhaften« Wunschvorstellungen über den baldigen Unfalltod des Bruders (429), zur »verblendeten« verbrecherischen Tat (die Manipulation am Dachdeckerseil, 445ff.) und zum wahnhaften Verdrängen seiner Handlung (448f.). Da der Leser diese Szene aus der Perspektive der völlig desorientierten Wahrnehmung des Täters erlebt, wird der tatsächliche Sachverhalt erst durch den Bericht über den tödlichen Unfall des Gesellen (der Apollonius' Seil benutzt hatte) offenbar.

Die begrenzte Einsicht von Apollonius und Christiane in ihre Beziehung zueinander, in die Wünsche und Vorstellungen des anderen sowie in die wahre Natur und die Absichten von Fritz sind weniger durch Mangel an Moralität, sondern durch die Intrigen von Fritz bedingt, die mit der verzögerten Persönlichkeitsentwicklung der Opfer rechnen können: Apollonius ist bis zu seiner Abreise nach Köln ein jugendlicher Träumer, und Christiane bleibt selbst als Ehefrau und Mutter weitgehend naiv (379, 473). Die Schritt für Schritt herbeigeführte Einsicht in die Genese der Verhältnisse und die Rolle von Fritz erschüttert sowohl Apollonius wie Christiane in ihrer Einstellung zur Lebenspraxis. Christiane wird sich selbst zum Rätsel (392), ihre Vorstellungen von Recht und Unrecht geraten ins Wanken (402, 410f.), sie bricht aus ihrer vorgezeichneten passiven Rolle als Frau aus und wirbt um Apollonius. Dieser wiederum vermag nun nicht mehr, Wunschvorstellungen und sittliche Notwendigkeiten in Einklang zu bringen; er ist in den Rollen als pflichtbewußter Handwerker und als »Bruder« der Schwägerin verunsichert: »er kannte sich nicht mehr« (491). Er plagt sich mit Angst-, Schuld- und Begehrungsvisionen (489ff., 505f., 508f.). Die Wiederherstellung seiner ›zuverlässigen‹ Wirklichkeitserfahrung wird – spiegelbildlich zum sittlichen Verfall von Fritz – von der ethischen Regeneration des ›Helden‹ abhängig. Auch Christianes Verunsicherung ist durch die ›Läuterung‹ ihrer Liebe zu Apollonius im Sinne einer schwesterlichen Verehrungs- und Versorgungshaltung beendet.
Unter umgekehrten Vorzeichen steht das Verhältnis von Täuschung und Wahrheit beim alten Herrn. Blind, d. h. befangen in den der Lebenspraxis entfremdeten Prinzipien von Ehre, Autorität und Ordnung, mißversteht er die Ereignisse von vornherein und gleichsam absichtsvoll, um über diese Selbsttäuschung seine Wirklichkeitssicht zu bewahren (404): er inszeniert illusionäre »Schattenspiele« (484). Ihm eröffnen nur angstvolle Vorahnungen (384f.) über mögliche Katastrophen für die Familienehre kurzfristig den Weg zur Wahrheit (454ff.), aus einem Zustand nahe dem »völligen Wahnsinn« zurück auf den »festen Boden der Wirklichkeit« (455).

4.3. Das ›Sittliche‹

So spannungsreich diese Übergänge zwischen Wahn und Wirklichkeit, Wunschträumen und Schuldkomplexen vom Erzähler gestaltet sind, so aufregend die Nähe zu modernen Erfahrungen der Psychologie und Psychiatrie in der Lektüre erfahren wird: für die Konfliktkonstruktion der Erzählung ist wichtig, daß diese Aspekte der Selbsttäuschung und der zwanghaften Realitätserfahrung nur konfliktverschärfend, nicht aber begründend eingesetzt sind. Die hierfür zuständige Ebene ist die Diskussion ethischer Fragen. Es entspräche dabei den Traditionen des an der Vermittlung von Verhaltensnormen ausgerichteten realistischen Erzählens, wenn das sittliche Postulat über den »Contrast des Gegensatzes«[13] in der Position des ›Helden‹ repräsentiert würde. Vor allem vom Schluß her gesehen würde sich Apollonius für solche Identifikationen anbieten. Doch gilt es für weite Strecken der Erzählung zu beachten, daß Apollonius' Altruismus und Gewissenhaftigkeit zwar mit der Leichtlebigkeit und dem Egoismus von Fritz kontrastieren, seine Einstellung jedoch von Anfang an mit einschränkenden Erzählerkommentaren bezüglich des hypochondrischen »Übermaßes« an Tugendhaftigkeit versehen wird (vgl. z. B. 347). Insofern ist der Selbstkommentar von Otto Ludwig, mit

Apollonius und Fritz »die Schicksale beider Enden der Menschheit« dargestellt zu haben, »das des Frivolen und das des Ängstlichen; das Ideale liegt unsichtbar in der Mitte«,[14] ernst zu nehmen, zumal auch Fritz durchaus nicht nur als Schurke, sondern auch als sittlich reflektierendes Individuum mit der Fähigkeit zur Schulderkenntnis gezeichnet wird (438). Daß die Konsequenzen dieser charakterologischen Opposition vom Erzähler in der Schlußpassage nicht eingelöst werden, steht auf einem anderen Blatt und ist weiter unten zu diskutieren (s. unter 7).

Zunächst einmal ist Otto Ludwigs Aussage zu Fritz und Apollonius als gleichsam invarianten charakterologischen Typen eines anthropologischen Schemas von ihren Voraussetzungen her zu diskutieren. Es ist wichtig, daß den beiden Brüdern – im Gegensatz zu Gustav Freytags Figuren-Oppositionen in *Soll und Haben* – keine fixierten Positionen zugewiesen sind: Im Verlauf der Geschichte kommt es sowohl in den Verhaltensweisen jeder einzelnen Figur als auch im Verhältnis zueinander zu erheblichen Verschiebungen;[15] zum anderen ist über den kontrastierenden Befund auch die gemeinsame Bindung beider Brüder an den Vater zu bedenken, für den am deutlichsten die Abhängigkeit des charakterologischen Status vom Wertesystem des sozialen Milieus festgestellt werden konnte (vgl. zum Verhältnis Fritz–Vater: 380, Apollonius–Vater: 527). Doch wird diese Perspektive, die Normenkonflikte von Apollonius und Fritz im Zusammenhang mit dem ihnen zugeordneten Milieu zu diskutieren, von der Erzählung nicht unterstützt. Hier dominiert der Maßstab von der Eigenverantwortlichkeit des Individuums für sein Denken und Tun, in deren Zusammenhang – die sozial und charakterologisch bestimmte Gleichwertigkeit der Brüder durchkreuzend – vom Leser doch die Frage nach dem inhaltlichen Wert der jeweils vertretenen Position gestellt werden muß. Die angesprochene Gleichwertigkeit der Brüder ist dann eine rein formale der extremen Steigerung einer positiven und negativen Anlage (505). Damit verschieben sich die Gewichte in Interesse und Sympathie von Anfang an zugunsten von Apollonius, der auch schon rein äußerlich als der Attraktivere der beiden Brüder geschildert wird (vgl. 353, 355f., 364f.). Seine Überlegenheit wird zudem unterstrichen durch Christianes Abkehr von Fritz und ihre Hinwendung zu Apollonius, dem sie innerlich von Anfang an verbunden ist (339, 387, 392).

Nachdem Christiane, der angesichts ihrer verhinderten Selbstverwirklichung eine die bestehenden Zuweisungen sozialer Rollen herausfordernde Funktion zukommen könnte, im wesentlichen nur die Aufgabe erfüllt, über ihre Person die Sympathien der Leser zu lenken und den ›Sieger‹ des Bruderkonflikts zu bezeichnen, ergibt sich – abgesehen von der Position des Erzählers – innerhalb des Textes keine weitreichende Alternative zu den pathologisch verzerrten ›Tugenden‹ der Nettenmairs. Der zeitgenössische Leser mußte bei der Suche nach Identifikation zwangsläufig in Richtung auf das erfolgreichere Normensystem des Apollonius ausweichen. Dazu kommt, daß Apollonius – im Gegensatz zu Fritz – seine Schuldgefühle rational erfassen und von sich abrücken kann, so daß er dem Leser letztlich nicht als Psychopath, sondern als reflektierender Partner erscheint, auch wenn sich die Begründungen seiner moralischen Kasuistik (wer den Lohn der Tat hat, hat die Tat – 508) reichlich mechanistisch ausnehmen.

4.4. Das ›Allgemeinmenschliche‹: die metaphysische und poetische Dimension

Bislang hat sich gezeigt, daß Otto Ludwig in *Zwischen Himmel und Erde* bei der Darstellung des lokalen und sozialen Milieus, der psychischen Struktur seiner Figuren und deren ›Sittlichkeit‹ an Erfahrungen der zeitgenössischen Lebenspraxis anschließt, diese jedoch nicht um ihrer selbst willen, sondern im Hinblick auf eine darauf aufbauende ›höhere Wahrheit‹ schildert. In der – oft aufdringlich inszenierten[16] – Überhöhung der Dinge sieht der Autor die eigentliche poetische Leistung der Erzählung; auf dieser Stufe werden die angelegten Probleme verbunden und in der spezifischen Logik des Textes gelöst.
Wetzel (Lit. Nr. 19) hat – vielfach in überzeichnender Interpretation des Textbefundes – darauf hingewiesen, wie von Beginn an biblische Sinnbezüge den Figuren und Situationen zugeordnet werden (der alte Herr als alttestamentarisches Gottesbild, Apollonius als Christusfigur usf.), kulminierend in der Ausdeutung des Bruderkonflikts als Rivalität zwischen Kain und Abel (463).[17] Daraus jedoch auf ein zutiefst christliches Weltverständnis Otto Ludwigs zu schließen wäre falsch. Abgesehen von Christiane (453) spielen bei keiner der Hauptfiguren religiöse Vorstellungen eine große Rolle,[18] ohne daß damit Kritik des Erzählers verbunden wäre. Und letztlich ist die Stadtkirche von St. Georg mehr dazu da, repariert als besucht zu werden. Die ursprünglich religiösen Kategorien der Schuld, der Buße und Sühne – unter denen die Vorgänge in der Familie Nettenmair eingeordnet werden können – sind weitgehend säkularisiert im Sinne einer kasuistischen Ethik der Selbstverantwortlichkeit (die auch menschliches Elend als »selbstgeschaffen« erklärt – 494) und des Gemeinsinns. Hier zeigen sich bei Otto Ludwig ähnliche Konstellationen wie in Gottfried Kellers Erzählprosa. Ein möglicher gemeinsamer Bezug auf Ludwig Feuerbach wäre zu untersuchen.
Hypothetisch ist zunächst festzuhalten, daß Ludwig diese Säkularisierung religiöser Vorstellungen weniger zur Demonstration eines neuen ethischen oder philosophischen Programms einsetzt, sondern mehr unter dem Aspekt seines – beispielsweise in den *Romanstudien* erarbeiteten – Literaturprogramms für den realistischen Roman in Deutschland: Daß sich nämlich auch im eingeschränkten Erfahrungsbereich der deutschen Kleinstädte und Handwerker ›Allgemeinmenschliches‹ in seiner anthropologischen und philosophischen Tiefe (verdeutlicht durch biblische Sinnbilder und Bezüge zu philosophisch-theologischen Diskussionen) erfassen und darstellen läßt. Die Beschränkung im Milieu wird durch ein Mehr an Moral und Metaphysik ausgeglichen. Hier sieht Otto Ludwig die besondere Aufgabe und die Leistung der realistischen Dichtung: als »Poesie der Wirklichkeit, die nackten Stellen des Lebens überblumend [...] durch Ausmalung der Stimmung und Beleuchtung des Gewöhnlichsten im Leben mit dem Lichte der Idee« (*RS* 547).
Die spezifischen Verfahren dieses Vorgehens, aber auch das unter dem Aspekt des Programms gewaltsam Konstruierte und mitunter Widersprüchliche des »Überblumens« zeigt sich am deutlichsten in der Verwendung des im Titel angesprochenen Motivs »Zwischen Himmel und Erde«. Zunächst geht es um die konkrete Arbeitssituation des Schieferdeckers: Er schwebt mit seinem »Schiff« bei den Dachreparaturen hoch über der Erde, nahe den Wolken am Himmel. Ein weiterer Aspekt wird in der Verbindung mit psychologischen Problemen hinzugewonnen: Die einsame Arbeit des Schieferdeckers in luftiger Höhe setzt ihn in Distanz zu den Menschen; er hört mehr in sich hinein als anderen zu, er ist allein zwischen Himmel und Erde (374ff.) – ebenso isoliert, wie die

Menschen im Hause Nettenmair miteinander leben. Schließlich ordnet der Erzähler dieser extremen Arbeits- und Erfahrungssituation noch eine dritte Perspektive unter berufsethischen Erwägungen zu: Die Tätigkeit des Schieferdeckers erfordert im Hinblick auf seine eigene Sicherheit und auf die nachfolgender Handwerker besondere Gewissenhaftigkeit (491). Der Selbsterhaltungstrieb verbindet sich notwendigerweise mit dem Prinzip Ordnung. Und schließlich wird mit dem ›Schwebezustand‹ des Schieferdeckers sowohl eine anthropologische Dimension (der Mensch als Geschöpf zwischen Engel und Teufel – 396) als auch – insbesondere in der Schlußphase der Erzählung – eine moralische Idee poetisch veranschaulicht: Der Mensch soll zur Selbstverwirklichung den goldenen Mittelweg, den Ausgleich zwischen den Gegensätzen, zwischen Himmel und Erde, zwischen Gefühl und Verstand, zwischen Sittengesetz und individuellem Bedürfnis finden (531f.). In dieser Entscheidung ist er – wie der Schieferdecker bei seiner Arbeit – ganz auf sich gestellt.

In einer solchen abstrakten Auffächerung mag die Konstruktion der poetischen Tiefendimensionierung des Alltäglichen plausibel klingen, in der Praxis der Erzählung ist es freilich schwierig, die jeweils angesprochene Perspektive der Sinnbildlichkeit zu erkennen oder die Zuordnung zu bestimmten Figuren oder Situationen nachzuvollziehen (z. B.: Christianes Gefühle und Sinne schweben orientierungslos »zwischen Himmel und Erde« – 392, 476).[19] Um zu »poetisieren«, strapaziert Otto Ludwig das Titelmotiv ebenso wie die Erfindung eines »Hausgeistes«, der – als Stellvertreter des engagierten Erzählers oder Lesers – angesichts der dramatischen Entwicklungen in der Familie Nettenmair wiederholt verzweifelt die Hände ringt (z. B. 373).

So mißlungen diese spezifisch poetischen Personifikationen, Sinnbilder und Allegorien im Einzelfall sein mögen – dahinter läßt sich jedoch ein wichtiges erkenntnistheoretisches und ästhetisches Problem für Ludwigs Programm des perspektivischen Erzählens erkennen: Die im System der Erzählung aufzuweisende Wahrheit kann nicht an die notwendigerweise beschränkte oder getrübte Perspektive einzelner Figuren gebunden sein. Mit der – zumeist lesepädagogisch begründeten – Zurückhaltung des auktorialen Erzählers (s. unter 6) fällt dieser als Orientierungsinstanz zumindest zeitweise aus, so daß neben den besonderen Details und begrenzten Vorgängen aus der Alltäglichkeit der Lebenspraxis immer noch ein allgemeiner, höherer und poetisch konstruierter Sinn mitzudenken ist. Erst in der Zusammenschau der einzelnen Erfahrungsebenen von Wirklichkeit läßt sich im Vollzug des poetisch-geordneten Ganzen das ›Idealreale‹ als letztgültige Wahrheit erfassen.[20]

5. *Die Konfliktkonstruktion in Verschränkung und Hierarchisierung der Ebenen*

Von diesen Ergebnissen der Textanalyse ausgehend, sind mehrere bislang unbeantwortete Fragen zu klären. Otto Ludwigs Roman ist nicht in der Ausschließlichkeit einzelner Perspektiven – als Darstellung des Kleinbürgermilieus, als psychologische Erzählung, als moralisches Exempel, als Allegorie der neuen säkularisierten Sittlichkeit – zu verstehen. Alle diese Aspekte haben ihre Berechtigung; wichtig ist jedoch, ihre Hierarchie zu erkennen. Vom Sozialen wächst über das Psychologische und Sittliche bis hin zum spezifisch Poetischen der erzählten Geschichte jeweils der Anteil der zu vermittelnden Wahrheit: Das persönliche Schicksal wird überwölbt von den Aspekten moralischer

Kasuistik;[21] die Blindheit des alten Herrn ist die Folge seiner erschütterten Autorität, Apollonius' Schwindelanfälle korrelieren zur Herausforderung seines sittlichen Prinzips. Die aus den spezifischen Verhaltensnormen der Figuren resultierenden Entscheidungen – der Rückzug des alten Herrn in die Isolation, das Scheitern der Liebesbeziehung von Christiane und Apollonius – werden schließlich poetisch-allgemein verklärt: als statuarisches Greisentum, als sittliche Heroik oder höchste Stufe weiblicher Hingabe (529; vgl. auch Christianes »schönes Dulden« in der Ehe mit Fritz – 473). Damit sind sie der nachfragenden Kritik des Lesers entzogen.[22] Die vom Autor selbst eingebrachten kritischen Beobachtungen zur Fassade der Ehrenhaftigkeit, zu den Kommunikationsschwierigkeiten und dem Persönlichkeitsdefizit im kleinbürgerlichen Milieu verlieren sich zum Schluß in der Maschinerie der poetischen Gerechtigkeit. Unter diesem Aspekt ist auch der Untergang der ›Schlechten‹ – wie Fritz oder der Geselle – legitimiert, so daß die Fragen nach der Notwendigkeit von Schuld und Strafe auf der Strecke bleiben (vgl. 440). Entscheidend für die Wirkung der Erzählung ist nach Otto Ludwig ihr Schluß: Von dort aus muß das Ganze zugleich »ästhetisch und moralisch zweckmäßig« erscheinen (*RS* 537).

Die so vermittelte Wahrheit soll beim Leser die vom realistischen Literaturprogramm wiederholt geforderte »Behaglichkeit« angesichts der Erfahrung einer zumindest potentiellen Ordnung der Dinge hervorrufen.[23] Wo in der erzählten Geschichte der Zufall regiert, legt er nur übergreifende Konstellationen offen (vgl. Christianes Entdeckung der Heiratsintrige ihres Ehemanns – 408ff.). Charakteristisch für Autoren wie Gustav Freytag, Julian Schmidt oder Otto Ludwig ist dabei, daß die dargestellte Ordnung nicht theologisch begründet wird, sondern daß die »Soll und Haben« abwägende moralische Intelligenz des Dichters mit der poetischen Gerechtigkeit für den ›Vorschein‹ einer zu erreichenden lebenspraktischen Gerechtigkeit sorgt. Basis ist der Appell an die sittliche Kraft des Individuums,[24] die determinierenden Faktoren von sozialem Milieu oder psychischer Konstitution werden dabei vernachlässigt oder überschritten.[25] In Otto Ludwigs Erzählung stehen so dem Wahn der von individuellen Wünschen und sozialen Zwängen veranlaßten Träume und Visionen die Wahrheit der sittlich geläuterten Person und die ›Poesie‹ ihrer symbolischen Aktionen gegenüber (vgl. z. B. dazu die Entwicklung Christianes – 399, 477ff., 481f.; und die Überwindung der Alpträume der Sinnlichkeit durch Apollonius – 491, 506, 508f., 520). Im Sinne des Autors ist die individuelle Realität der Wünsche und Ängste defizitär und gegenüber einer höheren Wahrheit ›falsch‹, weil die Vermittlung mit einem sittlichen Gesetz fehlt. Hier setzt die spezifische und weiter unten (s. unter 7) zu diskutierende poetische Konstruktion an: Apollonius' Entschluß, der ehelichen Verbindung mit Christiane zu entsagen, hat zum einen im Sieg über ›niedere‹ persönliche Bedürfnisse das ›Schöne‹ einer sittlichen Tat (520f.), schließt sich jedoch zum anderen auch an das Gesetz seiner Persönlichkeit an: In der übergroßen Gewissenhaftigkeit seiner moralischen Kasuistik (vgl. 508) glaubt er sich selbst mitschuldig am Tod des Bruders, wofür es zu sühnen gilt (vgl. 505f.). Christiane wiederum findet im schwesterlichen Dienst und in der Verehrung auf Distanz eine ihrer Rolle als Frau gemäße Erfüllung und ›büßt‹ mit ›halbem Glück‹ für ihre Untreue gegenüber Fritz. Wo das Sittengesetz hingegen alles Persönliche verdrängt hat – wie im Falle des alten Herrn – oder vom individuellen Interesse außer Kraft gesetzt wird – wie im Falle von Fritz –, ist der Weg zur Wahrheit verstellt; der Schönheit der sittlichen Tat kontrastiert die physische und psychische Desintegration.[26]

In den Problemen der Vermittlung von Persönlichkeitsstruktur und Sittlichkeit ist der entscheidende Konflikt der Geschichte lokalisiert. Die Konkurrenz der Brüder um Geschäft und Geliebte, die charakterologische Opposition von Altruismus und Egoismus, von Gewissenhaftigkeit und Leichtlebigkeit und die Entwicklungsperspektive einer fortschreitenden Milderung der kleinbürgerlichen Prinzipienstrenge von der Generation des alten Herrn bis hin zu seinen Enkeln sind nur als Sekundärmotivationen, als Verwicklung und Verschärfung des zentralen Problemzusammenhangs aufzufassen. Ausschlaggebend ist die Ebene der ethischen Diskussion und der sie überhöhenden ›Poesie‹ des Sittlich-Wahren. Im System der poetischen Gerechtigkeit (vgl. dazu *RS* 551 und 647) als der letzten Instanz für die Wahrheit des Erzählten verbinden sich beide Aspekte.

6. Die Modellierung des Konflikts in der Erzählhaltung

Es gehört zu den Grundbedingungen für die Überzeugungskraft der textimmanenten poetischen Gerechtigkeit, daß sie – wie konstruiert auch immer – als objektiv begründet erscheint. Entsprechende Verankerungen und Rechtfertigungen sind also eher auf der Ebene des impliziten Erzählers als bei explizit formulierten Erzählerstandpunkten zu suchen. Diese – im realistischen Erzählen bevorzugte – Konstellation gilt auf den ersten Blick auch für *Zwischen Himmel und Erde.* Im ›Rahmen‹ der Erzählung (336, 531) tritt zwar ein Erzähler-Ich auf, doch begibt es sich zunächst in die Rolle des am Geschehen interessierten, aber seiner Pflichten gegenüber dem Leser bewußten Chronisten (336). Im weiteren Verlauf der Erzählung schränkt sich dieses »Ich« – abgesehen von einer Ausnahme (449) – ganz auf die Rolle des traditionellen auktorialen Erzählers ein, der sich in seiner vorgegebenen Allwissenheit wiederholt auf die begrenzte Erlebnisperspektive einzelner Figuren reduziert und dabei auch – zur Verstärkung der Illusion personaler Erfahrung – szenische Darstellung und Erlebte Rede einsetzt.[27] Besonderes Gewicht erhält der unmittelbare Nachvollzug der Erfahrungen von Fritz, um absolute Negativwertungen einzuschränken, während die Kritik an Apollonius vor allem über den Erzählerkommentar vermittelt wird.

Die von Brinkmann (Lit. Nr. 2) gerügte Inkongruenz zwischen ›objektivem‹ personalen Erzählen und subjektivem Erzählerkommentar gehört bei Otto Ludwig – wie auch seine *Romanstudien* ausweisen – zum erzähltechnischen Kalkül.[28] Die Erzählung aus der begrenzten Perspektive einer Figur und im Zusammenspiel konkurrierender personaler Perspektiven knüpft zum einen an die erkenntnistheoretischen Probleme an, die auf der Ebene der psychologischen Entfaltung der Geschichte thematisiert werden: Es gibt realiter keine verbindliche, intersubjektiv zu vermittelnde Wahrheit des Wirklichen. Zum anderen ist dieser Relativismus aber ständig eingebettet in die Autorität des kommentierenden Erzählers und die bereits beschriebene höhere Wahrheit des Poetischen. Die Zweitrangigkeit der Erkenntnisproblematik wird zudem dadurch unterstrichen, daß der Wechsel zwischen den Erfahrungsperspektiven der Figuren auch an der Taktik des Erzählers und an lesepädagogischen Zielen ausgerichtet ist. Durch die Reduktion auf den Wissensstand einer Figur (vgl. Apollonius' anfängliche Einstellung zu Christiane) soll der Leser in die Spannung des Geschehens hineingenommen werden und sich selbst Gedanken über den Fortgang der Ereignisse oder die Motivationen der

Figuren machen (vgl. *RS* 548). Ebenso wird er durch die partielle Beschränkung des allwissenden Erzählers auf die oftmals trügerische äußere Erscheinung der Dinge und Personen dazu veranlaßt, mitzudenken und mitzuwerten; er ist dabei freilich nicht – und dies ist gegenüber Steinmetz (Lit. Nr. 15) festzuhalten – sich selbst überlassen, sondern wird vom Erzähler ständig an kürzerer oder längerer Leine geführt, wobei sich dieser den Anschein eines gleichberechtigten Partners gibt (vgl. *RS* 623, 650) und den Wechsel zwischen den verschiedenen Stufen von objektiver und subjektiver Vermittlung des Geschehens fast unmerklich vollzieht.

Die Verwendung von Erzählmitteln, die auch in der modernen Erzählprosa eine wichtige Rolle spielen – Wechsel der Perspektiven, der Zeiten; Zeitraffung, Zeitdehnung usw.[29] –, in *Zwischen Himmel und Erde* kann, nimmt man die Mittel für sich und läßt die Ziele des Autors außer acht, leicht zu falschen Schlüssen über die ›Modernität‹ des Erzählens führen. Otto Ludwig rechnet jedoch nicht mit einem selbstverantwortlichen Leser, der Leerstellen in der Faktizität und Bewertung der Ereignisse ausfüllt. Er gibt gerade im Hinblick auf die ›krankhafte‹ Erfahrungshaltung seiner Figuren die lenkende und wertende Autorität des Erzählers nicht preis, sondern wünscht sich einen neugierigen und gespannt-aktiven Leser, der die Einzelaspekte der Geschichte wie Puzzleteile in das vom Erzähler vorgestanzte Schema einlegt (*RS* 548f.).[30] Partieller Rückzug und anscheinende Neutralität des Erzählers sind nur Faktoren in der geschickten Inszenierung erzählerischer Objektivität, die als Illusion stets durchschaubar bleibt. Es gehört zu den Charakteristika des realistischen Literaturprogramms von Otto Ludwig, daß sich das Objektive der dargestellten Realität nicht im Vergleich zur Gegenständlichkeit der Lebenspraxis bestimmt, sondern als Resultat des erzählerischen Kalküls der Darstellung erscheint. Daß auch hierbei wieder der Hauptzweck in der Vermittlung der realitätsbildenden Macht des Sittlichen liegt, wird vor allem in der Erzählung der Rettungstat des Apollonius in der Brandnacht deutlich. Als Aktion zur Wiederherstellung der inneren Ehre der Person wird der Vorgang zunächst aus der Perspektive des Apollonius beschrieben (516ff.) und dann nochmals – als Schritt zum Gewinn öffentlicher Ehre – aus der Sicht der Menge auf dem Kirchplatz (521ff.).

Diese zweifache Erzählung eines identischen Geschehens deutet zugleich auf ein Problem hin, das aus der Konstruktion der Erzählsituation erwächst und vor allem zum Schluß der Erzählung relevant wird. In Abweichung von der in den *Romanstudien* formulierten Theorie weist *Zwischen Himmel und Erde* keinen »mittleren Helden« auf, der in seiner durchschnittlichen Sittlichkeit und Besonnenheit eine exemplarische und zuverlässige Erfahrungshaltung repräsentiert. Die hypochondrische Wirklichkeitssicht und Ethik des Apollonius waren im Verlauf des Romans vom Erzähler nicht so nachhaltig wie die Haltung von Fritz, aber dennoch deutlich kritisiert worden. Um die Erzählung jedoch im Sinne seines Literaturprogramms zu einem befriedigenden Abschluß bringen zu können, mußte Otto Ludwig eine konstruktive Perspektive entwickeln, die eigentlich nur an die Person von Apollonius angeschlossen werden konnte. Die Bestätigung des sittlichen Wertes seiner Rettungstat durch die Empfindungen der Stadtbewohner (523f.) und der soziale Aufstieg vom Träumer und Außenseiter zum angesehensten Mitbürger bereiten die überraschende Schlußapotheose vor, für deren Durchsetzung eigens wieder das »Ich« des Erzählers aktiviert wird, der über das »Du« Figuren und Leser gleichermaßen anspricht.

7. Die Lösung des Konflikts

Zwangsläufig muß das ›fabula docet‹ der Schlußsätze des Chronisten als ›Nutzanwendung‹ aus den Entschlüssen von Apollonius (nun der »alte Herr«) und Christiane (nun »das schöne Matronengesicht«) verstanden werden:

»[...] der Mensch bereitet sich sein Glück und spannt seinen Himmel selber in der eigenen Brust. [...] Laß dich vom Verstande leiten, aber verletze nicht die heilige Schranke des Gefühls. Kehre dich nicht tadelnd von der Welt, wie sie ist; suche ihr gerecht zu werden, dann wirst du dir gerecht.« (531f.)

Es fällt schwer, nach all den kritischen Einwänden, die direkt oder indirekt vom Erzähler gegenüber Apollonius erhoben worden waren, und nach den Hinweisen auf das halbe Lebensglück der Christiane diese beiden Figuren nun als Exempel eines erfüllten Lebens und souveräner Sittlichkeit zu verstehen oder gar bei Apollonius den Ausgleich von Verstand und Gefühl vollzogen zu sehen.[31] Geht man von der Ebene der sozialen und psychologischen Bedingungen der Geschichte aus, so ließe sich eine positive Schlußwendung nur über die ›Gesundung‹ der Figuren finden: in der Freisetzung eines positiven Lebensgefühls im Zusammenhang veränderter Umweltbedingungen. Doch bleiben Apollonius und Christiane selbst in der Schlußidylle entrückt, wenn nicht gar seelisch ›verkrüppelt‹. Auch vom Ansatz der charakterologischen Opposition zwischen Fritz und Apollonius her kann Apollonius, der sich in seiner Persönlichkeit ja treu bleibt, nicht auf einmal als das anvisierte »Ideal in der Mitte« akzeptiert werden. So muß die »behagliche« Konfliktlösung, die beim Leser angenehme Gefühle auslöst und ihm hilft, sich in seiner Welt wohlzufühlen (vgl. *RS* 539, 546),[32] unter Ausblenden anderer Aspekte auf der Ebene des Sittlichen und Allgemeinmenschlichen erreicht werden.[33] Der Tod von Fritz erscheint als notwendige Strafe, der erzwungene Verzicht Christianes auf ihr ›Liebesglück‹ wird zur ethisch hochwertigen Entsagung, die Prinzipienstarre des Apollonius zur sittlichen Größe stilisiert.

Otto Ludwig versucht, die – angesichts der Entwicklung der Erzählung überraschende, angesichts der Forderungen des Literaturprogramms notwendige – positive Perspektive durch drei Schritte vorzubereiten: Mit den Ereignissen der Brandnacht wird die Kritik gegenüber Apollonius weitgehend suspendiert und die Entsagung der Christiane als sittlich schöne Tat glorifiziert (529f.). Durch die Heiraten der beiden Buben ist zum einen die einst angebahnte Beziehung von Apollonius und Anna Wohlig zumindest in der nachfolgenden Generation realisiert und damit Apollonius' Verzicht auf Christiane bekräftigt, zum anderen eröffnet sich in der Verbindung der Nettenmair-Familie zu der des Kölner Vetters eine zukünftige Entwicklung, die über die Erstarrungen des Kleinstadtmilieus hinauszuführen verspricht.

Dennoch geht das Kalkül des Autors nicht auf. Was bei Apollonius positiv gesehen werden kann, ist die unbedingte Treue zum Gesetz seiner Persönlichkeit.[34] Der Inhalt dieses Gesetzes ist freilich nach den Erfahrungen der erzählten Geschichte durchaus nicht nachahmenswert. »Sie werden dem Apollonius *seinen* Himmel so wenig beneiden oder sich denselben wünschen als ich; nichtsdestoweniger ist es *sein* Himmel.«[35] Im Bestreben, mit seinem Roman zum »sittlichen Aufraffen« der Nation beizutragen,[36] vernachlässigt Otto Ludwig die Unterscheidung zwischen konsequenter Haltung und den damit vertretenen Inhalten. Aber auch das Prinzip der sittlichen Konsequenz wird fragwürdig angesichts der in der Erzählung dargestellten sozialen und psychischen

Determinanten. Selbst die Rettungstat des Apollonius in der Brandnacht könnte als ›Zwangsneurose‹ (in der Beseitigung einer Handwerkerschuld) verstanden werden, während der Erzähler Wert darauf legt, hier das Exempel einer nachzuahmenden freien Entscheidung zu sehen (520f.).

Diese Diskrepanz zwischen Konstruktion der Geschichte und Lösung des Konflikts, das Schwanken zwischen ›realistischem‹ Anerkennen der das Individuum bedingenden Kräfte der Umwelt sowie der Psyche und der poetischen Verklärung selbstverantwortlicher Sittlichkeit wiederholt die eingangs zitierte Widersprüchlichkeit in Otto Ludwigs theoretischen Überlegungen zum Ort des realistischen Romans im System der Gattungen. Doch betrifft der Widerspruch nicht allein *Zwischen Himmel und Erde* bzw. den Autor, sondern ist eine grundsätzliche Aporie des realistischen Literaturprogramms, das die aktuelle Erfahrungswirklichkeit als Grundbedingung ›moderner‹ Poesie bestimmt, die Realität jedoch immer dort poetisch retuschieren muß, wo sie nicht der schönen Idee eines durch die Kraft des Sittlichen zu ordnenden Ganzen entspricht, in dem alle Dissonanzen aufgehoben sind. Daß Otto Ludwig im Schlußteil von *Zwischen Himmel und Erde* dieses »Überblumen« der Wirklichkeit nur ebenso gewaltsam »reflexionspoetisch« wie ästhetisch unbefriedigend herstellen kann, daß die ›Moral‹ nicht, wie theoretisch gefordert, unmittelbar aus der Geschichte hervorgeht, verweist aber auch darauf, wie genau der Autor in Anlage und Material seiner Erzählung den Lebensraum einer mitteldeutschen Kleinstadt und die sich unter dem Zwang erstarrter Ordnungsprinzipien vollziehenden Schicksale erfaßt hat. Er war zudem konsequent genug, auf der Ebene der Fakten keine strahlende Lösung – etwa in der glücklichen Ehe zwischen Christiane und Apollonius – zu konstruieren. Doch auf der Abstraktionsstufe der ethischen Diskussion bleibt der Anspruch der erfreulich-versöhnenden Idee unbestritten: Aus der Kraft entschlossener Sittlichkeit läßt sich das Leben selbst in seinen Zwängen, Gefährdungen und Verkrüppelungen bewältigen.[37]

Theodor Storm hat in seiner 1882 erschienenen Erzählung *Hans und Heinz Kirch*, die in einem vergleichbar sozialen Milieu spielt, den Abstand zum forcierten Optimismus der Nachmärzpoeten unübersehbar formuliert: Die Schlußidylle der Versöhnung *sub specie aeternitatis* wird nachhaltig gestört durch den Zweifel des sozialdemokratischen Tischlers an der Lösung des Problems im Jenseits und durch die unbehagliche Schlußfrage des Erzählers »Wo aber ist Heinz Kirch geblieben?«. In *Zwischen Himmel und Erde* hingegen wird die Dissonanz der Verhältnisse erst jenseits der Intentionen des Autors deutlich: Sie findet sich in den Spannungen zwischen den unterschiedlichen Perspektiven der erzählerischen Gestaltung aktueller Erfahrungen und in der Diskrepanz zwischen Konflikt und Lösung.

8. Zur zeitgenössischen Rezeption

Im Gegensatz zu heutigen Einwendungen gegenüber der unvermittelt positiven Moral des Schlusses bedeutet für die zeitgenössischen Kritiker schon der Verzicht des Autors, auf der Ebene des faktischen Geschehens ein ›happy end‹ herbeizuführen, eine mißliche Abweichung vom Postulat einer neuen Literatur des Nachmärz, die der »Mutlosigkeit und müden Abspannung der Nation«[38] abhelfen sollte.[39]

Im Spiegel der Kritik am »grauen Schluß« (Gustav Freytag), an der Enge und

Bedrückung der dargestellten Verhältnisse (Karl Gutzkow), an den durch soziales Milieu und kranke Psyche begrenzten Charakteren, die zu keiner echten sittlichen Größe fähig sein können (Heinrich Treitschke), und am Verzicht des Autors, deutliche Tugendmuster aufzustellen, nimmt sich Otto Ludwig wie ein sozialkritischer Romancier des Naturalismus aus. Daß damit freilich nur Anstoß an begrenzten, wenn auch innovatorischen Aspekten der hier diskutierten Erzählung genommen wurde, verdeutlichen die zustimmenden Argumente, die auf die gelungene Verbindung von tragischem Geschehen und kleinbürgerlichem Bereich sowie auf die poetische Schönheit der Darstellung sittlicher Selbstüberwindung hinweisen. In der Anerkennung der realistischen Schilderung des Lebensmilieus der Figuren und des psychologischen Tiefgangs der Erzählung werden dann andernorts kritisierte Aspekte unter den veränderten Vorzeichen einer neuen Literaturauffassung positiv beurteilt. Hier liegen zweifelsohne – auch aus heutiger Sicht – die Qualitäten in *Zwischen Himmel und Erde*. Im ganzen gesehen spiegelt jedoch – läßt man die inhaltlichen Begründungen einmal außer acht – bereits das zwiespältige Urteil der zeitgenössischen Rezensionen zu *Zwischen Himmel und Erde* die charakteristische Widersprüchlichkeit der Erzählung, die sich durch das Herausgreifen einzelner Aspekte oder Probleme weder aufheben noch umgehen läßt. Gerade in der Zusammenschau des einen mit dem anderen eröffnet sich ein Zugang zu Text und Autor, der über die Bereiche der Textanalyse und der Diskussion des Autorkommentars in *Romanstudien* und Briefäußerungen hinaus in die geschichtliche Problematik von Literaturprogramm und Literaturfunktion im Nachmärz führt.

Anmerkungen

1 *Diese Ausgabe zitiere ich im fortlaufenden Text unter Angabe der Seitenzahlen sowohl für »Zwischen Himmel und Erde« als auch für die »Romanstudien« (RS),* mit denen Otto Ludwig nach 1850 begonnen und die er bis zu seinem Tod (1865) fortgeführt hatte. Ihre Veröffentlichung war nicht beabsichtigt; einen ersten Abdruck besorgte 1874 Moritz Heydrich. – Auf die Forschungsliteratur wird in Text und Amerkungen nur exemplarisch eingegangen. Die jeweils angegebene Nummer der Literaturhinweise (Lit.) verweist auf die bibliographischen Angaben.

2 Neuere Editionen aus Otto Ludwigs Werk gelten nahezu ausschließlich »Zwischen Himmel und Erde«; vgl. die Ausgabe in Reclams Universal-Bibliothek Nr. 3494 [3] (1954 u. ö.) und die des Greifenverlags zu Rudolstadt (1969, 2. Aufl. 1978) sowie die kommentierte englische Ausgabe, die Keith A. Dickson 1971 bei Harrap (London) besorgte.

3 Zum Vergleich der verschiedenen Auflagen und zur Bewertung der Veränderungen s. Lillyman (Lit. Nr. 6). – Die hier benutzte Hanser-Ausgabe stützt sich auf die 3. Auflage von 1862.

4 Vgl. beispielsweise Franz Stanzel: Die typischen Erzählsituationen im Roman. Wien 1955. S. 22f.: Ludwig habe als einer der ersten Theoretiker des Romans auf den kategoriellen Unterschied von berichtender und szenischer Erzählweise und die damit verbundenen unterschiedlichen Funktionen hingewiesen.

5 Vgl. dazu Hahl (Lit. Nr. 4); Rhöse (Lit. Nr. 14).

6 Vgl. dazu McInnes (Lit. Nr. 10) S. 703f.: Die Widersprüchlichkeit in den »Romanstudien« dürfe nicht überbewertet werden, da es sich ja um mehr private Aufzeichnungen und nicht um eine geschlossene Theorie des Romans handelt.

7 Vgl. dazu vor allem Lillyman (Lit. Nr. 6 und 8) sowie McClain (Lit. Nr. 9).

8 Kritische Aspekte können auch in Fortführung und Ergänzung der Autorenintention am Text ›abgelesen‹ werden. So ist auffällig, wie das Erwerbs- und Besitzdenken, das in den Handlungen von Apollonius im wesentlichen zur Sicherung der ökonomischen Basis der Familie geschäftlich eingesetzt wird, bei Fritz auf Frau und Kinder ausgedehnt ist. Er betrachtet sie als sein Eigentum und den Einfluß von Apollonius auf sie als Diebstahl (487f.). Und selbst der Erzähler teilt im Schema der poetischen Gerechtigkeit Christiane gleichsam als Beutestück in der Konkurrenz zwischen den beiden Brüdern dem in Besitzerhaltung und Besitzstandmehrung Tüchtigeren zu. Die Konkurrenz wird also nicht nur auf moralischer Ebene entschieden.

9 Eine – die Autorenintention überschreitende – sozialgeschichtliche oder ideologiekritische Analyse wird im Vergleich mit anderen Texten des Jahrzehnts nach 1848 den spezifischen Stellenwert der in »Zwischen Himmel und Erde« dargestellten Erfahrungen der mangelnden Selbstverwirklichung, der Kommunikationsunfähigkeit und Entfremdung bestimmen können und in Beziehung setzen müssen zu den Schwierigkeiten der Handwerkerberufe sowie zu der fortschreitenden Dissoziation von ›ererbter‹ bürgerlicher Moral und moderner Lebenspraxis.

10 Vgl. dazu Lillyman (Lit. Nr. 8) S. 742f. – Christiane nimmt nur insofern eine Ausnahmestellung ein, als nicht ihr eigenes Ich, sondern die Perspektive des ihr jeweils zugeordneten männlichen Partners die Wirklichkeitserfahrung bestimmt.

11 Träume sind in »Zwischen Himmel und Erde« psychische Realität und allen wichtigen Figuren gemeinsam. Sie werden erzählerisch als assoziative Reihe von Erinnerungen, Wunschvorstellungen und bedrückenden Ahnungen gestaltet (vgl. z. B. 366f.). Die Traumerfahrung wird jedoch im Wertsystem des Erzählers der sittlichen Reflexion untergeordnet: Die Traumbilder verschwinden wieder, sobald die mit ihnen umschriebenen oder herausgeforderten moralischen Entscheidungen vollzogen sind. Träume bezeichnen den Zustand des seiner selbst ungewissen Ichs und sind oft Illusionen; sie haben nur dort das Gewicht höherer Wahrheit, wo sie den Träumenden mit einer ihm fremd gewordenen Sittlichkeit konfrontieren, wie im Falle der Ehrverlustträume des alten Herrn.

12 Das gilt es vor allem dort zu bedenken, wo Otto Ludwig im Hinblick auf die psychologische Dimension der Figuren in »Zwischen Himmel und Erde« von den anderen Autoren seiner Zeit abgegrenzt wird, vgl. dafür Thomas (Lit. Nr. 16) S. 36.

13 Dieter Kafitz: Figurenkonstellation als Mittel der Wirklichkeitserfassung. Dargestellt an Romanen der zweiten Hälfte des 19. Jahrhunderts. (Freytag. Spielhagen. Fontane. Raabe.) Kronberg i. Ts. 1978. S. 16. – Im Sinne dieses zeittypischen Verfahrens müßte der Kontrast zwischen »zu viel Gewissen« (Apollonius) und »zu wenig Gewissen« (Fritz) zugunsten einer Figur entschieden werden. Diese Entscheidung ist jedoch bereits durch die Formulierung des Gegensatzes als der zweier Extreme in Frage gestellt.

14 Aus einem Briefentwurf Ludwigs (vermutlich für Eduard Devrient gedacht): Merker (Lit. Nr. 11) S. XVII.

15 Bei Fritz werden die positiven Ansätze der Verweigerung der vom alten Herrn autoritär geforderten Gefolgschaft immer mehr ins Negative verkehrt. Apollonius dagegen wächst aus der anfänglichen ›Kölner Distanz‹ in eine – wenn auch durch »Milde« (335) abgeschwächte – Nachfolgerrolle des alten Herrn hinein. Im Verhältnis der Brüder verschärfen sich die Konflikte dadurch, daß Apollonius in seiner Haltung als ›reiner Tor‹ die unlauteren Motive von Fritz verkennt, während dieser in seinem Egoismus durch den Altruismus des Apollonius irritiert und schließlich zu eklatanten Fehlinterpretationen geführt wird.

16 Vgl. dazu die Kritik bei Brinkmann (Lit. Nr. 2) z. B. S. 203; Dickson (Lit. Nr. 3).

17 Zu den Bildern und Vergleichen aus dem Erfahrungsbereich des Religiösen vgl. z. B. 331, 395f., 410, 413, 432, 439. Im Hinblick auf Christiane erscheinen die beiden Brüder wie Engel und Teufel, die ihr ›Opfer‹ jeweils in ihre Welt mitziehen wollen.

18 Vgl. dazu Hahl (Lit. Nr. 4) S. 235. – Der Erzähler argumentiert dem Leser gegenüber dagegen mitunter ganz auf dem Boden traditioneller Religiosität, vgl. 337.

19 Die Wendung »zwischen Himmel und Erde« kann einerseits als reine Begleitformel für die

Schieferdeckerarbeit eingesetzt, andererseits aber auch wieder als Leitmotiv in der Diskussion ethischer Probleme (vgl. insbes. 531f.) benutzt werden.

20 Zum »Idealrealismus« Otto Ludwigs vgl. Hahl (Lit. Nr. 4) S. 203f.

21 Der Erfahrungs- und Betrachtungsaspekt des Psychologischen ist dabei dem Sozialen übergeordnet. Die soziale Desintegration von Fritz verweist auf seinen seelischen und sittlichen Verfall. Im Bereich sozialer Umstände (vgl. z.B. die Ehrbarkeit) kann eher mit Erfolg manipuliert werden, als daß Figuren auf Dauer ihre inneren Motive und Absichten verbergen könnten.

22 Vgl. zur Intensivierung des Sinnbildlichen im Schlußteil: Turner (Lit. Nr. 17) S. 52. Apollonius wird zur entrückten Christusfigur stilisiert, und Christiane erscheint gleichsam als Nonne, als Braut Christi. – Das Erotische ist vom Ethischen verdrängt, die Konflikte sind nicht gelöst, sondern im metaphysischen Bereich ›verdünnt‹.

23 Vgl. dazu meinen Aufsatz »Zur Diskussion über das ›moderne Drama‹ im Nachmärz«. In: Deutsche Vierteljahrsschrift für Literaturwissenschaft und Geistesgeschichte 53 (1979) H. 4.

24 Ähnlich ist es in »Soll und Haben«; auch Gustav Freytag erreicht die Lösungen der aufgeworfenen politischen, ökonomischen, ethnologischen und nationalen Probleme durch Verschiebung auf die Ebene der sittlichen Selbstverantwortlichkeit des Individuums.

25 Das wird auch in der Gewichtung der verschiedenen Ebenen vermittelter Wirklichkeitserfahrung deutlich: Endgültige Aufschlüsse ergeben sich aus der Tiefendimension der poetischen Sinnbezüge, dann folgen die Kommentare des Erzählers und die natürliche Sittlichkeit der Kinder. Untergeordnet sind die Perspektiven von Apollonius und Christiane, bei denen zeitweilig persönliche Wünsche die Sittlichkeit stören. Am Schluß folgen die Wirklichkeitsvorstellungen des alten Herrn, von Fritz und dem Gesellen, die am stärksten durch soziale Einflüsse und psychische Determinanten verzerrt werden. Beim alten Herrn ist die Wirklichkeit von der ritualisierten Erfüllung sozialer Normen, bei Fritz durch die immer umfassenderen Wahnvorstellungen verstellt. Im ganzen gesehen erscheint die Wirklichkeit der Erzählung als Synthese divergierender und konkurrierender Realitätserfahrungen, die unterschiedlich privilegiert sind.

26 Apollonius und Christiane haben die Kraft zu sittlichen Entscheidungen, während die Krankheiten vom alten Herrn und Fritz sowohl physisch bzw. psychisch als auch sittlich bestimmt werden. Der erblindete alte Herr erkrankt an der Übertreibung des Ehrgefühls (457), der von Wahnvorstellungen besessene Sohn Fritz an moralischer Schwäche und Egozentrik (434).

27 Zum Übergang der Erlebten Rede in den Inneren Monolog vgl. Lillyman (Lit. Nr. 7 und 8). Die von Lillyman diskutierte Passage (487f.) bleibt freilich ein Einzelfall in der Erzählung und ist – wie auch andere Verletzungen der ›regulären‹ Syntax (z. B. im Tempus) – charakteristisch für Otto Ludwigs Versuch, Höhepunkte in den Erfahrungen der Figuren oder im äußeren Geschehen auf diese Weise zu markieren. Der Wechsel in den Inneren Monolog würde so an dieser Stelle die Zuspitzung der Wahnvorstellungen von Fritz in der Gefangenheit seines Ichs kennzeichnen. – Das Bemühen des Autors um Intensivierung durch dramatische Vermittlung von Gefühlen und Erfahrungen widerspricht allerdings den Einsichten, die sich Otto Ludwig zum Gesetz des Epischen in den »Romanstudien« notiert: Die indirekte Darstellung der Erzählung könne dazu dienen, »das Drastische und Pathologische der Begebenheiten zu dämpfen und somit die harmonische Wirkung des Werks zu sichern« (Hahl [Lit. Nr. 4] S. 237).

28 Vgl. Brinkmann (Lit. Nr. 2) insbes. S. 185.

29 Der häufige ›ungrammatische‹ Wechsel zwischen den Zeiten ist weniger unter erzähllogischer Perspektive zu verstehen, sondern – vor allem der Wechsel zum Präsens – als Lesehilfe, als Signal für besonders wichtige Passagen oder zur Abgrenzung der verschiedenen Zeitschichten innerhalb des Erzählerberichts.

30 So dient auch der Rahmen der Erzählung mit dem vorgezogenen Teilbericht des ›Ruhezustandes‹ nach der Konfliktlösung weniger zur Reflexion des Geschehens von einer ›höheren Warte‹ aus, sondern mehr zur Spannungserregung im Sinne der in den »Romanstudien« favorisierten

Mischung von analytischem (Rückblick-)Erzählen und synthetischem (Schritt-für-Schritt-)Erzählen. Durch vorausgezogene Informationen über den Abschluß der ›spannenden‹ Ereignisse soll der Leser zudem zum Mitdenken aktiviert werden (*RS* 537 und 568).

31 Vgl. dazu Turner (Lit. Nr. 17) S. 66.

32 Vgl. die harsche Kritik von Rhöse (Lit. Nr. 14) S. 152: Otto Ludwigs Harmoniestreben sei »eine künstlich produzierte philisterhafte Borniertheit, die während und vor allem am Schluß der Lektüre mit Gott und der Welt zufrieden sein will«.

33 Vgl. zur absoluten Dominanz des Sittlichen in der Schlußkonstruktion ebd. S. 157f. – Die kritischen Aspekte sind allerdings im Schlußteil nicht völlig zurückgedrängt, vor allem wenn die einleitenden Passagen des Rahmens (332–335) mit herangezogen werden. Apollonius' Heldentat isoliert ihn noch mehr von seiner Umgebung. – Dazu Turner (Lit. Nr. 17) S. 55: »the perverted family relationship persists to the very end.« – Daß in der Nettenmair-Familie, sieht man einmal von den angedeuteten Entwicklungen in der dritten Generation ab, bis zum Schluß keine – im Sinne der Zeit – normalen Familienbeziehungen hergestellt werden, müßte eigentlich für die kritische Bewertung der Verhaltensnormen der Figuren schwer wiegen, nachdem gerade im Nachmärz im bürgerlichen Denken die geordnete und schützende Familie eine hohe Rangstellung hat.

34 Daß sich Otto Ludwig auf dieses Argument zur Auflösung der Widersprüche seiner Erzählung stützt, wird aus einem undatierten Briefkonzept deutlich: Jeder solle sich sein moralisches Gesetz selbst schaffen; diese Entschlossenheit sei wichtig, nicht der Inhalt des Gesetzes (Merker [Lit. Nr. 11] S. XVIII).

35 Ebd. S. XX. – Der nach Otto Ludwig nur scheinbare Widerspruch zwischen positiv zu bewertender Haltung von Apollonius und negativ einzuschätzendem Gehalt seiner Sittlichkeit soll den Leser zum Nachdenken über den gesunden Ausgleich der Extreme veranlassen (ebd. S. XXII).

36 Ebd. S. XV, im Brief an Therese Devrient vom 23. 8. 1856: Die freie sittliche Kraft des Individuums soll die Macht der Verhältnisse, die Zwänge des Milieus überwinden. Die Poesie muß dabei Hilfestellung leisten.

37 Vgl. zum »Vor- und Außerrealistischen« des Schlusses Rhöse (Lit. Nr. 14) S. 158.

38 In Gustav Freytags Widmung für Ernst II., Herzog von Sachsen-Coburg-Gotha, in »Soll und Haben«, zit. nach der Ausgabe des Hanser Verlags, München 1977, S. 9.

39 Eine Auswahl der Kritiken (bzw. von Auszügen daraus) in: Realismus und Gründerzeit. Manifeste und Dokumente zur deutschen Literatur 1848–1880. Hrsg. von Max Bucher, Werner Hahl [u. a.]. Bd. 2. Stuttgart 1975 (Nr. 65, 66, 68), und die wichtige Rezension von Gustav Freytag bei Hans-Joachim Ruckhäberle / Helmuth Widhammer: Roman und Romantheorie im deutschen Realismus. Kronberg i. Ts. 1977. S. 199–204.

Literaturhinweise

1. Böschenstein, Hermann: Zum Aufbau von Otto Ludwigs »Zwischen Himmel und Erde«. In: Monatshefte 34 (1942) S. 343–356.
2. Brinkmann, Richard: Wirklichkeit und Illusion. 2. Aufl. Tübingen 1966. S. 145–216: Otto Ludwig: »Zwischen Himmel und Erde«. Die Verwirrung von ›Objektivität‹ und Subjektivität.
3. Dickson, Keith A.: »Die Moral von der Geschicht«: Art and Artifice in »Zwischen Himmel und Erde«. In: Modern Language Review 68 (1973) S. 115–128.
4. Hahl, Werner: Reflexion und Erzählung. Ein Problem der Romantheorie von der Spätaufklärung bis zum programmatischen Realismus. Stuttgart 1971. (Insbes. S. 202–204, 232–241.)
5. Lillyman, William J.: The functions of the Leitmotifs in Otto Ludwig's »Zwischen Himmel und Erde«. In: Monatshefte 57 (1965) S. 60–68.

6. Lillyman, William J.: Otto Ludwig's »Zwischen Himmel und Erde«. A Study of its Artistic Structure. Den Haag / Paris 1967.
7. Lillyman, William J.: The Interior Monologue in James Joyce and Otto Ludwig. In: Comparative Literature 23 (1971) S. 45–54.
8. Lillyman, William J.: Nachwort zu: Otto Ludwig: Romane und Romanstudien. München 1977. S. 729–754.
9. McClain, William H.: Between Real and Ideal: The Course of Otto Ludwig's Development as a Narrative Writer. Chapel Hill 1963.
10. McInnes, Edward: Analysis and Moral Insight in the Novel: Otto Ludwig's »Epische Studien«. In: Deutsche Vierteljahrsschrift für Literaturwissenschaft und Geistesgeschichte 46 (1972) S. 699–713.
11. Merker, Paul: Einleitung zu: Otto Ludwig: Werke. Bd. 3. Leipzig 1914. S. VII–XXII.
12. Meyer, Albert: Die ästhetischen Anschauungen Otto Ludwigs. Winterthur 1957.
13. Reuter, Hans-Heinrich: Umriß eines »mittleren« Erzählers. Anmerkungen zu Werk und Wirkung Otto Ludwigs. In: Jahrbuch der Deutschen Schillergesellschaft 12 (1968) S. 318–358.
14. Rhöse, Franz: Konflikt und Versöhnung. Untersuchungen zur Theorie des Romans von Hegel bis zum Naturalismus. Stuttgart 1978. (Insbes. S. 146–160.)
15. Steinmetz, Horst: Die Rolle des Lesers in Otto Ludwigs Konzeption des ›Poetischen Realismus‹. In: Gunter Grimm (Hrsg.): Literatur und Leser. Stuttgart 1975. S. 223–239.
16. Thomas, Lionel: Otto Ludwig's »Zwischen Himmel und Erde«. Proceedings of the Leeds Philosophical and Literary Society. Literary and historical section. Bd. 16. T. 2 (1975). S. 27–38.
17. Turner, David: Roles and Relationships in Otto Ludwig's Narrative Fiction. Occasional papers in modern languages No. 10. University of Hull 1975.
18. Weigand, Hermann J.: Zu Otto Ludwigs »Zwischen Himmel und Erde«. In: Fährten und Funde. Hrsg. von A. Leslie Willson. Bern/München 1967. S. 120–138.
19. Wetzel, Heinz: Otto Ludwigs »Zwischen Himmel und Erde«: Eine Säkularisierung der christlichen Heilslehre. In: Orbis Litterarum 27 (1972) S. 102–121.

JÜRGEN HEIN

Berthold Auerbach: *Barfüßele* (1856)
Dorfgeschichte als Rettung der »Schönheit des Heimlichen und Beschränkten«

Von den Zeitgenossen viel gelesen, fast überschwenglich gelobt und häufig nachgeahmt, ist uns Berthold Auerbach (1812–82) heute eine recht unbekannte Erscheinung. Der populäre Erzähler des 19. Jahrhunderts mit der hohen Gesamtauflage seiner Erzählungen und den zum Welterfolg gewordenen *Schwarzwälder Dorfgeschichten* wird in den Literaturgeschichten nur beiläufig erwähnt und in den Epochendarstellungen als Übergangserscheinung gewertet.[1] Erst durch die Aufarbeitung der zeitgenössischen Realismus-Diskussion in den letzten Jahren rückte Auerbach als ein wichtiger Programmatiker des Realismus und auch als Autor von ›Dorfgeschichten‹ wieder in den Blickpunkt literaturwissenschaftlichen Interesses.[2] Man billigt ihm gar eine »rezeptionsgeschichtliche Schlüsselstellung« zu.[3] Ist für die einen Auerbach zu Recht vergessen, weil er die konkreten sozialen Probleme in seinen Geschichten verschleierte und der Verbreitung der Trivial- und Kolportageliteratur und der Ideologisierung der Heimatliteratur Vorschub leistete, so meinen andere, er sei zu Unrecht in Vergessenheit geraten. Gerade an seiner widersprüchlichen Literaturtheorie werde die »Misere des Selbstverständnisses des deutschen Realismus« um 1850 besonders sichtbar.[4] Darüber hinaus spiegelt sich in seiner Dorfgeschichtendichtung, die repräsentativ für diese Richtung der Literatur zwischen 1840 und 1880 stehen kann, auf vielfältige Weise der Widerspruch zwischen Ansätzen einer kritisch-realistischen Wirklichkeitsdarstellung und einer poetischen ›Verklärung‹ der Wirklichkeit.[5]
Auerbachs beim Publikum beliebteste Dorfgeschichte *Barfüßele*, als Jugendschrift bis in unsere Zeit – wenn auch in z. T. bearbeiteter Form – im Buchhandel greifbar, hat seinen Ruhm und seine Rezeption einseitig begründet. Besonders vor dem Hintergrund der sozialkritischen Erzählliteratur des Vormärz erscheint sein Werk sentimental, die gesellschaftlichen Verhältnisse erscheinen bestätigend und beschönigend.[6] Auerbachs volkspädagogische, sozialethische und ästhetische Intentionen, seine Stellung in der Realismus-Diskussion und zur ›sozialen Frage‹ können nur durch Rückbezug auf sein Programm in *Schrift und Volk* (1846) und die frühen Dorfgeschichten – als Beispiel dient hier *Der Lauterbacher* (1843) – gerecht beurteilt werden.

Im Nachwort zu *Schrift und Volk. Grundzüge der volkstümlichen Literatur angeschlossen an eine Charakteristik J. P. Hebels* (1846), gleichzeitig mit *Barfüßele* im Rahmen der ersten Gesamtausgabe seiner Werke erschienen, sagt Auerbach: »Ich habe dieses Buch bald nach Beginn meiner literarischen Thätigkeit aus dem Volke und für das Volk geschrieben. Ich habe hier berührte Productionsweisen seitdem selbst auszuführen gesucht [...]« (254f.).[7] Auerbach geht es sowohl um die »Dichtung aus dem Volke« als auch um die »Dichtung für das Volk«, die er als »zwei Erscheinungsarten ein und desselben Wesens« (6) auffaßt; seine Dorfgeschichten tendieren eher zur ersten

Richtung. Ihm geht es im Horizont von Bildung und Humanität um eine Zusammenführung von Kunst und Volk in der Begegnung aller Bevölkerungsschichten mit Sprache, Literatur und Geschichte. Seine Gedanken fanden größte und weite Beachtung zu einer Zeit, in der man von einem ›Volksautor‹ sehr weltfremde Vorstellungen hatte.[8] Er hatte eine Literatur im Sinn, welche, am ›wirklichen‹ Leben nicht vorbeisehend, es aber poetisch spiegelnd, die dem Volk erfahrbare Welt in ästhetischer Weise darstellt und deutet: »Die Volksschrift muß den nothwendigen Anforderungen der Kunst und Wissenschaft entsprechen, oder sie genügt auch ihrem sogenannten guten Zweck nicht« (121) und: »Das eben ist die besondere Schwierigkeit der dichterischen Volksschrift, daß man bei ihrer Abfassung des vorgesetzten lehrhaften Zweckes vergesse und das volle Leben walten lasse« (120f.).

Eine Möglichkeit auf diesem Weg sieht er in einer Form der Distanzierung, die Hermann Kinder Auerbachs »Theorie der Ferne« nennt.[9] Auerbach selbst faßt sie zu Beginn seiner Schrift in dem Sprichwort »Wer nicht hinauskommt, kommt nicht heim« (11) zusammen. Diese geistige Bewegung gilt für den Autor wie für den Leser. Während beim Leser ein stoffliches Interesse am Fremden vorherrscht – »Das Volk liebt es nicht, sich seine eigenen Zustände vorgeführt zu sehen [...]. Erst wenn [...] höhere Beziehungen in dem alltäglich Gewohnten aufgeschlossen werden, lernt man das Alte und Heimische neu lieben« (43) –, besteht für den Schriftsteller die Schwierigkeit, daß er nur als »ein Mann, der ganz und unmittelbar im Volke steht« (11) und zugleich »Gelehrsamkeit« und die »Breite fremder Anschauungen« (12) besitzt, in das Volk zurückwirken kann. Das Vorbild eines Volksschriftstellers, den Volksnähe und Heimatverbundenheit prägen und der – durch die Erfahrung des Fremden und der ›Fremde‹ bereichert – die Distanz gewonnen hat, das Bedeutende zu schildern, sieht Auerbach in Johann Peter Hebel. An ihm werde die Versöhnung von Individuum und Volksgeist, von Abstraktion und Leben im realen geschichtlichen Raum sichtbar. Die Rückkehr Hebels zum »Volksgeist« nach langer »Entfremdung und Isolirung« (23) weist auf die eigentliche Aufgabe der Volksschrift, durch Versöhnung und Vermittlung der Gegensätze die Entfremdung zu überwinden.

Die Begriffe ›Versöhnung‹ und ›Vermittlung‹ spielen bei Auerbach eine große Rolle und beziehen sich auf seine Kunst- und Bildungstheorie wie auf seine Betrachtungsweise der realen Wirklichkeit: »Der Dichter kann und soll Leben und Seelenzustände bis zur gesetzmäßigen Vollendung führen, zu der sie in der baren Wirklichkeit nicht gelangt waren oder nicht gelangen können« (26f.). Er muß eine »höhere Auffassung der Wirklichkeit« (30) zur Darstellung bringen, die einen »krassen Realismus« (76) ausschließt. Aufgabe der Volksschrift sei, Schönheit und Wahrheit an das unmittelbare Leben anzuschließen, aus ihm zu entwickeln und »der aus dem unmittelbaren Leben erwachsenden Bildung die allgemeinere zuzuführen« (119). In der Versöhnung von Idealismus und Realismus sieht Auerbach die Bedingung lebendiger Poesie. Von daher fordert er den »versöhnten Abschluß« (72) im Kunstwerk: »Der Dichter richtet und ordnet auch die auf Grund der Wirklichkeit von ihm auferbaute Welt nach höheren Gesichtspuncten, er schaltet frei, er kann und soll abschließen, wo die Wirklichkeit noch in Halbheit und Zerrissenheit verharrt« (72). Mit der Abwehr der reinen Nützlichkeitspoesie, die keinen anderen als den lehrhaften Zweck verfolge und den ästhetischen dabei verliere, schließt Auerbach weiter die Tendenzdichtung überhaupt aus. Es dürfe keine »Armenhauspoesie« (103) entstehen, »ein dichterisches Werk ist kein Bettelbrief, gerichtet an die mit Macht und Besitz Begabten [...], es ist auch kein Brandbrief, gelegt um zu schrecken oder vorsorgend zu warnen« (101). Dennoch redet Auerbach einer »humanitären Richtung« (103) das Wort; allerdings könne Literatur nicht auf unmittelbarem Weg die Welt verändern, sie »richtet euch eure Schulen, Fabriken, Gefängnisse, Kanzleien etc. nicht besser ein; sie zeigt euch aber das Walten der ewigen Urmächte unter der Oberfläche des Lebens [...]. Aus dieser tieferen Erfassung des Lebens erschließt sich nothwendig die Humanität [...]« (104).

Auerbach zielt auf die »thätige Humanität« (100) ab: »Die Volksschrift muß mehr lehren wollen als anregen und reizen, ihre Aufnahme muß ein Thun sein und zum Thun hinführen« (167). Hindernisse dabei sieht er im »mechanischen Polizeistaat« und seiner Zensur (82, 141); ein »lebendiges volksthümliches Geistesleben und eine volksthümliche Sprache ist nur in der ungehinderten Oeffentlichkeit und Freiheit möglich [...]« (141). Die Volksschrift richtet sich an das gesamte Bürgertum; Bildung soll popularisiert werden, umgekehrt wirkt die volkstümliche Bildung zurück »auf manche verfeinerte Kreise« (126). Zugleich wird in ihr eine Einigung aller sozialen Schichten angestrebt; die hervortretenden Charaktere sollen stets Repräsentanten des Volks als Gesamtheit sein (105). An vielen Stellen spricht sich Auerbach gegen das Übersehen oder gar eine malerische Betrachtung der Armut aus und widmet dem Thema »Pauperismus und Volksschrift« (240ff.) ein eigenes Kapitel. Es geht hier um die Frage nach der »sittlichen und ökonomischen Hebung des Einzelnen«, Auerbach diskutiert den »humanistischen« wie den »materialistisch-communistischen« Lösungsversuch des Problems und schlägt eine »Vermittlung« (245) vor. Entschieden tritt er für »allseitige Freiheit des Individuums« als »Prinzip des neuen Staats- und Gesellschaftslebens« (248) und gegen die Ausbeutung ein: »Es zeigt sich jene empörende Betbrüderei hartherziger Fabrikherren, die ihre ausgemergelten Fabrikarbeiter allabendlich zu Betstunden versammeln und sie in ihrem zeitlichen Elend an das himmlische Jenseits verweisen« (242f.). Die Volksschrift hat auch die Aufgabe, »der freien Vereinigung der Menschen zu gegenseitiger Aushülfe und gemeinsamer Förderung ihrer Interessen vorzuarbeiten, die Gemüther zur Benutzung des Vorhandenen anzuregen und Wege zu Neuem zu bezeichnen und anzubahnen« (251). Literatur soll nicht das Elend vergessen machen, sie soll helfen, es zu überwinden. Sie darf aber darüber nicht ihren vornehmsten Zweck vergessen, Dichtung zu sein, Freude, Unterhaltung und Trost zu spenden; die Volksschrift müsse dazu führen, »daß Schönheit und Freude einst wieder inmitten des Lebens wohne, daß Blumen die Fenster der niedersten Hütte umranken, aus denen in Freiheit und Wohlfahrt begnügte Menschen schauen« (253). Nach Kinder »fügt sich Auerbach in die lange Reihe derer ein, die im deutschen 19. Jahrhundert eine Verklärung der Wirklichkeit forderten«, doch erhalte diese einen utopischen Zug, indem in der Poesie »auch die historische Wirklichkeit der Zukunft in Erscheinung« trete.[10]

Im Umkreis der Realismus-Diskussion um 1850 gehört Auerbach zu den Programmatikern, die ein mehrdimensionales Realismus-Verständnis artikulieren, das allerdings die ›Verklärung‹ der Wirklichkeit in Richtung auf eine durch Poesie überwindbare dissonante Zeitwirklichkeit in einer humanen Zukunft in den Vordergrund stellt. Diese Realismus-Variante wird nach 1848 als ›fortschrittlich‹ rezipiert.[11] Als ihr vollkommener Ausdruck wird die ›Dorfgeschichte‹ aufgefaßt, in der man Ziele des Programms (›demokratische‹ Tendenzen, »vaterländische Stoffe« [Freytag], Detailrealismus, Dar-

stellung unmittelbaren Volkslebens, Hinwendung zu den ›niederen‹ Schichten usw.) verwirklicht sah.[12]
Heute ist man der Ansicht, daß die Bedeutung der Dorfliteratur für den theoretischen Realismus außer Frage stehe, daß aber nach 1848 »die Verklärungspoetik um ihre antizipatorische vormärzliche Dimension« verkürzt wurde und »affirmativen Charakter« erhalte; so faßt z. B. Helmuth Widhammer die ästhetische Programmatik als ideologischen Ausdruck und volkspädagogisch-politisches Instrument der nachrevolutionären Bourgeoisie auf.[13] Zunächst muß aber die sozialgeschichtlich bedeutende Stellung der ›Dorfgeschichte‹ in der Literaturgeschichte hervorgehoben werden.
Die allgemeinen historischen, politischen, gesellschaftlichen und ökonomischen Zustände, insbesondere die fehlende nationale Einheit, die unterschiedliche landwirtschaftliche und industrielle Entwicklung sowie die Bewußtseinsbildung im Bürgertum und bei den Bauern förderten den regionalen Zug in der Literatur. Die stärkere Akzentuierung des Provinziellen ermöglichte die Darstellung der Zeitprobleme in lokaler und sozialer Begrenzung. Die erreichte Wirklichkeitsnähe in der Abbildung des Milieus trat aber z. T. in Widerspruch mit der konfliktreichen gesamtgesellschaftlichen Wirklichkeit. Die sozialkritischen Ansätze stießen auf den Widerstand des bürgerlichen Lesepublikums und der Programmatiker des poetischen Realismus. Das Modell der kleinen, überschaubaren Welt in der Dorfgeschichte lief Gefahr, für solche Formen der Heimatdichtung herhalten zu müssen, die die sozialen Tatsachen nicht zur Kenntnis nahmen oder verschleierten. Hier bedeutete die Begrenzung durch das Lokale, Regionale, Provinzielle nicht eine neue Möglichkeit, sich der konkreten Wirklichkeit im abgesteckten Raum zu versichern, sondern Flucht in Klischee und Scheinwelt. Die zwischen 1800 und 1830 zu beobachtende Vielschichtigkeit in der Darstellung der bäuerlichen Welt (realistische Idylle, romantische Erzählung, Kalendergeschichte, progressive Dorf-Utopie) und Mehrschichtigkeit in der Perspektive (konservativ, aufklärerisch-pädagogisch, volkstümlich-bildend, sozialkritisch-fortschrittlich) wird immer mehr auf die eine Dimension der konservativen Darstellung unter bürgerlicher Perspektive eingeschränkt.[14] Auerbachs Dorfgeschichten *Der Lauterbacher* (1843) und *Barfüßele* (1856) sind deutliche Beispiele für Stationen dieser Entwicklung.
Auerbach strebte in seinen Dorfgeschichten eine Synthese von Natur und Geschichte und von Wissenschaft und Leben an; er sieht seine Aufgabe als Vermittler »zwischen Bildung und Bäuerlichkeit«.[15] In der Rückschau formuliert er 1864, daß seine Dorfgeschichten »die concrete Ausführung des Pantheismus sind«.[16] Auf dem Hintergrund der Vorstellung von einer sozialen Harmonie hatte er »sowohl Städter als Landbürger« als Leser im Sinn.[17] Das dörfliche Leserpublikum soll durch Ereignisse, die den dörflichen Menschen betreffen, unterhalten und zugleich gebildet werden; der städtische Leser mochte im Dorf ein Modell der »kleinen Welt« erblicken oder auch nur seinen Stoffhunger an einem der Literatur neu gewonnenen Wirklichkeitsraum stillen.[18]
Daß die Dorfgeschichten beim gebildeten städtischen Publikum großen Anklang fanden, ist bezeugt. Auerbach war nach Schendas Untersuchungen einer der meistgelesenen Autoren der Volksschriftvereine, seine Werke gehörten zum ständigen Repertoire der Kolporteure.[19] Schenda meint allerdings, Auerbach habe wohl nicht die geringsten Kenntnisse von den »wirklichen literarischen Konsumtionen und Bedürfnissen des Proletariats« gehabt, ›Volk‹ kenne er nur als »ideales Bürgertum«.[20] Schon Gottfried Keller hatte in den Gotthelf-Rezensionen bezweifelt, daß die »Volksschriftsteller in den

Hütten des Landvolks ebenso bekannt seien wie in den Literaturblättern und allenfalls bei den Bürgerklassen der Städte«, zudem seien die Bücher zu teuer (ein Buch kostete etwa 4 Gulden, der Jahresverdienst eines Bauern lag etwa bei 90 Gulden) und kämen kaum bis zum Bauern (distributorische Gründe).[21] Eine bäuerliche Leserschaft der Dorfgeschichten ist also eher unwahrscheinlich, und Auerbach bemerkt rückblickend in einem Brief: »Du hast Recht, es ist Vieles nicht für das Volk unmittelbar, aber ich denke auch an die Dorflehrer, die Manches vorlesen und erklären sollen.«[22] In jedem Falle aber spiegeln die Dorfgeschichten den gesellschaftlichen Fortschritt, indem dem Städter der Bauer nicht länger als Spottfigur, sondern als gleichwertiger Mensch in seiner sozialen Gebundenheit, mitunter gar als Vorbild, dargestellt wird.

Die Dorfgeschichten sollen, schreibt Auerbach am 25. September 1842 an den Verleger Cotta, das ganze häusliche, religiöse, bürgerliche und politische Leben der Bauern abbilden, und in der Vorrede zum ersten Band betont er, daß weder nur der bäuerliche noch allein der städtische Gesichtspunkt ihn geleitet habe.[23] Es geht ihm um den Aufweis der ›praktischen Humanität‹ in der modellhaften, aber allen Einflüssen der Wirklichkeit ausgesetzten Dorfwelt. Dabei bezieht er eindeutig Position gegenüber der konfliktreichen sozialen Wirklichkeit: »Wir dürfen uns nicht irren lassen durch den Aberwitz lächerlicher Gleichheitsmacher [...]. Nicht der Besitz und die Macht, sondern der Geist allein macht frei und gleich; nicht die Überhebung über Standes- und Gewerbsunterschiede, sondern die rein menschliche Erhebung in denselben ist das Ziel der sittlichen Freiheit und Bildung.«[24] Moses Hess beklagt in einem Brief an seinen früheren Freund im Februar 1845, daß Auerbach »zum sentimentalen Ästhetiker des Schwarzwalds und Podex der Salonliteratur« geworden sei, indem er »das arme, enterbte, entmenschte Volk zu *idealisieren*« suche: »Du hättest Dich nicht aus dem Elende des Lebens in Deine Vorhaut zurückziehen dürfen, um mit Deiner eignen Gemütlichkeit zu kokettieren, derweil die Menschen vertieren, verelenden und verhungern! Du wärest mit mir in die Hütten der Unglücklichen eingedrungen und hättest die furchtbaren Geheimnisse der depravierten Menschheit entdeckt und vielleicht besser als Sue, der französische Bourgeois, sie dargestellt, und so mitgearbeitet an der Erlösung der Menschheit, während Du jetzt, wie Honek, eine andere Art von Märchen für Winterabende schreibst zur Vertreibung der argen Langeweile der Müßiggänger, welche zur Abwechselung auch einmal die *unteren* Schichten gern besuchen [...]«.[25] Er möchte Auerbach »aus dieser Bahn herausreißen, in der kein Heil ist, weder für Dich noch für andere«, und prophezeit ihm den »baldigen Untergang [seiner] Leserwelt«.[26] Tatsächlich aber vergrößerte sich Auerbachs ›Leserwelt‹, die freilich nur zum kleinen Teil aus dem ›Volk‹ bestand. Hess und Auerbach verstanden unter ›Volk‹ jeweils etwas anderes.

Im Zusammenhang gesehen, schildern Auerbachs vor 1848 erschienene dreizehn *Schwarzwälder Dorfgeschichten* eine gar nicht so ›heile Welt‹. Nach Meinung des Kritikers der *Grenzboten* anläßlich der Besprechung von *Barfüßele* stellt der Ort, in dem alle Geschichten spielen, »ein zweites Sodom und Gomorrha« dar.[27] Dies entspricht Auerbachs Intention, von Kontrasten ausgehend, die Konflikte zu glücklichen und sittlich guten Lösungen zu führen, darüber hinaus modellhaft harmonisches Sozialverhalten zu demonstrieren.

In der Dorfgeschichte *Der Lauterbacher* (1843), die wie eine poetische Realisation von

Schrift und Volk anmutet und der Peter Mettenleiter eine »Schlüsselfunktion für das Verständnis des Gesamtwerkes« zuerkennt, treffen in der Gestalt des jungen Lehrers Adolph Lederer und der Dorfbewohner zwei völlig verschiedene Lebensbereiche aufeinander.[28] Während in der späteren Geschichte *Die Frau Professorin* (1846) die Versöhnung von Land- und Stadtleben dadurch scheitert, daß dem sozial und mental anders geprägten Landmädchen die ›Verwurzelung‹ in der Stadt mißlingt, glückt hier der umgekehrte Weg. Am Ende ist der Lauterbacher, wie der Lehrer nach seinem Herkunftsort genannt wird, voll in die Dorfgemeinschaft integriert und gilt als ihr geistiger Führer. Am Anfang sind freilich viele Schwierigkeiten zu überwinden, die teils in der Person des Lehrers (einseitige Bildung), teils im Eigenleben der Dorfbewohner (›Natur‹) liegen. Der Lehrer, ursprünglich auch ein Landkind, hat städtische Lebensformen angenommen, sich von seiner Herkunft entfremdet und fürchtet das »Verbauern« (117).[29] Er ist gekommen, »den Lichtstrahl der Bildung« (107) in die Herzen der Dörfler zu werfen, und sieht sich mit der »so rauhe[n], harte[n] Wirklichkeit« (113) konfrontiert. Die Wandlung, vermittelt durch die Liebe zu dem Naturkind Hedwig, vollzieht sich in zwei Schritten und auf zwei Ebenen. Zunächst muß der Lauterbacher im Rückgang auf die ihm fremdgewordene Natur und das ›einfache‹, wohlgeordnete Leben auf dem Lande seinen individuellen Bildungsprozeß vervollkommnen, um dann bildend und erziehend in die Geschicke der dörflichen Welt eingreifen zu können. Individuelle und soziale Erziehung vollziehen sich in Wechselwirkung. Hilfe und Vorbild dabei sind ihm der alte Lehrer, Hedwig und ihre Großmutter Maurita sowie der Schultheiß Buchmaier. Durch den Lehrer, der – wie er – sich anfangs wie »in eine fremde Welt verzaubert« (130) sah, lernt der Lauterbacher seine abwehrende Haltung und Isolation überwinden, so daß er später sich »wie in eine neue Welt versetzt« (192) empfindet, deren zunächst erfahrene ›Roheit‹ er langsam als ›Natur‹ und Unverbildetheit begreift. Auch lernt er, »daß er nicht nur in der Schule, sondern auch außer derselben Pflichten gegen die Menschen habe, mit denen er gemeinsam lebte« (148). Der zunächst als derb und unschön empfundene Dialekt hat durch die emotional bestimmten Beziehungen zu Hedwig und Maurita »eine gewisse Milderung und Anmuth« (158) erhalten; schließlich gedenkt der Lauterbacher gar, »nun den Dialekt zu studiren und ihn beim Unterrichte als Grundlage der Denk- und Sprachweise zu benützen« (205). Diese von heute aus gesehen geradezu fortschrittliche Absicht (›Abbau von Sprachbarrieren‹) zeigt die Wandlung des Lehrers, der sich auf Sprache, Sitten und Gebräuche der Bauern einläßt, von sich aus Gegensätze aufzuheben bemüht ist.

Die in *Schrift und Volk* geforderte Heimkehr vom Fremden zum Eigenen und Eigentlichen vollzieht sich beim Lauterbacher durch eine neue Sicht auf die ›Bildung‹, die er zunächst in seinen Tagebucheintragungen (»Feldweisheit«) als die »erhöhte [...] die wahre Natur« (141) bezeichnete, die von oben herab auf die Bauern einwirken müsse, während er nun »die stetige und fast unbewegliche Macht des Volksthums, des Volksgeistes [als] eine heilige Naturmacht« (174) erkennt. Indem er »auf glückliche Weise an manchen Enden des Dorflebens angeknüpft« (175), gelingt es ihm, zugleich mit der Überwindung der eigenen Entfremdung einen Erziehungsprozeß auf dem Dorf einzuleiten, sein Wissen und seine Bildung zum Nutzen aller mitzuteilen (durch Vorlesen der Zeitung, Vorträge, Vorlesen und Diskutieren von Sprichwörtern und Heinrich Zschokkes *Das Goldmacherdorf* und durch Gründung eines Lese- und eines Gesangvereins). Emotionale Bindung durch die Liebe zu Hedwig und mütterliche Geborgenheit durch Maurita geben ihm zunächst ›innere‹ Heimat; er findet »ein neues Leben« (213) im Dorf und wird »Ortsbürger« (207), was auch äußerlich seine völlige Integration und Identitätsfindung dokumentiert. Dabei hilft ihm auch der aufgeklärte und dem ›Fortschritt‹ nicht abgeneigte Buchmaier, den Auerbach ursprünglich in einer eigenen Dorfgeschichte darstellen wollte.[30] In den Diskussionen mit Buchmaier werden die Gegensätze zwischen dem ›weltfremden‹ idealistischen Bildungsmenschen Lederer und dem auf Erhaltung und Mehrung des bäuerlichen Besitzes und Gemeinwohls bedachten Schultheiß offenbar, zeigen sich aber auch Möglichkeiten der Versöhnung. Durch Buchmaier wird der Lauterbacher in die ›öffentliche‹ Welt des Dorfes eingeführt; er schreibt in sein »Taschenbuch«: »Wie leicht ist es, sich rein im Gebiete des Geistes zu halten, sich da eine Welt und einen Himmel aufzubauen: kaum aber nähert man sich dem wirklichen Leben, wird man hineingerissen in den Strudel der Tageszwiste, der grollenden widerstrebenden Strömungen. Ich wollte mich hineinbegeben in das einige Leben dieses Dorfes, nun stehe ich mitten in der Parteiung, meine tiefsten Herzensneigungen werden mit hinein verschlungen.« (199) Privates und öffentliches Leben lassen sich nicht trennen.

An dieser Stelle wird auch ein Strukturgesetz der Dorfgeschichte augenfällig: die Verbindung einer eingängigen, den Leser emotional mitziehenden Handlung mit einem reflektierenden Kommentar, der teils durch den mit dem Leser korrespondierenden Erzähler, teils durch den Lauterbacher selbst (Tagebucheintragungen usw.) gegeben wird. Dadurch überwiegt in der Erzählperspektive der ›städtische‹ Standpunkt, und die Darstellung der Menschen und des Lebens auf dem Land droht einseitig zu werden. Andererseits ist Auerbach die Erziehung des Lauterbachers, der, von Entfremdungsphänomenen gezeichnet, zu seiner menschlichen Identität gelangt, ebenso wichtig wie die Demonstration des bildenden und verändernden Einflusses auf die Landbevölkerung. Es ist der Versuch einer optimistischen Synthese von »Bildung und Bäuerlichkeit« als Wechselwirkung. Auerbach entwirft ein dem ›Besserungsstück‹ des Wiener Volkstheaters vergleichbares Modell der Sozialerziehung, des harmonischen Ausgleichs zwischen Individuum und Gesellschaft und zwischen den verschiedenen sozialen Schichten bzw. Ständen. Achtet man stärker auf realistische sozialgeschichtliche Details, so zeigt sich als Folie der einfachen Liebesgeschichte mit ihrem pädagogischen ›Überbau‹ die widersprüchliche soziale Wirklichkeit, wenngleich die Probleme der alleruntersten Volksschichten weitgehend ausgeklammert bleiben.[31] Auerbach setzt seine Hoffnung auf Veränderung der Zustände durch den gebildeten Bürger, der sein »vereinsamte[s], bloß verinnerlichte[s] Leben« (236) zugunsten sozialer Verantwortung in einem harmonischen Zusammenleben der sozialen Gruppierungen überwindet. Die Vorstellung von der »tätigen Humanität« ist für ihn unvereinbar mit einer rein idealistischen Volkserziehung von ›oben‹, aber auch mit einer gewaltsamen Veränderung von ›unten‹.

In der ›stetigen Stabilität‹ des Bauernstandes sah Auerbach in den vierziger Jahren den Ausgangspunkt einer Sozialerziehung, die sowohl die Identitätsfindung des Individuums als auch die nationale Einheit des Volks im geschichtlichen Prozeß ermöglicht. Nach 1848 hat, wie Kinder ausführt, die Desillusion der politischen Erwartungen dazu geführt, »daß die Möglichkeit der Identifizierung des vom Subjekt geleisteten Entwurfes von Wirklichkeit und Geschichte mit der faktischen Wirklichkeit und ihrer geschichtlichen Bewegung genommen wird«.[32] Dies zeigt sich nicht erst in Auerbachs »Neuen Dorfgeschichten« *Nach dreißig Jahren* (1876). Die Abkehr von dem in *Schrift und Volk* formulierten Programm, die »zunehmende Besinnung auf die Autonomie von Literatur« und die Reduktion des Bezugs der Literatur zu Gegenwart und Geschichte auf die ›Erlösungsfunktion‹ von der Wirklichkeit wird schon nach 1850 sichtbar.[33] Zwar betont Friedrich Theodor Vischer 1857: »Die Dorfgeschichte gibt dagegen [gegenüber der Idylle] wahre Landleute, enthüllt die Härten, die Uebel des Bauernlebens, hält es nicht schlechthin abgeschlossen von der verderblichen Berührung mit der raffinirten Cultur«, fährt dann aber fort, »und doch rettet sie zugleich die Einfalt, die Schönheit des Heimlichen und Beschränkten.«[34] Der hier zu beobachtende Zug zur Enthistorisierung, der kulturpessimistischen ›Rettungs‹-Ideologie des »Heimlichen«, und das heißt auch der Mythisierung des Heimatlichen, trifft ganz auf Auerbachs *Barfüßele* (1856) zu, wenngleich auch hier die sozialen Tatsachen durch die märchenhafte Handlung hindurchscheinen.

Schon im Namen der Titelgestalt wird die Verbindung von naturhaftem Sein und sozialer Thematik (unverschuldete Armut) augenfällig. Amrei, das »Barfüßele«, und ihr jüngerer Bruder Dami sind als Vollwaisen auf die Unterstützung durch die Dorfgemeinschaft angewiesen; sie haben »Heimathsrecht« (34) in der Gemeinde und kommen zu Dorfbewohnern in die Pflege.[35] Von unterschiedlichem Wesen, Amrei wird als klug, heiter, tüchtig, beherzt geschildert, Dami dagegen als unstet, schwach und empfindlich, wachsen sie bei ihren Pflegepersonen heran: »So waren die beiden Stämmchen, aus demselben Boden erwachsen, in verschiedenes Erdreich verpflanzt. Standort und Bodensaft und die eigene Natur, die sie in sich trugen, ließen sie verschiedenartig gedeihen« (24). Während Amrei sich ihren sozialen Aufstieg von der Gänsehirtin über die Dienstmagd zur Landfriedbäuerin ›erdient‹, erntet Dami ständig Mißerfolge – zu denen auch die Auswanderung nach Amerika gehört –, bis er am Schluß doch noch durch Amreis Fürsprache zu einem der »ruhmvollsten Hirten im Allgäu« (271) wird. Der Bruder, obwohl von der lebenstüchtigeren Schwester erzogen, scheitert zunächst immer wieder, weil er zu schwach ist oder zu hoch hinaus will; er kann nicht wie Amrei in stolzer Demut dienen. An Amreis glücklich verlaufendem Lebensweg zeigen sich neben den märchenhaften Motiven der Verbindung von Sittlichkeit und Schicksal geschlechtsrollenspezifische weibliche Momente. Sie ist die aus ›Natur‹ pflichtbewußte Dienerin und weiß, daß sozialer Aufstieg nur durch Dienen erreicht werden kann. Sie wartet auf den Mann ihrer Träume, fühlt sich aber dann neben ihm als gleichberechtigte Partnerin. Soziale Gerechtigkeit erfüllt sich im Glauben an die Hilfe und Ehrlichkeit der Besitzenden und im aktiven Bestehen der Armut durch Dienen und eigener Hände Arbeit. Gegen das »Betteln« (49) und das »öffentliche Almosen« (48) wird die Kraft der eigenen Arbeit und das Warten auf von Gott gesandtes Glück gestellt.[36] Schon früh erzieht die »schwarze Marann«, die Pflegemutter Amreis, das Mädchen zum Bestehen der Not, und die Landfriedbäuerin verheißt ihr späteres Glück: »In der Jugend Noth ertragen lernen, das thut gut, das Bessere nimmt sich leicht an; wer noch etwas Rechtes geworden ist, hat in der Jugend Schweres erfahren müssen. Sei nur brav« (13). Neben der Gabe, sich einfügen und anpassen zu können, dabei sich aber selbst nicht aufzugeben, besitzt Amrei noch die Fähigkeit, mit der Natur zu reden, reflektierend und träumend aus ihr Trost und Hilfe zu erfahren: »[...] so wußte die Seele des Kindes Nichts mehr von den Schranken, die das beengte Leben der Wirklichkeit setzt. Das Gewohnte wird zum Wunder, das Wunder wird zum Alltäglichen« (52). Auerbach präsentiert Amrei als ein in die ›moderne‹ Welt versetztes »Aschenputtel« (169), das an das Märchenglück glaubt,

»wie eine Gänsehirtin Königin geworden ist« (49). Sie ist sein Sprachrohr, durch das er – ähnlich wie im *Lauterbacher* – dem Leser pantheistische Naturphilosophie vermittelt und ihm Natur- und Menschenordnung als sinnvoll gegeben darstellt. Die geschickte Verbindung von Märchenmotivik und Anspielungen auf die soziale Wirklichkeit (Pauperismus, Fabrikarbeit, Heimatrecht, Auswanderungsproblem, Besitzhierarchie usw.) führt zu einer den Leser fesselnden Liebesgeschichte, die die Wirklichkeit auf mehreren Ebenen poetisch verklärt und als Lösung der sozialen Probleme das Sich-Hineinfügen in naturgegebenes und sozialbedingtes ›Schicksal‹ und die sittlich-moralische ›Leistung‹ des Individuums anbietet.
Eine erste Ebene der Verklärung wird durch die bis in Personal, Handlungsstruktur und Motivik erkennbare Umwandlung der Geschichte in ein modernes Märchen erreicht. Die Handlung wird nicht durch eine Entwicklung der Figuren vorangetrieben, sondern entfaltet sich aus Parallelen und Polaritäten. Die Figuren sind von vornherein in ihren sittlichen und sozialen Eigenschaften festgelegt; Handlungen entstehen durch positive oder negative Reaktionen aufeinander. Wie der Prinz im Märchen so erkennt auch der junge Landfriedbauer, dessen Eltern schon in dem Kind Amrei auf verschiedene Weise die Hoffnung auf ein ›besseres Dasein‹ geweckt haben, nach einigen Irrtümern schließlich doch die vorbestimmte, ›rechte‹ Braut. Die Träume Amreis werden handfeste Wirklichkeit. Wie im Märchen sind die Figuren keine Charaktere, sondern Träger von Eigenschaften, allerdings mit mehr ›Fleisch und Blut‹ ausgestattet, so daß der Leser stärker Sympathie oder Antipathie empfinden kann. Die an manchen Stellen durchscheinende widersprüchliche soziale Wirklichkeit wird auf den Gegensatz von ›arm und reich‹ reduziert und durch eine sittlich-moralische Grundauffassung der Gesellschaftsordnung überformt. Mit Recht sagt Hahl: »Der Aufstieg Barfüßeles von der Dienstmagd zur Großbäurin ist harmlos, weil er nichts am sozialen Gefüge ändert. Als unwahrscheinliche Ausnahme bestätigt er die Regel des besitzständischen Kastenwesens [...] die gesellschaftliche Ausnahme [erscheint] als das natürlich und sittlich Gerechte«.[37]
Die zweite Ebene der Verklärung bildet die Thematik der ›Heimat‹. Während die märchenhafte Poetisierung die sozialen Gegensätze in moralische verwandelt und damit keine Zweifel an dem Sinn der patriarchalischen Ordnung aufkommen läßt, verstärkt das Motiv der Heimatsuche diesen Zug in Richtung auf einen überzeitlichen Bestand dieser Ordnung, dargestellt in der Familie, die ›Heimat‹ gewährt. Die elternlosen Kinder, denen das Elternhaus für immer verschlossen bleibt, sind zunächst seelisch Heimatlose; sie besitzen zwar ein gesetzmäßiges Recht auf Heimat im Sinne des Wohn- und Pflegerechts, empfinden auch eine naturgemäße Bindung an den Ort ihrer Herkunft, aber besitz- und obdachlos sind sie auf der Suche nach äußerer und innerer Heimat. Den Besitzenden ist Heimat fraglos, ist mit Grundbesitz und gesellschaftlicher Stellung identisch; für Amrei und Dami wird selbst die äußere, vertraute Heimat fremd. Dafür sprechen deutlich die zahlreichen Naturbetrachtungen und Reflexionen Amreis, die in der pathetischen Sentimentalisierung der Natur Merkmale der Entfremdung zeigen. Amrei gelingt es aber aufgrund des letztlich ungebrochenen Verhältnisses zur Natur und durch Anerkennung der gegebenen Verhältnisse, sich durch Arbeit individuell und sozial zu verwirklichen, das heißt auch, sich ›Heimat‹ zu schaffen. Zwar besitzlos, Waise und Dienstmagd, wird sie schließlich doch als den Besitzenden ebenbürtig anerkannt. Der idealistisch-versöhnliche Schluß steht im Widerspruch zur durch Besitzdenken bestimmten bäuerlichen Liebes- und Heiratspraxis, die auch bei Auerbach nicht unerwähnt bleibt, im Bereich des

Poetischen darf aber die Liebe ihre standesüberwindende Kraft beweisen. Anders akzentuiert: »Barfüßele wird Bäurin, weil nach der Idealvorstellung einer patriarchalischen oder kooperativ gegliederten Gesellschaft kein wesentlicher Unterschied besteht zwischen Dienen und Besitzen [...]. Die patriarchalische Gesellschaftsidee verklärt sich in der Familie.«[38]

Während es Amrei leichter fällt, ihre Identität zu finden und aus einer lebenstüchtigen Einstellung heraus das Schicksal zu meistern, werden an Dami die negativen Züge der Entwicklung nicht ohne Sozialkritik gezeigt.[39] Schon als Kind gelingt es ihm nicht, sich in die Gesellschaft zu integrieren; sein untüchtiges und unstetes Wesen wird an vielen Stellen hervorgehoben. Nirgendwo fühlt er sich anerkannt und ›daheim‹. Schicksalsschläge und soziale Ungerechtigkeit kann er kaum verkraften. Er ist in allem das Gegenteil von Amrei. Neue Möglichkeiten und ›neue Heimat‹ erwartet er von der Auswanderung nach Amerika.[40] Als fast Besitzloser kann er nur durch Verkauf seines Heimatrechts den Sprung in die Neue Welt wagen. Als Heimatloser kehrt er enttäuscht zurück. ›Innere‹ Heimat hat er nicht gewonnen, weil er auch in Amerika versagt und den Glauben an sich selbst verloren hat; das zunächst nur ›äußere‹ Heimatrecht macht man ihm streitig, damit er der Gemeinde nicht wieder zur Last fällt. Amrei und Dami diskutieren die ›Käuflichkeit‹ des Heimatrechts und seine ›Einklagbarkeit‹ durch gerichtliche Verfahren; Amrei erwägt gar, »mit Dami in's Elsaß zu wandern und dort in einer Fabrik zu arbeiten. Es kam ihr schrecklich vor, daß sie das sollte; aber sie wollte sich dazu zwingen [...] Wir sind ja auch daheim in der Fremde« (171). Der letzte Satz klingt wie ein Trost, an den Amrei eigentlich nicht glauben kann, weil sie sich zum Fortgehen aus der Heimat zwingen muß, was einer Aufgabe der gewonnenen Identität gleichkäme. Überdies wäre das »ein vernichtendes Urteil über die patriarchalische Wirklichkeit«, die sie anerkennt.[41] Der Märchenschluß bringt eine ›bessere‹ Lösung als die Abwanderung in die Industrie. Im ›Schoß‹ der großbäuerlichen Familie bekommt auch Dami eine Chance zur Bewährung und findet endlich ›Heimat‹, indem er seinen Platz erkennt und von den anderen anerkannt wird. Allerdings bleibt er ledig, so daß nur Amrei durch die Geburt einer Tochter, die ebenfalls Barfüßele heißen soll, ihre ›Art‹ weitergibt. Damit wird der anfangs erwähnte weibliche Zug sinnbildlich weitergeführt; er korrespondiert mit dem patriarchalischen Denken und verbindet sich mit dem von Hahl konstatierten »Mythos vom Volk, seiner Verkennung, Mißhandlung und Wiedereinsetzung in seine königlichen Rechte«.[42]

Anders als die frühen Dorfgeschichten Auerbachs, denen man in Anlehnung an Hömberg vielleicht noch »Tarnfunktion« und »Lockfunktion« in der Synthese von unterhaltender Fabel und sozialkritischem Kommentar zuerkennen kann, überwiegt in *Barfüßele* die ›Trostfunktion‹, wiewohl auch hier eine Zweischichtigkeit in der Erzählstruktur vorliegt.[43] Die idealisierte Liebesgeschichte wird in Richtung auf Erzeugung eines heimatgebundenen Sozialgefühls beim Leser und damit als utopisches Gegenbild zur Zeitwirklichkeit stilisiert. Die den mitfühlenden Leser herausfordernden Kapitelüberschriften, das Heimat-Pathos und die anthropomorphisierten Natur- und Landschaftsdarstellungen lassen den zweifellos vorhandenen sozialen Gehalt der Fabel in den Hintergrund treten. So wird der Leser, wie schon ein Teil der zeitgenössischen Kritik bemerkte, von der realen Wirklichkeit abgelenkt, er wird damit getröstet, daß im dörflichen Raum als Sozialmodell eine Heilung der unheilvollen Wirklichkeit möglich ist.[44] Auerbachs populärste Dorfgeschichte hat in der Rezeption durch Kritik und breite

Leserschichten ihre ursprünglich intendierte Volkstümlichkeit als von Heimat-Pathos verhüllte Trivialität zu erkennen gegeben.[45] Karl Gutzkow war der Meinung, »die tiefe Unwahrheit dieser Literatur, die [...] doch gerade wieder eine so lebhafte Provocation an das Geglaubtwerden verbindet, macht sie eben deshalb auch zu einer Förderung der Reaction«.[46] Auch auf den heutigen Leser macht die Erzählung einen zwiespältigen Eindruck. Auf dem Hintergrund der nach Auerbach eingetretenen Entwicklung der Bauern- und Heimatliteratur mit der Tendenz zur Realitätsferne, der Mythisierung und Ideologisierung von ›Heimat‹, nimmt sich *Barfüßele* als deren Beginn aus. Andererseits scheinen trotz der Überbetonung des ›Natürlichen‹, der individuellen Tugenden und der sozialen Harmonie noch ungelöste soziale Probleme hindurch. Auerbachs optimistischer und utopischer Versuch einer modellhaften »Heilung von Welt« stellt noch nicht die ›heile Welt‹ späterer Prägung dar.[47] Wenn man die zitierten Worte Vischers von der Rettung der »Schönheit des Heimlichen und Beschränkten« nach Ina Maria Greverus literaturanthropologisch deutet, erhalten sie einen neuen Sinn.[48] Sie definiert Heimat als »Satisfaktionsraum der territorialen Bedürfnisse nach Identität, Sicherheit und aktiver Lebensgestaltung« und weist nach, daß die »naive« Heimatdichtung des 19. und 20. Jahrhunderts diese territoriale Bezogenheit (»Heimatliebe«) direkt widerspiegele, mit einem ideologischen Heimatbegriff arbeite und mit der Überbewertung des ›Eigenen‹ und der Forderung nach Einordnung in eine restaurative Gesellschaftspraxis in eine allgemeine Heimatpädagogik münde.[49] Durch Ausweitung auf das ›Vaterländische‹ und Verlust des »Beschränkten«, auch in der Verdrängung des Dialekts aus der Dorfgeschichte erkennbar, verliert die heimatbezogene Literatur nach und nach den Bezug zur konkreten Wirklichkeit. ›Heimat‹ hört auf, bestimmte Gesellschaft, bestimmtes Kulturmilieu, bestimmte Landschaft des Menschen zu sein, ihm Bindung und Weltoffenheit zugleich zu ermöglichen. Sie wird zu einem Motivreservoir für die Heimatdichtung im engeren Sinne, die mit der Ablehnung des Fortschritts auch eine ›fortschrittliche‹ Darstellung des Heimatphänomens in der Literatur leugnet.[50] Vischer könnte eine Rettung des »Heimlichen und Beschränkten« vor einer Trivialisierung und nationalpädagogischen Ideologisierung des Heimatlichen gemeint haben. Die dorfgeschichtliche Gegenwelt zur Zeitwirklichkeit ist ambivalent. Einerseits kann sie selbst in ihrer Idealität als Kritik an der Wirklichkeit verstanden werden, andererseits ist sie ein literarischer Beitrag zur ›Heimatfindung‹ des Lesers in einer Wirklichkeit, in der sich die Werthorizonte verschoben haben.[51]

Auerbachs literatur- und sozialgeschichtliche Leistung in der Entdeckung und Aufwertung des Dorflebens ist unbestritten. Er selbst schreibt 1880 rückblickend an Jakob Auerbach: »Ohne daß ich es wußte und wollte (denn ich schrieb damals die Geschichten aus tiefstem Heimweh) traf ich in den Dorfgeschichten mit einem Zuge der Zeit zusammen, daß in dem politischen Hoffnungsmuth und Aufstreben, Leute aus dem Volke interessant und willkommen waren. Das ist jetzt vorbei in dem Pessimismus einerseits und andererseits in dem Schreck vor der Sozialdemokratie.«[52] Mehrfach betont er in dem Briefwechsel mit seinem Freund, daß er zu einem »Fortschritt über die Dorfgeschichten hinaus gelangen« müsse, daß er aber den »Ton nicht mehr für die Volksgeschichten« habe; 1873 vermutet er angesichts der »gewaltig auflösenden und nivellierenden Mächte«, daß man bald seine »Volkserzählungen lesen wird wie eine

Indianergeschichte, Kunde gebend von verschollenen Zuständen und Gemüthsbesonderheiten«.[53] Dennoch ist mit Hahl festzustellen, daß die Dorfgeschichten »großen historischen Wahrheitsgehalt« entfalten und mit ihrer Darstellung des Bauern »sowohl als Realfaktor wie als Modell« nicht »konservativer [waren] als die öffentliche Diskussion über Politik und Gesellschaft«; sie sind Ausdruck eines gesellschaftspolitischen Konservativismus.[54]
Mischen sich in ihrer begeisterten Aufnahme durch Kritik und Publikum die aus einem Flucht- und Krisenbewußtsein entstehende Sehnsucht nach einem ›einfachen Leben‹ gegenüber der ›Verbildung‹, Entsittlichung und Entfremdung mit einem sich am »Verelendungsprozeß der Landbevölkerung« schärfenden »gesellschaftswissenschaftlichen Bewußtsein«,[55] so dominieren in der weiteren Entwicklung, in der literarischen Vermarktung der Dorfgeschichte wie in der verklärenden Rezeption, die ›rückschrittlichen‹ Komponenten, die den ursprünglich intendierten ›Realismus‹ in ein die Zeitwirklichkeit fliehendes ›Heimatgefühl‹ umlenken.

Anmerkungen

1 Vgl. Werner Hahl: Gesellschaftlicher Konservativismus und literarischer Realismus. Das Modell einer deutschen Sozialverfassung in den Dorfgeschichten. In: Realismus und Gründerzeit. Manifeste und Dokumente zur deutschen Literatur 1848–1880. Hrsg. von Max Bucher, Werner Hahl [u. a.]. Stuttgart 1976. Bd. 1. S. 269, Anm. 2.
2 Vgl. u. a. die in den Literaturhinweisen genannten Arbeiten von Hahl, Kinder, Steinecke und Widhammer.
3 Hahl (Anm. 1) S. 50.
4 Hermann Kinder: Poesie als Synthese. Ausbreitung eines deutschen Realismus-Verständnisses in der Mitte des 19. Jahrhunderts. Frankfurt a. M. 1973. S. 134.
5 Vgl. ebd.
6 Zur sozialkritischen Erzählliteratur vgl. Erich Edler: Die Anfänge des sozialen Romans und der sozialen Novelle in Deutschland. Frankfurt a. M. 1977; Hans-Joachim Ruckhäberle / Helmuth Widhammer: Roman und Romantheorie des deutschen Realismus. Kronberg i. Ts. 1977. S. 99.
7 Berthold Auerbach: Gesammelte Schriften. Erste, neu durchgesehene Gesammtausgabe. Stuttgart/Augsburg 1857/58. Bd. 20. – *Seitenangaben, die sich auf Texte Auerbachs beziehen, werden hinter dem Zitat in Klammern mitgeteilt.*
8 Vgl. Rudolf Schenda: Volk ohne Buch. Studien zur Sozialgeschichte der populären Lesestoffe 1770–1910. Frankfurt a. M. 1970. S. 160.
9 Kinder (Anm. 4) S. 127.
10 Ebd. S. 123.
11 Vgl. Diskussion bei Helmuth Widhammer: Realismus und klassizistische Tradition. Zur Theorie der Literatur in Deutschland 1848–1860. Tübingen 1972. S. 39ff.; ders.: Die Literaturtheorie des deutschen Realismus (1848–1860). Stuttgart 1977. S. 8ff. und 23ff.
12 Vgl. die Dokumente in: Realismus und Gründerzeit (Anm. 1), bei Ruckhäberle/Widhammer (Anm. 6) und Hartmut Steinecke: Romantheorie und Romankritik in Deutschland. Die Entwicklung des Gattungsverständnisses von der Scott-Rezeption bis zum programmatischen Realismus. Bd. 2. Stuttgart 1976.
13 Widhammer 1977 (Anm. 11) S. 25 und 27; vgl. auch Hahl (Anm. 1).
14 Vgl. zusammenfassende Diskussion in Jürgen Hein: Dorfgeschichte. Stuttgart 1976; speziell für den Vormärz die erste Spezialuntersuchung überhaupt zu diesem Komplex von Uwe Baur:

Dorfgeschichte. Zur Entstehung und gesellschaftlichen Funktion einer literarischen Gattung im Vormärz. München 1978.

15 Berthold Auerbach: Briefe an seinen Freund Jakob Auerbach. Hrsg. von Friedrich Spielhagen. Frankfurt a. M. 1884. Bd. 1. S. 145 (November 1860).

16 Ebd. S. 275 (22. 4. 1864).

17 Auerbach (Anm. 7) Bd. 1. S. Vff. (Vorrede).

18 Vgl. ebd. Bd. 20. S. 18ff.

19 Vgl. Schenda (Anm. 8) S. 225, 227 und 467, ferner die Angaben bei Hahl (Anm. 1) und Anton Bettelheim: Berthold Auerbach. Der Mann, sein Werk, sein Nachlaß. Stuttgart/Berlin 1907. Zur Kritik an Schenda vgl. Kristina Zerges: Was haben Arbeiter gelesen? Veröffentlichungen des Forschungsschwerpunkts »Massenmedien und Kommunikation« an der Gesamthochschule Siegen. Nr. 3. Siegen 1979; darin auch Daten zu Auerbach-Entleihungen in Bibliotheken.

20 Schenda (Anm. 8) S. 162.

21 Vgl. Gottfried Keller: Jeremias Gotthelf. In: Sämtliche Werke. Hrsg. von Jonas Fränkel und Carl Helbling. Bd. 22. Zürich 1949. S. 43–73.

22 Auerbach (Anm. 15) Bd. 2. S. 446f. (15. 1. 1881).

23 Vgl. Bettelheim (Anm. 19) S. 128; Auerbach (Anm. 17) S. Vff.

24 Auerbach: An J. E. Braun vom Verfasser der Schwarzwälder Dorfgeschichten. In: Realismus und Gründerzeit (Anm. 1) Bd. 2. S. 148.

25 Moses Hess. Briefwechsel. Hrsg. von Edmund Silberner. Den Haag 1959. S. 111. – M. Honek, d. i. Max[imilian] Cohen (1806–65), war der Herausgeber von »Das Buch für Winterabende« (1842–46).

26 Ebd.

27 Barfüßele, von B. Auerbach und andere neue Romane. In: Die Grenzboten 16 (1857) Nr. 1. S. 127. – Vgl. zusammenhängende Interpretationen der Dorfgeschichten bei Emil Roggen: Die Motive in Auerbachs Dorfgeschichten. Diss. Bern 1913; Peter Mettenleiter: Destruktion der Heimatdichtung. Typologische Untersuchungen zu Gotthelf – Auerbach – Ganghofer. Tübingen 1974; die Diskussion bei Baur (Anm. 14).

28 Mettenleiter (Anm. 27) S. 114.

29 Auerbach (Anm. 7) Bd. 2.

30 Vgl. Realismus und Gründerzeit (Anm. 1) Bd. 2. S. 149.

31 Vgl. Hahl (Anm. 1) S. 61f.

32 Kinder (Anm. 4) S. 136.

33 Ebd. S. 137 und 138.

34 Zit. nach Steinecke (Anm. 12) S. 266; ein ähnliches Zitat in: Realismus und Gründerzeit (Anm. 1) Bd. 2. S. 189.

35 Auerbach (Anm. 7) Bd. 9.

36 Vgl. ebd. S. 76.

37 Hahl (Anm. 1) S. 82.

38 Ebd.

39 Ebd.

40 Zur Amerika-Thematik vgl. Mettenleitner (Anm. 27) S. 125; Sigrid Bauschinger / Horst Denkler / Wilfried Malsch (Hrsg.): Amerika in der deutschen Literatur. Neue Welt – Nordamerika – USA. Stuttgart 1975. Vor allem S. 178–204.

41 Hahl (Anm. 1) S. 82.

42 Ebd.

43 Walter Hömberg: Zwischen Anpassung und Auflehnung. Die jungdeutschen Schriftsteller und ihre Leser. Ein Rekonstruktionsversuch zur Kommunikationssituation im Vormärz. In: LiLi. Beih. 2. Literatur für viele 2. Hrsg. von Helmut Kreuzer. Göttingen 1976. S. 21.

44 Vgl. die Dokumente in: Realismus und Gründerzeit (Anm. 1) Bd. 2. S. 199f.; die Besprechung in den »Grenzboten« (Anm. 27); Widhammer 1977 (Anm. 11) S. 78.

45 Zum Zusammenhang von Volkstümlichkeit, Popularität und Trivialität vgl. Horst Denkler: Volkstümlichkeit, Popularität und Trivialität in den Revolutionslustspielen der Berliner Achtundvierziger. In: Reinhold Grimm / Jost Hermand (Hrsg.): Popularität und Trivialität. Fourth Wisconsin Workshop. Frankfurt a. M. 1974. S. 77–100.
46 Realismus und Gründerzeit (Anm. 1) Bd. 2. S. 200.
47 Vgl. Widhammer 1977 (Anm. 11) S. 74.
48 Vgl. Ina Maria Greverus: Der territoriale Mensch. Ein literaturanthropologischer Versuch zum Heimatphänomen. Frankfurt a. M. 1972; dies.: Heimatdichtung und Dialektdichtung in Deutschland. In: Literatuur in social perspektief. Amsterdam 1976. S. 47–72.
49 Greverus 1976 (Anm. 48) S. 47 u. ö.
50 Zum Beginn der Heimatliteratur bei Auerbach vgl. Mettenleiter (Anm. 27); ferner Gudrun Kühn: Welt und Gestalt des Bauern in der deutschsprachigen Literatur. Unter besonderer Berücksichtigung der Epik seit dem 18. Jahrhundert. Diss. Leipzig 1970 [masch.]. S. 225ff.; Michael Wegener: Die Heimat und die Dichtkunst. In: Trivialliteratur. Hrsg. von Gerhard Schmidt-Henkel [u. a.]. Berlin 1964. S. 53–60.
51 Vgl. Hahl (Anm. 1): »Der ideale Schluß ist ebenso eine Kritik an der Wirklichkeit wie an ihrer sozialistischen Interpretation« (S. 82). – Neben »Barfüßele« wäre als anderes Bild von der Wirklichkeit »Der Lehnhold« (1853) zu stellen.
52 Auerbach (Anm. 15) Bd. 2. S. 431.
53 Ebd. Bd. 1. S. 50 und 388; Bd. 2. S. 167.
54 Hahl (Anm. 1) S. 50ff. Hervorzuheben ist Hahls subtile Rekonstruktion der einstigen Bedeutung der Dorfgeschichte aus der zeitgenössischen Diskussion im Hinblick auf das Problem der Sozialverfassung.
55 Vgl. Hahl (Anm. 1) S. 49; Widhammer 1977 (Anm. 11) S. 72; ferner Fritz Martini: Deutsche Literatur im bürgerlichen Realismus 1848–1898. 3. Aufl. Stuttgart 1974. S. 458ff.; Friedrich Sengle: Biedermeierzeit. Deutsche Literatur im Spannungsfeld zwischen Restauration und Revolution 1815–1848. Bd. 1. Stuttgart 1971. S. 63.

Literaturhinweise

Altvater, Friedrich: Wesen und Form der deutschen Dorfgeschichte im 19. Jahrhundert. Berlin 1930. Nachdr. Nendeln 1967.

Autorenkollektiv: Geschichte der deutschen Literatur. Von 1830 bis zum Ausgang des 19. Jahrhunderts. Bd. 8.1. Berlin 1975.

Baur, Uwe: Dorfgeschichte. Zur Entstehung und gesellschaftlichen Funktion einer literarischen Gattung im Vormärz. München 1978.

Eisele, Ulf: Realismus und Ideologie. Zur Kritik der literarischen Theorie nach 1848 am Beispiel des »Deutschen Museums«. Stuttgart 1976.

Eisenbeiß, Ulrich: Das Idyllische in der Novelle der Biedermeierzeit. Stuttgart 1973.

Hahl, Werner: Reflexion und Erzählung. Ein Problem der Romantheorie von der Spätaufklärung bis zum programmatischen Realismus. Stuttgart 1971.

Hein, Jürgen: Dorfgeschichte. Stuttgart 1976.

Kinder, Hermann: Poesie als Synthese. Ausbreitung eines deutschen Realismusverständnisses in der Mitte des 19. Jahrhunderts. Frankfurt a. M. 1973.

Kühn, Gudrun: Welt und Gestalt des Bauern in der deutschsprachigen Literatur. Unter besonderer Berücksichtigung der Epik seit dem 18. Jahrhundert. Diss. Leipzig 1970 [masch.].

Martini, Fritz: Deutsche Literatur im bürgerlichen Realismus 1848–1898. 3. Aufl. Stuttgart 1974.

Mettenleiter, Peter: Destruktion der Heimatdichtung. Typologische Untersuchungen zu Gotthelf – Auerbach – Ganghofer. Tübingen 1974.

Oeftering, Wilhelm Engelbrecht: Berthold Auerbach. In: Karl Goedeke. Grundriß zur Geschichte der deutschen Dichtung. N. F. Bd. 1. Berlin 1962. S. 464–554.

Realismus und Gründerzeit. Manifeste und Dokumente zur deutschen Literatur 1848–1880. Hrsg. von Max Bucher, Werner Hahl [u. a.]. Bd. 1 (Einführung). Stuttgart 1976. Bd. 2 (Dokumente). Stuttgart 1975.

Roggen, Emil: Die Motive in Auerbachs Dorfgeschichten. Diss. Bern 1913.

Rostin, Gerhard: Nachwort zu Berthold Auerbach. Schwarzwälder Dorfgeschichten. Berlin 1969. S. 371–382.

Ruckhäberle, Hans-Joachim / Widhammer, Helmuth: Roman und Romantheorie des deutschen Realismus. Darstellung und Dokumente. Kronberg i. Ts. 1977.

Rüd, Erwin: Die deutsche Dorfgeschichte bis auf Auerbach. Diss. Tübingen 1909.

Schenda, Rudolf: Volk ohne Buch. Studien zur Sozialgeschichte der populären Lesestoffe 1770–1910. Frankfurt a. M. 1970.

Sengle, Friedrich: Biedermeierzeit. Deutsche Literatur im Spannungsfeld zwischen Restauration und Revolution 1815–1848. 2 Bde. Stuttgart 1971/72.

Spitz-Huttenmaier, Edna: Studien zu den Schwarzwälder Dorfgeschichten Berthold Auerbachs. Diss. Wien 1957 [masch.].

Steinecke, Hartmut: Romantheorie und Romankritik in Deutschland. Die Entwicklung des Gattungsverständnisses von der Scott-Rezeption bis zum programmatischen Realismus. Bd. 1. Stuttgart 1975. Bd. 2 (Quellen). Stuttgart 1976.

Widhammer, Helmuth: Realismus und klassizistische Tradition. Zur Theorie der Literatur in Deutschland 1848–1860. Tübingen 1972.

– Die Literaturtheorie des deutschen Realismus (1848–1860). Stuttgart 1977.

Zellweger, Rudolf: Les débuts du roman rustique. Suisse – Allemagne – France. 1836–1856. Paris 1941.

Zimmermann, Peter: Der Bauernroman. Antifeudalismus – Konservativismus – Faschismus. Stuttgart 1975.

Zwick, M[oses] I[saac]: Berthold Auerbachs sozialpolitischer und ethischer Liberalismus. Nach seinen Schriften dargestellt. Stuttgart 1933.

UWE-K. KETELSEN

Adalbert Stifter: *Der Nachsommer* (1857)
Die Vernichtung der historischen Realität in der Ästhetisierung des bürgerlichen Alltags

Wie zeug ich dich aber im heiligtume
– So fragt ich wenn ich es sinnend durchmass
In kühnen gespinsten der sorge vergass –
Dunkle grosse schwarze blume?

Stefan George

Bekanntlich verhieß Friedrich Hebbel demjenigen, der Adalbert Stifters (1805–68) *Der Nachsommer* zu Ende läse, ohne als »Kunstrichter« dazu verpflichtet zu sein, die Krone Polens[1] – die Germanisten haben sich aufgerufen gefühlt, die unterstellte Fron auf sich zu nehmen und nach dem versprochenen Kleinod zu greifen; die tausend Seiten starke ›Erzählung‹, wie ihr Autor sie nennt, ist ein beliebter Interpretationsgegenstand geworden,[2] und selbst die gefürchtete Langeweile stieg mittlerweile zum Thema gelehrten Nachsinnens auf.[3] Wo diese Auslegungen nicht einfach im heimatmusealen Kult versanken, herrschte bis vor kurzem eine Haltung vor, deren Stifter-Bild »in der zweiten Hälfte des 20. Jahrhunderts aus der Not der Zeit, ihren Krisen und Umbrüchen langsam herauswächst«.[4] Scheinbar unvermittelt, aber desto kennzeichnender heißt es in einem Versuch, für die deutsche Literatur des 18. Jahrhunderts eine interpretatorische Perspektive zu gewinnen, »daß es die Nachsommerwelt Stifters ist, die in zwei Weltkriegen wiedergefundene, durch die der Weg führen muß, der unserem Lebensgefühl einen Zugang zum Geist des [...] vorgoethischen Jahrhunderts öffnen soll«.[5] Eine Wendung wie: »Das Kunstgesetz, das Gesetz der Ruhe und der Stille, das hundert Jahre zuvor von Winckelmann als seelischer Zustand sehnsüchtig erlebt und als milderndes Gesetz genau gefaßt worden war, enthüllt sich [im *Nachsommer*] als ein aufs Künstlerische übertragenes Naturgesetz«,[6] eine solche Wendung läßt ahnen, welche Bedeutung dieser Roman für seine Leser gewinnen konnte; und ein Buch unter dem Titel *Adalbert Stifter als Dichter der Ehrfurcht*, das mit den Sätzen endet: »Der Einzelne vermag nur wenig. Doch jeder trägt nach seinem Maß zum Wesen unseres Daseins bei und spricht sein Wort in dem ernsten Rat, der entscheidet, was gelten soll unter uns«,[7] deutet zumindest an, welche Erwartungen von Dichtung, vom Dichter und seinem Leser sich an Stifter und seinem Werk zu befriedigen hofften.

Es würde sicher Einsichten in den Roman und zugleich Einblicke in die Vorstellungswelt seiner neohumanistischen Interpreten öffnen, dem geheimen Sog nachzuspüren, der von diesem Werk in den letzten Jahrzehnten auf seine Leser so offensichtlich ausgegangen ist. In der Auseinandersetzung mit dem *Nachsommer* (und mit dem späten Stifter überhaupt) hat in der Restaurationsphase der Nachkriegszeit eine Art ›Grundwertediskussion‹ stattgefunden.[8] Nur wenige Interpreten haben sich dem entziehen können oder wollen,[9] teils indem sie auf die existentielle (Lunding), teils indem sie auf die politische (Glaser) Unter- und Hintergründigkeit dieses Romans hinwiesen. Wenn für gegenwärtige *Nachsommer*-Lektüre etwas ›neu‹ wäre, dann vor allem und zuerst eine Lesehaltung, aus

der heraus es unmöglich wäre, Sätze zu formulieren wie: »Man muß sehr willig und geduldig aufmerken, um die Bewegung dieser Gebärde [der Verhaltenheit und Stille] zu vernehmen. Es ist das nötig, was Stifter im *Nachsommer* für das Gewahrwerden der Dinge fordert, daß wir ›in uns selber in Ordnung‹ sind und nicht nur ›unser eigenes Innere reden hören.‹ Auge und Ohr müssen sich der Eigenart dieses Stils anpassen.«[10] Damit war ja mehr gemeint als nur eine Aufforderung zu genauem Lesen; vielmehr wurde dem Leser nahegelegt, er müsse eine Position einnehmen, die im Horizont des Textes liegt, er müsse von der Vorstellung ausgehen, daß er sich ganz und unversehrt im Text wiederfinden und somit dort sich selbst begegnen könne.
Allerdings hatte die Gegenwärtigkeit Stifters ihren Grund auch in Stifters Werk selbst, denn die geschichtslose, in vermeintlich ewigen Bezirken angesiedelte Empfänglichkeit für das Schöne, das zugleich das Wahre sei: die wollte Stifter mit seinem Roman gerade wecken, ansprechen und wirkend stärken. An einer zentralen Stelle des *Nachsommer* sagt eine der Figuren: »Das ist der hohe Wert der Kunstdenkmale der alten heitern Griechenwelt [...], daß sie in ihrer Einfachheit und Reinheit das Gemüt erfüllen, und es [...] nicht verlassen, sondern es mit Ruhe und Größe noch mehr erweitern [...].«[11] So erscheint es durchaus folgerichtig, daß die Stifter-Renaissance nach einem halben Jahrhundert des Vergessens, an der Wertschätzung des *Nachsommer* durch Nietzsche ansetzend,[12] vom kulturkritischen Ästhetizismus des George-Kreises ausging[13] und in die zivilisationsfeindliche, antihistorische Interpretation des Neo-Humanismus einmündete.
Wenn solche ästhetische Gegenwärtigkeit des Textes nicht mehr gegeben ist, weil sich – aus welchen Gründen auch immer – die Gegenwart vom Text nicht mehr betroffen, nicht mehr gemeint fühlt, weil seine Problemstellungen und ästhetischen Lösungen nicht mehr oder nur noch sehr vermittelt auf den Horizont gegenwärtiger Problemstellungen und ästhetischer Lösungen beziehbar erscheinen, dann stellt sich die historische Perspektive gleichsam rettend ein. Die Nötigung jedenfalls, den *Nachsommer* im Unterschied zu der vorherrschenden Deutungsüberlieferung der letzten Jahrzehnte in eine geschichtliche Perspektive zu rücken, ihn im Zusammenhang der historischen Konstellation zur Mitte des 19. Jahrhunderts zu sehen und im Kontext der Tendenzen der geschichtlichen Entwicklungen zu verstehen, geht zunächst kaum unmittelbar vom Text aus,[14] allenfalls von Stifters begleitenden Explikationen und von der zeitgenössischen Rezeption; sie geht vor allem von der Diskussion innerhalb der Literaturgeschichtsschreibung der letzten zehn, fünfzehn Jahre aus. Damit scheint eine Analyse aus dieser Blickrichtung auf den ersten Eindruck hin in einem gewissen Spannungsverhältnis zu dem zu stehen, als was der Text von sich aus erscheinen möchte. Nicht ohne Grund spielt (vor allem der späte) Stifter in den neueren Auseinandersetzungen mit dem Biedermeier keine unbedingt zentrale Rolle, und auch die Realismus-Forschung hat ihre Schwierigkeiten mit ihm. Stifter selbst schon fühlte sich je länger desto mehr mit seiner Arbeit fremd in seiner Zeit und abgestoßen von deren Tendenzen,[15] und auch seine Zeitgenossen konnten – wie die Rezensionen seiner Spätwerke ausweisen[16] – immer weniger mit ihm anfangen. Die Klage über seine Vereinsamung durchzieht kontinuierlich die Briefe der letzten beiden Jahrzehnte seines Lebens.[17]
Kaum ein bedeutender Roman aus der Mitte des 19. Jahrhunderts scheint mehr ein bloßes Kunstprodukt zu sein als *Der Nachsommer*. Aber der späte Stifter war durchaus kein ästhetisierender ›Formalist‹,[18] er begriff sein Werk als eine Reaktion auf die

politisch-gesellschaftliche Welt seiner Zeit. In dieser Auseinandersetzung entwickelte er ein literarisches Programm, mit dem er sich absetzte gegen die Autoren des Vormärz und ihre Vorstellung von ›politischer Poesie‹,[19] ohne sich dabei allerdings – bei vielen, auch entscheidenden Parallelen – den Vorstellungen des ›poetischen Realismus‹ einzuordnen.[20] *Der Nachsommer* ließe sich durchaus lesen, und er ist von seinem Verfasser auch ganz so gemeint, als eine historisch-ästhetische Auseinandersetzung Stifters mit den literarischen Tendenzen um 1848,[21] wobei es wichtig ist zu sehen, daß dieser Roman eine Etappe in des Autors Schaffen seit der Mitte der vierziger Jahre darstellt,[22] welches dann in seinen späten Erzählungen und in der letzten Fassung der *Mappe meines Urgroßvaters* kulminiert. Das Stichwort, unter dem um die Jahrhundertmitte die literaturkritischen Auseinandersetzungen geführt wurden, hieß ›Realismus‹.[23] Obwohl Stifter nicht direkt an diesen Debatten beteiligt war, gingen sie doch nicht spurlos an ihm vorbei. Man bemühte sich in gleicher Weise um eine neue Einschätzung der historisch-gesellschaftlichen Wirklichkeit wie um veränderte literarische Stil- und Darstellungsmittel. Wie fast allen Schulstreitigkeiten und Richtungskämpfen hing auch diesem eine gewisse verschwommene Allgemeinheit an, zumal das neue literarische Programm weniger in erklärenden Entwürfen als in Kritiken, in Briefen und in dichterischen Werken, die exemplarische Geltung haben sollten, entwickelt wurde. Es mangelte überdies auch an einem festen organisatorischen Zusammenhang. Man verwarf die (angeblich) der reinen Phantasie entsprungenen, dem Muster romantischer Erzählungen, Romane und Dramen folgenden Handlungsentwürfe genauso wie jene, die an geschichtsphilosophischen Vorstellungen in der Nachfolge Hegels orientiert waren; der charakteristische Wortschatz der Romantiker wie ihrer Nachfolger wurde als sentimental oder vernebelnd beiseite geschoben, die großen pathetischen Leitworte des Vormärz als hohle Deklamationen und leere Leidenschaften verworfen; die (gehobene und normierte) Sprache des Alltags sollte an deren Stelle treten (Autoren in literarischen Mundarten hatten eine große Zeit), die Themen der Literatur sollten nicht allein aus der intimen Welt der Seele, aus der Versunkenheit zurückliegender Zeiten oder aus dem Gang der großen politischen Welt kommen; der Alltag, das, was dem Leser nahelag, sollte den Stoff bieten; die Leser sollten ergriffen in den Kreis des Dargestellten gezogen werden, der als Teil ihrer Welt zu erscheinen hatte; der Roman rückte (wieder) zur bevorzugten Gattung auf. Diese Forderungen wurden aber nicht sehr radikal formuliert, vor allem griff man kaum die großen Autoren der vorausliegenden Strömungen an, vielmehr zog man gegen ihre Nachahmer zu Felde, bei denen sich die kennzeichnenden Stil- und Darstellungselemente verselbständigt hatten, so daß sie inhaltsleer geworden waren. Konsequent war man – wie gesagt – dabei indes nicht.

Wenn man sieht, daß dieses literarische Erneuerungsprogramm unter dem Stichwort ›Realismus‹ auch mit gesellschaftlichen Vorstellungen der nachachtundvierziger Zeit verbunden war,[24] und wenn man weiß, daß *Der Nachsommer* als eine literarische Auseinandersetzung mit dieser Zeit gedacht war, dann ist – auch wenn man sich nicht völlig der oft gehörten Rede vom »tiefen Einschnitt, den das Revolutionsjahr in der Lebensgeschichte Stifters bedeutete«,[25] anschließt – ein kurzer Blick auf Stifters politische Vorstellungen nötig. Mit deren Qualifikation im Sinne einer der politischen Richtungen um 1850 hat die Stifter-Literatur allerdings ihre liebe Not gehabt; die arg beliebig anmutenden Zuordnungen bezeugen eher germanistische Hilflosigkeit gegenüber dem Politischen.[26] Aufschlußreicher ist ein Blick auf Stifters direktes politisches

Verhalten um 1848. Der Autor könnte fast ein exemplarisches Produkt der Metternichschen Strategie politischer Desinformation[27] genannt werden; nicht, daß er sich für politisch-gesellschaftliche Fragen nicht interessiert hätte, seine viel zu wenig beachteten zwölf Aufsätze *Wien und die Wiener, in Bildern aus dem Leben* (1844) wie seine Schulakten beweisen das Gegenteil, aber er war ganz und gar außerstande, politisch-gesellschaftliche Fragen als solche aufzufassen; er blieb nicht blind für soziales Elend, aber er konnte dessen Ursachen in der ›sozialen Frage‹ nicht erkennen. Vor 1848 verkehrte er in reaktionären, adligen und liberalen Kreisen in gleicher Weise.[28] Er unterrichtete im Hause Metternich und gehörte zu dessen literarischem Kränzchen,[29] nahm aber auch an dem »Politisch-Juridischen Leseverein« liberaler Honoratioren teil, fungierte 1848 als Wahlmann in seinem Wohnbezirk; auf die revolutionären Aktionen indes, vor allem aber, als deren sozialer Grund sichtbar wurde, reagierte er in vehementer Abwehr mit der Flucht nach Linz; er schlug sich auf die Seite der Konterrevolution und begrüßte die Gewaltmaßnahmen der Windischgrätz und Haynau. Dabei wurde er nicht zum schlichten Reaktionär, der einfach die vorachtundvierziger Zustände wiederherstellen wollte; *Der Nachsommer* ist durchaus keine geträumte vorachtundvierziger Idylle, er setzte recht eigentlich überhaupt den Sieg der bürgerlichen Revolution voraus.

In der Konfrontation mit den achtundvierziger Ereignissen in Wien – und darin liegt ihre biographische Bedeutung – wurde die Unzeitgemäßheit von Stifters Orientierung an den Idealen der Aufklärung deutlich. Was sich für ihn aus den ererbten Wertvorstellungen vor allem Herders, Kants, Schillers oder Humboldts zu einem Weltbild zusammengefügt hatte, erwies sich in der historischen Krise von 1848 nicht nur als unzureichend, um damit die Vorgänge analysierend zu erfassen, Stifter bemerkte auch – ohne sich das aber völlig einzugestehen –, daß die aufklärerisch-klassische Formel im historischen Prozeß unzeitgemäß erstarrt und damit hohl geworden war. Diese geschichtliche Disproportion entfachte in ihm einen aversiven Widerstand gegen die historische Entwicklung wie gegen die Literaturströmungen seiner Zeit. Er radikalisierte Elemente der Tradition in einer Weise, die ihn völlig isolierte und zugleich aber in manchen Zügen weit über sich hinaus in die Zukunft weisen ließ. (Daß hier überdies individuelle sozialpsychologische Gründe, die in Stifters Biographie liegen, eine gewisse Rolle gespielt haben, ist wohl nicht zu leugnen.) Dabei traten zwei Momente in Stifters geistigem Erbe besonders heraus und beherrschten von nun an sein ganzes Denken: der Glaube an die individuelle Freiheit menschlichen Handelns und der ›Bildungs‹gedanke. Vor dem Hintergrund des Vertrauens auf die Möglichkeit zu frei verantwortetem Handeln, die in aufklärerischer Tradition als die Verpflichtung zu moralischem Tun interpretiert wurde, präsentierten sich die Wiener Unruhen, vor allem dann die sozialen, als der Ausbruch chthonischer Vitalkräfte, als die unbeherrschte, bare Unmenschlichkeit. Sich der Ereignisse erinnernd, entwarf Stifter in einem Brief vom 4. September 1849 an seinen Verleger Gustav Heckenast nachgerade eine Theorie der Geschichte der Wiener Revolution: »Als die Unvernunft, der hole Enthusiasmus, dann die Schlechtigkeit die Leerheit, und endlich sogar das Verbrechen sich breit machten und die Welt in Besiz nahmen: da brach mir fast buchstäblich das Herz.«[30]

Dieser Eruption aus den menschlichen Abgründen stellte Stifter – auch das in Tradition zur Aufklärung – die ›Bildung‹[31] entgegen; sie, die als Erziehung zu privater Sittlichkeit verstanden wird, soll die Ordnung der Gesellschaft garantieren und den Umsturz bannen; »geschähe das nicht«, schreibt er am 8. September 1848 an Heckenast, »so wären wir alle ohnehin verloren und das Proletariat würde, wie ein anderer Hunnenzug, über den Trümmern der Musen- und Gottheitstempel in trauriger Entmenschung prangen«.[32] Was im 18. Jahrhundert lebendiger Gedanke gewesen war, der das historische und vor allem das geschichtsphilosophische Denken auf der Höhe der geschichtlichen Ereignisse adäquat formuliert hatte, das war mehr als ein halbes Jahrhundert später zu formaler Leere versteinert; so rechtfertigte dann Stifter – notgedrungen den klassischen Bildungsgedanken um seinen eigentlichen Grund, seine geschichtsphilosophische Emphase bringend – vom Boden seiner Moralvorstellung aus mit der Formel von der Antinomie von Individuum und Masse die bürgerliche Ordnung, ihre Besitzverhältnisse und ihren klassischen Bildungskosmos. Den Glauben an den Fortschritt des Menschengeschlechts gab er zwar nicht auf, aber die Hoffnung auf dessen Einlösung äußerte sich mit der Resignation der Vergeblichkeit.

So gehen die Beschäftigung mit zeitgeschichtlicher Realität und der Widerstand dagegen im *Nachsommer* eine sehr charakteristische Verbindung ein. Auf den ersten Blick mag sich eine landläufige Erwartung an Realismus angesichts dieses Romans erfüllen. Es sieht so aus, als würde eine, wenn auch nicht alltägliche Wirklichkeit außerhalb der erzählten Welt in dieser nachgezeichnet, isomorph abgebildet, wie sich im Sinne einer strukturalistisch argumentierenden Literaturanalyse sagen ließe; den einzelnen Erzählelementen könnten mögliche Entsprechungen in der Wirklichkeit von 1850 als ihren ›Umweltreferenten‹ zugeordnet sein. (So hat man tatsächlich in den Figuren teilweise auch Züge realer Zeitgenossen wiederfinden wollen und in den beschriebenen Kunstgegenständen Objekte des Stifterschen Interesses wiedererkannt.[33]) Man möchte die Fabel des Romans weitläufig im Sinne einer realen Biographie des ›Helden‹ nacherzählen:

Heinrich Drendorf ist der Sohn eines wohlhabenden Kaufmanns; von einer Rente lebend, kann er sich seinen Neigungen gemäß ausbilden; ohne Schulzwang wird er – allerdings auf etwas eigene Weise – ein Naturkundiger und im besten Sinne ein dilettantischer Kunstfreund; vor einem Gewitter flüchtend, findet er Schutz in einem Landhaus; von dessen greisem Bewohner, dem Freiherrn von Risach, wird er in einen überaus edlen, sinnvoll-natürlichen Kosmos humaner Gesittung eingeführt; immer zurückkehrend, findet er seinen Gesichtskreis stetig zu immer reiferen Einsichten ausgedehnt; auch die menschlichen Verbindungen in dieser harmonischen Welt allseitig gebildeten Menschentums weiten sich: zu Eustach, dem kunstverständigen Handwerker im Hause Risachs, zu Gustav, dem Pflegesohn des Freiherrn, zu Mathilde, Gustavs Mutter, die einen Nachbarhof betreibt, und zu Natalie, Gustavs Schwester. Über die Jahre hin setzt der Held seine bildenden Studien fort, macht Fortschritte, und im Nachspüren des tiefsten Zusammenhangs aller Dinge stößt er endlich auf die Kunst. Heinrich erfährt, daß das Weltgetriebe in seiner Schalheit bar allen Sinns sei, nur die Natur und die Kunst erfüllen die Ansprüche, die ein volles und geistiges Leben stellen. Eine antike Marmorstatue bildet dieses Ideal gleichsam sinnbildend ab.[34] In einem der Zentren dieser Kunstwelt überwinden Natalie und Heinrich ihre Scheu voreinander und gestehen sich ihre Zuneigung. Nach einer weiteren Phase der Reifung, in welcher der Freiherr Heinrich in Gesprächen mit der Realität des Lebens bekannt macht und in die hitzige und deswegen unglückliche Jugendliebe zwischen sich und Mathilde einweiht, werden Natalie und Heinrich verlobt; eine anschließende zweijährige Bildungsreise Heinrichs entfaltet und festigt sein Wesen dann vollends. Es findet die Hochzeit statt, und die ganze verzweigte Familie vereinigt sich auf ihren ländlichen Besitzungen.

Zwar mögen die überaus glücklichen Lebensumstände der Figuren und – sieht man von der Trübung durch die eingelegte Jugendgeschichte ab – die Konfliktfreiheit in der Entwicklung der Fabel den realistischen Schein des Romans ein wenig stören, es bleibt aber immer das Bestreben Stifters zu spüren, gegen die Erzähltradition der Romantik und die Stiltendenzen des ›Jungen Deutschland‹ und des Vormärz das Erzählte als Reproduktion möglicher außerliterarischer Realität erscheinen zu lassen. Im Einklang mit der Kunstdoktrin des ›Realismus‹ versucht er, den ›Kausalnexus‹ innerhalb der erzählten Handlung zu wahren, Ereignisse aufeinander zu beziehen, den erzählten und beschriebenen Dingen den Charakter einer inneren Notwendigkeit zu verleihen, indem er sie für spätere Romansituationen geplant bereitstehen läßt, um auf diese Weise die Wahrheit des Berichts mit erzähltechnischen Mitteln zu garantieren.
Wer allerdings den Nexus des Erzählten in den Aktionen der Romanfiguren sucht, muß wie Julian Schmidt in seiner Kritik[35] des *Nachsommer* das »Gefühl harter Notwendigkeit« vermissen. Gegen ihn polemisiert Stifter denn auch sogleich: Wer nur »eine Heirathsgeschichte liest und hiebei rükwärts eine veraltete Liebesgeschichte erfährt, der weiß sich mit dem Buche ganz und gar nicht zu helfen«.[36] Der verknüpfende Zusammenhang wird als der Nexus einer inneren Entwicklung der dargestellten Figuren hergestellt, den Stifter als einen privaten Reifungsprozeß zu einer verbindlichen Konzeption des Menschseins aufgefaßt sehen will; dieser Prozeß hat teils die Gestalt der ›Sühne‹ für gesellschaftlich-moralische Verfehlungen, teils die Gestalt gleichsam naturhaften Hineinwachsens in die Normen einer natürlich-sittlichen Gesellschaftsordnung: »Risach hatte sich empor kämpfen müssen, dort, wo er und Mathilde fehlten, wo sie Schwäche hatten, mußten sie sühnen [...]. Wer das Buch von diesem Punkte nimmt, der wird den Gang [...] ziemlich strenge und durchdacht finden. Die Gespräche über Kunst und Leben sind dann Äußerungen des Karakters Risachs des Kaufmanns Mathildens und der Kaufmannsfrau, und sie sind Bildungsmittel für die jüngeren edleren Kräfte, die im Buche vor uns bis auf eine gewisse Stufe erzogen werden.«[37] In der Konfrontation dieser Auffassungen vom ›Nexus‹ des Romans wird Stifters Distanz zu den vorherrschenden Setzungen des neuen ›realistischen‹ Ideals deutlich. Während Schmidt seine Auffassung ausdrücklich in Analogie zu den systematischen Naturwissenschaften formulierte, hielt Stifter bei der Konstruktion der Fabel am transzendenten, organologischen Gedankenkern des ›Bildungs‹begriffs fest. Und das ist – wie etwa Heinrichs Vorstellung vom geordneten Zusammenhang der Naturerscheinungen am Beginn des Romans und die vielen Gespräche zu diesem Thema zeigen – als eine bewußte Opposition zu den quantifizierend-kausalen Grundlagen des Naturbegriffs der Naturwissenschaft des 19. Jahrhunderts gemeint.[38]
Um nun diese exemplarisch gedachte Bildung der Figuren nicht als leere Phantasien erscheinen zu lassen, weist der Erzähler ihnen ökonomisch-gesellschaftliche Orte innerhalb der Metternich-österreichischen Gesellschaft an: Heinrich Drendorf ist der Sohn eines bürgerlichen Kaufmanns, der – selbst aus ärmlichen Verhältnissen stammend – durch ›glückliche‹ Erbgänge sowie in Handel und Wandel zu so viel Wohlstand gekommen ist, daß er seinen Kindern (und dem Sohn vor allem) den bürgerlichen Traum erfüllen kann, sich als Rentier der kontemplativen Erkenntnis der Welt hinzugeben; der Freiherr von Risach ist aus ärmlichen Verhältnissen durch gute Anlagen und emsigen Fleiß als Beamter in der Gesellschaft aufgestiegen, so daß auch er sich aus den aktiven Geschäften auf sein Gut zurückziehen und zumindest im Alter als Rentier sich der

Bestellung des Ackers eigentlicher Menschlichkeit hingeben kann; die Greisin Mathilde ist die Tochter vornehmer Eltern, hat – nach einer wohl menschlich tiefen, aber gesellschaftlich nicht zu rechtfertigenden Jugendromanze mit dem armen Hauslehrer ihres Bruders, eben dem jetzigen Freiherrn von Risach – in einer vernünftigen und gutsituierten Ehe das Ihre getan, so daß sie auf ihrem Hofe im Lichte verklärender Melancholie und jenseits aller Leidenschaften ihre Liebe zu dem Freiherrn pflegen und ihre beiden Kinder zu distinguierten, allem Guten und Schönen aufgeschlossenen Menschen erziehen kann. Aber es ist leicht zu sehen, daß in solchen Konstruktionen kaum die volle Realität der österreichischen Gesellschaft entworfen wird; schon Julian Schmidt monierte den Hang Stifters zum Adel, und die Spitze der Hebbelschen Invektive liegt doch wohl darin, daß er dem ausdauernden Stifter-Leser eine Krone und just diejenige Polens verheißt.

Es wird hier ein Traumbild einer Rentiersgesellschaft entworfen, die wohl der Lohn bürgerlichen Erwerbs ist, in der sich aber dessen Mühen, Entsagungen und vor allem die gesellschaftlichen Bedingungen, unter denen er statthat, ins süße Fruchtfleisch des Geldes verwandelt haben. Das in den Bedrängnissen des Erwerbs erträumte Ideal ist nämlich nicht etwa eine Welt sinnerfüllten Arbeitens; die scheint noch nicht einmal träumbar zu sein. »Jetzt aber will ich der Schreibstubenleidenschaft, die sich nach und nach eingefunden, Lebewohl sagen, und nur meinen kleineren Spielereien leben daß ich auch einen Nachsommer habe wie dein Risach«, verkündet Heinrich Drendorfs Vater am Ende.[39]

Diese Ablösung des Entwurfs einer Gegenwelt von ihrem Grund, von der Unerträglichkeit der ganz gewöhnlichen Realität, ins bloß Traumhafte wird ermöglicht durch eine Konstruktion, die jene Widersprüche nicht mehr kennt, deren Überwindung Stifter in den Briefen an seinen Verleger Heckenast immer wieder als Voraussetzung zur Behebung auch seiner eigenen Misere beschwor, die er sich in der Wirklichkeit des alltäglich Gegebenen aber nicht vorzustellen vermochte. So schrieb er während seiner konzentrierten Arbeit am *Nachsommer*: »[...] wenn Sie nur wüßten, wie mir ist! Durch das Heu den Häckerling die Schuhnägel die Glasscherben, das Sohlenleder die Korkstöpsel und Besenstiele, die in meinem Kopfe sind, arbeitet sich oft ein leuchtender Strahl durch, der all das Wüste wegdrängen und einen klaren Tempel machen will, in welchem ruhige große Götter stehen; aber wenn ich dann in meine Amtsstube trete, stehen wieder Körbe voll von jenen Dingen für mich bereitet, die ich mir in das Haupt laden muß. Dies ist das Elend, nicht die wirkliche Zeit, die mir das Amt nimmt. [...] Ich glaube, daß sich die Dinge an mir versündigen. [...] dürfte ich nichts anders thun als mit Großem Reinem Schönem mich beschäftigen, vormittags schreiben nachmittags zeichnen lesen Wissenschaften nachgehen und Abends mit manchem edlen Freunde oder in der Natur oder in meinem Garten sein – – aber ich darf nicht daran denken [...].«[40] Selbst die Verleihung eines kaiserlichen Ordens brachte ihn keine Sekunde von dem Wunsch nach einer auskömmlichen Pension ab, die ihn von der Notwendigkeit zu – wie die zitierte Briefstelle zeigt – *jeder* praktischen Arbeit befreite. Die Traumwelt des *Nachsommer* dagegen ist frei von Arbeit. Das einzige, was hier arbeitet, ist das Geld – und das unsichtbar. Stifter konnte sich den wirkenden Menschen nicht anders als im Gewande des Künstlers vorstellen, selbst dort, wo er nicht eigentlich künstlerisch tätig ist. Alles und jedes wurde mit dem Überzug der Kunst verkleidet, so daß alle Realität den Maßen der Kunst sich fügt. Vom Höhenzug der Gebirge[41] bis zum Faltenwurf eines Kleides und der beiläufigen Gebärde eines Menschen unterliegt alles dem Stilisierungsprinzip. Damit allerdings hat Stifter unwillkürlich weit über seine Gegenwart hinausgewiesen, weit voraus ins Zeitalter der Massenkultur; seine Traumwelt zeigt schon jene Ästhetisierung des Alltags, die vom Hauptbahnhof der Gründerzeit bis zur Schreibmaschine des Jahres 1979 gerade die Funktionsbereiche und die Sphäre der Warenzirkulation der Industriegesellschaft so charakteristisch ergriffen hat.

Das ökonomisch Notwendige bleibt aber unter dieser Übermalung in der Nachsommer-Welt dennoch das Notwendige; obwohl Stifter zur literarischen Ausgestaltung seiner Romanwelt die traditionellen Bauelemente der bukolischen Tradition bemühte, hob er seine Idealwelt nicht vom ökonomischen Fundament der bürgerlichen Gesellschaft ab. Der historische Prozeß der Entidealisierung der idealistischen Geschichtsphilosophie war zu weit fortgeschritten, um die Aufforderung, »das Werk der Not in ein Werk der freien Wahl umzuschaffen und die physische Notwendigkeit zu einer moralischen zu erheben«, wie Schiller das formuliert hatte,[42] als eine bloße Vernunftbestimmung denken und ihre Realisierung in einem idealischen Stand ansiedeln zu können. Auch die Menschen der idealen Fiktion mußten mittlerweile von etwas leben. Für Stifter hatte dieser Gedanke – nicht erst im *Nachsommer* – bisweilen manische Dimensionen angenommen. Es gibt kaum einen Schriftsteller, der in seinen Werken so viel und ausdauernd von Geld redet wie er.[43] Besitz, die ökonomische Sicherung der bürgerlichen Verhältnisse, hat für ihn zentrale Bedeutung. Ganz selbstverständlich wird vom »Besitz der Schönheit« eines Kunstwerks geredet, wo es um dessen volles und angemessenes Verständnis geht, und der Freiherr versäumt nicht, Heinrich weitläufig über die – urkundlich ausgewiesene – Rechtmäßigkeit des Erwerbs der Marmorstatue, des zentralen Kunstwerks dieser Welt, in Kenntnis zu setzen.[44] Erst im Besitz vollendet sich das Kunstwerk. Das Reich der Freiheit liegt nicht jenseits der Notwendigkeit, sondern es ist gleichsam deren durch die Kunst vermittelte Transsubstantiation. Am 11. Februar 1858 schrieb Stifter an Heckenast: »Dieses tiefere Leben [der zentralen Figuren des *Nachsommer*] soll getragen sein durch die irdischen Grundlagen bürgerlicher Geschäfte der Landwirthschaft des Gemeinnuzens und der Wissenschaft und dann der überirdischen der Kunst der Sitte und eines Blikes, der von reiner Menschlichkeit geleitet, oder wenn Sie so wollen, von Religion geführt höher geht als blos nach eigentlichen Geschäften (welche ihm allerdings Mittel sind) Staatsumwälzungen und andern Kräften, welche das mechanische Leben treiben.«[45] Dieses Reich der ›mechanischen‹ Notwendigkeit wird durch den Schein der Kunst geadelt. In diesem Schein muß allerdings das, was in abendländischer Tradition Arbeit hieß, das mühevolle Herausarbeiten des Vernünftigen und Guten im Schöpfungsplan, welches zugleich auch Selbstverwirklichung des Arbeitenden bedeutet, dieses muß seine eigentliche Kontur verlieren. Arbeit gerinnt zum Besitz für die einen, verblaßt zu dekorativer Könnerschaft für die andern oder entleert sich zur Staffage müheloser Funktionserfüllung für die Masse der den Hintergrund füllenden Figuren. Arbeit im *Nachsommer* besteht darin, die Welt des gesellschaftlich Notwendigen ein anderes, aber von Konflikten, Entfremdungen und ›niederen‹ Zwecken freies Mal zu erschaffen: als Kunst-Welt. In der Terminologie des literarischen Idealismus des 19. Jahrhunderts sprach Stifter selbst von der »dichterischen Verklärung des Stoffes zu einem Schönheitsbilde«.[46]

Diese – kunstgeschichtlich gesehen – Abflachung des idealistischen Schönheitspostulats zur Ästhetisierung des Alltags forderte einen Preis, der über die literarischen Prozeduren unmittelbar erlegt werden mußte. Schon ein zeitgenössischer Rezensent des *Nachsommer*, H[einrich] L[andesmann] in der *Wiener Zeitung*, stellte irritiert fest, daß Stifter, »der mit einem Wort im modernen Sinne realistischer Schriftsteller ist [...], nur vor einer einzigen und doch wahrhaftig nicht unwesentlichen Realität [...] eine unüberwindliche Scheu« habe: vor dem Menschen.[47] Personen mit Leidenschaften, mit Verirrungen, mit ›Interessen‹ treten nicht auf; das Individuelle der persönlichen Bedürfnisse wäre auch nicht integrierbar in diese Welt der ästhetischen Überhöhung; es unterliegt, wenn es nun doch nicht ganz unterdrückt werden kann, der Sühne eines langen Lebens – das ist die Lehre der Geschichte Risachs und Mathildens,[48] und diese steht aus guten erzähltechnischen Gründen weit gegen Ende des Romans. Einzig die Figur des gefährdeten Kunstadepten Roland, Eustachs Bruder, trägt einen Hauch des Ungezähmten, das der einebnenden Kraft der Kunst zu entgleiten vermöchte, in die Nachsommer-Welt – und ist darin folglich auch nur eine Randfigur.

Dieses entspringt nun nicht etwa einem erzählerischen Unvermögen Stifters, sondern wird im Gegenteil mit manchen Kunstmitteln intensiv und planvoll erzeugt: mit der altväterlichen Anrede ›Ihr‹, die die Personen in weite Distanz zueinander setzt; mit altertümlichen Wendungen und Wortformen; mit Personenbeschreibungen, in denen die Adjektive ›schön‹, ›edel‹, ›gut‹ noch die farbigsten sind; mit der reduzierenden Kennzeichnung menschlicher Handlungen durch ihre fundamentalsten Bezeichnungen; überhaupt mit einem energisch eingeschränkten Lexikon, das zu immerwährenden Wiederholungen zwingt, so daß Repetition zu einer der charakteristischen Figuren des Stifterschen Spätstils wird; mit Redekonstruktionen, die keinerlei persönliche Züge des Sprechenden zulassen, so daß eine Figur wie die andere sich äußert; mit der Namenlosigkeit vieler Figuren dieser Kunst-Welt oder mit der verheimlichenden Hintanhaltung ihrer Namen, d. h. ihrer vollen Individualität.

Im Erzählvorgang wird die Einmaligkeit und die Unverwechselbarkeit der Figuren zur Austauschbarkeit verflacht, so daß auch ihre Leidenschaften und Bedürfnisse in hehren Worten und Wendungen verflachen, zu Ritualen erstarren oder ganz ins Surrogat transformiert werden: Im Liebesspiel von Suchen und Finden der beiden jugendlichen Hauptfiguren antwortet Natalie auf Heinrichs furchtvolle Bemerkung, er müsse gehen, wenn sie allein sein wolle: »Wenn Ihr mich nicht aus Absicht meidet, so ist es nicht ein Müssen, daß Ihr mich verlasset«;[49] als Natalie Mathilde ihre Liebe zu Heinrich und ihrer beider Pläne eröffnet hat, ändert sich nichts am lang geübten gesellschaftlichen Ritual: »Da Mathilde und Natalie in den Speisesaal getreten waren, lud mich Mathilde mit einem sanften Lächeln und mit der Freundlichkeit, die ihr immer eigen war, ein, an ihrer Seite Platz zu nehmen«;[50] auf die Vermutung Heinrichs, er habe in Roland einen Mitbewerber um die Zuneigung Nataliens, antwortet der Freiherr mit der beruhigenden Erklärung: »Roland erwarb sich ein Liebchen mit gleichen Augen und Haaren, wie sie Natalie besitzt. [...] Da nun der Arme ihren Anblick oft lange entbehren muß, so sah er zur Erquickung Natalien an.«[51] Und folglich spricht der Erzähler vom »schöne[n] Bild Nataliens«,[52] wo er sie selbst meint.

Alle Individualität, alles persönliche Begehren der Figuren ist aufgelöst ins Austauschbare, ins Rituelle, in den inszenierten Stil. In ausgesuchten Konstellationen, in oft nuancierten farblichen Abstufungen einander und der umgebenden Kunst-Welt zugeordnet, gehen die Figuren in oft raffiniert verlangsamten Handlungen miteinander und mit den Dingen um; die minimale Variante im sich wiederholenden Gleichen setzt eine stilistische Dominante: »›Und habt Ihr bei dem roten Kreuze auch ein wenig geruht?‹ fragte ich nach einer Weile. [Absatz] ›Bei dem roten Kreuze habe ich nicht geruht‹, antwortete sie [...].«[53] Schon Landesmann hat von den »wandelnden Tapetenfiguren« des Romans gesprochen.[54]

Was dem Prinzip der stilisierenden Entindividualisierung nicht zu unterwerfen ist, wird ausgeschieden; nur weniges – und dann gewitterartig – erinnert daran, daß es jenseits dieses festgezogenen Kreises Leidenschaften und Interessen gibt; eine Zukunft, eine Geschichte im Sinne von Planung zur Befriedigung der eigenen vitalen Zwecke kann es in diesem Kunstbezirk nicht geben, ebensowenig gibt es das verweigerte Lebensrecht, das abgründige Scheitern, die ausweglose Versagung, die zerschlagene Hoffnung. Annihilation des Individuellen ist hier das Prinzip des Schönen, und Individualität wird aufgesogen und aufgezehrt in der fast magischen Gewalt des Ästhetisierens. Nur als schöne Hüllen können die Figuren hoffen, zu existieren. Mit seiner Familiengründung endgültig in diese Kunst-Welt eintretend, ist Heinrich am Ziel: »[...] ich werde meine Habe verwalten, werde sonst noch nützen, und jedes selbst das wissenschaftliche Bestreben hat nun Einfachheit Halt und Bedeutung«,[55] sind seine (und damit des Romans) letzten Worte. Der anonyme Heinrich ist gleichsam eingetaucht in diese Welt des schönen Scheins und Teil ihres Dekors geworden.

Für Stifter wurde die Kunst zum Anti-Realitätsprinzip schlechthin. Auch wenn er in seinen Briefen und theoretischen Ergüssen im Tonfall der trivialisierten idealistischen Kunsttheorie steckenblieb und von der Kunst als einem »klaren Tempel« redete, »in welchem ruhige große Götter stehen«,[56] er meinte mehr und Radikaleres: Kunst überhöht nicht so sehr die Realität mit ihren divergierenden Leidenschaften, konkurrierenden Interessen und Entfremdungen der bürgerlichen Erwerbs- und Industriewelt, sie ist vielmehr ihr Widerpart. Wirkungsästhetisch argumentierend, schrieb er an Heckenast: »Das Merkmal eines Kunstwerkes aber ist einzig das, daß es im Leser jede Stimmung aufhebt, und seine hervorbringt«;[57] dem entspricht eine andere briefliche Notiz: »Leidenschaft ist verächtlich, darum die neue Litteratur häufig verächtlich.«[58] Nur im Bannkreis der Kunst, aufgehoben in ihrer Atmosphäre und eingesponnen von Kunstgesprächen können sich Natalie und Heinrich füreinander öffnen, können sie sich in Liebe berühren, ohne doch der Leidenschaft, d. h. individualisierendem Begehren zu verfallen. Die Kunst war für Stifter das Allgemeine, in welches das in Trieben, Leidenschaften und Interessen vereinzelte Individuum sich auflöst. Stifter zehrte noch von der idealistischen Theorie des Schönen als des Scheins einer geglückten Harmonie zwischen Vernunft und Sinnlichkeit, zwischen Allgemeinheit und Individualität, aber er füllte diese Formel nicht mehr. Er hatte Sinnlichkeit und Individualität daraus vertrieben, weil er glaubte, sie als unfähig erkannt zu haben, ins Allgemeine gehoben zu werden. Kunst und geschichtliche Realität sind *in der Gegenwart* unvereinbar. »Wir wollen [...] recht nach der Litteratur sehen«, forderte er Heckenast auf, »ihre Flügel in dieser trüben schmuzigen Zeit reinzuerhalten suchen [...], und dies umso mehr, je abgeschmaktere widrigere Dinge sie in der Außenwelt treiben [...].«[59] In dem, was Stifter glaubte, als seine Gegenwart erfahren zu haben, zerbrach das Vertrauen in die idealistische Kunsttheorie wie in die Vernunft, er löste die im Begriff vom Schönen Schein gedachte Aussöhnung von Vernunft und Sinnlichkeit wieder auf und setzte das Generelle erneut in seine Dominanz ein, allerdings nicht in der Gestalt der Vernunft, sondern in der des Schönen. Und wie die Vernunft in der Aufklärung ihre Rigidität am Ende gegen das

Individuum gerichtet hatte, das doch auch ihr Geschöpf gewesen war – so tat es jetzt das Schöne; die Figurinen der Nachsommer-Welt sind noch einmal glücklich, aber um welchen Preis!

Diese Funktion freilich, Erscheinungsform des Generellen zu sein, konnte das Schöne für Stifter überhaupt nur übernehmen, weil es ihm noch als ein Zeitloses, quasi als ›Idee‹ galt; »die reinen Quellen sprudeln ewig«, meinte er gegen Hebbel gewandt.[60] Solcher Ontologisierung blieb allerdings verborgen, wie sehr auch der tradierte Kunstbegriff schon vom Zeitgeist durchdrungen war, gegen den er doch gerade als Bollwerk stehen sollte. Wie der Begriff der Vernunft angesichts einer partikularen Realität formalisiert werden mußte, so reduzierte Stifter – im Kontext der bürgerlichen Kunstgeschichte der Nachklassik – das Schöne ganz auf seine formalen Seiten. Deswegen müssen die vielfältigen Kunstgegenstände in der Nachsommer-Welt allesamt dem ursprünglichen Handlungszusammenhang entrissen werden, dem sie ihre Existenz einst verdankten; als reine ästhetische Gegenstände sind sie in zweckfreien Kulträumen, in Bilderzimmern, auf Treppenabsätzen, in Gartennischen, in Mappen, Schubfächern und Sammelkästen neu deponiert. Diese Loslösung aus dem realen Lebenszusammenhang ist die Vorbedingung für die Integrität des Schönen, in welcher die ›Aura‹ des Kunstwerks gewahrt bleibt. Im privaten Museum, unter mattem Licht[61] oder bei zugezogenen Fenstern[62] in neutralisierend inszenierter Umgebung wird es dem filzbeschuhten[63] kontemplativen Genuß ausgestellt.

Entsprechend muß der Begriff des Schönen von allem Inhaltlichen so weit entleert sein, wie es eben möglich ist. Nur sehr allgemein erfährt der Leser etwas über die Sujets der Darstellungen, alles Charakteristische und Bestimmte wird gemieden. Man möchte von einer ›l'art morte‹ reden. In dem Kunstgespräch, das die Mitte des Romans bildet, führt Risach mit den Kategorien der romantischen Kunsttheorie aus, dem Betrachter, der an zeitgenössischer Kunst orientiert sei, erschienen die vorbildlichen Werke »meistens leer und langweilig«;[64] denn das Schöne dürfe seine Gegenstände nicht von einer »bestimmten Seite«, sondern müsse sie in ihrer »Allgemeinheit« zeigen, die alles »Streben nach dem Einzelnen« hinter sich gelassen habe; nur, wo es von allem Interesse gereinigt sei, könne es existieren. Risach faßt diese formalisierte Vorstellung vom Schönen zu einer Aussage zusammen, die in ihrer syntaktischen und rhythmischen Balance selbst schon den Prinzipien gehorcht, welche sie postuliert: »Es ist diese Ruhe jene allseitige Übereinstimmung aller Teile zu einem Ganzen, erzeugt durch jene Besonnenheit [...], durch jenes Schweben über dem Kunstwerke und das ordnende Überschauen desselben, wie stark auch Empfindungen oder Taten in denselben stürmen mögen, die das Kunstschaffen des Menschen dem Schaffen Gottes ähnlich macht, und Maß und Ordnung blicken läßt, die uns so entzücken.«[65] Diese Formalisierung des Schönen und die dementsprechende Entleerung des Kunstgegenstands von allem Interesse und von allem Charakteristischen bilden die Voraussetzung für jene Ästhetisierung des Alltags, die das Lebensgesetz des ›Nachsommers‹ ist. Im ›Schönen Schein‹ ist der bürgerliche Alltag seiner nicht bewältigten Realität ledig; die im ästhetisch-melancholischen Glanz von ihren Leidenschaften ›befreiten‹ Figurinen fallen mit dem Allgemeinen zusammen. Nachgerade süchtig unterwerfen sie sich mit leidenschaftsfreier Widerstandslosigkeit dem ästhetisierenden Stilisierungsprinzip, und keine Renitenz belebt sie. In der Nachsommer-Welt gibt es keinen Widerstand des Individuellen gegen die Gewalt des Generellen in der Gestalt des Schönen. So besteht die ›Entwicklung‹ Heinrich Drendorfs am Ende darin, das nachzuvollziehen, was ihm schon lange vorgeschrieben war.[66] Indem er im *Nachsommer* als Ich-Erzähler diese Unterwerfung unter das Prinzip des ästhetischen Verzichts ebenso widerstandslos nacherzählt, wie sie abläuft, vollzieht er an sich nochmals rechtfertigend das Gesetz des Schönen und gibt sich dem ohne Rest hin. Im Erzählen selbst dominiert das Prinzip des Ästhetisierens ein letztes und überwältigendes Mal; in der Erzählkonstruktion des Romans kommt Stifters Konzeption von der Vernichtung der historischen Realität in der Ästhetisierung des bürgerlichen Alltags zu ihrem konsequenten formalen Ausdruck.

Damit war Stifter gezwungen, dem Gedanken der Autonomie der Kunst eine Wendung zu geben, die schon Züge des neueren Ästhetizismus umrißhaft erkennen läßt. Konsequent gedacht, begründete er das Autonomieprinzip nämlich nicht ontologisierend im Kunstwerk selbst, sondern in dessen Herstellung (bzw. dessen Restaurierung oder Inszenierung). Diese Produktion wird als (moralisch begründeter) Akt der Konstitution einer anderen und besseren Welt betrachtet. »Ich habe wahrscheinlich das Werk [*Der Nachsommer*] der Schlechtigkeit willen gemacht, die im Allgemeinen mit einigen Ausnahmen in den Staatsverhältnissen der Welt in derselben und in der Dichtkunst herrscht«,[67] schrieb der Autor an Heckenast. Erzählen bedeutet, der Realität ein anderes, von ihr unabhängiges Prinzip entgegenzusetzen.[68]

Entsprechend liegt es nahe, ›die Realität‹ des *Nachsommer* nicht allein und in erster Linie im isolierten Werk zu suchen, wie das die ontologisierenden und strukturellen Realismus-Theorien[69] wollen; Realität erscheint vielmehr im Akt des Erzählens selbst, denn Stifter begriff das Erzählen als den Versuch, mit den Mitteln der Kunst Freiheit zu gewinnen gegenüber der Gewalt der historischen Situation (wie er sie erfahren und verarbeitet hatte[70]).

Eine solche Konzeption von ›Erzählen‹ öffnet noch eine weitere Perspektive über den Text hinaus und sichert dem *Nachsommer* gerade auch in einer historischen Interpretation eine gegenwärtige Bedeutung. Denn die (wirklichkeitsgerechte) Einsicht in den Widerstand der historischen Realität gegen ihre reale Überwindung durch die Kunst zwang Stifter zur äußersten Anstrengung; zwar vernichtete er in seiner Erzähl-Doktrin alles Interesse und alle Leidenschaften, aus denen er – wie schon die deutsche Aufklärung – alles Übel der Gegenwart glaubte entspringen zu sehen, aber er mußte zugleich das Generelle so allen Inhalts entleeren, daß alles und alle ins Ununterscheidbare sich verflüchtigten und damit auch die ästhetische Freiheit als der Schein der Versöhnung zwischen Allgemeinem und Besonderem zur bloßen Phantasmagorie wurde. Als Produkt dieser Anstrengung blieb allein die rigide formalisierte Kunst-Welt des *Nachsommer* zurück (der Stifter während seiner Arbeit am Roman zudem noch nicht völlig gewachsen war); sie zeugt von der Unbesiegbarkeit dieser Realität mit den Mitteln der Kunst. Stifter konnte so etwas noch nicht denken – aber für den heutigen Leser könnte Adrian Leverkühns Teufelspakt durchaus als eine der möglichen Reaktionen auf das Innewerden solcher Ohnmacht der klassisch-idealistischen Kunsttheorie in der Fluchtlinie dieses Textes liegen.

Anmerkungen

1 In der »Illustrierten Zeitung« vom 4. 9. 1858.
2 Vgl. Herbert Seidler: Adalbert-Stifter-Forschung 1945–1970. In: Zeitschrift für deutsche Philologie 91 (1972) S. 272–279. Außer einer Fülle von Detailuntersuchungen vgl. seither: Marie-Ursula Lindau: Stifters »Nachsommer«. Bern 1974; W[alter] H. Bruford: A. Stifter: Der Nachsommer. In: The German Tradition of Self-Cultivation. London 1975. S. 128–146. Dazu spielt der Roman in Gesamtwürdigungen und thematischen Untersuchungen eine gebührliche Rolle.
3 Vgl. Peter Küpper: Literatur und Langeweile. In: Adalbert Stifter. Studien und Interpretationen. Heidelberg 1968. S. 171–188; Rudolf Wildbolz: Adalbert Stifter. Langeweile und Faszination. Stuttgart 1976; Marianne Schuller: Das Gewitter findet nicht statt. In: Poetica 10 (1978) S. 25–52.
4 Herbert Seidler: Adalbert Stifter in unserer Zeit. In: Vierteljahrsschrift des Adalbert Stifter-Instituts 24 (1975) S. 115.
5 Adalbert Elschenbroich: Deutsche Dichtung im 18. Jahrhundert. München 1960. S. 633.
6 Walther Rehm: Nachsommer. 2. Aufl. Bern 1966. S. 48.
7 Emil Staiger: Adalbert Stifter als Dichter der Ehrfurcht. 2. Aufl. Heidelberg 1967. S. 41.
8 Vgl. z. B. Georg Weippert: Stifters Witiko. Vom Wesen des Politischen. München 1967.
9 Vor allem: Erik Lunding: Adalbert Stifter. Kopenhagen 1946; Horst Albert Glaser: Die Restauration des Schönen. Stuttgart 1965; in gewisser Weise auch: Friedrich Gundolf: Adalbert Stifter. Burg Giebichenstein 1931; Walther Killy: Utopische Gegenwart. In: Romane des 19. Jahrhunderts. 2. Aufl. Göttingen 1967. S. 83–103.
10 Hermann Kunisch: Adalbert Stifter. Mensch und Wirklichkeit. Berlin 1950. S. 124.
11 Adalbert Stifter: Der Nachsommer. Hrsg. von Max Steffl. Augsburg 1954. S. 379. *Nach dieser Ausgabe wird weiterhin zitiert.*
12 Vgl. Ernst Bertram: Nietzsche. 3. Aufl. Berlin 1919. S. 238–248.
13 Ernst Bertram: Studien zu Stifters Novellentechnik (1907). 2. Aufl. Dortmund 1966.
14 Obwohl gerade dieses Abweisende des Textes schon in den fünfziger Jahren Arno Schmidt (Der sanfte Unmensch. In: Dya Na Sore. Karlsruhe 1958. S. 194–229) zum Widerspruch gereizt hat. Vgl. dazu die Repliken von Kurt Vancsa (Vierteljahrsschrift des Adalbert Stifter-Instituts 8 [1959] S. 99–101) und Kurt Gerhard Fischer (ebd. 15 [1966] S. 117–131).
15 Vgl. Hans Dietrich Irmscher: Adalbert Stifter. München 1971.
16 Vgl. Moriz Enzinger (Hrsg.): Stifter im Urteil seiner Zeit. Wien 1968.
17 Vgl. Stifter: Sämmtliche Werke. Bde. 18–22. Prag/Reichenberg 1918–31. *(Im folgenden zitiert als SW.)*
18 Vgl. Hans Mayer: Grundpositionen: Außenwelt und Innenwelt. [und:] Der deutsche Roman im 19. Jahrhundert. In: Von Lessing bis Thomas Mann. Pfullingen 1959. S. 9–34, 297–316.
19 Vgl. z. B. Robert Prutz: Zwischen Vaterland und Freiheit. Hrsg. von Hartmut Kircher. Köln 1975. S. 157–175.
20 Vgl. Helmut Kreuzer: Zur Theorie des deutschen Realismus und Naturalismus. In: Reinhold Grimm / Jost Hermand (Hrsg.): Realismustheorien. Stuttgart 1975. S. 48–67.
21 Vgl. z. B. SW XIX,93f.
22 Vgl. Wilhelm Dehn: Ding und Vernunft. Bonn 1969. S. 122–124.
23 Vgl. Hermann Kinder: Poesie als Synthese. Frankfurt a. M. 1973. (Für das Stiftersche Umfeld bes. S. 129–200.)
24 Vgl. Hans-Wolf Jäger: Gesellschaftliche Aspekte des bürgerlichen Realismus und seiner Theorie. In: Text & Kontext 2 (1974) H. 3. S. 3–41.
25 Autorenkollektiv: Geschichte der deutschen Literatur. Bd. 8. Berlin 1975. S. 288. Später (S. 290) wird diese These allerdings wesentlich eingeschränkt.

26 Uwe-K. Ketelsen: Gesellschaftliches Bewußtsein als literarische Struktur. In: Euphorion 64 (1970) S. 307f.
27 Vgl. Friedrich Engels: Revolution und Konterrevolution in Deutschland. In: Karl Marx / Friedrich Engels: Werke. Bd. 8. Berlin 1960. S. 35f.
28 Hermann Blumenthal: Stifter und die deutsche Revolution von 1848. In: Dichtung und Volkstum 41 (1941) S. 214–217.
29 Ruth Brunnhofer: Stifters Verhältnis zum historisch-politischen Leben seiner Zeit. Diss. Berlin (FU) 1952 [masch.].
30 SW XVIII,10; so noch oft in diesen Jahren.
31 Zur ideengeschichtlichen Tradition vgl. Ernst Lichtenstein: Bildung. In: Historisches Wörterbuch der Philosophie I. Basel 1971. Sp. 921–928.
32 SW XVII,304; vgl. auch: SW XVIII,1.
33 Wolfgang Peter Betz: Die Motive in Stifters Nachsommer. Diss. Frankfurt a. M. 1971.
34 Christine Oertel Sjögren: The Marble Statue as an Ideal. Chapel Hill 1972.
35 Vgl. Enzinger (Anm. 16) S. 210.
36 SW XIX,95.
37 Ebd. – Zu dieser Problemstellung vgl. Klaus-Detlev Müller: Strukturuntersuchungen zu Stifters »Nachsommer«. In: Zeitschrift für deutsche Philologie 90 (1970) S. 199–228.
38 Vgl. Wolf Lepenies: Das Ende der Naturgeschichte. München 1976.
39 Nachsommer. S. 835. Einen Einblick in die Realisierungsversuche solcher Träume gibt z. B. Alexander von Villers: Briefe eines Unbekannten. Wien 1881.
40 SW XVIII,207f. Vgl. auch SW XIX,188f.
41 Hannelore und Heinz Schlaffer: Studien zum ästhetischen Historismus. Frankfurt a. M. 1975. S. 112–120.
42 Friedrich Schiller: Ästhetische Briefe. 3. Brief. In: Sämtliche Werke. Hrsg. von Gerhard Fricke und Herbert G. Göpfert. Bd. 5. München 1959. S. 574.
43 Vgl. Magdalene Motté: Geld und Besitz in Stifters poetischem Werk. Diss. Aachen 1969.
44 Nachsommer. S. 378. Vgl. auch S. 398 oder 405.
45 SW XIX,94.
46 SW XVIII,152.
47 Vgl. Enzinger (Anm. 16) S. 207.
48 Vgl. Barten W. Browning: Stifter's Nachsommer and the Fourth Commandment. In: Colloquia Germanica (1973) S. 301–316.
49 Nachsommer. S. 545.
50 Ebd. S. 561.
51 Ebd. S. 834.
52 Ebd. S. 686.
53 Ebd. S. 498.
54 Vgl. Enzinger (Anm. 16) S. 206.
55 Nachsommer. S. 838.
56 SW XVIII,207.
57 SW XVIII,172.
58 SW XVIII,135.
59 SW XVIII,52.
60 SW XVIII,67.
61 Nachsommer. S. 381.
62 Ebd. S. 369, 418.
63 Ebd. S. 368, 381.
64 Ebd. S. 383.
65 Ebd. S. 387. Vgl. S. 382, 389.
66 Ebd. S. 388.

67 SW XIX,93.
68 Ketelsen (Anm. 26) S. 314ff.
69 Vgl. Wolfgang Powroslo: Erkenntnis durch Literatur. Köln 1976.
70 Vgl. Thomas Leithäuser [u. a.]: Entwurf zu einer Empirie des Alltagsbewußtseins. Frankfurt a. M. 1977.

Literaturhinweise

Ein Literaturbericht, der bis 1970 reicht, ist erschienen von:

Seidler, Herbert: Adalbert-Stifter-Forschung 1945–1970. In: Zeitschrift für deutsche Philologie 91 (1972) S. 272–279 (zum »Nachsommer«).

Von den späteren Arbeiten sind zu erwähnen:

Bandet, J. L.: La structure reconstituée. In: Études Germaniques 26 (1971) S. 46–54.
Browning, Barten W.: Stifter's Nachsommer and the Fourth Commandment. In: Colloquia Germanica (1973) S. 301–316.
Bruford, W[alter] H.: A. Stifter: Der Nachsommer. In: The German Tradition of Self-Cultivation. London 1975.
Gump, Margaret: Adalbert Stifter. New York 1974.
Hillebrand, Bruno: Mensch und Raum im Roman. München 1971. S. 172–228.
Irmscher, Hans Dietrich: Adalbert Stifter. München 1971.
Lindau, Marie-Ursula: Stifters »Nachsommer«. Bern 1974.
Sjögren, Christine Oertel: The Marble Statue as an Ideal. Chapel Hill 1972.
Schuller, Marianne: Das Gewitter findet nicht statt. In: Poetica 10 (1978) S. 25–52.
Selge, Martin: Adalbert Stifter. Poesie aus dem Geist der Naturwissenschaft. Stuttgart 1976.
Staiger, Emil: Reiz und Maß. Das Beispiel Stifters. In: Spätzeit. Zürich 1973. S. 223–244.
Wildbolz, Rudolf: Adalbert Stifter. Langeweile und Faszination. Stuttgart 1976.

MARTIN MACHATZKE

Fritz Reuter: *Ut mine Stromtid* (1862/64) Die Gesellschaftsidee der bürgerlichen Humanität im humoristischen Roman

Fritz Reuter (1810–74) vollendete sein dreiteiliges Hauptwerk *Ut mine Stromtid* in der relativ kurzen Zeit von Anfang 1862 bis Mitte 1864. Doch in den Jahren zwischen 1847 und 1850 war eine Fragment gebliebene hochdeutsche Fassung voraufgegangen. »*Ut mine Stromtid* ist 1847 begonnen und liegt hochdeutsch wie ein dickleibiges lästiges Fragezeichen in meinem Pulte«, schreibt der Dichter am 28. Januar 1862 an Adolf Wilbrandt und zitiert zur Legitimation des Textentstehungsverfahrens seines Romans das Wort aus der *Ars poetica* des Horaz (Vers 388), wonach dichterische Arbeiten vor ihrer Veröffentlichung nicht weniger als neun Jahre verborgen zu halten seien: »Ich kenne die Vorzüge des nonum prematur in annum und werde davon nicht abweichen.«[1] Ähnlich heißt es in einem Brief vom 22. Juli 1864: »[...] ich habe die Gewohnheit, einen Stoff erst lange mit mir herumzutragen, ehe ich darangehe, ihn zu schreiben, und ich glaube, daß dies gut ist.«[2]

So leicht Reuters Erzählkunst nach außen hin sich gibt, so schwer hat der Autor es sich gemacht. Seine Volkstümlichkeit ist ein Artefakt, das sich aus einem breiten Strom der literarischen Tradition speist. Die Tugend ernsthafter Arbeitsamkeit hat dem Bildungsbürger Reuter die Feder geführt. Er war ein gewissenhafter Schriftsteller.

Zwischen dem Beginn und dem Abschluß der Arbeit am Roman liegt eine Zeitspanne von siebzehn Jahren. Die hochdeutsche Fassung ist unter der Überschrift *Manuskript eines Romans* überliefert. Die Titelgebung *Herr von Hakensterz und seine Tagelöhner*, die sich eingebürgert hat,[3] ist inhaltlich insofern unzutreffend, als der soziale Gegensatz zwischen dem Rittergutsbesitzer und seinen Landarbeitern nicht im Mittelpunkt der Darstellung steht, sondern nur am Rande gestreift wird. Das *Hakensterz*-Fragment ist wie die *Stromtid* als ein Gesellschaftsroman unter Mecklenburger Gutsbesitzern und Inspektoren projektiert. Die handlungstragenden Figuren gehören zur dünnen Schicht der gesellschaftlichen Elite auf dem Lande, die Tagelöhner bilden kaum mehr als die Staffage, jedoch einen wichtigen Diskussionsgegenstand. Bereits der Romantorso thematisiert die sozialgeschichtliche Entwicklung der deutschen Landwirtschaft nach Maßgabe der Interessenlage der ländlichen Mittel- und Oberschicht Mecklenburgs, in deren Sicht das Betriebsmittel Kapital problematischer geworden ist als die körperliche Arbeit der Tagelöhner, an denen es nicht mangelte und die es nur gut zu behandeln galt.

Die Agrarstruktur der Großherzogtümer Mecklenburg-Schwerin und Mecklenburg-Strelitz, in denen sich die politischen Verhältnisse des mittelalterlichen Feudalwesens bis über das neunzehnte Jahrhundert hinaus in einem von den Liberalen beklagten, von den Ultrakonservativen umjubelten Anachronismus erhielten, kennt den selbständigen Bauern kaum, sondern fast nur den adligen und bürgerlichen Großgrundbesitzer oder den fürstlichen Domänenpächter. Der literaturhistorische Begriff eines Mecklenburger Bauernromans wäre eine Contradictio in adjecto. Denn es sind die großen Güter, »die der Landschaft einen besonderen Charakter aufdrücken, die geräumigen Wirtschaftsgebäude, die bei aller Größe in den meisten Jahren doch kaum die Erträge zu bergen vermögen, die unter solchen Bedingungen notwendigen Mieten oder Feimen, die großen Stallungen für das Vieh, die wenigen kleinen Häuschen der arbeitenden Tagelöhner, die weiten, mit ein und derselben Getreideart bestellten Schläge, die fast unabsehbare Ausdehnung der Weiden mit den zahlreichen Herden«. Die Güter Mecklenburgs, heißt es weiter im *Hakensterz*-Fragment, sind »einfach und übersichtlich konstruierte Anlagen, auf denen im großen produziert wird, die aber leicht in Verwirrung geraten, sowie von der hergebrachten Ordnung abgewichen wird«.[4] Ebendies, die Einführung landwirtschaftlicher Innovationen, ist die Absicht des Friedrich Wilhelm von Hakensterz auf Pümpelhagen, dessen Adelsstolz satirischer Geißelung durch den Demokraten und selbstbewußten Bürger Reuter verfällt.

An der literarischen Figur des jungen Hakensterz, in der *Stromtid* zur Gestalt des Axel von Rambow gewandelt, ist der Übergang der Agrarproduktion aus der feudal-patriarchalischen in die bürgerlich-kapitalistische Phase im beginnenden Industriezeitalter versinnbildlicht, eine historische Entwicklung von überregionaler Bedeutung und weitreichenden Folgen. Herr von Hakensterz wird das väterliche Gut ruinieren, weil er im blinden Reformeifer einer Verwissenschaftlichung der Landwirtschaft, ohne über praktische Erfahrungen zu verfügen, mit Neuerungen experimentiert, die das flüssige Betriebskapital schnell aufzehren, ohne Gewinne abzuwerfen. Insbesondere ist es die standesgemäße Zucht englischer Vollblutpferde, an welcher die Pümpelhagener Noblesse wirtschaftlich scheitert. Als sprunghafter Theoretiker gerät der junge Edelmann in einen unversöhnlichen Widerspruch zu seinem alten Gutsinspektor, dem Empiriker Habermann, der sich – eine Quelle des Lachens im Fragment wie im vollendeten Roman – vergeblich müht, das 1840 erschienene Buch von Justus Liebig *Die Chemie in ihrer Anwendung auf Agrikultur und Physiologie* zu verstehen.[5]

Reuter selbst war als Anhänger moderner Rationalisierung der Landwirtschaft auf einen Ausgleich ihrer widerstreitenden Richtungen bedacht. Zwar wollte er sie dem alten Schlendrian der »hergebrachten Ordnung« entreißen, aber der neuen Chemie nicht bedingungslos ausliefern. Der künstlichen Bodendüngung zieht er die natürliche Stallmistdüngung vor und karikiert kalauernd sowohl den wissenschaftlich rückständigen wie den allzu fortschrittsgläubigen Landwirt, der auf dem Grabenrand sitzt und in Liebigs »Buch von den sauren Stoff un den Stinkstoff« liest (VII,67) und als »lateinischer« Ökonom das Miststreuen vernachlässigt. »En ordentlich afmeßt Land muß so sauber un fein aussehen as 'ne Deck von Sanft.« (VII,69) Dies ist ein Lob des biologischen Ackerbaus zu einem Zeitpunkt, da die Agrarchemie diesen zu erobern beginnt, ohne daß ihre ökologischen Grenzen schon sichtbar wären.

Im *Hakensterz*-Fragment wie in der *Stromtid* trennen sich Rittergutsbesitzer und Inspektor nach einer aufs äußerste erregten Auseinandersetzung, in deren Verlauf der adlige Herr die Jagdflinte gegen den Kontrahenten erhebt und sich dabei mit einem Schuß selbst verletzt. Die Szene ist ebenso dramatisch wie herkömmlich. Nicht genug, daß der alte Inspektor in den Verdacht gerät, er habe den Edelmann töten wollen. Er muß sich darüber hinaus der Komplizenschaft an einem Gelddiebstahl von 2000 Talern bezichtigen lassen. Hier bricht das Fragment ab. In der *Stromtid* ist der Kriminalfall wiederaufgegriffen und zu Ende geführt; in seinem dritten Teil wird nach dem Muster des Detektivromans mühsam der Täter entlarvt und die Ehre des Inspektors wiederher-

gestellt. Es sind traditionelle literarische Motive und Mittel, auch des Unterhaltungsromans, deren sich Reuter zur Darstellung der historischen Wende der Landwirtschaft bedient, wie die Adelssatire, der Generationenkonflikt, die Intrige oder der Kriminalfall.
Die hochdeutsche Fassung der *Stromtid* entstand während der Zeit der landwirtschaftlichen Tätigkeit Reuters. Sein schriftstellerisches Engagement war damals wie das der Autoren des ›Jungen Deutschland‹ gesellschaftspolitisch bestimmt und äußerte sich vorwiegend publizistisch. Das *Hakensterz*-Fragment nimmt zwar im Ansatz bereits die Elemente einer Erzählfabel auf, doch die reflektierenden Teile drängen sich in den Vordergrund, so daß der Autor als Romancier scheitert, zumal er sich der niederdeutschen Literaturtradition noch nicht angeschlossen hat, sondern hochsprachliche Muster zu imitieren versucht wie den Lieblingsdichter des Vormärz Jean Paul. So wählt sich das fünfte Kapitel des Fragments, die Luftballonfahrt über Mecklenburg, die aus der Überschau der Vogelperspektive in die Agrarverhältnisse der Großherzogtümer sozialkritisch einführt, nichts Geringeres als *Des Luftschiffers Giannozzo Seebuch* aus dem komischen Anhang zum *Titan* als literarisches Vorbild. Reuter bleibt im landwirtschaftlichen Räsonieren befangen, zwischen Pamphletismus und Romanfiktion schwankend. Sein *Manuskript eines Romans* war eine verwendungsfähige dichterische Materialsammlung, aber kein veröffentlichungsreifes ästhetisches Gebilde. Reuters persönliche Erfahrungen mit dem Leben auf dem Lande, seine existentielle Verwurzelung in der ländlichen Mittelschicht der Pächter und Gutsinspektoren sträubten sich lange Zeit gegen eine belletristische Umsetzung. Seine agrarökonomische Sachkompetenz, eine der Voraussetzungen des realistischen Gehalts der *Stromtid*, war groß. Das zeigt u. a. ein Brief vom 26. Oktober 1860, in dem sich Reuter – übrigens erfolglos – um die Redakteurstelle an einem landwirtschaftlichen Fachblatt bewarb:
»Ich bin in einer Wirtschaft groß geworden, die von dem damals herrschenden einförmigen Schlendrian wesentlich abwich. Mein Vater, der verstorbene Bürgermeister Reuter zu Stavenhagen, hat sein ganzes Leben daran gesetzt, den Futter- und Handelsgemüsebau, die Stallfütterung und gewisse technische, mit der Landwirtschaft in Verbindung stehende Gewerbe in Mecklenburg einzuführen. [...] Bei seinem großen Eifer für die Sache konnte es nicht ausbleiben, daß er seine Neigungen für den landwirtschaftlichen Beruf auf mich übertrug, und daher, als ich, um Jura zu studieren, zur Universität abgegangen und darauf infolge der sogenannten Demagogenuntersuchungen durch eine siebenjährige Festungshaft dem Studium der Jurisprudenz abwendig gemacht war, griff ich dieser Neigung gemäß schon während meiner Haft zu dem theoretischen Teil der Landwirtschaft und suchte mich durch das Studium von Thaer, Koppe, Block und anderer damals anerkannten landwirtschaftlichen Größen auf die später folgende Praxis vorzubereiten. In diese trat ich in meinem dreißigsten Lebensjahre und bin zehn Jahre lang praktischer Ökonom geblieben, während welcher Zeit ich die mir gebotene günstige Gelegenheit benutzte, um mich mit den in die Landwirtschaft einschlagenden Wissenschaften Physik und Chemie vertraut zu machen«.[6]
Reuter hatte darauf verzichten müssen, den erlernten Beruf selbständig auszuüben; denn dazu benötigte man nicht nur Fachkenntnisse, sondern auch, und zwar proportional zur Größe der Gutswirtschaften, erhebliche Kapitalmittel, die Reuter nicht besaß. So hatte er zu schreiben begonnen: »mich hat die Not zum Dichter gemacht«,[7] heißt es in einem Brief vom 5. März 1862. Dies ist ein literarischer Topos, der bereits in den *Episteln* des Horaz (II 2, Vers 51f.) vorkommt: »paupertas inpulit audax ut versus facerem« [die

Armut trieb mich, kühn Verse zu machen]; er beinhaltet den selbstironischen Versuch einer Distanzierung gegenüber der Auffassung des Dichters als Sehers und Führers, der als selbstherrliche gottbegnadete Persönlichkeit unmittelbar mit dem Transzendenten kommuniziert. Es waren ebenso anspruchslose wie unterhaltsame Schwankgedichte – deren Stoffe es nicht zu ›erfinden‹, sondern nur zu ›finden‹ galt –, die am Beginn von Reuters schriftstellerischer Laufbahn stehen, die niederdeutschen *Läuschen un Rimels* von 1853, »nicht viel mehr als nugae«, so Reuter brieflich am 18. Februar 1863.[8] »Nugae«, soviel wie Kleinigkeiten, hatten Catull und Horaz ihre erotischen bzw. satirischen Dichtungen genannt. Reuter bleibt auf dieser Linie eines sich gleichsam selber herabsetzenden Dichtertums. *Olle Kamellen* ist der Obertitel, als dessen erster und zweiter Teil die humoristischen Erzählungen *Ut de Franzosentid* und *Ut mine Festungstid* 1859 und 1862 erschienen; als dritter bis fünfter Teil folgten 1862 bis 1864 unter dem Dach dieses Serientitels die drei Teile der *Stromtid*, die Krönung des literarischen Ruhms von Fritz Reuter, »des in der zweiten Hälfte des 19. Jahrhunderts meistgelesenen deutschen Schriftstellers«.[9] Der Roman, Ergebnis eines langen schriftstellerischen Lernprozesses in der Handhabung literarischer Mittel wie Satire, Komik und Humor, ist schaffenspsychologisch die Kompensation des gescheiterten Berufswunsches durch eine dichterische Phantasietätigkeit, die, mit sich selber eins, nicht ohne persönliches Behagen die begrenzte Welt der mecklenburgischen Agrarlandschaft darstellt und dabei, nicht selten auch gerührt, mit Heiterkeit und Selbstironie auf das eigene Leben zurückblickt.

Die dem Gesetz der Serie folgende Titelgebung *Ut mine Stromtid* – das Wort Strom im Sinne von Landstreicher ist ein Spitzname für den Landwirt – könnte angesichts des Possessivpronomens eine Autobiographie bezeichnen, doch handelt es sich, ungeachtet der intensiven dichterischen Verarbeitung des eigenen Lebens auf dem Lande, um eine fiktionale Erzählung vom Typus des auktorialen Romans mit persönlichen Einschaltungen des Erzählers; dieser kommentiert: »[...] wil dat de Hauptsak tau de Tid passiert was, as ick Strom was, heww ick't nennt: *Ut mine Stromtid.*« (VIII,310) Der Romantitel fällt poetologisch nicht aus dem Rahmen, sondern gehört zur sprachlichen Bedeutungsebene der Selbstkundgaben des allgegenwärtigen Erzählers, der sich mit Zwischenreden einmengt und die Authentizität des Erzählten zu verbürgen sucht.

Als Dialektdichter, der sich auf Stoffe und Themen beschränkt, deren Horizont über die Grenzen seiner mecklenburgischen Heimat nicht hinausgeht, hat sich Reuter der mundartlichen Umgangssprache bedient, wie sie in ihrer Direktheit und Konkretheit insbesondere von den unteren Gesellschaftsschichten im Alltagsverkehr benutzt wurde. Es macht den linguistischen Verismus der *Stromtid* aus, daß Rittergutsbesitzer und Pfarrer vorwiegend Hochdeutsch, Inspektoren wie Zacharias Bräsig Missingsch und die Landarbeiter ebenjenes Platt reden, das auch die Sprache des Erzählers ist, der damit anzeigt, auf welcher Seite seine sozialen Sympathien liegen. Reuters Realismus ist der Versuch einer Versöhnung des liberalen Bildungsbürgertums mit der geistigen Situation des einfachen Volkes, dessen Mehrheit sich in der Mundart verständigt. Auch deshalb hat die niederdeutsche Sprachform die Rezeption der *Stromtid* nicht verhindert, sondern eher das Gegenteil bewirkt. Hinzu kommt, daß Reuter anders als Klaus Groth das Niederdeutsche nicht zur norddeutschen Schriftsprache machen wollte und frei von jedem plattdeutschen Missionseifer die Orthographie seiner Texte auf den hochdeutschen Leser abstellte, auch auf die Gefahr hin, Laute unzureichend zu bezeichnen.

Die erzählte Zeit des Romans umfaßt hauptsächlich die Jahre 1839 bis 1848; drei einleitende Kapitel spielen 1829, das Schlußkapitel, eine Art Epilog, darin das erzählerische Ich die Schauplätze des Geschehens aufsucht und über die seitherigen Schicksale der Romanpersonen unter dem Aspekt ihres Todes oder Weiterlebens berichtet, ist auf das Jahr 1863 datiert.

Im räumlichen Mittelpunkt des episch breit angelegten ländlichen Romans stehen, abgesehen vom ersten Kapitel, das in Pommern spielt, drei benachbarte mecklenburgische Güter bzw. Dörfer – Rexow, Gürlitz und Pümpelhagen – sowie das nahe Rahnstädt, eine Ackerbau, Handwerk und Handel treibende Kleinstadt. Alle Orte sind untereinander gut zu Fuß erreichbar.

Die den Handlungsräumen zugeordneten, parallel verlaufenden Geschehensstränge stehen nicht nur im engen topographischen Verhältnis zueinander, sondern sind auch wie ein Familienroman durch ein dichtes zwischenmenschliches Beziehungsgeflecht der Romanfiguren verbunden. Der verwitwete Karl Hawermann, als Inspektor der Rittergutsbesitzer von Rambow auf Pümpelhagen in rastloser Tätigkeit, ist der Bruder der Frau Nüßler, deren Mann Jochen das großherzogliche Pachtgut Rexow bewirtschaftet, in seinem Temperament indessen so wenig beweglich ist, daß er als geschehenbestimmender Faktor nur episodisch fungiert, denn »er ist nicht der Mann, der Mann ist die Frau« (VIII,276). In seinem spezifisch niederdeutschen Immobilismus befindet er sich im genauen Gegensatz zu Zacharias Bräsig, dem stillen Verehrer seiner Frau und dem Patenonkel seiner Tochter Mining. Hawermanns Tochter Luise, plattdeutsch Lowise, wächst bei dem kinderlosen Pastorenehepaar Behrens als ihren Pflegeeltern auf. Das ebenso edle wie schöne Mädchen, das in seinem bläßlichen Kolorit zur Gruppe literarischer Iphigenien-Gespenster gehört, heiratet einen Vetter der glücklosen Pümpelhagener Noblesse, den reichen Franz von Rambow, der zwei Güter besitzt. Luises Cousinen, die Zwillingsschwestern Nüßler, blond und rotbäckig wie »Druwäppel«, zusammengewachsene Traubenäpfel, heiraten Rahnstädter Bürgersöhne, ihre Vettern: Lining den mit dem »Petismus« sympathisierenden Theologen Gottlieb Baldrian, der nach dem Tode von Pastor Behrens die Gürlitzer Pfarre erhält, und Mining den Agronomen Rudolf Kurz, der das Pachtgut seiner Schwiegereltern übernimmt.

Außerhalb der beschriebenen Handlungsräume, wenn auch in deren unmittelbarer Nähe, ist der »Entspekter« Zacharias Bräsig ansässig, der Freund von Karl Hawermann wie von dessen Schwester. Etwas dickbäuchig und auf kurzen, auswärts gestellten Beinen, wandert er ruhelos hin und her, überall und nirgends zu Haus. Obwohl er mit keiner der Romanfiguren verwandt ist, vermittelt er beständig zwischen ihnen, das Nichtige mit gleicher Intensität wie das Wichtige, so daß er als komischer Geschehensmakler zur »Hauptperson in de ganze Geschicht« (VIII,320) wird. Ebenso neugierig wie redelustig, sammelt und verbreitet er Informationen, berichtet er Anekdoten oder reichert er den Dialog mit drastischen Wortwitzen an. Oft inszeniert er Geschehensabläufe zum Schwank um, die dies von Natur aus nicht sind. Er gilt als radikaler Demokrat und Atheist, ohne es im Ernst zu sein. Nach dem literarischen Handlungsmuster der Komödie ist er als »Kuppelpelz« (VIII,188) maßgeblich am Zustandekommen der Ehe zwischen Inspektorstochter und Edelmann beteiligt.

Im Feindschaftsverhältnis steht Bräsig zu Samuel Pomuchelskopp, einem aus der preußischen Provinz Pommern zugewanderten Emporkömmling, der das Rittergut Gürlitz gekauft hat und dort eine gesellschaftlich isolierte Existenz führt, weil seine

Menschlichkeit und noch mehr die seiner Frau durch Besitz- und Geldgier korrumpiert ist und seine persönlichen Beziehungen nur dem ökonomischen Kalkül gehorchen. Er ist ein Intrigant des Bösen wie Bräsig ein Vermittler des Guten, der von ihm denn auch als »Gelegenheitsmacher« und »Zwischenträger« verleumdet wird (VII,112f.). Als ein Freund Reuters, der Landwirt Fritz Peters, die Charaktere von Romanfiguren wie Bräsig und Pomuchelskopp im lebenden Bilde eigener landwirtschaftlicher Nutztiere sah, bestätigte ihm der Dichter brieflich am 25. Juli 1864: »Daß Du einen Bullen ›Bräsig‹ und ein Schwein ›Pomuchelskopp‹ getauft hast, hat mir viel Vergnügen gemacht, denn es zeigt mir, daß Du ein richtiges Verständnis dieser beiden Personen hast.«[10]

Die Figur des Inspektors Bräsig findet sich im hochdeutschen *Hakensterz*-Fragment noch nicht; sie ist aber im Werk Reuters vorgebildet und daraus in den niederdeutschen Roman übernommen. 1855/56 erschienen die *Briefe des Inspektors Bräsig* (XI,85–127). 1861 folgten die auf ästhetisch höherer Stufe stehenden *Abendteuer des Entspekter Bräsig, bürtig aus Meckelborg-Schwerin, von ihm selbst erzählt* (IV,42–112), ein in sich abgeschlossener Text, der aus entstehungsgeschichtlicher Sicht die Merkmale eines Paralipomenons der *Stromtid* aufweist. Gegenstand der Humoreske ist eine Eisenbahnreise nach Berlin, für die der Wollhändler Moses Löwenthal Bräsig als Schafzuchtexperten engagiert hat. »Berlin ist 'ne metropolitanische Stadt, ist ein Kunstwerk in 'ner Sandwüste, ist 'ne Idee von Großartigkeit mit Gasbeleuchtung und Momente von Friedrich den Großen und Opernhaus« (IV,50). Provinzialität und Urbanität, agrarökonomisch gebildetes Bewußtsein und großstädtisches Leben stehen in permanentem Konflikt, so bei der Begegnung mit den Kunstdenkmälern der preußischen Residenz. Bräsig unterzieht die Reiterstandbilder des Großen Kurfürsten von Andreas Schlüter und Friedrichs II. von Christian Daniel Rauch einer hippologischen Bewertung, die ihre Monumentalität ins Komische zieht. Die Pferdekunde bestreitet die Kunstbetrachtung, und beide verlieren ihre autonome Geltung.

Eine wesentliche Komponente der Bräsig-Figur vom ersten Auftreten im Werk Reuters bis hin zur *Stromtid* ist ihre Eigensprache, das Missingsch, ein mixtum compositum aus Hoch- und Niederdeutsch mit Fremdwortumbildungen und eigenem Gebrauch von Genus, Numerus und Kasus. Die Differenz zwischen Missingsch und Hochsprache dient als unerschöpfliche Quelle des Wortwitzes, insofern die hochsprachliche Norm und der ihr inhärente Bildungsanspruch als höherwertig gelten. Es ist das Gegenteil von Bildungsfeindlichkeit, die man Reuter nachsagt,[11] wenn das Missingsch dem Gelächter des Lesers preisgegeben wird; denn nur wer es beständig am Hochdeutschen mißt, kann darüber lachen. Reuter hat sich der Formen mundartlichen Sprechens sehr bewußt als komischen Spielmaterials bedient, insbesondere der Fremdwortentstellungen. Diese sind nicht allein auf Bräsig beschränkt: »Pomuchelskoppen passierte so wat ebenso gaud as Bräsigen; äwer't was en groten Unnerscheid tüschen de beiden. Bräsig wüßt recht gaud, dat hei allerlei dummes Tüg mit de Frömdwürd' anrichten ded, äwer hei hadd't sick einmal anwennt, kunn't nich laten, hadd sin Plesier doran un scheerte sick wider üm de Welt nich; Pomuchelskopp äwer wull sine Red' dormit upposamentieren, un wenn hei markte, dat hei wat Dämliches seggt hadd, denn würd hei verlegen.« (VII,105f.)

Mit dem *Stromtid*-Roman hat Reuter die Figur des Inspektors Bräsig populär gemacht wie diese ihn. Ein solcher Rezeptionsvorgang führt zu einer Vereinfachung der literarischen Kunstfigur im allgemeinen Bewußtsein. Der Romanheld Bräsig weist Einzelzüge auf, die außerhalb des Bereichs unbeschwerter Heiterkeit liegen. Bräsig ist

Junggeselle, doch er ist es nicht freiwillig. Ein »entfahmtes Verhältnis« begründet den seelischen und sozialen Status dieses Sonderlings und kauzigen Originals. Er hätte gern geheiratet, doch der Graf, für den er arbeitet, wollte keinen verheirateten Inspektor haben. Gleichsam als Belohnung für den Verzicht auf eine Eheschließung soll Bräsig eine Pension erhalten. Der Vertrag mit dem Grafen macht ihn »verdreitlich as 'ne Hun'nfleig«:

»Will ich heuraten, denn sagt mein gnedigst Graf, ich bün noch zu jung zu 'ner Pangsion, un forder ich die Pangsion, denn muß ich zu mir selber sagen: ich bin zu alt zu's Heuraten. – Oh! mein gnedigst Herr Graf is auch noch nich viel besser as en ganz gewöhnlicher Jesuwiter; er hat's mit's Maul, er hat's mit's Maul und geht einen unter die Augen; aber schriftlich setzt er einen allerlei hundsvöttsche Paddagrafen in's Poppier, daß en Mann, der *achtuntwintig Johr lang* seine Knochen for ihn abstrappziert hat, nich mal ohne perßönliche Blamierung seine Pangsion verzehren kann, un daß en Mann, der schon vor zwanzig Johr *drei* würkliche Brauten gehabt hat, nu in seine Funfzigerjohren nicht einmal eine *einzelne* heuraten kann?« (VI,69f.)

Bräsig nimmt die Pension und verzichtet auf eine Frau. Es ist nicht der freie Wille, der die Romanfiguren Reuters bewegt, sondern es sind außerhalb des Individuums wirkende Mächte: das Geld und »uns Herrgott«. Die kapitalistischen Wirtschafts- und Konjunkturverhältnisse fungieren wie das Numinose als Fatum; der Mensch hängt an den langen Fäden der Weltwirtschaft, »de hinnen wid in England un in Amerika un äwer de ganze Ird mit dat ein En'n anknüppt sünd un an dat anner em regieren« (VI,67). Seine Freiheit gleicht der eines Maikäfers, den die Kinder an eine Schnur binden und herumfliegen lassen. »Ein anner Faden äwer regiert noch de Welt, hei geiht von baben nah unnen, un uns' Herrgott hett dat En'n sülwst anfat't, un dor kann kein Käwer an burren, un en Spelwark is't ok nich; hei hadd man en lütt beting doran tuckt un Zacharies Bräsig hadd't Podagra kregen«, das jedoch im Ernst eher auf die »fetten, gesegenten Mahltiden un den gebrüklichen lütten Käm« zurückzuführen ist (VI,68f.) als auf göttliches Eingreifen.

Die Rolle, die das Geld spielt, ist ursächlich für Freud und Leid, Verzweiflung und Hoffnung, Glück und Elend, die den Roman durchweben. Der mecklenburgische Großgrundbesitz sieht sich erbarmungslos in den wirtschaftlichen Interessenkampf hineingezogen. Mit der Kapitalisierung der Landwirtschaft ist die bukolische Idylle gestört; sie vermag sich nur noch im Pfarrhaus zu halten, in dem es zwar Bücher, aber nicht viel Geld gibt, und auf dem bezeichnenderweise nur knapp mittelgroßen Pachtgut von Jochen Nüßler, nachdem dessen habgierige Eltern gestorben sind; es heißt über sie: »Geld is das Einzigste, vor das sie Respekt haben« (VI,39). Wenn es in der *Stromtid* ums Geld geht, hört das unbeschwerte Lachen meist auf. Der Dichter führt Klage über dessen seelen-, ja lebenzerstörende Wirkungen. Die patriarchalischen Lebensverhältnisse mit ihrem intakten Gemeinschaftsgefühl haben sich gewandelt, es herrscht die bare Zahlung; mit dem Bürgertum ist die Diktatur des Kapitals, des nüchternen wirtschaftlichen Sachzwanges über den Menschen gekommen. Der moralisch skrupellose Pomuchelskopp, dessen Realitätstüchtigkeit nur auf den eigenen Vorteil bedacht ist, nutzt schamloser seine ökonomische Macht aus als der alte Landadel seine Standesprivilegien. Nichts liegt Reuter mehr fern als Agrar-Romantik. Der dichtende Landwirt zeigt sich als Buchhalter, der gewissenhaft Zahlen vermerkt; wie ein Kaufmann notiert und vergleicht er Marktpreise, gibt er den Handelswert von Rittergütern an und versteht er sich auf die Usancen des Geldgeschäfts. Der literarische Einfluß von Gustav Freytags Erfolgsroman

Soll und Haben aus dem Jahre 1855 auf die Endfassung der *Stromtid* ist unverkennbar.[12] Während im *Hakensterz*-Fragment technische Fragen der Bodenbearbeitung und Viehhaltung im Vordergrund stehen, hat sich die landwirtschaftliche Aufmerksamkeit der *Stromtid* zum Merkantilen hin verschoben.

Der Roman beginnt, wie die Tragödie endet: »in de deipste Trurigkeit« (VI,8). Nicht nur, daß dem Pächter Karl Hawermann die Frau gestorben ist, er hat auch als Landwirt Bankrott gemacht. Der Fehlschlag seines Lebens könnte nicht größer sein. Der wirtschaftliche Zusammenbruch, der Rollenwechsel vom Gutspächter zum unselbständigen Inspektor, ist literarisch vom Motiv des Todes begleitet. Man könnte darin die Angst des Bürgertums vor ökonomischem und sozialem Abstieg versinnbildlicht sehen, eine Verinnerlichung gegebener Gesetzlichkeiten des Wirtschaftslebens. Hawermann rechnet sich sein Scheitern im wesentlichen selbst zu, obwohl es keinesfalls aus persönlichem Versagen, sondern vielmehr aus einer historischen Konjunkturkrise der Landwirtschaft in Verbindung mit den überhöhten Pachtforderungen des Ausbeuters Pomuchelskopp resultiert. Im Vordergrund stehen die subjektiven seelischen Verarbeitungsmechanismen des Bankrotts, seine psychologischen Folgen. Nachdem Hawermann der Auktion seiner beweglichen Habe beigewohnt hat – »Glikgültig un up ehren lütten Vurtel bedacht, drängten sick de Minschen üm den Disch« (VI,11) –, begräbt er am nächsten Morgen seine Frau. Sehr schnell findet er eine Stelle als Inspektor, und schon drei Tage nach der Beerdigung beginnt er mit der Arbeit. Das Ergebnis der Versteigerung seiner beweglichen Habe hat seine Schulden nicht decken können. Bräsig bekommt noch 200 Taler (VI,27), und bei Moses in Rahnstädt stehen 500 Taler auf Wechsel (VI,60), dessen Verlängerung auf keine Schwierigkeiten stößt, denn »der Hawermann is gut, der Hawermann is en ehrlicher Mann« (VI,62), und sein Unglück geht dem Gläubiger zu Herzen.

Wie einst Hawermann so gerät auch seine Herrschaft in Geldverlegenheiten. Der alte Herr von Rambow hat für einen seiner Schwiegersöhne die Zahlung von 7000 Talern übernommen; dank der Fürsprache seines fachlich und menschlich vertrauenswürdigen Inspektors erhält er es von Moses. Der junge Axel von Rambow dagegen, der als preußischer Kürassierleutnant dem adligen Laster des Schuldenmachens verfallen ist und 900 Taler aufbringen muß, hat bei Moses keinen Kredit. Dessen gewissenloser Sohn David verweist den Offizier an den gerissenen Advokaten Slusuhr. Diese Geschäftsverbindung ist der Anfang vom wirtschaftlichen Niedergang Axels von Rambow.

Am Schluß des Romans vereinen sich gute Menschen zu ungewöhnlicher nächtlicher Stunde, um durch ihre Initiative einen Zwangsverkauf von Pümpelhagen zu verhindern, auf den Pomuchelskopp hingearbeitet hatte. Die Verbindlichkeiten, die auf dem Rittergut lasten, betragen außer der Hypothek bei Moses noch 31000 Taler, darunter 15000 Taler, welche die drei ledigen Schwestern von Rambow ihrem Bruder zur Sanierung seiner Landwirtschaft geliehen haben, ihr gesamtes Kapital, von dessen Zinsen in Höhe von 4½ Prozent sie ihren Lebensunterhalt bestreiten (VIII,58f.). Daß Axel von Rambow die bescheidenen Subsistenzmittel seiner Schwestern verbraucht hat, erscheint als besonders verwerflich. Für die 31000 Taler zur Rettung insbesondere der unschuldigen weiblichen Mitglieder der Familie von Rambow verbürgen sich die Pastorenwitwe Behrens mit 5000, Bräsig mit 6000, Hawermann mit 7000 und Frau Nüßler mit 13000 Talern. »›Gott Abrahams‹, säd Moses vör sick hen, ›was is dies for 'ne Nacht! Se wollen machen en Geschäft, un se weinen an enander un drücken sich de

Händ' un fassen sich um den Hals un sind großmütig zueinander un liebraich‹« (VIII,281). Obwohl Moses als Korrektiv des gesammelten bürgerlichen Edelmuts fungiert, läßt auch er sich in dessen Sog ziehen: »Ich will Se was sagen: de einunddreißigtausend Taler sind gedeckt, und alle Leute sind gut; aber's ist kein Geschäft, de Großmut ist mit Se weggelaufen. – Nu, wie haißt? Ich bin en Jud', mit mir ist se auch weggelaufen; ich schaff an das Geld.« (VIII,281)

Die Kumulation der Großmut geht weiter. Statt der »annern gauden Lüd'« übernimmt Franz von Rambow die 31 000 Taler. Moses sagt zu ihm: »Sie sind mir gut; die andern sind mir auch gut; aber Sie sind raich; besser is besser.« (VIII,302) Der Einbruch des Wunderbaren geschieht in der Gestalt des Reichtums. Die unverhoffte Schicksalswende am Schluß des Romans vollzieht sich weniger nach den Regeln der Wahrscheinlichkeit als nach den Formen des Glückswechsels im Märchen. Das Gute wird belohnt, das Böse bestraft; der Glaube an die sittliche Harmonie der Weltordnung ist gerettet. Die dichterische Einbildungskraft transzendiert in ihren Fiktionen die bestehende Wirklichkeit.

Während Gustav Freytag in *Soll und Haben* mit der Figur des kriminellen Veitel Itzig eine negative Einstellung gegenüber dem Judentum einnimmt, hat sich Reuter mit der Gestalt des jüdischen Geldverleihers Moses, der in den *Abendteuern des Entspekter Bräsig* als Moses Löwenthal vorgebildet ist, aller antisemitischen Nebentöne enthalten. Als ehrlicher Finanzmakler reiht sich Moses in der *Stromtid,* ungeachtet seiner deutsch-jüdischen Eigensprachlichkeit, nicht ohne Würde in das Ensemble komischer und humoristischer Romanfiguren ein. Mit der Gestalt dieses alt und gebrechlich gewordenen Mannes, dessen Leben sich dem Ende zuneigt, appelliert der Autor an die besondere Anteilnahme des Lesers. So weise wie edel, ist Moses bei aller Geschäftstüchtigkeit ein unbestechlicher Anwalt des Humanitätsgedankens und, mutatis mutandis, nicht weniger sympathisch gezeichnet als Lessings Nathan: »ein Jude dem Glauben und ein Christ den Taten nach« (VIII,312). Seine finanziellen Transaktionen geben dem Roman die Richtung auf das glückliche Ende, das als einfaches Wunschbild ebenso leicht zu durchschauen ist, wie es sich um der Figur seines jüdischen Garanten willen billigen ließe.

Die Gesellschaftsidee der bürgerlichen Humanität bildet in enger Verbindung mit dem Humor das organisierende Zentrum des schriftstellerischen Werkes von Fritz Reuter, sobald der Autor auf mehr als anspruchslose Unterhaltung zielt. Der *Stromtid*-Roman schließt mit einer auktorialen Selbstäußerung, die soziales Verhalten vor allem als humanes versteht und unter den klassenübergreifenden Gedanken der Mitmenschlichkeit stellt. Nachdem der Dichter die Fiktionalität der Handlungsorte Pümpelhagen, Gürlitz und Rexow hervorgehoben hat, heißt es:

»Allentwegent, wo en Edelmann wahnt, de sick nich mihr dücht as sine Mitminschen un in den nidrigsten von sine Arbeitslüd' sinen Mitbrauder erkennt un sülwst mit arbeiten deiht – dor liggt Pümpelhagen. – Allentwegent, wo en Preister predigt, de nich in sinen Äwermaud verlangt, dat alle Minschen dat glöwen sälen, wat *hei* glöwt, de keinen Unnerscheid makt tüschen arm un rik, de nich blot predigt – ne! – ok mit Rat un Dat in de Bucht springt, wenn't gellt – dor liggt Gürlitz. – Allentwegent, wo de Börger wirkt un schafft, de den Drang in sich fäuhlt, in Weiten un in Känen wider tau kamen, un den dat Ganze mihr gellt as sin eigene Geldgewinn – dor liggt Rexow.« (VIII,321)

Reuters programmatisches Bekenntnis geht von der besonderen Wertschätzung des tätigen Lebens aus, einer bürgerlichen Arbeitsethik, in die auch der Edelmann einbezogen wird, der »sülwst mit arbeiten« soll. Es gilt der Satz: »de Börger wirkt un schafft«. Ebendies zu zeigen ist das erklärte Ziel des realistischen Romans im 19. Jahrhundert. Weiter impliziert die Textstelle die Aufforderung zur Brüderlichkeit, das Gebot der Toleranz in religiösen Glaubensfragen und das Postulat der Sozialbindung des Eigentums als eines Mittels gegen die Auswüchse kapitalistischen Profitstrebens.

In der Epoche seiner geschichtlichen Entstehung hatte das bürgerliche Humanitätsideal, als die naturrechtlichen Philosophenträume in der *Bill of Rights* der nordamerikanischen Unabhängigkeitsbewegung und 1789 in der französischen Bürger- und Menschenrechtserklärung verfassungsrechtliche Verbindlichkeit erlangten, noch eine gesellschaftsverändernde Sprengkraft besessen, wenn auch nicht in Deutschland. Jenseits des Rheins hatte die Parole Mensch dazu gedient, Bürger und Adel gleichzumachen und das Ancien régime zu stürzen. Die Gesellschaftsidee der bürgerlichen Humanität, wie sie Fritz Reuter auf historisch anderer Stufe vertritt, ist nicht revolutionär. 1848 hält der Inspektor Bräsig im Rahnstädter Reformverein eine seiner Ansprachen. Eine Tonne dient als Rednerpult:

»›Mitbürger!‹ fung hei an, ›wo lang' is das her, daß wir hir in Grammelinen seinen sonstigen Danzlokal Freiheit, Gleichheit un Brüderlichkeit besworen haben? Von die Freiheit will ich hir nichts nich sagen, obschonst ich mich in diesen verfluchten Kasten mit meinem natürlichen Leibe nich rögen kann; von die Gleichheit will ich auch nichts sagen, denn was unser neuer Herr Presendent is, gibt uns ein gutes Beispiel, indem daß er ümmer in einem grauen Rocke geht und nicht wie gewisse Leute in einem blauen Leibrock mit blanke Knöpfe; aber von die Brüderlichkeit will ich reden.‹« (VIII,131)

Keine politische, sondern die ethische Kategorie der Brüderlichkeit ist es, auf die Bräsig sich stützt; er scheitert damit wie ein Clown, dem nichts gelingt. Moralischer Anspruch und Rahnstädter Realität klaffen auseinander. Das Ideal wird bei dem Versuch seiner Verwirklichung zur Farce, die ihren Höhepunkt erreicht, als Bräsig auf dem Verbrüderungsball, den er selber initiiert hat, den Advokaten Slusuhr kräftig durchprügelt.

Die Darstellung der Revolution von 1848 im 3. Teil der *Stromtid* geschieht, poetologisch kohärent, aus dem regional eingeengten Blickwinkel mecklenburgischer Agrar- und Kleinstadtverhältnisse.[13] Von Beginn der Romanniederschrift an stand die dichterische Konzeption fest. Am 26. März 1862 schreibt Reuter an Julian Schmidt: »Das Ding soll in der politisch unschuldigen Zeit vor 48 beginnen und zum Schluß dies verhängnisvolle Jahr als Hintergrund erhalten. – Fürchten Sie jedoch nicht, daß ich mit Freiheitsphrasen, Barrikadenkämpfern und halbverdauten politischen Ansichten ins Geschirr gehen werde«. Statt dessen gedenkt Reuter, sich »den Humor zu bewahren und den höchst peinlichen Unverstand der damaligen Zeit sowie auch die feige Nachgiebigkeit der andern Seite durch denselben genießbar zu machen«.[14] Die Revolutionskapitel des Romans entsprechen ganz dieser Absichtserklärung. Reuter beginnt:

»Hir is natürlich nich de Urt, doräwer tau schriwen, wat dat Johr gaud für de Welt, oder wat dat slicht för ehr was, dat mag sick ein jeder nah sinen Kram taurecht leggen; ok will ick mi dormit nich inlaten, tau berichten, wat dat för de äwrige Welt för Folgen hadd, un wo sine eigentliche Ursaken tau säuken sünd« (VIII,79f.).

Die auktoriale Erläuterung rationalisiert die Perspektive auf die weltgeschichtlichen Ereignisse des Jahres 1848. Über »peinlichen Unverstand« und »feige Nachgiebigkeit« führt der Roman aus:

»[...] de Welt was as ümkihrt, de wat hadden un süs den Dicknäsigen upspelt hadden, wiren lütt worden, un de nicks hadden, wiren drist worden, de süs för klauk güllen, würden nu dumm schullen, un de Dummen würden äwer Nacht klauk; Vörneme würden gering', Edellüd' gewen ehren Adel up, un Daglöhners wullen ›Herr‹ nennt warden. – Äwer twei Ding' lepen as en Faden dörch dit Gewäuhl von Feigheit un Utverschamtheit, de den Minschen wedder trösten un upmuntern kunnen. De ein Faden was kunterbunt, un wenn einer den nahgung un sick von de allgemeine Angst un de allgemeine Begehrlichkeit fri maken kunn, denn kunn hei so vel Plesier hewwen, as hei jichtens wull; dat was de Lächerlichkeit von de Minschheit, de so recht tau Dag' kamm; de anner Faden was rosenrod, un an em hung all dat, womit de Minsch den annern Minschen glücklich maken kann, dat Mitled un dat Erbarmen, de gesunne Minschenverstand un de Vernunft, de true Arbeit un dat Entseggen, un dese Faden was de Leiw, de reine Minschenleiw, de in det Gewew' von grisgrage Eigensucht von hülprike Hän'n inwewt würd« (VIII,103f.).

Reuter, ein Freund von Reformen und Kompromissen, nicht der Auflehnung, sondern der Anpassung, hat in der Zeit vor und nach 1848 keinen Zweifel daran gelassen, ein Gegner gewaltsamen Umsturzes zu sein.[15] Seine deterministische Geschichtsauffassung ist von Schicksalsergebenheit bestimmt. Aktionismus liegt seiner Lebensphilosophie fern. Die als geflügeltes Wort in den Büchmann gelangte stereotype Formel des unbeweglichen Mecklenburgers Jochen Nüßler, zum erstenmal in der Betroffenheit durch die Nachricht vom Tode der Schwägerin gebraucht und dann beständig wiederholt – »Ja, 't is all so, as 't is. 'T is all so, as dat Ledder is. Wat soll einer dorbi dauhn?« (VI,30) –, ist ein bezeichnender Ausdrucksträger der fatalistischen Grundstimmung. Die Revolutionsereignisse, anthropologisch verengt als Ausbruch schlechter Instinkte interpretiert, erscheinen als ein bloßes »Gewühl von Feigheit und Unverschämtheit«, zumal in der dichterischen Konkretisierung einer Aneinanderreihung von Szenen aus dem Philisterium deutschen Kleinstadtlebens, sei's im Reformverein, sei's auf dem Verbrüderungsball. Rahnstädt wird zu Krähwinkel. Die Angst der Besitzenden vor einer Änderung der Eigentumsverhältnisse sieht in der Revolution nur den Schrecken. Zur Bewältigung der Krise gibt es zwei Mittel. Das eine ist deren seelische Verarbeitung durch Abfuhr im Lachen als eine Möglichkeit der Selbstheilung, das andere die Hoffnung auf die Tauglichkeit des Humanitätsideals zur Lösung sozialer Konflikte. Die befreiende Wirkung des Lachens verbindet sich in der *Stromtid* mit einem verweltlichten Glauben an die Gesellschaftstüchtigkeit des bürgerlichen Menschlichkeitsdenkens. Dieser ist wie der religiöse zwar anfechtbar, aber unverzichtbar und begreift all das ein, »womit de Minsch den annern Minschen glücklich maken kann«, vorab Mitleid und Erbarmen.

»Für wen nimmt der Poet Partei? Für die Konquistadoren oder für die Inkas?« fragt Reuter in einem Brief vom Juni 1861. Die Antwort ist: »Die Poesie fällt stets mit dem rein menschlichen Erbarmen für den Unterliegenden zusammen, sie steht auf der Seite des Hektor gegen den Sieger Achilleus.«[16]

Als Dichter eines Agrarstaates hat Reuter seine Augen vor dem Elend der Landarbeiter nicht verschlossen. »Die Tagelöhner in Mecklenburg sind Sklaven«, heißt es im *Hakensterz*-Fragment, ihr Los »hängt bloß davon ab, ob sie einen guten oder bösen Herrn haben.«[17] Zwar war die Erbuntertänigkeit 1821 auch in Mecklenburg abgeschafft worden, doch die Freizügigkeit der Dienstleute stand nur auf dem Papier. Da es lediglich ein Ortsheimat-, kein mecklenburgisches Staatsbürgerrecht gab, war es allein in die

Entscheidungskompetenz des Rittergutsbesitzers gestellt, der als Patrimonialherr die niedere Gerichtsbarkeit ausübte, einem Tagelöhner Niederlassung und Wohnung zu gewähren oder nicht. Auf dieser juristischen Gegebenheit beruht der Konflikt zwischen Herr und Knecht in *Kein Hüsung* (1857), dem einzigen ernsten Werk Reuters, nach seinen Worten »Ergebnis einer lang genährten Idee, eines tief empfundenen Mitgefühls«,[18] eine Verwirklichung der eigenen Dichtungsauffassung, wonach Poesie und »Erbarmen für den Unterliegenden« identisch sind. Als der Knecht im Verlauf des tragisch zugespitzten Geschehens seinen Herrn erschlägt, verstrickt er sich in Schuld. Bei aller Sympathie für den unterdrückten Tagelöhner, die zu einer einseitigen Parteinahme gegen den Rittergutsbesitzer führt und weder den Gefahren simplifizierender Schwarzweißmalerei noch der Larmoyanz immer entgeht, lehnt Reuter den Totschlag als Mittel der sozialen Auseinandersetzung ab. Die dichterische Botschaft des Reformers besteht nicht in einer Aufforderung zur Anwendung von Gewalt, sondern in einem moralischen Appell an die Herrschenden und Besitzenden, ihre Dienstleute menschenwürdig zu behandeln.

Während die erzählte Zeit von *Kein Hüsung* 1848 durch Überspringen ausspart, bildet »dies verhängnisvolle Jahr« im 3. Teil der *Stromtid* den »Hintergrund«, vor dem das Geschehen spielt, ohne daraus hervorzugehen. Es gibt aber eine Ausnahme, den Tagelöhneraufstand gegen Pomuchelskopp. Die Vertreibung des Rittergutsbesitzers ist zwar in die Sequenz grotesk-komischer Episoden und Tumulte eingereiht, in denen die Revolution einen unblutigen Widerschein in den Roman wirft, aber sie bleibt nicht ohne Folgen. Pomuchelskopp fühlt sich auf dem Lande nicht mehr sicher. Er verzichtet auf den intriganten Erwerb von Pümpelhagen und verkauft Gürlitz, das er 1839 für 173000 Taler erworben hatte, im Krisenjahr 1848 für 192000 Taler: »Vel tau wollfeil!« (VIII,312) Neuer Besitzer beider Güter wird Franz von Rambow.

In *Kein Hüsung* ist das Wohnrecht die Ausgangsbasis des Konflikts, in der *Stromtid* sind es Lohnkürzungen. Die Gürlitzer Tagelöhner müssen sich von Bettelei und Mundraub ernähren, weil sie ihr Deputat nicht in voller Höhe erhalten. An die Stelle der spontanen Einzelaktion in der Verserzählung ist das Vorgehen einer Gruppe getreten, die ihre Handlungsweise plant und in einen radikalen sowie einen gemäßigten Flügel zu zerfallen droht. Der letztere setzt sich durch, so daß die Rebellion unter der Devise »allens mit Orndlichkeit« (VIII,231 u. ö.) und im Vertrauen auf den Großherzog vonstatten geht: »wi will'n nah den Großherzog un will'n em de Sak vörstellen« (VIII,250). Reuter suspendiert zwar den Ernst, aber nicht die Mitleidsethik – denn über den Hunger, der zur Tat treibt, ist nicht zu spotten – und verhehlt bei aller Distanz hier wie überall im Roman das Prinzip »Minschenfründlichkeit« nicht; sie ist es, »de olle hergebröchte Fründlichkeit mit de Lüd'« (VIII,94), die der Autor die Inspektoren auf fast patriarchalische Weise gegenüber den Tagelöhnern ausüben und als Allheilmittel gegen soziale Not und Unzufriedenheit an die Gutsbesitzer empfehlen läßt. Weitergehende Gesellschaftstheorien liegen ihm fern. Bei aller deterministischen Anbindung des Romangeschehens an die materiellen Lebensverhältnisse feiert statt dessen der Humor Reuters als formgebendes Gesetz der dichterischen Wirklichkeitsaneignung Triumphe.

Der Humor der *Stromtid* umgreift das Komische und das Tragische, Hochzeiten und Beerdigungen, das berühmte Rendezvous im Wassergraben, aber auch das Sterben, vor dem er verstummt. Hawermann und der an seine Gestalt geknüpfte Teil der Handlung ist ernster Natur, die Streiche Bräsigs sind meist lustige Späße. Die Figurenzeichnung des

Menschenschinders Pomuchelskopp tendiert zur Satire, denn die humoristische Versöhnung ist niemals schrankenlos, sie kommt nicht über alles hinweg, und statt begünstigender Nachsicht mit dem Bösen erfolgt dessen moralische Verurteilung durch satirische Darstellung. Fritz Triddelfitz, der Stutzer aus der Kleinstadt und unkundige Pferde-Kundige, profiliert sich getreu seinem ›redenden‹ Namen als fast ausschließlich komische Person. In Episoden und Anekdoten, die sich verselbständigen und doch immer wieder in den epischen Strom einmünden, sind erzählte Komödien in den Roman eingeflossen, Glanznummern der späteren Reuter-Rezitatoren. Alles, wovon die Struktur des Lustspiels lebt, gibt es in der *Stromtid*: Verkleidungen und Belauschungen, den heiteren Widerstreit von Schein und Sein, Mißverständnisse und Zufälle. Es findet sich das traditionelle Repertoire der Situations-, Charakter- und Wortkomik. Nicht selten wird ein Kalauer sogar zum handlungsauslösenden Moment, der Roman in seiner Sprachakrobatik zum Vorbild fürs Kabarett. Reuters Komik ist statt fein oft grob, sie schreckt vor den Derbheiten des Schwanks und der Posse nicht zurück, aber nichts liegt ihr so fern wie Obszönität und so nah wie bürgerliche Wohlanständigkeit.
Indem der epische Humor eine Fülle vorübergehender Verbindungen mit dem Komischen eingeht, behauptet er durch gefälliges Umspielen der Grenzen seine Totalität und bleibt vor Monotonie bewahrt. Das ist nicht nur Abwechslung, die erfreut, sondern dient auch dazu, die Obsession des Autors durch ein Humanitätsideal, das tief im Emotionalen wurzelt, vor den Gefahren des Abgleitens in Rührseligkeit zu schützen, wenn auch manchmal mit mangelndem Erfolg. Pathos, durch Humor bewirkt, wäre ein falsches, eine Stilwidrigkeit. Denn dieser ist nach der Begriffsbestimmung seines ersten deutschen Theoretikers »das umgekehrte Erhabene«; »er erniedrigt das Große, aber – ungleich der Parodie – um ihm das Kleine, und erhöhet das Kleine, aber – ungleich der Ironie – um ihm das Große an die Seite zu setzen und so beide zu vernichten, weil vor der Unendlichkeit alles gleich ist und nichts«.[19] Reuters humoristische Vermittlung ökonomischer und sozialer Gegensätze der Zeit, seine Bereitschaft zur Versöhnung von Welt und Mensch durch einen Ausblick auf die Ewigkeit ist als politisches Versagen kritisiert[20] und als Sieg der »Idee erheiternder Erhebung über alles und jedes«[21] gerühmt worden. Doch nicht allein der Humor ist von konstitutiver Bedeutung in der *Stromtid,* sondern in eins damit die Gesellschaftsidee der bürgerlichen Humanität, von der sich Reuter nichts abmarkten läßt.

Anmerkungen

1 Fritz Reuter: Gesammelte Werke und Briefe. Bd. 1–9. Hrsg. von Kurt Batt [u. a.] Rostock 1967. Bd. 8. S. 390.
2 Ebd. S. 485.
3 Siehe Batt (Anm. 1) Bd. 9. S. 417.
4 Reuter (Anm. 1) Bd. 4. S. 44f.
5 Vgl.: Herr von Hakensterz und seine Tagelöhner (Anm. 1) Bd. 1. S. 140ff.; Ut mine Stromtid. In: Fritz Reuter. Werke. Nach der in Gemeinschaft mit Conrad Borchling und Ernst Brandes besorgten Ausgabe neubearb. und erg. von Wilhelm Seelmann und Heinrich Brömse. Bd. 1–12. Leipzig 1936/37. Bd. 7. S. 26–29. *Zitate aus der »Stromtid« und anderen Werken Reuters nach*

dieser Ausgabe. Bei den Stellenangaben in der Darstellung bedeuten die Ziffern jeweils die Band- und Seitenzahlen.

6 Reuter (Anm. 1) Bd. 8. S. 356.
7 Ebd. S. 394.
8 Ebd. S. 416.
9 Hans-Dietrich Dahnke: »Herr von Hakensterz und seine Tagelöhner« und »Ut mine Stromtid«. Fritz Reuters Beitrag zum deutschen Gesellschaftsroman des 19. Jahrhunderts. Berlin, Humboldt-Universität. Habil.-Schr. 1966 [masch.]. S. 45.
10 Reuter (Anm. 1) Bd. 8. S. 494.
11 So auch trotz aller Ausgewogenheit Batt (Anm. 1) Bd. 9. S. 232, 315 u. ö.
12 Vgl. ebd. S. 307–309.
13 Ausführlich Dahnke (Anm. 9) S. 412–448. Danach Batt (Anm. 1) Bd. 9. S. 324–326.
14 Reuter (Anm. 1) Bd. 8. S. 396.
15 Ausführlich Batt (Anm. 1) Bd. 9. S. 115–121.
16 Reuter (Anm. 1) Bd. 8. S. 377.
17 Ebd. Bd. 1. S. 149.
18 Ebd. Bd. 8. S. 303.
19 Jean Paul: Vorschule der Ästhetik. § 32.
20 Beispielsweise Batt (Anm. 1) Bd. 9. S. 326.
21 Lotte Foerste: Der Humor als poetischer Träger des »Franzosentid«- und »Stromtid«-Romans. In: Fritz-Reuter-Gedenkschrift. Hrsg. von Heinz C. Christiansen. Amsterdam 1975. S. 55.

Literaturhinweise

Batt, Kurt: Fritz Reuter. Leben und Werk. Rostock 1967. (Reuter: Gesammelte Werke und Briefe. Bd. 9.)

Christiansen, Heinz C.: Fritz Reuter. Stuttgart 1975. (Sammlung Metzler. 134.)

– (Hrsg.): Fritz-Reuter-Gedenkschrift. Amsterdam 1975.

Dahnke, Hans-Dietrich: »Herr von Hakensterz und seine Tagelöhner« und »Ut mine Stromtid«. Fritz Reuters Beitrag zum deutschen Gesellschaftsroman des 19. Jahrhunderts. Berlin, Humboldt-Universität. Habil.-Schr. 1966 [masch.].

Foerste, Lotte: Fritz Reuter. In: Deutsche Dichter des 19. Jahrhunderts. Hrsg. von Benno von Wiese. Berlin 1969. S. 412–439.

– Der Humor als poetischer Träger des »Franzosentid«- und »Stromtid«-Romans. In: Fritz-Reuter-Gedenkschrift. Hrsg. von Heinz C. Christiansen. Amsterdam 1975. S. 29–56.

Fritz Reuter. Eine Festschrift zum 150. Geburtstag. Hrsg. vom Reuter-Komitee der DDR. Rostock 1960.

Reuter, Fritz: Das Leben auf dem Lande. Ut mine Stromtid. Hochdt. Übertr. von Friedrich und Barbara Minssen. München 1975.

Rothe, Friedrich: Unkel Bräsig. Zur nachrevolutionären Erzählkunst im 19. Jahrhundert. In: Deutsche Vierteljahrsschrift für Literaturwissenschaft und Geistesgeschichte 43 (1969) H. 2. S. 260–273.

Schmidt-Henkel, Gerhard: Zwei Kapitel Fritz Reuter. Episodisches und bildhaftes Erzählen. Niederdeutsche Literatur zwischen bürgerlicher Idylle und Leidensgeschichte. In: Germanistische Streifzüge. Festschrift für Gustav Korlén. Hrsg. von Gert Mellbourn [u. a.]. Stockholm 1974. S. 222–237.

MICHAEL KIENZLE

Eugenie Marlitt: *Reichsgräfin Gisela* (1869)
Zum Verhältnis zwischen Politik und Tagtraum

»[...] weil ich sozusagen mit der äußeren Welt abgeschlossen habe [...]«

Marlitt an Pückler-Muskau am 16. 7. 1868

Die Romane und Novellen des vielbelächelten Fräuleins Eugenie Marlitt (1825–87), die eigentlich Eugenie John hieß, sind interessanter und sperriger, als das zu vermuten war. Interessanter für Verlage, Fernsehanstalten und Leser. Mitte der 1970er Jahre wurden Marlitt-Stoffe mit kurzfristigem Erfolg ironisch historisiert wiederaufgelegt und verfilmt. Sperriger sind sie für Interpreten. Haben die Marlitt-Romane nun »nichts mit der Wirklichkeit zu tun«[1] oder sind sie »wirklichkeitsnahe Reaktion auf bedrängende lebensweltliche Probleme des mittelständischen Bürgertums«[2]? Sind sie Ausdruck ihrer »harmonisierenden optimistischen Zukunftserwartung«[3], des »kämpferischen Liberalismus« oder Bestandteil einer »konservativen antikapitalistischen Widerstandsbewegung«[4]? War ihr Blick nun tatsächlich »schärfer, als es die Literaturgeschichten wahrhaben wollen«?[5]
Wie immer die Frage nach *politischer* Intention und Wirkung der Marlitt beantwortet wird: Die Antwort wird nur die Fassade Marlittschen Schreibens und Erfolgs treffen. Diese Fassade wurde von Roman zu Roman modifiziert, aktualisiert. Sie ist dazu bestimmt, die Leser zu animieren, sich aufs Tagträumen einzulassen, moralische Widerstände dagegen zu suspendieren. Die politisch-moralische Fassade ist aber nicht das Wesentliche. Das sind die Wunschphantasien, vor die beruhigende Versatzstücke aus der Welt der großen Politik geschoben werden: Aufklärung, Antifeudalismus, Kulturkampf, Sozialreform. Anders gesagt: Die Autorin benutzt diese Themen als Projektionswände ihrer privaten Tagträume und hofft, auf dieser Ebene sich mit dem Leser treffen zu können.
Diese Technik soll aufgezeigt werden an dem Roman *Reichsgräfin Gisela*[6], der 1869 in der *Gartenlaube* in 32 Folgen und einer Auflage von 270 000 Exemplaren erschien und dann sofort als Buch herauskam.[7]

Kapital und Humanität

Zwischen dem neunten und zehnten Kapitel läßt die Romanhandlung elf Jahre aus. Mit Einsetzen des zehnten Kapitels ist die kindliche Reichsgräfin heiratsfähig geworden. Der damalige Student Berthold Ehrhard, der den Minister und die Reichsgräfin beleidigt hatte und deshalb emigriert war, ist mit Kapital und Adelstitel versehen in die Heimatstadt zurückgekehrt. Der Minister hat Jutta, die Tochter seiner erbittertsten Feindin, zu seiner Frau gemacht. Familienkonstellationen und moralische Fronten haben sich so weit geklärt, daß sich der Blick auf die Heldin konzentrieren kann.

Während der übersprungenen elf Jahre hat der frühere Student sein Kapital anonym in der Stadt investiert. Die kärgliche feudale Eisenindustrie ist durch eine neue, gewaltige Bronzegießerei abgelöst. »Wie durch einen Zauberschlag verschwand das Gepräge der Not und des Elends ... Man hätte fast annehmen mögen, der neue Besitzer habe bei seiner Schöpfung einzig und allein diesen Zweck im Auge gehabt, denn es wurden sehr hohe Löhne gezahlt.« (111) Arbeitereigene Häuser, Volksbibliothek, Pensionskasse und das Waisenhaus auch für jüdische Kinder sind die Folgen der Unternehmertätigkeit: »In Neuenfeld waltete die Liebe« (160), und zum Ärger des feudalen Romanpersonals »zogen die Intelligenz und der Fortschritt wie auf Sturmesflügeln« (112) in die Region ein. Die neue Musterkolonie wird als Hohn auf das feudale System verstanden. Der bürgerliche Held diskreditiert den Minister und Unterdrücker Giselas ein zweites Mal – durch die Überlegenheit des Kapitals. Sein Wirken wird schon früh als beruhigende Gegenmacht für die Armen und die Reichsgräfin beschrieben, als »menschenfreundlich«, »rastlos«, »geschmackvoll«, »sauber«, »behaglich« und »neu«.

Es soll hier nicht nachgewiesen werden, was auf der Hand liegt, daß dieses Bild der historischen Wirklichkeit nicht standhält. Es seien nur einige verblüffende Bezugspunkte zur Realität benannt. Das von Alfred Krupp 1872 für die Firmenangehörigen erlassene »Generalregulativ« sah viele der von der Marlitt geschilderten Maßnahmen vor: Gesundheitsdienst, Pension, Notfonds, Werkswohnungen, Konsumanstalten.[8] Es legte aber gleichzeitig auch die Pflichten der Arbeiter bis in ihr Privatleben hinein fest und setzte diese mit Hilfe eines paramilitärischen Kontrollsystems durch. Krupps Motive waren so wenig humanitärer Art wie Bismarcks Sozialgesetzgebung. Auf das dem deutschen Kaiser überreichte Exemplar des »Generalregulativs« schrieb Krupp: »Ursprünglich bestimmt für Schutz und Gedeihen des Werkes, außerdem nützlich zur Verhütung sozialistischer Irrtümer.«[9] Die avancierteste Form sozialer Pazifizierung beschreibt die Marlitt als Verwirklichung der Humanität.

Dabei befindet sich die Marlitt in Übereinstimmung mit dem zeitgenössischen Liberalismus. Die einzige Romanfigur, die Gisela helfen kann, ihre korrupte und verrottete Klasse zu verlassen, ist der den Kapitalismus repräsentierende Oliveira. Eine andere Alternative ist nicht in Sicht. Er verwandelt Elendshütten in schmucke Arbeitereigenheime und macht aus mißtrauischen unwilligen Untertanen arbeitswillige Arbeiter: »Wie flogen die Mützen von den Köpfen dieser Leute beim Erblicken ihres Herrn! Wie strahlten ihre kräftigen Gesichter in freudiger Überraschung auf!« (221) Die Marlitt teilt den Dualismus des optimistischen Liberalismus ihrer Zeit. »Die Vergangenheit wird nach einem ›dualistischen‹ Schema interpretiert: Kampf von Kapitalismus und Zivilisation gegen archaische Rückständigkeit und Massenarmut. Der ›Pauperismus‹ des frühen 19. Jahrhunderts wird dem reaktionären Widerstand vorkapitalistischer Strukturen angelastet – und nicht der kapitalistischen Umwälzung dieser Strukturen [...] Die Liberalen der sechziger und siebziger Jahre leiten aus dieser historischen Erfahrung die Doktrin ab, die Armut verschwinde allmählich, wo der Kapitalismus [...] alle traditionellen Schranken eingerissen habe.«[10]

Nochmals: Die Faszination durch die Macht des Kapitals – in anderen Romanen ihr Widerwille gegen die Auswüchse des Kapitals – sollten der Marlitt nicht allzu politisch angerechnet werden. Zum Teil sind es die neuen Reize technischer Innovationen, welche die Marlitt und ihr kleinbürgerliches *Gartenlauben*-Publikum begeisterten. Im Jahrgangsband 1869 lief parallel zur *Reichsgräfin Gisela* die Fortsetzungsreihe *Polytechni-*

kum der Gartenlaube, wurden technische Erfindungen wie z. B. das Zündnadelgewehr erläutert. Nur so ist wohl auch die fast als Zeugungsakt beschriebene Tätigkeit des Hochofens zu Romanbeginn zu lesen. Ansonsten funktionslos, beschwört er das Überwältigende industrieller Arbeit, die nicht nur dem weiteren Romanverlauf, sondern der Marlitt wie ihrem Publikum exotisch-fremd war.
Auch dem Helden bleibt der Industrielle äußerlich. Den Grundstock zu seinem Kapital erbt der Held ausgerechnet von einem exilierten Aristokraten. Durch den Roman bewegt er sich als romantischer Retter und Reiter, der mit genügend Vermögen ausgestattet ist, um die für den Romanverlauf nötigen Requisiten zu erwerben, ohne auch nur einmal als Unternehmer bei der Arbeit geschildert zu werden – darin vom Aristokraten nicht zu unterscheiden. Die Verherrlichung des Kapitalismus – auch wenn es stellenweise so aussieht – war nicht die zentrale Intention der Marlitt.

Bürgertum und Aristokratie

Wie schon der Romantitel sagt: Die Heldin gehört der Klasse an, welcher ihre sich entwickelnde Verachtung gilt. Alle Bezugspersonen des Kindes sind zunächst Adlige oder deren Kreaturen. Das Romanpersonal ist klassenmäßig und zugleich moralisch streng geschieden. Hier die verderbte Aristokratie (Jutta, Fleury, Gouvernante von Herbeck), dort das solide Bürgertum (Pfarrfrau, Oliveira und auch der Diener Sievert). Mit allen ihr zur Verfügung stehenden Mitteln richtet die Erzählerin die emotionale Erregung der Leser gegen die Aristokraten. Schon wer mit dem Hof nur in Kontakt gerät, wird »vergiftet« (102), infiziert sich moralisch, was dann ablesbar ist z. B. an einem »völlig neuen, verführerischen Lächeln« (79). Sogar die Natur wird in antifeudalen Metaphern geschildert, so wenn die Kamelie als formenschön, aristokratisch und seelenlos beschrieben wird. Oder wenn die Linden zustimmend mit ihren Ästen an die Fenster der neuen Arbeiterhäuser klopfen. Der Roman ist in jedem Abschnitt tendenziös. Kommt die Rede auf aristokratische Romanfiguren, eilt die Entrüstung der Marlitt einer sich überschlagenden Metaphorik voraus. Adjektive der Sprachlosigkeit häufen sich dann: »empörend«, »unsäglich«, »erbleichend«. »Ein impertinenter Zug flog um die leicht vibrierenden Nasenflügel [Juttas], und höhnisch lächelnd richtete sie ihre sprühenden Augen auf ein Damenportrait.« (30) Auch die Mimik scheidet den Adel von den Bürgerlichen – die des Adels wird beschrieben in »satanischen Zügen«, »stechenden Blicken«, »sardonischem Lachen« und »schlaffen Augenlidern«.
Eindeutig wie die Charaktere scheinen auch die Schicksale der Figuren zu sein. Des Ministers »alte Schuld« wird vom bürgerlichen Helden entdeckt, worauf der mit Selbstmord reagiert. Gouvernante und Stiefmutter werden aus dem Zentrum des Geschehens verbannt und entmachtet. Die Emanzipationsbemühungen Giselas werden – wie die antifeudalistische Tätigkeit des Unternehmers – mit dem guten Ausgang des Romans in die Ehe belohnt.
Die antifeudale Attacke kennzeichnet die meisten der Marlittschen Romane, und sie scheint auch dem hier zur Debatte stehenden Roman wesentlich zu sein. Das erzählerische Werk der Marlitt wäre dann – wenn dies richtig ist – eines der wenigen literarischen Zeugnisse bürgerlich-demokratischen Bewußtseins im Deutschland der zweiten Jahrhunderthälfte. Doch auch im vorliegenden Roman ist der Antifeudalismus

nur Mittel zu anderen Zwecken. Für diese Vermutung sprechen die Brüche und Widersprüche, die den Roman durchziehen.
Der Antifeudalismus des bürgerlichen Helden richtet sich nur gegen den korrupten, erbschleicherischen Minister. Unter Verwendung seines ausländischen Adelstitels [!] dringt der Bürgerliche bis zum Fürsten vor, um diesen vor seinem ungetreuen Berater zu warnen. Bei der Entlarvung des Ministers ist der Hofstaat Zeuge und der Fürst Richter. Der Fürst selbst ist nur einer jener »schwachen Charaktere, denen der Zufall eine hohe Lebensstellung eingeräumt hatte« (291), und nur »langjähriger Schüler seines diplomatisch gewiegten Ministers« (293). Für die Heldin ist er von väterlicher Fürsorge und Güte, seine Legitimität wird nicht angezweifelt, die Erzählerin tituliert ihn selbst durchgehend mit »Seine Exzellenz«. Obwohl doch deutlich wird, daß er in Standesinteressen befangen ist und bleiben will, wird er von der emotional besetzten Kritik ausgenommen. Die Marlitt teilt die liberale »Fiktion des unwissenden Königs«.[11] Bei ihr ist sie jedoch nicht auf den »unwissenden König« im politischen Sinn beschränkt, sondern bezieht alle vaterähnlichen Figuren mit ein. Der Fürst formuliert die Verzeihungs- und Kompromißformel: »Sie haben mittels Ihrer Enthüllung eine tiefe Wunde geschlagen, Sie haben die Axt an die Wurzeln des Adels gelegt, aber der liebliche Mädchenmund hier versöhnt wieder – er hat den Adel in meinen Augen gerettet.« (308) Die antifeudalen Attacken, die mit emotionalem Aufwand als unversöhnlich geschilderten Klassengegensätze weichen gegen Schluß der gegenseitigen Verzeihung – um im nächsten Roman mit neuer Intensität wiederbelebt zu werden.
Auch die Untaten des Ministers von Fleury werden eigentlich nur aus Liebe begangen: Das Fürstenhaus hintergeht er aus Liebe zu Giselas Großmutter, Gisela hintergeht er aus Liebe zu Jutta von Zweiflingen. Frauen sind es, die den mächtigsten Aristokraten zum »gefügigen Werkzeug schrankenloser Verschwendungssucht« (vgl. 326) machten. Die maßlos konsumierende, erotisch aktive und innerlich kalte Frau ist die Ursache allen Übels, ist das eigentliche Objekt Marlittscher ›Adelskritik‹. Der Klassengegensatz tendiert zum Geschlechtergegensatz – wobei die Sympathien nach männlichen Gesichtspunkten verteilt werden.
Die Freiheit von Wissenschaft und Forschung, die Verminderung des Einflusses der lutherischen Landeskirche, die Sicherung der bürgerlichen Rechte in der Verwaltung und die strafrechtliche Verantwortung der Minister gegenüber der Verfassung waren die liberalen Forderungen aus dem Jahr 1858.[12] Die *Reichsgräfin Gisela* nimmt diese Forderungen aus der Zeit des liberalen Aufschwungs auf. Der Roman ist auf den ersten Blick ein um zehn Jahre verspäteter programmatischer Tendenzroman. Jedoch waren es diese zehn Jahre, in denen der Liberalismus als eigenständige oppositionelle Bewegung im Verfassungskonflikt vollständig aufgerieben wurde. Es waren die Jahre, in denen die ökonomisch-industrielle Entwicklung das Selbstverständnis der Klassen und Schichten veränderte und die Rolle des liberalen Bürgertums als allgemeinstem Stand beendeten. Die Interessen des Bürgertums wurden partikular und fielen mit denen des staatstragenden Feudalismus weitgehend zusammen.[13] Die Furcht vor der ebenfalls in diesen zehn Jahren entstehenden und sich vom Bürgertum lösenden Arbeiterbewegung trieb die Liberalen in die starken Arme Bismarcks. Die ursprünglichen liberalen Forderungen nach politischer Gleichheit und sozialer Emanzipation wurden verdrängt und verstümmelt.
Die Niederlage im Verfassungskonflikt, der Blitzsieg Preußens über Österreich bei

Königgrätz 1866 und die Zustimmung der »entschiedenen Liberalen« zur Indemnitätsvorlage waren die Stationen des Niedergangs.[14] Das liberale Bürgertum sah seine Interessen in einem starken, nichtdemokratischen, aber verfassungsmäßigen Rechtsstaat aufgehoben. Die Fortschrittspartei zerfiel, der Nationalverein löste sich auf. Der Kampf gegen den Feudalismus war nur noch Reminiszenz. Die Entwicklung dieser sechziger Jahre vermag die These Michael Gugels am besten zu belegen, daß der Hauptwiderspruch der Zeit »nicht mehr zwischen Adel und Bürgertum, sondern zwischen diesen beiden Klassen auf der einen und der anwachsenden Arbeiterschaft auf der anderen Seite«[15] gelegen habe.
Bei der Marlitt wird der folgenreiche »Zusammenbruch des gesamtgesellschaftlichen Horizonts« nicht zur Kenntnis genommen oder ausgeblendet. Ihr Antifeudalismus hat zwei Ebenen. Die eine ist beherrscht von der zeitgenössischen Vorstellung: der gegenseitigen Tolerierung von Fürstenhaus und Industrie, der Aufhebung der Politik durch die Ökonomie. Dieser Vorstellung entsprechen der Romanschluß, wohl auch die bewußt-politischen Überzeugungen der Marlitt. Die zweite Ebene ist emotional ungleich stärker besetzt und bestimmt die Gefühlslage der Leser. Auf ihr wird der kämpferisch-frühliberale unversöhnliche Gegensatz zwischen Individuen verschiedener ›Kasten‹ nachgebildet. Hier werden keine Kompromisse geschlossen, muß das Individuum kämpfen, will es nicht unterdrückt und krank bleiben. Diese Ebene ist allerdings von politischen Inhalten völlig entleert. ›Aristokratisch‹ hat hier die moralische Bedeutung von ›hartherzig‹, ›seelenlos‹, ›geldgierig‹, ›eitel‹, ›kinderfeindlich‹ usw. Gemeint sind individuelle Charaktere, nie gesellschaftliche Machtstrukturen.[16]
Bei der Marlitt weisen so vorwiegend Konkurrentinnen und Erzieherinnen der Heldin das Merkmal ›aristokratisch‹ auf, welche sie in den »Eispanzer der Konvenienz, des Geburtshochmuts« (313) zwängen wollen. Der Antifeudalismus gilt den Repräsentanten der Sozialisationszwänge und -leiden. In zahllosen lebenden Bildern werden politische Kämpfe aus bürgerlicher Vergangenheit thematisiert, um sofort in den Dienst einer höchst privaten Botschaft zu treten.

Der Friede der Hütten

Szenen, in denen Aristokraten dominieren, spielen gerne im Wald, auf der Picnicwiese. Das Schloß scheint unbewohnbar. Entweder sind die Salons schwül-überheizt oder die Räume ungesund-feucht. Gegenbild zur unbehausten Aristokratie ist der Familienkreis am Winterabend in der Bürgerstube bei warmem Ofen: »Draußen tobte eben der Sturm mit erneuter Wut gegen die alten Wände, die, nach innen so traut und friedlich, liebe Familienbilder auf ihrer helltapezierten Fläche trugen.« (7) Die *Gartenlauben*-Vignette des behaglichen häuslichen Kreises wird im Romanverlauf auch auf die Armen und Arbeiter übertragen. Als »Liebeswerk« läßt der Unternehmer auch für die Arbeiter neue Häuser errichten. Ein Brand im Dorf gibt auch der zu sozialem Bewußtsein gekommenen Reichsgräfin die Möglichkeit, den Neubau von Wohnungen fürs Volk anzukündigen. Sie selbst gibt ihr ungemütliches Schloß als unrecht Gut auf, ehe sie zum bürgerlichen Helden in dessen Waldhaus zieht. Der Gegensatz zwischen Hütte und Palast wird aufgehoben durch Verzicht und Beschenkung der Armen, die »in den Besitz gesunder und stattlicher Wohnhäuser kamen, fast ohne zu wissen wie« (112). Die Hütten

des Elends verschwinden auf ›natürliche‹ Weise durch Brand und Schnee. Das ›Waldhaus‹, einst feudaler Besitz, vom Helden in symbolischer Absicht aufgekauft und nun stattlich ausgebaut, ist Ausgangs- und Zielpunkt des Romans, auf den die Marlitt die Wünsche der Leser richtet. Das romantisch-großbürgerliche Haus hebt Schloß und Hütte auf und zieht die besten aller Klassen (einschließlich der Diener) unter sein Dach.
Gegen Ende des Romans zeigt sich, daß auch das Waldhaus, wie fast alles, nur Metapher für ›Familie‹ ist. Der Ort, an dem die Heldin ihre wahre Familie gefunden hat, ist schon fast nicht mehr von dieser Welt. Er ist »Oase im Weltgetriebe« (333). »Draußen herrscht und regiert fort und fort der unbegrenzte Egoismus, und eine Kaste sucht der anderen auf den Nacken zu steigen; hier aber waltet die Liebe.« (333) Das Haus, von der Welt durch einen dichten Wald getrennt, grenzt sein Innen streng vom Draußen ab und verwirklicht als »Kolonie« seine Humanitätsideale für sich. Hier die »Häuslichkeit wie ein Tempel, ruhend auf den Säulen wahrer Tugend und durchweht von echt gottseligem Frieden« (S. 321), draußen tobt dagegen der Schneesturm, klirrt der Winter, treten Flüsse übers Ufer, um Romanfiguren mitzunehmen, werden die Hütten der Elenden zugeschneit, schweben die Unwetter kapitellang über den Köpfen des Romanpersonals. Draußen – das ist Gefahr, Adelsherrschaft, Familienlosigkeit. Aber mit dem endgültigen Einzug ins großbürgerliche Haus endet auch der Haß auf alles ›Adlige‹.
Allerdings wird der Einzug der weiblichen Heldin in dieses Haus merkwürdig motiviert. Denn die Braut wird vom Helden wie eine bewegliche Sache in »einer fast fieberhaften Angst« (332), sie könne mit adliger Untreue infiziert werden, eingebracht. Er nimmt sich das »Recht, Sie einst [. . . .] als mein ausschließliches Eigentum für Zeit und Ewigkeit in mein einsames Haus tragen zu dürfen« (317). Sie bestätigt diesen Anspruch: »Schließen Sie mich ein in die Einsamkeit [. . .] Nehmen Sie mich hin – ich bin Ihr Eigentum.« (317) Der Einzug in das schützende Haus ist zugleich die als lustvoll gedachte völlige Unterwerfung der Frau. Ihr vorgeblicher Emanzipations- und Entwicklungsprozeß endet in der Aufgabe der Identität. Sie wird vom Mann in rigider Eile »gerettet« (332). Die Konstruktion des Hauses als konfliktfreie Insel der Geretteten ist ein weiterer Bestandteil der Strategie, das zu verbergen, worum es eigentlich geht: um die Familie, die das Haus birgt.

Genre

Christnacht im Pfarrhaus, Zwischenfall beim ›déjeuner sur l'herbe‹ der Hofgesellschaft, Begegnung auf schmalem Felsenpfad, Hund rettet Kind aus Teich, Unternehmer rettet Armen aus den Flammen, der ungetreue Minister wird überführt: Der Roman besteht aus derlei Bildern, arrangierten Szenen, angehaltenen Augenblicken. Man meint, sie im Museum der Kunst des 19. Jahrhunderts schon einmal gesehen zu haben. Dolf Sternberger handelt sie unter ›Genre‹ ab: »Hier ist denn auch kein Wohlgefallen mehr interesselos. Beim Genre ist vielmehr das Interesse des Beschauers, des Lesers, des denkenden, gerührten, empörten, begierigen Dritten überall mit im Spiele. Ebenso wie die erstarrte Szene[,] das lebende Bild [. . .] der Ergänzung bedürftig ist, ebensosehr ist dieser interessierte Betrachter begierig, zu ergänzen, und er drängt sich, sein Gefühl zu betätigen, um mit den herausgeforderten Lüsten oder Tränen die Lücken auszufüllen und die Risse zu schließen, die das Stückwerk des Bildes vorweist.«[17]

Die Marlittschen Genrebilder sind Inszenierungen (kindlicher) Konflikte, Ängste und Wünsche und bringen diese in eine einfachere, bedeutungsmäßig vorgeprägte visuelle Form. Es erfolgt eine Regression auf eine frühere Form der Wahrnehmung,[18] inhaltlich und formal. Keine Genreszene ist ohne offenen oder verborgenen Bezug zur Familie, ohne die Absicht, Rührung und Identifizierung für die um ihren Platz in einer Familie ringende, erniedrigte Heldin zu erregen. Die eigentliche Romanhandlung hat die Aufgabe, die sich gleichenden Genreszenen zu einem Genregemälde zu ordnen. Nicht die Handlung ergibt die Szenen, die Handlung scheint sich vielmehr aus den zwanghaft reproduzierten Szenen zu ergeben. Keine Landschaftsschilderung, keine Beschreibung, keine Szene steht für sich, vermag durch sich selbst Interesse zu erregen. Alles verweist die Leser auf die psychischen Leiden in der Familie.

Nach einem bürgerstolzen Auftritt der Pfarrfrau vor der höfischen Picnicgesellschaft hält die Heldin »Einkehr in sich selbst« (159) und erkennt, nur mit kaltem Verstande, aber ohne Liebe gelebt zu haben. Dies reflektierend, entfernt sie sich von der Szene, bis sie bemerkt, daß »tiefe Waldesnacht« sie »umfangen« (161) hat. Da hört sie das Weinen eines kleinen Kindes. Ihm folgend, gerät sie auf fremdes Territorium – das ihres künftigen Mannes. Dort findet sie eine der armen Porzellanträgerinnen, unter ihrer Last zusammengebrochen, in bewußtlosem Zustand. Die Erzählerin beschreibt diese Frau mitfühlend als »elender noch als das Lasttier« (161). Die Verdichtung sozialen Elends und kindlicher Hilflosigkeit zum beschriebenen Genrebild hat die Funktion, die Kontaktaufnahme der Heldin mit dem Helden als sozial und moralisch gerechtfertigt erscheinen zu lassen. Sie *muß* nun tun, was weiblicher Stolz und Etikette verbieten, was auch für die Leserinnen mit Tabu belegt worden ist: aktiv in eine Beziehung zu treten, die sich zu einer sexuellen entwickeln kann. Der Wunsch, dies zu tun, verbirgt sich hinter dem moralischen Imperativ, dies tun zu müssen. Freilich trägt auch hier die Wunschfassade zeitgenössisch-liberale Züge: Um das – bewußtlose – Elend kümmern sich dann gemeinsam die Gräfin und der allegorisierte Kapitalist, »der das Elend mit starkem Arm stützte und es barmherzig an seine Brust nahm« (167). Arbeiter und Arme werden als so passiv geschildert, wie sie das Bürgertum halten wollte. Hochherzigkeit und die Hilfe von oben waren nur liberale Ideologeme genauso wie die ›Bewußtlosigkeit der Elenden‹ Wunschvorstellung blieb. Im Erscheinungsjahr des Romans, 1869, befaßte sich der 11. Kongreß Deutscher Volkswirte mit dem Armenwesen: »[...] der zentrale Antrag plädiert für die radikale Beschränkung der gesetzlichen Armenunterstützung auf Leistungen unter ›sicherheits- und gesundheitspolizeilichen Rücksichten‹. In allen seinen Punkten repräsentierte dieser Antrag das Konzept liberaler Armenpolitik in idealtypischer Klarheit.«[19]

Hinter der Fassade zwanghaften Altruismus verbirgt sich in diesem Roman ein ausschließliches, egoistisches Interesse am Schicksal der füreinander bestimmten Helden. Das Elend wird nur der Helden wegen erwähnt, romantechnisch wird es geschildert, um die Helden zusammenzuführen. Die sich dem Genrebild »Gräfin vor entkräfteter Trägerin mit Kind« anschließenden Szenen enden darin, daß die Hand Giselas »zum erstenmal von Männerlippen berührt« (175) wird. Insofern ist Friedrich Sieburg zuzustimmen, wenn er zum sozialen Programm der *Gartenlaube* bemerkt: »[...] der sanfte Protest gegen Standesdünkel und Überanstrengung armer Nähterinnen, der Aufstand gegen das ungesunde Korsett oder die Vivisektion erhöhen eher die Gemütlichkeit, als daß sie sie beeinträchtigen. Darin steckt kein Gran Heuchelei«.[20]

An das jeweilige Unglück – es widerfährt meist Kindern oder Armen – schließen sich regelmäßig die Begegnungen der Helden an, die in der Form der Unterwerfung der Heldin gegenüber dem Manne verlaufen. Die dadurch hergestellte Sympathie beider wird dann durch ein Mißverständnis getrübt, das Eifersucht und den alten Adelsstolz zeitigt (nur bei der Heldin). Diese Motivierungsreihe wiederholt sich häufig, z. T. ineinander verschachtelt (vgl. 166). Abgebrochen kann die Reihenfolge nur durch die endgültige Heirat werden, die gemäß der Tagtraumlogik jedes Mißverständnis, die Demütigungen, den Stolz ausschließt.

Die Verhaltensweisen der Heldin haben innerhalb dieses Reiz-Reaktionsschemas etwas Mechanisches, da sie auf den auslösenden Reiz angewiesen sind. Die Stereotypie der Deck-Bilder, der Inszenierungen zum Zwecke moralischer Verhüllungen hat sicher zur Identifizierungssicherheit zeitgenössischer Leserinnen und auch Leser beigetragen.

Am Punkte der *durchsichtigen* moralischen Verhüllung von Wünschen setzte die Kritik der Naturalisten an, die 1885 mit dem Aufsatz Hermann Friedrichs' begann und literaturgeschichtlich gesehen Eugenie Marlitts Rang als Trivialromanautorin für immer bestimmte: »Die Marlitt [...] hüllt sich in den Mantel einer gewissen Prüderie, ihre Muse missbilligt das Belauschen Badender, aber sie selbst stellt sich gar zu gern hinter die Planken und späht verstohlen durchs Astloch [...] Der Leser fühlt mit den geschilderten Personen und regt sich mit ihnen auf; dieselbe lüsterne Sinnlichkeit wird in ihm geweckt, er glaubt mit den Helden endlich am Ziele angelangt zu sein – und siehe da, die Marlitt weiß ein neues Hinderniss zu finden; sie schiebt gleichsam die Hand zwischen die Lippen zweier Liebenden [...] in dem Augenblicke, wo diese Lippen zu einem Kusse sich vereinen wollen.«[21] Scharfsichtiger, als ihm das psychologiegeschichtlich eigentlich möglich war, stellt er fest, daß durch die Marlittschen Arbeiten »ein hysterisch krankhafter Hauch weht«.[22] Freud sah zwischen Tagtraum und hysterischem Symptom, beide Ausdruck versagter Wunscherfüllung, eine enge Verwandtschaft.[23] Die emotionale Betroffenheit von Friedrichs' Kritik verrät gleichzeitig den in der Wunschbefriedigung ertappten und dadurch verhinderten Leser. Der literarisch Versierte stellt die Mangelhaftigkeit ›ästhetischer Vorlust‹ – völlig zu Recht – fest und kommt zu dem Verdikt, Marlitts Prosa sei »weichliche, *unnatürlich* sinnlich erregende Aftermuse«.[24]

Aschenbrödel

Seit Rudolf Gottschall[25] ist die Dominanz des Aschenbrödel-Motivs in den meisten Arbeiten zur Marlitt angemerkt worden, ohne daß versucht worden wäre, den offensichtlichen Erfolg dieses Motivs beim Publikum zu reflektieren. Das soll hier ansatzweise nachgeholt werden.

Denn auch in *Reichsgräfin Gisela* sind die Parallelen zum *Aschenputtel* der Grimmschen Fassung ganz offensichtlich. Als Waisen oder Halbwaisen geraten beide Mädchen unter die Herrschaft böser Stiefmütter. Sie werden mit demütigender Handarbeit beschäftigt bzw. krank, fern vom Hof und in aristokratischer Verblendung gehalten. Aschenputtel erhält Kleidung und Schmuck durch den guten Geist der Mutter, Gisela erhält den echten Schmuck vom Helden zurück. Beide fliehen vor dem Zukünftigen mehrmals, beide werden endlich vom Königssohn/Industriellen erkannt in ihrem *wahren* Wesen und mit

Heirat belohnt. Während die Tauben die Stiefschwestern durch Augenaushacken bestrafen, übt die Reichsgräfin gegen Gouvernante und Stiefschwester Milde und schickt sie in Pension. »*Aschenputtel* erzählt uns von den Qualen der Geschwisterrivalität; es berichtet davon, wie Wünsche verwirklicht werden, wie der Gedemütigte zu hohen Ehren gelangt, wie wahre Tugend erkannt und belohnt wird, auch wenn sie unter Lumpen verborgen ist, und wie das Böse bestraft wird – eine scheinbar unkomplizierte Geschichte.«[26] Auffallendste Veränderung der Geschichte ist im Marlittschen Roman deren Verbürgerlichung und ›Politisierung‹: Die psychischen Qualen der Heldin sind durch ihre Standeszugehörigkeit bedingt und enden mit Verlassen dieses Standes. Aus der psychischen Symbolik des Märchens werden Allegorien, die nichts unbeschrieben lassen wollen, die alles angestrengt zu rationalisieren versuchen und sich dazu auf (falsche) politische Fronten beziehen. Wird die Feindschaft der Stiefschwestern/Stiefmutter im Märchen psychologisch richtig lapidar vorausgesetzt, so wird die Feindschaft im Roman zum Gegensatz zwischen Aufklärung und Obskurantismus.

Das Aschenbrödel-Schema bietet sich für die Form der Phantasietätigkeit an, die Freud als »Familienromane der Neurotiker«[27] bezeichnete. Nach Abschluß des primären Narzißmus, mit dem Beginn ödipaler Verstrickungen und Enttäuschungen über die versagende Rolle der Eltern beschäftigt sich die Phantasie des Kindes mit dem Thema ›Familienbeziehungen‹. So werden die Eltern durch sozial Höherstehende ersetzt, das Kind sieht sich als Kind hochgeborener Eltern und phantasiert die Aufdeckung dieser Abstammung, es imaginiert die Aufhebung der sexuellen Tabuschranken zu Eltern und Geschwistern oder rächt sich an diesen lästigen Konkurrenten um die Zuwendung der Eltern.

Bruno Bettelheim spricht dem Umgang mit Märchen einen hohen, psychohygienischen Wert zu, wobei er die Sozialisationsmacht von Märchen anderen Sozialisationsfaktoren gegenüber unangemessen überschätzt: »Am Ende des Aschenputtel-Märchens ist nicht nur die Geschwisterrivalität integriert und transzendiert. Was als äußerste Frustration aufgrund von Eifersucht begann, endet im höchsten Glück aufgrund der Liebe, die versteht, aus welchen Quellen die Eifersucht stammt, und sie akzeptiert, wodurch sie sie ausschaltet.«[28] Wenn Märchen mit Bettelheim als hermeneutische Modelle zur Abarbeitung psychischer Konflikte gelten können, stellt sich die Frage, worin die offensichtliche Depravation der ›modernen Märchen‹ für Erwachsene liegt.

Giselas Familienbeziehungen sind äußerst verwickelt und bleiben dem flüchtigen Leser unbewußt. Ihre mütterliche Abstammung wird diskreditiert. Die Großmutter ist die verrufene Mätresse des Prinzen, die Mutter betrügt Giselas leiblichen Vater mit ihrem späteren Stiefvater, dem Minister Fleury, welcher seinerseits schon gefügiges Werkzeug der Großmutter war. Die Mutter ist zu Beginn der Romanhandlung schon an einer Geburt gestorben, von fünf Geschwistern läßt die Erzählerin nur Gisela überleben – was dem kindlichen Tagtraum exakt entspricht. Sie ist nun weiblicher Held ohne legitime Konkurrenz. Die Geschwister gestorben, die Mütter auch moralisch (vorerst nur für den Leser) gestorben. Die Frauen ihrer Umgebung können nun von der Erzählerin als Usurpatoren behandelt werden, ohne daß dadurch bei den Lesern Schuldgefühle erregt würden, die den unbewußten Todeswunsch dem gleichgeschlechtlichen Elternteil gegenüber sonst begleiten. Die zur ›Stiefmutter‹ umgewandelte Mutter wird in mehrere Figuren aufgespalten und so bekämpft bzw. überhöht. Ihre Körperlichkeit wird stark kritisiert: »Wer hätte in der unförmlich dicken Erscheinung, die purpurrot vor Erregung dem Minister gegenüberstand, die ehemals so graziöse Gouvernante wiedererkannt!« (S. 119) Die Stiefmütter (Jutta und die Gouvernante) sind kinderlos und kinderfeindlich und repräsentieren die Stiefmütter der ödipalen Phase. Ihr Schmuckbedürfnis, ihre Verführungskünste, ihre Macht über Männer kennzeichnen sie als Rivalinnen um den Vater. Die Figur der Jutta ist parallel zu der der Reichsgräfin angelegt: vom Alter her Schwester, die den Bruder des Helden treulos des Adels wegen verließ, durch Heirat Fleurys ihre Stiefmutter. Auf sie werden die sexuellen Aspekte projiziert, die der Heldin ja gänzlich fehlen. Sie ist durch die Überdeterminierung als Rivalin die negativste Figur des Romans, die sogar für das Verhalten des Ministers verantwortlich ist. Den beiden bösen Partialmüttern steht die gute, gewährende, bürgerlich-liberale Pfarr-Mutter gegenüber. Auch sie ist bar aller sexuellen Attribute und steht zum ›Vater‹ in Feindschaft. Es fällt auf, daß sich Gisela letztendlich nicht an die Stelle der typisierten, überhöhten ›Mutter‹, sondern an die Stelle Juttas setzen will. Darauf verweisen zahlreiche ›symbolische‹ Anspielungen. So schwört die Heldin dem Helden am gleichen Ort die Treue, wo die Stiefmutter Jutta einst die Verlobung brach. Der Roman schließt mit der Versicherung, »aber diesmal werden die Schwüre, welche die flüsternden Lippen austauschten, nicht gebrochen!« (334) Das Kind erhebt sich gegen den gleichgeschlechtlichen Elternteil, überwindet ihn mutig und siegreich und setzt sich an seine Stelle – so definierte Freud den Helden.[29]

Vor seiner Heirat kümmerte sich Baron Fleury, der politische Schurke des Romans, in rührend geschilderter Weise um seine Stieftochter Gisela: »[...] sein ganzes Denken und Sinnen bewegte sich einzig um dies zarte Geschöpfchen und sein Gedeihen« (48). Wie in vielen Varianten auch des *Aschenputtel*-Märchens wird der Vater im weiteren Verlauf zum Verfolger. Er schafft das kindliche Erbe für die neue Frau beiseite und hält das Kind zu diesem Zwecke krank – ja, will es ins Kloster stecken. Anspielungen auf die Lebensart des Ministers, auf seine Aktivitäten in verrufenen Badeorten lenken das Interesse der Leser auf dessen sexuelles Verhalten: Die Marlitt schildert es mit einer Bewunderung, die nur mühsam durch moralische Entrüstung unterdrückt wird. Diese Unterdrückung erfolgt auch hier mittels ›Politisierung‹. Fleury ist Franzose, was sein Verhalten weitgehend erklären soll. Der Marlitt drängte sich solche moralische Einkleidung (Zeitmarke) wohl auf, weil Bismarck nach der Luxemburg-Krise von 1866/67 die öffentliche Meinung gegen Frankreich mobilisierte.

Ambivalente Besetzungen von Figuren werden nicht durchgehalten, die Wunscherfüllung in der Phantasie durchbricht Verhüllung, Zensur und Verschiebung nicht, sondern macht sich höchstens auf neurotische Weise geltend: So könnte Marlitts Erzählhaltung eine voyeuristische genannt werden. Vom unbewußten Vorbild her eigentlich ambivalent besetzte Figuren werden in gute und böse zerlegt, die sich dann in bemühter Entschiedenheit an klischierte gesellschaftlich anerkannte Verhaltensschemata halten. Ausschließlich die Heldin als Repräsentant von »seiner Majestät dem Ich« leistet sich eine gewisse Veränderung hin zum Besseren, ohne dadurch an Beziehungsängste zu rühren oder Identitätsdiffusionen hervorzurufen. Zwischen den Figuren kommt aus den Gründen überstrenger Zensur keine Kommunikation zustande. Die Dialoge lesen sich wie diplomatische Noten zwischen verfeindeten Staaten. Interessen und Rollen stehen von vornherein fest, werden nur noch bekundet, nicht mehr verändert. Emotionen werden aus demselben Grund nur als Äußerlichkeiten geschildert: jähes Erröten, funkelnde Augen, Erblassen, höhnisches Lachen. Die Motive der großen Liebe der Reichsgräfin lassen sich nur psychoanalytisch entschlüsseln, bleiben aber unbenannt.

Oliveira, der Retter Giselas, unterscheidet sich nur äußerlich und politisch vom ambivalent gedachten ›Stiefvater‹. Er ist liberal, tolerant und bürgerlich. Von der Erfolgslogik des Romans her gesehen ist er für die Heldin (und ihre Leserinnen) keine Überwindung der ödipalen Fixierung, sondern deren Festschreibung. Die Gattenwahl der Heldin ist beschrieben im Vokabular der Angstneurose; Flucht und Ekel dominieren. »Mit einer immer wieder aufsteigenden Röte der Scham und Verlegenheit betrachtete sie ihre [...] Hand – sie war zum ersten Mal von Männerlippen berührt worden ... Sie fühlte sich heftig abgestoßen« (175). Entgegen den Absichten der Erzählerin, mit der *Reichsgräfin* ein Exempel sozialer Emanzipierung zu geben, bleibt diese abhängig-kindlich. Sie unterwirft sich gegen Romanende völlig der übermächtigen Gestalt des Helden: »gehorsam wie ein Kind« (219), »wie eine Taube, die, vom Entsetzen gelähmt, dem über ihr kreisenden Todfeind nicht mehr zu entfliehen vermag« (217). Die Erfüllung unbefriedigter Wünsche in der Phantasie besteht hier in der Unterwerfung unter den vaterähnlichen Geliebten – was allerdings offen ausgesprochen wird: »Schließen Sie mich ein in die Einsamkeit [...] Nehmen Sie mich hin – ich bin Ihr Eigentum!« (317) Die Geschichte der Liebe beider Helden war für die Heldin eine Leidensgeschichte: Schon die erste Begegnung beider machte die Heldin krank, war die *Ursache* ihres Leidens. Was als Befreiung aus den Fesseln des Feudalismus beschrieben wird, ist die Suche nach dem eindeutigeren, bürgerlichen Vater, den sie in dem Helden findet. So vollzieht sich die erste Begegnung der inzwischen geschlechtsreifen, ›entpuppten‹ Gisela mit ihm als gemeinsame Rettung eines Kindes aus einem Teich – ein der Traumdeutung vertrautes mögliches Symbol des Wunsches, dem Vater ein Kind zu schenken. Die positive Einstellung zu Kindern ist der Marlitt ohnehin wichtigstes Merkmal der Charakterisierung von Personen. Sie signalisiert Elternähnlichkeit und die Bereitschaft der Figuren, Glück und Sexualität in ihrer bürgerlich-domestizierten Form zu akzeptieren. Der Roman ab dem zehnten Kapitel – so ließe sich zusammenfassend schließen – ist nicht die Entwicklungsgeschichte der Heldin, sondern die korrigierte Wiederholung der Kindheitsgeschichte.

Die Attraktion von Tagträumen, Märchen und Mythen besteht darin, daß Autoren und Leser ihre gemeinsamen Phantasien »ohne jeden Vorwurf und Schämen zu genießen«[30] in der Lage sind. Daß die egoistischen Identifikationen mit den Helden ohne Schuldbewußtsein nachvollzogen werden können, erreicht der Dichter durch Verschiebungen, Verdichtungen, Verhüllungen, Verbildlichungen und die Gewährung eines ›ästhetischen Lustgewinns‹. Wenn es gelingt, die Zensurinstanzen zu überlisten, wenn einige der nichtdarstellbaren Inhalte dem Vor- und Unbewußten entrissen werden und irgendwie dargestellt werden können, dann vermögen Märchen und gemeinsame Tagträume die Funktion zu erfüllen, die Erikson[31] und Bettelheim ihnen zuschreiben: ödipale Enttäuschungen, Kastrationsängste und Selbstvorwürfe verstehen zu lernen und zu ihrer Überwindung, zum Aufbau einer positiven Identität beizutragen.

Im *Aschenputtel*-Märchen bleibt bei allen notwendigen Verhüllungen (auch hier wird die Mutter zur Stiefmutter transponiert) die Konstellation des kindlichen Konflikts ›realistisch‹ erhalten. Es formuliert nur, was der Tagträumer schon erfahren hat und dunkel ahnt. Die Härte des Konflikts wird nicht retuschiert: Der Königssohn begibt sich ganz offen auf Brautsuche, Aschenputtel setzt alles daran, auf das Fest zu kommen, die

Schwestern verstümmeln sich, um des Königssohns Braut zu werden, wofür ihnen die Tauben dann die Augen aushacken werden. »Im Märchen wird alles implizit und symbolisch gesagt.«[32]
Im vorliegenden Roman hingegen ist die Ambivalenz kindlicher Wünsche fast gänzlich getilgt, die Abwehr überwuchert die Wunschformulierung. Das gräfliche Aschenputtel macht keine Anstrengung, seinem Prinzen zu begegnen, sondern flieht nur. Nur der unglückliche Zufall vermag beide zusammenzuführen. Der männliche Held betreibt die Romanze – immerhin Hauptmotiv des Romans – wie ein beiläufiges Geschäft seiner Racheaktion gegen den Minister. Die Grausamkeit der Stiefmutter gegen Gisela wird aus Geldgier, das Verhalten des Ministers aus seiner fremdländischen Abstammung erklärt usw. Jede Handlung, jede Figur wird mit fadenscheinigen Erklärungen verdeckt. Wo das Märchen Symbole zur Abarbeitung von Konflikten anbietet, sollen hier Allegorien die Arbeit ersparen. Die Darstellung unbefriedigter Wünsche in der Phantasie erfolgt in der Form des allegorisierenden Kommentars, weil das Dargestellte ja für sich nicht sprechen darf. Die Marlitt übernimmt – wie in fast allen ihrer Romane und Erzählungen[33] – die modernisierte Traumfassade des *Aschenputtel*-Märchens. Sie verhängt aber zusätzlich die Fenster so, daß zwischen latenten und manifesten Traumgedanken keine Verbindung mehr besteht, daß den Lesern der Nachvollzug der Traumarbeit fast ganz unmöglich gemacht wird. Sie werden so auf die Betrachtung der Fassade beschränkt. Aus diesem Grund, ihrer neurotischen Disposition und ihrer schriftstellerischen Unzulänglichkeit halber, ist die Marlitt vielleicht gegen ihren Willen gesellschaftlich apologetisch. Ihr Roman gipfelt in der Glorifizierung der schlechten Lage der zeitgenössischen Hausfrau, »die als ›Familienmutter‹ nie zuvor eine so untergeordnete und unselbständige Stellung innerhalb der Familie innegehabt hat, wie in der 2. Hälfte des 19. Jahrhunderts«.[34] Betrachtet man die mutmaßliche Wirkung dermaßen verdorbener Märchen bei den Lesern, dann fügen sie sich in die Absichten des nachrevolutionären restaurativen Familienrechts ein. Es sah in der Ehe nicht mehr – wie bis zur Revolution von 1848 – einen privatrechtlichen Vertrag zweier Partner mit freier Festlegung der gegenseitigen Rechte und Pflichten, sondern faßte die Ehe »als staatliche Institution, als Grundpfeiler der ›objektiv sittlichen‹ bürgerlichen Grundordnung«.[35] Diese Tendenz ganz ohne Bewußtsein poetisch verklärt zu haben ist wohl die bedenkliche politische Wirkung der Marlitt. Es mag sein, daß die Marlitt »wahren Schmerz über die Unvollkommenheit der Stellung des Weibes«[36] empfunden hat, wie Gottfried Keller gesagt haben soll. Ihre Aschenputtel-Phantasien drehen sich jedoch nur um die Befreiung der im Mittelpunkt stehenden Frau von falschen Autoritäten, um sie schließlich den richtigen Autoritäten unwiderruflich zu unterwerfen. Insofern bleibt sie bei allem antifeudalen Furor regressiv und narzißtisch. Die alte Form einmal erfahrener Befriedigung in der Kleinfamilie wird nicht aufgegeben, sondern neu eingekleidet.
Marlitts *Reichsgräfin Gisela* könnte ein weiterer Beleg dafür sein, daß die der Literatur nur aufgesetzte politische Tendenz sehr private Interessen zu fördern imstande ist, welche dem proklamierten Ziel des gesellschaftlichen Fortschritts geradezu entgegenarbeiten.

Anmerkungen

1 George L. Mosse: Was die Deutschen wirklich lasen. In: Reinhold Grimm / Jost Hermand (Hrsg.): Popularität und Trivialität. Fourth Wisconsin Workshop. Frankfurt a. M. 1974. S. 117.

2 Jochen Schulte-Sasse / Renate Werner: E. Marlitts »Im Hause des Kommerzienrates«. Analyse eines Trivialromans in paradigmatischer Absicht. In: Eugenie Marlitt: Im Hause des Kommerzienrates. München 1977.

3 Hazel E. Rosenstrauch: Zum Beispiel die Gartenlaube. In: Annamaria Rucktäschel / Hans Dieter Zimmermann (Hrsg.): Trivialliteratur. München 1976.

4 Schulte-Sasse / Werner (Anm. 2) S. 407.

5 Walter Jens: Der BDI und die Gartenlaube. In: Die Zeit (4. 1. 1974) Nr. 2.

6 *Zitiert werden soll hier nach der Ausgabe: Eugenie Marlitt: Reichsgräfin Gisela.* Frankfurt a. M. 1974. (Das Schmöker-Kabinett. Fischer-Taschenbücher. 1555.) *Die Seitenangaben im fortlaufenden Text beziehen sich ebenfalls auf diese* – inzwischen schon wieder verramschte – *Ausgabe.*

7 Der Roman war für die Marlitt ein großer ökonomischer Erfolg. Als Sonderhonorar gewährte ihr Ernst Keil, der Herausgeber der »Gartenlaube«, die Villa »Marlittsheim« »an bevorzugter Stelle ihrer Vaterstadt«. Vgl. Arthur Rehbein: Die Marlitt. In: Die Gartenlaube (1925) S. 200–202.

8 Vgl. William Manchester: Krupp. Chronik einer Familie. München 1978. S. 152.

9 Ebd. S. 153.

10 Ernst Köhler: Arme und Irre. Die liberale Fürsorgepolitik des Bürgertums. Berlin 1977. S. 82.

11 »Das erste [Beispiel] ist die vom Abgeordnetenhaus durchweg aufrechterhaltene Fiktion des Königs als überparteiischen Rechtsgaranten, der über das Vorgehen seiner Minister lediglich nicht unterrichtet sei.« (Michael Gugel: Industrieller Aufstieg und bürgerliche Herrschaft. Sozioökonomische Interessen und politische Ziele des liberalen Bürgertums in Preußen zur Zeit des Verfassungskonflikts 1857–1867. Köln 1975. S. 118ff.)

12 Vgl. dazu: Bernt Engelmann: Wir Untertanen. Ein deutsches Anti-Geschichtsbuch. Frankfurt a. M. 1976. S. 252.

13 Vgl. dazu: Gugel (Anm. 11) S. 167ff.

14 Vgl. dazu: Bernd Peschken / Claus D. Krohn (Hrsg.): Der liberale Roman und der preußische Verfassungskonflikt. Analyseskizzen und Materialien. Stuttgart 1976.

15 Gugel (Anm. 11) S. 172.

16 Die Marlittsche Psychologisierungsstrategie ist durch das liberale individualistische Gesellschaftsbild geprägt. Wie der politische Liberalismus bewegt sie sich innerhalb des gesellschaftlichen Systems und bleibt insofern unpolitisch: »Nicht die Unterdrückung der 1848 erkämpften Volks- und Menschenrechte, des Selbstbestimmungsrechts, der parlamentarischen Regierungsweise, kurz, der freiheitlichen Entwicklung bildete den Angelpunkt der liberalen Kritik, sondern die Ineffizienz gewisser Verwaltungsstrukturen, die Paralysierung der Volks- und Wirtschaftskräfte, der Machtverlust des Staates. Somit sind weder die innenpolitischen Reformforderungen noch die diesbezügliche Kritik der konservativen Regimes letztlich politisch, d. h. auf Änderung der Herrschaftsstruktur gerichtet.« (Gugel [Anm. 11] S. 71)

17 Dolf Sternberger: Panorama oder Ansichten vom 19. Jahrhundert. Frankfurt a. M. 1974. S. 61.

18 Vgl. dazu auch Carl Pietzcker: Zum Verhältnis von Traum und literarischem Kunstwerk. In: Johannes Cremerius (Hrsg.): Psychoanalytische Textinterpretation. Hamburg 1974. S. 58.

19 Ernst Köhler (Anm. 10) S. 79.

20 Friedrich Sieburg: Einleitung. In: Facsimile-Querschnitt durch die Gartenlaube. Eingel. von Friedrich Sieburg, hrsg. von Heinz Klüter. Bern/Stuttgart/Wien 1963. S. 2.

21 Hermann Friedrichs: Die Clauren-Marlitt. In: Das Magazin für die Literatur des In- und Auslandes. Berlin/Leipzig 54 (1885) Nr. 10. (7. März). S. 146.

22 Ebd.

23 Vgl. Sigmund Freud: Hysterische Phantasien und ihre Beziehung zur Bisexualität. In: Gesammelte Werke. Hrsg. von Anna Freud. London 1952. S. 191–199.
24 Friedrichs (Anm. 21) S. 147.
25 Vgl. bei Bertha Potthast: Eugenie Marlitt. Ein Beitrag zur Geschichte des deutschen Frauenromans. Diss. Köln 1926. S. 37.
26 Bruno Bettelheim: Kinder brauchen Märchen. Stuttgart 1977. S. 228.
27 Sigmund Freud: Der Familienroman der Neurotiker. In: Gesammelte Werke (Anm. 23) Bd. 7. S. 228–231.
28 Bettelheim (Anm. 26) S. 259.
29 Sigmund Freud: Der Mann Moses und die monotheistischen Religionen. In: Gesammelte Werke (Anm. 23) Bd. 16. S. 108.
30 Sigmund Freud: Der Dichter und das Phantasieren. Ebd. Bd. 7. S. 223.
31 Erik H. Erikson: Identität und Lebenszyklus. Drei Aufsätze. Frankfurt a. M. 1971.
32 Bettelheim (Anm. 26) S. 111.
33 Vgl. dazu Michael Kienzle: Der Erfolgsroman. Zur Kritik seiner poetischen Ökonomie bei Gustav Freytag und Eugenie Marlitt. Stuttgart 1975. S. 54ff.
34 Uta Ottmüller: Zur Sozialgeschichte der doppelten Ausnutzung von Dienstmädchen im deutschen Kaiserreich. Münster 1978. S. 35. Zur Lage der zeitgenössischen Familie und Frau vgl. auch Ingeborg Weber-Kellermann: Die Familie. Geschichte, Geschichten und Bilder. Frankfurt a. M. 1976. S. 118.
35 Petra Milhoffer: Frauenrolle und Familienrecht. Eine Untersuchung zur Entstehung und Funktion weiblicher Unterprivilegierung. Mskr. Radio Bremen 1978. S. 15.
36 Gottfried Keller zit. nach Arthur Rehbein: Die Marlitt. In: Die Gartenlaube (1925) Nr. 48. S. 960.

Literaturhinweise

Gugel, Michael: Industrieller Aufstieg und bürgerliche Herrschaft. Sozioökonomische Interessen und politische Ziele des liberalen Bürgertums in Preußen zur Zeit des Verfassungskonflikts 1857–1867. Köln 1975.

Kienzle, Michael: Der Erfolgsroman. Zur Kritik seiner poetischen Ökonomie bei Gustav Freytag und Eugenie Marlitt. Stuttgart 1975.

Potthast, Bertha: Eugenie Marlitt. Ein Beitrag zur Geschichte des deutschen Frauenromans. Diss. Köln 1926.

Schulte-Sasse, Jochen / Werner, Renate: E. Marlitts »Im Hause des Kommerzienrates«. Analyse eines Trivialromans in paradigmatischer Absicht. In: Eugenie Marlitt: Im Hause des Kommerzienrates. München 1977.

Zahn, Eva: Die Geschichte der Gartenlaube. In: Facsimile-Querschnitt durch die Gartenlaube. Eingel. von Friedrich Sieburg, hrsg. von Heinz Klüter. Bern/Stuttgart/Wien 1963. S. 5–14.

KARLHEINZ ROSSBACHER

Ludwig Anzengruber: *Die Märchen des Steinklopferhanns* (1875/79)
Poesie der Dissonanz als Weg zur Volksaufklärung

»Da sitze ich, die Feder, meine treue Gefährtin, in der Hand, und gelobe mir's, bald wieder wach zu werden und hübsch wach zu bleiben. Es tut wahrlich not, denn die Zeit ist eben wieder am Einnicken, und von allen Seiten tönen die bekannten frommen und altväterlichen Wiegenlieder, da gilt's wieder und immer, frisch darein zu ›juchezen‹ oder den ernsten Weckauf zu machen.«[1] Als Ludwig Anzengruber (1839–89) dies im Jahre 1871 schrieb, gab es im deutschsprachigen Raum keinen Schriftsteller, der seine Tätigkeit mit ähnlicher Entschlossenheit auf seine Zeit gerichtet hätte wie er. Diese Zeit: Aus welchem Schlummer war sie gerade erwacht gewesen? In welchen sah Anzengruber sie wieder versinken? Was brachte ihn überhaupt zu der Einschätzung, mit der Feder in der Hand Einfluß nehmen zu können auf ihren Zustand? Wie bei kaum einem anderen Zeitgenossen rückt der Zusammenhang von Literatur und Geschichte ins Bild, will man nicht mit Vorsatz an seinen Intentionen und einigen wesentlichen Merkmalen seiner Werke vorbeisehen.

Anzengruber hatte Anlaß, sich im Hauptstrom der geistigen und politischen Situation in Österreich zu fühlen, und er mußte glauben, darin ein wirkender Faktor zu sein. Sein Drama *Der Pfarrer von Kirchfeld* geriet zu einem Dokument des österreichischen Liberalismus im Kampf um Geistesfreiheit und demokratischen Fortschritt. Die Gegner waren jene Kräfte in Kirche und Adel, die nach dem Scheitern der bürgerlichen Revolution von 1848 ein Jahrzehnt der Reaktion eingeleitet und das Konkordat von 1855 durchgesetzt hatten. Erst knapp vor 1870 war es einer liberalen Legislative gelungen, die Ehegerichtsbarkeit und die Aufsicht über Schule und Kultus aus den Händen des Klerus zu nehmen, in die Verantwortung des Staates überzuführen und damit die Macht der Kirche in wesentlichen Bereichen einzuschränken. 1870 wurde das Konkordat selbst gekündigt. Die Uraufführung des *Pfarrers von Kirchfeld* am 5. November 1870 im Theater an der Wien gehört wegen ihres sensationellen Verlaufs zu den denkwürdigen Ereignissen der österreichischen Theatergeschichte. Die Zensur hatte keine Schwierigkeiten bereitet; der Erfolg setzte sich Anfang 1871 in Graz fort; die Freundschaft Anzengrubers mit Peter Rosegger hatte gerade begonnen. Doch aus dem *Frühlingstraum eines Glücklichen* (1871), aus dem die zitierten Sätze stammen, weckt sich Anzengruber selbst auf. Er wittert, daß es so nicht bleiben würde, und er sollte recht behalten. Aus dem Überblick von fast zwei Jahrzehnten, in einem Nachruf auf Anzengruber, beurteilte Viktor Adler, der führende Vertreter der österreichischen Sozialdemokratie, das Jahr 1870 als die Zeit, in der »die österreichische Bourgeoisie den letzten Anfall von ›Freisinnigkeit‹ hatte«, und beschrieb das Absinken von Anzengrubers Popularität als Folge einer allgemein nachlassenden Bemühung um Liberalität.[2] Schon auf das im Juni 1872 vorgelegte Manuskript der *Kreuzelschreiber* reagierte die Zensur schärfer als zwei Jahre zuvor. Zwar sollten noch einige Jahre vergehen, bis Anzengruber feststellen mußte: »Jetzt reaktionärelt's überall«,[3] aber seine Probleme mit der Zensur der siebziger

Jahre waren mit ein Grund, warum er vom Theater als einer besonders zensuranfälligen Anstalt zur Dorf- und Kalendergeschichte überwechselte.

Hätte Anzengruber lediglich die Stücke *Der Pfarrer von Kirchfeld* (1870), *Der Meineidbauer* (1871), *Der G'wissenswurm* (1874) geschrieben, Stücke, in denen die Macht der katholischen Kirche sich als verzerrte Frömmigkeit einzelner Figuren niederschlägt und in denen der religiöse Heuchler zur Bühnenfigur wird – seine Bedeutung wäre in jenem Maße geschwunden, wie der Kulturkampf abebbte. Aber schon die *Kreuzelschreiber* (1872) gehen über ihr vordergründiges Thema, die Spaltung des Katholizismus im Gefolge der Unfehlbarkeitserklärung des Papstes Pius IX., hinaus. Das Stück behandelt die Fragen von Dorfgemeinschaft und Machtausübung, von sozialer Schichtung als historischer Tatsache und Einheitsappellen als Instrument der Dorfmächtigen und überlebte damit seine kirchenkämpferische Aktualität. Da sind, um die Reihe fortzusetzen, das schon von Theodor Fontane geschätzte Drama *Das vierte Gebot* (1877) und der Roman *Der Sternsteinhof* (1883/84 bzw. 1885 in Buchform), Werke, die z. B. eine anhaltende Vernachlässigung Anzengrubers durch die Literaturwissenschaft als unverständlich erscheinen lassen.[4] Und da sind vor allem *Die Märchen des Steinklopferhanns* aus den Jahren 1872–74.[5]

Die Märchen des Steinklopferhanns sind als »geistige und künstlerische Mitte«[6] von Anzengrubers Werk bezeichnet worden. Sie gehören in die Zeit seiner Erfolge und noch nicht in jene Periode, als er, u. a. aus Gründen des Lebensunterhalts, gezwungen war, Kalenderbeiträger zu werden. Sie liegen damit im großen und ganzen auch vor jener Zeit, in der Anzengruber in seinen Aphorismen eine verdüsterte Seite offenbart.

Auf einen Brief Roseggers, entschlossen, einen unerhörten Theatererfolg nicht ungenützt zu lassen, antwortet Anzengruber: »Wenn wir, die wir uns emporgerungen aus eigener Kraft, über die Masse, heraus aus dem Volk, das doch all unsere Empfindungen und unser Denken großgesäugt hat, wenn wir, sage ich, zurückblicken auf den Weg, den wir mühevoll steilauf geklettert in die freiere Luft, zurück auf alle die tausend Zurückgebliebenen, da erfaßt uns eine Wehmut, denn wir, wir wissen zu gut, in all diesen Herzen schlummert, wenn auch unbewußt, derselbe Hang zum Licht und zur Freiheit, dieselbe Kletterlust und dieselben wenn auch ungelenken Kräfte, und so oft wir bei einer Wegkrümmung das Thal zu Gesicht kriegen, so thun wir, wie uns eben ums Herz ist, lustig hinabjuchzen: ›Kimmt 'rauf, do geht der Weg!‹ oder weinend zuwinken – o wie oft unverstanden! Das war auch meine Furcht, aber siehe da – plötzlich wimmelt's auf meinem Weg herauf vom Thal, ich seh' mich plötzlich ganz verstanden, seh' mich eingeholt, umrungen und steh' dem Volke gegenüber [...]«.[7]

Die Oben-Unten-Metaphorik für Bildung und Bildungsbedürftigkeit verweist Anzengruber noch in die Tradition der Volksaufklärung des 18. und 19. Jahrhunderts. Der plötzlich Emporgehobene hat jedoch nicht vergessen, daß er noch am Anfang seines Erfolgsjahres hart an der Proletarisierung gestanden hat. Als Schmierenschauspieler in einer Wandertruppe, um Hungerlöhne schreibend, hatte sich Anzengruber durch den Glauben an seine dichterische Sendung aufrechterhalten. Durch seinen Bühnenerfolg sieht er nun die Chance, dem »Dualismus zwischen versatilen, unter Produktions- und Erfolgszwang stehenden Literaten und isolierten, meist verkannten Dichtern«, der für die Literatur nach 1848 so bestimmend geworden ist, zu entrinnen.[8] Die Briefstelle zeigt ferner, daß die Einschätzung des Dichters als Führer der Menschheit in höhere Regionen Anzengruber noch faszinierte und sich bei ihm zählebig gegen die objektive Unmöglichkeit ihrer Verwirklichung behauptete.[9] Doch selbst ihre subjektive Gültigkeit hat diese Einschätzung für Anzengruber nur so lange, als er meint, jubelnde Premierenzuschauer mit dem »Volk« identifizieren zu können. Als sein Theaterpublikum von der Wirtschaftskrise 1873 hart getroffen wird, der Theaterkommerz blüht und das Volksstück von der Operette übertrumpft wird, gibt es bei Anzengruber bald andere Töne über das »Volk«.[10] Aber noch ist er nicht so weit. Er wähnt sich mit seinen Wurzeln »mitten im Volk«,[11] und er möchte bei Lesern das erwirken, was er bei Theaterbesuchern erwirkt zu haben glaubt. Er sieht kein prinzipielles Hindernis, ein lesendes Publikum, auch auf dem Lande, so zu beeinflussen wie ein Theaterpublikum in den Städten. Und so ist es, man könnte es fast eine Dialektik nennen, gerade Anzengrubers unscharfer Blick für die kritisch gewordene Lage des volksaufklärerischen Schriftstellers und die Wirkungsmöglichkeiten erzieherischer Literatur, der ihm den Schwung gibt für den folgenden Vorschlag an Rosegger: »Das, wozu ich Sie auffordern möchte, ist eine Sache für das Volk – versuchen wir es einmal und gründen wir einen Volkskalender – einen guten Kalender [...], den [...] Städter und Bauern, Arbeitgeber und Arbeiter lesen, und lassen Sie uns der Ameisenarbeit, ein Körnlein Bildung und Aufklärung zu dem Hügel der neuen Zeit zuschleppen, auch unsere Kraft widmen.«[12] Das ist mißverständlich, denn die Absicht, alle Schichten anzusprechen, klingt so, als stünde dahinter jene Literaturprogrammatik der fünfziger Jahre, die Hermann Kinder als das Streben nach »Poesie als Synthese« beschrieben hat und als deren Hauptvertreter Friedrich Theodor Vischer mit seinem Entwurf einer harmonisierten Gesellschaft als der Vorbedingung wahrer Dichtung gelten kann.[13] Doch wird zu zeigen sein, daß Anzengruber eine solche Synthese nicht angestrebt hat. *Die Märchen des Steinklopferhanns* weisen, sieben Jahre vor seiner literarischen Programmschrift, die er als *Plauderei* dem zweiten Band der *Dorfgänge* vorangestellt hat,[14] auf eine Poesie der Dissonanz, in der Erkennen, genaues Darstellen und implizite Kritik der zeitgenössischen Wirklichkeit an die Stelle der Harmonisierung und Verklärung treten. Man kann *Die Märchen des Steinklopferhanns* geradezu als Modell einer solchen Poesie der Dissonanz bezeichnen.

Schon die Gestalt des Steinklopferhanns, die sowohl in den Erzählrahmungen als auch, mit einer Ausnahme, in den von ihm erzählten eingeschobenen »Märchen« eine zentrale Rolle spielt, ist keine Figur, die sich mit Synthese oder Verklärung assoziieren läßt. Weder als Hauptvertreter des Widerstands gegen den Großbauern in den *Kreuzelschreibern*, als der er zur berühmten Theaterfigur geworden ist, noch als Erzähler und Mithandelnder in den *Märchen des Steinklopferhanns* ist er ein ausgleichender Vermittler. Er hat keinen Vorgänger in der literarischen Tradition. Die Sonderlinge in der Literatur des Bürgerlichen Realismus etwa, Träger einer unversehrt bleiben wollenden, aber bereits verzerrten Subjektivität, stehen abseits, aber noch nicht ganz außerhalb der Gesellschaft.[15] Der Steinklopferhanns hingegen ist nicht mehr bloß Rand-, sondern bereits Außenseiter. Daß er Humor zeigt und in den *Kreuzelschreibern* sich mit den Dorfleuten verträgt, kann nicht über den Riß zwischen ihm und ihnen hinwegtäuschen, denn die Geschichte dieses Risses ist die einer existentiellen Krise, eines völligen Verlassenseins von allen und allem. Im berühmten Monolog,[16] in dem er die Überwindung dieser Krise und seine »extraige Offenbarung«, dem allumfassenden Naturzusammenhang eingebettet zu sein, schildert, bedeutet ebendiese Einbettung eine Ausgliederung aus der Gesellschaft, mit der ihn in der Folge nur mehr ein Modus vivendi verbindet. Die Menschen im Dorf erwähnt er in jenem Rückblick einmal als »sündig Volk«, im übrigen spricht er von ihnen nur als »sie«: »[...] wie ein Einsiedel hab'n s' mich da sitzen lassen, zwischen Wurzeln und Kräuter und Wasser, ohne Ansprach'.« Und als er sein in den *Kreuzelschreibern* gleichsam lebensrettendes »Es kann dir nix g'schehn!« ins Ende der »Märchen« hereinnimmt, verändert er es in ein »Es kann uns nix g'schehn!« Diese kleine, aber wichtige Veränderung bedeutet nicht die Rückkehr des Steinklopferhanns in die Gesellschaft, denn in dieses »uns« ist er nicht mit allen, sondern nur mit jenen eingeschlossen, die dieser Versicherung besonders bedürftig sind – die Einsamen, Verzagten, die trostlosen Dienstboten, denen er die Geschichten erzählt. Der Blick auf die Gesellschaft aus der Perspektive ihrer Außenseiter: Fast wäre man versucht, dies als frühes Beispiel für ein Realismus-Konzept der Moderne zu halten. Doch die Ähnlichkeit endet früher, denn der Steinklopferhanns ist Außenseiter, um jene Distanz zu bewahren, aus der heraus er den Bedrückten zeigen kann, wie sie ihre Lage verändern können, ohne seinen eigenen leidvollen Weg gehen zu müssen.

In vier Erzählrahmen, die in einer allgemein gekennzeichneten Gegenwart spielen und in denen der Steinklopferhanns auf Menschen trifft, die Hilfe, Rat oder zumindest Trost nötig haben, bettet Anzengruber jeweils Erzählungen ein, die er im Sammeltitel als *Märchen* bezeichnet hat, obwohl man sie auch als Traumerlebnisse mit wunderbaren Begebenheiten bezeichnen könnte. Der erste und der vierte Erzählrahmen enthalten jeweils zwei dieser somit sechs *Märchen.* (1) *Vom Hanns und der Gretl* bringt ein zauderndes Dienstbotenpaar durch das Erkennen eines spiegelbildlichen Falls dazu, ihre als hoffnungslos eingeschätzte Lage zu überwinden. (2) *Die G'schicht vom Jüngsten Tag* überzeugt einen Dorfarmen, daß Gott darüber hinwegsehen würde, wenn jemand, der auf Erden hart gearbeitet hat, den Jüngsten Tag verschliefe: eine Botschaft, die den Zwang, seine Gedanken ständig auf das Jenseits richten zu müssen, löst. (3) *Die G'schicht von der Maschin'* entwirft die Vision eines Geschlechts, das mit Hilfe der Technik vom Leben mit gekrümmten Rücken zum aufrechten Gang findet. Mit dieser Vision, in der die menschenerdrückende Gewaltsamkeit des Fortschritts aus dem frühen Märchen *Jaggernaut* (1865) gemildert und humanisiert erscheint, bringt der Steinklopferhanns erregte Landarbeiter davon ab, eine Erntedampfmaschine zu zerstören. Mit (4) *Die Versuchung*, einem Beispiel dafür, wie Anzengruber in seine Aufklärung auch die Erkenntnisfähigkeit über die Anfälligkeit der menschlichen Natur einbezogen wissen will, zeigt der Steinklopferhanns, daß der Sprung zum Verbrechen kleiner ist, als die selbstgerechten Dorfpharisäer meinen. (5) *Die G'schicht von dö alten Himmeln* und (6) *Eins vom Teufel* entziehen eine Witwe dem Einfluß eines Frömmlers, zeigen den Weg von Bigotterie zu einer diesseitsethischen Lebensführung und rechnen schließlich mit dem Frömmler selbst ab.

»Das sind Stücke, wie sie in einen echten Volkskalender gehören«, schrieb Rosegger an Anzengruber,[17] und es läßt sich zeigen, daß Anzengruber sie nach sorgfältiger Reflexion sowohl über die Gattung Kalendergeschichte und die Art, wie sie gelesen wird, als auch über die künstlerischen Mittel geschrieben hat. Er weiß, daß Kalender nicht zum einmaligen Konsum dienen, daß Kalendergeschichten mehrmals gelesen werden. »Der Kalender hängt das ganze Jahr über an der Wand, oder er wird unzählige Male aus der Lade und zur Hand genommen.«[18] Er weiß auch, daß viele Kalenderleser darüber hinaus keine andere Lektüre kennen.[19] Er verwendet deshalb in den *Märchen des Steinklopferhanns* ein breites Spektrum von Vertrautheitsvorgaben und folgt damit jenen impliziten Gesetzen der Kalenderlektüre, wie sie von der Forschung zu den populären Lesestoffen beschrieben worden sind: »Der Leser sucht primär Bekanntes, erst sekundär Neues. Er will zunächst seine Welt wiedererkennen und bestätigt sehen, dann erst seinen Horizont erweitern [...]. Er fordert von der Poesie, daß sie eine ihm verständliche, simple Sprache rede, fordert Klischees – erkennbare Zeichen – statt neuer Wortkombinationen.«[20] Anzengruber hat diesem Umstand in der Verwendung einer dialektstilisierten Umgangssprache in der Personenrede Rechnung getragen und dabei bestimmte Redewendungen und Klischees nicht gescheut. Er hat volkslegendäre Elemente verwendet, Traditionen des Brauchtums beachtet und schließlich Märchenelemente, manchmal auch nur bestimmte Faktoren ihrer Wirkung, eingesetzt. Diese Faktoren eignen sich bei Anzengruber häufig auch als Anschlußstellen für eine jeweils innovative Komponente. Jene Dampfmaschine zum Beispiel, die sprechen kann und dem Steinklopferhanns die Vision einer glücklicheren Menschheit vermittelt, tritt als ein Wesen der Walpurgisnacht auf. Anzengrubers Sprache wiederum ist nicht so spezifisch dialektgeographisch fixiert, daß er sich eines größeren Publikums beraubt hätte, sie signalisiert aber genügend »Volkssprachlichkeit«, um beglaubigend zu wirken. Verständlichkeit und »erkennbare Zeichen« sind, wie eine statistische Arbeit zu Anzengruber belegt, durch einen überdurchschnittlich hohen Anteil von Sprichwörtern und Sentenzen vertreten. Sie stehen in der Funktion von Belehrung, Erklärung und Feststellung von allgemein einsichtigen Sachverhalten.[21]

Der Rahmen des ersten *Märchens des Steinklopferhanns, Vom Hanns und der Gretl,* beginnt mit einem Natureingang, in dem die Straße, das Korn auf einem Felde und die Tannen im angrenzenden Walde anthropomorphisiert sind und miteinander sprechen. Korn und Tannenbäume tragen einen kleinen Disput darüber aus, wer wohl nützlicher sei. Dem Anspruch des Korns begegnen die Tannen mit dem Hinweis, daß sie die Felder vor Wind und Erosion schützen. Es ist bemerkenswert, daß das Naturbild nicht mit Harmonie oder Idyllik beginnt, daß aber eine kleine Unstimmigkeit, per Diskurs, beseitigt wird. Im menschlichen Bereich hingegen löst sich nichts auf diese leichte Weise. Das wird deutlich, als arbeitende Bauern eingeführt und aus ihnen zwei Dienstboten, »Dirn« und »Bursch«, herausgehoben werden. Sie bringen Problematik in die Szene: Seit sieben Jahren einander versprochen, meinen sie, nicht heiraten zu können, weil sie halt »so viel arm« sind (68). Ein Angebot einer Base, probeweise ihr kleines Anwesen zu bewirtschaften, wagen sie nicht anzunehmen, denn wenn sie bei ihrem Dienstherrn kündigten und dann die Probe mißlänge, säßen sie zwischen den Stühlen im Elend. In der Unentschiedenheit zwischen der – trügerischen – Sicherheit einer gedrückten Dienstbotenexistenz und der Möglichkeit, Familie zu gründen und frei zu wirtschaften, flüchten sie sich in das Lamento über ihre »Not« (69). Ihre Sprache klingt weinerlich: »Hast halt recht, daß grad wir so viel arm sein müssen.« (69) Wie später im Roman *Der Sternsteinhof* auch, hütet sich Anzengruber, menschliche Not auf eine zu sehr mitleidfördernde Weise darzustellen. In diesem Augenblick hören die beiden Hammerschläge, sie vermuten den Steinklopferhanns in der Nähe, und gleich darauf hören sie sein Lied – es könnte ein Auftrittscouplet aus den *Kreuzelschreibern* sein. Dieses Lied stellt dem Lamento über das Gegebene den Ton fröhlicher Zuversicht und das Motiv der Veränderbarkeit gegenüber, zupft dies alles gleichsam musikalisch an: »'s Salz tut ma z'bröseln / Und gibt's in ein Faß, / Und die Berg tut ma z'bröckeln / Und streut's auf die Straß', / So müssen sö alle, / Auch d' vurnehmsten Herrn, / Ob s' wöll'n oder nit wöll'n, / Doch Bergkraxler werd'n.« (69) Der Steinklopferhanns benützt hier die Sphäre seines Berufs für ein Sprachbild, in dem das Zerkleinern von Steinen vergrößert erscheint in eine Veränderung von Bergen, also von etwas unveränderlich Scheinendem. In diese Veränderbarkeit werden, assoziativ zwar, aber deutlich genug, »alle« einbezogen, »d' vurnehmsten Herrn« ausdrücklich durch »auch«. Das Bestehende, so suggeriert der Steinklopferhanns, noch bevor er auftritt, muß nichts Ewiges sein, und wenn er gleich darauf die beiden als »die ewig Liebsleut« begrüßt, so ist darin nicht nur gutmütiger Spott, sondern auch Ironie darüber zu finden, daß ausgerechnet zwei Menschen sich nicht verändern können oder wollen.

Diesen beiden erzählt nun der Steinklopferhanns die Geschichte *Vom Hanns und der Gretl.* Und auch diese Geschichte enthält gleich zu Beginn, mit der Erwähnung von drei Dörfern, die schon lange nicht mehr stehen, das Motiv der Veränderung, wenn auch schon mit der Zutat der Vergänglichkeit, die im weiteren noch eine Rolle spielt. Die Distanz (»vor undenklichen Zeiten« – 71) verhindert allerdings keineswegs das Heranrücken zum Parallelfall: Der Hanns und die Gretl, »allzwei warn arme Teufeln« (71), sind die Spiegelbilder der beiden zuhörenden Dienstboten. Auch sie werden »die ewig Liebsleut« genannt, auch sie kommen im Grübeln über ihre Lage nicht weiter. Die Geschichte führt sie nun nicht etwa in die Kirche zu Gebet und Bitte um Entschlußkraft, sondern zu einer »weisen Frau« in einem dunklen Wald. Mit ihr bringt Anzengruber eine Vertrautheitsvorgabe aus dem Volkslegendären ins Spiel, und diese Waldfrau ist, obwohl bekannt für guten Rat, sogar Gegenstand abergläubischer Furcht. Das Los, sie in einer Vollmondnacht zu besuchen und um Rat zu fragen, trifft Hanns; seine Entscheidung, zu ihr zu gehen, ist die erste Stufe in der Überwindung jener Angst, die bislang die Existenz der beiden geprägt hat. Zum Eintreten aufgefordert, muß er Platz nehmen auf einem Schemel inmitten von »Totenbeiner und Totenköpf'« (73), und er überwindet damit ein weiteres Stück Angst. Die Waldfrau gibt ihm ein großes Stundenglas in die Hand und läßt ihn, wie sich später herausstellt, nur auf wenige Sekunden, allein. In diesen Augenblicken hat Hanns eine Vision, ein »einwendiges G'sicht«, und die Geschichte erhält damit ihren Kern.

In dieser innersten Geschichte, der nunmehr dritten Erzählebene, sieht Hanns sich und die Gretl in einer Zeitraffung älter werden. Von Satz zu Satz legen sie Jahre an. Am Anfang sind sie jung und stämmig, aber nur wenige Absätze weiter sind sie Greise, von ihrem Dienstherrn wegen Altersuntauglichkeit vor die Türe gesetzt. Vor der Kirche geraten sie in einen bösen und entwürdigenden Zank, die Dorfleute steuern das Gespött bei zu diesem Bild des Elends. Schließlich setzen sie sich erschöpft auf ein Grab. Der Grabstein zeigt einen großen Totenkopf mit gekreuzten Gebeinen – die Rückbindung der Vision an den im Hause der Waldfrau inmitten von Gebeinen sitzenden jungen Hanns. Im Angesicht des Todes bleibt den Alten der Vision ein negatives Lebensresümee: »›Ich wollt', 's wär schon am End‹, sagt s', ›wann nur früher a schöner Leben g'wesen wär‹.« (75) Versäumtes Familienleben, versäumte Kinder, versäumte Selbständigkeit – nichts Schlimmeres als das, scheint Anzengruber sagen zu wollen, aber in einer abrupten Geste des Abbruchs der Vision zeigt er statt dessen die Wirkungen dieses »einwendigen G'sichts« auf Hanns: »Ganz aufrecht is er dag'standen, als ob er das Dach von der Hütten traget und wär' ihm nur a Spaß!« (76) Anzengruber bürstet hier das mittelalterliche Motiv des ›memento mori‹ und das barocke von der Mahnung über die

Vergänglichkeit gegen den Strich. Die Zeit seines Lebens, ausgedrückt durch das Symbol des Stundenglases, ist Hanns wie jedem Menschen in die Hand gegeben. Aber die Vision des eigenen Alterns und des bevorstehenden Todes richtet seine Gedanken nicht auf das Jenseits, sondern auf diese Welt.[22] Die plötzliche Einsicht in die Hinfälligkeit des Lebens führt zur weit wichtigeren über seine Einmaligkeit und Nichtwiederholbarkeit. Dann ist keine Rede mehr nötig, sondern nur mehr das Handeln als Fortsetzung der Erkenntnis. »Keins hat ein Wörtl g'redt«, heißt es (76), und dabei bleibt es bis zum vorletzten Satz der Binnengeschichte. Hanns geht schnurstracks zu seiner Gretl; sein »Juchezer« weckt, wie es heißt, einen schlafenden Berg auf; Hanns reißt einen Zaunpfahl aus und klopft damit an Gretls Fenster. »Und oben hat die Gretl g'schrien. / Und unten hat der Hanns gelacht. / Und wie sich die Gretl erholt hat von ihrem Schrecken, fragt sie, was die weise Frau gesagt hat. / ›G'sagt hat sie nix‹, sagt der Hanns, ›aber geheirat wird!‹« (77)
So, wie im Übergang von der Vision zur Ebene der Binnengeschichte weder auktorialer Kommentar noch direkte Rede der Personen verwendet werden, sondern die Wirkung der Vision auf das Verhalten des Hanns gezeigt wird, so dominiert auch im Übergang von der Binnengeschichte zum Erzählrahmen das Handeln. Hanns hat sich aus seinem Pessimismus erhoben, und er greift zu: Zuerst nach einem Zaunpfahl, dann – es ist eine Sternstunde – nach dem Fenster, das ihn von Gretl trennt und aus dem »im Mondlicht, wie eine Sternschneuze« (77), ein Stück herausbricht, und schließlich nach einem Familienleben mit Gretl; die sprachliche Form des Entschlusses nimmt das Handeln gleichsam vorweg. Und auch nach der Rückkehr aus der Binnengeschichte in den Rahmen setzt sich das Muster, Erzählwirkungen durch Handlung bzw. Sprachhandlung zu zeigen, fort. Der Steinklopferhanns verabschiedet sich, die beiden Dienstboten gehen wieder an die Arbeit. Am Verhalten des Burschen zeigt sich sofort etwas Ähnliches wie an Hanns nach der Vision: Er »spuckte in die Fäuste und nachdem er den ersten Sensenschwung getan, sagte er [...]: ›Ich geh' doch prob'weis!‹« (77) Der Erzähler steuert noch die Information bei, daß die beiden die Probe bestehen und die Base ihnen das Anwesen vermacht. Er schließt, indem er einen Satz des Steinklopferhanns an seine beiden Hörer wiederholt und ihn gleichsam an die Leser weitergibt: »Und geheirat is word'n und aus is die G'schicht'.« (77)
Direkte Rede ist in dieser Geschichte systematisch ungleich verteilt. Beide betroffenen Paare lamentieren viel in der Situation ihrer Not, und beide sprechen nur mehr wenig, nachdem sie Einsicht in die Möglichkeit der Überwindung dieser Not gewonnen haben. Diese Verteilung des Erzählmittels Rede fällt zusammen mit Anzengrubers Überlegungen zum Wirkungspotential einer guten Kalendergeschichte. Es müsse eine Geschichte sein, die sich nicht schon beim ersten Mal erschöpft, sondern eine, »die man gerne auch des öfteren liest, wo über das letzte Wort hinaus Gedanken sich fortspinnen und Gefühle nachklingen«.[23] Das bringt ihn zum Erzählen einer anregenden, in gewissem Sinne noch gar nicht kompletten Geschichte, in der nicht alles ausgesprochen ist. Die Haltung, mit der Anzengruber rechnen konnte, war wohl die Erwartung von etwas »Belehrsamem«,[24] doch der Leser muß mittun, es zu konstituieren. Die ableitbare Moral wird nicht ausgesprochen, doch sorgt Anzengruber dafür, daß daraus nicht ein Widerspruch zur Absicht des Aufklärens, sondern eine Ausweitung wird. Das »Belehrsame« erreicht der Leser auf einem Dreistufenweg. Die Verstehensstruktur besteht also aus einer Reihe von drei im Text formulierten Stufen, deren vierter und letzter Schritt auf den Leser zielt. Er sieht beim Lesen dreimal Wirkungen: Es wird ihm und Hanns in der Vision vorgeführt,

wohin Zagheit und Zaudern führen – ins Alter als einem Bild versäumten Lebens und langsamen Absterbens. Es wird ihm und dem Dienstbotenpaar des Rahmens vorgeführt, wie Hanns und Gretl den anderen Weg gehen – ins Risiko, aber mit der guten Chance erfüllten Lebens. Und es wird schließlich ihm allein vorgeführt, daß Dirn und Bursch mit der Nachahmung eines solchen Schritts genau zu jenem Leben fähig werden, das ihnen vorher unerreichbar schien. Es wird also ständig gezeigt, wie erzählte Personen einen impliziten Rat entschlüsseln und danach ihr Leben einrichten, und der Leser soll sich als ein Fortsetzer dieser Reihe betrachten: Literatur als Antizipation möglichen Handelns. Auch hier könnte man einen Aspekt der Moderne vorfinden, denn Anzengrubers Verfahrensweise in dieser Geschichte erinnert in den Grundzügen an die Theorie von der Literatur als Simulationstechnik, bei Ausschaltung des angsterregenden Risikos, das dem wirklichen Handeln anhaftet.[25]

Die stärkste Vertrautheitsvorgabe in den *Märchen des Steinklopferhanns* geht vom Titel aus. Zunächst muß es wundernehmen, daß Anzengruber das Märchenhafte überhaupt heranzieht. Sein literarisches Programm läßt eine Neigung zum Wunderbaren oder gar Numinosen kaum erwarten. Er entwirft eine Gegenposition zum Literaturbegriff der Romantik, zum Primat der Phantasie, zur Tendenz der Poetisierung des Alltäglichen. Anzengruber trägt reichlich auf in seiner Polemik und ist nahe daran, die romantisierende Poesie ausschließlich als Poesie des Übersinnlichen und der Naturbeseelung, der Könige und Heiligen zu sehen. Deshalb ist die Ablehnung heftig: »Die Götter sind uns stumm, die Wunder der Heiligen fragwürdig, die Spuke der Kobolde und Geister verdächtig geworden, und die Leistungen der Könige und Helden gemahnen doch gar zu sehr an Mord und Totschlag.«[26] Es ist besonders die Bindung des Wunderbaren an das literarische »Personal« von Königen (Prinzessinnen usw.), die Anzengruber entschieden ablehnt, nicht aber die Verwendung des Märchenhaften dann, wenn er daran zeigen kann, wie es so zugeht im Leben. Im Roman *Der Sternsteinhof* findet sich ein Beispiel: Die kleine Helene Zinshofer sieht, vor ihrer Hütte stehend und hartes Brot kauend, zum Sternsteinhof hinauf. In dem Märchen, das sie sich dabei ausdenkt, wächst ein junges Mädchen in mancherlei Mutproben über sich hinaus, und schließlich gelingt es ihr, »in dem Schlosse dort oben einem bösen, alten Weibe, das den Schlüsselbund nicht ausfolgen wollte, den Kopf zwischen Deckel und Rand einer eisernen Truhe abzukneipen« und sich in den Besitz der Schätze zu setzen. Dabei wird hinzugefügt: »Auf die Hilfeleistung gütiger Feen machte sie sich keine Rechnung, ›schöne Prinzen‹ schienen ihr kein dringliches Erfordernis.«[27] Helene träumt also ein Märchen, in dem sie sich mit Entschlußkraft und Mut aus ihrer Lage erhebt. Sie verwirft den Märchentyp vom Aschenbrödel, in dem, wie in Berthold Auerbachs *Barfüßele*, Wohlverhalten als Weg zu Glück und Reichtum gewählt wird. Helene – und Anzengruber – wenden sich gegen passive Wunscherfüllungsträume. Hingegen wird das Verhalten *Von einem, der auszog, das Fürchten zu lernen* (und es dabei zu überwinden) anerkannt. Die Namen Hanns und Gretl erinnern an *Hänsel und Gretel* im Märchen der Brüder Grimm, das ebenfalls diesem Typus angehört. Wiederum geht es Anzengruber um eine Vertrautheitsvorgabe und ihre Variation. Die Waldfrau ist nicht die Hexe, von ihr geht vielmehr der Anstoß für die Lösung aus. Das Furchteinflößende, das überwunden werden muß, liegt nicht im Bereich der Dämonie, sondern in der Schwere des Alltäglichen.

Wie Anzengrubers Märchenbegriff in die Märchenforschung paßt, kann hier nur angedeutet werden und muß sich auf einzelne Aspekte beschränken. Es zeigt sich, daß er von dem im allgemeinen beschriebenen Typ nicht weit entfernt ist. Schwierigkeiten und Mangel als Ausgangslage, Kampf und Lösung des Problems sind nach Max Lüthi als »Kernvorgänge des Märchengeschehens« zu bezeichnen.[28] Wenn dabei »Gegner und Helfer häufig der außermenschlichen Welt« angehören,[29] so trifft dies bei den *Märchen des Steinklopferhanns* allerdings so nicht zu. Anzengruber holt beide in die Lebensimmanenz zurück: Die Waldfrau als Helfer ist noch menschlich, und der »Gegner«, die Schwere der Lebensumstände, die in den Personen internalisiert als Zagheit erscheint, ist ebenfalls im Menschlichen angesiedelt. Was die potentiellen Wirkungen betrifft, so ergeben sich verblüffende Gemeinsamkeiten mit dem Interpretations- und Wirkungsansatz bei Bruno Bettelheim.[30] Der allgemeinste Nenner: Das Märchen vermag auch dem Schwächsten konfliktlösendes und erfolgversprechendes Handeln verständlich zu machen. Die Grundbedingung: Er muß hinaus, sich vom Gehabten lösen, um zur Erkenntnis anderer Lebensmöglichkeiten zu gelangen. Das Märchen honoriert den Auszug, und sei es die Lösung von den Eltern; es übt Vertrauen auf die eigenen Kräfte ein. Wichtig ist dabei sein Wesenszug, nur Andeutungen, nicht Anweisungen zu vermitteln. Es wirkt fast als Subsidiaritätsprinzip auf elementarster Ebene, denn es vermittelt den Lebensrat lediglich implizit, und man muß ihn selbst hervorarbeiten. Denn: »Wenn man dem Kind sagt, was es tun soll, wird lediglich die Fessel seiner Unreife durch die Fessel des sklavischen Unterworfenseins unter das Diktum der Erwachsenen ersetzt.«[31]

Anzengruber hat dieses Prinzip erfaßt und so verändert, daß es der kindlichen Ebene enthoben werden kann. Der kirchlichen Predigt als der typischen Form der Anweisung möchte er eine Parabolik der Lücke entgegenstellen und kombiniert sie mit dem Wirkungspotential des Märchens. Er tauscht in seinem Kampf gegen die Bevormundung der noch Unmündigen nicht einfach die Inhalte aus. Einübung in die Selbstaufklärung ist ihm wichtiger als Polemik gegen die Bevormunder als bloße Umkehrung von deren eigener Strategie. Aber Formen brauchen Gegenstände, und so ist nunmehr zu fragen, wie sich das Märchen *Vom Hanns und der Gretl* nicht nur durch den vierten Schritt seiner Verstehensstruktur auf den Leser hin bewegt, sondern wie es aus sich hinaus auch auf die geschichtliche Situation verweist, auf die Zeit, die wieder »am Einnicken« war.

In der Vorrede zu seinen *Kalendergeschichten* schreibt Anzengruber, daß einige Kritiker *Die Märchen des Steinklopferhanns* »für gar sehr gewagt« halten werden.[32] Er meinte dies auch als Vorwegnahme eines Vorwurfs, er bestärke Leser im »Unglauben«, und hält dagegen, daß dies Leser voraussetze, die nicht mehr glauben. Für sie entwirft er eine kämpferische Lebensmoral und Strategien der Belehrung, in der Überzeugung, daß Belehrung immer gegen die Interessen von Mächten vor sich gehe, die Belehrung verhindern wollen. Gegen das Urteil, seine *Märchen des Steinklopferhanns* seien »Märchen der einfältig-weisen, durch Entsagung befriedeten Innerlichkeit des einsamen Menschen«, wie Fritz Martini meint, hätte er sich verwahren müssen,[33] und mit Recht. Auch ein Urteil aus der älteren Anzengruber-Literatur, es gehe in *Vom Hanns und der Gretl* nur um die Überwindung »hypochondrischer Bedenken«, also um subjektiv-psychologische Probleme, greift zu kurz.[34] Vielmehr ist auf eine verborgene Dimension potentieller gesellschaftlicher Wirkung des Märchens hinzuweisen, wie sie z. B. Walter Benjamin in dem Aufsatz *Der Erzähler* beschreibt. Benjamin arbeitet am Märchen dessen

Gegenkraft zur »Not des Mythos« heraus. »Es zeigt uns in der Gestalt des Dummen, wie die Menschheit sich gegen den Mythos ›dumm stellt‹; [...] es zeigt uns in der Gestalt dessen, der auszog, das Fürchten zu lernen, daß die Dinge durchschaubar sind, vor denen wir Furcht haben [...].«[35] Und Benjamin weiter: »Das Ratsamste, so hat das Märchen vor Zeiten die Menschheit gelehrt [...], ist, den Gewalten der mythischen Welt mit List und Übermut zu begegnen. (So polarisiert das Märchen den Mut, nämlich dialektisch: in Untermut, d. i. List, und in Übermut.)«[36] Die Analogie zu *Vom Hanns und der Gretl* ist keine weit hergeholte. Rudolf Latzke listet als eines der wichtigsten Themen von Anzengrubers Geschichten »die Auseinandersetzung mit den unbegriffenen Mächten einer anderen Welt« auf.[37] Dies ist, wenn nicht ein Fehlbefund, ergänzungsbedürftig und zunächst schon von Anzengrubers Programm her auf die unbegriffenen Mächte *dieser* Welt auszudehnen. Vom realistischen, d. h. dem Romantisieren abholden Dichter verlangt er, Alltäglichkeit im Leben, und besonders im Leben der Bedrückten, genauestens zu registrieren, die Not nicht zu verklären, damit »allen Wallern der Pfad gangbarer gemacht« werden könnte. Indem der Schriftsteller »auf solche Weise in die unbefangensten Gemüter den Keim der Unzufriedenheit mit aller himmlischen und irdischen Straßenpolizei streut, erscheint er auch revolutionär.«[38] Der Begriff »revolutionär« ergibt hier nur Sinn, wenn man unter dieser Straßenpolizei sowohl die kirchlich beeinflußte Zensur als auch die Normen des gesellschaftlichen Systems der Zeit versteht.

Franz Mehring hat in einem Aufsatz über das Drama *Der Meineidbauer* betont, daß die »Zeit« dem Stück innewohne, auch wenn sie nicht sichtbar und direkt geschildert ist. Tatsächlich ist ja *Der Meineidbauer* kein Dokumentarstück. Wohl aber spiegle sich in der Titelgestalt »die ganze Verwüstung der klerikalen Reaktion«.[39] Mehring meint damit die Art, wie Mathias Ferner seine schwere Schuld abzutragen hofft durch eine entstellte Form von Werkgerechtigkeit: Sein Sohn soll Priester werden und ihm die Absolution ermöglichen. Auf ähnliche Weise drückt sich auch in den *Märchen des Steinklopferhanns* die Zeit ab. Die persönlichkeitsverkümmernde Verzagtheit, ja Larmoyanz des Dienstbotenpaars ist Ausdruck dafür, daß zeitgenössische Gesellschaftsnormen auf dem Lande von ihnen nicht begriffen werden und deshalb mit der von Benjamin erwähnten Gewalt des Mythos auf ihnen lasten. Schon Rudolf Latzke hat darauf hingewiesen, daß das Dorf bei Anzengruber nicht im Detail geschildert, oft auch gar nicht erwähnt wird, wohl aber als öffentliche Meinung präsent ist.[40] Und diese öffentliche Meinung erfahren die beiden Dienstboten z. B. als jene Norm, die besagt, wer nichts habe, könne nicht heiraten, mit der Implikation des Nicht-Dürfens.[41]

Schon die Tatsache, daß Anzengruber in den *Märchen des Steinklopferhanns* und in anderen seiner Dorf- und Kalendergeschichten die ländliche Unterschicht auch außerhalb der Sozialform Bauernhof erfaßt und damit nicht mehr in »den« Bauernstand inkorporiert, stellt ein neues Moment innerhalb dieser Gattungen dar und holt eigentlich nur nach, was in der historischen Wirklichkeit schon lange der Fall war. Dies unterscheidet Anzengruber sowohl von der Dorfgeschichte vor ihm als auch von der Heimatkunst nach ihm, mit der er überhaupt in keine enge Verbindung gebracht werden sollte.[42] Es ging ihm weder um Eigenheiten eines regionalen Menschenschlags noch um das Ländliche als solches, noch um den Bauern.[43] Hingegen ist der Anteil der ländlichen Unterschicht an den Gestalten seiner Erzählprosa so hoch wie nie zuvor in der Dorfliteratur.[44] Hatte z. B. die erste Dorfgeschichtenphase von 1830–60 den Bauern literaturfähig gemacht und dabei die schon von Johann Heinrich Voß gestaltete dienende Schicht weitgehend ausgeschlossen, so macht Anzengruber, nach einem Rückgang der Dorfgeschichte nach 1860, zusammen mit einer sozialkritischen Erweiterung des Genres nach 1870 das ländliche Proletariat literaturfähig.[45] Dabei erscheint es wahrscheinlich, daß der Einfluß von Gesellschaftsbildern wie dem Wilhelm Heinrich Riehls, das den ländlichen Bereich (Bauern, Landadel) als letzte Bastion korporativer Gemeinschaftsformen betrachtet, einen analytischen Blick auf das Schichtenproblem auf dem Lande verhindert hat.[46] Ein literarisches Interesse am ländlichen Proletariat, so darf man annehmen, entzündete sich erst am Interesse für das mittlerweile voll herausgebildete städtische. Nach Anzengruber ist die Situation der ländlichen Unterschicht von der Literatur wieder weitgehend ›vergessen‹ worden, zum Schaden einer Traditionsbildung realistischer Heimatliteratur.

Wenn in einer Übersichtsarbeit zur Dorfprosa die Frage, ob Landbewohner sie gelesen haben, als nach wie vor unbeantwortet bezeichnet wird,[47] so bedeutet dies auch für *Die Märchen des Steinklopferhanns,* daß an die Stelle der Vermutungen über die tatsächliche Rezeption lieber einige Beobachtungen treten sollten, auf welche Weise die Texte selber einige Arten ihres Gelesenwerdens durch ein Publikum begünstigten, andere unwahrscheinlich erscheinen lassen. Wenn in der *G'schicht von der Maschin'* sich der Steinklopferhanns von der Dampfmaschine ›zurechtweisen‹ läßt, um diese Zurechtweisung an die Landarbeiter weiterzugeben, so läge der Schluß nahe, diese Landarbeiter seien zuallererst als Leser angesprochen. »Es ›glaubt‹ sich halt so viel leicht, und es ›weiß‹ sich halt so viel schwer« (92) lautet der Vorwurf, aber von Unwissenheit und Aberglauben zu Einsicht und Wissen zu kommen hatten nicht nur die Landarbeiter nötig. Andererseits beinhalten *Die Märchen des Steinklopferhanns* keine Vertreter der traditionellen Bildungsberufe, wie Lehrer und Geistliche, die nicht zuletzt deshalb bereits am Anfang der Dorfgeschichte als literarische Figuren aufscheinen, weil sie de facto in der Bauernaufklärung als Vermittler zwischen Buch und Bauern fungierten.[48] Der Dorflehrer als Vorleser für Ungebildete, wie es noch Berthold Auerbach in Betracht zog,[49] ist eine Vorstellung, die bei Anzengruber und den *Märchen des Steinklopferhanns* nicht mehr greifen will. Kaum jemals gibt es Lehrer in seinen Werken, und seine Priester sind entweder Opfer, wie Hell im *Pfarrer von Kirchfeld,* oder Eiferer, wie der Kaplan im *Sternsteinhof,* oder haben resigniert, wie der alte Pfarrer im selben Roman. Eine für möglichst viele Leser geschriebene Prosa, die in einem derart konsequenten Außenseiter wie dem Steinklopferhanns ihren Vermittler hat, läßt sich schwer als bevorzugte Lektüre der normenbestimmenden Schicht auf dem Lande vorstellen. Mit dem Landproletarier als Vermittler und Sprachrohr wird auch einer neuen Leserschicht ein Angebot gemacht. Aber diese textimmanenten Merkmale erlauben nur geringe Angaben über die tatsächliche Leserschaft. Auch ein Rückschluß vom Textträger Kalender, der sich in den sechziger Jahren zu einem neuen Typus entwickelte, auf ein Publikum ermöglicht nur annähernde Aussagen.[50]

Man wird Anzengruber am ehesten gerecht, wenn man seine Intentionen samt ihrem Nonkonformismus würdigt und damit den Faktor der Dissonanz auf einer weiteren Ebene nachweist. Im Vertrauen auf die unerhörte Zunahme der Kalenderauflagen[51] verfaßte Anzengruber einen Typ von Literatur, der den Konsumenten populärer Lesestoffe etwas anderes bieten sollte als den »nackten Unsinn, oft mit krausester Tendenz verquickt«, den er schon auf der Volksbühne bekämpfte, weil er überzeugt war, daß damit Schaden gestiftet würde.[52] In der »Kluft des Unverständnisses zwischen Lesestoff-Produktion und der geistigen Elite [...] in der zweiten Hälfte des 19. Jahrhunderts«, von der Rudolf Schenda spricht,[53] erkannte Anzengruber jenes Vakuum, in das nach 1848 die Volksbevormundung durch die alten gesellschaftlichen Kräfte verstärkt eingedrungen war. In seiner Rolle als »Dorfgänger«, als ein genauer Beobachter, der zu Dorf und Landbevölkerung ein weit weniger emotionales Verhältnis besaß als etwa sein Freund Rosegger, hatte er die Zusammenhänge zwischen der Beschaffenheit der populären Lesestoffe und den antiliberalen Strömungen erfaßt. Er setzt deshalb seine Absichten scharf ab von jener Tradition der früheren Volksaufklärung, der zufolge gute Lektüre in jedem Falle etwas mit Religion zu tun haben und von der Welt ablenken müsse und die damit die Rolle »religiös-reaktionärer Zerknirschungsliteratur« übernahm.[54] Schenda hat das Beharrungsvermögen der Ansicht aus der frühen Volksaufklärung, der Blick in ein höheres Leben stärke den Frohsinn in diesem, weit ins 19. Jahrhundert nachgewiesen, und auch die Verbannung der Phantasie aus solcher Literatur, weil sie vorgeblich zum Müßiggang führe, gehört in dieselbe Linie.[55] Anzengrubers *Märchen des Steinklopferhanns* lesen sich demgegenüber wie Antithesen. In allen sechs Geschichten ist die Phantasie in der Form der Vision, des Traums, des »einwendigen G'sichts« ein Auslöser von Entschluß- und Handlungskräften. Diese freigesetzten Kräfte in den Gestalten leitet der Blick auf die diesseitige Welt in das Wagnis eines erfüllten Lebens. Anzengrubers stärkste Motivation, mit der Feder in der Hand seine Zeit am Einschlafen zu hindern, kommt aus dem Wissen um die weitreichenden Folgen jenes Pessimismus, der gerade auch in den populären Lesestoffen als »Grundstimmung« anzutreffen war.[56] In einem seiner Aphorismen schreibt er: »Die Gefahr des Pessimismus steckt darin, daß er müde macht und eine politische Reaktion erleichtert.«[57]

Anmerkungen

Werkzitate beziehen sich auf folgende Ausgabe: Anzengrubers Werke. Gesamtausgabe nach den Handschriften in zwanzig Teilen. Mit Lebensabriß, Einleitungen und Anmerkungen hrsg. von Eduard Castle. Leipzig 1921. *Hier zit. als: Werke. Bei den Aphorismen wird zurückgegriffen auf* die heute schwerer zugängliche Ausgabe: *Sämtliche Werke.* Unter Mitwirk. von Karl Anzengruber hrsg. von Rudolf Latzke und Otto Rommel. Krit. durchges. Gesamtausg. in 15 Bdn. Wien 1921/22. *Hier zit. als: SW. Bibliographische Angaben zu den »Märchen des Steinklopferhanns« in Anm. 5. Die Briefzitate entstammen der Ausgabe: Briefe von Ludwig Anzengruber.* Mit neuen Beiträgen zu seiner Biographie hrsg. von Anton Bettelheim. 2 Bde. Stuttgart/Berlin 1902. *Hier zit. als: Briefe.*

1 Der Frühlingstraum eines Glücklichen. In: Werke. T. 1. S. 181f.

2 Nachruf in der Wiener Arbeiter-Zeitung (13. 12. 1889) zu Anzengrubers Tod am 10. 12. 1889; zit. bei Anton Bettelheim: Anzengruber und Viktor Adler. In: Das literarische Echo 22 (1920) H. 7. Sp. 402. Bettelheim gibt den ganzen Text wieder.

3 Briefe. Bd. 2. S. 447 (26. 3. 1886) an Wilhelm Bolin.

4 Die Literaturwissenschaft in der DDR hat sich im Rahmen der Erbe-Diskussion Anzengrubers angenommen. Sie folgt dabei im wesentlichen Franz Mehring (Anzengrubers Meineidbauer. In: Volksbühne 2 [1893/94] H. 4). Ferner Paul Reimann: Ludwig Anzengruber. In: ZDLG (=Weimarer Beiträge) 6 (1960) S. 532–550; Walter Dietze: Ludwig Anzengruber. In: Erbe und Gegenwart. Aufsätze zur vergleichenden Literaturwissenschaft. Berlin/Weimar 1972. S. 58–134.

Eine umfassende Monographie neueren Datums gibt es nicht. Der Aufsatz »Anzengrubers realistische Kunst« von Hubert Lengauer, mit besonderem Akzent auf dem Roman »Der Sternsteinhof« (in: Österreich in Geschichte und Literatur 21 [1977] H. 6. S. 386–404), unterbricht eine längere Pause der Beschäftigung mit Anzengruber in Österreich. Der Bewertung »bedeutendster Dramatiker der Gründerzeit« ist zuzustimmen (Reinhard Wittmann. In: Realismus und Gründerzeit. Manifeste und Dokumente zur deutschen Literatur 1848–1880. Hrsg. von Max Bucher, Werner Hahl [u. a.] Stuttgart 1976. S. 214); um so merkwürdiger mutet es an, daß er z. B. bei Klaus Günther Just (Von der Gründerzeit bis zur Gegenwart. Geschichte der deutschen Literatur seit 1871. Bern/München 1973) nicht einmal mit dem Namen erwähnt wird. Bei Claudio Magris (Der habsburgische Mythos in der österreichischen Literatur. Salzburg 1966) erhält er nur eine Fußnote, wohl deshalb, weil er sich gegen beinah alle Züge dieses Mythos querstellt.

5 Die Märchen des Steinklopferhanns. Werke. T. 15: Kalendergeschichten I und II. S. 67–120. »Die Märchen des Steinklopferhanns« sind außerdem zugänglich in: Ausgewählte Werke. 2 Bde. Wien 1966. Bd. 1; in: Erzählungen. Wien 1974; in: Die Märchen des Steinklopferhanns. Eingel. von Oskar Babinek und Gustav Keyl. Wien 1948; in: Werke in zwei Bänden. Ausgew. und eingel. von Manfred Kuhn. Bd. 1. Berlin 1971.
Anzengruber begann mit den »Märchen des Steinklopferhanns« für Peter Roseggers Kalender »Das Neue Jahr« im Herbst 1872, schickte im Februar 1873 Nr. 1 und 2, Anfang 1874 Nr. 3, 5, 6; im Kalender auf 1875 erschienen dann nur 1, 2, 3. Nr. 4 vollendete Anzengruber erst im September 1874, es erschien im April 1879 in der »Deutschen Revue«. Im Herbst 1879 erschienen im »Illustrierten Österreichischen Volkskalender für 1880« alle »Märchen des Steinklopferhanns«, in Buchform unter dem Titel »Launiger Zuspruch und ernste Red'«, zusammen mit anderen Kalendergeschichten Anzengrubers (Lahr 1882). In Castles Ausgabe sind einige Striche aus der letztgenannten Veröffentlichung wieder rückgängig gemacht.

6 Josef Nadler: Literaturgeschichte Österreichs. Linz 1948. S. 371.

7 Briefe. Bd. 1. S. 119f. (11. 2. 1871).

8 Wittmann (Anm. 4) S. 197.

9 Ebd. S. 205.

10 Vgl. die Aphorismen Nr. 96, S. 26; Nr. 201, S. 53; Nr. 630, S. 184 im 8. Band der SW.

11 Briefe. Bd. 1. S. 122 (1. 3. 1871) an Rosegger.

12 Briefe. Bd. 1. S. 158f. (9. 1. 1872).

13 Hermann Kinder: Poesie als Synthese. Ausbreitung eines deutschen Realismusverständnisses in der Mitte des 19. Jahrhunderts. Frankfurt a. M. 1973.

14 Eine Plauderei. Als Vorrede zum zweiten Bändchen der »Dorfgänge« (»Zur Psychologie der Bauern«). In: Werke. T. 13. S. 103ff.

15 Herman Meyer: Der Sonderling in der deutschen Dichtung. München 1963.

16 3. Akt, 1. Szene. In: Werke. T. 2. S. 255–257.

17 Brief Roseggers vom Januar 1874, zit. in: Werke. T. 15. Einleitung Castles. S. 8.

18 Eine kleine Plauderei als Vorrede zu den »Kalendergeschichten«. Werke. T. 15. S. 16.

19 Vgl. dazu Wittmann (Anm. 4) S. 234. Rolf Engelsing: Analphabetentum und Lektüre. Zur Sozialgeschichte des Lesens in Deutschland zwischen feudaler und industrieller Gesellschaft. Stuttgart 1973. S. 127f.; Rudolf Schenda: Volk ohne Buch. Studien zur Sozialgeschichte der populären Lesestoffe 1770–1910. München 1977. S. 282f.

20 Schenda (Anm. 19) S. 473.

21 Wolfgang Mieder: Das Sprichwort in den Dorf- und Kalendergeschichten von Ludwig Anzengruber. In: Österreichische Zeitschrift für Volkskunde 76 (1973) S. 219–242. In den fünf Sammlungen, die 20 Jahre abdecken, kommt auf 5,9 Seiten ein Sprichwort. Bei Jeremias Gotthelf lautet das Verhältnis 11,4:1 und bei Berthold Auerbach 16,6:1.

22 Die ältere Anzengruber-Literatur hat sowohl Anzengrubers Pantheismus als auch den Einfluß Ludwig Feuerbachs hervorgehoben (Anton Bettelheim, Otto Rommel, Alfred Kleinberg), ohne

die direkte empirische Evidenz eines Feuerbach-Erlebnisses, etwa wie bei Gottfried Keller, liefern zu können. Den Übergang von Pantheismus zu Atheismus und materialistischer Weltanschauung betont im besonderen Walter Dietze (Anm. 4). Ein beträchtlicher Teil der Aphorismen im 8. Band der SW beschäftigt sich mit tatsächlichen und antizipierten Konsequenzen einer atheistischen Lebensführung; der Einfluß Feuerbachs wird darin zweifellos sichtbarer als in den Dramen und in der Erzählprosa. Zur Eingliederung dieses Aspekts bei Anzengruber in einen größeren Zusammenhang vgl. Karl S. Guthke: Die Mythologie der entgötterten Welt. Ein literarisches Thema von der Aufklärung bis zur Gegenwart. Göttingen 1971.

23 Vorrede Kalendergeschichten. Werke. T. 15. S. 16.
24 Ebd.
25 Dieter Wellershoff: Fiktion und Praxis. In: Literatur und Veränderung. München 1971; Transzendenz und scheinhafter Mehrwert. Zur Kategorie des Poetischen. In: Literatur und Lustprinzip. Köln 1973.
26 Plauderei »Dorfgänge«. Werke. T. 13. S. 103.
27 Werke. T. 12. S. 16.
28 Max Lüthi: Märchen. 3. Aufl. Stuttgart 1968. (Sammlung Metzler. 16.) S. 27.
29 Ebd. S. 27.
30 Bruno Bettelheim: Kinder brauchen Märchen. Stuttgart 1977.
31 Ebd. S. 47.
32 Vorrede Kalendergeschichten. Werke. T. 15. S. 20.
33 Fritz Martini: Deutsche Literatur im bürgerlichen Realismus 1848–1898. 2. Aufl. Stuttgart 1964. S. 477.
34 Alfred Kleinberg: Ludwig Anzengruber. Ein Lebensbild. Mit einem Geleitwort von Wilhelm Bolin. Stuttgart/Berlin 1921. S. 181.
35 Walter Benjamin: Der Erzähler. In: Über Literatur. Frankfurt a. M. 1969. S. 53.
36 Ebd. S. 54.
37 Rudolf Latzke: Die literarische Tradition der Dorfgeschichte. In: SW. Bd. 15/1. S. 486.
38 Plauderei »Dorfgänge«. Werke. T. 13. S. 106.
39 Franz Mehring: Anzengrubers Meineidbauer. In: Gesammelte Schriften und Aufsätze. Hrsg. von Eduard Fuchs. Bd. 2: Zur Literaturgeschichte von Hebbel bis Gorki. Eingel. von August Thalheimer. Leipzig 1929. S. 96–100. Siehe auch Anm. 4.
40 Latzke (Anm. 37) S. 491.
41 Den Roman »Schöne Tage« des Salzburger Bauernsohnes Franz Innerhofer kann man als Gegenmodell zum Heimatroman des 20. Jahrhunderts ebenso lesen wie als Fortsetzung der Anzengruber-Tradition. »Heiraten, hieß es, kann nur, wer etwas hat. Aber die Dienstboten hatten nichts als ihre Not.« (Salzburg 1974. S. 25.)
42 Vgl. Karlheinz Rossbacher: Heimatkunstbewegung und Heimatroman. Zu einer Literatursoziologie der Jahrhundertwende. Stuttgart 1975. S. 22–25.
43 Vgl. Briefe. Bd. 1. S. 186 (14. 2. 1873) an Schlögl; das Nachwort zum Roman »Der Sternsteinhof«; Briefe. Bd. 2. S. 85 (13. 10. 1880) an Wilhelm Bolin; Latzke (Anm. 37) S. 485.
44 Referenzmaterial zur Gattung der Dorfprosa und ihrer Geschichte sind hier, neben Latzke, die Arbeiten von Jürgen Hein: Dorfgeschichte. Stuttgart 1976. (Sammlung Metzler 145.) Zur Gattungsfrage bes. S. 68; Werner Hahl in: Realismus und Gründerzeit (Anm. 4) Bd. 1. S. 48–93; für die Zeit bis 1848 Uwe Baur: Dorfgeschichte. Zur Entstehung und gesellschaftlichen Funktion einer literarischen Gattung. München 1978. Die nicht publizierte Arbeit von Walther Methlagl (Die Entstehung von Franz Michael Felders Roman »Reich und Arm«. Innsbruck 1977) enthält ausführliche Abschnitte zur Dorfprosa. Über die Stellung der Dorfgeschichte bei den Programmatikern des bürgerlichen Realismus vgl. Helmuth Widhammer: Die Literaturtheorie des deutschen Realismus (1848–1860). Stuttgart 1977. (Sammlung Metzler. 152.) S. 72–79.

45 Über die Ausklammerung sowohl der unteren als auch der oberen Schichten der Gesellschaft aus der Literatur des Bürgerlichen Realismus vgl. J[ames] M. Ritchie: Die Ambivalenz des ›Realismus‹ in der deutschen Literatur 1830–1880. In: Richard Brinkmann (Hrsg.): Begriffsbestimmung des literarischen Realismus. Darmstadt 1969. S. 376–399.

46 Wilhelm Heinrich Riehl: Die bürgerliche Gesellschaft. 1851. Nach der Ausg. 1887 hrsg. von Peter Steinbach. Frankfurt a. M. / Wien / Berlin 1976. Bes. die Kapitel über die »Mächte der Beharrung«.

47 Hein (Anm. 44) S. 80; ähnlich Engelsing (Anm. 19) S. 123; Realismus und Gründerzeit (Anm. 4) S. 227; Schenda (Anm. 19) S. 76.

48 Hein (Anm. 44) S. 55.

49 Ebd. S. 80.

50 Das Medium Kalender, besonders der neue Typ der sechziger Jahre, bietet keine Garantie dafür, daß die ländliche Unterschicht mit Geschichten wie denen Anzengrubers erreicht werden konnte. Der Kalender ist lediglich der Textträger, der noch am ehesten in die Hände jener Schichten gelangt. Der Topos von »Bibel und Kalender« als dem einzigen Gedruckten im Hause (Schenda [Anm. 19] S. 281f.) bezieht sich noch auf einen Typus, in dem sehr wenig Text enthalten war (Engelsing [Anm. 19] S. 128). Von regionalen Ausnahmen, wie z. B. Johann Peter Hebels Kalendern, sei hier abgesehen.

51 Zum Aufschwung des Kalenders im Zuge der Zunahme des Lesens in den sechziger Jahren vgl. Engelsing (Anm. 19) S. 118; Peter Rosegger: Österreichische Volkskalender. In: Heimgarten 5 (1881) S. 223–228. Es gab Kalender mit Auflagen bis zu 100000.

52 Briefe. Bd. 1. S. 289 (30. 10. 1876) an Duboc.

53 Schenda (Anm. 19) S. 64.

54 Ebd. S. 70. Zitat aus: Realismus und Gründerzeit (Anm. 4) S. 55 (Hahl).

55 Schenda (Anm. 19) S. 69, 106.

56 Ebd. S. 349.

57 SW. Bd. 8. Nr. 127. S. 34.

Literaturhinweise

Ludwig Anzengruber ist gegenwärtig, wie der österreichische Spätrealismus überhaupt, in der germanistischen Forschung vernachlässigt. Schon aus Gründen der Materialaufbereitung wird man auf A. Bettelheim, Kleinberg, Latzke, Rommel (in den Anmerkungen zitiert) zurückgreifen müssen. Für »Die Märchen des Steinklopferhanns«, kaum jemals gesondert behandelt, gelten die Verweise auf Anzengrubers Erzählprosa im allgemeinen.

Dietze, Walter: Ludwig Anzengruber. In: Erbe und Gegenwart. Aufsätze zur vergleichenden Literaturwissenschaft. Berlin/Weimar 1972. S. 58–134.

Fuchs, Albert: Geistige Strömungen in Österreich. 1867–1918. Wien 1949. S. 5–39: »Liberalismus«; S. 43–82: »Katholizismus«.

Hein, Jürgen: Dorfgeschichte. Stuttgart 1976. (Sammlung Metzler. 145.)

Lengauer, Hubert: Anzengrubers realistische Kunst. In: Österreich in Geschichte und Literatur 21 (1977) H. 6. S. 386–404 (bes. über »Der Sternsteinhof«).

Rommel, Otto: Ludwig Anzengrubers Leben und Werke. In: Ludwig Anzengrubers Sämtliche Werke. Unter Mitw. von Karl Anzengruber hrsg. von Rudolf Latzke und Otto Rommel. Krit. durchges. Gesamtausg. in 15 Bdn. Bd. 15. S. 273–467. Im selben Band auch Rudolf Latzke: Anzengruber als Erzähler.

– Die Philosophie des Steinklopferhanns. Ludwig Anzengruber und seine Beziehungen zur Philosophie Ludwig Feuerbachs. In: Zeitschrift für den deutschen Unterricht 33 (1919) S. 19–25.

HEIDI BEUTIN

Marie von Ebner-Eschenbach: *Božena* (1876)
Die wiedergekehrte »Fürstin Libussa«

In einer Festrede über Marie von Ebner-Eschenbach (1830–1916) verlängerte vor einigen Jahren Gertrud Fussenegger, die zeitgenössische Autorin, den Entwicklungsgang zweier dichterischer Figuren der älteren Kollegin in die Gegenwart: »Das Gemeindekind Pavel kommandiert als Funktionär in der Kolchose, die treue Magd Božena trägt als erfolgreiche Vorarbeiterin am ersten Mai die rote Fahne.«[1]
Konnte ein solcher Satz im München der sechziger Jahre der Schöpferin Pavels und Boženas und diesen selber vermutlich kaum die Sympathie der Hörer gewinnen, so spiegelte er doch komprimiert zwei von den Problemen wider, mit denen sich die Wissenschaftler hauptsächlich befaßt haben, die das Leben und Schaffen Maries von Ebner-Eschenbach erforschten. Božena, Titelfigur der gleichnamigen Erzählung, und Pavel, Held der Erzählung *Das Gemeindekind* (1887), sind Gestalten aus der unteren, ja untersten Schicht des Volkes. Die Frage stellte sich, warum ausgerechnet eine Dichterin aus dem Hochadel recht häufig Gestalten aus der Masse der Unteren in den Mittelpunkt ihrer Kunst rückte. Gefragt wurde nach der »Standesproblematik«, dem Verhältnis der Dichterin zu ihrem eigenen Stand und den übrigen Ständen der Zeit. Und die zweite Frage, die aus Gertrud Fusseneggers Satz herausklang, war die nach der Weltanschauung der Dichterin. Bewertete eine Reihe von Forschern bis in unsere Tage die Ebner als Verfechterin eines bürgerlichen oder liberalen »Humanismus«[2], so fanden sich auch Autoren, die ihr einen Sozialismus bescheinigten, einen »Sozialismus der Tat«, einen »inneren« oder »ethischen« Sozialismus,[3] wobei allerdings die Begrifflichkeit vage blieb. Neben zwei weiteren Gesichtspunkten – dem literarischen Rang der Ebner-Eschenbach[4] sowie der Einordnung ihres Œuvres zwischen ›Idealismus‹ und ›Realismus‹ (oder: der ›Grenzen‹ ihres Realismus[5]) – galt das Interesse der Forschung wesentlich der Standesproblematik und der Weltanschauungsfrage.[6]
Mit Gertrud Fusseneggers Äußerung konfrontiert, konnte der Leser älterer deutscher Literatur allein schon deshalb befremdet sein, weil er, vorbereitet meistens durch nicht mehr als eine – gewissermaßen obligatorische – Lektüre der Tiergeschichte *Krambambuli* (1883), die wenigen Werke der Dichterin, die größeren Umfang aufweisen, und deren Helden kaum kennt. Der Name Ebner-Eschenbach ruft heutzutage gewöhnlich nur die Erinnerung an die Hundegeschichte und allenfalls an andere kleinere Prosadichtungen wach, wohingegen die größeren, dem Roman angenäherten, von der Verfasserin gleichwohl als ›Erzählungen‹ bezeichneten im Begriff sind, der Vergessenheit anheimzufallen, voran die früheste, die Erzählung *Božena* (1876).
In der Kritik und Literaturgeschichtsschreibung hat dieser Text zu keiner Zeit besondere Wertschätzung erfahren. Bereits Marie von Ebner-Eschenbach selbst beklagte sich über die mangelnde Resonanz, die ihre Erzählung in der Öffentlichkeit fand.[7] Neben dem geringen Bekanntheitsgrad der Verfasserin, die erst im Alter von fünfzig Jahren mit der Erzählung *Lotti, die Uhrmacherin* (1880) weitere Kreise erreichte, war tatsächlich das geringe Presseecho eine wichtige Ursache für den Mißerfolg. Ferdinand von Saar nannte

diese Behandlung »geradezu schändlich«, sah er doch in dem Werk »das Bedeutendste«, »was seit langem, wenigstens in Österreich, auf dem Gebiete der Erzählung geleistet wurde«.[8] In der wissenschaftlichen Literatur fehlt bis heute[9] eine Abhandlung, die eigens diesem Prosatext gewidmet wäre, wie überhaupt die Werke der Dichterin, obgleich als Fundgrube für Dissertationsthemen längst entdeckt, nur ausnahmsweise in Einzelinterpretationen gewürdigt worden sind.

Im folgenden sei versucht, Marie von Ebner-Eschenbachs Erzählung *Božena*, die erste größere Prosaarbeit der Dichterin, als Beispiel für literarischen Avantgardismus innerhalb des Bürgerlichen Realismus im letzten Viertel des 19. Jahrhunderts zu interpretieren, und dies unter dreifachem Aspekt: 1. Die Titelfigur der Erzählung ist eine *Frau*. – Könnte das Werk somit als Darstellung einer spezifischen Frauenproblematik im Konnex einer noch ausreichend gesicherten patriarchalischen Gesellschaftsordnung verstanden werden? 2. Die Dichterin wählte ihre *Heldin* bewußt *aus der Masse der Geringen*, eine – wie es im Text ausdrücklich heißt – »Plebejerin«.[10] – Welche besondere Bedeutung kommt dieser Wahl zu? 3. Die Titelfigur ist *tschechischer Nationalität*. – Haben wir darin eine Stellungnahme zum überhitzten Nationalismus der Epoche?

Die Darstellung von *Angehörigen slawischer Völker* in der Dichtung Maries von Ebner-Eschenbach hob letzthin Alice Koch hervor: »Es gehört zu den Verdiensten Marie von Ebner-Eschenbachs, daß sie in einer Zeit das Verständnis für die slawischen Völker und vor allem das tschechische Volk wachhielt, als die chauvinistische Bourgeoisie Österreichs diese Völker als national minderwertig verachtete und drangsalierte.«[11] Mit der Wahl der *Magd als Heldin* konnte die Dichterin keine Priorität beanspruchen und beanspruchte sie auch keineswegs: Im Jahre 1864, zwölf Jahre vor ihrer Erzählung, war der Roman *Germinie Lacerteux* der Brüder Edmond und Jules de Goncourt erschienen, ebenfalls die Geschichte einer Dienstmagd. Dem Roman ging ein kurzes, jedoch, wie sich erweisen sollte, epochemachendes Vorwort voran, »in dem neue Entfaltungsmöglichkeiten der Gattung aufgezeigt werden«.[12] Zwar ließ sich bisher nicht ermitteln, ob Marie von Ebner-Eschenbach den Roman der Goncourts kannte; doch liegt der Vergleich mit ihrer eigenen Erzählung nahe. Die in der Forschungsliteratur zuweilen geäußerte Auffassung, die Dichterin habe zum Kampf der *Frauenbewegung* um die politische Gleichberechtigung der Frau nicht Stellung bezogen,[13] gründet sich darauf, daß wir von der Ebner eine ausgesprochen politische Manifestation zur Frauenfrage nicht besitzen. Doch immerhin dürfen als kleine Beiträge hierzu einige ihrer Aphorismen gewertet werden;[14] daher sollte man bei der Interpretation des dichterischen Werks, also auch der Erzählung *Božena*, diesen Aspekt nicht vernachlässigen.

Marie von Ebner-Eschenbach fühlte sich keiner bestimmten Dichterschule zugehörig oder verbunden. Auch wies sie nachdrücklich darauf hin, daß sie mit ihren Dichtungen »nie eine Tendenz verfolgt, oder eine bestimmte Wirkung auszuüben« versucht habe.[15] Als ihre Aufgabe betrachtete sie es, den Mitmenschen einen Spiegel vorzuhalten, und ihr Ehrgeiz, schrieb sie, sei dann befriedigt gewesen, wenn diese sich darin erkannten und äußerten: »ja, es ist wahr, so sind wir!«[16] Ihrem eigenen Anspruch glaubte sie gerecht werden zu können, indem sie menschliches Dasein in der Form der ›Lebensgeschichte‹ vorführte: »Was ich mit jeder meiner Arbeiten will: möglichst einfach die Lebensgeschichte oder ein Stück Lebensgeschichte eines Menschen erzählen, dessen Geschichte mir besonderes Interesse eingeflößt hat. Ich habe die Anregung, ein Buch zu schreiben, nie durch ein Buch, sondern immer nur durch einen Menschen empfangen.«[17] In diesem Bekenntnis, dem sich andere dichtungstheoretische Aussagen der Verfasserin zur Seite stellen ließen, haben wir den Grundbestandteil einer individuellen Dichtungstheorie vor uns, die sich als Variante realistischer Dichtungstheorien des 19. Jahrhunderts zu erkennen gibt. Für die Untersuchung des Schaffens der Dichterin ist der Begriff der ›Lebensgeschichte‹ von Wichtigkeit, weil sie selbst ihn zur Erläuterung verwendete und auch die Forschungsliteratur ihn wieder heranzog.

In ihrer Erzählung *Božena* schildert Marie von Ebner-Eschenbach die ›Lebensgeschichte‹ einer tschechischen Dienstmagd im Zusammenhang mit den politischen und sozialen Zuständen im Österreich der vierziger und fünfziger Jahre des 19. Jahrhunderts. Die Handlung beginnt in der Ära, die der bürgerlichen Revolution von 1848 vorausging. Orte des Geschehens sind die mährische Kleinstadt Weinberg, die in ökonomischer und gesellschaftlicher Hinsicht Mittelpunkt für ihre engere und weitere Umgebung ist, sowie das Gut der adligen Familie Rondsperg. Der Leser wird ebenso in die Sphäre des zwar noch politisch tonangebenden, doch ökonomisch herabsinkenden Adels eingeführt wie in die des wirtschaftlich aufsteigenden Bürgertums. Es ist die Zeit der Kapitalisierung auf dem Lande und in der Stadt, Periode der beginnenden Entfaltung des Verkehrs- und Nachrichtenübermittlungswesens: »Die Stadt Weinberg hatte indessen teilgenommen an den Segnungen des aufblühenden Verkehrs. Seitdem ein stattlicher Bahnhof sich dicht vor den Anlagen erhob, seitdem der Eisenstrang die Stadt im Halbbogen umkreiste, seitdem Telegraphendrähte Nachrichten aus allen Richtungen der Windrose über die Köpfe der guten Weinberger hinübertrugen, war ein gewaltiger Andrang von fremden Zuzüglern entstanden, von unternehmenden Leuten, die ihr Glück versuchen wollten in der im Aufschwunge begriffenen Stadt.« (184)

Zu den »unternehmenden Leuten« gehört aber nicht zuletzt Regula, Tochter der alteingesessenen Familie Heißenstein, die Alleinerbin des Weinhändlers Leopold Heißenstein. Regulas Reichtum ist Anlagekapital. Als »Kapitalistin«, wie sie in der Erzählung tituliert wird (162), erwirbt sie Grundstücke und läßt sie Häuser bauen. Auch der Kauf des Gutes Rondsperg stellt ihrer Meinung nach für sie eine gute Kapitalanlage dar, einen »Zukunftskauf« (191). Hierdurch erweist sich Regula als zugehörig zur Bourgeoisie. Sie paßt ausgezeichnet hinein in das Bild ihrer Zeit mit dem Bauboom, dem Wachsen der Städte und der allgemeinen Kapitalisierung, Vorgängen, die der alte Adel voller Bitternis betrachtet. Diesen herabkommenden Adel repräsentiert in der Erzählung u. a. der alte Graf Rondsperg. Ihn läßt die Dichterin die zersetzende Macht des Geldes anprangern: »Für Geld ist ja alles feil, das Vätererbe, das uns den Namen gegeben hat, die Gräber der Ahnen – alles zu haben für Geld ... Auf die Trommel damit!« (240)

Die Sichtweise, aus der das Ganze erzählt wird, hängt mit der Wahl der Hauptfiguren zusammen und mit den Konflikten, in die sie verwickelt werden. Für die Dichterin gab es mehr als eine einzige Perspektive: Neben der Darstellung aus der Sicht des alten Adels wäre die aus der Sicht des aufstrebenden Bürgertums möglich gewesen (die Sichtweise in Gustav Freytags Roman *Soll und Haben*[18]). Marie von Ebner-Eschenbach wählte jedoch keine von beiden. Wie sie schon mit der Wahl ihrer Heldin andeutete, entschied sie sich dafür, die Begebenheiten in Weinberg und auf dem Rondspergischen Gut aus der Sicht der Plebejerin zu erzählen. Die Lebensgeschichte Boženas, die sich mit denen ihrer beiden Schützlinge Rosa und Röschen verbindet, stellt ihrerseits die Verbindung zwischen der Bürger- und Adelswelt dar. Beide also, die Angehörigen des Bürgertums und des Adels, konfrontierte die Dichterin mit der Vertreterin einer Gesellschaftsschicht, die damals weder wirtschaftlich noch politisch mächtig war: der Schicht der städtischen Besitzlosen. Die Plebejer gehörten zu den »Geringen«, nicht anders als die kleinen Bauern und die Proletarier auf dem Lande und in der Stadt.

Als bestimmend für das gesamte Handlungsgeschehen erweist sich in der Erzählung das Verhältnis der Angehörigen des Bürgertums, insbesondere der Familie Heißenstein, zu der Magd Božena. Dies Verhältnis ist zunächst ein Arbeitsverhältnis, worin Božena als Abhängige und die Familie Heißenstein als Herrschaft erscheint: Leopold und seine zwei Frauen in der ersten, Regula in der zweiten Generation. Jedoch aus dem Arbeitsverhältnis erwächst der Magd eine tiefe emotionale Bindung zunächst an ihren Schützling Rosa und dann auch an deren Kind Röschen.

Die Dichterin stellt ihre Heldin im ersten Abschnitt der Erzählung als »Magd des Hauses« vor, »derb und verläßlich«; sie ist zu diesem Zeitpunkt 22 Jahre alt (77). Daß sie mit Nachnamen Ducha heißt, erfährt der Leser erst viel später, als die Erzählerin die Beschriftung des Kofferdeckels erwähnt (120). Bei der anfänglichen Einführung der Titelgestalt gibt sie statt des Nachnamens vielmehr wieder, wie Božena von anderen genannt wird: »die schöne Božena« (77). Weiter beschreibt sie das ausdrucksvolle Gesicht der Magd, dazu die wichtigsten Züge ihres Charakters. Auffällig hier der Vergleich: »Die schöne Božena hätte sich an Größe und Stärke kühnlich mit einem Flügelmanne des Garderegiments Friedrich Wilhelms I. messen können.« (77) Wir würden solche Größe und Stärke nicht sogleich mit einem als ›schön‹ vorgestellten Mädchen aus dem Volk verbinden. Ferner erfahren wir von ihren »zahlreichen Anbetern« (92), einer verständlichen Tatsache, da Božena »die ansehnlichste und auffallendste von allen« ist (94).

Hier nun treffen wir auf die erste Besonderheit im Leben Boženas: Die Schöne, von vielen Männern Umschwärmte verliebt sich ausgerechnet in Bernhard, den Jäger, einen »Laffen« und »Gecken«, einen völlig nichtigen Burschen. Ist schon die Tatsache der Liebe merkwürdig, so zudem die Art der Liebe: Die ebenso schöne wie starke Božena unterwirft sich dem Jäger in Demut »wie ein Hund seinem Herrn« (95). »Sein unsicheres Wesen wurde von ihrem starken, sein schwankender Wille von ihrem festen mächtig angezogen. Im Bewußtsein ihrer unbegrenzten Liebe ruhte er wie in einer goldenen Wolke, er fühlte sich durch ihre Hingebung gehoben und verklärt. Schützend umhüllte sie ihn, ohne ihn je gedemütigt zu haben, denn immer war sie bereit, sich ihm zu unterwerfen, und alle Lust und alles Weh kam ihr von ihm. Ein Wort, und die Unbezwingliche lag zu seinen Füßen, die größere Seele beugte sich vor seiner Kleinheit, denn kraft ihrer Liebe war er ihr Herr.« (98) Diese Liebe wird Ursache der Katastrophe, die Boženas Leben die entscheidende Wende gibt: Ihr Fernbleiben in einer einzigen Nacht, die sie mit Bernhard verbringt, ermöglicht ihrem Schützling Rosa die Flucht aus dem Elternhaus. Božena selbst gedenkt ihrer Verfehlung als einer »Schuld« und meint, sie habe sich selber »verunehrt«: »[...] sie ist schlechter, als ein Mensch denken kann!« (118) Während der entscheidenden Auseinandersetzung mit Bernhard, dem Liebhaber, spricht sie davon, sie habe ihre »Schuldigkeit« versäumt um seinetwillen, werfe dies aber nur sich selber vor: »Du kannst vielleicht nicht anders ... Ich aber hätte anders gekonnt, und ich hab zehnfach gefrevelt, denn ich hab gefrevelt gegen meine Natur.« (123)

Die Verfehlung hatte nach Boženas Ansicht ein doppeltes Unglück, Rosas nämlich und

Röschens, zur Folge: »Ich hab das Unglück der Mutter auf dem Gewissen und das Unglück des Kindes dazu!« (183) In Konsequenz der von ihr selber gelieferten Anklage wäre Boženas weitere Lebensgeschichte tatsächlich nichts anderes als das Unternehmen der Sühnung ihrer Schuld, »eine lange Buße [...] für eine kurze Verirrung« (173), von der die Magd nicht abläßt, bis sie – da Rosa trotz aller Hingabe Boženas ihr Lebensglück nicht findet – wenigstens Rosas Tochter Röschen zu ihrem Lebensglück zu verhelfen vermag.

Die Forschungsliteratur übernahm von der Dichterin die Deutung, Thema der Erzählung seien »Verirrung« und »Buße« der Magd Božena. Noch einen Schritt weiter ging Bastian Brant, der konstatierte: »Das Thema vom menschlichen Duldertum, von Schuld und Sühne zieht sich durch das ganze Werk der Ebner-Eschenbach.«[19] Begriff ein Teil der Forschung das Leben Boženas so als ein Leben des Duldertums und der Entsagung, so sah ein anderer in Božena weniger die reuige und entsagende Sünderin als vielmehr einen Menschen der tatkräftigen Sühne, die Frau, die durch die »bessere Tat« wieder zum inneren Frieden findet: die also nicht bloß ihre Schuld erkennt und bekennt, sondern dem Bekenntnis die praktische Wiedergutmachung folgen läßt.[20] Beide Auffassungen stimmen insofern überein, als ein psychologisches bzw. (moral-)theologisches Motiv angenommen wird. Dahingegen erblickte eine dritte Gruppe von Autoren die Thematik in einer säkularisiert-moralischen Sphäre angesiedelt: Boženas »schuldloser Schuld« folge »selbstbestimmte Sühne«, und ihr Verhalten käme einer »Selbstbehauptung gegen die traditionelle Auffassung der Sittlichkeit« gleich, so daß die Erzählung als ein »Hieb auf das frömmelnde und verlogene Pharisäertum« gelesen werden müsse, welches der »sittlichen Größe« der Magd zu weichen habe.[21]

Diese Interpretationen gehen mit der Dichterin davon aus, daß in Boženas Leben tatsächlich eine ›Schuld‹ anzutreffen sei. War aber eine solche Schuld zu Recht vorauszusetzen? Worin bestand die »Verirrung«? Božena hatte durch ihre Pflichtvergessenheit in einer einzigen Nacht Rosas Flucht ermöglicht. Aber hätte sie die Flucht überhaupt verhindern können und dürfen? Eine gewaltsame Verhinderung der Flucht wäre einer Vernichtung der Liebe zwischen Rosa und ihrem Liebhaber von Fehse gleichgekommen. Die Flucht allein hilft die Liebe bewahren. Wäre die Flucht nicht durch Boženas Fernsein in der besagten Nacht ermöglicht worden, so hätte Rosas Beschützerin womöglich die Flucht der Liebenden vorsätzlich begünstigen müssen. In Wahrheit wären die Ereignisse im Hause Heißenstein auch ohne Boženas Pflichtversäumnis auf die Flucht Rosas hinausgelaufen. Sie mußte so oder so Boženas Entfernung aus dem Hause Heißenstein zur Folge haben, da das einzige, was die Magd überhaupt zurückhielt, ihr Schützling Rosa war. An Rosa hatte sie nach dem Tod von deren Mutter die Mutterstelle vertreten, und als »Mutter« wirft sie sich vor, versagt zu haben, als ihr »Kind« sie nötiger brauchte denn je. Jetzt jedoch geht sie »ihrem Kinde« nach (120), das in Not ist und sie braucht.

Wenn überhaupt von »Schuld« in psychologischer, theologischer oder moralischer Hinsicht gesprochen werden kann, wären dann nicht, aus der Sicht des Erzählten ebenso wie der Erzählerin, die wahrhaft Schuldigen der Vater Rosas, der ihre Liebe zu von Fehse vernichten wollte, und ihre Stiefmutter Nannette? Moritz Necker legte dar: »[...] eine böse Stiefmutter und eine böse Stiefschwester, die zum Schluß verlacht wird; ein hartherziger Vater, der in Reue über seine Härte stirbt: das sind Bilder aus der naiven Volksphantasie, die Märchenstimmung erzeugen [...].«[22] Wo bleibt hier noch Platz für

eine Schuld Boženas? Und wenn deren Schuld in der Tat existierte, wird sie an Gewicht nicht bei weitem durch die Verfehlungen der Stiefmutter, der Stiefschwester und des Vaters übertroffen?
Ist schon Boženas Sühne für eine so beschaffene Schuld nicht eben eine alltägliche, keine in der alltäglichen Lebenswirklichkeit leicht vollziehbare, so wäre Boženas Lebensweg von seinem Wendepunkt an – im Sinne religiös fundierter und auch weltlich-humanitärer Ethik – als ideal zu bezeichnen; ›ideal‹ meinte hier etwa ›vorbildlich‹. Immerhin bliebe eine solche Idealität, obwohl nur wenigen Menschen erreichbar, innerhalb der Lebenswirklichkeit, in der sich alle Menschen bewegen, und im Bereich des vom Verstande psychologisch Faßbaren.
Indes bildet die psychologische und auch ethische Dimension, die mit der Thematik von ›Schuld‹ und ›Sühne‹ oder ›Verirrung‹ und ›Buße‹ in der Erzählung unleugbar zugegen ist, nicht die einzige, die darin aufgefunden werden kann. In einer tieferen Schicht wird eine andere Dimension greifbar, die sich nicht mehr mit ethischen Kategorien beschreiben läßt. Deckt man aber in der Erzählung als Grundschicht eine andere auf als die ethische, so erfordert dies, in Boženas Lebensgeschichte mehr zu erblicken als »eine lange Buße [...] für eine kurze Verirrung«.
Zunächst mag es als eine unwichtige Absonderlichkeit erscheinen, daß die Dichterin in das Porträt der »schönen« Božena einige Züge einzeichnet, die man nicht ohne weiteres mit der Schönheit vereinen kann. So schon gleich nicht die »Größe und Stärke« des Flügelmanns Friedrich Wilhelms I. Immer wieder aber rückt Marie von Ebner-Eschenbach die Größe, Stärke, Mächtigkeit, ja Riesenhaftigkeit Boženas in den Blick: die »Riesenfaust«, die Stimme, »die aus der Brust eines Ogers zu kommen schien« (78); die Hünenhaftigkeit der Gestalt (84); sie heißt »die Gewaltige« (85), die »alle Frauen und die meisten Männer« überragt (96); »eine hohe Frauengestalt« (148). Hinzu kommen die Züge der stetigen Kampfbereitschaft sowie der Wildheit und des unbändigen Stolzes (83; 246). Sie verfügt ebenfalls über Ernst und Strenge und kennt die »Wollust der Rache« (232; 84). Zwar erzählt die Dichterin von der »Magd« Božena, spricht auch von dem »ungebändigten Hochmut der echten Plebejerin« (84). Doch versucht man einmal, die bisher zusammengetragenen Züge zu einem Ganzen zu vereinigen, so begegnet man, eingezeichnet in das Bild der Plebejerin, einem aus der Mythologie bekannten Typus: dem der ›Heldenjungfrau‹.
Die Parallelen zur Heldendichtung und zur Religionsgeschichte zieht die Dichterin selbst. Die Berufung auf Simson (85) soll wohl nicht mehr als nochmals die Stärke der Magd verdeutlichen. Wichtiger mag die Anspielung auf die »Königinnen vor dem Dome zu Worms« sein, d. h. auf Kriemhild und Brunhild (84). An die unfreundliche Handlungsweise Brunhilds im *Nibelungenlied* erinnert unverkennbar auch der folgende Passus: »Mit ausgebreiteten Armen stellte sie sich vor die Tür. ›Ich binde und kneble dich, wenn du mir drohst, bei meiner armen Seele: ich tu's. – Werd ich fertig mit dir oder nicht, wenn ich will – was meinst? Willst du die Schande erleben, daß sie dich morgen so finden und hören, daß dich ein Weib gebunden hat?‹« (124) Die Brunhild/Gunther-Parallele ist offensichtlich.[23] Dazu gehören ferner noch die Bemerkungen über Boženas Seele, »die Seele eines Helden« (122), und über die unverwüstliche Jugendlichkeit der Magd (160).
Weiter ist zu beachten, wie die Erzählerin Božena im Kreise ihrer Bewerber zeichnet: »Auch Bekannte Boženas kamen [...] kühne Bewerber, die sie heimzuführen hofften,

wenn nicht gleich, so doch sicherlich dann, wenn einmal Fräulein Rosa wegheiraten würde aus dem väterlichen Hause. Auch einige hübsche Mädchen, bestens geschmückt zum heutigen Tanze, fanden sich ein und vergrößerten den Halbkreis, der sich um Božena gebildet hatte wie um eine Audienz erteilende Königin.« (93) Daraus wird eine weitere Eigenart der Figur deutlich. Als Verkörperung des Typus ›Heldenjungfrau‹ spielt die Gestalt der Magd noch hinüber in den Typus der – mittelalterlichen, frühneuzeitlichen – Königin. Wo auf die »Königinnen vor dem Dome zu Worms« Bezug genommen wird, findet sich zudem der Hinweis auf die »gekrönten Schwestern im Parke zu Fotheringhay« (84), also Maria Stuart und Elisabeth von England. Zuvor begegnete schon der Vergleich Boženas mit einem König (79). In ganzer Fülle zeigt sich Boženas »Majestät« bei der entscheidenden Schlußauseinandersetzung mit Regula: »Die Magd stand da, umflossen von einer wunderbaren, stillen stolzen Majestät; ihre große Gestalt schien noch zu wachsen, ihr ganzes Wesen atmete Macht, und wie Erz klang ihre Stimme [...].« (245)

Das Königliche der Božena-Gestalt hatte dem alten Rondsperg die bewundernde Formulierung entlockt: eine »Fürstin Libussa« sei sie (201). Die symbolische Verwendung dieses Namens kam sicherlich nicht ohne den Einfluß der Gestaltung der Libussa-Sage durch Grillparzer zustande. Des älteren Dichters *Libussa* erschien, mit anderen nachgelassenen Dichtungen, im Jahre 1872, und die Grillparzer-Verehrerin Marie von Ebner-Eschenbach wird an dem Trauerspiel nicht vorübergegangen sein. In diesem verkörpert Libussa das Matriarchat, die matriarchalische Epoche der Menschheitsentwicklung, ebenso wie sie auch in den früheren Darstellungen das matriarchalische Prinzip repräsentierte, zuerst in der *Chronica Boemorum* des Prager Domdekans Kosmas (1119/25).

Neben Zügen der ›Heldenjungfrau‹ und der ›Königin‹ eignen der Magd – für die Interpretation ihrer Gestalt von besonderer Wichtigkeit – die der ›guten Mutter‹. Der geringste davon ist noch, daß sie vortrefflich haushält (91). Kennzeichnend: ihre unermüdliche Sorge für die ihr anvertrauten Kinder. Sie hegt »mütterliche Zuneigung« zu Rosa (78) und bewährt sich als deren »Pflegemuttter« (118). Über ihr Verhältnis zu Röschen äußert Ronald mit Recht: »Sie sind so gut die Mutter des Mädchens, als ob Sie es geboren hätten.« (232) Überhaupt erscheint Božena als Wächterin über Kinder, z. B. Anitschka (206). Am Ende der Erzählung heißt es: Sie »wiegte noch eine dritte Generation auf ihren Armen«, und dieser Wirksamkeit verdankt sie den Namen: »die gute Božena« (252).

Die auffälligste Symbolik in der Erzählung *Božena* ist ebenso wie im Gesamtwerk der Dichterin die Baumsymbolik. Bäume sind merkwürdig häufig geschildert, in ihren Schriften nicht anders als in denen weiterer Autoren des 19. Jahrhunderts (Annette von Droste-Hülshoff: *Die Judenbuche;* Charles Sealsfield: *Das Cajütenbuch:* »der Patriarch«). Ein Beispiel für die Baumsymbolik: die Gruppe aus drei »uralten Linden« (200), Wahrzeichen der Adelsmacht. Als der Blitz in die Gruppe fährt, kann sie gerettet werden, jedoch nicht ohne das Opfer eines gewaltigen Astes (208ff.), – Ausdruck der Machteinbuße des Adels. Das überragende Symbol in der Erzählung ist jedoch die Eiche: »Eine Hügellehne umschloß, eine mächtige Eiche beherrschte die grüne Bucht. Die alte Riesin streckte drohend einen abgestorbenen Zweig in die Lüfte hinaus; ihre dunkel belaubten Äste verschlangen sich wie zu Schutz und Trutz. Finster stand sie da mit ihrem zerklüfteten Stamm und ihrem breiten, von manchem Sturm arg mitgenommenen Wipfel

inmitten des üppigen, strotzenden Anwuchses, und sie schien zu sagen: Solche wie ihr hab ich schon viele kommen und – verschwinden gesehen.
Zu ihren Füßen, unter einem schindelgedeckten Dache, erhob sich ein Standbild der heiligen Anna, die ein Buch in der Hand hielt, aus dem sie eine außerordentlich kleine Jungfrau Maria lesen lehrte. Die Figuren waren aus Holz und von einem einheimischen Künstler bunt bemalt. Auf den Blättern des aufgeschlagenen Buches stand das Abc; demjenigen treu nachgebildet, das der Schulmeister von Rondsperg seiner Jugend vorschrieb.« (221)

Kann in bestimmten Fällen ein Baum als Symbol des Vaters,[24] gar als Symbol des Patriarchats gedeutet werden, so enthält die Schilderung Maries von Ebner-Eschenbach keinerlei Hinweise, die eine gleiche Deutung gestatteten. Hier handelt es sich um eine komplizierte Symbolik, genauer: um zwei ineinandergeschachtelte Symbole. Die »alte Riesin« schützt das Standbild; die heilige Anna lehrt die Jungfrau Maria. Für das Gesamtwerk der Dichterin ist bedeutungsvoll, daß dieselbe Symbolik, so oder so variiert, mehrfach begegnet, und die Bedeutungen sind immer: Schutz und Lehre.[25] Die Eiche in der Erzählung *Božena* symbolisiert nichts anderes, als was die Magd Božena in ihrer Person verkörpert (»Riesin« heißen sie beide!), so daß es kein Zufall ist, wenn Röschen und ihr Geliebter Ronald im Schutze der Eiche verweilen, d.h. auch: im Schutze Boženas. Die Symbolik kompliziert sich weiterhin dadurch, daß noch etwas später Röschen wiederum als ein von Laub geschütztes Heiligenbild erscheint (223).

Aus dem Vorangegangenen erklärt es sich, daß Božena, zugleich ›Heldenjungfrau‹, ›Königin‹ und ›Mutter‹, nicht mit den gewohnten Moralkriterien erfaßbar ist, schon gar nicht mit den Maßstäben, die von der Kapitalistin Regula (man beachte den sprechenden Namen) an »niedere Menschenklassen« angelegt werden. Regula sinniert: »Es könnte wohl sein und wäre ziemlich natürlich, daß es für niedere Menschenklassen auch niedrigere Klassen der Moralität gäbe. Zwischen dem Stande einer Person und ihren Affinitäten besteht sicherlich eine große Harmonie. Geburt und Begriffe, Delikatesse, Takt, Gewissen decken einander.« (177) Mag das richtig sein oder nicht, Božena selber jedenfalls setzt andere Maßstäbe, und an ihren werden alle anderen gemessen.

Nicht nur, daß sie ihrem Dienstherrn kurz vor seinem Tode die Fehlerhaftigkeit seines Verhaltens darlegen darf – es klingt wie der Spruch eines Gerichts –: »Es ist Frevel und Wahnsinn zu kränken, was man liebt, wie es Frevel und Wahnsinn ist, um jeden Preis besitzen zu wollen, was man liebt.« (142) Sie selber wird immer mehr zur obersten Instanz. Zweifellos ist sie es für Rosa von Anfang an, und ihrerseits unterstützt Božena Rosas Widerstand gegen die Stiefmutter und den Vater (82). Nur ein einziger vermag sie für einen Augenblick lang niederzuwerfen, und auch er nur, weil ihr in diesem Augenblick das Bewußtsein ihrer Schuld die Kraft raubt: Heißenstein (117). Sogar die Todfeindin Nannette schließt sich in ihren letzten Lebenstagen ganz an Božena an (158). Der ›Instanz‹ Božena gehören insbesondere die Züge der Glaubwürdigkeit und der Wahrheit (245; 168).

Die Nachfolgerin der Todfeindin, Nannettes Tochter Regula, wird von Božena bezwungen, indem die Magd ihre Überlegenheit ausspielt, die aus dem Wissen entstammt, bei allen anderen glaubwürdig zu sein: So zwingt sie selbst die Kapitalistin in ihren »Bann«. Noch am Ende werden Boženas Entscheidungsgewalt und ihre Mutterrolle durch Ronald bestätigt: Wenn er selber »förmlich um sein Röschen« anhält (252), wendet er sich nicht wie sein Brautwerber, der alte Rondsperg, an Regula, sondern an diejenige, die – wie er erkennt – in Wahrheit die Mutterstelle bei Röschen vertritt, an Božena, die Magd. Eine Anomalie, die in der sozialen Wirklichkeit der Zeit vermutlich keinen Platz gehabt hätte: der junge Adlige, bei einer Plebejerin um die Hand seiner Braut anhaltend.

Insgesamt läßt sich in der Lebensgeschichte der Magd Božena der Lebenslauf einer mythischen Königin wiederfinden, genauer: die Reinkarnation Libussas in der Gestalt einer Geringen. Weil nicht die Lebensgeschichte einer gewöhnlichen Magd geschildert wird, erfahren wir wenig über Boženas Herkunft. Mythische Gestalten sind oft einfach da, oder vielfach hat es mit ihrer Herkunft eine geheimnisvolle Bewandtnis. Deuten wir die Magd Božena als eine wiedergekehrte Libussa, so fällt von daher Licht auf ihre Beziehung zu dem nichtigen Liebhaber Bernhard. Auch Libussa wählte einen Geliebten aus niederem Stande. Antiken Helden kam öfters eine Liebesbeziehung zu, die ein hohes Maß an ›Verunehrung‹ mit sich brachte.

Finden wir in Božena den Typus der ›Heldenjungfrau‹ mit dem der ›Königin‹ verschmolzen, mit beiden den der ›Mutter‹ oder mütterlichen Beschützerin, so dürfen wir schließen: Es ist die Macht des Matriarchalischen, die von der Dichterin heraufbeschworen wurde. Božena steht für das Matriarchat. Man könnte deshalb erwägen, ob Marie von Ebner-Eschenbach nicht ihre Erzählung als Gegenwurf zu Grillparzers *Libussa* konzipierte, vorsätzlich oder unbewußt. Denn haben wir in Grillparzers *Libussa* ein Trauerspiel vor uns, das den Untergang des Matriarchats zum Thema hat und das Heraufkommen des Patriarchats, so wäre es möglich, entsprechend als Thematik der Erzählung *Božena* zu benennen: die Wiedergeburt des Matriarchats aus der Mitte der Geringen, aus dem Plebejertum. Die Lebensgeschichte Boženas erweist sich uns dann nicht allein als ideal im Sinne sittlicher Vorbildlichkeit, sondern die Idealität des Lebenslaufs dieser Magd wäre darin zu sehen, daß Božena auf allen Stationen ihres Weges als Repräsentantin einer Macht erscheint, der in Wahrheit die Herrschaft gebührte.

Hier sehe ich den wichtigsten Unterschied in der Gestaltung der Lebensgeschichten Boženas und der Germinie Lacerteux: Während in der Figur der tschechischen Magd eine Überwindung der als unzureichend erkannten Gesellschaftsverhältnisse der Zeit angedeutet wird, faßbar in der Überwindung der einzig auf Profit und Renommee spekulierenden Kapitalistin Regula, scheint in dem Roman der Goncourts eine solche Überwindung nicht einmal als Möglichkeit auf. Germinie ist von Jugend an niemals etwas anderes als ein Opfer der Verhältnisse, von deren Beeinflussung oder gar Abänderung im Zusammenhang der Handlung an keiner Stelle die Rede ist.

Es bleibt als wesentliche Gemeinsamkeit die des Stoffs. Darüber hinaus stimmen nur einige wenige Details überein, darunter das wohl wichtigste: die Abhängigkeit von einem nichtigen Mann. Doch schon mit dem Unterschied, daß Božena sich ihrer Abhängigkeit aus eigenem Entschluß tapfer entledigt, während Germinie innerlich immer an Jupillon gebunden bleibt. Ein anderer Vergleichspunkt ist etwa noch darin zu finden, daß auch Germinie den Zwang fühlt, sich vor ihrem Gewissen zu rechtfertigen. Wiederum im Unterschied zu Božena gelingt es ihr indes keinesfalls, von den Gewissensregungen zum Handeln zu kommen und Konsequenzen zu ziehen. Sowohl in den Roman *Germinie Lacerteux* als auch in die Erzählung *Božena* spielen die Geschehnisse einer bürgerlichen Revolution hinein, in den Roman die der französischen Revolution von 1789 (Einfluß auf das Leben des »Fräuleins«, der Dienstherrin Germinies), in die Erzählung Maries von Ebner-Eschenbach die 48er Revolution in Österreich.

An Unterschieden zwischen der Erzählung *Božena* und dem Roman der Brüder Goncourt lassen sich darüber hinaus z. B. nennen:

– Schauplatz des Geschehens (*Božena:* Leben in der Provinz; *Germinie:* in Paris, der Hauptstadt).

– Figur der Magd: Boženas Vorgeschichte und Tod bleiben im dunkeln, ihre Verwandtschaft ebenso, der Nachname ist nur beiläufig erwähnt; Germinie: Die gesamte Lebensgeschichte wird vorgeführt, auch das Ende durch Krankheit, der Tod im grausigen Elend eines armseligen Spitals und das namenlose Grab.

Marie von Ebner-Eschenbachs erste größere Prosaarbeit *Božena* erweist sich als Beispiel von literarischem Avantgardismus im Rahmen des Bürgerlichen Realismus. In einer Erzählung aus der Epoche einer noch hinreichend gesicherten patriarchalischen Gesellschaftsordnung gab die Dichterin in der Gestalt einer Frau aus dem Plebejertum die Vision einer Rückkehr des Matriarchats, zeichnete sie zumindest die Möglichkeit einer Wiedererstehung mütterlich-herrscherlicher Beschützerinnen aus den Reihen der Geringen. Durch die Wahl ihrer Heldin opponierte sie gegen drei soziale Tendenzen des Zeitalters: die patriarchalische, die Herrschaft des Adels wie des Bürgertums und den Nationalismus. Als Geringe, als Frau und als Tschechin repräsentiert Božena die Niederen, Unterdrückten und Beleidigten, und deren zukünftiger Triumph malt sich in dem Triumph der Magd über die Kapitalistin.

Allerdings bleibt die Opposition gegen die patriarchalischen Verhältnisse in der Erzählung zunächst dadurch verdeckt, daß der Magd als Widerpart hauptsächlich zwei Frauen entgegenwirken, die zweite Frau Heißenstein, Nannette, sowie deren Tochter Regula. Doch charakterisierte die Erzählerin diese beiden von vornherein als unweibliche, durchaus unmütterliche Frauenfiguren, Karikaturen nahezu, die ihrerseits den gesellschaftlichen Verhältnissen der Zeit niemals Widerstand entgegensetzen, sondern deren beklagenswerte Produkte sind. Die gesellschaftlichen Rollen Nannettes und ihrer Tochter hat die patriarchalisch geordnete Gesamtgesellschaft vorgegeben, und innerhalb dieser Gesamtgesellschaft fungiert die eine, Nannette, als Gouvernante – im schlechtesten Sinne: Menschen nicht bildend, sondern verbildend –, während die andere zur Kapitalistin heranwächst dank des ihr von ihrem Vater hinterlassenen Reichtums. Indem Nannette und Regula, Gouvernante und Kapitalistin, in den ihnen von der patriarchalischen Gesellschaft zugewiesenen Rollen agieren, sollen sie nach dem Willen der Erzählerin eben keinesfalls repräsentativ sein für den wünschenswerten Typus Frau, sondern sie erscheinen, jede in besonderer Weise, als Beispiele der Denaturierung einer Frau. Beide sind auch wahrer Liebe nicht mehr fähig. Das wird wiederum in symbolischen Handlungsmomenten sichtbar. Wenn etwa Regula eine Verbindung zu Ronald Rondsperg anknüpfen möchte, wirft sie eine Rose aus dem Fenster, in der Hoffnung, daß Ronald sie aufhebe. Aber: »Sie lag am Morgen noch auf derselben Stelle, auf die Regula sie geworfen hatte, und es blieb dem Fräulein nichts übrig, als hinzuschleichen und das inzwischen verwelkte, verräterische Symbol ihrer Huld – wieder abzuholen.« (227) Vorzüge wie Wahrhaftigkeit, Gerechtigkeitssinn, Mut, Kraft, Entschlossenheit und Liebe zu Kindern muß die Magd Božena einsetzen gegen eine Welt, in der die Macht ausgeübt wird von Mächtigen, Männern und unweiblichen Frauen, denen alle diese Vorzüge mangeln.

Ordnete die Erzählerin dem Patriarchalismus das matriarchalische Prinzip über, so der Macht des Adels und Bürgertums die Macht einer Geringen. Dem alten Adel, dessen Angehörige in großer Zahl infolge der Kapitalisierung auf dem Lande dem Ruin verfielen, vermochte sie keine Zukunft zuzuerkennen, wie es denn in der Erzählung von ihm heißt: Es müsse »zusammenstürzen, was morsch und reif zum Untergang ist – der Wechsel alles Irdischen verlangt sein Recht« (204). Als Symbol für die Auswirkungen der Revolution von 1848/49 auf die Erbaristokratie kann die Aufnahme der adligen Familie Rondsperg in dem gutbürgerlichen Haus Heißenstein verstanden werden. In der Habsburger Monarchie bildete sich nach 1848, ebenso wie im Deutschen Reich, eine Klassensymbiose von Adel und Bürgertum heraus, die gegenüber den anderen Volksschichten als Herrschaftsblock auftrat. Der Vergleich der Aufnahme der Rondspergs in einem bürgerlichen Haus mit der Aufnahme Karls V. im Haus Fuggers auf dem Weinmarkt zu Augsburg verdient als Hinweis Beachtung: Schon einmal, im 16. Jahrhundert, hatten sich Teile der Feudalaristokratie mit der (früh-)kapitalistischen Unternehmerschicht verbunden, um der oppositionellen Bewegung der Zeit Herr zu werden (Protestantismus, Bauernkrieg). Wichtig indes, daß das Symbol des Einzugs der Adelsfamilie in das Bürgerhaus ebensowenig das letzte Wort der Dichterin war wie die Umkehrung: der spätere Einzug der Plebejer Božena und Weberlein mit Röschen ins Rondspergische Gutshaus nach der ehelichen Verbindung Ronalds und Röschens. Weder im Adel noch im Bürgertum und schon gar nicht in einer Symbiose beider vermochte die Dichterin die Zukunft zu sehen. Denn diese, es wird deutlich, gestalten die Geringen. Theoretisch formulierte die Dichterin das in einem Satz, der sich in der Erzählung *Das Gemeindekind* findet: »[...] ihr Geringen, ihr seid die Wichtigen, ohne eure Mitwirkung kann nichts Großes sich mehr vollziehen – von euch geht aus, was Fluch oder Segen der Zukunft sein wird ...«[26]

Auf die Repräsentantin dieser ›Geringen‹, die Magd, fällt in der Erzählung am meisten Licht. Sie ist mit einer solchen Fülle von Vorzügen ausgestattet, daß einige Mängel ihrer Erscheinung keinen Abbruch tun. Božena ist sowohl die Repräsentantin der Geringen und Entrechteten wie auch selbst eine Geringe und Entrechtete und doch zugleich wieder keine Geringe: eine Frau, die ihr Recht selber setzt. Eine wiedergekehrte »Fürstin Libussa«, wird sie zur Beschützerin und Wohltäterin der Unterdrückten und Beleidigten; eine Mächtige, die eine erhebliche Strahlkraft besitzt (»Bann«), ist sie die Verkörperung einer Utopie, mit einer Lebensgeschichte, die vorbildlich ist.

Zweifellos tritt in ihrer Gestalt die »nationale Komponente« am wenigsten hervor. So heißt es in einer neuen Literaturgeschichte, sie wirke »nicht als spezifisch tschechische Volksgestalt, sondern als Verkörperung eines Menschenbildes, dessen nationale Komponente von sekundärer Bedeutung ist«, und dies sei in der Faszination durch »das Wunschbild einer Insel des Friedens inmitten des Nationalitätenhaders« begründet, das viele österreichische Autoren in Mähren zu sehen glaubten.[27] Der Nationalitätenkampf in Böhmen ging zurück auf das Streben der Tschechen nach Selbstbestimmung, das im 19. Jahrhundert noch nicht mit dem Votum für das Ausscheren aus dem Vielvölkerstaat verbunden war. Es ging um die Abwehr der Vorherrschaft einer Nationalität, der deutschen, über die anderen und um die Gleichberechtigung der verschiedenen Nationalitäten. Den Prozeß der Rückbesinnung auf die tschechische Geschichte, wie er im 19. Jahrhundert eingeleitet wurde, vergegenwärtigt in der Erzählung *Božena* der Kommis (Angestellte) Mansuet Weberlein, Röschens ›Ersatzvater‹, der als solcher der

›Ersatzmutter‹ Božena beigeordnet ist. Er macht seine kleine »Familie«, »sein kleines Auditorium«, wie die Erzählerin es nennt, mit der tschechischen »historischen Überlieferung« bekannt, wobei allerdings Röschen »ein klein wenig schläfrig« wird (181). Sind es die Geringen, denen die Aufgabe zufällt, wesentlich die Zukunft zu formen, darunter – in der Masse der Niederen – die Frauen, so unzweifelhaft auch die tschechischen Frauen: nicht einzig die Tschechinnen, aber sie auch – das will die ›nationale‹, also tschechische Komponente der Božena-Figur besagen. Dominiert erst wieder das matriarchalische Prinzip und verbindet es sich zukünftig dem Prinzip der ›Mitwirkung‹ der Geringen als der Wichtigen, so wird die ›nationale Komponente‹ weniger wichtig. Ihr kommt dann allenfalls noch »sekundäre Bedeutung« zu.

Die Utopie einer Zukunft jedoch, in der die Geringen die Wichtigen sind, stellt keine Glättung der Widersprüche der um 1876 vorhandenen Gesellschaft dar und ist auch kein Beleg für den Versuch, das nicht Harmonisierbare zu harmonisieren. Es ist eine dichterische Antwort auf die von der Dichterin vorgefundenen Widersprüche in der Welt. Unbestreitbar, daß eine solche Antwort innig mit der Weltanschauung Maries von Ebner-Eschenbach zusammenhängen mußte. Nur darf die Antwort nicht gleich als Zeugnis einer so oder so rubrizierbaren weltanschaulich-politischen Parteinahme in Beschlag genommen werden. Auch findet sich eine Rückbesinnung auf das Matriarchat, die nicht stets der Antizipation eines Zustands gleichkommt, in der die Frau in ihre alten Rechte wiedereingesetzt wäre, im 19. Jahrhundert bei zu unterschiedlichen Autoren (Philosophen wie Bachofen und Engels oder Dichtern wie Grillparzer), als daß von daher der weltanschauliche Gehalt leicht ermittelt werden könnte. Die Erzählung als ganze ist ein Zeugnis der Auseinandersetzung der Erzählerin mit den bewegenden Fragen der Zeit (politisch-historischer Prozeß, sozialökonomische Entwicklung, Problematik der Stellung der Frau, Erziehungsproblematik) bzw. die dichterische Umsetzung solcher Fragen mit dem integrierten Versuch ihrer Lösung. Der Lösungsversuch – Andeutung der Wiedererstehung des Matriarchats aus der Mitte der Geringen und Entrechteten – in Form der Schilderung des idealen Lebenslaufs der Magd Božena würde dann keinen Einwand gegen den realistischen Charakter des Werks liefern können, wenn Idealität nicht als Gegensatz der Realität aufgefaßt wird, sondern als deren Moment, als notwendiger Bestandteil der Realität.

Die Verfahrensweise der Dichterin besteht auch nicht darin, einerseits Wirklichkeit abzubilden und sie andererseits mit einem Ideal zu konfrontieren, um jene an diesem zu messen oder gar die Realität mit Hilfe des Ideals herabzusetzen. Sie besteht ferner nicht darin, daß die Dichterin Wirklichkeitsschilderung – im Sinne der Schilderung der bewegenden Fragen der Zeit – verbände mit der Schilderung des Gegenteils der Wirklichkeit, der Darstellung von Unwirklichem, vielleicht Unmöglichem: Der Lösungsversuch ist vielmehr identisch mit der Akzentuierung bestimmter, in der Wirklichkeit der Epoche angelegter Tendenzen, die dahin drängen, sich durchzusetzen, zukünftige Wirklichkeit zu werden.

Wirklichkeitsschilderung und ideale Lebensgeschichte stehen daher nicht einander gegenüber als absolute Pole eines Spannungsverhältnisses, sondern verbinden sich zur Schilderung gegenwärtiger Wirklichkeit, aus der die Vision zukünftiger Wirklichkeit herauswächst, vorweggenommene Verstärkung eines von der Dichterin erfaßten Bestandteils der damals gegenwärtigen Realität. Die Feststellung Brigitte Kaysers, wonach die Erzählerin in der Magd Božena »das Mögliche Wirklichkeit«[28] werden lasse, verstehe ich so, daß Marie von Ebner-Eschenbach in ihrer Heldin das zukünftig Wirkliche dem gegenwärtig Wirklichen gegenüberstellte, wobei das zukünftig Wirkliche eben das gegenwärtig Mögliche war oder das sich als möglich Abzeichnende. Gemeint sein könnte jene Stufe der Menschlichkeit, die höchste, von der es in der Erzählung *Der Kreisphysikus* heißt: »[...] dann werden *sie* zu Worte kommen, die Idealisten, die Träumer von einem goldenen Zeitalter allgemeiner Nächstenliebe.«[29]

Anmerkungen

1 Marie von Ebner-Eschenbach oder Der gute Mensch von Zdisslawitz. Ein Vortrag. München 1967. S. 40.

2 Zuletzt Autorenkollektiv: Geschichte der deutschen Literatur. Von 1830 bis zum Ausgang des 19. Jahrhunderts. Bd. 8.2. Berlin 1975. S. 870.

3 Heinz Rieder: Vorwort. In: Marie von Ebner-Eschenbach: Weisheit des Herzens. 2. Aufl. Graz 1964. S. 12; Georg J. Plotke: Marie von Ebner-Eschenbach. Worte des Gedenkens. In: Westermanns Monatshefte 60 (1916) S. 404; Erika Fischer: Die Soziologie Mährens in der zweiten Hälfte des 19. Jahrhunderts als Hintergrund der Werke Marie von Ebner-Eschenbachs. Diss. Leipzig 1939. S. 106. – Vgl. schon Moritz Necker: Marie von Ebner-Eschenbach. Nach ihren Werken geschildert. Leipzig 1900. S. 227.

4 Vgl. zuletzt Werner Kohlschmidt: Geschichte der deutschen Literatur vom jungen Deutschland bis zum Naturalismus. Stuttgart 1975. S. 684f.

5 Zuletzt Autorenkollektiv (Anm. 2) S. 873.

6 Demgegenüber wird derjenige, der das Leben und Schaffen der Dichterin studieren möchte, feststellen müssen, daß es noch an vielem mangelt. Obzwar eine erhebliche Zahl von Einzeluntersuchungen vorliegt, kam bisher weder eine wissenschaftliche Ausgabe des Werks zustande noch eine wissenschaftlich fundierte Gesamtdarstellung des Lebens und Schaffens. So haben wir vor allem kaum Zugang zum dramatischen Œuvre der Ebner, obgleich Necker (Anm. 3) einige »Kostproben« davon abdruckte.

7 Marie von Ebner-Eschenbach: Sämtliche Werke. 6 Bde. Berlin o. J. [1920]. Hier: Bd. 4. S. 659. – *Nach dieser Ausgabe zitiere ich alle Werke Maries von Ebner-Eschenbach mit Ausnahme der Erzählung »Božena« (vgl. Anm. 10).*

8 An Marie von Ebner-Eschenbach am 26. 11. 1876. In: Briefwechsel zwischen Ferdinand von Saar und Marie von Ebner-Eschenbach. Hrsg. von H[einz] Kindermann. Wien 1957. S. 49.

9 Jedoch kündigt der Bouvier-Verlag (Herbert Grundmann) soeben eine Reihe an: Karl Konrad Polheim (Hrsg.): Marie von Ebner-Eschenbach: Kritische Texte und Deutungen. Vorgesehen sind Edition und Deutung von Einzelwerken, beginnend mit den Erzählungen »Unsühnbar« und »Božena«. Diese Veröffentlichungen lagen zum Zeitpunkt der Abfassung meiner Interpretation noch nicht vor und konnten so nicht mehr berücksichtigt werden.

10 Marie von Ebner-Eschenbach: Božena. In: Kleine Romane. Hrsg. von Johannes Klein. München 1957. S. 75–252. Hier: S. 84. – *Nach dieser Ausgabe zitierte ich fortan im Text (mit Angabe der Seitenzahl nach dem Zitat).*

11 Einleitung. In: Marie von Ebner-Eschenbach: Werke in einem Band. 3. Aufl. Berlin 1977. S. XXV.

12 Kindlers Literatur Lexikon. Bd. 3. Zürich 1967. Sp. 646.

13 Etwa Mechtild Alkemade: Die Lebens- und Weltanschauung der Freifrau Marie von Ebner-Eschenbach. Diss. Nymwegen [Dr. Graz; Buchausg. Würzburg] 1935. S. 53 und 83.

14 Z. B. die häufig anderen Autoren, u. a. August Bebel, zugeschriebene Sentenz: »Eine gescheite Frau hat Millionen geborener Feinde: – alle dummen Männer.« (Vgl. Anm. 7. Bd. 1. S. 594.)

15 Weisheit des Herzens (Anm. 3) S. 123.
16 Ebd.
17 Zitiert bei Josef Hofmiller: Letzte Versuche. München 1943. S. 51.
18 Auf den die Dichterin in der Erzählung einmal wie beiläufig, aber spöttisch anspielt (S. 162).
19 Kindlers Literatur Lexikon. Bd. 1. Zürich 1965. Sp. 1804.
20 Hans Vogelsang: Marie von Ebner-Eschenbachs Weltbild und Menschenideal (zum 50. Todestag der Dichterin am 12. März 1966). In: Österreich in Geschichte und Literatur. Graz [u. a.] 1966. S. 125.
21 Edgar Groß: Nachwort. In: Marie von Ebner-Eschenbach: Božena. Hrsg. von E. G. München 1957. S. 277; Maria Franziska Radke: Das Tragische in den Erzählungen von Marie von Ebner-Eschenbach. Diss. Marburg 1918. S. 97f. und 128.
22 Vgl. Anm. 3. S. 74.
23 Vgl. »Nibelungenlied«. 10. Âventiure.
24 H. Protze: Der Baum als totemistisches Symbol in der Dichtung. In: Imago 5 (1917/19) S. 61.
25 Vgl. z. B. in der autobiographischen Darstellung »Meine Kinderjahre« die Stelle: »Du alte Königin, du Herrscherin, wie du dastehst vor meinem geistigen Auge in deiner Schönheit, deinem Stolze, deiner Kraft, so könnte dich mir zu Dank kein Maler malen, kein Dichter beschreiben. Vor dir, zwischen zweien deiner mächtigen Wurzeln, haben kleine Menschen ein kleines, hölzernes Standbild aufgerichtet: die heilige Anna, die ihr Töchterchen lesen lehrt. Kein Kunstwerk und – mehr als ein Kunstwerk für die Armen, die Betrübten, die hierher beten, die Glücklichen, die Genesenden, die danken kommen.« (Anm. 7. Bd. 6. S. 692f.); ferner die Schilderung des Klosters S. Onofrio sowie des Freskobildes von Pinturicchio, in: Aus Rom. An meine Freunde. (Februar 1899). In: Der Nachlaß der Marie von Ebner-Eschenbach. Hrsg. von Heinz Rieder. Bd. 1: Bei meinen Landsleuten. Erzählungen, Novellen und Skizzen. Wien 1947. S. 199.
26 Vgl. Anm. 7. Bd. 2. S. 571.
27 Vgl. Anm. 2. S. 872.
28 Möglichkeiten und Grenzen individueller Freiheit. Eine Untersuchung zum Werk Marie von Ebner-Eschenbachs. Diss. Frankfurt a. M. 1974. S. 230.
29 Vgl. Anm. 7. Bd. 2. S. 33.

Literaturhinweise

Alkemade, Mechtild: Die Lebens- und Weltanschauung der Freifrau Marie von Ebner-Eschenbach. Diss. Nymwegen [Dr. Graz; Buchausg. Würzburg] 1935.
Bettelheim, Anton: Marie von Ebner-Eschenbach's Wirken und Vermächtnis. Leipzig 1920.
Fink, Heidelinde: Studien zur Ethik Marie von Ebner-Eschenbachs. Entsagung, Resignation und Opfer in den Erzählungen der Dichterin. Diss. Graz 1964.
Kayser, Brigitte: Möglichkeiten und Grenzen individueller Freiheit. Eine Untersuchung zum Werk Marie von Ebner-Eschenbachs. Diss. Frankfurt a. M. 1974.
Necker, Moritz: Marie von Ebner-Eschenbach. Nach ihren Werken geschildert. Leipzig 1900.
Offergeld, Käthe: Marie von Ebner-Eschenbach. Untersuchungen über ihre Erzählungstechnik. Diss. Münster 1917.

BERND NEUMANN

Friedrich Spielhagen: *Sturmflut* (1877)
Die »Gründerjahre« als die »Signatur des Jahrhunderts«

Friedrich Spielhagen ist heute als Roman- und Novellenautor nahezu vergessen. Allenfalls seine Romantheorie scheint noch eines sporadisch wiederkehrenden Interesses sicher sein zu können.[1] Von Spielhagens gesamtem, so umfangreichem Werk hat allenfalls dessen ›akademischer‹ Teil überlebt. Dies ist ein bemerkenswerter Sachverhalt angesichts der Tatsache, daß Spielhagen – gemessen an der Auflagenhöhe seiner Bücher – einer der erfolgreichsten Autoren in der zweiten Hälfte des 19. Jahrhunderts gewesen ist. Sowohl in seinem Werk wie auch in seinem Leben schien alles auf einen belletristischen Erfolg abgestellt gewesen zu sein.

Spielhagen wurde am 24. Februar 1829 in Magdeburg als Sohn eines Regierungsbaurats geboren. Seine Jugend verbrachte er an der Ostseeküste in Stralsund. Er studierte, ohne Abschluß, Medizin, Jura, Philosophie und Philologie in Berlin, Bonn und Greifswald. Friedrich Spielhagen zeigte keinerlei Neigung zu einem bürgerlichen Beruf, bereits der Student scheint alles auf einen belletristischen Durchbruch gesetzt zu haben. Nach seinem Studium lebte er einige Jahre als Hauslehrer bei adligen Familien auf dem Land, danach, bis 1860, als Gymnasiallehrer in Leipzig. 1860 bis 1862 arbeitete Spielhagen als Feuilletonredakteur der *Zeitung für Norddeutschland* in Hannover. Nach seinem literarischen Durchbruch mit *Problematische Naturen* von 1861 lebte er in Berlin, zunächst noch als Redakteur der *Deutschen Wochenschrift* und als Herausgeber von *Westermanns Monatsheften,* später als freier Schriftsteller bis zu seinem Tod am 20. Februar 1911. Sein Œuvre umfaßt 22 zumeist mehrbändige Romane, daneben eine stattliche Anzahl von Novellen und Schauspielen. Hinzu kommen Übersetzungen, überwiegend aus dem Englischen, seine Autobiographie und eine erhebliche Anzahl theoretisch-ästhetischer Schriften. Seine bekanntesten Romane neben *Problematische Naturen* sind: *Die von Hohenstein* (1864), *In Reih und Glied* (1867), *Hammer und Amboß* (1869) und *Sturmflut* (1877).

Alle Romane Spielhagens greifen jeweils die ›brennenden Fragen der Zeit‹ auf, handeln diese mit scheinbar radikaler Kritik ab, versprechen dem Leser Hintergrundwissen und eine realistisch-adäquate Beschreibung gesellschaftlicher Vorgänge. Darüber hinaus stellt Spielhagen die unterhaltende Komponente in seinen Zeitromanen dadurch sicher, daß er jeden von ihnen zugleich als einen Liebes- und kriminalistischen Intrigenroman anlegt. Weiterhin reflektieren seine Bücher – am entschiedensten wohl *Problematische Naturen* – die neuen Rahmenbedingungen, die der Literaturmarkt in der zweiten Hälfte des 19. Jahrhunderts für einen Bucherfolg setzte: Sie sind als Fortsetzungsromane auf den Abdruck in Zeitungen zugeschnitten und spiegeln darin die steigende Wichtigkeit des expandierenden Mediums Presse. Spielhagens spektakulärer Anfangserfolg mit *Problematische Naturen* kam durch den Abdruck des Romans in der *Zeitung für Norddeutschland* ab 1859 zustande. Spielhagen war darin ›moderner‹ als sein belletristischer Rivale Gustav Freytag, als dessen Antipode er gelten kann. Er setzte Freytags Rechtsliberalismus eine radikalliberale Position entgegen. Spielhagen schrieb durchaus politische

Romane, die das liberale Bürgertum an seine revolutionäre Vergangenheit und unverändert demokratische Mission erinnern sollten. Seine Romane enthalten Einsichten von erstaunlicher Radikalität in einer Zeit, die als eine der politisch-gesellschaftlichen Restauration gilt. In *Die von Hohenstein* von 1864 leistet der Held Münzer folgende Analyse der mißglückten Revolution von 1848/49: »Unsere Revolution ist mißlungen, [...] der kreißende Berg hat eine Maus geboren. Statt der sozialen, zum mindesten doch republikanischen Schilderhebung eine Winkelcampagne für eine romantische Constitution [...]. Die Kleinbürger haben das Proletariat an die Geldsäcke verraten, die sich bereitwillig der frechen Faust des Adels öffnen, der sie zugleich vor dem Proletarier und dem Kleinbürgerthum beschützen muß.«[2] Spielhagens Erfolg dokumentiert also das Weiterleben bürgerlich-revolutionärer Ideale noch in den sechziger Jahren. Die Änderung dieses Sachverhalts im Gefolge der Reichsgründung von 1870/71 reflektiert dann sein Roman *Sturmflut*. Freilich muß bereits in bezug auf die Revolutionsromane eine Einschränkung vorgenommen werden. Allerdings erinnern sie den Leser an die revolutionäre bürgerliche Vergangenheit; doch das Wie dieser Erinnerung: der Tod auf den Barrikaden als Ergebnis philosophischer und existentieller Verzweiflung und oft genug mißglückter Assimilation an den Adel, nimmt dieser Erinnerung die politische Spitze. Diese Tatsache verdankt sich nicht zuletzt der typischen Form der Unterhaltungsliteratur, die diese Romane mit ihren Ingredienzen Intrige, Liebe, Politik, Gesellschaftskritik, Kampf und Tod aufweisen. Die 1848er Revolution, die Spielhagen immer wieder beschwört, gerät ihm zum Muster eines rauschhaften existentiellen Außer-sich-Seins, das letztlich alle politischen Konturen verliert (Spielhagen selbst hat die Revolution im übrigen bewußt gar nicht miterlebt; er kultiviert 1848 ein weltabgewandtes und kontemplatives Studentenleben, war durch seine Spinoza-Studien gänzlich absorbiert).

Literaturgeschichtlich war Spielhagen vom ›Jungen Deutschland‹ beeinflußt[3] – auch wenn er selbst diesen Einfluß in seiner Selbstbiographie bestritten und die Klassiker, Goethe zumal, als die Sterne benannt hat, die seinem literarischen Streben vorgeleuchtet hätten. Während sein Antipode Gustav Freytag eine ›klassische‹, beruhigte, geschlossene Romanform anstrebte, eine abgerundete epische Welt voll intendierter Naivität und Schlichtheit, schrieb Spielhagen in einer subjektiv-offenen Form, durchsetzte er seine Romane mit endlosen Gesprächen und verflocht er eine Vielzahl von Handlungssträngen miteinander, die er auf ekstatische Höhepunkte zusteuerte. Er schrieb durchaus Zeit- und Gesellschafts-›Romane des Nebeneinander‹ (um den Terminus Karl Gutzkows zu gebrauchen, mit dem dieser eigene Romane kennzeichnete), an denen eine intensive politische Appellfunktion haftete und haften sollte. Diese Kennzeichnung entspricht freilich nicht dem Spielhagenschen Selbstverständnis. Im Gegenteil: Seine Romantheorie stellte vor allem anderen auf die »Objektivität« der Literaturgattung Roman ab, die die Welt in ihrer »extensiven Totalität« abzubilden habe. Für Spielhagen hieß das vor allem: Einbeziehung aller sozialen Schichten in den Roman. Hierin sah er auch den Unterschied zu den Naturalisten, die ihn in den späten achtziger Jahren mit zunehmender Schärfe angriffen. Im Roman *Sonntagskind* von 1893 ermuntert eine Verehrerin den Schriftsteller: Er solle dem »Unfreien, Unschönen, Häßlichen mutig zu Leibe [...] gehen [...]. Ich fürchte, es wird sonst dem Weltbilde, daß Sie entwerfen, an der rechten Fülle, an der überzeugenden Wahrheit fehlen. Ihre Menschheit darf nicht [...] mit dem Baron anfangen, aber auch nicht, wie die Zolas und seiner Nachbeter und Nachtreter, bei dem

Baron, oder schon weit vorher aufhören, – sie muß Ihnen bestehen aus allem, was Menschenantlitz trägt.«[4]
Aus dem Anspruch auf Darstellung der »extensiven (gesellschaftlichen) Totalität« folgt Spielhagens zweites Postulat: Wie kein anderes Literaturgenre fordere der Roman die »Objektivität der Darstellung«. Leo Löwenthal schreibt dazu: »Der Roman verlangt eine strenge geschlossene Form, systematisch und logisch gegliederten Aufbau sowie kausale Stringenz. Infolgedessen muß das Ich des Dichters völlig hinter der Sache, die er vorzutragen hat, verschwinden. Darum gibt es bei Spielhagen kaum Romane oder Erzählungen in der Ichform. Im Sinne der bürgerlichen Aufklärung – wie etwa bei Lessing – ist Dichtung für ihn eine abgewandelte Form von Theorie und Wissenschaft.«[5] Freilich schließt dies nicht aus, daß gerade der Autor von Zeitromanen seine eigene Meinung dezidiert ins Werk mit einbringt. Jede Einseitigkeit oder »Tendenz« freilich müsse dabei vermieden werden. »Objektiv erzähle«, kennzeichnete Victor Klemperer Spielhagens Anspruch, »wer seine Idee ganz und gar dem einfüge, was er im wirklichen Leben erschaut habe, wer also niemals ohne Modell arbeite, nichts allein aus sich herausspinne, über solchem Erfinden niemals das Finden vernachlässige, ›Finder und Erfinder‹ in einem sei. Dies ist Spielhagen so wichtig, daß er seine Autobiographie danach betitelt.«[6] Nach Spielhagens eigenen Worten bedeutet tendenziös zu schreiben, »nicht mehr den Geist der Zeiten, sondern nur noch [den] eigenen Geist zu geben«.[7] Um dies zu vermeiden, fordert er auch den Rückzug des Erzählers (wobei er den Erzähler mit dem Autor gleichsetzt). Weitere Kennmarken für Spielhagens Auffassung vom Wesen der (Roman)Kunst schließlich sind »Darstellung« und »Reflexion«. Beides verrät die Herkunft aus der klassischen Kunsttheorie Wilhelm von Humboldts, die Spielhagen für seine Zwecke adaptierte. Im Anschluß an Humboldt formulierte er sein Ziel: »Darstellen heißt vor Augen stellen.« Es leuchtet ein, daß jede Reflexion diesem Ziel nur schädlich sein kann. Der Schärfe, mit der Spielhagen sie in der Theorie ablehnt, entspricht ironischerweise das Ausmaß, in dem seine Romane sie realiter praktizieren: als nicht enden wollende Rede seiner Personen über Gott und die Welt, über politische Themen zumal. Schließlich gilt Spielhagen der Held als Statthalter des Autors im Roman, beide verschmelzen zur Beinahe-Identität. In diesem Punkt decken sich bei ihm Theorie und Praxis: Der Held gerät zum »Träger einer Idee«, die der Autor ihm übergibt. Er soll einen »Typus« darstellen, also Überindividuelles repräsentieren. »Der Held«, so heißt es, »ist nämlich gewissermaßen das Auge, durch welches der Autor die Welt sieht.«[8] Mit dem Helden steht und fällt der Roman als Kunstwerk, er ist dessen organisierendes Zentrum: »[...] der Held ist auch, wie die Grenze der ins Weite und Breite strebenden epischen Kraft so auch die Schranke gegen das Hereinbrechen des Unorganischen, des Grenzenlosen, d. h. er ist die Bedingung und Gewähr des Kunstwerks.«[9]
Ausgenommen den letzten Punkt, entsprechen Spielhagens Romane seiner Theorie, wie gesagt, ganz und gar nicht. Der Literaturwissenschaftler Richard M. Meyer hat darüber geurteilt: »Dieser Mann von ausgesprochener Subjektivität hatte sich eine Theorie zurecht gemacht, die sein Temperament bändigen sollte.«[10] Dennoch galt der Romantheoretiker Spielhagen im letzten Drittel des 19. Jahrhunderts als eine ausgesprochene Autorität. Theodor Fontane hat sich, eher unwirsch und wortkarg, mit dieser Theorie auseinandersetzen müssen; denn Spielhagen hatte es unternommen, sie am Beispiel der *Effi Briest* zu verifizieren. Gottfried Keller glaubte eine Zeitlang sehr ernsthaft, er müsse die Spielhagensche Romantheorie zunächst gründlich studieren, ehe er sich an das

Abfassen seines Altersromans *Martin Salander* machen könne. Auch im Rahmen der scharfen Kritik, die Heinrich und Julius Hart Spielhagen in ihren *Kritischen Waffengängen* 1884 im Namen der aufstrebenden Naturalisten angedeihen ließen, blieb seine Theorie unangefochten. Sie fungierte sogar als Richtmaß, an dem Spielhagens Romane gemessen und verworfen wurden. Die Naturalisten warfen dem Realisten fehlenden Realismus vor, sie machten sich dabei vor allem dessen Objektivitätspostulat zu eigen. »Spielhagen galt seiner Generation als Realist in der Wortwahl; jetzt wird ihm das Salonmäßige seiner Sprache [...] vorgeworfen. Spielhagen wurde wegen seiner realistischen Stoffwahl bewundert; jetzt tadelt man ihn wegen der Enge seiner Stoffwahl: ›Das ganze breite, bunte Leben, das sich in dem Kleinbürgerlichen, in den Schichten der Arbeiter, des Proletariats, des Vagabundentums entrollt, ist für Spielhagen so gut wie gar nicht vorhanden; von Verbrecher- und Buhlentum, das ganz sporadisch auftritt, vollends zu schweigen.‹ Er galt seiner Zeit als Realist in der lebendigen Durchführung seiner Charaktere; jetzt tadelt man an ihm ›die seichte Idealistik, welche die Wirklichkeit bald durch eine blaue Brille, bald in einem Hohlspiegel sieht.‹ Er galt seiner Zeit als ein Realist in der Handlungsführung: jetzt richtet man den Blick einzig auf die romanhaften Verknüpfungen in seinen Werken [...]«.[11] Diese Kritik der Gebrüder Hart markierte den jähen Verfall von Spielhagens Ansehen in der zweiten Hälfte der achtziger Jahre. Ihm fiel das bedrückende Schicksal zu, den eigenen Ruhm zu überleben. Die Art dieser Kritik, die die Theorie des Kritisierten gegen dessen eigene literarische Produktionen zum Zeugen aufrief, vermag auch den eingangs festgestellten Tatbestand zu erklären: daß nämlich allein die Romantheorie des Autors Spielhagen von allen seinen Werken überlebt hat.

Leo Löwenthal hat gemeint, die progressive, demokratisch-bürgerliche »soziale Funktion« von Spielhagens Werk durch die »sonderbare Geschichte seines Ruhms« besser verstehen zu können. »Denn es kann kein Zufall sein, daß ein Dichter so durchaus untergeht, dessen Intentionen nicht so sehr Phantasie oder Persönlichkeit oder ›Gehalt‹ sind, sondern Solidarität, Pflicht und Aussprechen der Dinge, wie sie sind, kurzum ein Dichter, der die Forderungen der bürgerlichen Aufklärung vorzugsweise formuliert.«[12] Daß Spielhagen so schnell vergessen wurde, war ganz sicher kein Zufall. Doch dies läßt sich nicht ausschließlich und eindimensional als Verdrängung aufklärerischer Ideen durch die sich durchsetzende Wilhelminische Bourgeoisie erklären. Die Rechnung geht so glatt nicht auf, sie berücksichtigt vor allem nicht, daß es mit dem Unterhaltungsroman als dem Vehikel bürgerlicher Aufklärung ein eigen Ding ist. Spielhagens heimliches, kolportagehaftes Einverständnis mit dem Status quo nimmt seinen Romanen zusammen mit ihrem Kunstcharakter die wesentlichen Widerhaken, es treibt ihnen das Utopie- und Protestpotential aus, das der Literatur als Kunst innewohnt. Es ermöglicht eine rasche, widerstandslose Rezeption, als deren Kehrseite sich dann ein rasches Vergessen-Werden herausstellt. Löwenthal glaubte den zum George-Kreis gehörenden Literaturwissenschaftler Friedrich Gundolf als Kritiker Spielhagens den Gebrüdern Hart und Michael Georg Conrad an die Seite stellen zu können. Alle drei beanstandeten, die Romane Freytags und Spielhagens trieben das Gefühl dafür aus, daß Erzählung Dichtung sei. Conrad schrieb: »Unsere Dahn, Heyse, Freytag, Spielhagen und tutti quanti steckten keine Köpfe in Brand, revolutionierten keine Artistenreiche, verblüfften nicht einmal durch die Kühnheit neuer Weltbilder.«[13] Diese Kritik wie auch die Gundolfs wurde zweifellos von einem ästhetizistischen Standpunkt aus geübt (was nicht für die Gebrüder

Hart gilt). Dennoch hat der rapide Verfall von Spielhagens Bekanntheitsgrad auch entscheidend mit der artistischen Qualität seiner Romane zu tun. Diese zeugen vom Bemühen, dem Leser pausenlos etwas zu verdeutlichen, sie sprechen zu ihm durchweg in einer übergroßen Lautstärke, so als sei dieser harthörig; die personellen und thematischen Arrangements, die sie treffen, pflegen sie überzubestimmen; ihnen steht der Schweiß auf der Stirn vor lauter Bemühen, ja kein wichtiges Thema und keine exaltierte Situation zu versäumen. Spielhagens politisch-ideologische Position war progressiver und vor allem eindeutiger als die Fontanes. Doch Fontanes Romane haben ja nicht überdauert, weil sie ebenso reaktionär gesinnt waren wie ihr Autor in manchen seiner Aussprüche. Sie haben dank ihrer Vielschichtigkeit und ihres kritischen und utopischen Überschusses überlebt, der im Zusammenhang steht mit der ästhetischen Ökonomie und Stimmigkeit, über die sie verfügen.

Unter diesem Aspekt sei im folgenden auf *Sturmflut* (1877) eingegangen. Victor Klemperer hat gemeint, daß »Spielhagens wesentliche Bedeutung für die deutsche Literaturgeschichte sicherlich allein auf [seinen] Zeitromanen beruht«.[14] Dies stimmt überein mit der Wertung im *Lexikon deutschsprachiger Schriftsteller*, nach der Spielhagens Bemühungen ein »literaturhistorisch interessantes und als ideologische Dokumentation der Gesellschaftsentwicklung Deutschlands in der 2. Hälfte des 19. Jahrhunderts beachtenswertes« Werk gezeitigt haben.[15] Beides trifft vor allem auf den Roman *Sturmflut* zu, in dem Spielhagen seine Erfahrungen mit der Gründerzeit verarbeitet hat. Die literarischen Darstellungen dieser Gründerzeit sind dünn gesät. Neben Spielhagen wären hier Gottfried Kellers *Martin Salander* (1886) und Max Kretzers *Meister Timpe* (1888) zu nennen, eventuell noch Fontanes *Frau Jenny Treibel* (1892) als Darstellung der Kulturlosigkeit der aus der Gründerzeit hervorgegangenen Bourgeoisie.

Unter Gründerzeit versteht man die Jahre nach der Proklamation des Deutschen Kaiserreichs von 1871, im Anschluß an den siegreichen Krieg gegen Frankreich. Diese Zeit legt die ökonomische und gesellschaftliche Grundlage für das Wilhelminische Reich. Sie kann zugleich als die bizarrste Spekulationsperiode des gesamten 19. Jahrhunderts gelten. Die Grundlage der allenthalben aus dem Boden schießenden Neugründungen waren die Reparationsleistungen von rund 5 Milliarden Franc, die das besiegte Frankreich erbringen mußte. Zusammen mit dem territorialen Zugewinn Elsaß-Lothringens waren also Kreditverbilligung und Marktausweitung gegeben. Die französische Ostbahn wurde den deutschen Eisenbahnen zugeschlagen; die Hüttenindustrie, Kohle- und Erzbergbau erfuhren eine Ausweitung; die Bauwirtschaft wurde durch Festungs- und Wohnungsbau belebt; weiterhin erfolgte eine »mächtige Ausweitung des Binnen- und Außenverkehrs, stärkere Einbeziehung Deutschlands in den sich schnell ausbreitenden Welthandel (1869 Suezkanal), Gründung zahlreicher Banken [...]: alles das führte zu einem früher unbekannten echten Aufschwung der deutschen Wirtschaft – am auffälligsten durch starkes Steigen der Börsenkurse –, der bald in spekulative und selbstbetrügerische Erscheinungen mündete. Die Regierungen [...] fanden aus Unkenntnis und liberaler Befangenheit kein Mittel, die ins Schädliche und Krankhafte, auch in sinnlose Preis- und Lohnsteigerungen umschlagende Bewegung dieser ›*Gründerjahre*‹ [...] aufzuhalten und abzuleiten.«[16] Allein 1871 wurden 207 Aktiengesellschaften mit einem Kapital von 759 Millionen Mark gegründet. 1872 waren es 479 mit einem Kapital von 1478 Millionen – eine Zahl, die erst wieder 1914 erreicht werden sollte.

In *Sturmflut* verkündet der dämonische Intrigant Giraldi, daß der Darwinismus die wahre Religion der Zeit sei. Im *Handbuch der deutschen Geschichte* heißt es: »›Gründungsfieber‹ und ›Gründungsmanie‹ erreichten eine bisher unbekannte Radikalität, zumal der in Hochblüte befindliche Manchesterliberalismus und die zu jener Zeit viel diskutierte biologische Theorie vom ›Kampf ums Dasein‹ und vom ›Überleben des Stärkeren und Gesünderen‹ im rücksichtslos individualistischen Expansionsstreben etwas Natürliches, aufs Ganze und auf die Dauer der Allgemeinheit Nützliches sahen.«[17] Spielhagen nahm es also sehr genau mit der Zeichnung der »Signatur des Jahrhunderts« (146),[18] als die er den Geist der Gründerjahre ansah. *Sturmflut* ist als Liebes- und Intrigenroman heute kaum noch genießbar. Andererseits kann die Gesellschaftsschilderung, die dieser wie auch die anderen Zeitromane enthalten, auf ein mehr als nur dokumentarisches Interesse rechnen. Vor allem in der Wiedergabe adliger Salongespräche weiß Spielhagen zu überzeugen. Dies gilt bis hinein ins literarisch-ästhetische Detail, etwa bezogen auf die Qualität der Bilder. Der Adlige Clemda urteilt über den Bürgerlichen Reinhold Schmidt: »Ah! der! ganz passabler Mensch, – so weit. Clemda hatte das ›so weit‹ gleichgültig-nachlässig hinterherschleppen lassen, – als ob er eine Tür, die er eben schließen wollte, wieder ein wenig auftat, um den Hund noch hereinzulassen.« (243)

Spielhagens Darstellung der Gründerzeit differenziert sich in mehrere Ebenen. Neben dem Bereich der Kunst wird der der Gesellschaftsgespräche geschildert, neben der ökonomischen Seite des ›Gründens‹ gerät der soziale Bereich, das Elend der kleinen Pächter und – wenn auch tendenziös gefärbt – das der Fabrik- und Eisenbahnarbeiter, ins Blickfeld. Durchaus dialektisch entdeckt der Autor die prägende Kraft des Ökonomischen in den geistigen und kulturellen Bezirken wieder. Die (bildende) Kunst der Gründerjahre wird im Bildhauer Justus, einer durch und durch positiven Figur, porträtiert, die der Autor die Erfordernisse der Zeit unbefangen ausplaudern läßt: »[...] und wenn man einen Krieg in Bildern darstellen soll, so ist da der Auszug an einem, der Einzug am anderen Ende, in der Mitte Schlachtgetümmel und patriotische Hilfsbereitschaft, und da beißt kein Mäuslein ein Fädlein ab. Man muß eben originell im einzelnen sein, wenn man's im ganzen nicht sein kann [...] Abschied des Landwehrmannes – denn volkstümlich muß die ganze Geschichte werden [...] weiter: greiser Vater, den scheidenden Sohn an sein Herz drückend [...] Numero zwei: Bureau des Bezirksvereins der Pflege und so weiter: Frauen, die Liebesgaben bringen; Tante Rickchen, Komiteemitglied, die eingelieferten Gaben [...] prüfend – famös! In einer Ecke Cilli, Scharpie zupfend – Haupttreffer!« (97) Der Künstler der Gründerzeit, in der vor allem die Bildhauer Konjunktur hatten, hat nur zu gut begriffen, daß, mit Lessing zu reden, auch die Kunst nach Brot geht. Der »Steinklopfer« Justus bringt es dahin, daß am Ende sogar der adlige Schwiegervater sich von seinem Jahreseinkommen beeindruckt zeigt. Das bedeutet aber nicht, daß dieser so bürgerlich-praktische Künstler etwa auf seine angestammte Bohemien-Aura Verzicht geleistet hätte. Im Text spricht Justus' Verehrerin Cilli: »Nicht so, sagte sie, nicht so treu! Er kann es nicht sein, kein Künstler kann es. Der darf nur seinen Stern haben, sein Ideal; zu dem muß er fortwährend aufschauen, dem muß er folgen [...]. Aber sonst – sonst muß er frei sein, wie die Vögel dort oben in den Zweigen [...]« (111). So soll also, wie Spielhagen im Anschluß an das Schiller-Wort formuliert, »der Künstler mit dem Gründer gehen« (468), zumal auch auf der anderen Seite die Einsicht lebendig ist: »man muß wohl heutzutage die Kunst, oder vielmehr die

Herren Künstler protegieren.« (171) Auf diese Art und Weise nahm das Kunsthandwerk am Gründungsfieber teil; die Motive fielen entsprechend aus: »Da waren die vier lebensgroßen allegorischen Figuren für Philipps Treppenhaus: der Handel – ein bärtiger Mann von orientalischer Physiognomie...; – die Industrie: eine, wie Sie sehen, etwas unbestimmt gehaltene, stark moderne weibliche Figur [...]. Dafür erkennt man diesen griechischen Jüngling [...] als den Genius der Eisenbahnen, wie ja Hermes, wenn er es nur erlebt hätte, ganz unzweifelhaft zum olympischen Generalpostmeister ernannt worden wäre. – Die schöne hochgewachsene, stolze Dame in Tracht einer Nürnberger Patrizierin des fünfzehnten Jahrhunderts kündigt sich [...] als Städtebauerin an – eine feine Anspielung auf die Vorstadtstraßen, die der würdige Besitzer niederreißen mußte, um sich mitten in der Stadt das Haus zu gründen, dessen Vestibül alle diese Meisterwerke schmücken sollen.« (208) Die Philosophie und die Musik jener Zeit sieht Spielhagen durch Arthur Schopenhauer, durch den »Philosophen des Unbewußten« Eduard von Hartmann und durch Richard Wagner repräsentiert. »Es gibt in diesem Moment nur drei Männer, die man studieren und immer wieder studieren muß: Bismarck, Hartmann und Wagner: die Politik der Gegenwart, die Musik der Zukunft, vermittelt durch die Philosophie des Unbewußten – da haben Sie die Signatur des Jahrhunderts.« (146) Durch den Mund des Barons Schönau kommentiert der Autor diese kulturellen Idole des Salons der Gründerjahre: »[...] graueste Vergangenheit zu einer rosaroten Fratze der Gegenwart umgeschminkt, während aus den leeren Augenhöhlen eine gespenstische Zukunft starrt [...]«. (249)

Friedrich Spielhagens Schilderung der ökonomischen Silhouette der Gründerzeit setzt an zwei wichtigen Zentren der damaligen wirtschaftlichen Aktivität an: Er schildert die Gründung einer Aktiengesellschaft, die ihrerseits den Bau einer Eisenbahnlinie an der Ostseeküste finanzieren soll. Der Roman trifft damit ins Zentrum einer typischen spekulativen ›Gründung‹. Graf Golm, durch dessen Besitz die Eisenbahnlinie verlaufen würde und der als verschuldeter Adliger an der Aufwertung seines Grund und Bodens interessiert sein muß, setzt im Ministerium den Bau eines Kriegshafens durch. Mit dem einzigen Zweck, den Bau der Eisenbahnlinie zu legitimieren, hinter dem wiederum die Interessen des spekulierenden hauptstädtischen Finanzkapitals stehen. Der Berliner Bankier spricht dies ohne Umschweife aus: »[...] ich habe eingestanden, daß unsere einzige Rettung eine Fortsetzung der Bahn von Sundin durch Ihre Insel zu einem beliebigen Kriegshafen ist, der gleichsam der Kopf der Schlange ist; mit anderen Worten: daß wir unsere erste Gründung nur durch eine zweite retten können, die wir auf die erste pfropfen.« (163) Spielhagen dokumentiert sehr anschaulich das Zusammenspiel zwischen privatwirtschaftlichen und staatlichen Interessen, auf das der später gebräuchlich gewordene Terminus ›Staatskapitalismus‹ gemünzt ist. Der Graf ist in diesem Spiel ein betrogener Betrüger, die Handpuppe der hauptstädtischen Bankiers. Am Ende vernichtet eine katastrophale Sturmflut (wie sie wirklich im Herbst 1872 die deutsche Ostseeküste heimsuchte) die Pläne der Gründer und auch den Grafen selbst. Graf Golm entspricht dem Typus des Adligen, den Spielhagen immer wieder variiert: der bornierte, dabei schöne und laszive Mann, der zwar zur glänzenden Repräsentation fähig, aber zu konsequenter Arbeit unfähig ist; ein adliger Schürzenjäger und beschränkter feudaler Ideologe. Dem Grafen stellt Spielhagen ein bourgeoises Pendant zur Seite: den Spekulationskönig Philipp Schmidt, der, durch Gründungsgeschäfte unerhört reich geworden, mit seinem neuerbauten Berliner Prachthaus allen hergebrachten adligen

Reichtum übertrumpfen will (und der doch bereits die Geheimtür für seine Flucht vor der Polizei in dieses Haus hat einbauen lassen). Das Vorbild für Philipp ist sicherlich in Dr. Barthel Heinrich Strousberg zu sehen, der »ein unternehmerisch hochbegabter, tätiger, einfallsreicher, auch verdienstvoller, schließlich nicht nur durch eigene Schuld fallierter ›Eisenbahnkönig‹ [war], der als erster in großem Umfang mittlere und kleine Sparkapitalien für den Eisenbahnbau mobilisierte«.[19] Das Auftreten des repräsentationsversessenen, dabei vulgären Philipp Schmidt markiert eine Wende in Spielhagens Romanwerk: Zum erstenmal betritt der Bürger als vollendet prosaischer, zudem betrügerischer Bourgeois die Bühne, plebejisch und abgeschmackt wie Fontanes ›Bourgeoise‹ Jenny Treibel, im Gegensatz zu dieser freilich gar nicht mehr um eine Fassade aus ›Bildung‹ und ›Poesie‹ bemüht. Philipp Schmidt figuriert, allein schon von seiner physischen und physiognomischen Darstellung her, als die reißende Bestie im sozialdarwinistischen Kampf aller gegen alle um die Beute aus dem siegreichen Krieg gegen Frankreich. Spielhagen beschreibt in ihm den Typ des ›Gründers‹. Auf den Einwand: »In der Politik ist manches erlaubt, was für das bürgerliche Leben unstatthaft wäre« entgegnet Philipp: »Gänzlich überwundener Standpunkt! Im Gegenteil, wir sind [...] zu der Überzeugung gekommen, daß hier, wie dort, alle Vorteile gelten. Sieh mal den kleinen schwarzen Mann da mit der großen dicken Frau! Vor zwei Jahren war er ein armer Pfuschmakler, der nicht von einem Tag auf den andern zu leben hatte. Heute ist er ein doppelter Millionär, und wenn die ›jungen‹ Kaiser- und Königs-Hütte[-Aktien], die übermorgen ausgelegt werden, ziehen, schließt er noch dies Jahr mit drei Millionen ab [...]. Kann dich noch beteiligen, wenn du willst.« (151)

Es macht die Radikalität und realistische Ehrlichkeit des Liberalen Spielhagen aus, daß er Philipp Schmidt als Resultat einer historisch-gesellschaftlichen Entwicklung darstellt, als – wiewohl entarteten, dennoch repräsentativen – Sproß des liberalen, vormals demokratisch-revolutionären Bürgertums als ganzem. Philipp ist der Sohn des alten Achtundvierzigers Ernst Schmidt, des Besitzers einer ehrbaren Marmorfabrik und ebensolcher Citoyen-Ideale. Im Versöhnungsgespräch mit dem General von Werben, seinem Gegner aus den Tagen der Revolution, muß Ernst Schmidt die gefährliche Nähe der liberalistischen Wirtschaftsdoktrin zum herrschenden Sozialdarwinismus diagnostizieren. »Wenn [Philipp] mit der Scheu vor törichten Vorurteilen, die ich dem Knaben lächerlich gemacht, später auch die Ehrfurcht vor der Heiligkeit des Gesetzes verloren hat? wenn er [die] Lehre, daß es des Mannes Pflicht sei, auf eigenen Füßen zu stehen, in seiner eigenen Kraft zu ruhen, dahin verkehrt hat, daß es des Kraftvollen Recht sei, an sich zu reißen, was dem Arm erreichbar ist, unter die Füße zu treten, was sich, als das Schwächere, unter die Füße treten läßt?« (553) Der Liberale Spielhagen, der in *In Reih und Glied* gegen den Kollektivismus und für den Liberalismus gefochten hatte, erkennt hier das sozialdarwinistische Element, das in der bürgerlich-liberalistischen Wirtschaftsform von allem Anfang an mitangelegt war. Man muß nur an den Beginn der bürgerlichen Geschichts- und Staatsphilosophie etwa bei Thomas Hobbes erinnern. Max Horkheimer hat darüber geschrieben: Hobbes »ist der Sohn eines Landes, in dem zu seinen Lebzeiten die Grundlagen zu einer ungehemmten Entwicklung der bürgerlichen Gesellschaft gelegt wurden«. Die Grundzüge der Hobbesschen Staatslehre »lassen sich folgendermaßen bestimmen: Da Lust und Unlust die Menschen allein bewegen, gilt als höchstes Gut das Leben, als größtes Übel der Tod. Im Naturzustande ist das Leben des einzelnen aufs höchste bedroht [...] Der natürliche Zustand ist durch den unbegrenzten Appetit des einzelnen, zugleich aber durch seine Furcht vor allen übrigen gekennzeichnet. Es herrscht das ›bellum omnium in omnes‹. Aus der Furcht erwächst das Bedürfnis der Sicherung [...]. So wird der Gesellschaftsvertrag aus Furcht und Hoffnung geschaffen, als Kompromiß zwischen unserer grenzenlosen Angriffslust und unserer grenzenlosen Angst.«[20] Horkheimer arbeitet heraus, daß Hobbes den englischen Frühkapitalismus vor Augen hatte, als er vom Naturzustand sprach; aus dieser Erfahrung heraus befürwortete er einen starken Staat.

Es ist interessant, daß Spielhagen, der als Liberaler jeden Staatseingriff ablehnte, angesichts der gesellschaftlichen ›Sturmflut‹ der Gründerjahre ganz ähnlich reagierte. Er hatte in *Hammer und Amboß* und *In Reih und Glied* die »sociale Frage« auf sozialreformerischem Weg lösen wollen. Eine undogmatisch christliche Solidarität zwischen den Klassen und ein darauf fundiertes Genossenschaftswesen sollten den Klassenkampf überwinden. Die Alternative durfte nicht mehr »Hammer *oder* Amboß«, sondern mußte »Hammer *und* Amboß« lauten. Angesichts des springflutartig entfesselten ökonomischen Egoismus der Bourgeoisie in den Gründerjahren aber zieht Spielhagen eine überraschende Konsequenz: Hatte er bislang mit größter Radikalität den Adel bekämpft (was die geheime Faszination durch das Kritisierte ja nicht ausschloß) und des weiteren jeden Kompromiß des Bürgers mit der Feudalität als Verrat angeprangert, so tritt er nun für die Aussöhnung zwischen den Klassen, genauer: für die Bändigung des bourgeoisen Egoismus durch das preußisch-adlige Ideal des Dienstes am Staat ein. Mit dem voll entwickelten Manchesterliberalismus konfrontiert, fordert Spielhagen, ähnlich wie seinerzeit Thomas Hobbes, zwar nicht den Staat als den Leviathan, aber doch die Rückbesinnung auf die staatserhaltenden Ideale, die er nunmehr im Adel alter Prägung verkörpert sieht. Im Roman gehorcht diesem Anliegen das gesamte Arrangement der Personen. Im Marmorfabrikanten Ernst Schmidt und im General von Werben stehen sich die alten Antagonisten von 1848 gegenüber (Spielhagen läßt sie im übrigen auch noch ›côte à côte‹ in Berlin wohnen). Beider Söhne verkörpern die neue Zeit und sind zugleich aus der Art geschlagen: Philipp Schmidt als skrupelloser ›Gründer‹, Waldemar von Werben als leichtlebiger Offizier, der seinen aufwendigen Lebensunterhalt aus gefälschten Wechseln bestreitet. Beide sind Spekulanten auf ihre Art. Freilich der Adlige erhält Gelegenheit, sich im Tod zu rehabilitieren: Waldemar stirbt beim Versuch, seine Schwester aus der Sturmflut an der Ostseeküste zu retten. Hingegen der betrügerische Bourgeois nimmt sich, von der Polizei gestellt, das Leben: eine Tat, die der alte General von Werben (entsprechend dem adligen Komment) seinem Sohn zugedacht hatte. Der Unterhaltungsautor in Spielhagen läßt eine solche Parallelaktion nicht ungenutzt. Die Liebe tritt auf den Plan und verbindet beide Häuser: Die Tochter des Generals, Else von Werben, liebt den Neffen des Marmorfabrikanten; dessen Tochter verliebt sich, so liegt es in der geometrischen Logik des Arrangements, in Waldemar, den Sohn des alten Generals von Werben. (Hinter und über all diesen bewegten und bewegenden Verbindungen treibt noch der ultramontane Dämon Giraldi, ein Intrigant, wie er im Buche steht, sein Wesen; dessen, wie Klemperer schreibt, »abenteuerliche Grausamkeit«[21] hat eine gewisse, wenn auch unfreiwillig parodistische Ähnlichkeit mit Cethegus in Felix Dahns *Kampf um Rom* aus dem Jahr 1876. Cethegus wie auch Giraldi reflektieren die Inflation der Individualität, die für die Unterhaltungsliteratur ebenso typisch ist wie für das Denken der Gründerzeit, darüber hinaus den damals aktuellen ›Kulturkampf‹, also Bismarcks Angehen gegen den Einfluß der katholischen Kirche.)

Nun ist entscheidend, daß am Ende der Starrsinn des Demokraten Schmidt gegenüber der klugen Konzilianz des Generals abgewertet wird. Spielhagen definiert hier buchstäblich seinen alten Gegner neu. In *Sturmflut* wird Ereignis, was in allen vorangegangenen Romanen undenkbar gewesen wäre: daß ein adliger Haudegen, gar einer, der nach der Schlacht die gefangenen Demokraten malträtierte, schließlich, und zwar moralisch-ethisch, über seinen bürgerlichen Gegner triumphieren kann. Ernst Schmidt muß seinem Kontrahenten eingestehen, daß sein radikalliberaler Grundsatz »schrankenloser Freiheit und absoluter Selbstbestimmung« (555) obsolet geworden ist, daß er der Ergänzung durch das bedarf, was sein Gegenüber verkörpert: dienende Disziplin, Verpflichtung aufs Große und Ganze, Hintanstellung eigener Interessen. Diese neue Synthese verkörpert sich im Helden des Romans als dem Statthalter des Autors. Reinhold Schmidt, »auf dessen Haupt allzuviele Tugenden gehäuft sind«,[22] ist von Beruf Schiffskapitän. Er steigt zum Lotsenkommandeur an der Ostseeküste auf und erhält Gelegenheit, sich im Kampf gegen die Sturmflut heldenhaft auszuzeichnen. Am Ende beginnt er eine Karriere im Berliner Ministerium. Reinhold korrigiert auch den alten, starrsinnigen Revolutionär Ernst: Anders als dieser verehrt er nicht nur Bismarck und das neugeschaffene Reich, sondern er ist auch frei vom liberalistischen Egoismus. »Es scheint, daß dir das Dienen zum Bedürfnis geworden ist, sagte Onkel Ernst mit grimmigem Lächeln [...]. Warum soll ich es leugnen, sagte [Reinhold], daß mir die straffe, preußische, militärische Disziplin ganz gewaltig imponiert hat? Bei uns, in unserem kleinen republikanischen Gemeinwesen, geht alles ein wenig lässig zu; niemand versteht recht die Kunst zu kommandieren, und niemand will sich kommandieren lassen.« (90) Reinhold versteht die eigene Teilnahme am deutsch-französischen Krieg als das Siegel auf die Vollgültigkeit seiner, des Bürgerlichen, Staatsbürgerschaft im Deutschen Reich; er läßt sich durch keinen Affront seiner adligen Gegenspieler eines Besseren belehren. Für ihn stellt vor allem das Militär den Königsweg zur Identifikation mit dem Wilhelminischen Reich dar. Der Offizier Reinhold zeichnet sich durch Tüchtigkeit, Diensteifer und Ideologiefreiheit aus; der Kapitän leistet seinen Anteil an der bürgerlichen Bemeisterung der Natur und bekämpft am Ende die Sturmflut, so als ob sich die gesellschaftliche Sturmflut mit den gleichen Mitteln und Tugenden wie die natürliche eindämmen ließe. Reinhold Schmidt, dieser seltsam physiognomielose Held, verkörpert den Klassenkompromiß zwischen Adel und Bürgertum, der das Wilhelminische Reich trug. Auf ihn trifft Wort für Wort zu, was Leo Löwenthal zur Zeit zwischen 1870 und 1880 geschrieben hat: »Das bürgerliche Lebensziel wird immer stärker die Identifizierung mit dem nationalen Ideal des Bismarckschen Staates. Der gesellschaftliche Friedensschluß mit der Aristokratie vollzieht sich zum größten Teil in der ersten großbürgerlichen Generation zwischen 1870 und 1880, aber auch späterhin noch weitgehend in der Nachahmung einer als aristokratisch angesehenen Lebensweise: der Reserveoffizier ist höchste bürgerliche Beglückung. [...] Das Ideal des tüchtigen Kerls wird jetzt zu einer Ideologie für Angestellte, Arbeiter und kleine Beamte [...].«[23] Reinhold Schmidt entspricht diesem Ideal des tüchtigen Kerls in Vollendung.

Sturmflut wäre nun kein aussagekräftiger Zeit- und Gesellschaftsroman, stellte das Buch nicht auch die objektiven gesellschaftlichen Gründe für die neue Allianz zwischen Adel und Bürgertum dar, und zwar ohne daß dies der Intention des Autors ausdrücklich entsprechen würde. Der ›vierte Stand‹ wird in *Sturmflut* als gemeinsame Bedrohung für Adel und Bürgertum empfunden. Der Roman verrät in seinem Realismus hier mehr, als seinem Autor lieb gewesen sein kann. Zwar, daß der demokratische Marmorfabrikant Schmidt zugleich ein arger Sozialistenfresser ist, wird im Buch noch kritisierbar gemacht; auch hier thematisiert Spielhagen die Verwandlung des Citoyen in den Bourgeois. Doch die Darstellung der Arbeiter selbst setzt Schmidt implizit wieder ins Recht: Es handelt sich durchweg um gewalttätige, trinkfreudige und denunziatorische Subjekte, gegen die Reinhold mit der Pistole in der Hand seinen Onkel verteidigen muß. Den sozialistischen Rädelsführer schildert Spielhagen folgendermaßen: »Aus der Menge [...] trat einer hervor – [...] ein Bursch, der hübsch gewesen sein würde, nur daß das junge Gesicht bereits von bösen Leidenschaften zerwühlt und verwüstet war. Seine hellen frechen Augen sahen wässrig aus, als ob er bereits der Flasche ungebührlich zugesprochen. Er machte eine Geste, als ob er auf der Rednerbühne stünde, und sprach mit großer Geläufigkeit: Wir wollen wissen, Herr Schmidt, weshalb wir nicht Sozialisten und Kommunisten sein sollen, wenn wir wollen ... Schweig! donnerte Onkel Ernst, [...] der Jüngling wich vor ihm zurück, wie ein Schakal vor dem Löwen [...]«. (119) Ebenso wie in *In Reih und Glied* treten auch in *Sturmflut* die Arbeiter als Bedrohung der bürgerlichen Vernünftigkeit auf: irrational, gewalttätig und trunksüchtig.[24] Ihre Präsenz begründet und forciert die Allianz zwischen Bourgeoisie und Feudalität.

Der Kompromiß zwischen diesen beiden Klassen, wie er in *Sturmflut* dargestellt ist, entsprach also ganz dem Geist der Gründerjahre. Hier liegt das Zentrum des Romans als eines der ersten Unterhaltungsromane in einem strikt modernen Sinn: daß er hinter einer Fassade scheinbar radikaler Kritik an bestehenden Gesellschaftsverhältnissen dennoch in den wesentlichen Punkten am ideologischen Konsens seiner Zeit partizipiert. Dies dürfte seinen Erfolg beim (bürgerlichen) Publikum entscheidend mitbeeinflußt haben – was im übrigen keineswegs die Unterstellung impliziert, Spielhagen habe aus Spekulation auf den Verkaufserfolg oder im Rahmen einer Appeasement-Politik den Klassenkompromiß gutgeheißen. Für ihn als Autor war subjektiv entscheidend das Erlebnis der Gründerjahre, die Verwandlung des Bürgers in den Bourgeois. Dem zutage getretenen fratzenhaften Wirtschaftsegoismus sollte eine Rückbesinnung aufs adlige Ethos abhelfen. Der bürgerliche Leser konnte sich doppelt bestärkt fühlen: zum einen in seiner Kritik am dünkelhaften Adel, andererseits in seinem Bestreben, mit den ›gesunden‹ Teilen dieses Adels zusammenzuarbeiten. Wiederum beides: Die tatsächliche Bestärkung des Bestehenden bei scheinbar radikaler Kritik an ihm macht ja das Wesen der modernen, massenhaft verbreiteten Unterhaltungsliteratur aus, die sich an ein mittleres, breites bürgerliches Publikum wendet.[25] Es ist durchaus zweifelhaft, ob man Spielhagen attestieren kann, daß die »Geschichte seines Ruhms darin [besteht], daß man ihn totgeschwiegen hat«.[26] In Spielhagens belletristischem Erfolg war ein rasches Vergessen-Werden mitangelegt. Friedrich Spielhagen kann als der erste Autor in Deutschland gelten, der Unterhaltungsromane im ganz modernen Verstand des Wortes geschrieben hat, in dem Sinn, in dem der Begriff durch den gegenwärtigen Erfolg etwa der ›Zeitromane‹ Johannes Mario Simmels geprägt worden ist. Diese Zusammenstellung mag gewaltsam erscheinen. Dennoch ist Spielhagen und Simmel nicht nur die Scheinradikalität und die Berücksichtigung anderer Medien in ihrer literarischen Produktion gemeinsam, entspricht sich das Auswahlprinzip der thematischen Aspekte, die beide jeweils in ihren Bestsellern anschneiden. Auf Spielhagen trifft weiterhin zu, was der Kommunikationswissenschaftler Wolfgang R. Langenbucher am Beispiel Simmels als Charakterisierung des modernen Unterhaltungsromans herausgestellt hat: »Erstens. Der

spezifische Wert des Unterhaltungsromans liegt in seinem Zeitbezug und seinem Zeitgehalt. Zweitens. Unterhaltungsliteratur ist immer politische Literatur, [...] weil ihre Autoren sich als Zeitkritiker, als Meinungsbildner verstehen. Drittens. Die von einigen dieser ›demokratischen Gebrauchsschriftsteller‹ intendierte politische Aufklärung ist ein Wirkungsversuch mit ungewissem Ausgang.«[27]
Spielhagens Romanen fehlen der (utopische und auch kritische) Widerstand und die Vielschichtigkeit, die beide zusammen erst ein Überdauern des literarischen Werks ermöglichen. Ein kurzer abschließender Vergleich mit Fontane soll dies verdeutlichen. So aufgeklärt und progressiv sich Spielhagens politische Äußerungen gegenüber vielen Einlassungen Fontanes ausnehmen, so erweist sich dennoch das Verhältnis zwischen den Romanen beider Autoren als reziprok. *Sturmflut* kritisiert den bourgeoisen Egoismus der Gründerzeit und will ihn durch das adlige Ethos des Dienens domestiziert sehen. Reinhold verkörpert die Synthese und tritt am Ende des Romans eine wahrscheinlich glanzvolle Karriere im Ministerium an. Theodor Fontane hat in *Effi Briest* gerade die Verluste festgehalten, die eine solche Karriere im Wilhelminischen Reich, die der Klassenkompromiß zwischen Adel und Bürgertum überhaupt gekostet hat. Der Baron Innstetten verkörpert ja ebenfalls eine Mischung aus adligem Dienstideal und bürgerlichem Arbeitsethos und Karrierestreben. Wie sehr der adlige Karrierebeamte Innstetten, den Fontane Bismarck ganz direkt unterstellt sein läßt, bereits ›verbürgerlicht‹ und prosaisch geworden ist, beweist ihm gerade die virile attrattiva seines Gegenspielers Crampas, dieses »Damenmannes«, dem auch Effi erliegt. Crampas denkt beim Anblick eines Tieres an die Jagd, nicht aber, wie Innstetten, an die Jagdgesetze. Er unterhält Effi mit Ausritten, während Innstetten bis spät in die Nacht Akten studiert. Fontane billigt Innstetten durchaus Vernunftgründe und einen – freilich glanzlosen – guten Willen zu. Wenn überhaupt, so richtet der Autor seine Figur nur ganz indirekt, in der Gegenüberstellung mit Effi. Effi Briest geht am – durchaus gutwilligen – Erziehungseifer des so überaus nüchternen Innstetten zugrunde. Die Verkörperung einer bestrickend lebendigen, poetischen Lebendigkeit zerbricht an der gesellschaftlich herrschend gewordenen Prosa. Das Versprechen eines guten und richtigen Lebens, das Fontane im zurückgebliebenen Landadel erblickt und in der Idylle des Briestschen Landsitzes angesiedelt hat, zerschellt am Arrangement dieses Adels mit der Wilhelminischen Bourgeoisie (deren lebensfeindliche Nüchternheit und Vulgarität Fontane – wie bereits erwähnt – in *Frau Jenny Treibel* abkonterfeit hat). Theodor Fontane wußte allerdings keine zeitgenössisch gangbare Alternative zur sich durchsetzenden Prosa der bourgeoisen Welt. Er schaute sehnsuchtsvoll auf den Landadel zurück, den er sich der kapitalistisch werdenden Gesellschaft nicht anpassen und deshalb untergehen sah. Hier liegen die von Friedrich Theodor Vischer in seiner *Aesthetik* sobenannten »Grünen Stellen«, die Fontanes Romane immer wieder aufsuchen. Demgegenüber waren Spielhagens Vorstellungen vom christlich begründeten Genossenschaftswesen durchaus ›realistischer‹ und zeitnäher. Dennoch gerät einzig der Tod der nahezu sprachlosen Effi zum bleibenden Protest und zur utopischen Verheißung, gerichtet gegen die lebensfeindliche Nüchternheit des Wilhelminischen Reiches, das von seiner Ökonomie her bürgerlich dominiert war. Fontanes Kritik fällt keineswegs unmittelbar ›politisch‹ aus. Sie zeigt vielmehr, was der ökonomische Fortschritt des Wilhelminischen Reiches im Inneren der Menschen anrichtete. Aus dieser Brechung resultiert die Vieldimensionalität des Romans, der sich als ein realistischer gegen die partielle weltanschauliche

Borniertheit seines Autors geradezu spielend durchsetzt. Diese Vieldimensionalität sicherte das Überdauern der späten Romane Fontanes.

Spielhagens Genie dagegen war das eines – ganz unverächtlich progressiv und aufklärerisch gesinnten – Unterhaltungsschriftstellers, der sich zugleich als politischer Meinungsbildner verstand. Seine Romane können zur Unterhaltungsliteratur im modernen Sinn in einem weitaus authentischeren Sinn gerechnet werden als beispielsweise die Werke Gustav Freytags oder Felix Dahns. Friedrich Spielhagen – wie heute Simmel – scheiterte an der Aporie, die Inhalte der bürgerlichen Aufklärung mit Hilfe des Vehikels Unterhaltungsroman, das genrespezifisch Aufklärung gar nicht mehr zuläßt, sondern auf süchtigen Konsum abgestellt ist, befördern zu wollen. Solche poetische Aufklärung aber leisten die realistischen späten Romane Fontanes, wiewohl ihr Autor mit der Aufklärung nicht so arg viel im Sinn hatte.

Anmerkungen

1 Die literaturwissenschaftliche Auseinandersetzung mit Friedrich Spielhagen besteht zum überwiegenden Teil in der Auseinandersetzung mit seiner Romantheorie. Vgl. Literaturhinweise.
2 Die von Hohenstein. Leipzig 1903. S. 666.
3 Vgl. dazu Victor Klemperer: Die Zeitromane Friedrich Spielhagens und ihre Wurzeln. Weimar 1913. S. 3ff.
4 Sonntagskind. In: Sämtliche Romane. Bd. 22. Leipzig 1903. S. 292.
5 Leo Löwenthal: Friedrich Spielhagen – der bürgerliche Idealismus. In: Erzählkunst und Gesellschaft. Neuwied/Berlin 1971. S. 141.
6 Klemperer (Anm. 3) S. 150.
7 Spielhagen: Beiträge zur Theorie und Technik des Romans. Leipzig 1883. S. 59.
8 Ebd. S. 72.
9 Ebd. S. 73.
10 Zit. nach Klemperer (Anm. 3) S. 153.
11 Ebd. S. 155f.
12 Löwenthal (Anm. 5) S. 139.
13 Zit. ebd.
14 Klemperer (Anm. 3) S. 11.
15 Kronberg i. Ts. 1974. S. 326 (Nachdr. der DDR-Ausgabe, Leipzig 1972).
16 Wilhelm Treue: Wirtschafts- und Sozialgeschichte Deutschlands im 19. Jahrhundert. In: Bruno Gebhardt: Handbuch der deutschen Geschichte. Hrsg. von Herbert Grundmann. 8. Aufl. Verb. Nachdr. Bd. 3. Stuttgart 1962. S. 398.
17 Ebd.
18 Friedrich Spielhagen: Sturmflut. Leipzig: Staackmann, 1909. S. 146. *Nach dieser Ausgabe wird im folgenden zitiert; die Seitenangaben erscheinen nach dem Zitat in runden Klammern.*
19 Treue (Anm. 16) S. 399.
20 Max Horkheimer: Anfänge der bürgerlichen Geschichtsphilosophie. Frankfurt a. M. 1971. S. 32 und 39f.
21 Klemperer (Anm. 3) S. 121.
22 Ebd. S. 116.
23 Löwenthal (Anm. 5) S. 138.
24 Vgl. dazu auch Klemperer (Anm. 3) S. 117. Es trifft nicht zu, wie Löwenthal meint, daß sich »das

Proletariat in diesem Roman aus der Gründerzeit nicht in Gestalt der Industriearbeiter, sondern in der eines kleinen Pächters in der Nähe der Meeresküste präsentiert« (Löwenthal [Anm. 5] S. 172).

25 Dazu Bernd Neumann: Rebellion und Unterwerfung. Versuch, Johannes Mario Simmel und seinen Erfolg zu verstehen. In: Basis. Hrsg. von Reinhold Grimm und Jost Hermand. Bd. 7. Frankfurt a. M. 1977. S. 156–181 und 239f.

26 Löwenthal (Anm. 5) S. 175.

27 Wolfgang R. Langenbucher: Johannes Mario Simmel und seine Romane. München 1978. S. 9.

Literaturhinweise

Geller, Martha: Friedrich Spielhagens Theorie und Praxis des Romans. Berlin 1917 (Nachdr. Hildesheim 1973).

Hellmann, Winfried: Objektivität, Subjektivität und Erzählkunst. Zur Romantheorie Friedrich Spielhagens. In: Wesen und Wirklichkeit des Dichters. Festschrift für Helmut Plessner. Göttingen 1957. S. 340–397. (Nachdr. in: Deutsche Romantheorien. Hrsg. von Reinhold Grimm. Frankfurt a. M. / Bonn 1968. S. 165–217).

Klemperer, Victor: Die Zeitromane Friedrich Spielhagens und ihre Wurzeln. Weimar 1913.

Löwenthal, Leo: Friedrich Spielhagen – der bürgerliche Idealismus. In: Erzählkunst und Gesellschaft. Neuwied/Berlin 1971. S. 137–175.

Rebing, Günter: Der Halbbruder des Dichters. Friedrich Spielhagens Theorie des Romans. Frankfurt a. M. 1972.

Scherer, Wilhelm: Spielhagens Beiträge zur Theorie und Technik des Romans. In: Kleine Schriften. Hrsg. von Erich Schmidt. Bd. 2. Berlin 1893. S. 280f.

Schierding, Hermann: Untersuchungen über die Romantechnik Friedrich Spielhagens. Borna/Leipzig 1914.

Schmidt, Julian: Friedrich Spielhagen. In: Westermanns Monatshefte 29 (1870/71) S. 422–449.

Walzel, Oskar: Objektive Erzählung. In: Das Wortkunstwerk. Leipzig 1926.

MANUEL KÖPPEN / RÜDIGER STEINLEIN

Karl May: *Der verlorene Sohn oder Der Fürst des Elends* (1883–85) Soziale Phantasie zwischen Vertröstung und Rebellion

Kolportage – ein Massenlesestoff als Medium für Sozialkritik

Karl May (1842–1912) als Kritiker deutscher Zustände, gar als Autor eines umfangreichen Romans mit stark sozialanklägerischer Tendenz ist eine weithin unbekannte Größe. Allmählich erst gewinnt das Bild dieses Schriftstellers, dem Ernst Bloch immerhin das Zeug zu »eine[m] der besten deutschen Erzähler«[1] nachsagte, jene historische Tiefenschärfe, die es ermöglicht, zählebige Rezeptionskonventionen und Vorurteile zu relativieren.[2] In und hinter dem Erfinder scheinbar rein exotischer Wildwest- und Orientabenteuer beginnen sich die Konturen eines Zeitgenossen der Reichsgründungsperiode mit ihren tiefgreifenden ökonomischen und sozialen Umwälzungen abzuzeichnen. Es sind die Züge eines Erzählers, der als von diesem Geschehen Mitbetroffener nicht einfach die Flucht in ein Reich selbstgeschaffener Phantasien ergriff, sondern sich auf seine Weise sehr wohl mit ihm literarisch auseinandersetzte.[3]

Am unverhülltesten tat er dies in seinem monströsen Kolportageroman *Der verlorene Sohn oder Der Fürst des Elends*, den er als dritten seiner insgesamt fünf Beiträge zu diesem Literaturgenre 1884 veröffentlichte.[4] Dieser Roman erscheint uns vor allem aus zwei Gründen von Interesse: einmal ganz allgemein seiner sozialen Thematik wegen, von der her gesehen er in den wichtigen Traditionszusammenhang der sozialkritischen europäischen Erzählliteratur von Eugène Sue über den deutschen ›Fabrikroman‹ des Vormärz bis zum Naturalismus gehört;[5] zum anderen seiner Zugehörigkeit zu einer Literaturgattung wegen, die wie keine andere in den Jahrzehnten zwischen 1870 und 1914 als bevorzugter Lesestoff bei den Unterschichten massenhafte Verbreitung gefunden hatte. Nicht zuletzt zählten breite Teile der deutschen Arbeiterschaft zu den Konsumenten von Lieferungsromanen.[6] Zur Illustration sei hier nur eine Passage aus der Autobiographie des Arbeiters Moritz Theodor William Bromme angeführt, der über seine Tätigkeit als Austräger und Abonnentenwerber eines Kolportageverlages berichtet: »Tag für Tag lief ich mit einer schweren Tasche unter dem Arm in der Stadt herum. Treppauf, treppab. Alle drei Wochen kam etwas ›Neues‹ heraus. ›Der verlorene Sohn‹ oder ›Der Fürst des Elends‹ war mein erster Roman, den ich auslegte. Ich bekam darauf ca. 50 Abonnenten.«[7] Diese waren »nur Arbeiter und Arbeiterinnen«.[8]

Der Kolportage- oder Lieferungsroman ist Literatur für die Unterschicht. Beim mittelständischen oder gar gutbürgerlichen bzw. ›gehobenen‹ Publikum fand er höchstens zufällig oder insgeheim Eingang; zu stark war seine soziale Ächtung, die ja nicht zuletzt gerade Karl May in seinen letzten Lebensjahren als Verfasser solcher ›Schmutz- und Schundliteratur‹ zu spüren bekam.[9] Allerdings ist der Kolportageroman nicht nur Literatur *für* die Unterschicht, sondern in vielen Fällen auch Literatur *aus* der Unterschicht; d. h., die Verfasser entstammen oft eben der Schicht, für die sie schreiben. Der Autor May, Sohn einer verarmten erzgebirgischen Weberfamilie, ist nur ein prominentes Beispiel. Dieser Sachverhalt ist insofern von Bedeutung, als er die Annahme zuläßt, daß in Machart und Darstellung (Gesellschafts- und Menschenbild) dieser Romane soziale Erfahrungen, Hoffnungen und Phantasien eingehen, die repräsentativ für die Vorstellungswelt nicht allein des Romanautors, sondern auch seines Leserpublikums sind. Anders ausgedrückt: Karl May artikuliert als Verfasser des Kolportageromans *Der verlorene Sohn oder Der Fürst des Elends* Anschauungen und Wünsche breiter Teile der Unterschichten im Wilhelminischen Deutschland; er wird als Erzähler gewissermaßen zum Sprachrohr ihrer sozialen Phantasie.[10]

»Der verlorene Sohn« – der Graf von Monte Cristo als deutscher Kolportageroman?

Der 101 Lieferungen oder rund zweieinhalbtausend Druckseiten umfassende Roman erzählt vom Kampf eines Mannes um die Aufdeckung und Sühnung einer Reihe von Verbrechen, die von einem skrupellosen Adligen am Helden selbst, aber auch an Angehörigen der eigenen Familie begangen wurden. Dieser Held, der Förstersohn Gustav Brandt, ist zu Beginn des Romans ein kleiner Polizeibeamter, dem aufgrund seiner kriminalistischen Fähigkeiten eine rasche, jedoch keinesfalls außergewöhnliche Karriere winkt. Er hegt eine geheime Liebe zu Baronesse Alma von Helfenstein, der Tochter des Arbeitgebers seines Vaters und Grundherren der Gegend, Baron Otto von Helfenstein. Die beiden jungen Leute wurden zusammen großgezogen; Alma ist die Milchschwester Gustavs. Auch sie schwärmt insgeheim für den Helden, aber einer realen Verbindung stehen die Standesschranken im Wege. Das Unheil beginnt damit, daß Gustav brüderlich und selbstlos für Alma eintritt, als diese auf einem einsamen Waldspaziergang sich der Zudringlichkeiten eines Vetters, des bankrotten Lüstlings und Erbschleichers Franz von Helfenstein, nicht mehr erwehren kann. Damit zieht sich der Held den unauslöschlichen Haß dieses Mannes zu, der den ganzen Roman hindurch auch sein Hauptfeind bleiben wird. Zunächst wird dieser Franz von Helfenstein zum Verderber seines Demütigers: Er setzt sich mittels eines (vermeintlichen) Doppelmordes (dem jedoch nur der alte Baron Otto von Helfenstein zum Opfer fällt, während dessen kleiner Sohn und männlicher Haupterbe, Robert, von den gedungenen Mördern verschont und lebend fortgeschafft wird) in den Besitz der stattlichen Baronie; zugleich gelingt es ihm durch eine teuflische Intrige, seine Verbrechen Gustav anzulasten, wofür dieser zu lebenslänglichem Zuchthaus verurteilt wird. Diesem Schicksal kann der Held sich durch Flucht entziehen. Nach zwanzigjähriger Abwesenheit, während der er als Diamantenschürfer auf Madagaskar und Borneo zu unermeßlichem Reichtum gelangt und in Indien zum Dank für seine Unterstützung der französischen Sache gegen die Engländer von Kaiser Napoleon III. geadelt wird, kehrt er als Fürst von Befour in seine Heimat zurück. Erst jetzt hat er sein endgültiges Superheldenformat erreicht, das er nun zum unerbittlichen Kampf gegen seinen einstigen Verderber einsetzt. Baron Franz ist nämlich in der Zwischenzeit ebenfalls zu Macht und Reichtum aufgestiegen und hat sich eine Doppelexistenz aufgebaut: Auf der einen Seite hat er sich zum Typ des ›Schlotbarons‹ gemausert: er ist Kohlengruben- und Mietskasernenbesitzer; auf der anderen Seite leitet er als der geheimnisvolle »Hauptmann« eine weitverzweigte Verbrecherorganisation. Die legalen Geschäfte des Barons sind mit seinen illegalen derart verquickt, daß die Grenzen zwischen seiner Funktion als Kapitalist und als Krimineller aufgehoben sind. Beide gesellschaftlichen Rollen fallen zusammen. An diesem Punkt nun setzt der Held ein und treibt seinen natürlich nach wie vor gefährlichen und gerissenen Widersacher Zug um Zug in die Enge. Mit der Entlarvung des angesehenen Barons als Mörder und Kriminellen betreibt der Held nicht allein seine eigene Rehabilitierung (sowie die Sache des rechtmäßigen Erben des ermordeten Gutsbesitzers, des zweiten »verlorenen Sohnes« neben dem Helden selbst); vielmehr nimmt dieser zunächst unter rein privatem Vorzeichen begonnene Kampf rasch den Charakter einer sozialen Befreiungsaktion an. Der zurückgekehrte Gustav Brandt alias Fürst von Befour rettet, indem er den wahren Schuldigen an dem vergangenen Verbrechen wie auch allen gegenwärtigen Untaten und Mißständen im Lande unschädlich macht und letztlich seiner gerechten Bestrafung zuführt, zwangsläufig eine große Zahl von Menschen, die dem Baron und/oder seiner Bande, sei es als ausbeutbare Arbeitssklaven, sei es als sonstige Opfer, in die Fänge gerieten. Der Verbrecher-Kapitalist findet in dem *Fürsten des Elends,* wie die Bevölkerung des geplagten Landes ihren geheimnisvollen Wohltäter dankbar nennt, seinen Meister.

Vor allem die Ausgangskonstellation des *Verlorenen Sohnes* weist deutliche Übereinstimmung mit einem berühmten Vorbild, Dumas' *Le Comte de Monte-Cristo,* auf, dessen Handlung ja dadurch gekennzeichnet ist, »daß der Held nicht schon von vornherein als Graf von Monte Cristo, sondern zunächst als der bescheidene Angestellte Edmond Dantès mit ebenso bescheidenen Lebenserwartungen auftritt«.[11] Ebenso stimmt das Motiv der Rückkehr als Gewandelter (Nobilitierung) wie als mit unbegrenzten finanziellen Mitteln Versehener (Schatz) überein, wobei in beiden Fällen der Held »sein Leben fortan der Rache und der Wiederherstellung der beleidigten Gerechtigkeit widmet und nicht eher ruht, bis er die Bösewichter bestraft hat«.[12] Der gesellschaftliche Sinn der Aktivitäten sowohl des Grafen von Monte Cristo als auch des Fürsten des Elends besteht im wesentlichen darin, »Leute zu bestrafen [...], die sich unrechtmäßig bereichert und die sich mit skrupellosen Mitteln in höchste Wirtschafts- und Staatspositionen gebracht haben. [Sie] remoralisier[en] also die gesellschaftliche Ordnung, indem [sie] sie von Auswüchsen befrei[en], die sie zu pervertieren drohten.«[13] Allerdings haben die Aktionen des Mayschen Helden eine spezifisch andere soziale Stoßrichtung als die seines Vorbildes, wie sich ja auch der gesellschaftliche Rahmen des *Verlorenen Sohnes,* d. h. die deutschen Zustände, erheblich von dem einem ›juste milieu‹-Ideal verpflichteten Gesellschaftsentwurf Dumas' unterscheiden. Der Fürst des Elends ist in erster Linie – wie sein Ehrenname schon sagt – ein Nothelfer der Pauperisierten, der Ärmsten und Verelendetsten.

Gesellschaft als Verbrechenssystem – Mays Bild deutscher Zustände

May setzt den vergleichsweise einfachen Handlungsentwurf des *Verlorenen Sohnes* in ein schließlich Bände füllendes, zusehends labyrinthischer werdendes erzählerisches Gewirr von Personen, Beziehungen, sozialen Zuständen und Orten um, die zu einem ebenso monströsen wie staunenswerten Vorstellungsbild eines zeitgenössischen Deutschland zusammenschießen. Strukturiert wird dieses merkwürdige, zwischen Pandämonium und Kaleidoskop schwankende Bild deutscher Zustände durch eine kleine Zahl häufig wiederkehrender Typen, Motive und Situationen wie Intrige, Flucht, Verfolgung, Entdeckung usw. Hinzu kommt eine partienweise auffallende sozialanklägerische

Tendenz, die sich besonders in der Zeichnung der Romanfiguren, der Darstellung ihres Handelns, seiner Motive und Folgen sowie in der Wahl der Schauplätze und des Milieus bemerkbar macht.
Vielleicht am nachhaltigsten ist die innerhalb des Riesenromans relativ eigenständige Großperiode *Die Sklaven der Arbeit* von Mays eigentümlicher Sozialkritik geprägt. In dieser Episode tritt der Held erstmals voll als Fürst des Elends in Aktion; und zwar im Gebiet eines kleinen Bergbau- und Weberstädtchens, dessen Arbeiterbevölkerung unter den ärmlichsten und menschenunwürdigsten Bedingungen ihr Leben fristen muß. Manches Detail in der Schilderung der Lebens- und Arbeitsumstände verrät, daß May hier eigene Erfahrungen und Erlebnisse verarbeitet haben mag. Allerdings läßt es der Roman bei solchen Schilderungen nicht bewenden, sondern bietet offen oder verdeckt Erklärungen für die elenden Zustände an bzw. entwirft Lösungsmöglichkeiten.
Die Bevölkerung – so erfährt der Leser gleich zu Beginn der Episode – ist abhängig von dem Baron Franz von Helfenstein, da dessen Kohlebergwerk der einzige Industriebetrieb weit und breit ist. Andere Verdienstmöglichkeiten bietet sonst nur noch die Hausweberei, die unter der Regie oder besser: dem Diktat der als Verleger fungierenden Kaufleute Seidelmann (Vater und Sohn) steht. Auch sie führen, wie der Baron selbst, eine Doppelexistenz: Sie gehören nämlich als Organisatoren des lokalen Schmuggelwesens zur Bande des Barons alias »Hauptmanns«. Die Arbeiterbevölkerung befindet sich in einer schier ausweglosen Lage; denn die Kapitalisten treiben sie als Arbeitgeber durch recht authentisch wiedergegebene Lohnraubpraktiken derart in materielle Not, daß den Ärmsten dann oft keine andere Wahl bleibt, als sich zu Werkzeugen der verbrecherischen Zwecke dieser Leute herzugeben. Die Kapitalisten benützen ihre legale ökonomische Machtstellung dazu, ihre illegalen Bereicherungsgeschäfte zu tätigen, die ihren eigentlichen Daseinszweck ausmachen.
In grellen Farben schildert May, welche Auswirkungen die Durchsetzung kapitalistischer Ökonomie auf die Menschen und ihre Beziehungen untereinander hat. So wirkungsvoll und oft auch treffend aber bestimmte (bezeichnenderweise isoliert aufgefaßte) Erscheinungsformen der werdenden kapitalistischen Gesellschaft in Handlung bzw. in Szene (um-)gesetzt werden – dies kann nicht über die letztliche Hilflosigkeit, ja Begriffslosigkeit der sozialen Anklage des Romans hinwegtäuschen.[14] Bei der Lektüre gewinnt der Leser den Eindruck, in einen Gesellschaftszustand hineinversetzt zu werden, der hinter einer brüchigen Fassade von Ordnung, Legalität und (Staats-)Autorität beherrscht wird von den unkontrollierbaren, verbrecherischen Machenschaften einer kleinen Gruppe, deren gemeinsames Merkmal die Verworfenheit, Skrupellosigkeit und Geldgier ihrer Mitglieder ist. Insofern alle entscheidenden ökonomischen Unternehmungen im Roman von Angehörigen dieser Gruppe ausgeführt oder kontrolliert werden, nehmen sie den Charakter von Verbrechen an. Dabei erscheinen die Drahtzieher und Nutznießer derartiger Unternehmungen jedoch nicht als Funktionsteile oder Charaktermasken eines gesellschaftlichen Systems, sondern sind – wie Volker Klotz erkannt hat – »so etwas wie geschäftige Sinnbilder des Bösen. Weniger Personen als Personifikationen«.[15]
Als Kardinalpunkt des Sozialgefüges wie als Prüfstein des Wertes der Romanfiguren erweist sich in diesem Zusammenhang das Geld. Die besondere Bedeutung, die dem Geldproblem im Roman zukommt, wird vor allem erkennbar an den zwei Haupterscheinungs- bzw. Funktionsformen des Geldes bei May. In der einen fungiert es als

Triebobjekt. Als solches dient es vor allem den Bösewichtern, deren Schlechtigkeit sich zuvörderst in einem unstillbaren Drang nach privater Bereicherung äußert; zum Teil bis zum Selbstzweck verselbständigt, zum Teil aber auch mit hemmungsloser sexueller Gier gepaart (Baron von Helfenstein, Seidelmann jr.). Die unheilvolle Rolle, die Geld und Reichtum bzw. das Streben danach regelmäßig im Zusammenhang mit diesen Romanfiguren spielt, ergibt sich letztlich aus deren Charakter. Kriminalisierende oder verelendende Wirkungen zeitigt es nur in den Händen ohnehin verbrecherischer sprich: triebhafter Romanfiguren. Infolgedessen können die unermüdlich von May beschworenen Nachtseiten des bürgerlichen Gesellschaftszustandes, Ausbeutung, Hunger und Krankheit, stets auf das Konto der Willkür und Verworfenheit böswilliger oder verbrecherischer Individuen gesetzt werden. Mithin ist die im *Verlorenen Sohn* mit den Mitteln der Kolportage gestellte »sociale Frage« letzten Endes ein moralisches oder auch kriminalistisches Problem; und auf diese Dimension verweist denn auch der Untertitel des Gesamtopus: »Roman aus der Criminal-Geschichte«.

Dem steht diametral die zweite Erscheinungs- und Funktionsweise von Geld gegenüber; nämlich Mittel zur Lösung aller sozialen wie einzelmenschlichen Probleme zu sein. Als solches wird Geld vor allem vom Helden Gustav Brandt alias Fürst von Befour alias Fürst des Elends eingesetzt. Aufschlußreich ist dabei die Entstehung des unermeßlichen Reichtums des Helden. Er erwirbt ihn allein aufgrund eigener Initiative und Tüchtigkeit durch jahrelange mühselige, schließlich aber erfolgreiche Diamantengräberei. Während sich die Widersacher des Helden dadurch bereichern, daß sie sich von anderen erworbene bzw. kollektiv geschaffene Werte privat aneignen (durch Erbschleicherei, Prellen der Arbeiter um ihren »gerechten« Lohn usw.), klebt an dem Vermögen des Fürsten von Befour weder Blut noch Schweiß anderer Menschen außer dem des Helden selbst. In den Händen dieses absolut integren Charakters bewirkt Geld folgerichtig auch nur die allerpositivsten Wendungen, indem es wie ein Zauberstab Not und Elend beseitigt.

Diese Reduktion der von May ja sehr wohl wahrgenommenen sozialen Folgen der durchgreifenden Industrialisierung und Kapitalisierung für alle wichtigen Lebensbereiche auf im wesentlichen zwei Funktions- und Verwendungsaspekte von Geld (stets auch im Sinn von sozialer und individueller Potenz) zeigt, daß May im Bann ebenso verbreiteter wie ungleichzeitiger[16] sozialkritischer Anschauungen steht. Neben den unverkennbaren Einflüssen der traditionsreichen Mammonismus-Kritik christlicher Provenienz machen sich wohl auch solche des sogenannten kleinbürgerlichen Sozialismus geltend.[17] So erscheint hinter der Zerlegung des zentralen Geldproblems in eine sozial und moralisch negative bzw. positive Erscheinungsweise die gerade im Zusammenhang der Erfahrungen mit dem Spekulationsfieber der Gründerjahre und den verheerenden Auswirkungen der Gründerkrise auf die kleinbürgerlichen Vermögen bedeutungsvolle sozialkritische Denkfigur von der Doppelfunktion des Kapitals: einer ›schaffenden‹, gesellschaftlich nützlichen und gerechtfertigten, und einer ›raffenden‹, das ökonomische und soziale Gleichgewicht zerstörenden. Der Held und sein Gegenspieler können zumindest partiell als Verkörperungen jeweils einer dieser Kapitalfunktionen aufgefaßt werden.

Neben der Geldproblematik spielen in Mays Romanwelt Familienbeziehungen eine auffallende Rolle. Daß dem so ist, wird ja bereits im ersten Teil des Romantitels *Der verlorene Sohn* avisiert. Mit einem immensen Aufwand an Erzählmaterial wird im Assoziationshorizont des bekannten biblischen Gleichnisses das Schicksal des aus diesem Beziehungsgefüge Herausgefallenen, werden seine Heimkehr und sein triumphaler Aufstieg zu einer familialen wie umfassend sozialen Vaterfigur ausgearbeitet. Dabei ist die Geldproblematik an allen entscheidenden Punkten der Romanhandlung mit der Familienproblematik verquickt. Wo immer das durch Geld vermittelte Böse als Triebhaftigkeit in der Doppelform von Besitzgier und/oder (sexueller) Lüsternheit auftritt, stets bricht es mit zumeist katastrophalen Folgen in Familienzusammenhänge ein. Die mörderische Eingangsintrige des Romans ist für diesen Zug ebenso typisch wie es die herzzerreißenden Einblicke in das Elend der verschiedenen Handwerker- und Tagelöhnerfamilien oder die breit ausgeführten Episoden um den materiellen und moralischen Niedergang adliger Familien sind. Immer wieder ist ein kleinerer oder größerer Familienverband vom Auseinanderbrechen oder vom Ruin bedroht; kommen Kinder abhanden, werden vertauscht, verschleppt, verkauft oder sterben eines gewaltsamen Todes; versuchen Familienangehörige sich zu hintergehen, durch induzierten Wahnsinn oder durch Mord auszuschalten. Allerdings stehen solchen Bildern des Verfalls wiederum leuchtende Beispiele von Familiensolidarität – besonders bei den zahlreichen Unterschichtenfamilien – gegenüber.

So gesehen trägt Mays Gesellschaftsentwurf deutlich die Züge eines überdimensionalen Familienmodells.[18] Liest man den *Verlorenen Sohn* unter diesem Blickwinkel, wird ersichtlich, wie besonders die unermüdlich beschworene Abhängigkeit, ja das Ausgeliefertsein der Guten (aber meist Armen) an die Bösen (und meist Reichen oder Mächtigen) familialen Verflechtungen ähnelt; wie das Ganze sich überhaupt als ein familiarisiertes Konfliktfeld erweist: Die Romanfiguren agieren wie die Mitglieder einer großen, in die verschiedensten Untergruppen zerfallenen und von den schärfsten Rivalitäten zerrissenen Familie.

Die Familienförmigkeit des von May entworfenen Gesellschaftszustandes enthält ebensosehr Elemente einer Projektion nach dem Muster dessen, was Freud den »Familienroman der Neurotiker« nannte,[19] wie die eines (utopischen) Wunschbildes befriedeter, harmonischer sozialer Verhältnisse, die bestimmt sein sollen von emotional positiv verankerten, an einsehbare persönliche Autorität gebundenen Über- und Unterordnungsverhältnissen. Vor allem in der vom Helden am Ende des Romans projektierten Gemeinschaft aller Freunde und Hilfsbedürftigen unter seinem Patronat phantasiert May sich und seinen Lesern eine soziale Ordnung aus, die dem geheimen Ideal eines familiarisierten Gesellschaftszustandes ohne Elend und Ausbeutung nahe kommt. Obwohl dieses Wunschbild sicherlich auch die regressiven Züge eines »legendär verklärten Feudalabsolutismus« trägt,[20] weist es doch im Zusammenhang des Gesamtromans gesehen einen gewissen ›utopischen Überschuß‹ auf, dessen Bestimmung die folgenden Darlegungen gelten sollen.

Elendsfürst und Arbeiterkönig – der Mythos vom sozialen Heilsbringer

Die soziale Mission des Helden, wozu sich sein Kampf gegen den Baron von Helfenstein und »Hauptmann« entwickelt, kommt ganz überwiegend Angehörigen der Unterschichten zugute. Ihr Zustand weist sie aus als »noch ganz unfähig zu selbständiger politischer Aktion [...] als unterdrückter, leidender Stand, dem in seiner Unfähigkeit, sich selbst zu helfen, höchstens von außen her, von oben herab Hülfe zu bringen war«.[21] Allerdings entsprach der Zustand der Unterschichten und besonders der des Proletariats im Deutschland der Sozialistengesetze der Mayschen Darstellung nicht mehr so ohne weiteres, auch wenn es, wie Franz Mehring erwähnt, durchaus noch vorkommen mochte, daß »die Arbeiter, mit der Mütze in der Hand, vor dem gestrengen Herrn Fabrikanten, der sie durch Hunger, und vor dem gestrengen Herrn Kaplan, der sie durch die Hölle zähmte«, standen[22] – Bilder, wie sie May etwa in den *Sklaven der Arbeit* anbietet.

Sucht man den Grund für diese Form der Vergegenwärtigung von Massenschicksal und Massencharakter nicht primär etwa in der Realitätsblindheit des Autors May, sondern fragt nach der Funktion einer derartigen Darstellungsmanier, so stößt man rasch auf das im ersten Zitat angesprochene Moment der Hilfe von oben. Je ohnmächtiger die Masse, je auswegloser ihre Lage geschildert wird, desto unabweisbarer wird der Blick gelenkt auf den Retter von außen und oben als die allein noch verbleibende Möglichkeit einer Veränderung, einer Wendung zum Besseren. Andersherum formuliert: Je größeres Gewicht dem Auftreten einer sozialen Retterfigur zukommen soll, desto hilfloser und erlösungsbedürftiger müssen die potentiellen Objekte ihres Eingreifens vorgestellt werden. Dieses eigentümliche Komplementärverhältnis bekommt natürlich erst dann einen Sinn, wenn z. B. eine literarische Fiktion primär der Erhebung ihres Helden dienen soll. Gerade für Karl Mays Kolportageproduktion mit ihrem Tagtraumcharakter wird man dies annehmen dürfen.[23]

Wir betrachten den *Verlorenen Sohn* als ein geradezu klassisches Beispiel für jene Art »egozentrischer Erzählungen«, anhand deren Freud den Zusammenhang von dichterischem Phantasieren und Tagtraum nachzuweisen suchte. Von besonderem Interesse erscheint uns dabei die Feststellung Freuds, daß es bei diesem Typ ästhetischer Hervorbringungen nicht in erster Linie um adäquate Wirklichkeitserfassung gehe, sondern um das effektvolle, erfolgreiche und somit befriedigende In-Szene-Setzen »Seine[r] Majestät [des] Ich, de[s] Helden aller Tagträume wie aller Romane«.[24] Fiktionale Texte wie *Der verlorene Sohn* gehorchen nicht den Gesetzen oder der Logik realistischen Erzählens, das – nach den Worten Hegels – »die Erziehung des Individuums an der vorhandenen Wirklichkeit« zum Gegenstand hat, sondern denen einer lustbetont-egozentrischen Realitätskorrektur. Es ist nicht der Held, der sich »mit seinem Wünschen und Meinen [...] in die bestehenden Verhältnisse und die Vernünftigkeit derselben hineinbildet«,[25] sondern es sind die (meist gar nicht so vernünftigen) Verhältnisse, die der Kolportageheld seinem Wünschen und Meinen assimiliert. Die Realität findet in einen Kolportageroman wie den *Verlorenen Sohn* nur insofern Eingang, als sie geeignet erscheint, Material für den Aufbau der Bühne des sieghaften Helden-Ich zu liefern.

Die Bedeutung von Mays Heldenfigur erschöpft sich indes nicht in ihrer Nähe zu oder gar Entstehung aus dem Tagtraumcharakter von Kolportage. Zweifellos ist dieser Fürst des Elends auch ein gehöriges Stück literarische Gestalt gewordene Wunsch- bzw. Omnipotenzphantasie ihres lange Zeit gesellschaftlich arg geschundenen und benachteiligten Autors; jedoch ist sie in jedem Fall mehr als das bloße Produkt der privaten Obsessionen des aus ärmlichsten Verhältnissen stammenden Webersohnes, Armenschullehrers, Zuchthäuslers und Lieferungsromanschreibers Karl Friedrich May.[26] Bekanntlich ist May auch gar nicht der Schöpfer dieses Heldentypus, den er vielmehr bereits in Sues *Les Mystères de Paris* sowie Dumas' *Le Comte de Monte-Cristo* vorgebildet fand. May verbindet in seinem Fürsten des Elends das »enorme [...] Handlungsvermögen«, die »unerschöpfliche geistige und körperliche Energie« sowie den »ausgeprägte[n] soziale[n] Paternalismus [...] gegenüber den Armen und Unterdrückten«,[27] also die hervorragendsten Eigenschaften von Sues adligem Superhelden, mit den markantesten Zügen des zum superreichen Grafen von Monte Cristo aufgestiegenen Kleinbürgers Edmond Dantès; vor allem in der Tatsache, daß dieser seine soziale Ordnungsstifterrolle vorwiegend mittels seines unerschöpflichen Reichtums spielt.[28] Daß Mays Elendsfürst nicht bloße Kopie wird, so eng der Verfasser des *Verlorenen Sohnes* sich auch in der Ausstattung seines Helden oder Details der Handlungsführung, Figurenkonstellation, Intrigenmotivation usw. an seine großen Vorbilder anlehnt, hat wohl den Grund in der besonderen Verfassung seines Autors, die Ernst Bloch auf den Begriff vom »arme[n], verwirrte[n] Proleten«[29] gebracht hat. Mays Heldenfigur ist Verdichtung bzw. Summe spezifisch deutscher Elendserfahrungen ihres Erfinders und Adaption literarischer Muster an diese Erfahrungen. Das Ergebnis dieses Prozesses ist ein Held, der sich als Identifikations- und Hoffnungsfigur für ein proletarisches Publikum darbietet, wie May es zu kennen und zu verstehen glaubte und partiell wohl auch verstand. Denn dieser Fürst des Elends, von dem May einen Mann aus dem Volk sagen läßt, eine solche Rettergestalt solle es auch in seiner Gegend geben, damit den »Blutsaugern« und Ausbeutern das Handwerk gelegt werde, ist nicht als ein reines Phantasiekonstrukt ohne jede konkretere Beziehung zur Bewußtseins- und Bedürfnislage seiner hauptsächlichen Leserschaft abzutun. Vielmehr weist Mays Held überraschende Anklänge an eine entsprechende Heldenvorstellung in der zeitgenössischen sozialen Massenphantasie auf, die ihren realen Bezugspunkt in dem »Arbeiter-Heiland« und »Messias der neuen Zeit«, nämlich Ferdinand Lassalle, hatte.

So, wie in Mays Superheld das Hoffen auf Errettung aus dem Elend seine literarisch phantasierte Erfüllung fand, wurde in der Gestalt Lassalles für viele Unterdrückte der Traum von einem Erlöser und Rächer phantastisch erfahrene Wirklichkeit. »Ein edler Rächer war erschienen«, heißt es in einem der vielen Huldigungsgedichte an Lassalle, der schon zu Lebzeiten von seinen Anhängern zum »Arbeiterkönig« erhoben wurde.[30] Seine größte Strahlkraft entfaltete der Lassalle-Mythos allerdings erst nach dem überraschenden Duelltod des Begründers des Allgemeinen Deutschen Arbeitervereins. Lassalles Leben wurde zur Legende, er selbst zu einem Kultobjekt. Dieser nun einsetzende Lassalle-Kult, der seine ersten Höhepunkte in großangelegten Toten- und Gedenkfeiern erreichte, war wohl kaum ein politisch berechneter Coup der ADAV-Führer, sondern vielmehr echter Ausdruck der Vorstellungswelt der vom Lassalleanismus erfaßten Arbeiterschaft, in der ein weltlicher Erlöser und Rächer, eine säkularisierte Heilandsgestalt einen wichtigen Platz einnahm.

Auch wenn Mays Held nicht als Lassalle-Schlüsselfigur angesprochen werden kann, darf sein Fürst des Elends doch als Produkt einer Phantasie gesehen werden, wie sie auch bei der Entstehung und Verbreitung jenes Lassalle-Mythos am Werk war. Daraus erklären sich vielleicht gewisse mehr als rein zufällige Überschneidungen beider Phantasiegrößen: So trägt Mays Fürst des Elends als Retter »von oben«, der durch den gütigen, volksverbundenen König unterstützt bzw. legitimiert die soziale Gerechtigkeit wiederherstellt, Züge des »Arbeitermessias« Lassalle, der ebenfalls in den höchsten Kreisen verkehrte, jedoch zu den Arbeitern »herniederstieg« und im Rückgriff auf verbreitete Wunschbilder für ein »soziales und revolutionäres Volkskönigtum« plädierte.[31] In beiden Vorstellungsbildern, dem Kolportagehelden wie dem mythisch überhöhten Verehrungsgegenstand Lassalle, kristallisieren sich Hoffnungen, die eine gerade für deutsche Verhältnisse charakteristische Mischung aus sozialrebellischem Führer- wie religiös gefärbtem Rettertraum bilden.[32] So anachronistisch oder ungleichzeitig derartige Hoffnungen damals auch objektiv gewesen sein mögen, sie existierten nicht nur in der schwankenden sozialen Vorstellungswelt des »verwirrten Proleten« Karl May, sondern waren ein Moment der Massenphantasie auch innerhalb der mächtig anwachsenden Arbeiterbewegung.

Sozialrebellischer Tagtraum und rückwärtsgewandte Utopie

Für Ernst Bloch besteht ein Hauptmerkmal von Kolportage darin, daß sie »der Wunschtraum nach Weltgericht für die Bösen, nach Glanz für die Guten [ist]; dergestalt, daß am Ende dieser Bücher stets ein Reich der ›Gerechtigkeit‹ hergestellt wird, und zwar eine der Niedrigen, denen ihr Rächer und Glück kam«.[33] Die merkwürdig unrealistische Konstruktion deutscher Zustände im *Verlorenen Sohn* enthält trotz der Ohnmacht und Verschwommenheit der in ihr zum Ausdruck kommenden Sozialkritik wesentlich auch sozialrebellisch-utopische Elemente. Sie treten allerdings nur an wenigen, dann aber um so markanteren Stellen offen zutage. Über weite Strecken des verwickelten Riesenromans wirken sie nur unterschwellig; vor allem machen sie sich in der Kraßheit der vielen Elendsschilderungen oder in der Ausgestaltung der Perfidie und des Zynismus der Bösen geltend.
Ein erstes Mal läßt May in den *Sklaven der Arbeit* rebellischen Tendenzen voll die Zügel schießen; und zwar im Verlauf der atemberaubenden Verfolgung Fritz Seidelmanns, des verhaßten Ausbeuters der armen Weberbevölkerung, durch den Helden. Diese Verfolgungsjagd durch einen alten Bergwerksstollen endet mit der gottesgerichtähnlichen Selbstvernichtung des Erzbösewichts. Er löst sie durch eine gewaltige Explosion aus, der schließlich auch das ganze Bergwerk des Barons alias »Hauptmanns« zum Opfer fällt. Von seinem ideologisch-sozialen Gehalt her handelt es sich bei diesem ›Finale‹ der *Sklaven der Arbeit* um eine antikapitalistische Rachephantasie,[34] deren May sich auch in anderem Zusammenhang bedient hat.[35] Zugleich wird durch dieses Inferno die Bahn eröffnet für eine gerechte Ordnung der (ökonomischen) Dinge: Der Fürst des Elends setzt eines der charaktervollen Opfer des vernichteten Bösewichts in dessen Funktion als Verleger der Hausweber ein, womit die »sociale Frage« und die mit ihr zusammenhängenden menschlichen Probleme bereinigt sind. Die handgreifliche Naivität dieser Lösungsperspektive darf nicht darüber hinwegtäuschen, daß das Schwergewicht der ganzen Episode auf dem Wunschtraum von der Vernichtung des Bösen und der Erlösung der Unterdrückten liegt. Dies wird durch den Schluß des Gesamtromans noch einmal nachdrücklich bestätigt. Auch hier führt der Weg zu einem befriedeten Gesellschaftszustand über die Bestrafung und Vernichtung derer, die ihn durch ihre Existenz und Handlungsweise allein verhinderten. So muß der Urheber allen sozialen und moralischen Übels, die adlige ›Kanaille Franz‹, eines ehrlosen Todes auf dem Blutgerüst sterben: »Baron Franz [...] wurde wirklich hingerichtet und zwar öffentlich, auf dem Marktplatze, vor einer nach vielen Tausenden zählenden Volksmenge. Er starb eines schrecklichen Todes, wimmernd wie ein Kind, die Henkersknechte mußten ihn tragen, so schwach war er vor Feigheit und Angst. Jetzt gab es Frieden und Ruhe im Lande.«[36]

Unwillkürlich ruft dieses Tableau »Erinnerung der Französischen Revolution« herauf; wiederum ein Moment, das Bloch als Ausweis authentischer Kolportage wertet.[37]
Aufs Ganze gesehen ist Mays Deutschland nicht realistisch »nach dem Modell deutscher Wirklichkeit in der zweiten Jahrhunderthälfte gefertigt«,[38] sondern das Produkt sozialer Horror- und Wunschprojektionen, Zerrbild der Erfahrungen des Autors mit den deutschen Zuständen und deren phantastische Korrektur zugleich. Wir sehen hierin eine soziale Phantasie am Werk, die mehr ist als bloßes Wunschdenken. Eine der Wurzeln ihrer signifikanten Ungleichzeitigkeit wird man mit vollem Recht – wie Gert Ueding das tut – im starken Nachwirken »der Ideologie des sich emanzipierenden Bürgertums« erblicken können, der Ideologie vom »veredelten Bürger als de[m] wahren Protagonisten der Geschichte, [...] zugleich de[m] Lichtträger, der die düsteren Geheimnisse der menschlichen Gesellschaft aufklärt, Partei für die Unterdrückten und Beleidigten nimmt und dem Guten im Kampf mit dem Bösen zum Sieg verhilft«.[39] An die Verwirklichbarkeit dieser Ideologie blieb May noch fixiert, als sich die ihr zugrundeliegende Gesellschaftsordnung längst als eine nur mehr mit Gewalt zusammenzuzwingende Klassengesellschaft erwiesen hatte und damit die idealen Entwürfe dieser Ideologie als schöner, aber wirkungsloser Schein erkennbar wurden; ein Prozeß der Desillusionierung, den die bürgerlichen Realisten in ihren Werken mit Trauer, Ironie oder auch Humor gestalteten.
Mays soziale Phantasie ist jedoch auch noch aus einer anderen Tradition gespeist, die allerdings vielfach gebrochen und nur verstümmelt ihre Wirksamkeit in seiner Kolportage, vor allem dem *Verlorenen Sohn*, entfaltet. Es ist die der – so formuliert Bloch – »›urrechtlichen‹ Wunschphantasien«,[40] wie sie sich am unverstelltesten im deutschen Frühsozialismus etwa Weitlingscher Prägung artikulierten. Hier werden bei näherem Zusehen – ungeachtet des Niveauunterschiedes zwischen dem ersten bedeutenden Kopf des deutschen Proletariats und dem »verwirrten Proleten« – gemeinsame Quell- und Berührungspunkte sichtbar, die es lohnend erscheinen lassen, Mays sozialen Elendsroman in das Licht dieses unvermuteten Zusammenhangs zu rücken.
Zunächst haben Sozialutopien und Kolportage eines gemeinsam: den Traum von einer glücklichen Zukunft ohne Elend, Unterdrückung und Ausbeutung. Während nun Weitling diesen Traum als wohldurchdachten Plan zukünftiger Gesellschaft systematisch und rational zu konstruieren versuchte, blieb er bei May ein phantastisch geträumtes Abenteuer. Ein Abenteuer allerdings, mit dem auch Weitling in seinen jugendlichen Träumen begonnen hatte, nach gesellschaftlicher Gerechtigkeit zu verlangen. Der Wunsch, Räuber zu werden, »den Unterdrückten gegen die Bedrücker« zu beschützen, »das erlittene Unrecht« zu rächen, bestimmte Weitlings Jugendzeit.[41] Vorbilder lieferten ihm die Romane über Rinaldo Rinaldini, Robinson oder Schinderhannes. »Später bei einem Schneider in die Lehre gegeben, wo er keine Gelegenheit und Zeit zum Lesen hatte, dachte er sich bei der Arbeit selbst solche Romane nach einem vorher gewünschten Ausgang, mit einer Räuberbande oder Robinsonade beginnend und einem Universalreiche endend. Dazu hatte er immer eine Landkarte nötig, die er sich auf den in der Mitte der Arbeiter stehenden Schneiderkasten von Stecknadeln, Knopfformen, Zwirnfäden, Kreidepunkte und dergleichen zurechtschob, und dachte, ohne daß die ihm zur Seite sitzenden Arbeiter etwas merkten. [...] An solche Romane dachte er des Tages oft mehrere Stunden, und die Fortsetzung davon dauerte oft mehrere Wochen. War er mit einem Roman zu Ende, so begann er mit einem neuen, aber alle waren einander dem

Zwecke und Inhalt nach ähnlich. Erst in seinem 20. Jahre verlor er den Geschmack daran.«[42]

Während sich bei Weitling der Traum von gesellschaftlicher Gerechtigkeit zur konkreten Sozialutopie verdichtete, blieb er bei May das, was er auch in Weitlings Jugend gewesen war: die in Kolportage phantasierte Erfüllung dessen, was die Realität versagte. May träumte Revolution, Weitling versuchte sie theoretisch zu begründen und praktisch zu verwirklichen. Doch in ihren Grundzügen blieben die Oppositionshaltung des Sozialutopisten und die des Kolportageschreibers verwandt. Und dies sicher nicht zufällig: Als einziger der Schöpfer sozialer Utopien in der vormarxistischen Arbeiter- und Handwerkerbewegung kam Weitling aus dem Elend des proletarisierten Handwerkers und sprach – wie Bloch es formuliert – »aus dem dämmernden Bewußtsein seiner Klasse«.[43] Karl Mays Phantasien wuchsen aus der gleichen sozialen Basis und riefen Träume wach, die dem Dämmerzustand des noch nicht proletarischen Bewußtseins der ehemaligen Handwerker der achtziger Jahre entsprachen.

So, wie sich Mays Kritik des Bestehenden an dem breit ausgemalten Elend der arbeitenden Bevölkerung entzündet, geht auch Weitlings Kritik von der Situation der Arbeitenden als einer Klasse von Leidenden aus. In seinem *Evangelium des armen Sünders* finden sich Bilder, die charakteristische Momente Mayscher Elendsschilderung vorwegnehmen.[44] Durch ihre Situation als Leidende sind die Unterdrückten moralisch gerechtfertigt, sittlich gut. Bei May manifestiert sich diese grundsätzliche Werthaftigkeit der im Elend Lebenden in ihrer uneingeschränkten moralischen Integrität. Sie erdulden in gottesfürchtiger Ergebenheit das ihnen zugefügte Unrecht, und selbst in bitterster Not geben sie ihren letzten Kreuzer an den noch Hilfsbedürftigeren. Dieses Teilen in der Not – ein Motiv, das die Elendsdarstellung des ganzen Romans durchzieht – hebt in aller Deutlichkeit die moralische Überlegenheit der Leidenden hervor, die so trotz ihres menschenunwürdigen Daseins als Verkörperung des wahren Menschentums erscheinen, indem sie das Gebot christlicher Nächstenliebe erfüllen. Sie sind damit dem Prinzip christlicher Gerechtigkeit unmittelbar nahe, während alle, die ihr Elend nicht teilen, diesem Prinzip fernstehen und ihm erst gerecht werden können, wenn sie ihren Reichtum mit den Armen teilen. Der Fürst des Elends ist ein solcher Reicher, der den Armen hilft und sie mit seinen – gerecht erworbenen – materiellen Gütern unterstützt. Alle anderen Reichen, die als Vertreter des Wucherkapitals oder der kapitalistischen Ausbeutung das Leiden des Volkes zur Voraussetzung ihres Reichtums machen und sich weigern, das Gebot christlicher Nächstenliebe zu erfüllen, trifft unmittelbare persönliche Schuld an dem Elend der Armen. »Die Entbehrung, das nackte Elend hat an unserem Leben genagt, und Andere, die reich wurden durch uns, schwelgten im Überfluß und stießen uns mit Füßen«,[45] klagt bei May eines der bemitleidenswerten Opfer bourgeoiser Hartherzigkeit. Ganz ähnliche Konsequenzen ergeben sich bei Weitling. Die Klasse der Leidenden, an die sich Weitling wendet, setzt sich aus all denen zusammen, denen im gesellschaftlichen Raum keine Gerechtigkeit widerfährt. Denn die »ganze Gesellschaft [ist] nach dem Wuchersystem organisiert, und der Gerechte muß darin sein Brot betteln«.[46] Durch ihre Situation sind sie bereits sittlich gut den Reichen und Mächtigen gegenüber, die ihr Elend verschulden. »Reich und mächtig sein, heißt ungerecht sein: also so viele Reiche und Mächtige ihr unter euch zählt, so viele Ungerechte gibt es auch unter euch. [...] Nur den Gerechten ist das Himmelreich versprochen.«[47] Wie bei May, so steht auch bei Weitling das Prinzip einer christlichen Diesseits-Gerechtigkeit im Zentrum der Gesellschaftskritik, von der aus die positiven Kräfte bestimmt werden. »Die Männer der Arbeit und der Entbehrung, so wie jene, welche beides nicht fühlen, es aber mittels Aufopferung von Hab und Gut den Andern zu erleichtern suchen, das sind die Männer, die mit unseren Fahnen ziehen, die in unseren Reihen kämpfen werden.«[48] Folglich wird das Kriterium, das zu allererst über die moralische Qualität der Personen in Mays Roman entscheidet, nämlich die christliche Nächstenliebe, auch bei Weitling zum zentralen Handlungsgrundsatz: »Die Nächstenliebe ist das erste Gebot Christi, der Wunsch und Wille, und folglich das Glück und Wohlfahrt aller Guten ist in ihm enthalten.«[49]

Weitling bemühte sich bewußt, an die tradierten religiösen Vorstellungen und Gefühle anzuknüpfen, sie propagandistisch zu nutzen. Doch so wenig die Religiosität in Weitlings Schriften bloße Taktik ist, erklärt sich die in Mays Roman immer wieder herausgekehrte Frömmigkeit der Leidenden allein aus der Glaubenstiefe des Autors. Insofern in »der Tiefe jeder Religion ein gerüttelt Maß mystifizierter und ins Transzendente projezierter Sozialproblematik« lebt,[50] knüpfen Weitling wie May an der sozialen Basis des sich in Religion manifestierenden Traumes von Gerechtigkeit an und verlegen die Erlösung aus dem himmlischen Jenseits ins irdische Diesseits. May stilisiert die Frömmigkeit etwa der Musterfamilie Hauser, deren Vater zu jedem Anlaß – ob Mahlzeit, besonderer Glücks- oder Unglücksfall – ein Gebet parat hat, zu solcher Gefühlstiefe, daß sich der Anspruch der Leidenden auf Erlösung aus dem Elend allein hierin unanfechtbar begründet. Und diese Erlösung vollzieht sich stets auf Erden – mit dem Auftreten des Fürsten des Elends. Mays Roman knüpft so an eine volkstümliche Gefühlsreligion der Leserschaft an, führt dabei die ins Jenseits projizierte Sehnsucht nach Gerechtigkeit auf ihren sozialen Kern zurück und verspricht die säkularisierte Erfüllung. Konnte Mays Kolportageroman damit sozial begründete Hoffnungen auf irdische Gerechtigkeit aktivieren, so darf auf der anderen Seite nicht übersehen werden, daß die Darstellung der gottvertrauenden Leidenden auch vertröstete, Abfuhr und Beschwichtigung tatsächlicher Lebensangst leistete, eben jenen »Nothanker in den wilden Stürmen dieses so verhängnisvollen Lebens« bildete, in dem Weitling noch den Wert der Religion zu erkennen vermochte.[51]

Bei Weitling wie bei May steht das Prinzip eines praktischen Diesseits-Christentums im Zentrum der Gesellschaftskritik. Notwendig folgt die Anklage der religiösen »Heuchler«, jener – wie Weitling formuliert – »Schwächlinge oder Betrüger«, die »anders reden als sie handeln«, die an dem »Probierstein« der Nächstenliebe scheitern.[52] Ein solcher Betrüger perfidester Sorte findet sich bei May in der Darstellung des frömmelnden Erzschurken Seidelmann, der mit salbungsvollem Gehabe einen schwunghaften Mädchen- und Kinderhandel betreibt. In der Darstellung des frommen Seidelmann klingt eine vehemente Kritik der betrügerischen Vertröstungsfunktion klerikaler Ideologie im Dienste der Reichen und Mächtigen an, doch ist es auch hier eine Kritik, die – wie im Falle des »Hauptmanns« oder des Verlegers Seidelmann – gesellschaftliche Erscheinungen auf die Untaten einzelner reduziert. May hütet sich wohl, gegen Kirche und orthodoxes Christentum Front zu machen. Anders Weitling: Wenn er von »schädlichen Betrügern« spricht, dann sind die »Pfaffen« eben als Repräsentanten der Institution Kirche gemeint.[53] Beide, Weitling wie May, messen die herrschenden Zustände an dem Kriterium »Gerechtigkeit«, kommen zu dem Schluß, daß diese »ungerecht« sind und einzelne die persönliche Schuld tragen. May bleibt in seiner Kritik hier stehen. Indem er die Schuld einzelner nachweist, liefert er den Erklärungszusammenhang aller gesellschaftlichen Übel. Denn diese scheinen lediglich Resultat der Umtriebe einer Verbrecherclique zu sein, die zwar die bestehende Organisation der Gesellschaft zu nutzen weiß, doch zu ihr in Widerspruch steht. So können in Mays Roman die Reichen und Mächtigen verurteilt werden, ohne daß die Organisation der Gesellschaft, der König und die Gesetze in die Fragestellung Schuld/Nicht-Schuld einbezogen werden.[54] Weitlings Kritik geht weiter. Sie erbringt den Nachweis, daß das ganze gesellschaftliche System die »Gerechtigkeit« nicht zu seinem Zweck hat. Aus der Organisation der Gesellschaft erklären sich die Leiden der Menschheit.

Mit welch unterschiedlicher Konsequenz May in seiner tagtraumförmigen Kolportage und Weitling in seinen philosophisch-utopischen Entwürfen die bestehende Gesellschaft auch kritisieren – ihr Blickwinkel bleibt doch vergleichbar. Beider Kritik resultiert aus Vorstellungsmustern, die ihre soziale Grundlage noch nicht in der voll entwickelten kapitalistischen Gesellschaft haben. Auch Weitling kann deren Organisation nicht adäquat als System mit eigener Logik begreifen. Er setzt an die Stelle der Erkenntnis dieser Logik ein ihr äußerlich bleibendes moralisches Kriterium: die »Gerechtigkeit«. Damit bleibt auch seine Gesellschaftskritik letztlich an der Idealvorstellung von »gerechten« Tauschbeziehungen gebunden, wie sie dem vor- und frühkapitalistischen Stadium der sogenannten kleinen Warenproduktion entsprachen. Folglich erscheint das Geld, das in seiner Kapitalfunktion noch nicht durchschaut ist, sondern nur als Tauschmittel aufgefaßt wird, als die eigentliche Wurzel der gesellschaftlichen Übel.[55] Weitlings flammende Anklagen gegen das »Geldsystem« finden eine, wenn auch sehr verschwommene und abgeschwächte Parallele in Mays Gesellschaftsbild; denn auch bei ihm ergeben sich aus der Gier nach Geld alle wesentlichen sozialen Konflikte, resultieren hieraus die Leiden der Unterdrückten.

Noch eine weitere Parallele ist augenscheinlich. Auch bei Weitling steht auf dem Weg zum Zukunftsreich eine Art Fürst des Elends. »Ein neuer Messias wird kommen, um die Lehre des ersten zu verwirklichen. [...] Er wird niedersteigen von den Höhen des Reichtums in den Abgrund des Elends, unter das Gewühl der Elenden und Verachteten und seine Tränen mit den ihrigen vermischen.«[56] Das »Universalreich«, das Weitlings Messias verwirklichen soll, fällt schon weit radikaler, weniger originär kleinbürgerlich aus als Mays am Ende des *Verlorenen Sohnes* projektierte Gemeinschaft. Weitlings Traum zukünftiger Gesellschaft kennt keinen individuellen Reichtum mehr. Durch die Abschaffung des Geldes ist die grundsätzliche Gleichheit aller hergestellt. In dem Entwurf eines idealen Gemeinwesens, das sich in Mays Roman abzeichnet, existieren noch die ständischen Unterschiede, die sich aus einer ungleichen Verteilung des Besitzes ergeben. Nur ist der Reichtum jetzt in Händen der »Gerechten«. Es ist »gerecht« erworbenes Vermögen, das nicht als Kapital fungiert, sondern nur die Tauschbeziehungen vermittelt. May teilt Weitlings Idealvorstellung zukünftiger Gesellschaft als eines »großen Familienbundes«,[57] doch stellt sich bei ihm diese Familie als ein ständisches Gemeinwesen dar, das durch den Helden patriarchalisch-autoritativ regiert wird.

Sozialdemokratie, Kolportage und Karl May – ein verhinderter proletarischer Autor?

Weitling wie May träumten eine bessere Zukunft, ohne den Weg dorthin schon in den Bewegungsgesetzen der Gesellschaft erkannt zu haben. Die Ungleichzeitigkeit von Mays

Gesellschaftsentwurf und -kritik darf nicht darüber hinwegtäuschen, daß sich hier eben doch ein »Traum nach vorwärts« (Bloch) artikuliert, dessen retrograde Elemente die rebellischen nicht aufheben. Dies um so mehr, als die auf die Arbeiterbewegung des ausgehenden 19. Jahrhunderts gerichteten Hoffnungen mit den Träumen der Mayschen Kolportage durchaus verwandt waren. Autobiographien von Sozialdemokraten belegen, daß die Anziehungskraft der Arbeiterorganisation wesentlich aus ihrer Fähigkeit resultierte, Tagträume und soziale Phantasien ihrer Anhänger in die Hoffnung auf den Zukunftsstaat zu integrieren. Wenn etwa der Sozialdemokrat August Winnig das Lektüreerlebnis sozialdemokratischer Schriften beschreibt als ein »Träumen«, als »leicht beschwingtes Wandern in neue Gefilde, deren Schönheit oft wie ein Märchen aussah«,[58] so deckt sich diese Beschreibung in auffallender Weise mit den Berichten anderer Sozialdemokraten über ihre frühen Lektüregewohnheiten, die bei den meisten durch Kolportage- und Abenteuerliteratur geprägt wurden.[59] Vertröstung und politisch aktivierende Zukunftshoffnung waren die beiden gegensätzlichen Pole, die sowohl den Traum des Sozialdemokraten wie den des Kolportagelesers bestimmten. Wie nah sich dabei die in ihrem Gegenstand scheinbar so verschiedenen Träume kamen, mag ein kurzer Ausschnitt aus der Autobiographie des Zigarrenarbeiters Julius Bruhns verdeutlichen, der aus dem Elend seines Daseins in eine Phantasiewelt voller Räuber und Ritter flüchtete, bis ihm Lassalleanische Schriften neuen Stoff zum Träumen gaben: »Mit dem ganzen Überschwang des phantasievollen schwärmerischen Knaben faßte ich die herrlichen Gedanken von Freiheit, Gleichheit, Gerechtigkeit auf, ergriff mich die Lust am großen heiligen Kampf gegen Unterdrückung, Ausbeutung, Lügen und Heuchelei. Bald warf ich die Ungeheuer und Riesen, die Indianer und anderen Feinde über Bord und die Ritter und Helden der Faust ihnen nach und träumte nur noch davon, ein Führer des Volkes zu werden, in packenden Artikeln und flammenden Reden für die Sache des Volkes gegen seine Feinde zu kämpfen. Sozialdemokratischer Reichstagsabgeordneter und nach einer siegreichen Revolution Leiter, Minister, ja Präsident einer sozialdemokratischen Republik zu werden, das schien mir der Inbegriff alles Großen, das einzig würdige Ziel meines Strebens zu sein.«[60]

Die Sozialdemokratie verdammte Kolportage als »literarische Pestbeule«, die geeignet sei, die »Degeneration und Entsittlichung ganzer Klassenteile« herbeizuführen.[61] Der »Form nach miserabler Schund und dem Inhalte nach Opium für den Verstand«[62] – dieses 1872 von Wilhelm Liebknecht über die Kolportage gefällte Urteil blieb für die Haltung der Partei bestimmend. Doch nicht nur die sozialdemokratische Bildungskonzeption zusammen mit ästhetischen Vorbehalten ließ die Kolportage dem Verdikt, minderwertige Literatur zu sein, verfallen. Eben weil diese Romane eine »Rebellenstimmung« des Volkes aufgriffen, diese aber in »ganz falsche Bahnen« lenkten, schien der Sozialdemokratie von ihnen eine ernste Gefahr auszugehen.[63] Angeklagt wurde das »individuelle Herostratentum« der Kolportage, die »Verherrlichung der persönlichen, individuellen Verbrechen«,[64] die ein einzelner zwar im Namen der »Gerechtigkeit«, doch in anarchistischer Ungebundenheit und Selbstherrlichkeit ausführte. So schien der Kolportageleser »meist für den Befreiungskampf der Arbeiterklasse ganz verloren, mindestens aber [als] ein unsicherer Kantonist«, der nie das werden kann, »wozu ihn gewerkschaftliche und politische Schulung machen will«.[65]

Gefürchtet wurde hier offensichtlich das Wirkungspotential von Kolportage, das neben einem gerüttelten Maß an illusionär-regressivem Wunschdenken auch »eine Art

Triebbilder der Revolution«[66] enthielt, in deren unkontrollierbar-individuellem Umsichgreifen man eine ernstzunehmende Gefahr wittern mochte. Denn gefordert wurden Parteidisziplin und Hingabe an die Organisation. Und das hieß für den einzelnen Anhänger der Sozialdemokratie, eigene politische Entscheidung und individuelles »Rebellentum« auszugrenzen. Dies um so mehr, als sich die organisierte Arbeiterbewegung unter dem Sozialistengesetz und den ständigen Verbotsdrohungen zu einer Partei entwickelte, die jegliches Handeln außerhalb der Legalität als anarchistische Gefährdung ihrer Existenz aufzufassen gelernt hatte. In jedem Fall gründeten die Warnungen vor den verheerenden Wirkungen der Kolportage auf einer Fehleinschätzung ihrer tatsächlichen Wirkungsbedingungen und -möglichkeiten.

Unabhängig von solchen Fragen eröffnet unseres Erachtens die im *Verlorenen Sohn* sich artikulierende soziale Phantasie Möglichkeiten einer neuen Zuordnung dieses Romans (und ihm verwandter Texte der Kolportage).[67] Wir meinen, daß man ihn mit einem gewissen Recht als illegitimen Sproß der im Entstehen begriffenen proletarischen Kultur betrachten kann. Durch die Intensität des aufgebotenen Phantasiematerials, das in der Tat gelegentlich zu den Blochschen »Triebbilder[n] der Revolution« zusammenschießt, erweist May sich im *Verlorenen Sohn* manch anerkanntem Beispiel zeitgenössischer sozialkritischer Literatur überlegen. Daß aus diesem Material nicht der wirklich große soziale Roman entstehen konnte, liegt wohl an der sozusagen ›sekundären‹ (ideologischen) ›Bearbeitung‹, die sein Autor ihm angedeihen ließ. Verfolgt man die auf der Oberfläche des Romantextes vielfach bis zur Unkenntlichkeit verwischten Spuren seines Phantasiematerials zurück bis zu den ursprünglichen Quellen, so werden hinter den in der Tat oft vorherrschenden »albernen Klischees der Kolportage«[68] die Umrisse authentischer (sozial-)rebellischer Befreiungsphantasien sichtbar. Bei genauerem Zusehen erweisen sie sich aus sehr ähnlichem Stoff gemacht wie die im Horizont der damaligen Arbeiterbewegung noch relevanten Sozialutopien. Insofern May diese unterschwellig-naturwüchsige Teilhabe nicht ins Licht eines klaren gesellschaftlichen Bewußtseins zu entwickeln vermochte, kann man ihn von seinem *Verlorenen Sohn* aus als einen *verhinderten* bzw. *verunglückten* proletarischen Erzähler bezeichnen[69] – ein Moment an diesem Autor, das allzulange von dem schwammigen Image eines ›Volksschriftstellers‹ verdeckt geblieben war.

Anmerkungen

1 Ernst Bloch: Die Silberbüchse Winnetous (1929). In: Erbschaft dieser Zeit (1935). Frankfurt a. M. 1973. (Bibliothek Suhrkamp. 388.) S. 170.

2 Vgl. hierzu bes. Hans Wollschläger: Karl May. Grundriß eines gebrochenen Lebens (erstmals 1965). 2., korrig. Aufl. der Neuausg. Zürich 1977. Ferner Gert Ueding: Glanzvolles Elend. Versuch über Kitsch und Kolportage. Frankfurt a. M. 1973; bes. T. 2. Kap. 2–5.

3 Vgl. hierzu Jochen Schulte-Sasse: Karl Mays Amerika-Exotik und die deutsche Wirklichkeit. In: Literatur für viele 2 (1976) S. 123–145; Peter Uwe Hohendahl: Von der Rothaut zum Edelmenschen. Karl Mays Amerikaromane. In: Sigrid Bauschinger / Horst Denkler / Wilfried Malsch (Hrsg.): Amerika in der deutschen Literatur. Stuttgart 1975. S. 229–245; Rüdiger Steinlein: In finstern und blutigen Gründen – das Indianerabenteuer als Jugendmassenlektüre. Nachwort zu Bd. 4 der »Sammlung alter Kinderbücher«. München 1979.

4 Karl May: Der verlorene Sohn oder Der Fürst des Elends. Roman aus der Criminal-Geschichte. Dresden o. J. [1883–85]. Nachdr.: 6 Bde. Hildesheim / New York 1970–72; Teilabdr.: Die Sklaven der Arbeit. Frankfurt a. M. 1974. (Das Schmöker Kabinett. Fischer-Taschenbücher. 1480.) Diese Ausgabe wurde inzwischen verramscht. – Die weiteren für den Dresdner Kolportageverleger Münchmeyer zwischen 1882 und 1886 geschriebenen Lieferungsromane sind: Das Waldröschen (1882), Die Liebe des Ulanen (1883), Deutsche Herzen – Deutsche Helden (1885), Der Weg zum Glück (1886).

5 Die Verbindungen sozialanklägerischer Kolportage nach Art von »Der verlorene Sohn« zum sozialen Roman oder zum ›Fabrikroman‹ des Vormärz bedürfen noch ebenso der Klärung wie diejenigen zu bestimmten Entwicklungen innerhalb des Naturalismus, die man als sozial-voyeuristisch bezeichnen könnte. Zu den letzteren vgl. Klaus-Michael Bogdal: Schaurige Bilder. Der Arbeiter im Blick der Bürger. Frankfurt a. M. 1978. S. 47ff. Eine Untersuchung der Zusammenhänge von Mays Elendsroman mit Sue und Dumas stellt in Aussicht Volker Klotz: Woher, woran und wodurch rührt »Der verlorene Sohn«. Zur Konstruktion von Karl Mays Elends-Roman. In: Jahrbuch der Karl-May-Gesellschaft (1978) S. 87–100, bes. S. 88ff.

6 Über diesen Tatbestand geben zahlreiche proletarische Autobiographien Aufschluß. Typisch ist der Bericht von Adelheid Popp in: Wolfgang Emmerich (Hrsg.): Proletarische Lebensläufe. Bd. 1. Reinbek 1974. S. 274ff. Vgl. auch Anm. 7, 8 und 59.

7 Zit. nach Otto Rühle: Illustrierte Kultur- und Sittengeschichte des Proletariats. Bd. 2. Gießen 1977. S. 273.

8 Ebd.

9 Vgl. hierzu jetzt das materialreiche Kapitel »Im Schundkampf« in: Gerhart Klußmeier / Hainer Plaul (Hrsg.): Karl May. Biographie in Dokumenten und Bildern. Hildesheim / New York 1978. S. 193–228.

10 Hierin unterscheidet sich der Autor des »Verlorenen Sohnes« von jenen in der Wolle gefärbten kleinbürgerlichen ›Volksschriftstellern‹ wie Gustav Nieritz oder Christian Gottlob Bahrdt, die in der Tat Beruhigendes und Erbauliches ›für das Volk‹ schrieben und sich verständlicherweise auch des obrigkeitlichen Segens erfreuen konnten. Zur Problematik dieser Art von Autoren vgl. Rudolf Schenda: Volk ohne Buch. Frankfurt a. M. 1970. S. 147–173.

11 Hans-Jörg Neuschäfer: Populärromane im 19. Jahrhundert. München 1976. S. 36.

12 Ebd. S. 37.

13 Ebd. S. 39.

14 Vgl. zur Kritik an Mays Sozialkritik Ueding (Anm. 2) S. 122ff.

15 Klotz (Anm. 5) S. 101.

16 Vgl. zur Entfaltung des Begriffs »Ungleichzeitigkeit« Bloch (Anm. 1) S. 111–126.

17 Vgl. hierzu Annette Leppert-Fögen: Die deklassierte Klasse. Studien zur Geschichte und Ideologie des Kleinbürgertums. Frankfurt a. M. 1974. S. 86–103.

18 Daß Mays soziale Phantasie sich in diesem Roman als ausgesprochen familienzentriert erweist – sie kennt und akzeptiert im Grunde nur Beziehungsgefüge nach Maßgabe eines zwischen vorbürgerlicher Groß- und bürgerlicher Kernfamilie schwankenden Typs –, scheint Uedings Befund vom antifamiliären Affekt seiner Romane generell zu widersprechen (vgl. Ueding [Anm. 2] S. 138ff.). Unseres Erachtens handelt es sich jedoch bei den von Ueding hervorgehobenen anarchoiden Zügen in Mays Romanen und der von uns postulierten Familienförmigkeit seiner sozialen Phantasie nicht um Gegensätze, sondern eher um zwei Artikulationsformen ein und derselben Grundstruktur.

19 Vgl. Sigmund Freud: Studienausgabe. Bd. 4. 2. Aufl. Frankfurt a. M. 1970. S. 222–227.

20 Klotz (Anm. 5) S. 98.

21 Friedrich Engels: Die Entwicklung des Sozialismus von der Utopie zur Wissenschaft. In: Karl Marx / Friedrich Engels: Werke. Bd. 19. Berlin 1973. S. 193.

22 Franz Mehring: Geschichte der deutschen Sozialdemokratie. Bd. 2. Berlin 1960. S. 11.

23 Vgl. hierzu Ueding (Anm. 2) S. 129ff.

24 Sigmund Freud: Der Dichter und das Phantasieren. In: Studienausgabe. Bd. 10. 4. Aufl. Frankfurt a. M. 1972. S. 176.

25 Georg Wilhelm Friedrich Hegel: Ästhetik. Bd. 1. Berlin / Weimar 1965. S. 567f.

26 Erwähnenswert ist in diesem Zusammenhang die von May selbst in seiner Autobiographie mitgeteilte Episode, wonach er sich als etwa Vierzehnjähriger in das Spanien seiner Räuberkolportage-Lektüre aufmachen wollte, um dort materielle Hilfe für sich und seine Familie zu holen.

27 Neuschäfer (Anm. 11) S. 34.

28 Vgl. hierzu ebd. S. 41ff.

29 Bloch (Anm. 1) S. 170.

30 Bernhard Becker, der Nachfolger Lassalles im Amt des Präsidenten des ADAV, schildert in seiner »Geschichte der Arbeiter-Agitation Ferdinand Lassalle's« (Braunschweig 1874) eindrucksvoll die Verehrung des »Arbeiterkönigs« (Vgl. S. 223ff.). Eine ausführliche Darstellung des Lassalle-Kultes findet sich in: Heiner Grote: Sozialdemokratie und Religion. Eine Dokumentation für die Jahre 1863 bis 1875. Tübingen 1968. S. 8–26.

31 Charakteristisch ist in diesem Zusammenhang, wie Fritz Mende, der Präsident des Lassalleschen ADAV, »das bewegte Leben unseres Meisters Ferdinand Lassalle« beschrieb. Lassalle habe alle »Ehren und Würden dieses Lebens« verschmäht und sei »von seiner geistigen Höhe herniedergestieg[en] zu den armen, bedrückten Arbeitern«. (Zit. nach Grote [Anm. 30] S. 15.) – In einem Brief an Bismarck vom 8. Juni 1863 forderte Lassalle das »Königtum der bevorrechtigten Stände in ein soziales und revolutionäres Volkskönigtum umzuwandeln«. (Zit. nach Gösta von Uexküll: Ferdinand Lassalle in Selbstzeugnissen und Bilddokumenten. Reinbek 1974. S. 104.) Vgl. auch Lassalles Äußerungen über das »Königthum« vor dem Staatsgerichtshof, in: Ferdinand Lassalle's Reden und Schriften. Neue Gesammt-Ausgabe. Hrsg. von Eduard Bernstein. Bd. 1. Berlin 1892. S. 165.

32 Vgl. Bloch (Anm. 1) S. 126–152 (Kapitel »Zur Originalgeschichte des Dritten Reiches«).

33 Ebd. S. 179.

34 Das Eingehen auf die infantil-ödipale Dimension dieser Rachephantasie (Kampf des Supersohnes gegen die bösen Vaterimagines) müssen wir uns hier aus Raumgründen leider versagen.

35 Vgl. die zum Winnetou-Erzählkomplex gehörende Abenteuerpassage »Ein Ölbrand«, deren Höhepunkt die infernoartige Vernichtung der Ölquellen eines widerlichen Exemplars von Yankee-Kapitalisten bildet. Die erste Buchausgabe des Textes findet sich in: Im fernen Westen (1879). Repr. Bamberg 1975. S. 3–32.

36 Der verlorene Sohn. Reprogr. Nachdr. der Ausg. Dresden 1883–1885. Bd. 6. Hildesheim / New York 1970–72. S. 2407. – Insbesondere diese Hinrichtungsszene des Barons Franz von Helfenstein legt nahe, daß die Namensverwandtschaft mit jenem in der Volksmythologie als Verräter am Kampf der Unterdrückten lebendig gebliebenen Grafen Ludwig von Helfenstein nicht zufällig ist. Dieser Graf wurde im Bauernkrieg durch die Aufständischen auf die entehrendste Weise hingerichtet, nachdem er wortbrüchig Nachhuten des Bauernheeres niedergemacht hatte. (Vgl. Friedrich Engels: Der deutsche Bauernkrieg. In: Karl Marx / Friedrich Engels: Werke. Bd. 7. Berlin 1964. S. 384f.)

37 Bloch (Anm. 1) S. 180.

38 Ueding (Anm. 2) S. 102.

39 Ebd. S. 118.

40 Bloch (Anm. 1) S. 178.

41 Weitling hat 1844 im Gefängnis u. a. die Erfahrungen aus seiner Jugend niedergeschrieben. Er berichtet in diesem lange verloren geglaubten Manuskript über seinen Versuch, mit zwei Freunden nach dem »Mohrenlande« zu ziehen, um dort das »ehrenvolle« Leben eines Räubers zu führen – ein Ausbruchsversuch, wie ihn auch der vierzehnjährige May unternahm (Wilhelm Weitling: Gerechtigkeit. Ein Studium in 500 Tagen. Berlin 1977. S. 18ff. – Erstausg. hrsg. von Ernst Barnikol. Kiel 1929).

42 Ebd. S. 25f.
43 Ernst Bloch: Das Prinzip Hoffnung. Bd. 2. Frankfurt a. M. 1971. S. 670.
44 Vgl. Wilhelm Weitling: Das Evangelium des armen Sünders. Hrsg. von Wolf Schäfer. Reinbek 1971. S. 15f.
45 Der verlorene Sohn (Anm. 36) Bd. 2. S. 611.
46 Wilhelm Weitling: Die Menschheit wie sie ist und wie sie sein sollte. Hrsg. von Wolf Schäfer. Reinbek 1971. S. 145.
47 Ebd. S. 144.
48 Ebd. S. 156.
49 Ebd. S. 142.
50 Waltraud Seidel-Höppner: Frühproletarisches Denken oder erwachendes Klassenbewußtsein. Die Anfänge der Arbeiterbewegung im Blickwinkel formierter Heidelberger Historiographie. In: Jahrbuch für Geschichte (Berlin 1969) Bd. 3. S. 126.
51 Weitling (Anm. 44) S. 13.
52 Weitling (Anm. 46) S. 153
53 Vgl. Wilhelm Weitling: Garantien der Harmonie und Freiheit. Hrsg. von Franz Mehring. Berlin 1908. S. 108ff.
54 Bezeichnend ist der Ausschnitt aus einem Dialog zwischen dem »Pascherkönig« alias Seidelmann junior und dem braven Webersohn Eduard Hauser: »›Hältst Du denn den Schmuggel für ein Verbrechen?‹ ›Ja.‹ ›Haha! Warum denn?‹ ›Weil er vom Gesetze verboten ist.‹ ›Einfaltspinsel! Warum haben sie diese Gesetze gemacht? Um unser gutes Geld in ihre Taschen zu stecken. Ist es etwa Recht, daß das Fleisch, das Leder und andere Dinge hier an einem Punkte doppelt so teuer sind als eine Viertelstunde davon? Das ist nicht Natur, das will Gott nicht, sondern die Menschen haben es gemacht.‹ ›So haben sie ein Recht dazu. Der König versteht mehr davon als Du und ich. Er wird schon wissen, was er tut.‹« (Der verlorene Sohn [Anm. 36] Bd. 2. S. 575f.)
55 Weitling (Anm. 53) S. 222f.: »Im Geldsystem da liegt der Knoten, da steckt die Wurzel des Übels, da der Saft, von welchem diese sich nährt, und sonst nirgends so tief.«
56 Ebd. S. 253f.
57 Vgl. ebd. S. 153.
58 August Winnig: Frührot. Ein Buch von Heimat und Jugend. Stuttgart/Berlin 1929 (Erstausg.: 1924). S. 310.
59 Vgl. Jochen Loreck: Wie man früher Sozialdemokrat wurde. Bonn-Bad Godesberg 1977. S. 159ff.
60 Julius Bruhns: Es klingt im Sturm ein altes Lied. Aus der Jugendzeit der Sozialdemokratie. Stuttgart/Berlin 1921. S. 15.
61 Schundliteratur. In: Leipziger Volkszeitung (14. 12. 1910) 2. Beilage zu Nr. 289.
62 Wilhelm Liebknecht: Wissen ist Macht – Macht ist Wissen. In: Kleine politische Schriften. Frankfurt a. M. 1976. S. 149.
63 Vgl. D. Thomas: Du sollst deinen Geist nicht töten. Ein Beitrag zur Bekämpfung der Schundliteratur. Frankfurt a. M. 1911. S. 10.
64 Leipziger Volkszeitung (Anm. 61).
65 D. Thomas (Anm. 63). S. 9.
66 Bloch (Anm. 43) Bd. 1. S. 162.
67 Soweit wir sehen, hat sich die Literaturwissenschaft – trotz eines seit Ende der sechziger Jahre modisch gewordenen, inzwischen jedoch wieder abgeflauten Trivialliteratur-Booms – weder dem Genre Kolportageroman noch gar dem hier angesprochenen Zusammenhang zugewandt. Die verdienstvollen, richtungweisenden Vorarbeiten Rudolf Schendas sowie Gert Uedings warten immer noch auf ihre Fortführung.
68 Wollschläger (Anm. 2) S. 16.
69 Bei dieser Kennzeichnung haben wir durchaus auch die faschistoiden Rezeptionsmöglichkeiten

des Autors May im Auge, die sich aus der unklaren und ambivalenten Strukturierung seiner Phantasiematerialien ergeben. Es wäre wohl der Mühe wert, auch diesem prekären Zusammenhang, auf den bereits Bloch (Anm. 1. S. 179ff.) aufmerksam macht, differenzierter und ins Detail gehend nachzufragen.

Literaturhinweise

Bloch, Ernst: Erbschaft dieser Zeit. Frankfurt a. M. 1973. (Bibliothek Suhrkamp. 388.)

Klußmeier, Gerhart / Plaul, Hainer (Hrsg.): Karl May. Biographie in Dokumenten und Bildern. Hildesheim / New York 1978.

Schmidt, Arno: Sitara und der Weg dorthin. Eine Studie über Wesen, Werk & Wirkung Karl Mays. Frankfurt a. M. 1969. (Fischer Taschenbuch 968.)

Ueding, Gert: Glanzvolles Elend. Versuch über Kitsch und Kolportage. Frankfurt a. M. 1973. (edition suhrkamp. 622.)

Wollschläger, Hans: Karl May. Grundriß eines gebrochenen Lebens. 2., korrig. Aufl. der Neuausg. Zürich 1977.

Weiterführende Beiträge, die den aktuellen Stand der Karl-May-Forschung repräsentieren, enthält ferner das »Jahrbuch der Karl-May-Gesellschaft« (1970ff.).

HORST DENKLER

Wilhelm Raabe: *Pfisters Mühle* (1884)
Zur Aktualität eines alten Themas und vom Nutzen offener Strukturen

Wenn heute ein Lyriker im Gedicht die Frage stellt: »Warum kippt denn / das Wasser um?«,[1] kann er damit rechnen, daß sich seine Leser in ihren eigenen Besorgnissen angesprochen fühlen und daß sie auch die politische Langzeitwirkung der benannten Thematik einzuschätzen wissen. Als Wilhelm Raabe (1831–1910) vor fast hundert Jahren der gleichen Frage nachzugehen begann und mit *Pfisters Mühle*[2] einen seiner »kurz=&=gutn 200=Seiter«[3] »darüber« (49)[4] schrieb, vermochte er nicht abzusehen, »wie das Publikum« sein Buch aufnehmen würde, obwohl er »keine üble Meinung von dem Werke« hatte.[5]
Diese Skepsis war berechtigt. Denn der seit 1856 »alljährlich zu Markte ziehende Autor« mußte zwar seine »Arbeitskraft« im kapitalistisch durchorganisierten Literaturbetrieb »schnell und sicher [...] zu verwerthen« suchen, um sein »Schriftstellerleben von der Hand in den Mund« fristen zu können;[6] der daraus resultierende »Lebens- und Litteraturkampf« brachte ihn jedoch nicht von dem früh geäußerten Vorsatz ab, die »ausgetretene Heerstraße« zu verschmähen und dem »eigenen Wege« zu folgen.[7] Die Absicht, seine »Arbeiten nicht nach der Elle« zu verkaufen, »alles literarische Fabrikwesen« zu meiden und das »widerwillige Publikum [...] mit sich fort[zu]ziehen«, statt mit ihm »zu gehen«, trug Raabe freilich »Verdrießlichkeiten und Verstimmungen« ein, die 1884, im Erscheinungsjahr von *Pfisters Mühle*, ihren Höhepunkt erfuhren, so daß der Autor »*materiellen* Schaden« zu beklagen hatte und sich in seiner bürgerlichen Existenz bedroht sah.[8] Seine ›Schriftstellernöte‹ verdeutlicht daher gerade das Schicksal dieses Buches, das als »Sommerferienheft« (5) »bittersten Ernst« in lockerer Form auffangen wollte (151) und von den Zeitgenossen entweder zu schwer- oder gar nicht wahrgenommen wurde.
Obwohl Raabe nämlich »eigene Naturbeobachtungen« zusammengefaßt, durch genaues »Aktenstudium« ergänzt und den zeit- und gesellschaftskritischen Befund in einer »Formensprache« mitzuteilen verstanden hatte, die »seine frühe Erfahrung der ›Antinomien des Daseins‹ [...] in gültiger Weise« gestaltete, traf das zwischen 7. April 1883 und 8. Mai 1884 entstandene Manuskript beim »Eintritt in die Welt« auf besonders hartnäckigen »Widerstand«:[9]
– Nach gut vierzehntägiger Prüfung ließ der Braunschweiger Verleger George Westermann den Text an den Autor zurücksenden, weil – wie Raabe brieflich weitergab – seine »Bücher einander doch zu sehr [zu] gleichen« begännen und das »*deutsche Publikum* [...] fürs Erste genug« von ihm habe.[10] Offenbar blieb der »lange und mühselige Weg« unbelohnt, den Raabe von den »humoristisch sentimentalen« Schriften seiner Frühzeit zu »Gezweig, Blatt, Blüthe, Frucht« des ebenso formgewissen wie wirklichkeitsbedachten Spätwerks zurückgelegt hatte:[11] die weite Strecke von seinem (manche Züge der »Alters-Arbeiten« vorwegnehmenden) Erstling *Die Chronik der Sperlingsgasse* (1856) über die vielversprechenden Romane *Der Hungerpastor* (1863/64),

Abu Telfan (1867), *Der Schüdderump* (1869/70) und zahlreiche Nebenwerke minderen Ranges bis zu erzählerischen Spitzenleistungen wie den (nach Raabe zu seinen »besten« Büchern zählenden) *Alten Nestern* (1879), der (ihm als unzeitgemäßes »Wagestück« geltenden) *Prinzessin Fisch* (1882/83) und eben *Pfisters Mühle*, auf die sein Hauptwerk *Stopfkuchen* (1890), umgeben von den bedeutenden Erzähltexten *Das Odfeld* (1888), *Die Akten des Vogelsangs* (1896), *Hastenbeck* (1898) und *Altershausen* (1911), folgen sollte.[12]
– Zwei Wochen genügten auch Julius Rodenberg, dem Herausgeber der *Deutschen Rundschau*, um sich gegen *Pfisters Mühle* zu entscheiden: Er glaubte, die Leser seiner Zeitschrift nicht mit dem »fatalen Geruch« belästigen zu dürfen,[13] der in Raabes Text einem Mühlbach entsteigt, den die Abwässer der Rübenzuckerindustrie verschmutzen. Jetzt wurde dem Autor verdacht, daß er »eine Tatsache des wirklichen Lebens« aufgegriffen und dargestellt hatte, die ihm spätestens im Winter 1882/83 auf den donnerstäglichen Spaziergängen von Braunschweig zum ›Grünen Jäger‹, dem Vereinslokal der Männer-»Genossenschaft« der ›Kleiderseller‹, beim Anblick der (durch die Zuckerfabrik Rautheim verunreinigten) Wabe aufgefallen war.[14] Darüber hinaus ließ man sein Bemühen unbeachtet, die eigenen Wahrnehmungen an den Ergebnissen eines seit dem 29. Dezember 1881 anhängenden Abwasserprozesses der Mühlenbesitzer Müller und Lüderitz aus Bienrode und Wenden gegen die Rautheimer Zuckerfabrik zu messen und mit den für die Kläger angefertigten abwasserbiologischen Gutachten der Chemiker Ferdinand Cohn (Breslau) und Heinrich Beckurts (Braunschweig), eines zeitweiligen Mitglieds der ›Kleiderseller‹, zu untermauern.[15] Kurz, Raabe mußte offensichtlich entgelten, daß er versucht hatte, »schlechte Wirklichkeit« (64) in »objectiven Dichtungen« mit dem Recht künstlerischer »Subjektivität« festzuhalten und bloßzustellen.[16]
– Erst der Herausgeber der *Grenzboten*, Johannes Grunow, fand das »Ding« nach fünftägiger Sichtung »allerliebst« und nahm es am 10. Juli 1884 für Zeitschriftenabdruck und Buchausgabe unter Vertrag; der Verleger Friedrich Wilhelm Grunow vermochte jedoch »kein Mehl« auf Raabes »Mühle« zu mahlen und benötigte zehn Jahre, um die 1500 Buchexemplare der Erstauflage zum Ladenpreis von vier Mark pro Stück abzusetzen.[17] Raabe erreichte mit *Pfisters Mühle* wie mit seinem gesamten Spätwerk zunächst nur wenige *»Liebhaber«*, sah sich auf die Leser kommender Generationen vertröstet und konnte nur hoffen, »spätere, andere Geschlechter« würden »den alten Geschichtenerzähler aus der zweiten Hälfte des neunzehnten Jahrhunderts nicht allzu rasch und kurz als zu vergilbt bei Seite schieben«.[18]

Daß Raabe »länger als ein Menschenalter« und fast bis heute hin auf seine »Zeit« warten mußte, obwohl oder weil er es wagte, »seiner eigenen Generation um den kürzesten Schritt voraus zu sein« und bei der langjährigen »Fahrt über das Dintenmeer« nach »neuen Welttheilen« Ausschau zu halten, ist jedoch nicht nur der »deutschen Literaturmisere« anzulasten.[19] Für diese Rezeptionsverzögerung muß auch die »Litteraturgeschichtsschreiberei«[20] haftbar gemacht werden, die den Autor zu Lebzeiten außer acht ließ oder aus schiefem Blickwinkel betrachtete und ihn nach seinem Tod zu verschütten, zu verstellen begann und selbst bei bemühter Gutwilligkeit für die gegenläufigsten Deutungsrichtungen in Anspruch nehmen wollte. Während die zeitgenössischen Literaturhistoriker sein Werk übersahen oder nur partiell registrierten und insgesamt belegten, daß er »nicht in ihren Kram« paßte,[21] suchten nachrückende Literaturwissenschaftler bei ihm ethisches Geleit, moralische Lebenshilfe und politischen Beistand für zumeist recht selbstherrlich-eigenwillige und durchweg autorferne Verhaltensweisen und Handlungsperspektiven, so daß sich die Raabe-Forschung der jüngsten Vergangenheit veranlaßt sah, das Steuer herumzureißen und das Augenmerk auf den »Kunstcharakter«[22] der Raabeschen Schriften einerseits und ihren ideologiegeschichtlichen Stellenwert wie ihren ideologiekritischen Erkenntnisrang andererseits zu richten. So berechtigt diese »neue Sicht«[23] erscheint und so ergiebig sich die aus ihr abgeleiteten Interpretationsansätze erwiesen haben, so dringend dürfte nun jedoch die synthetische Zusammenschau von gesellschaftshistorischer Einordnung, ideologiegeschichtlicher Bestimmung, sozialpsychologischer Analyse und literaturästhetischer Untersuchung und Wertung geworden sein. Das läßt sich besonders deutlich am Beispiel von *Pfisters Mühle* vergegenwärtigen.

Denn dieses »Sommerferienheft« (5) ist nicht zufällig als »buntes Buch« (177) ausgewiesen, das aus zweiundzwanzig »losen Pfisters-Mühlen-Blättern« (164) zusammengefügt wurde, auf denen der in die Großstadt und den Gymnasiallehrerberuf abgewanderte Müllerssohn Eberhard (Ebert) Pfister Erinnertes, gegenwärtig Erlebtes und der Zukunft Anheimgestelltes zusammenfließen läßt: zu »konzentriertestem Dasein« (18) verdichtete »Bilder« (164) von der »Glorie« (28) väterlicher Lebensbemeisterung und eigener Jugendblüte im Bereich einer Wassermühle und Schankwirtschaft, kontrapunktiert durch »acta registrata« (94) vom ökonomischen Niedergang des Betriebs und vom psychisch-physischen Verfall seines Besitzers als Folge industriell verursachter Umweltzerstörung, verfugt mit Erlebnissplittern aus der Sommerfrische im bereits verkauften, zum Abbruch bestimmten Vaterhaus und versetzt mit »Betrachtungen a priori und a posteriori« (51), die in die »Vorwelt« (10) zurückschweifen und sich die Zukunft offenlassen. Kann es bei dieser Erzählstruktur genügen, Lehren aus einzelnen wie zusammenhängenden Textpartikeln zu ziehen, ohne deren ideologiegeschichtlich bedingten Aussagewert zu veranschlagen und ihre ästhetische Funktion im poetischen Fiktionszusammenhang zu berücksichtigen? Darf sich die Interpretation darauf beschränken, »vom Interesse am Gegenstand selbst abzusehen« (Walther Killy), den »Sinn« in der das »Pragmatisch-Stoffliche« relativierenden Erzählweise zu suchen (Hubert Ohl) und die »weitgehendste Relativierung der tatsächlichen Vorgangselemente zugunsten des übertatsächlichen Sinngehalts« festzustellen (Herman Meyer)?[24]

Was Textanalysen entgeht, wenn sie sich derartig verengende Grenzen setzen, zeigt die Deutungsgeschichte von *Pfisters Mühle*. Sie hat im »Rückblick«, im »Verrinnen der Zeit«, im »Widerspruch zwischen Wertverlust in der Gegenwart und Wertbewahrung in der Erinnerung«, im »Konflikt zwischen einer menschlich-toleranten, persönlichen Form des Lebens und einer materialistischen, formalistischen, unpersönlichen, unfruchtbaren Gesellschaft«, im »Todeskampf des alten vorindustriellen Deutschland gegen die unabwendbare Industrialisierung«, in der »Veränderung der menschlichen Umwelt« durch den Kapitalismus und der Frage nach dem »Verbleiben der Humanität in einem kapitalisierten Wilhelminischen Reich« die zentralen Themen gesehen und außerdem gemeint, »eine gradezu klassische Schilderung eines durch Zuckerfabrikabwässer verunreinigten Bachlaufes«, einen »Roman der Abwasserbiologie«, einen »Roman eines Abwasserprozesses« und schließlich die »zeitgemäße« Lektüre für »Zuckerfachleute« vorzufinden.[25] Keine der angeführten Auslegungen ist falsch; sie alle erfassen jedoch nur Teilaspekte und müssen deshalb miteinander verknüpft werden, sollen sie nicht die »polyperspektivische«[26] Erzähl- und Sinnstruktur des Textes verdecken.

Den angemessenen Deutungsspielraum für die synthetische Interpretation hat Raabe selbst durch seinen Erzähler Eberhard Pfister und eine weitere Romanfigur abstecken lassen: *Pfisters Mühle* registriert den »Übergang der deutschen Nation aus einem Bauernvolk in einen Industriestaat« (114) und behandelt zwar »nicht die größte, aber eine von den größern Fragen der Zeit. Deutschlands Ströme und Forellenbäche gegen Deutschlands Fäkal- und andere Stoffe« (116). Mit dieser Konzentration auf die folgenreichste Phase neuerer deutscher Geschichte sicherte der Autor seiner Erzählung aktuelle Geltung und überzeitliche Relevanz, da die Konsequenzen dieser historischen Entwicklung bis heute zu spüren und noch lange nicht ausgestanden sind; die Selbstbeschränkung, sich mit einer der größeren Fragen und nicht der größten Frage auseinanderzusetzen, erlaubte ihm, im begrenzten, aber präzis erfaß- und beschreibbaren Themenbereich den Kristallisationspunkt für die übergreifenden Themen zu gewinnen, die sich am Horizont der erzählten Handlung abzeichnen und vom rückblickend-berichtenden, beschauend-feststellenden, voraussehend-reflektierenden Erzähler abgerufen und in den Erzählverlauf einbezogen werden können. So wächst den Motivkomplexen wie der Fabel Verweisungskraft zu, deren Richtung aus der Erzählhaltung abzuleiten ist: Am Stoff bereitete der Autor auf, was der Lösung bedurfte, aber von ihm noch nicht zu lösen war; dieses Dilemma machte er jedoch für sich und die Leser fruchtbar, indem er durch die Subjektivierung seines Erzählstils die eigene Ratlosigkeit zu erkennen gab und sich mit der Niederschrift illusionärer, vordergründiger oder unverbindlicher Schlußfolgerungen beschied, die das meiste oder alles offenlassen und daher eher zur Suche nach den notwendigen Lösungen anregen als zur Befriedigung des heraufbeschworenen Lösungsbedürfnisses beitragen.

Wie ungewiß die Perspektive bleibt, die sich aus den sorgfältig recherchierten, sachgerecht eingeführten und exakt dargelegten Zentralmotiven ergibt, beweist der Blick auf Abwasseranalyse, Abwasserprozeß und Zuckerkampagne, aus denen sich das ökologische Grundthema des Textes zusammenfügt. Obwohl Raabe – wie August Thienemann detailliert nachgewiesen hat[27] – die ihm von Beckurts geschilderten Verfahren der Hydrobiologie in epische Handlung umsetzte, die zu Prozeßzwecken erstellten Gutachten seines Gewährsmannes und des Abwasserspezialisten Cohn zur Beschreibung der Umweltverschmutzung im epischen Geschehnisbereich verwendete und schließlich auch die gerichtsverwertbare biologisch-chemische »Diagnose« (87) des verfärbten, verschlammten, verschleimten, faulenden und stinkenden Mühlbachs zu erzähllogischen Erklärungszwecken wörtlich oder paraphrasierend übernahm, vermochte er die Naturwissenschaften nicht zur Behebung der ökologischen und zugleich menschlichen Katastrophe zu verpflichten. Im Gegenteil: Lediglich zur Analyse der Wasserverschmutzung befähigt und weder zur Reinigung des verdorbenen Gewässers noch zur Heilung der ›angeknacksten‹ (117) Psyche des Müllers oder zur Reparatur der »so sehr übelriechend und abschmeckend gewordenen Welt« (159) einsetzbar, versprechen sie sogar, in »Verbindung mit der Industrie« (60) dazu beizutragen, um des »nationalen Wohlstandes« willen (68) »einen sprudelnden Quell, einen Kristallbach, einen majestätischen Fluß, kurz, irgendeinen Wasserlauf im idyllischen grünen Deutschen Reich so bald als möglich und so infam als möglich zu verunreinigen« (67).

Ähnlich zwiespältig wirkt die Einschätzung der Justiz. Ludwig Popp vermochte im Anschluß an die Gerichtsakten zu zeigen, daß Raabe über den Verlauf des Prozesses zwischen den beiden Müllern und der Aktienzuckerfabrik Rautheim genau unterrichtet war und daß er die Entscheidung der 3. Civilkammer beim Herzoglichen Landgericht Braunschweig vom 14. März 1883 als »rechtskräftiges« Urteil (165) »fast wörtlich« in den Erzähltext eingefügt hat.[28] Gegen dieses Urteil legte die beklagte Partei jedoch Berufung ein, der das Reichsgericht am 20. Mai 1884, also knapp zwei Wochen nach Fertigstellung des Raabeschen Manuskripts, stattgab: Der Autor hat offenbar den Fortgang des von ihm als abgeschlossen beschriebenen Prozesses ignoriert, weil den durch die Industrialisierung heraufgeführten Problemen der Luft- und Wasserverschmutzung nicht mehr mit den Rechtsnormen des Bürgerlichen Gesetzbuchs beizukommen war bzw. – wie der heutige Fachmann formuliert – »auf dem Prozeßwege die Reinhaltung eines Gewässers nicht erreicht werden kann«.[29] Den gleichen Bruch zwischen aktueller Realitätserfahrung und literarischer Lösungsperspektive gibt Raabes Beurteilung der Rübenzuckerindustrie zu erkennen. Keineswegs nur periphere Seitenbranche industrieller Produktion, durfte sie nach Aussage des Sachverständigen Beckurts speziell im Herzogtum Braunschweig als »eine der blühendsten, wohl die großartigste aller in unserem [19.] Jahrhundert zur Ausbildung gelangten chemischen Industrien« gelten.[30] Nachdem ihre Umstellung auf die kapitalistische Produktionsweise spätestens bis zur Reichsgründung 1870/71 abgeschlossen war, erzielte sie in den frühen achtziger Jahren bemerkenswerte Produktionssteigerungen, in deren Folge die Wasserverschmutzung derart zunahm, daß z. B. 1884/85 die Braunschweiger Trinkwasserversorgung während der Zuckerkampagne zusammenbrach.[31] An »technischen Mitteln, die Fabrikabflüsse leicht und bequem zu reinigen«, fehlte es jedoch ebenso wie an den dafür notwendigen Kapitalreserven und Investitionsanreizen; denn die Zuckerindustrie war aufgrund permanenter Überproduktion, allgemeiner Deflation und fallender Preise zwischen 1881 und 1886 in eine ökonomische Krise geraten, die den Aktienbesitzern handfeste Argumente gegen die Forderung lieferte, einen Anteil ihres Reingewinns für die Abwässerreinigung aufzubringen.[32] Angesichts dieser Faktenlage verwundert es nicht, daß Raabe die ›Verstänkerung‹ des »Dunstkreises über Pfisters Mühle« (144) und Umgebung »seit dem Kriege mit den Franzosen und dem allgemeinen Aufschwung« der Gründerjahre (54) datierte, den Leidtragenden der jährlichen »Zuckerkampagnen« (114) über »viel zuviel Zucker in der Welt« (65) klagen ließ und schließlich die als »große, industrielle Errungenschaft der Neuzeit« ausgewiesene Zuckerfabrik Krickerode ins Mythisch-Magische rückte, teils gründerzeitliches Spukschloß, teils gründerzeitlicher Drache (99): Dem hemmungslosen Expansionsdrang kapitalistischer »Erwerbsbetriebsamkeit« (55) konfrontiert, sammelte er Indizien, beschrieb er Sachverhalte, ohne der entfesselten Wirtschaftsentwicklung die Richtung vorschreiben oder ihr Einhalt gebieten zu können. Die kapitalistische Warenproduktion mußte ihm folglich als schwerdurchschaubares »Geheimnis«, die ihr unterworfene Industrie als unheimliche Bedrohung erscheinen, denen er nicht mit »praktikablen Vorschlägen«, sondern mit dichterischer »Phantasie« beizukommen hoffte.[33]

Daher knüpfte sich Raabes »Gefühl und Bangen«, sein »Unbehagen in der Zeit« von der *Chronik der Sperlingsgasse* (1856) bis zu *Altershausen* (1911) auch und besonders an die sichtbaren Zeichen zivilisatorisch bedingter Umweltveränderungen, die er durchaus als Resultate der »sozialen Zustände« begriff:[34] Luft- und Wasserverschmutzung mit allen ihren Folgen für das pflanzliche und tierische Leben, Zerstörung des historisch Gewachsenen und Vertreibung des »Grünen« durch das »Graue«, Innenstadtverwüstung, Wohngebietsverödung, Stadterweiterung, Landschaftszersiedelung, »Feldverbesserung«, »Verschönerungsarbeiten« in der unberührten Natur, »Raubbau in jeglicher

Hinsicht«[35] galten ihm als Begleit- und Folgeerscheinungen jener Fortschrittsgesinnung, die den Drang zu rücksichtsloser Bereicherung mit dem Streben nach Glück verwechselte und im ökonomischen Profit den Beweis für menschliche Bewährung erkennen wollte. Dieser Ideologie, der die Reichsgründung schubhaften Auftrieb verschafft hatte, vermochte Raabe bei aller »Angst« und allem »Ekel« vor der heraufgezogenen »Zeit der Verwilderung« weder politische noch soziale Strategien entgegenzusetzen.[36] Die Verdrängung der in den Befreiungskriegen und im Vormärz gehegten bürgerlichen Emanzipationsideale aus dem öffentlichen Bewußtsein, das Schwinden begründeter Revolutionserwartungen im Verlauf der Restaurationsperiode nach 1848/49, die ›bonapartistische‹ Lösung des preußischen Verfassungskonflikts durch Bismarck sowie die Etablierung eines kleindeutschen Reichs, das Raabes politische Wünsche erfüllte und seine sozialen Hoffnungen enttäuschte, hatten ihn zum nationalliberalen »Realpolitiker« geprägt, der das politische Geschäft den Berufspolitikern überließ und besonders auf Bismarcks Weitblick, Standvermögen und Durchsetzungskraft vertraute.[37] Mit dieser Haltung ging wiederum die Bereitschaft einher, der Wirtschaft freies Spiel zu lassen, die »Errungenschaften« und »Neuerungen« (127) der Industrie anzuerkennen, den »Fortschritt« (127) der Wissenschaft und Technik zu begrüßen, so daß sich die Willenskundgabe des »angehenden Kapitalisten« (143) und späteren »Berliner Großindustriellen« (55) in *Pfisters Mühle*, »auf gegebenem, bitter realem Erdboden so gemütlich als möglich mit zu schmatzen, zu schlucken, zu prosperieren« (94), durchaus mit Raabes Bild vom zeitgerechten Unternehmer deckte.

Wie ist diese Hinnahme der politisch-wirtschaftlichen Entwicklung aber mit seinem Unbehagen am Kapitalismus und seinem Erschrecken über die Deformationen bei Mensch und Tier, in Stadt und Land zu vereinbaren, die er auf die kapitalistische Ausrichtung an »Zweck, Nutzen und Gebrauch« (114), an »Nutzen und Gewinn«[38] zurückführte? Weshalb akzeptierte er die kapitalistischen Produktionsverhältnisse, obwohl er die Konsequenzen der Trennung von Hand- und Kopfarbeit, der Entfremdung der Arbeit, des Auseinanderfallens von Arbeit und Privatleben, Pflicht und Muße durchschaute?[39] Warum sprach er sich nicht für sozial- und wirtschaftspolitische Reformen aus, wenn er vor der Aussicht auf eine proletarische Revolution »Schauder« empfand und sich mit »dem sozialdemokratischen Zukunftsstaate« nicht anfreunden konnte?[40] Wollte er die bestehenden Zustände ebenso als etwas »Selbstverständliches und höchst Gleichgültiges« (177) akzeptieren wie die in *Pfisters Mühle* beschriebenen Ruderer und Segler, die sich mit der Berliner Luft- und Wasserverschmutzung[41] scheinbar völlig abgefunden haben? Bestimmten ihn »Pessimismus«, der »Heroismus« der »Entsagung«, das Bekenntnis zu dem »scharfen, aber gesunden« Wort »Resignation«?[42]

Die Antwort ergibt sich aus Raabes Geschichtsverständnis, das auch Tendenz und Perspektive von *Pfisters Mühle* erklärt. Der Autor betrachtete das »Säkulum«, d. h. die »Zeitlichkeit«, die »Weltlichkeit« des »wüsten fahrigen neunzehnten Jahrhunderts«, als vorübergehende Phase des »vorbeigleitenden Daseins«.[43] Er wußte sich *»Auf der Schwelle!«* zwischen »Vergangenem« und »Zukünftigem« und war gerüstet, die »rationell geordnete Gewöhnlichkeit« der »nüchternen modernen Tage« zu überstehen, weil er aus den Geschichten der Menschen wie der Weltgeschichte gelernt hatte, »was sein soll, wird; was nicht sein soll, wird nicht«.[44] Seine »Wehmuth« über das Scheiden des 19. Jahrhunderts rührte aus dem Erlebnis des Untergangs überholter und verschmähter

Werte, Güter, Ideale, Lebensformen und Verkehrsweisen; sein Trost beruhte auf der (nicht religiös, sondern säkularisiert-metaphorisch verstandenen) Zuversicht, daß »der Herr [d. h. hier: die geschichtliche Entwicklung] die Seinigen die besten Wege zu führen weiß«; seine Hoffnung gründete in der Gewißheit, im steten Wandel der »Jahre«, der »Zeiten«, der »äußerlichen Umstände«, der »Verhältnisse«, der »Leben«, der »Gesichter und Meinungen« baue sich der »Menschheit Dasein auf der Erde [...] immer von neuem auf«, das Bleibende inner- und zwischenmenschlicher Humanität allem ›Verneuern‹ zum Trotz bewahrend und bewährend.[45] Raabe ließ sein Weltbild mithin weder von deterministischen noch von fatalistischen Bedingungsfaktoren beherrschen und hielt auch alle pessimistisch-resignativen Anwandlungen im Zaum, um die Handlungsfähigkeit der Menschen nicht zu beschneiden und ihr Recht auf Zukunft nicht zu entwerten. Daher gerät in *Pfisters Mühle* »die Welt« nicht »aus ihrem Geleise« (107), als sich herausstellt, daß die Tage der Mühle abgelaufen sind und »niemals wiederkommen« können (27), während »Arbeit und Sorge der Gegenwart [...] in ihr volles, hartes Recht« treten (161) und »das Leben weiter wühlt« (165): Die Verbindung zwischen der »versinkenden« alten und der aufsteigenden »neuen Zeit« (174) stellen Menschen her, die »sich auch mit dem schofelsten Material dem gegenüber, was über der Zeit und dem Raume liegt, zurechtzufinden« wissen (101).

Diese Selbstbestimmung des »richtigen Menschen« (175), den die Geschichte auserwählt und der in ihrem Auftrag Geschichte macht, bleibt aber – wie sich bereits an der wenig präzisen grammatischen Verknüpfung durch das verallgemeinernde Relativpronomen ›was‹ ablesen läßt – eigenartig unscharf, so daß sich auch am Textdetail die Frage ergibt, ob Raabe den in die vergehende Zeit gestellten und zur Erfüllung ihrer Zeit aufgerufenen ›richtigen Menschen‹ brauchbare Handlungsperspektiven geben wollte und ob er ihnen sagen konnte, was sie konkret tun sollen. Sie wäre allerdings zu vorschnell beantwortet, wenn in Anlehnung an Rudolf Gottschall (1872) lediglich auf die Neigung von Raabes »Muse [...,] alles zum Guten zu wenden«, verwiesen oder mit Georg Lukács (1940) allein der »Wunschtraum« des Autors »nach Versöhnung« haftbar gemacht würde.[46] Offensichtlich verbot Raabes Überzeugung, niemand müsse »nüchterner in die Welt hineinsehen als ein ernster Romanschreiber«,[47] programmatische Lösungsvorschläge, die angesichts der für ihn undurchschaubar gewordenen Wirtschaftsgesetze und Gesellschaftsprozesse über seine von Anfang an festgehaltenen ethisch-moralischen Leitideen hinausgingen: Der Glaube an »das ewige Werden«, das eine »Zukunft« garantiert, wo eine »Vergangenheit« besteht, verpflichtet die aufeinander abfolgenden Generationen, die geistig-sittlichen »Waffen«, mit denen sie »das Leben bezwingen«, weiterzureichen und den Devisen »Geh grad!« und »*Frei durch* [...]!« zu folgen.[48] Diese Aufforderung zum aufrechten Gang bietet zwar nicht jene »volle Lösung«, die Hermann Pongs in *Pfisters Mühle* vermißt;[49] der Autor verdeckte aber ebensowenig wie sein »weißlicher Müller und [...] weiser Mann«, daß er weder »alles auf einmal [... zu] bedenken« noch »das einander Ausschließende miteinander in Gleichklang [zu] bringen« (19) vermochte. Wovon er nicht sprechen konnte, darüber schwieg er – das bezeugt die »Ambivalenz« seines »Erzählens«, das beweist die als »most tolerantly and sincerely open-ended« beschriebene Grundtendenz seines Werks,[50] kurz, die offene Form, die den Leser aktiviert, die Gedanken des Autors weiter- und vielleicht sogar zu Ende zu denken. Diese Erzählweise mag dem heutigen Leser ›realistisch‹ im elementaren Sinne des Wortes vorkommen; sie entsprach jedoch keineswegs den Zielvorstellungen der ›programmatischen Realisten‹ vom Schlage Auerbachs oder Freytags,[51] die nach der gescheiterten bürgerlichen Revolution von 1848/49 ausgezogen waren, ihre liberale Ideologie in den Fiktionsbereich erdachter Romanhandlungen zu retten und wenigstens im Erzählverlauf einem guten Ende zuzuführen, was in der rauhen Wirklichkeit auf Widerstand stieß, scheitern mußte oder nur durch Anpassung und mit Selbstverleugnung zu erreichen war. Raabe versagte sich solche poetische Verklärungstaktik, die von den meisten zeitgenössischen Programmatikern nicht politisch motiviert, sondern ästhetisch als Gebot kunstgemäßen Gestaltens gerechtfertigt wurde. Der These einer seiner Romanfiguren entsprechend, daß nur »zu etwas« komme, »wer mit den gegebenen Verhältnissen rechnet«, ging er von der sichtbaren Wirklichkeit des »breiten Lebens« aus, behandelte das Objektive aber mit demonstrativer »Subjektivität« und nahm sich besonders solche erzählerischen Freiheiten heraus, die die Grenzen seines Erkenntnis- und Deutungsvermögens bloßzulegen und die aufgeworfenen, aber unbeantworteten Fragen offenzuhalten versprachen.[52] Damit schlug Raabe – wie Walter Müller-Seidel hervorhebt – den Bogen zur »beginnenden Literatur der Moderne«:[53] Wie konsequent er dabei verfuhr, obwohl er den ästhetischen Ballast des 19. Jahrhunderts nicht völlig abstreifen konnte, zeigt sich bei genauerer Betrachtung der Textstruktur von *Pfisters Mühle*.

Bereits der Untertitel »Ein Sommerferienheft« (5) signalisiert den Verzicht des Autors auf eindeutige Gattungsbestimmung und konventionelle Gattungserfüllung. Weder zum weitgespannt-vielschichtigen Gesellschaftsroman ausholend noch auf die tektonisch gefügte, stilisierend-verdichtete Novelle abzielend, entschied sich Raabe für die »Zwischenform [...] der ausgedehnten Erzählung«,[54] die die Widersprüche von Zeit und Gesellschaft am anekdotischen Sonderfall aufleuchten läßt, den Geschichtsprozeß in skurrilen Individualschicksalen spiegelt, die Undurchschaubarkeit der Gegenwart und die Unwägbarkeiten der Zukunft durch radikale Subjektivierung der Auseinandersetzung mit beiden auffängt und genügend Bruchstellen, Kontradiktionen und Sinnlücken bereithält, um die Phantasie der Leser anzureizen und ihr Einlaß in den Erzählzusammenhang zu gewähren.

Genau meßbar ist nämlich nur der Erzählvorgang selbst. Acht Ferientage auf dem Lande, herausgegriffen aus einem vierwöchigen Sommerurlaub, und ein zusätzlicher Tag in der Großstadt Berlin nutzt ein rückdenkender, nachsinnender, berichtender, konversierender, monologisierender (Er- und dann Ich-)Erzähler, um auf zweiundzwanzig Blättern niederzuschreiben, was ihm erinnerns- und bedenkenswert erscheint: der eigene Lebensweg von der Geburt bis zu den Flitterwochen und die Geschichte seiner Brautwerbung; Blüte und Niedergang der abwässerverseuchten Mühle bis zu Verkauf und Abriß sowie der Verlauf der Abwasseranalyse und des Abwasserprozesses; Leben und Tod der von Müller und Dichter repräsentierten alten Generation und Aufbruch der jungen in die eigene (schulpädagogische oder unternehmerische und zugleich familiär geborgene) Zukunft; Absterben der »Wunder« der »Vorwelt« (8), Zunahme der Zivilisationsschäden bei Natur und Mensch, Aufstieg der Industrie und Durchsetzung spätbürgerlich-kapitalistischer Denkweisen, Produktionsverhältnisse, Gesellschaftsformen. Bezeichnenderweise läßt das Erzählte jedoch die Übersichtlichkeit des Erzählens vermissen. Tagebuchartiger Sommerferienbericht, Chronik der Mühle und ihrer Bewohner und Gäste, Betrachtungen, Reflexionen und Projektionen schieben sich ineinander, ohne einem mechanischen Koordinierungsschema unterworfen zu sein: Die fünf Zeitspannen, innerhalb derer die Blätter (an gelegentlich wechselnden Schreiborten) be- bzw. geschrieben werden (I:1–5; II:6–14; III:15–17; IV:18–21; V:22), decken sich nicht mit den drei Strukturkomplexen des chronikalischen Geschehens (I:1–7; II:8–14; III:15–22 bzw. III/A:15–18 und III/B:19–22), so daß der Leser angeregt ist, den jeweiligen Bezugsgrad der divergierenden Handlungskurven zu veranschlagen, gleichwohl aber an die Reihenfolge der unter sich nicht austauschbaren Blätter gehalten bleibt. Diese Freigabe des Rezeptionsspielraums im Rahmen festgefügter struktureller Ordnungen gilt für den Gesamttext. Der Symbolwert des Geschehnisablaufs und die Verweisungskraft der Sachproblematik sind gebunden an verkürzende Fabel, eingegrenzten Handlungsraum und vereinseitigend-überzeichnetes Personal, die den Leser veranlassen, weiterreichende Schlüsse zu ziehen. Die »Facettierung von Wirklichkeit in individuellen Erfahrungsperspektiven«,[55] deren Motivation in der Handlungsfolge begründet ist und deren Richtung durch das erzählende Ich mitbestimmt wird, zwingt den Leser zu eigener Standpunktwahl. Die durch Charaktergestaltung und Situationsauswahl gerechtfertigte »Schöne-Geschichten-Erzählungsweise«[56] bringt es mit sich, daß der Erzähler »Lustiges, Rührendes und Interessantes« (33) zusammenschreibt, das den Leser zum Vergleich mit der literarisch unfrisierten Wirklichkeit herausfordern mag. Das »Kontrastreiche, Disharmonische« der Erzählsprache, die etwa die Modernität technischen Fachvokabulars und kapitalistischer Aufsteigerphraseologie neben abgebrauchte Sonderidiome wie studentischen Korporationsjargon und bürgerliche Bildungsreminiszenzen setzt und alles Gesprochene und Geschriebene einer (rhetorisch-literarische Traditionen aufnehmenden und subjektiv weiterentwickelnden) Diktion einverleibt, verweist den Leser auf das »Disparate« der Realität, an das sich wiederum »die Frage nach einem Sinnzusammenhang des Ganzen« anschließt.[57]

Die dadurch bewirkte Leseraktivierung setzt sich mit der Gestaltung von Ort und Zeit fort. Während der im Erzählverlauf langfristig beibehaltene Schauplatz, die Mühle, schließlich abgebrochen und durch eine Fabrik ersetzt wird, dauert das stete Vergehen der Zeit an: Der feste Orientierungspunkt, den der Ort dem Leser zu bieten scheint, geht verloren; die scheinbar desorientierende Zeitenfolge bietet die einzig verläßliche Orientierung, weil sich der Wandel als das Bleibende und die Entwicklung als das Konstante beweist.

Deshalb scheint dem Autor die Nachricht von der Mühlen-Misere in Bienrode und Wenden besonders gelegen gekommen zu sein. Literarisch war das Mühlen-Motiv, das bereits Georg Büchners Hauptmann »melancholisch« gestimmt hatte, längst verbraucht, wie der Autor mit Hilfe der leitmotivischen Zitierung aus August Ferdinand Alexander Schnezlers Gedicht *Die verlassene Mühle* selbst verdeutlichte.[58] Wirtschaftlich wurden die ineffektiven, ertragsschwachen und nicht mehr konkurrenzfähigen Wassermühlen zunehmend von ›Kunstmühlen‹ abgelöst, die sich nach 1870 durchzusetzen begannen.[59] Existentiell konnte sich die Mühle gerade nicht als Flucht- und Schutzraum, als Spielart der Epikurschen »Intermundien«, bewähren, weil sie weder als »dornenüberwachsenes« Dornröschenschloß noch als »Verschanzung« oder »Insel im Meere« den Zeiten widersteht und wie alle diese »Traumwinkel« vergänglich ist.[60] Das ergibt sich schlüssig aus den Mühlen-Darstellungen in Raabes Werk.

– Zwei frühe Zeichnungen, wohl im Jahr 1847 entstanden,[61] variieren bereits das Thema der zum Untergang bestimmten Wassermühle: Auf dem einen Blatt ist eine ältere Vorlage nostalgisch kopiert, das andere bezieht seinen ästhetischen Reiz aus dem Verfall der dargestellten Mühle.

– Die von der Industrie um ihr Antriebswasser gebrachte und nicht länger betriebene, aber üppig umgrünte »Katzenmühle« in *Abu Telfan* (1867)[62] scheint zwar als aus dem Zeitenfluß herausgenommene, »Ruhe und Sicherheit« (VII,91) vermittelnde Kraftzelle zu überdauern, die »wenigen« jene Seelenstärke schenkt, mit der sie »ein kleines Reich gegen eine ganze wilde Welt« verteidigen und geduldig auf ihren endlichen »Sieg« vertrauen können (VII,249). Dieses Refugium enthüllt sich jedoch als »gespenstische, verwahrloste Ruine« (VII,229) an einem »trüben Strom schmutzigen Wassers« (VII,230), sowie sich mit Jahreszeit und Handlungskonstellation auch die Erwartungshaltung ihrer Besucher verändert und das Bild, das sie sich von ihr gemacht haben, von der nüchternen »Wirklichkeit« (VII,229) verdrängt wird.
– Die beiden Mühlen in der ›wahren Geschichte‹ (XII,103) *Die Innerste* (1876)[63] sind bereits zum Zeitpunkt des Erzählens »nicht mehr vorhanden« (XII,105). Die eine als Bandenunterschlupf ausgehoben und 1760 zerstört, die andere »nahrungslos« (XII,195) geworden und um 1820 abgebrochen, vergegenwärtigen sie die Hinfälligkeit menschlichen Beginnens, die Naturgewalten zu zähmen: Der ausgebeutete, verschmutzte und folglich »verderbte« (XII,104) Gebirgsfluß Innerste überlebt die Mühlen, die ihn in ihren Dienst genommen haben. Diesem im Bündnis mit der Zeit gegen den Menschen errungenen Sieg ist jedoch keine Dauer beschieden, weil sich die Zeit mit dem Menschen verbünden wird: Ihre »Nücken und Tücken« (XII,195) helfen der Innerste nicht, der Regulierung zu entgehen bzw. den unbegradigt-unbefestigten Flußlauf zurückzugewinnen (XII,103; 195).
– Opfer der Zeit wird schließlich auch die Wassermühle des Müllers und Schankwirts Pfister, wenngleich es »ein eigen Ding« (10) um sie ist. Von Emmy, der zugereisten Gattin des Erzählers, »verzaubert« (162), »närrisch«, »lieb«, »arm« (119), »kurios« (137), »merkwürdig« (118), »entsetzlich« (30) genannt und von ihrem Ehemann, dem Müllerssohn, für »vordem so fröhlich« (140) gehalten und jetzt als »melancholisch« (124), »alt« und »verloren« (132) bedauert, »lebet« sie noch und ist sie bereits »tot« (18), um absterbend für das unaufhaltsam weiterdrängende Leben zu zeugen. Im Gegensatz nämlich zu dem sterilen »Kirchhof«, auf dem Emmys Vater den »Fortschrittlern« unter Berufung auf verbriefte und letzthin doch befristete Rechte trotzt (34), wird zwar die einstmals als »ewig Anwesen« (50) der Pfisterschen Sippe betrachtete Mühle aufgegeben, weil sie von der industriellen Entwicklung eingeholt und überholt worden ist. Die an ihre Stelle rückende »große Fabrik« (10) soll effektivere Arbeit leisten. Doch auch diese imponierende »Anlage« (131) trägt bereits den Keim des Untergangs in sich; denn sie wird – wie Raabe vorausgesehen haben dürfte – durch »lukrativere, zeitgemäßere« Unternehmen (136) verdrängt werden oder mag – was sich dem heutigen Leser aufdrängt – dem Verdruß der Anwohner weichen müssen, die den Raub natürlicher »Helle und Wärme« (18) und die Zerstörung der Umwelt nicht länger hinnehmen wollen. Ob sich die Nachgeborenen für die Profitmaximierung oder den Wachstumsverzicht entscheiden, ließ Raabe offen; daß ihre Entscheidung aber von der Erinnerung an die unwiederbringlich verlorene »grüne, lustige Feierabendstelle« im »nüchternen Alltag« (40) mitbestimmt und geleitet sein könnte, bleibt anheimgestellt.
Den »lustigen und traurigen, tröstlichen, warnenden, belehrenden Erinnerungen« (37) räumte der Autor daher ein breites Wirkungsfeld ein, ohne der bereits in seinem Erstling getadelten Versuchung zu erliegen, »auf dem grauen Esel ›Zeit‹« dem »Ziele« der Menschheit verkehrt herum sitzend zuzureiten.[64] Seine Rückschau ist nämlich – wie

Lukács geltend gemacht hat – stets mit den Fragen »Woher? Wohin? Wozu?« verknüpft,[65] die aus der Sicht der Gegenwart mit dem Blick auf die Zukunft gestellt werden: Der Standpunkt des sich Erinnernden wird als zeitbedingt und vergänglich ausgewiesen, während die dahinter aufscheinende Geschichtsprogression fortdauernde Gültigkeit erwirbt und behauptet. Diesem Zeitbewußtsein, das das Bestehende im Vergehenden und das Vergehende im Bestehenden erfaßt, entspricht der den Erzähltext prägende Wechsel der Zeitebenen, den häufig gebrauchte Zeitadverbien wie »damals« (22), »vordem« (140), »heute« (23), »demnächst« (17) signalisieren und die Verschichtung von Erzählzeit (Zeit der Niederschrift des Sommerferienheftes), erzählter Zeit (Schicksal der Mühle und der ihr verbundenen Menschen) und Zukunftsprojektion (von unterschiedlich gewählten Zeitpunkten aus) vermittelt. Solche »Zeitvermischung«[66] mag den Leser irritieren; sie regt ihn jedoch zugleich an, sich auf die geschichtliche Entwicklung einzulassen, den eigenen Ort im Zeitenwechsel zu bestimmen und zu den epochalen Entwicklungsphasen Stellung zu nehmen. Die leitmotivisch eingebrachte Erkundigung nach dem Verbleib der zum Verkauf ausgestellten, aber nicht verkauften Bilder kann folglich die einfache, verunsichernde und doch beruhigende Antwort finden, »Rahmen und Leinwand« würden wiederverwendet, nachdem »die Umrisse und die Farben« der erfolglosen Kunstwerke getilgt seien (32): Innerhalb des Bewährungsfeldes, das die Geschichte stellt, wechseln zwar die Konstellationen; die Bewährungschancen, die jeder für sich wahrzunehmen hat, bleiben jedoch bestehen.

Angesichts dieses Bemühens, den Leser zum eigenen Urteil zu befähigen und ihm kritischen Abstand gegenüber Einzelaussage und Gesamttext zu verschaffen, war es nur konsequent, wenn Raabe nicht zur Identifikation mit seinen Figuren einlud. Der Ich-Erzähler Eberhard Pfister, der im Zuge seines bürgerlichen Aufstiegs sichtbar an eigenständiger Statur verliert und mit schweifenden Träumereien die wachsende Entfernung von der elementaren Wirklichkeit zu kompensieren sucht, sowie seine Frau Emmy, geb. Schulze, die ihm die nüchtern-praktische Vernunft der Großstädterin entgegensetzt und – als Ehegattin am Ziel ihrer bürgerlichen Karriere – gesellschaftliche Entwicklungssperre mit individueller Blässe vergilt, stellen den Kontakt zum Leser her und ermutigen ihn, in Anbetracht ihrer Befangenheit das erzählte Geschehen von höherer Warte zu beschauen. Dabei helfen sie, alle Aufmerksamkeit auf den Müller Bertram Gottlieb Pfister und den Chemiker Adam August Asche zu lenken, denen sämtliche übrigen Figuren ergänzend oder kontrastierend zugeordnet sind. Aber auch bei diesen beiden ›rechten Männern‹ (175) ist durch ihre Modellierung zu Originalen dafür gesorgt worden, daß sich das Identifikationsverlangen der Leser an ihnen nur entzünden kann und von ihnen nicht befriedigt wird, während die karikierten oder idealisierten Neben- und Randfiguren von vornherein kaum Einfühlung aufkommen lassen. Dennoch tragen sämtliche Personen dazu bei, den vom alten Pfister und vom jungen Asche gelebten evolutionären Leitgedanken zu illustrieren: Der in Anlehnung an Christian Dietrich Grabbe und mit einem Seitenblick auf Robert Griepenkerl gezeichnete, aber nicht mit ihnen identische (159) lebensuntüchtig-verkommene Dichter Felix Lippoldes[67] und der weltflüchtig-abgestumpfte Kalkulationsrat Schulze stellen sich dem Lauf der Geschichte entgegen, dem der Architekt der neuen Fabrik und der Advokat Doktor Riechei opportunistisch folgen, die Haushälterin Christine und der Mühlenknecht Samse pflichtbewußt gehorchen und Vater Pfister wie Asche ihre historische Mission verdanken, nicht mehr haltbare Positionen aufzugeben und – auch unter Opfern

– neue, zukunftsverheißende zu erobern.[68] Ob freilich die von den beiden aktiven Helden anvisierte Perspektive in die richtige Richtung führt, selbst wenn ihnen eine alle Härten ausgleichende Frau wie Albertine Lippoldes zur Seite steht, muß sich der Leser selbst fragen.

Denn der Autor kommentierte die Parteinahme Asches für den expandierenden Kapitalismus ebensowenig wie den Abschied Pfisters von der vorindustriellen Epoche unentfremdeter Arbeit; er teilte nur Meinungen der von ihm erfundenen Personen mit und beschrieb erdachte Situationen, die kontroverse Deutungen zulassen und sogar fördern. Besonders irritierend haben Pfisters testamentarische Verfügung, die Mühle zu verkaufen und den Erlös in Asches umweltverschmutzendes »Erdenlappenlumpenund-fetzenreinigungsinstitut am Ufer der grauen Spree« (141) zu stecken, sowie das Schlußtableau gewirkt, das Erwerbstätigkeit, Familienleben, Bildungsgenuß zu wechselseitiger Kompensation zusammenrückt und doch säuberlich voneinander trennt wie Villa und »Fleckenreinigungsanstalt« (177). Ist Otto Kamp recht zu geben, der 1894 in diesem »Ausgang« das Bekenntnis des Autors zur »ordinären Weisheit des Mammonismus« sehen wollte?[69] Wird hier – wie Lukács 1940 gemeint hat – »um jeden Preis ein Mittelweg« gesucht, der notwendig in »eine dichterische Niederlage« münden muß?[70] Handelt es sich – so Joachim Worthmann 1974 – um einen angestrengt ausgehaltenen »Balanceakt zwischen Tradition und Fortschritt«, mit dem der bewußte Verzicht »auf jede Lösung im Sinne einer Harmonie« einhergeht?[71] Vielleicht sollte die Aussage Eberhard Pfisters, daß er für das letzte Blatt seines »bunten Buches« genausowenig Gewähr übernähme wie für alle anderen Blätter (177), ernst genommen und diesmal auch für den Autor selbst beansprucht werden. Denn die von Lukács zu Recht konstatierte »politisch-soziale Ausweglosigkeit Raabes«[72] motivierte zwar den Rückgriff auf die Arbeit als Reproduktionsmittel für die bürgerliche Existenz und auf eheliche Liebe wie humanistische Kultur als Regenerationsfaktoren für die psychische Stabilisierung des Bürgers im Kapitalismus; diese individuell geleistete Zusammenführung von »Verstand« und »Glück« in der »Welt« (23) darf aber nicht als verbindliches Lösungsmodell für die Probleme gewertet werden, die sich mit Industrialisierung und Kapitalisierung für die Welt ergeben hatten. Raabe tauchte daher Pfisters testamentarische Abschiedsrede und Asches Feierabendidyll in sentimentales bzw. ironisches Licht, setzte mit Bezug auf das Seneca-Motto (6) dem Lachen aus, was nach Maßgabe des Mahomet zugesprochenen Leitwortes in *Abu Telfan* (VII,6; 380; 382) noch zum Weinen angeregt hatte, und gestattete sich, das für ihn »Unbeantwortbare im Unbeantworteten«[73] zu belassen: Obwohl er von der »Unverwüstlichkeit der Welt und des Menschendaseins auf Erden« überzeugt war, verzichtete er darauf, den »Parakleten der Zukunft spielen zu wollen«.[74]

Um so dringender stellte und stellt sich den Lesern die Aufgabe, diese, d. h. ihre Zukunft in die Hand zu nehmen. Denn Raabe hat in *Pfisters Mühle* nur Anfänge gezeigt. Seine Zeitgenossen wehrten ihnen nicht; die Nachgeborenen ließen Schlimmeres zu; die heute lebenden Urenkel und Ururenkel beginnen an den Lebensmöglichkeiten ihrer Enkel zu zweifeln[75] und wundern sich nicht mehr, daß Raabes Thema mittlerweile bis auf die Kinderbühnen vorgedrungen ist, wo – wie das Lehrstück *Wasser im Eimer* (1977)[76] des Berliner ›Grips Theaters‹ veranschaulicht – »Menschen ab 8« (2) sich sorgen, »Wald« und »Fluß«, kurz, »alles« werde »kaputt gemacht«, bis sie herangewachsen seien (19). Welche Empfindungen dieses Versagen der Folgegenerationen in Raabe, der sich auf sie verlassen wollte, erregt hätte? Wahrscheinlich wäre er darüber genauso entsetzt gewesen wie über den Anblick der Wabe, die nicht mehr nur in den Monaten der Zuckerkampagne, sondern jahrein, jahraus Abwässer führt.[77]

Anmerkungen

Wilhelm Raabes Werke, Briefe und Zeichnungen werden nach folgenden Ausgaben zitiert:
– *Werke:* Sämtliche Werke. Braunschweiger Ausgabe. Hrsg. von Karl Hoppe. Bislang 20 Bde. Freiburg/Braunschweig 1951–59, dann: Göttingen 1960–70. *Zitiert: BA.*
– *Aphorismen:* Aphorismen Raabes. Chronologisch geordnet. In: Karl Hoppe: Wilhelm Raabe. Beiträge zum Verständnis seiner Person und seines Werkes. Göttingen 1967. S. 87–129. *Zitiert: Aph.*
– *Briefe:* Briefe. Hrsg. von Karl Hoppe und Hans-Werner Peter. In: BA. Erg.-Bd. 2. Göttingen 1975. *Zitiert: BA Erg. 2.*
Briefwechsel Raabe – Jensen. Hrsg. von Else Hoppe und Hans Oppermann. In: BA. Erg.-Bd. 3. Göttingen 1970. *Zitiert: BA Erg. 3.*
– *Zeichnungen:* Karl Hoppe: Wilhelm Raabe als Zeichner. Göttingen 1960. *Zitiert: Z.*
Außerdem wird für den folgenden, häufig zitierten Sammelband eine Sigle verwendet:
Hermann Helmers (Hrsg.): Raabe in neuer Sicht. Stuttgart/Berlin [u. a.] 1968. *Zitiert: RinS.*

1 Jochen Kelter: Sonntag. Am Bodensee. In: Tintenfisch 12. Thema: Natur. Hrsg. von Hans Christoph Buch. Berlin 1977. S. 70.
2 Wilhelm Raabe: Pfisters Mühle. Ein Sommerferienheft. BA 16. Hrsg. von Hans Oppermann. Göttingen 1961. S. 5–178; Apparat: S. 517–544.
3 Arno Schmidt: Zettel's Traum. Stuttgart 1970. S. 761. Schmidt wird hier nicht zufällig herangezogen. Zahlreiche Anspielungen, Zitate und Bezüge in seinem Werk belegen, daß er Raabes Schriften gekannt hat und sich von ihnen anregen ließ. Schon der Autodidakt aus dem Braunschweigischen, der an die Literatur des 18. und frühen 19. Jahrhunderts anknüpfte und Wieland, Jean Paul, Schopenhauer schätzte, dürfte dem Heidebewohner Schmidt wesensverwandt erschienen sein. Noch mehr wird ihn aber beeindruckt haben, daß Raabe den Begriff des »Gedankenspiels« (BA 12. S. 364; BA 14. S. 46), eine zentrale Kategorie der Schmidtschen Ästhetik, in seine Texte einbrachte, daß er Literatur als bestimmenden Inspirationsfaktor für seine literarische Arbeit begriff und daß er Kurzromane vorlegte, die thematisch, strukturell und stilistisch anbahnen, was Schmidt später weiterführte und zu eigenständiger Ausdrucksqualität erhob. – Eine ausführliche Darstellung der Beziehung Schmidts zu Raabe behalte ich mir vor.
4 BA 16 (Pfisters Mühle). S. 49. *Bei Zitaten, deren Herkunft aus der Titelangabe im darstellenden Text eindeutig erschließbar ist, wird die Seitenangabe in runden Klammern nachgestellt. Auf die Angabe der Bandzahl wird bei Zitaten aus »Pfisters Mühle« verzichtet; sie wird jedoch der Seitenangabe in römischen Ziffern vorangestellt, wenn das Zitat anderen Werken Raabes entnommen ist.*
5 BA Erg. 2. S. 243 (22. 9. 1884).
6 Ebd. S. 208 (24. 3. 1880), S. 97 (24. 7. 1863), S. 303 (18. 7. 1891).
7 Ebd. S. 301 (13. 6. 1891), S. 27 (2. 3. 1859).
8 Ebd. S. 136 (13. 10. 1869), S. 102 (10. 10. 1863); Aph. S. 100 (1875); BA Erg. 3. S. 374 (31. 12. 1884); BA Erg. 2. S. 253 (31. 1. 1886).
9 August Thienemann: »Pfisters Mühle«. Ein Kapitel aus der Geschichte der Biologischen Wasseranalyse. In: Verhandlungen des Naturhistorischen Vereins der preußischen Rheinlande

und Westfalens 82 (1925) S. 328; Hubert Ohl: Bild und Wirklichkeit. Studien zur Romankunst Raabes und Fontanes. Heidelberg 1968. S. 91 (vgl. BA 1. S. 17); Raabe: Brief vom 4. 2. 1885, zit. in: BA 16. S. 520.

10 BA 16. S. 520 (4. 2. 1885); BA Erg. 2. S. 250 (6. 1. 1886).

11 BA Erg. 2. S. 390 (10. 4. 1897), vgl. BA 8. S. 379; BA Erg. 2. S. 28 (21. 3. 1859), S. 295 (31. 3. 1891).

12 Ebd. S. 370 (12. 8. 1895), S. 304 (18. 7. 1891); BA Erg. 3. S. 355 (18. 7. 1883).

13 Julius Rodenberg: Brief vom 29. 6. 1884. Zit. in: BA 16. S. 521.

14 Ebd.; Kleiderseller: Hans Oppermann: Wilhelm Raabe in Selbstzeugnissen und Bilddokumenten. Reinbek bei Hamburg 1970. S. 84; Wabe: BA 16. S. 518; Ernst-August Roloff: Wie »Pfisters Mühle« entstand. In: Wilhelm-Raabe-Kalender 2 (1948) S. 73f.; vgl. Topographische Karte 1:25000 Braunschweig 3729.

15 Ludwig Popp: »Pfisters Mühle«. Schlüsselroman zu einem Abwasserprozeß. In: Städtehygiene 10 (1959) H. 2. S. 22–25; vgl. Topographische Karte 1:25000 Braunschweig Nord 3629; August Thienemann: Wilhelm Raabe und die Abwasserbiologie. In: Mitteilungen für die Gesellschaft der Freunde Wilhelm Raabes 15 (1925) S. 127.

16 BA Erg. 2. S. 243 (21. 11. 1883); Aph. S. 125 (entstanden zwischen 1895 und 1903).

17 Johannes Grunow: Brief vom 5. 7. 1884. Zit. in: BA 16. S. 522; BA Erg. 2. S. 250 (6. 1. 1886), S. 254 (31. 1. 1886); BA 16. S. 522.

18 BA Erg. 2. S. 468 (9. 8. 1906); Aph. S. 91 (6. 9. 1873); BA Erg. 2. S. 267 (21. 9. 1889).

19 BA Erg. 2. S. 421 (4. 3. 1901), S. 268 (21. 9. 1889), S. 370 (12. 8. 1895, hier gegen den von Raabe gebrauchten Bescheidenheitstopos zitiert); Walther Killy: Geschichte gegen die Geschichte. »Das Odfeld«. In: RinS. S. 241.

20 BA Erg. 2. S. 498 (16. 1. 1910).

21 Ebd. S. 490 (29. 6. 1909, hier bezogen auf die Redaktion der »Grenzboten« unter Gustav Freytag).

22 Walther Killy: Wirklichkeit und Kunstcharakter. Neun Romane des 19. Jahrhunderts. München 1963. S. 146–165 (identisch mit dem in Anm. 19 zitierten Aufsatz).

23 Hermann Helmers: Vorwort. In: RinS. S. 9.

24 Killy (Anm. 19) S. 244; Ohl (Anm. 9) S. 141; Herman Meyer: Raum und Zeit in Wilhelm Raabes Erzählkunst. In: RinS. S. 118.

25 Barker Fairley: Wilhelm Raabe. Eine Deutung seiner Romane. München 1961. S. 38; Karl Hotz: Bedeutung und Funktion des Raumes im Werk Wilhelm Raabes. Göppingen 1970. S. 139; Autorenkollektiv: Geschichte der deutschen Literatur. Von 1830 bis zum Ausgang des 19. Jahrhunderts. Bd. 8.2. Berlin 1975. S. 966; Roy Pascal: Die Erinnerungstechnik bei Raabe. In: RinS. S. 142; Hans Oppermann. In: BA 16. S. 518; Joachim Worthmann: Probleme des Zeitromans. Studien zur Geschichte des deutschen Romans im 19. Jahrhundert. Heidelberg 1974. S. 130; Thienemann (Anm. 9) S. 328; ebd. S. 316; Popp (Anm. 15) S. 21; Albert Lorenz: Wie es anfing übel zu riechen in Pfisters Mühle. In: Zeitschrift für die Zuckerindustrie 10 (1960) Nr. 11. S. 600.

26 Fritz Martini: Deutsche Literatur im bürgerlichen Realismus. 1848–1898. Stuttgart 1962. S. 686.

27 Thienemann (Anm. 9) S. 315–329; (Anm. 15) S. 124–131.

28 Popp (Anm. 15) S. 21–25. Bes. S. 25.

29 Ebd. S. 21.

30 Heinrich Beckurts: Ueber die Verunreinigung der Flüsse durch Effluvien von Zuckerfabriken. Vortrag, gehalten in der V. Versammlung des Vereins gegen Verunreinigungen der Flüsse, des Bodens und der Luft am 18. und 19. October 1882 in Braunschweig. Separat-Abdruck aus dem »Monatsblatt für öffentliche Gesundheitspflege« [Stadtarchiv Braunschweig, Raabe-Archiv. H III 10, Nr. 34; mit der Widmung: »Herrn W. Rābe in hoher Verehrung vom Verfasser«]. S. 1.

31 Hans Mottek: Wirtschaftsgeschichte Deutschlands. Bd. 2. Berlin 1973. S. 216; Jürgen Kuczynski: Die Geschichte der Lage der Arbeiter unter dem Kapitalismus. Bd. 12. Berlin 1961.

S. 65; Rudolf Blasius / Heinrich Beckurts: Verunreinigung und Reinigung der Flüsse nach Untersuchungen des Wassers der Oker. Sonder-Abdruck aus der »Deutschen Vierteljahrsschrift für öffentliche Gesundheitspflege«. Bd. 27. H. 2. Braunschweig 1895. S. 12.

32 Beckurts (Anm. 30) S. 2; Kuczynski (Anm. 31) S. 69, 75 und 66; Beckurts (Anm. 30) S. 13.

33 Karl Marx: Das Kapital. Bd. 1. Abschn. 1. Kap. 1: Die Ware. In: Karl Marx / Friedrich Engels: Werke. Bd. 23. Berlin 1962. S. 85; Hans Christoph Buch: Einleitung. In: Tintenfisch 12. Thema: Natur (Anm. 1) S. 12.

34 BA 11 (Meister Autor, 1874). S. 83; BA 2 (Wer kann es wenden?, 1859). S. 498.

35 BA 19 (Die Akten des Vogelsangs, 1896). S. 328; BA 15 (Prinzessin Fisch, 1882/83). S. 302; BA 17 (Der Lar, 1889). S. 241; BA 11 (Meister Autor). S. 45; BA 16 (Im alten Eisen, 1887). S. 462; BA 18 (Stopfkuchen, 1890). S. 33; BA 15 (Prinzessin Fisch). S. 311; BA 14 (Alte Nester, 1879). S. 173.

36 BA 10 (Christoph Pechlin, 1873). S. 205; BA Erg. 2. S. 171 (20. 9. 1873).

37 BA Erg. 2. S. 411 (4. 1. 1900), S. 200 (31. 12. 1878).

38 BA 8 (Der Schüdderump, 1869/70). S. 305.

39 Vgl. Gernot Folkers: Besitz und Sicherheit. Über Entstehung und Zerfall einer bürgerlichen Illusion am Beispiel Goethes und Raabes. Kronberg i. Ts. 1976. S. 62, 104 und 126; s. BA 16 (Pfisters Mühle). S. 165 und 178.

40 BA 1 (Ein Frühling. Erste Fassung, 1857). S. 257; BA Erg. 2. S. 477 (10. 3. 1908).

41 Daß die »leidenschaftlichen Wasserratten« auf der Spree gern »Segelbootfahrten« unternehmen, berichtet Robert Springer 1878; gleichzeitig sagt er vom Festungsgraben, einem »Nebenstrom«: »Die zunehmende Verunreinigung dieses Gewässers wirkt nachtheilig auf den Gesundheitszustand der Stadtbevölkerung.« (Robert Springer: Berlin die deutsche Kaiserstadt nebst Potsdam und Charlottenburg mit ihren schönsten Bauwerken und hervorragendsten Monumenten. Darmstadt 1878. Nachdr. Berlin 1977. S. 95.)

42 BA Erg. 2. S. 357 (19. 7. 1894); BA 6 (Der Hungerpastor, 1863/64). S. 91; BA 14 (Alte Nester). S. 197.

43 BA 16 (Unruhige Gäste, 1885). S. 221; BA Erg. 2. S. 247 (31. 12. 1885); BA 19 (Kloster Lugau, 1894). S. 89.

44 BA 15 (Prinzessin Fisch). S. 386; BA 12 (Vom alten Proteus, 1875). S. 289; BA 7 (Abu Telfan, 1867). S. 189; BA 14 (Das Horn von Wanza, 1880). S. 373; BA 18 (Gutmanns Reisen, 1892). S. 381.

45 BA Erg. 2. S. 410 (2. 1. 1900); BA 8 (Der Schüdderump). S. 379; BA 11 (Eulenpfingsten, 1874). S. 398; BA 13 (Wunnigel, 1877/78). S. 51; BA 14 (Alte Nester). S. 36; BA 19 (Die Akten des Vogelsangs). S. 321; BA 11 (Eulenpfingsten). S. 398; BA 11 (Zum wilden Mann, 1874). S. 204; BA 19 (Die Akten des Vogelsangs). S. 404; BA 15 (Prinzessin Fisch). S. 385.

46 Rudolf Gottschall: Die deutsche Nationalliteratur des neunzehnten Jahrhunderts. 3. Aufl. Bd. 4. Breslau 1872. S. 397; Georg Lukács: Wilhelm Raabe. In: RinS. S. 58.

47 Aph. S. 118 (1895).

48 BA 1 (Die Chronik der Sperlingsgasse, 1856). S. 164, S. 10 und BA 6 (Der Hungerpastor). S. 463; BA 11 (Höxter und Corvey, 1875). S. 337; BA 13 (Deutscher Adel, 1878/79). S. 223.

49 Hermann Pongs: Wilhelm Raabe. Leben und Werk. Heidelberg 1958. S. 498.

50 Walter Müller-Seidel: Theodor Fontane. Soziale Romankunst in Deutschland. Stuttgart 1975. S. 329; William P. Hanson. Zit. in: Hermann Helmers: Wilhelm Raabe. Stuttgart 1968. (Sammlung Metzler. 71.) S. 80.

51 Raabe distanziert sich von den genannten Autoren, denen er Gutzkow zugesellt, ironisch in »Eulenpfingsten« (BA 11. S. 384).

52 BA 18 (Gutmanns Reisen). S. 364; BA 5 (Die Leute aus dem Walde, 1862/63). S. 33; Aph. S. 125 (entstanden zwichen 1895 und 1903).

53 Müller-Seidel (Anm. 50) S. 329.

54 Martini (Anm. 26) S. 682.

55 Ohl (Anm. 9) S. 104.
56 BA 18 (Stopfkuchen). S. 183.
57 Martini (Anm. 26) S. 677.
58 Georg Büchner: Woyzeck. Lese- und Bühnenfassung. In: Sämtliche Werke und Briefe. Hrsg. von Werner R. Lehmann. Bd. 1. Darmstadt 1967. S. 414, s. Hotz (Anm. 25) S. 139; August Ferdinand Alexander Schnezler: Die verlassene Mühle. Wiederabdr. in: BA 16 (Pfisters Mühle). S. 536f.
59 Rolf Hochhuth: Mühlen, Maler, Dichter. In: Wilhelm Schott: In einem kühlen Grunde ... Bilder verschwundener Mühlen. Hrsg. von Rolf Hochhuth. München 1978. S. 6.
60 Lukács (Anm. 46) S. 57f.; BA 20 (Altershausen, 1911). S. 308, vgl. BA 8 (Der Schüdderump). S. 303; BA 18 (Stopfkuchen). S. 151 und 104; BA 14 (Alte Nester). S. 93.
61 Z. S. 64. Abb. 65; S. 66. Abb. 67.
62 BA 7.
63 BA 12. S. 101–195.
64 BA 1 (Die Chronik der Sperlingsgasse). S. 31.
65 Lukács (Anm. 46) S. 61.
66 Helmers (Anm. 50) S. 72.
67 Kontamination aus Lipp[e-Detm]old, dem Geburtsland Grabbes.
68 Für den Nationalliberalen Raabe lag der Vergleich Asches mit Bismarck nahe, s. BA 16. S. 71.
69 O[tto] K[amp]: Pfisters Mühle. In: Allgemeine konservative Monatsschrift für das christliche Deutschland (1894) H. 8. S. 892.
70 Lukács (Anm. 46) S. 58.
71 Worthmann (Anm. 25) S. 140, 142 und 143.
72 Lukács (Anm. 46) S. 52.
73 Martini (Anm. 26) S. 677.
74 BA Erg. 2. S. 357 (19. 7. 1894), S. 391 (10. 4. 1897).
75 Reiner Lücker / Stefan Reisner: Wasser im Eimer. Theaterstück für Menschen ab 8. Hrsg. vom Grips Theater Berlin. Berlin 1977. Nachbereitung: »Sprichwort / ›Ich möchte nicht mein Enkel sein!‹« (S. 74).
76 Siehe Anm. 75.
77 Popp (Anm. 15) S. 22 (die Aktienzuckerfabrik Rautheim ist kurz vor Ende des Zweiten Weltkriegs stillgelegt worden); laut Schreiben des Wasserwirtschaftsamtes Braunschweig vom 5. 4. 1979 ergaben sich für die Wabe bei Riddagshausen bei Messungen am 30. 3. 1978 folgende Probenergebnisse: absetzbare Stoffe: keine; pH-Wert: 7,9; Chlorid: 95 mg/l; NH_4: 0,6 mg/l; NO_3: 24 mg/l; Perm. Verbrauch: 19 mg/l; BSB_5 [Biochemischer Sauerstoffbedarf]: 6 mg/l; O_2-Gehalt: 11,9 mg/l; Colititer [kleinste Wassermenge, in der noch Kolibakterien als Anzeichen fäkaler Verunreinigung nachweisbar sind]: 10^{-2}.

Literaturhinweise

Beckurts, Heinrich: Ueber die Verunreinigung der Flüsse durch Effluvien von Zuckerfabriken. Separat-Abdruck aus dem »Monatsblatt für öffentliche Gesundheitspflege«. o. O. [1882].
Fairley, Barker: Wilhelm Raabe. Eine Deutung seiner Romane. München 1961.
Folkers, Gernot: Besitz und Sicherheit. Über Entstehung und Zerfall einer bürgerlichen Illusion am Beispiel Goethes und Raabes. Kronberg i. Ts. 1976.
Helmers, Hermann: Wilhelm Raabe. Stuttgart 1968. (Sammlung Metzler. 71.)
– (Hrsg.): Raabe in neuer Sicht. Stuttgart/Berlin [u. a.] 1968.
Hoppe, Karl: Wilhelm Raabe. Beiträge zum Verständnis seiner Person und seines Werkes. Göttingen 1967.

Hotz, Karl: Bedeutung und Funktion des Raumes im Werk Wilhelm Raabes. Göppingen 1970.
Kreyenberg, Wilhelm: Pfisters Mühle. In: Mitteilungen für die Gesellschaft der Freunde Wilhelm Raabes 20 (1930) S. 49–69.
Lukács, Georg: Wilhelm Raabe. In: Helmers: Raabe in neuer Sicht. S. 44–73.
Martini, Fritz: Wilhelm Raabe. In: Deutsche Literatur im bürgerlichen Realismus. 1848–1898. Stuttgart 1962. S. 665–736.
Matschke, Günther: Die Isolation als Mittel der Gesellschaftskritik bei Wilhelm Raabe. Bonn 1975.
Meyen, Fritz: Wilhelm Raabe Bibliographie. 2. Aufl. In: Wilhelm Raabe: Sämtliche Werke. Braunschweiger Ausgabe. Erg.-Bd. 1. Göttingen 1973. S. 113f. und 367f.
Oelze, Friedrich: »Mit der Zeit oder gegen die Zeit«? Lebensbetrachtungen aus »Pfisters Mühle« von Wilhelm Raabe. In: Mitteilungen für die Gesellschaft der Freunde Wilhelm Raabes 31 (1941) S. 102–117.
Ohl, Hubert: Bild und Wirklichkeit. Studien zur Romankunst Raabes und Fontanes. Heidelberg 1968.
Oppermann, Hans: Wilhelm Raabe in Selbstzeugnissen und Bilddokumenten. Reinbek bei Hamburg 1970. (rowohlts monographien. 165.)
Pongs, Hermann: Wilhelm Raabe. Leben und Werk. Heidelberg 1958.
Popp, Ludwig: »Pfisters Mühle«. Schlüsselroman zu einem Abwasserprozeß. In: Städtehygiene 10 (1959) H. 2. S. 21–25.
Roloff, Ernst-August: Wie »Pfisters Mühle« entstand. In: Wilhelm-Raabe-Kalender 2 (1948) S. 70–75.
Sander, Volkmar: Illusionszerstörung und Wirklichkeitserfassung im Roman Raabes. In: Deutsche Romantheorien. Beiträge zu einer historischen Poetik des Romans in Deutschland. Hrsg. von Reinhold Grimm. Frankfurt a. M. / Bonn 1968. S. 218–232.
Thienemann, August: »Pfisters Mühle«. Ein Kapitel aus der Geschichte der Biologischen Wasseranalyse. In: Verhandlungen des Naturhistorischen Vereins der preußischen Rheinlande und Westfalens 82 (1925) S. 315–329.
– Wilhelm Raabe und die Abwasserbiologie. In: Mitteilungen für die Gesellschaft der Freunde Wilhelm Raabes 15 (1925) S. 124–131.
Worthmann, Joachim: Probleme des Zeitromans. Studien zur Geschichte des deutschen Romans im 19. Jahrhundert. Heidelberg 1974.

PETER VON MATT

Conrad Ferdinand Meyer: *Die Richterin* (1885) Offizielle Kunst und private Phantasie im Widerstreit

Von der Krise des erzieherischen Auftrags zur Krise der Auktorialität

Allen Erzählern, die man unter dem brauchbaren Begriff ›Bürgerlicher Realismus‹ zusammenzufassen pflegt, ist mindestens eines gemeinsam: das Bewußtsein, einen erzieherischen Auftrag zu haben. Schreiben heißt für sie, nach Möglichkeit ›alle‹ ansprechen und diesen allen zu einer behutsamen Korrektur und Befestigung des sittlichen Verhaltens verhelfen. Die demonstrative Abkehr von der Romantik, insbesondere von E.T.A. Hoffmann, die häufig zu beobachten ist, hängt damit eng zusammen. Hoffmanns kompromißlose Verachtung des philiströsen Bürgers; der Radikalismus, mit dem er den ekstatischen Werdegang seiner Helden verfolgt und illuminiert; die gefährliche Außenseiterschaft dieser Helden, die nie zurückgebogen wird in ein Muster für ›alle‹, sondern sich bis zuletzt im Guten und im Bösen aus dem Gegensatz zu ›allen andern‹ bestimmt – es macht insgesamt den genauen Kontrapunkt zu den Erzählprinzipien aus, die für die Autoren um die Jahrhundertmitte Gültigkeit bekommen. Der erzieherische Auftrag verhilft dem Künstler endlich wieder zu einer geklärten und gesicherten Stellung in der bürgerlichen Gesellschaft. Seine Helden sind unweigerlich Vorbilder oder abschreckende Beispiele, die jeden angehen; seine Erzählungen führen ihre Lehre, ihre Mahnung, ihr »fabula docet« mit sich wie das Vexierbild im Kinderbuch den versteckten Polizisten.

Die Mahnung betrifft durchweg eine Tugend von öffentlich-allgemeiner Bedeutung. In der überwiegenden Zahl der Fälle läuft sie auf einen Mäßigungsappell hinaus, der ein bestimmtes Gebiet des Trieblebens, des Gelderwerbs oder des Machtstrebens betrifft. Maxime aller Maximen ist das Zufriedenheitsgebot. Der Lehrsatz: »Schuster, bleib bei deinem Leisten!« bildet die produktivste Formel. Der komplementäre Spruch: »Wer nicht hören will, muß fühlen!« garantiert eine sinnvolle Dramatik des Handlungsablaufs. Meistgezüchtigter Held ist der ungeduldige soziale Aufsteiger. Die kritisch-analytische Leistung der großen realistischen Erzähler wird durch den erzieherischen Auftrag gleichzeitig ermöglicht und in Grenzen gehalten. Ihr Amt ist die Korrektur von Auswüchsen innerhalb der gegebenen Verhältnisse. Das schließt Scharfblick und harte Urteile ein, es schließt aber auch alle Radikalität im Verneinen oder Neuentwerfen aus.

Bei Conrad Ferdinand Meyer (1825–98) gerät der erzieherische Auftrag des Erzählers in eine Krise, ohne daß der Erzähler selbst sich dessen bewußt ist und ohne daß er fähig wäre, die Krise spontan zu bewältigen. Sie zeichnet, belastet, verzerrt ihm die Arbeit. Noch scheint ihm die Propagierung von Tugenden und die Geißelung von Lastern selbstverständliche Schreiberpflicht. Er übt sie aus und führt sie durch, aber sie gerät ihm gleichzeitig zu gewissenhaft und zu halbherzig, zu lauthals und zu reich an Vorbehalten. Mit der einen Hand arbeitet er eifrig im Sinne des Auftrags, mit der andern betreibt er Obstruktion, und die Rechte darf nicht wissen, was die Linke tut. Er entwirft und

gestaltet Helden, die wesentlich nicht mehr Vorbild oder abschreckendes Beispiel ›für alle‹ sein können, aber er kommentiert und beurteilt ihr Treiben unentwegt, als wären sie's und als müßte er seine Leser vor solchem Verhalten in solchen Situationen warnen.
Wenn man in der Novelle *Die Richterin* jene Zusammenhänge herausarbeitet, auf die am meisten erzählerische und moralische Leidenschaft verwendet wird, dann kommt als die spezifische ›Mahnung‹ der Geschichte die groteske Grundsatzreihe zum Vorschein: »Du sollst nicht den Gatten töten, wenn du ein Kind von einem andern hast!« – »Du sollst nicht die eigene Schwester begehren!« – »Falls du die eigene Schwester begehrst, sollst du dich dessen anklagen!« – »Hast du den Gatten getötet, bekenne es öffentlich!«
So unsinnig sich solche Leitsätze ausnehmen und so ungerecht sie der Novelle gegenüber scheinen, man kann die moralische Pointe des Werks nicht anders fassen. Was an einem solchen Resümee störend erscheint, ist nur die Vergröberung eines großen Widerspruchs, der der Arbeit innewohnt. Sie zeigt Ausnahmefiguren und Ausnahmetaten, aber es wird ihnen kein entsprechend extraordinäres Sittlichkeitssystem zugestanden. Vielmehr spannt sich über das archaische Treiben wie ein Netz die puritanisch-sentimentale Moral der kulturellen Sonntagsblätter der Bismarckzeit.
Bei jedem andern ungefähr gleichzeitigen deutschen Erzähler wäre dieser Stoff entweder auf das Thema der raffinierten Verheimlichung alter Schuld oder auf die Problematik des schuldbeladenen Richters hin zugespitzt worden. Das hätte dann tatsächlich ein fabula docet ›für alle‹ ergeben: »Nichts ist so fein gesponnen, es kommt doch an die Sonnen!« oder »Urteile nicht über andere, wenn du selbst ein Sünder bist!« Genau um diese Dinge bemüht sich nun aber die Novelle irritierenderweise am wenigsten. Die Richterin braucht gar keine Vorkehrungen zu treffen, um ihre Schuld zu verheimlichen; ihr Verbrechen ist von Anfang an im kriminalistischen Sinne ›perfekt‹. Und die Szene, die sich ein Autor, wie man denken würde, zuletzt entgehen ließe: eine ausführliche Schilderung, wie die Schuldbeladene einen andern Schuldigen zum Tode verurteilt, gerade sie fehlt, sie fehlt auffällig und demonstrativ. Es wird nur mitgeteilt, daß Stemma eifrig und unerbittlich richte, zu konkreter Anschauung gelangt der Vorgang nie. Das Aussparen dieser Szene – sie wäre beispielsweise die natürliche Exposition der ganzen Handlung gewesen – kann nicht anders gelesen werden denn als eine gezielte Abwehr solcher eingängig-moralischer Sinndeutung. Hier wird die erwähnte Obstruktion des Erzählers gegen sein eigenes Unterfangen greifbar. Obwohl die Novelle auf dieser Ebene am reinsten aufgegangen wäre und eine klare Botschaft an die Leser erlassen hätte, wird der Zusammenhang nur rasch berührt und dann hartnäckig vermieden.
Daß die zeitgenössische Rezeption sich bemühte, dem Werk die eindeutige moralische Pointe, die es nicht freigeben wollte, gewaltsam zuzusprechen, kann nicht überraschen. Adolf Frey teilt in seiner Biographie, der ersten großen Gesamtdarstellung des Dichters, den tieferen Sinn der Novelle gewissermaßen ex cathedra mit, so nachdrücklich, daß alles Zweideutige aus der Welt geschafft scheint: »›Die Richterin‹ ist das Hohelied des Gewissens. [...] das Gewissen arbeitet in ihr und macht sie zunächst zu einer Pedantin des Rechts [...] Dann arbeitet es weiter, bis sie sich selbst verrät, Bekenntnis ablegt und Gift nimmt.«[1] Zu dieser Deutung konnte sich Frey autorisiert glauben durch eine Briefstelle Meyers. Der Dichter war von Louise von François, die ein Separatum der ersten zwei Kapitel erhalten hatte, genau auf das Problem der diffusen moralischen Pointe angesprochen worden: »Ein bißchen Angst habe ich vor der Entwickelung. [...] so will ich denn hoffen, daß die Richterin *nicht* aus Mutterzärtlichkeit zur Bekennerin

ihrer Sünd- und Heucheltat wird.« (348)[2] Darauf antwortete Meyer wenige Tage später: »Um auf die ›Richterin‹ zu kommen, so waren mir Ihre Bedenken – mit noch ein paar andern – ganz gegenwärtig. Da ich aber den Stoff (übrigens eine von mir ersonnene Fabel) nicht fahren lassen wollte, schloß ich klüglich die Augen und ließ das Saumroß (um nicht zu sagen das Maultier) meiner Einbildungskraft den Fuß setzen, wie es für gut fand. Im Ernste: die Mutterliebe wirkt nur secundär, es ist das arbeitende Gewissen, das die Richterin überwältigt.« (348) Das scheint klar genug, nur: Es stimmt nicht mit den Gegebenheiten der Novelle überein. Die Richterin versucht in Tat und Wahrheit bis zuletzt unerschüttert und ohne Gewissensqualen, das Verbrechen zu verheimlichen. Es gibt keinen einzigen Hinweis, der darauf schließen ließe, daß sie je bekennen würde, wenn nicht Wulfrin und Palma an den Rand der Katastrophe gerieten. Nur um die beiden zu retten, deckt sie die Wahrheit auf. Meyers Interpretationslenkung, die von Frey getreulich aufgegriffen wurde, ist also durchaus scheinhaft. Der Einwand Louise von François' bleibt bestehen: Wenn es nicht um das Gewissen geht, muß es um die Mutterliebe gehen; als exemplarisches Beispiel von Mutterliebe aber eine Frau zu zeigen, die um ihres Kindes willen den Mord an dessen Vater zugibt, ist ohne neue Verwirrung der Maßstäbe nicht möglich. Die geheime Wahrheit steckt denn auch in dem vorletzten Satz des Briefzitats, einer Aussage von kaum zu überschätzendem Wert. Wie der Reiter auf einem gefährlichen Gebirgspfad habe er, der Dichter, beim Schreiben die Augen geschlossen. Das Reittier geht sicher, weil es keine Reflexion kennt. Der Dichter konnte schreiben, weil er das Nachdenken über das Geschriebene zeitweise unterdrückte. Wie der Reiter nachher zurückschaut auf die Spur am Abgrund, in den er bei offenen Augen gestürzt wäre, schaut der Autor nachher auf sein Werk, dessen heikelste Stellen die unkontrollierte Einbildungskraft geschaffen hat. C. F. Meyer formuliert da eine Poetik, die er schon im nächsten Satz mit dessen Interpretationsbefehl wieder verleugnet.

Wenn der erzieherische Auftrag die Autoren des Bürgerlichen Realismus ihrer gesellschaftlichen Stellung und also im letzten ihrer selbst versichert, dann muß die Krise des Auftrags, die sich bei Meyer abzeichnet, mit diesem Verhältnis zusammenhängen. Das aufdringliche Bewerten aller Vorgänge mit Kategorien zeitgenössisch-bürgerlicher Moral (»So grelle und freche Worte redete die Richterin.« – 226), die dauernde Verurteilung des Tuns und Denkens der Figuren mit dem Lieblingswort »Frevel« – Meyer trägt den Begriff wie einen Stempel in der Tasche und drückt ihn allem auf, woran ihm als Erzähler doch am meisten liegt –, es läßt sich nur erklären aus der Angst des Autors, er könnte mit der Aufkündigung des erzieherischen Auftrags die feste Rolle in der Gesellschaft und so die eigene Identität gefährden.

Deutlicher formuliert: Was hier sich auswirkt, ist die Angst, das tatsächlich gestörte, schwer disharmonische Verhältnis des Schriftstellers zu den Normen der Gesellschaft, das ihn zum Schreiben treibt, könnte am Geschriebenen sichtbar werden. Ihrer Anlage nach ist die Novelle ein Manifest, das ebenjene gemeinsame Sittlichkeit von Autor, Leser und dichterischer Handlung aufkündigen möchte, die im Bürgerlichen Realismus die Verständigungsbasis zwischen Schriftsteller und Publikum, die wesentliche Produktionsbedingung also, abgab. Zur Durchführung des Werks aber gehört, daß es diese Anlage, um der Verständigung willen, verleugnet. Wie im erzählten Geschehen die Richterin Stemma das eigene Verbrechen verdeckt und doch gesteht, verdeckt und gesteht die Novelle selbst die ihr zutiefst innewohnende andere Moral.

So schwierig es ist, das genaue Verhältnis des historischen Autors C. F. Meyer zu seiner historischen Leserschaft aufgrund der greifbaren Daten zu fassen, so eindeutig zeigt sich die Störung des Verhältnisses auf der analogen Ebene im Text selbst: zwischen dem ›Erzähler‹ (im Sinne der Autorfunktion, des impliziten Autors) und dem ›Leser‹ (im Sinne der Leserfunktion, des impliziten Lesers).[3] In der Regel wird im Bürgerlichen Realismus die Beziehung zwischen dem im Text wirkenden Autor und dem vom Text anvisierten Leser rasch geklärt, sei es durch Anreden, sei es durch Zwischenbemerkungen oder eigentliche Exkurse. Der Autor zeigt sich im Erzählwerk als eine autonome Größe mit einem deutlichen Profil, das die Merkmale: Väterlichkeit, psychologischer Scharfblick, Gewissensstrenge und menschliches Verstehen aufweist. Über diese im Text dauernd fühlbare Autorinstanz bestimmt und regelt sich dann spielend die Perspektivik der Erzählung. Die Umschaltungen zwischen auktorialem und personalem Erzählen laufen reibungslos. Der Leser steht bald neben dem Erzähler, der ihm die Figuren und Geschehnisse kommentierend zeigt wie ein kluger Reiseführer, bald darf er auf einige Zeit mit den Augen einer einzelnen Gestalt selbst schauen, mit ihren Ohren hören und mit ihrer Brust fühlen.

Bei Meyer ist der implizite Autor eine Größe von seltsam verschwimmendem Profil. Der Erzähler gibt nie gelassen Rechenschaft über sein Verhältnis zum Leser, wie es die großen Auktorialen Stifter, Gotthelf und Keller so häufig tun. Er vermeidet es, sich über die Verständigungsbasis und den Führungsanspruch offen auszusprechen. Der ungelösten Krise des erzieherischen Auftrags entspricht sehr genau die Krise der Auktorialität als einer wesentlichen Werk- und Arbeitsstruktur. Die Autorkommentare zum Geschehen wirken immer wieder unerwartet und aufgesetzt, wie auf dem Theater dreingerufen. Die Perspektivik ist gewaltsam insofern, als der Leser oft genug zu einer Sehweise gezwungen wird, deren Sinn er nicht begreift oder als widersprüchlich erfährt. Gewiß gibt es auch bei Meyer beides im Wechsel: die Sicht auf die Figuren und das Sehen mit den Augen der Figuren; und den Entscheid über die jeweilige Optik trifft, wie überall, der implizite Autor. Aber was anderswo ein spontan einsichtiges, ja kaum bemerktes Verfahren ist, irritiert in der *Richterin* in zunehmendem Maße. Da entwickelt sich nämlich im Verlauf der Novelle eine eigentliche Konkurrenz zwischen zwei unterschiedlichen Erlebnisperspektiven, derjenigen der Richterin Stemma und derjenigen des Höflings Wulfrin, ohne daß die beiden Sehweisen durch eine gezielt agierende Autorinstanz sinnvoll vermittelt würden. Dadurch gerät dem Leser die gewohnte Stufung der Identifikationsgestalten, die Hierarchie der Haupt- und Nebenfiguren, der Sympathie- und Antipathieträger zunehmend ins Schiefe. Entweder müßte Wulfrin zur Hauptsache in Stemmas Sicht erscheinen, von außen, als ihr Schicksal und ahnungsloser Richter; oder es müßte Stemma selbst überwiegend in der Perspektive Wulfrins gezeigt werden, als das fremdartige Rätsel, das gewaltsam in sein Leben tritt und es auf immer verändert. In beiden Fällen gewänne die Novelle einen genauen, je anders gelagerten Fluchtpunkt. So aber hat sie zwei, die beide die Orientierungsachse für sich beanspruchen.

In der Geschichte des weltliterarischen Erzählens steht der Meyer der *Richterin* dort, wo er sich entscheiden müßte zwischen einer radikal vorurteilslosen, ›impassiblen‹ Anschauung, einem unbestechlich konsequenten Analysieren von Figuren, die jenseits der Kategorien Vorbild oder abschreckendes Beispiel stünden – der Methode des Zeitgenossen Gustave Flaubert –, oder aber einem Erzählen aus radikaler Personenperspektive, das den Leser mit den letzten Schwankungen der Welt- und Icherfahrung einzelner Menschen konfrontiert, ohne ihm die Beurteilung aus ›objektiver‹ Sicht mitzuliefern – der Methode der (teilweisen) Zeitgenossen E. A. Poe und Henry James. Meyer steht schwankend und zögernd auf der Grenze dieser Poetik, einer aus allen gesellschaftlichen Absprachen entlaufenen Kunst. Er tritt in die neue Zone ein und fährt gleich wieder zurück. Er markiert für die deutsche Literatur den Ansatz zu einem andern Erzählen, zugleich mit dem Entschluß, es nicht so weit kommen zu lassen. Franz Kafka, der, weltliterarisch gesehen, über Poe und Flaubert und James hinaus dann den nächsten Schritt tut, kann sich nicht an Meyer schulen, mit dem ihn doch im Seelischen so viel verbindet; er findet und verändert sich in der Verarbeitung des Franzosen Flaubert. Die Position, die Poes *Ligeia* und Flauberts *Hérodias* exemplarisch vertreten und zu der Meyers *Richterin* in ihrem Kern tendiert, bleibt in der deutschen Literatur ein weißer Fleck.

Die Unterwelt

Zwei Abschnitte allerdings besitzt diese Novelle, in denen auf eine unerwartete und fast unbegreifliche Art der Rückstand aufgeholt wird und Meyers Prosa für kurze Zeit eine fremdartige Vollendung erreicht. Hier darf sie tatsächlich gelassen neben Poe und Flaubert treten. Die Seiten werden in der Forschung zur *Richterin* häufig herangezogen; man zitiert daraus, aber man hat bisher nie entschieden genug festgestellt, daß es sich hier nicht nur um besonders eindrückliche Passagen handelt, sondern um Texte, die ein qualitativer Sprung von der übrigen Novelle und vielleicht vom ganzen Prosawerk Meyers trennt. Das Zögern der Literaturwissenschaft, Qualitätsbestimmungen vorzunehmen, ist verständlich und gerechtfertigt. Andererseits ist nicht einzusehen, warum das Phänomen eines geradezu frappanten künstlerischen Rangunterschieds innerhalb einer Novelle nicht als solches benannt und befragt werden soll. Der Wissenschaftler muß dabei zwar mit einer Behauptung operieren, aber der Leser kann sie ja nachprüfen, und der Wissenschaftler läuft einzig die Gefahr, die Zustimmung jener Leser zu verlieren, die eine Qualitätsdifferenz hier gar nicht merken wollen. Die beiden Passagen sind: die Begegnung der träumenden Richterin mit dem toten Vater ihres Kindes und Wulfrins Gang durch die Bergschlucht. Beide Texte wirken in das Kontinuum der Novelle wie eingesprengt; umgekehrt gesagt: Sie scheinen aus dem Kontinuum ausgetrieben, exkommuniziert. Jedesmal bleibt das Hauptgeschehen allen andern Figuren unbekannt. Nur der Leser ist Zeuge des Gesprächs zwischen Peregrin und Stemma, nur der Leser hört den Satz: »Malmort strahle! Ich halte Hochzeit mit der Schwester!« (216). Wulfrin und Stemma treten einsam, aus allen Bindungen gelöst, sich selbst gegenüber, sich selbst als leidenschaftsfähigen und leidenschaftswilligen Wesen, deren Begehren eine Wirklichkeit vor allen sozialen Normen ist. Hier geben sie diesem Begehren ihr Recht, und der gesellschaftliche Gesetzesapparat verdämmert im Hintergrund. Sie werden sich gleich wieder unterwerfen und sogar das Geschehen vor sich selbst als Traum und Unwirklichkeit hinzustellen suchen. Dennoch ist es da, ist es eine Realität des Erlebens der Figuren und eine literarische Wirklichkeit, schwarz auf weiß, der Novelle. In beiden Texten, vom Satz: »Frau Stemma wurden die Lider schwer [...]« (187) bis »[...] und Peregrin zerfloß« (191); und von »Da er in den Schlund hinabstieg [...]« (215) bis »[...] stand schwarz auf dem wetterleuchtenden Nachthimmel« (216), ist kein ungenaues Wort zu finden, kein kleinlicher Zwischenruf des Autors, der dem Leser versichern möchte, der Dichter sei dann persönlich nicht dieser Meinung. Auch die altertümliche Stilisierung, auf die sich die Novelle im Sprachlichen sonst kapriziert (mit anstrengenden Ellipsen: »er wischte einen Schweißtropfen« – 165; der Wirt »schenkt einen herben« – 165; »Und wie schaut sie?« – »Stark und warm« – 171), ist nirgendwo zu spüren. Die beiden Texte unterscheiden sich zwar auch voneinander sehr deutlich in der Intonation und den Prosamitteln, dennoch bleibt ihr Gemeinsames für das Verständnis des Ganzen wichtiger. Der Wulfrin-Text ist um eine Spur virtuoser, kompakter auch; er stellt die geglückte Umsetzung einer Böcklin-Szenerie ins Literarische dar. Der Stemma-Text ist subtiler, raffinierter und nuancenreicher in der Prosakultur. Etwas wie die Beschreibung des lebenden Schattens Peregrin sucht man anderswo in der Erzählung vergebens. »Der Schatten schüttelte seine Gestalt wie einen rinnenden Regen« (188) – das ist in der Metaphorik so exquisit und zugleich einfach-richtig, wie es die ganze Darstellung von Peregrins gestischem Verhalten ist: »Das ungewisse Wesen rutschte auf den Knieen oder watete, dem Steinboden zutrotz, in einem Flusse.« – »Dann aber, von dem warmen Atem Stemmas angezogen, schleppte er sich rascher gegen ihre Kniee, auf welche er die Ellbogen stützte, ohne daß sie nur die leiseste Berührung empfunden hätte« (188). Hier erreicht der Erzähler jene höchste Genauigkeit im Mehrdeutigen, die sonst nur dem Lyriker Meyer, und ebenfalls nicht täglich, gelingt.

Auch in der Struktur der Reden, der Dialoge, unterscheiden sich die zwei Texte unverkennbar voneinander, ebenso unverkennbar aber gleichfalls zusammen wieder vom Rest der Novelle. Die Tendenz zur theatralisch monumentalisierten Wechselrede, die man sonst als stilistische Manier in Kauf nimmt, ist in der Schlucht-Szene plötzlich das einzig Angemessene und gewinnt eine grade Gewalt:

»Da traf der starre Blick seines zurückgeworfenen Hauptes auf ein Weib in einer Kutte, das am Wege saß. ›Nonne, was hat du gefrevelt?‹ fragte er. Sie erwiderte: ›Ich bin die Faustine und habe den Mann vergiftet. Und du, Herr, was ist deine Tat?‹

Lachend antwortete er: ›Ich begehre die Schwester!‹

Da entsetzte sich die Mörderin, schlug ein Kreuz über das andere und lief so geschwind sie konnte. Auch er erstaunte und erschrak vor dem lauten Worte seines Geheimnisses. Es jagte ihn auf und er floh vor sich selbst.« (215)

Der Stemma-Text bringt im Reden der Richterin selbst zwei konträre, widersprüchliche Ebenen dieser Gestalt zum Vorschein, von denen die restliche Erzählung nichts wissen will, ja die sie an der eindimensional-steilen Figur geradezu verleugnet. Daß Stemma einst die Verführerin war, die leidenschaftliche Wilde; daß sie unbekümmert alle Bindungen zu zerreißen bereit war; daß sie jetzt noch für den von ihr gemordeten Comes nur höhnische Überlegenheit empfindet und den zum Beischlaf gewaltsam verlockten Peregrin bald freundlich, bald mit Verachtung behandelt – diese aufregende Differenzierung der Figur wird, kaum ist der Traumtext zu Ende, vom auktorial und altklug kommentierenden Erzähler wieder verdeckt. Als wäre ihm unheimlich, was er eben erreicht hat, sucht er es mit moralisierenden Reden zu erledigen: »Längst war der Jüngling, dem sie sich aus Trotz und Auflehnung mehr noch als aus Liebe heimlich vermählt, an ihrem kasteiten Herzen niedergeglitten und untergegangen, und der einst aus ihrer Fingerbeere gespritzte Blutstropfen erschien der Geläuterten als ein lockeres und aberwitziges Märchen« (191f.).

Die beiden Texte heben sich vom novellistischen Umfeld noch in anderer Weise ab. Zu dem, was in der Erzählung offizielle Wirklichkeit ist, treten sie in Unterscheidung durch

einen psychologisch nicht definierbaren Zwischenzustand zwischen Traum und Tagesbewußtsein. Gerade das nicht eindeutig Traumhafte, das man an der Stemma-Szene gern kritisiert, weil der Schatten unwahrscheinlicherweise ein Gedicht vortrage,[4] verstärkt den Charakter des grundsätzlich andern. Wichtiger noch: Die Kulissen eines rustikalen Mittelalters, die dem übrigen Geschehen den Hintergrund liefern, werden hier abgelöst durch zwei mythische Räume. Beidemale handelt es sich um die antik-heidnische Unterwelt: In der Stemma-Szene ist es die graue Schattengegend an Styx und Lethe, wo die Toten – das ist Meyers Zutat – im Schilf sitzen, reglos und mit verdämmernden Gefühlen. Die Wulfrin-Szene zeigt den Tartaros, das tiefe Gefängnis der Titanen, die noch immer tobend und aufständisch ihrem alten Trotz frönen und auf die Stunde der Rache warten. Was die Stellen unterscheidet, ist also auch hier etwas, das ihnen gleichzeitig und im Abstich zum ganzen Kontext spezifisch gemeinsam ist.
Als entscheidend für die Interpretation muß die Einsicht gelten, daß diese zwei Szenen in der Novelle funktional nicht aufgehen. Was sie zutage fördern, wird vom erzählenden Fortgang nur teilweise, im wesentlichen nicht verarbeitet. Man muß sich also vor einer harmonisierenden Auslegung hüten. Die Annahme, in den beiden Texten werde uns ein kurzer Einblick ins ›Unbewußte‹ der Protagonisten gewährt, wir bekämen da einige nützliche Zusatzinformationen, liegt nahe, aber sie läßt sich nur bei oberflächlicher Lektüre halten. Stemma und Wulfrin sind für kurze Zeit in einer Weise andere Personen, daß es sich weder psychologisch noch erzähltechnisch integrieren läßt. Das Werk erscheint als ein beherrschtes, durchkomponiertes, peinlich kontrolliertes Gebilde, das zweimal einbricht und den Blick auf eine Unterwelt freigibt, von welcher aus der künstlerische und ideologische Aufwand des ganzen Unternehmens in Frage gestellt wird.

Öffentliche und private Phantasie

Das ist sehr schroff formuliert. Man muß es tun, um die Verhältnisse deutlich zu machen. Erst dann läßt sich zeigen, daß die Gegenposition der Unterwelt-Szenen die Novelle auch sonst verschwiegen durchzieht, als ein Reden in schwierigen Bildern gegen das offizielle Reden in Kommentaren und einfachen Bildern.
Das Ganze gibt sich als ein einheitliches Geschehen, in dem eine verbundene Masse moralischer, politischer, seelischer und familialer Chaoszustände in die große Ordnung übergeführt wird. Vor den »strahlenden Augen« (232) des Kaisers gleitet alles Ausgerenkte wie von selbst an seinen Platz: das Verborgene taucht ans Licht; das Gefälschte findet seinen wahren Namen; die Schuld tritt über in die Buße; das Unregierte gewinnt den strengen Herrn und Meister. Man kann die Novelle lesen als die Fabel von der Reinigung der Welt durch den starken, unbedingten Herrscher (sie ist zweifellos unter anderem ein demokratiefeindliches Pamphlet, und Karl der Große erscheint als literarischer Prototyp jenes Bildes, das Wilhelm II. sich wenig später von sich selbst machen sollte). Dem Leser wird ein Phantasiespiel vorgelegt und zum Mitbetreiben angeboten, das in den strengsten moralischen und politischen Rigorismus mündet. Man könnte das als die Ebene der öffentlichen Phantasie bezeichnen, auf der die Gegenstände Inzest und Gattenmord nur eingeführt werden als Ausgangspunkte für das feierlich-ergreifende Ordnungschaffen. Dem steht nun, zunächst belegt durch die eingesprengten

Szenen, eine Ebene der privaten Phantasie gegenüber, welche jener öffentlichen als ihrer Maske bedarf, sich ihrer zur Legitimation und Verhüllung zugleich bedient. Diese private Phantasie läßt sich rekonstruieren und als Element des literarischen Produkts nachweisen, ohne daß damit das Feld der Literaturwissenschaft in unziemlicher und menschlich indiskreter Weise verlassen würde. Insofern die private Phantasie Teil des literarischen Produkts ist, wird sie vom Leser aufgenommen; insofern sie vom Leser aufgenommen werden kann, ist sie bereits über das Intim-Persönliche hinausgetreten in den Bereich allgemeinerer Bedeutung. Die empathische Fähigkeit des Lesers vernimmt und versteht die Äußerungen eines asozialen Wunsches, nicht weil ebendieser Wunsch auch der des Lesers wäre, sondern weil er für den Leser die Kategorie ›verbotener Wunsch‹ ganz allgemein repräsentiert, die – sei's zum Leiden, sei's zum Gewinn – Grundbestandteil auch seiner eigenen Sozialisation gewesen ist. Die Rekonstruktion der privaten Phantasie will also nicht einem längst verstorbenen Menschen hinter die Schliche seines kummervollen Lebens kommen, sondern einem immer noch gelesenen literarischen Text auf die erregende Spur.

Wenn man die private Phantasie, die diese Novelle als das »psychodramatische Substrat«[5] durchzieht, beschreiben will, muß man als Voraussetzung die Geschehnisse zweier Zeitabschnitte im Leben C. F. Meyers wiedergeben, eines ›archaischen‹ (um das 5., 6., 7. Lebensjahr) und eines ›rezenten‹ (um Pubertät und Adoleszenz). Es geschieht hier verkürzt und ohne detaillierten Verweis auf die Dokumente.[6]

Die Ereignisse der frühen Zeit: Ein Sohn ist seiner Mutter heftig zugetan und steht zu seinem Vater in der ambivalenten Spannung, die solche Liebe mit sich bringt. In diese noch unbewältigte Konfliktsituation fällt die Geburt einer Schwester. Das zweite Kind verlangt und gewinnt die Liebe der Mutter natürlicherweise vor allen andern. Für den Sohn ist damit der Vater nicht länger der große Mitbewerber um die Liebe der Mutter. Die primäre Ambivalenz ist aufgelöst; der Vater kann ungebrochen zum Vor- und Leitbild werden. Er nimmt die Umrisse einer mächtigen Gestalt mit »strahlenden Augen« an, und der Sohn ist von nun an sein Gefolgsmann. Als natürlicher Konkurrent bleibt diesem Sohn die Schwester. Indessen: Gegen sie zu fühlen, was zum Gefühl drängt, ist so erschreckend, daß das Gefühl sich in sein Gegenteil wendet. Jene erste ungestüme Zuneigung, die der Mutter galt, wird in dem zentralen, schicksalbauenden Akt dieses Lebens von ihr abgezogen und auf die kleine Schwester verlagert. Die Lösung scheint perfekt. Die alte Liebe hat einen unverdächtigen, die Aggression keinen deutlichen Gegenstand mehr. Daß die Beziehung zur Mutter dabei gefühlsneutral wird, in eine trübe, undefinierte Zwiespältigkeit gerät, fällt kaum auf. Man kann die Zeichen dieses neuen Konflikts, wo sie etwa sichtbar werden, leicht mit ›Charaktereigenschaften‹ erklären.

So verläuft, was entwicklungspsychologisch die ödipale Krise genannt wird. Danach beginnt die Latenz, die Phase einer regulären sexuellen Quarantäne. Erst die Pubertät weckt die alten Spannungen wieder auf und fordert eine zweite Lösung, jene, über die einer zum Erwachsenen wird.

Soviel zum ›archaischen Drama‹. Das ›rezente‹ beginnt sensationell: Kaum haben die Unruhen und Aufregungen der pubertären Krise eingesetzt, stirbt der Vater. Er fällt für den Fünfzehnjährigen als natürlicher Widerpart beim neuen Kräftemessen aus; seine Verklärung bleibt unangetastet. Das befestigt und verhärtet die alten Bahnen der Konfliktlösung. Zu diesen aber gesellt sich als neuer Faktor die erwachte Sexualität: Jetzt wird die Schwester Gegenstand einer Liebe, die sich von Begehren nicht mehr unterscheidet. Jene Liebe, die einst in ihrem Ursprung Schuld beseitigte, wird selbst zu einer über das Leben des Sohnes hereinhängenden Schuld. Der Mutter aber, von der ja diese Liebe wegverschoben wurde, wächst die Rolle der Repräsentantin sozialer Normen zu, der Überwacherin, der Gesetzesinstanz. Da der Vater in die einseitige Verklärung eingegangen ist, wird die Mutter zur bedrohlichen Richterin. Es beginnt ein Kampf zwischen Mutter und Sohn, bei dem keines weiß, was eigentlich geschieht, und doch jedes das andere auf Tod und Leben, tatsächlich jahrelang auf Tod und Leben verfolgt. Eine Lösung kann es nicht geben, nur die Versuche, die Dinge im labilen Gleichgewicht zu halten. Der erste, der die Balance verliert, ist der Sohn. Er befreit sich nur unter furchtbarem Kräfteaufwand, mit Hilfe der zum Engel gesteigerten Schwester, aus der Heilanstalt. Kaum ist er wieder da, fällt die Mutter. Auch sie befreit sich, aus der gleichen Heilanstalt, aber auf andere Weise: Sie geht ins Wasser.

Jetzt lebt der erlöste Sohn mit der Schwester, vereint, ein Paar. Zwar fehlt die letzte Konsequenz: die körperliche Liebe und die fröhliche Fortpflanzung. An deren Stelle aber tritt die Dichtung, eine literarische Produktion, die ganz und einzig durch die erotisch gesättigte Symbiose der Geschwister möglich wird und die in ihrer Ritualisierung – er diktiert, und sie schreibt; sie prüft, nimmt an oder verwirft – die Verwandtschaft mit den Funktionen von Zeugung und Empfängnis nicht verleugnet.

Für diese Dichtung besitzen zwei Themen auffällige, dauernde, unablässige Magie: der »Frevel« und: daß die Toten leben. »Frevel« ist alles, was in jene Zone gehört, die durch die Produktion von Literatur domestiziert und sozialisiert werden konnte; die Toten: das sind die Mitglieder des Familiensystems aus der ›archaischen‹ oder der ›rezenten‹, eventuell aus noch früherer oder späterer Zeit. Der zeitlichen Vervielfachung entspricht in der Literatur ein Auseinandertreten in verschiedene Figuren. Der schattenhaft-gewalttätige Vater, das uralte Aggressionsobjekt; der strahlende Held, das spätere Identifikationsobjekt; der sanfte Vater, der Mann, den man in Schwäche sterben sah: Sie haben alle neben- und gegeneinander Raum in der Landschaft der Fiktion, in einer einzigen Novelle. Ähnlich die Mutter, ähnlich die Schwester, ähnlich die eigene Person. Wulfrin: der Sohn des schattenhaft-gewalttätigen Wulf, der Gefolgsmann des strahlenden Charlemagne, der Nachfolger des gütig-schwachen Bischofs Felix in der Herrschaftsgewalt – er ist im Ursprung identisch mit seinem demonstrativen Gegensatz, dem zarten Graciosus, dem Sohn des Bischofs und Mitbewerber um die »Schwester« Palma, der vor dieser im entscheidenden Moment zurückschreckt. Die spezifische Logik der literarischen Fiktion ermöglicht es, daß das qualvoll Identische auseinandertritt ins deutlich Unterschiedene und das zeitlich Weitabliegende zu einer gemeinsamen Gegenwart findet; daß das Verknotete und Verspannte sich ausrollt in dramatische Konstellationen und Abläufe. Was als Einheit unerträglich wäre, verwandelt sich in die geräumige Vielzahl der literarischen Figuren und Konflikte, und schreibend kann sich einer so das Leben retten.

Wie nimmt sich nun das Geschehen der *Richterin* auf dergestalt erhelltem Hintergrund aus? In den zwei eingesprengten Szenen wird das Recht des Individuums auf jenen »Frevel« eingestanden, bei dessen völliger Verneinung es physisch und seelisch zugrunde gehen müßte. Der eine »Frevel« ist die inzestuöse Liebe zur Mutter, das Urälteste in diesem Leben; er richtet sich gegen die schattenhaft-gewalttätige Doppelgestalt Judex/Comes und wird vollzogen von »Peregrin«, einer Graciosus-Variante, die offen jenen Namen trägt, den sich der Autor selbst sonst am liebsten zuteilt: Wandrer, Pilger (»[...] ich bin ein Pilgerim und Wandersmann«[7]). Der andere »Frevel« ist die inzestuöse Liebe zur Schwester, zur »Palma novella« (was auch die *zweite* Palme heißen dürfte). Mit einem außerordentlichen Aufwand an Erfindungen erreicht die Novelle, daß das Geständnis in der Schlucht: »Ich halte Hochzeit mit der Schwester!« möglich und wiederum entschärft wird. Die Entschärfung aber geschieht mit Hilfe einer Phantasie, die vielleicht schon die Tagträume des Jugendlichen so oder anders bewegte, einer rankünevollen, gegen die Mutter gerichteten, der Mutter unterschobenen Vorstellungskette. Ihre Logik ist folgende: Da ich die Schwester liebe und begehre, kann sie nicht meine Schwester sein. Nun ist sie aber das Kind der Mutter; also ist die Mutter eine Betrügerin. Sie hat den Vater betrogen. Der Vater ist gestorben. Warum mußte er sterben? Cui bono? Nur die Mutter, die Sünderin, hatte ein Interesse daran. Also hat sie ihn getötet. Und ich, der Sohn: Ich bin berufen, diese Dinge einzurenken. Hamlet in Graubünden!

Diese Phantasie strukturiert als Ereignisfolge die Novelle. Ob sie in den langen, dumpfen Jahren, die der junge C. F. Meyer vor dem Tod der Mutter unter deren erniedrigender Herrschaft verbrachte, bereits gedacht, gewagt wurde, spielt keine Rolle. Sie ist jetzt aufgezeichnet da. Und im Bereich der Fiktion gelingt ihr mehr, als jedem Tagtraum je gelingen könnte: Das Gericht über die Mutter fällt zusammen mit der Wiederkehr des herrlichen Vaters, der dem Sohn feierlich die Schwester zur Frau gibt.

Das alles spiegelt und bestätigt und verdeutlicht sich in den Zeichen, mit denen die Novelle so angelegentlich arbeitet, ihren redenden Dingen. Sie sind von einer kaum glaublichen Simplizität und fügen sich doch spielend ein in die verwickelte Handlung. Die Dinge: das Burgtor, der Becher, das Horn. Ihre Beziehung: Horn und Becher begegnen sich im Tor, der Becher kommt von innen, das Horn von außen. Ihre Vereinigung ist Hochzeit in jedem Sinne.

Die Zeichen sind einfach und fest. Ihre Bedeutung ist mehrfach und gleitend. Das eine Ding kann ein Bündel von Sinnsträngen vereinigen, die untereinander durchaus widersprüchlich sein mögen. Der Becher meint das Weibliche, das Horn das Männliche. Wie das Weibliche in der Novelle tödlich und erlösend ist, trägt der Becher bald Gift, bald Wein. Wie das Männliche gefährdet und triumphierend ist, wird das Horn in den Abgrund geworfen und kehrt rächerisch zurück. Gemeinsam ist Becher und Horn die Beziehung zum Mund, zum »Mündlichen«: Trinken und Reden werden eins. Der Becher redet, dichtet in seinem eingeritzten Spruch, der beim Trinken aufgesagt werden muß, damit die Vereinigung glückt und die Frau dem Mann »mundet« (sic, 166). Das Horn ist schon Rede in seinem Ton, und Rede wird durch es bewirkt: »es zwingt die Wölfin zu bekennen« (166). Die beiden Dinge sprechen also leibhaftig immerzu von Hochzeit, Frevel und Gericht. In ihnen kommentiert nicht nur die Dichtung das Geschehen, sondern sie spricht auch über sich selbst: über ihre eigene letzte Beschaffenheit. Das Horn ist Meyers Poesie, seine Poesiefähigkeit. Es erschüttert die Welt, wenn es tönt. Es würde, einmal nur geblasen, »die Stadt Rom in Aufruhr bringen« (167). Wulfrin hat es vom Vater, wie die Schwester den Becher von der Mutter hat. In den zwei Dingen verdichtet sich für beide Lebensziel und Lebensaufgabe; die zwei Dinge verwehren das Aufbrechen des Familiensystems. Die Selbstverständlichkeit, mit der sich Palma und Wulfrin auf Becher und Horn berufen, sich ihrer als des unverzichtbaren Besitzes versichern, bezeugt allen Enthüllungen zum Trotz die Geschwisterschaft. Zwar wirft die

Richterin das Horn einmal in die Schlucht: So hat die biographische Mutter das Dichten Meyers mit allen Mitteln zu verhindern gesucht, es unerbittlich verworfen. In der Novelle beseitigt es die Mutter und ruft die Schwester mit dem Becher. Die Begegnung von Horn und Becher, das am häufigsten genannte Geschehen des Werks, spiegelt die Vereinigung der Geschwister in der poetischen Produktion, einer Hochzeit der Rede. Diese hält in ihrem Vollzug über sich selber Gericht und spricht sich frei.
Indem die Leser die Geschichte nachvollziehen auf der Ebene der öffentlichen Phantasie mit ihrem effektvoll-konservativen Finale und indem sie dem ganzen Geschehen zuletzt willig zustimmen, bestätigen sie als Repräsentanten der wirklichen Gesellschaft ahnungslos auch jenen Freispruch der zwei Protagonisten aus der nahezu wahnsinnigen Landschaft der privaten Phantasie.

Kunst und Erstarrung

Der Aufweis solcher gegenläufiger Elemente und Strukturen in der Erzählung erleichtert dem Leser die Lektüre nicht. Da ist ein Werk, das man nicht, wie man sonst so gern tut, ›aus einem Punkte kurieren‹ kann. Zudem werden sich auch erfahrene Leser vielleicht entschieden weigern, eine eindeutig berichtete Handlung gegen ihren expliziten Verlauf zu lesen. Wenn die inzestuös geliebte Schwester zuletzt gar nicht die Schwester ist und diese Liebe also eine ganz und gar ›natürliche‹, warum soll ich da die Illusion als das Wesen betrachten und die Wahrheit als Maske der Illusion? Meyer wollte seine Werke am ehesten als prachtvoll-schauerliche Gemälde gelesen wissen, groß und erschüttend wie die Fresken, deren Anblick ihn einst zum Künstler machte: Michelangelos Sixtina. Wer kann mir verbieten, diese Lesehaltung zu suchen und einzunehmen? Niemand verbietet. Die Literatur über Meyers *Richterin* ist bis heute reich bestückt mit Dokumenten von Germanisten, die der Novelle genau so begegnet sind, wie die Bildungsreisenden Conrad und Betsy Meyer in ihrer römischen Begeisterung den Gemälden Michelangelos. Von Adolf Frey[8] über Robert Faesi[9] bis zu Alfred Zäch[10] ist die Rezeption auf »groß«, »gewaltig«, »wuchtig« gestimmt. Die konträre Lesart, die die homogene Prunkfassade durchbrechen und zu den bewegenden Kräften dahinter gelangen möchte, ist verblüffenderweise vom Autor selbst in die Wege geleitet worden. Die Schwester überliefert die Worte, mit denen er ihr die Novelle als Buch übergeben habe. *Die Richterin,* sagt sie zunächst, sei »das einzige Gedicht«, bei dessen Entstehung sie überhaupt unbeteiligt gewesen sei. Dieser Äußerung ist nicht ganz zu trauen. Die Briefstelle vom 9. April 1884 an Hermann Haessel gestattet einigen Zweifel: »Stündlich erwarte ich heute Frau und Milly [die Tochter Camilla], nach einer Abwesenheit von drei Wochen, von Weggis zurück. Eben verließ mich Betsy. Die Richterin führe ich langsam vorwärts.« Das deutet darauf hin, daß die Schwester, die anzureisen pflegte, sobald die Gattin aus dem Hause war, und verschwand, wenn diese zurückkehrte, mindestens in den früheren Stadien der Novelle an der Arbeit beteiligt war. Daß sie es später nicht wahrhaben wollte, hängt mit der Art zusammen, wie sie die Novelle verstand. Sie schimmert durch in den Sätzen, die sie ihrem Bruder zuschreibt: »Mich wundert, was du dazu sagen wirst. Du wirst nicht begreifen, wie ich dazu komme, diese Gewissenskonflikte anzufassen. – Es mußte sein. Ich mußte einmal Stellung nehmen zu den unaufhörlichen stillen Angriffen. – Es ist eine Abrechnung ... Und jetzt: ein dicker Strich darunter. –« (340) Das kann schwerlich der historische Wortlaut sein. Zu wenig will sich die Novelle als Widerlegung von Gerüchten und als ›Abrechnung‹ lesen lassen, als daß man annehmen könnte, Meyer habe sich genau so geäußert. Da der Bericht aber von der Schwester stammt, ist er auch so original. Unbestreitbar geht daraus hervor, daß Meyer die Struktur eines privaten Kerns in prachtvoller Verhüllung bedacht hat und mit der Schwester den Deutungsmodus besprach. Wie das genaue Resultat einer solchen Art des Lesens aussieht, ist weniger wichtig als die Tatsache, daß das Verfahren vom ersten historischen Leser an existiert hat.

Den entscheidenden Durchbruch einer unheroischen, analysierenden Verstehensweise ins Wissenschaftliche markiert Sigmund Freuds Brief an Wilhelm Fließ vom 20. Juni 1898, geschrieben während der Arbeit an der *Traumdeutung*. Eingangs längerer Ausführungen zur *Richterin* heißt es da: »Kein Zweifel, daß es sich um die poetische Abwehr der Erinnerung an ein Verhältnis mit der Schwester handelt. Merkwürdig nur, daß diese *genau* so geschieht wie in der Neurose. Alle Neurotiker bilden den sogenannten Familienroman (der in der Paranoia bewußt wird), der einerseits dem Größenbedürfnis dient, andererseits der Abwehr des Inzestes. Wenn die Schwester nicht das Kind der Mutter ist, so ist man ja des Vorwurfes ledig.«[11] Auch hier ist die einzelne Feststellung weniger wichtig als die Optik. Freud nimmt unbekümmert ein historisches »Verhältnis mit der Schwester« im Sinne sexueller Handlungen an, wofür nichts, wogegen alles spricht. Das Werk ist in Wahrheit nicht die Abwehr der Erinnerung an etwas Geschehenes, sondern das Produkt einer einzigartigen Form von »Verhältnis« selber. Daß indessen eine reale Leidenschaft gleichzeitig Voraussetzung und Thema der Novelle bildete und daß diese der Struktur des verbergenden Zeigens, des offenbarenden Verhüllens, der Umkehrung von Ja und Nein bedurfte, um entstehen zu können, läßt sich seit Freuds Brief zwar noch ignorieren, nicht aber bestreiten oder widerlegen. Die beiden bis heute interessantesten und ertragreichsten Arbeiten über *Die Richterin*, je ein Kapitel in William D. Williams' *The Stories of C. F. Meyer*[12] und in Friedrich A. Kittlers *Der Traum und die Rede*,[13] zeigen genau die zwei Möglichkeiten, die dem Leser heute offenstehen, wenn er nicht die »gewaltige Größe« zu bewundern vorgeben will, sondern mit kühlem Kopf und in kritischer Anteilnahme an das eigenartige Ding herantritt. Williams und Kittler wissen nichts voneinander; ihr Verfahren berührt sich in keinem Punkt, und doch konvergieren die beiden Studien auf spannende Art. Williams, ganz der ironisch-scharfsinnigen, bei aller Fairneß unbestechlichen Arbeitsweise englischer Kritik verpflichtet, weist in einem brillanten Gang alle sachlichen Widersprüche und Unwahrscheinlichkeiten der Novelle nach. Dennoch verwirft er sie nicht einfach als mißraten. Er kommt sogar so weit, daß er hinter der tendenziellen Absurdität eine ihm verborgene Absicht vermutet. Die aufgehäuften Unwahrscheinlichkeiten kann er nicht anders denn als intentional begreifen: »Meyer seems to fling these coincidences at us with a take-it-or-leave-it air, as though to dare us continually to disbelieve his story.«[14] Diese These ist verblüffend und faszinierend. Williams führt sie nicht weiter aus – aus dem einfachen Grund, weil er schlechthin nicht weiß, warum Meyer so etwas veranstalten sollte. Sein minuziöses Analysieren aller Handlungsphasen und ihrer Logik hat ihn zu einem Ergebnis geleitet, das völlig begründet dasteht, aber für den Kritiker selbst ein blankes Rätsel ist. Demgegenüber zielt Kittlers Arbeit genau und ausschließlich auf diese Rätselzone. Er kommt von Freud und Lacan her und entwickelt in einer ehrgeizig-schwierigen Studie (der seit Jahren wichtigsten Arbeit zum Dichter) die Kommunikationssituation des Menschen und Poeten Meyer, aus der heraus sein Werk »gesprochen« ist und von der her es sich neu und anders »hören« läßt. Während Williams ganz von der erscheinenden Oberfläche aus operiert, arbeitet Kittler ganz von den untergründigen Faktoren her.

So verweisen also die Methoden der Forschung selbst, nebeneinander gehalten, auf jene strukturelle Polarität von Untergrund und Oberfläche in Meyers Kunst. Diese Polarität ist so heftig, daß die beiden Widerlager je ins Extreme wachsen. Der Erstarrung der Oberfläche korrespondiert eine vulkanische Ungestalt der Tiefe, zwischen denen keine Vermittlung möglich ist. Die Spannung zwischen privatem Leiden und gesellschaftlicher Norm, die so oder anders alles bewegt, was Kunst heißen darf, wird von der Novelle *Die Richterin* nicht aufgehoben, nicht gelöst. Vielmehr transportiert das Gebilde selbst die Spannung als störend schmerzhafte Realität. Was wir unmittelbar feststellen, auch heute und beim spontanen Lesen, sind die Phänomene des einen Pols. Kunst ist hier, will es scheinen, Arbeit an erstarrter Materie. Alles wird mit Gewalt hergestellt, aus Glas und Metall gebrochen, gesägt, geschliffen. Man achte nur, wie komponiert wird in dieser Novelle! Nichts, das sich dem Prinzip ›Komposition‹ entziehen könnte. Jede Szene unterliegt einer bühnenmäßigen Regie, könnte so in den Goldrahmen eines Historienmalers hinübergleiten – ja ist wahrscheinlich in diesem Rahmen ursprünglich geschaut und aus ihm heraus gedacht. Das ist kein Geheimnis; es wird immer wieder eingestanden, so oft, bis der Leser das Malerarrangement auch dort erkennt, wo kein expliziter Hinweis fällt. So erscheint die läutende Palma auf dem Turm: »In der weiten Bogenöffnung des von den ersten Sonnenstrahlen vergoldeten Turmes wiegte sich ein lichtes Geschöpf auf dem klingenden Morgenhimmel. Der Höfling sah einen läutenden Engel, wie ihn etwa in der zierlichen Initiale eines kostbaren Psalters ein farbenkundiger Mönch abbildet.« (195) Diese spezifisch Meyerschen Tableaux sind stets Steigerung und Versteinerung in einem: Kunst und Erstarrung werden konvertible Größen.

Als ›Komposition‹ sind auch alle die Vorausdeutungen und Querverweise zu betrachten, die erlesenen, wie mit einem Stab gezeigten Symbole, die Sätze, Dinge, Motive, die eingeführt und wiederaufgegriffen werden, so daß sie bedeutungsschwer und sinnbeladen bereitliegen für die Haupt- und Schlüsselszenen. Was am Ende der Novelle geschieht, auf den letzten vier Seiten, ist in jedem einzelnen Detail vorbereitet. Alles wurde einmal angemeldet, war schon da als Omen und kehrt jetzt wieder als dessen Einlösung. Der Satz »Concepit in iniquitatibus me mater mea« (in Sünden hat mich meine Mutter empfangen – 163 und 233) ist nur eine besonders auffällige der vielen Spangen, die um das Ganze geschmiedet sind. Wenn man alle Ebenen, auf denen in diesem Werk ›Komposition‹ wirkt, auseinanderlegen wollte, es müßte zuletzt der Eindruck einer vergoldeten Maschine entstehen.

Dem stehen nur die zwei eingesprengten Szenen entgegen und dazu jene Gegebenheit, die an der Novelle besonders häufig kritisiert wird: die Verworrenheit der Vorgeschichte. Es ist unbestreitbar, daß der Leser erst beim zweiten oder dritten Durchgang und nur, wenn er sich Notizen macht, die vergangenen Ereignisse klarbekommt. Zwar stimmt alles, geht alles auf. Es ist ganz durchdacht und ganz berechnet, aber es ist so verästelt und wird in so kleinen Splittern mitgeteilt, daß dem Leser auch nach den verschiedenen Geständnissen die Vorzeit als dunkle Wirrnis voll unbegreiflich-plötzlicher Taten erscheint. Da schlägt tatsächlich das Überkontrollierte und Überberechnete in sein Gegenteil um. Das Geschmeide wird zum Knäuel, der sich dem offiziellen ästhetischen

Gesetz des Ganzen entzieht. Es ist nur für die Erstlektüre so; da aber ist es eine Realität. Sie lockert, selbst wo sie irritiert, die Erstarrung, hebt die Gleichsetzung von Artefakt und Petrefakt auf und verweist ungewollt auf jene vulkanische oder titanische Tiefe, die das total Komponierte und totalitär Geordnete unterlagert.

Anmerkungen

1 Adolf Frey: Conrad Ferdinand Meyer. Sein Leben und seine Werke. 2. Aufl. Stuttgart/Berlin 1909. S. 332f.

2 *Zitate, die nur mit einer Seitenzahl bezeichnet werden, beziehen sich auf Text und Kommentarteil in der historisch-kritischen Ausgabe:* Conrad Ferdinand Meyer: Sämtliche Werke. Hrsg. von Hans Zeller und Alfred Zäch. Bd. 12. Novellen II. Bern 1961.

3 Zu diesen Begriffen vgl. Rainer Warning: Rezeptionsästhetik als literaturwissenschaftliche Pragmatik. In: R. W. (Hrsg.): Rezeptionsästhetik. Theorie und Praxis. München 1975. S. 9–41.

4 So schon Paul Heyse im Brief an Meyer vom 4. 11. 1885.

5 Zu diesem Begriff vgl. Peter von Matt: Literaturwissenschaft und Psychoanalyse. Eine Einführung. Freiburg i. Br. 1972. S. 54ff.

6 Unterlagen für das Folgende waren zur Hauptsache: Karl Fehr: Conrad Ferdinand Meyer. Stuttgart 1971; Frey (Anm. 1); David A. Jackson: Conrad Ferdinand Meyer in Selbstzeugnissen und Bilddokumenten. Reinbek 1975; Friedrich A. Kittler: Der Traum und die Rede. Eine Analyse der Kommunikationssituation Conrad Ferdinand Meyers. Bern/München 1977; Betsy Meyer: Conrad Ferdinand Meyer in der Erinnerung seiner Schwester. Berlin 1903; Maria Nils: Betsy. Die Schwester Conrad Ferdinand Meyers. Frauenfeld 1943.

7 Refrain des Gedichts »Ein Pilgrim«. In: Sämtliche Werke (Anm. 2) Bd. 1. S. 392f.

8 Frey (Anm. 1) S. 333.

9 Robert Faesi: Conrad Ferdinand Meyer. 2. Aufl. Frauenfeld 1948. S. 160ff.

10 Alfred Zäch: Conrad Ferdinand Meyer. Dichtkunst als Befreiung aus Lebenshemmnissen. Frauenfeld/Stuttgart 1973. S. 197ff.

11 Zit. in: Reinhold Wolff (Hrsg.): Psychoanalytische Literaturkritik. München 1975. S. 11f.

12 W[illiam] D[avid] Williams: The Stories of C. F. Meyer. Oxford 1962. S. 114–142.

13 Kittler (Anm. 6) S. 273–294.

14 Williams (Anm. 12) S. 137.

Literaturhinweise

David, Claude: Zwischen Romantik und Symbolismus 1820–1885. Gütersloh 1966.

Faesi, Robert: Conrad Ferdinand Meyer. 2. Aufl. Frauenfeld 1948.

Fehr, Karl: Conrad Ferdinand Meyer. Stuttgart 1971.

Frey, Adolf: Conrad Ferdinand Meyer. Sein Leben und seine Werke. 2. Aufl. Stuttgart/Berlin 1909.

Henel, Heinrich: The Poetry of Conrad Ferdinand Meyer. Madison 1954.

Hertling, Gunter H.: Conrad Ferdinand Meyers Epik: Traumbeseelung, Traumbesinnung, Traumbesitz. Bern/München 1973.

Jackson, David A.: Conrad Ferdinand Meyer in Selbstzeugnissen und Bilddokumenten. Reinbek 1975.

Jeziorkowski, Hans: Die Kunst der Perspektive. Zur Epik C. F. Meyers. in: Germanisch-Romanische Monatsschrift 48 (1967) S. 398–416.

Kittler, Friedrich A.: Der Traum und die Rede. Eine Analyse der Kommunikationssituation Conrad Ferdinand Meyers. Bern/München 1977.

Mayer, Hans: Epische Spätzeit. In: Von Lessing bis Thomas Mann. Pfullingen 1959. S. 317–337.

Meyer, Betsy: Conrad Ferdinand Meyer in der Erinnerung seiner Schwester. Berlin 1903.

Moos, Carlo: Dasein als Erinnerung. Conrad Ferdinand Meyer und die Geschichte. Bern/Frankfurt a. M. 1973.

Nils, Maria: Betsy. Die Schwester Conrad Ferdinand Meyers. Frauenfeld 1943.

Wiesmann, Louis: Conrad Ferdinand Meyer. Der Dichter des Todes und der Maske. Bern 1958.

Williams, W[illiam] D[avid]: The Stories of C. F. Meyer. Oxford 1962.

Zäch, Alfred: Die Richterin. Entstehungsgeschichte, Quellen, Handschriften und Drucke, Lesarten, Anmerkungen. In: Conrad Ferdinand Meyer: Sämtliche Werke. Hrsg. von Hans Zeller und Alfred Zäch, Bd. 12. Novellen II. Bern 1961. S. 340–380.

– Conrad Ferdinand Meyer. Dichtkunst als Befreiung aus Lebenshemmnissen. Frauenfeld/Stuttgart 1973.

GUNTER GRIMM

Theodor Storm: *Ein Doppelgänger* (1886)
Soziales Stigma als ›modernes Schicksal‹

Das Urteil Theodor Fontanes, Storm habe die bedeutsamen politischen Ereignisse – für ihn die preußischen – von den unbedeutsamen – nämlich den schleswig-holsteinischen – nicht zu unterscheiden gewußt und das habe ausschließlich »an seiner das richtige Maß überschreitenden, lokalpatriotischen Husumerei« gelegen, die seine gesamte Produktion durchziehe,[1] dieses Urteil von Storms »Provinzialsimpelei«[2] hat lange Zeit die literaturhistorische Rezeption des Dichters Storm (1817–88) geprägt. Dazu kam die Tatsache, daß bis in die dreißiger Jahre dieses Jahrhunderts die frühe Idyllennovelle *Immensee* Storms beliebtestes Prosawerk geblieben war.[3] Noch 1974 konnte Ingrid Schuster – ob mit Recht, bleibe dahingestellt – davon sprechen, Storm werde noch »heute häufig als sentimentaler Heimatdichter abgetan«.[4] Auch in einer neueren, aus England stammenden Gesamtdarstellung der deutschen Literatur des 19. Jahrhunderts ist zu lesen, Storm entziehe sich den Themen der Gegenwart, er beachte »nicht die sozialen Veränderungen, die für seine Zeit charakteristisch sind; seine Werke verraten nicht, wie der Zeiger der Geschichte vorwärtsrückt«.[5] Anläßlich des 150. Geburtstags von Storm hat Wolfgang Preisendanz darauf hingewiesen, daß Storms Werk wegen seines Defizits an politischen, sozialen oder ökonomischen Themen von den Literatursoziologen »immer radikaler in Frage gestellt oder gar schon zum Gespött gemacht« werde. Preisendanz selbst konstatiert damit nur die Borniertheit eines Blickwinkels, der allein das »politische Substrat« und die »sozialen Implikationen der Dichtung« anvisiert, und betont demgegenüber den Kunstcharakter von Dichtung. Durch ihn allein werde »die Beziehung der Dichtung zur gesellschaftlichen Wirklichkeit« vermittelt und könne nur in ihm »faßlich und wirksam« werden.[6] So zutreffend in ästhetischer Hinsicht die – dezidiert von Adorno vertretene – Anschauung ist, die gesellschaftliche Beziehung drücke sich wesentlich in der Kunst*form* aus, so darf darüber nicht die historische Frage nach der inhaltlichen Dokumentation von Realität vernachlässigt werden. Und gerade unter diesem Blickwinkel blieb das Novellenwerk Storms – mit wenigen Ausnahmen – bis in die siebziger Jahre unausgeleuchtet.

Die Beliebtheit der Idyllen und der Chroniknovellen mit ihrem von einer konservativ-nationalen Germanistik hochstilisierten Schicksalsgedanken hat die späteren Novellen – mit Ausnahme des *Schimmelreiters* – aus dem Blickfeld gedrängt. In ihnen – etwa den Novellen *Im Brauerhause* (1878/79), *Schweigen* (1882/83), *John Riew* (1884/85), *Bötjer Basch* (1886), *Ein Bekenntnis* (1887) – wendet sich Storm unmittelbar den Themen der zeitgenössischen Wirklichkeit zu, die auch heute noch, nach rund hundert Jahren, an Aktualität wenig eingebüßt haben. Von fast schockierender Modernität war die Novelle *Ein Doppelgänger*, deren Thema – die scheiternde Rehabilitation eines Zuchthäuslers –, anders als der Titel vermuten läßt, mit romantischen Motiven nichts Gemeinsames hat. Lag es am ›unbürgerlichen‹ Thema oder an seiner inadäquaten Gestaltung, die Novelle wurde von der traditionellen Literaturgeschichtsschreibung nicht zu Storms ›Meisterwerken‹ gerechnet.[7] Ein Urteil, dessen Präformierung vielleicht in bürgerlicher Ideologie gesucht werden könnte, wenn sich eine gesellschaftskritische Tendenz – die Infragestellung der bürgerlichen Ordnung – als zentrales Thema herauskristallisieren ließe. Fritz Böttger hat jedoch bereits 1959 darauf hingewiesen, daß Storm sich kaum zum Vertreter der Interessen des Industrieproletariats gemacht hat, da John Hansen, der ›Held‹ der *Doppelgänger*-Novelle, »kein klassenbewußter Industriearbeiter, sondern ein durch Straffälligkeit deklassierter Proletarier« sei und das von Storm erörterte Problem »mehr aus dem Erlebniskreis des Juristen als dem des Soziologen« stamme.[8] Storm als gelernter Jurist, als Richter und Landvogt schien ja für die Gestaltung eines ›kriminalistischen‹ Themas besonders prädestiniert zu sein, und es ist im Grunde eher erstaunlich, daß sich die Themen und Motive seiner Berufspraxis nicht ausgeprägter in seinem Werk finden.[9]

Storm selbst hatte 1873, in einem Resümee seiner Existenz, auf die Bedeutung der juristischen Tätigkeit für seine Dichtungen hingewiesen: »Mein richterlicher und poetischer Beruf sind meistens in gutem Einvernehmen gewesen, ja ich habe sogar oft als eine Erfrischung empfunden, aus der Welt der Phantasie in die praktische des reinen Verstandes einzukehren und umgekehrt.«[10] Verallgemeinert drückt Storm diese Erfahrung in einem Brief an Heinrich Seidel aus. Er warnt Seidel, der »die gut bürgerliche Arbeit« mit einem »Literatenleben« vertauschen wollte, vor den Gefahren der Bindungslosigkeit, die er mit dem beschwerlichen Dasein des freien Schriftstellers assoziierte: »Ich weiß aus Erfahrung, wie sehr poetische Production durch ganz davon ge- und verschiedene Arbeit getragen und gefördert wird.«[11] Obwohl diesem Zeugnis zahlreiche Briefe entgegenstehen, in denen Storm sich über seine berufliche Existenz und deren Beschwernisse beklagt,[12] wird man dem distanzierteren Urteil die größere Wahrheit zubilligen. Besonders in der Novelle *Ein Doppelgänger* dürften sich die Erfahrungen des Richters und Landvogts niedergeschlagen haben. Wie empfänglich Storms Psyche für die Eindrücke des Verbrechens und des Unrechts gewesen war, geht aus einigen Berichten seiner judiziellen Amtszeit hervor.

Aus der Heiligenstädter Kreisrichtererfahrung erzählt Storm 1862 seinen Eltern von einem Raubmord: »Freitag steht ein höchst brutaler Raubmord zur Verhandlung, den ein junger Bursche hier in der Nähe an einem Mädchen verübt, die mit ihrem auswärts erworbenen Verdienste bei seinen Eltern übernachtet hatte, und die er dann auf ihrem Wege in ihr Heimatdorf begleitete. Als sie zusammen im Walde gefrühstückt hatten, schlug er sie mit der Holzaxt mehrere Male von hinten tief in den Kopf und nahm ihr die sauer erworbenen 12 Taler ab. Wir hatten den Bengel schon am Tage nach der Tat.«[13] Und dem Freunde Ludwig Pietsch berichtet er nach der Verhandlung: »Das Schwurgericht ist aus; der Mörder hat sein Recht; eine wahre Knabengestalt; sein Vater, ein niederträchtiger Kerl, hatte ihn in Lumpen gehen lassen, und er wollte doch auch wie die andern Burschen, die ihn deshalb verhöhnten, den Mädchen beim Tanz gefallen. Da kam die Versuchung.«[14] Mitleid fundiert offensichtlich Storms Verständnis des schwachen, den gesellschaftlichen Versuchungen erlegenen Charakters. Menschliche Regung und Richteramt geraten beinahe in einen Widerstreit. Aus seinem Abscheu gegenüber der gefühllosen Menge, die den Mörder auf seinem Weg zum Galgen begleitet, macht Storm keinen Hehl: »Sie hätten die Aufregung im Städtchen sehen sollen, wie der zum Tode Verurteilte die Gasse hinabgebracht wurde, es wimmelte von Menschen; das Volk, die Bestie, war auf den Beinen; es war ordentlich wie Blutgeruch in der Luft; ich bekam plötzlich ein Gefühl wie allein in einer Menagerie.«[15]

Seiner Frau Constanze schreibt Storm am 10. Oktober 1863 von einem ungewöhnlichen Diebstahl. Auch dieser Bericht spiegelt das menschliche Interesse, das Storm über seine juristische Amtspflicht hinaus an dem Täter nahm. »Der letzte Angeklagte unserer Schwurgerichtssitzung war ein gefürchteter und vielbestrafter Dieb, ein noch junger, hübscher, intelligent und energisch aussehender Mann. Als er vom Gefangenhaus [!] in die Sitzung geführt werden sollte, warf er dem Inspektor eine Prise Schnupftabak ins Gesicht und wollte entspringen. Es gelang ihm indessen nicht, und er wurde von unsern Gefangenwärtern bei der Gelegenheit ziemlich arg mitgenommen, so daß er mit blutrünstigem Gesicht im Gerichtssaal erschien. Der Mann interessierte mich. Es war etwas in seiner kraftvollen Erscheinung, daß ich immer denken mußte, den haben die Verhältnisse auf diesen Platz gebracht. Etwas Sonnenschein zur rechten Zeit hätte vielleicht eine sehr edle Menschenpflanze zur Erscheinung gebracht... Meine gute Meinung von ihm hat sich aber jetzt bestätigt, denn ich höre soeben, daß er sich über Nacht im Gefängnis erhängt hat. – Einer mehr zu den vielen.«[16] Diese Schilderung aus Storms Berufsleben weist auf das Thema der Novelle *Ein Doppelgänger* voraus: die schlechten Lebensbedingungen, die einen ›edel‹ veranlagten Menschen zum Dieb und Gewalttäter werden lassen.

Die persönliche Beteiligung an Kriminalgerichtsangelegenheiten – in Heiligenstadt wohnte Storm außerdem gegenüber dem Gefängnis – bekundet sich mehrfach im Briefwechsel mit seiner Frau. Bei einem »langen Verhör«, in dem er den Verbrecher zwar zum Geständnis gebracht habe, sei er »aber selbst ganz kaputt dabei« gegangen.[17] Für den Richter stand die Beschäftigung mit Strafsachen, mit Verbrechen, Morden und Totschlägen an der Tagesordnung.[18] Wenig später schrieb er seinem Sohne Hans: »Ich plätschere nur so in Kriminalsachen: zwiefache Brandstiftung durch ein dreizehnjähriges Mädchen, Schwindelei, Betrug, versuchter Giftmord, Holzdiebstähle.«[19]

Diese Beispiele der unmittelbaren beruflichen Berührung Storms mit Konfliktsituationen zwischen Individuum und Gesellschaft verdeutlichen die persönliche Disponiertheit des Autors. Die Welt der sozialen Ungerechtigkeit und des individuellen Leidens hat seine Weltanschauung entscheidend geprägt; sie schlägt sich in seiner Dichtung, in der Lyrik und den Novellen, kontinuierlich nieder. Dennoch wurden die ›kriminellen‹ Ereignisse, von denen Storm Anfang der sechziger Jahre berichtet, mit denen er jedoch auch als Richter in Husum (1866–80)[20] konfrontiert war, erst 1886 Gegenstand einer Novelle, die das Thema in eine der Gegenwart schon recht nahegerückte Zeit verlegt. Vielleicht bedurfte Storm des zeitlichen Abstandes von seinem Beruf – er war am 1. Mai 1880 pensioniert worden –, um dessen Problemkreise objektiv gestalten zu können.

Mochte also einerseits die seit der Pensionierung gewonnene Distanz Storm in die Lage setzen, einen kriminalistischen Stoff zum Thema einer Novelle zu machen, so war andererseits äußerer Zündstoff genug vorhanden, um gerade in den achtziger Jahren diesem Thema besondere Aktualität zu verleihen. Die preußische Kriminalstatistik belegt die von Zeitgenossen Storms als Bedrohung empfundene Zunahme der Verbrechen und Vergehen gegen das Leben. Auch nach seiner Pensionierung wird Storm diese jedem Amtsrichter zugänglichen Statistiken in Augenschein genommen haben.[21] Eine besonders starke Zuwachsrate ist seit 1873 bei Mord und Totschlag zu verzeichnen.[22] Eine Analyse des Zahlenmaterials ergibt, daß der Schwerpunkt auf dem Verbrechen des Totschlags liegt, wobei natürlich die Entscheidung Mord oder Totschlag von der jeweiligen juristischen Praxis abhängt. Die für die Jahre 1878–81 vorliegende

Statistik weist auf einen wesentlichen sozialen Faktor hin. Die weitaus meisten der wegen Mordes oder Totschlags Verurteilten befanden sich in unselbständiger Stellung. Sie waren »Arbeiter, Tagelöhner, Häusler und andere Personen ohne bestimmten Erwerb«.[23] Für das Jahr 1881 etwa ergibt sich als Gesamtresultat, daß von den 65 wegen Mordes Verurteilten 51 Personen in unselbständiger Stellung (78,5%) und daß von den 80 wegen Totschlags Verurteilten 59 Personen (73,7%) in unselbständiger Stellung standen. Über die Hälfte der Straftäter gehörte den Altersklassen unter 30 Jahren an.[24]
John Hansen, der ›Held‹ in Storms Novelle, begeht zwar keinen vollendeten Mord oder Totschlag. Bei dem von ihm und seinem Spießgesellen Wenzel begangenen »unerhört frechen Einbruchdiebstahl«[25] kommen der Exsenator Quanzberger und sein alter Diener noch mit dem Leben davon, erleiden aber nachhaltige Schäden. Hansen muß eine sechsjährige Zuchthausstrafe in Glückstadt absitzen.
In Schleswig wurden bereits 1867 das preußische Strafgesetzbuch, Teile der preußischen Verwaltungsgesetzgebung und Gerichtsverfassung eingeführt;[26] doch müßten für Hansen, dessen Tat von Storm in die vierziger Jahre verlegt wird, noch die Landesgesetze Geltung haben. Storm schildert freilich die Gerichtsverhandlung nicht und läßt sich auch auf eine nähere Begründung des Urteils nicht ein. Das entbindet ihn von einer exakten Festlegung auf die schleswig-holsteinischen oder die preußischen Gesetze. Wahrscheinlich hat er sich an der geltenden Rechtsordnung von 1886 orientiert und Hansens Fall dem Paragraphen 214 subsumiert: »§ 214. Wer bei Unternehmung einer strafbaren Handlung, um ein der Ausführung derselben entgegentretendes Hinderniß zu beseitigen oder um sich der Ergreifung auf frischer That zu entziehen, vorsätzlich einen Menschen tödtet, wird mit Zuchthaus nicht unter zehn Jahren oder mit lebenslänglichem Zuchthaus bestraft.«[27] »Unternehmung« umfaßt, wie der Kommentar erläutert, »sowohl die vollendete Ausführung als den Versuch einer Uebelthat« und ist auf den Raub selbst zu beziehen. Ein eigentlicher Raubmord liegt bei Hansen nicht vor, da die vorsätzliche Tötung eines Menschen nicht an die Raubabsicht gekoppelt war.[28] Strafmildernd hat in Hansens Fall wohl der Sachverhalt gewirkt, daß die Tötung beim Versuch steckengeblieben ist.
Das Verbrechen und die strafrechtliche Sühne dienen Storm als Anlaß; die Novelle stellt den nach der Strafverbüßung liegenden Zeitraum dar. An Hinweisen auf Übelstände im zeitgenössischen Gefängnis- und Zuchthauswesen hat es nicht gefehlt.[29] Entwürfe zu einer staatlichen Organisation der Entlassenenfürsorge und zu einer Vorbereitung dieser Fürsorge im Strafvollzug selbst wurden erst gegen Ende des Jahrhunderts vorgelegt.[30] Das deutsche Strafgesetzbuch von 1871 basiert auf Hegels Vergeltungslehre und deren Verbindung mit Feuerbachs Generalpräventionstheorie, die zu einem taxartig abgestuften (d. h. nach Art einer amtlich festgesetzten Preis- und Gebührenordnung angelegten) Tatvergeltungsstrafrecht führten.[31] Eberhard Schmidt hat zu Recht konstatiert, daß beim Tatvergeltungsstrafrecht die Frage nach dem bestraften Menschen aus dem Blickfeld geriet und daß die Resultate dieses Straftaxwesens dem Zweck der Bestrafung widersprachen: Zuchthaus- und Gefängnisstrafen wirkten sich laut Kriminalstatistik seit 1882 als Kriminalitätssteigerung aus.[32] Einem liberal-idealistischen Denken, wie es seit Kant und Hegel in die Strafrechtstheorie eingezogen war, galten jedoch alle »spezialpräventiven Zwecksetzungen gegenüber dem bestraften Menschen« als verpönt. In besonderem Maße traf das auf alle »ihm gegenüber zu unternehmenden Resozialisierungsversuche« zu. Dieses Denken spiegelt sich im Reichsstrafgesetzbuch von 1871.

Grundsätzlich kümmerte sich der Strafvollzug nicht um den bestraften Menschen, weder um seine psychischen und sozialen Nöte noch um seinen Charakter, um seine soziale Situation (Milieu) und um seine beruflichen Chancen nach der Entlassung. Hat Storm mit seiner Novelle *Ein Doppelgänger* die Unzulänglichkeit dieses herrschenden Vergeltungsstrafrechts dartun wollen? Für die Annahme einer solchen, in engem Zusammenhang mit seinem Beruf stehenden Konsequenz sprechen charakteristische Züge der Novelle. In ihrem Zentrum steht weniger die Auswirkung der Zuchthausstrafe auf die Psyche und die Verhaltensweise des Gefangenen. Ein verstärkter Hang zur Entladung latent angestauter Aggressivität zeigt sich bei John Hansen erst im Reagieren auf die von der Gesellschaft errichteten Barrieren.[33] In den Vordergrund seiner Darstellung rückt Storm den anderen, in den achtziger Jahren kaum wahrgenommenen Aspekt des Resozialisationsprozesses: das ehrliche Bemühen des Entlassenen und die feindliche Reaktion einer sich intakt fühlenden Gesellschaft auf das als ›Eindringen‹ empfundene Eingliederungsbestreben. Drei Hemmnisse stellen sich im allgemeinen der reibungslosen Resozialisation entgegen: der Widerwille der Gesellschaft selbst, die wirtschaftliche Not des Verurteilten und der »Mangel einer festgefügten Ordnung«,[34] die den Entlassenen vor neuer Versuchung feit. Storms Darstellung dieses gesellschaftlichen Aspekts lenkte schon immer zur Fragestellung, ob er Kritik an der bürgerlichen Gesellschaft des späten 19. Jahrhunderts üben wollte oder ob er das tragische Scheitern seines ›Helden‹ als unabänderlichen, schicksalhaften Vorgang auffaßte. Über dieser Frage haben sich die Interpreten von Anfang an in zwei Parteien geteilt, und oft wurden die Deutungen aus ideologischer Vorerwartung an den Text herangetragen.

Die Grundpositionen werden schon zu Lebzeiten Storms deutlich. Beispielhaft beleuchten zwei zeitgenössische Rezensionen die Spannweite ideologischen Literaturverständnisses. In den *Preußischen Jahrbüchern* von 1887 veröffentlichte der später als Verfasser einer konservativ-bürgerlichen deutschen Literaturgeschichte bekannt gewordene Alfred Biese eine Würdigung Theodor Storms, die er mit einer Besprechung der *Doppelgänger*-Novelle ausklingen ließ. Er hebt die »eiserne Konsequenz« hervor, mit der sich die »Tragödie aus der kleinen Hütte des armen Arbeiters« abspiele. Da die »böse Welt« den ehemaligen Zuchthäusler ständig von sich stoße, könne sich sein »guter Kern« nicht entwickeln. Mit »ergreifender Naturwahrheit« – Biese nennt sie »Naturalismus im edlen Sinne« – schildere Storm »das Fühlen und Denken dieser unteren, oft so bedauernswerthen Menschenschicht«. »Vor allem ist die Novelle durchweht von dem Geist echter Humanität. Das Schicksal ist wohl oft hart gegen den Menschen, aber am härtesten ist doch der Mensch gegen den Menschen. Der Eine vergiftet und vernichtet des Anderen Leben – anstatt zu vergeben und zu vergessen. Es liegt eine wahre, tiefe Tragik hierin. Was hätte aus John Glückstadt werden können, wenn ihn das Leben anders gebildet, wenn ihn die Welt anders behandelt hätte – so treibt ihn das Verhängniß von Stufe zu Stufe. Er büßt eigene und – Anderer Schuld. [...] Nicht bloß muß man es bewundern, wie hier ein Zuchthäusler, Mörder und Dieb mit goldenem Schimmer der Poesie und der Humanität umwoben und so uns menschlich nahe gebracht wird durch ergreifende Darstellung, sondern auch wie die Schaffenskraft des Dichters im hohen Alter keine Ermüdung und Erlahmung zeigt, sondern nur sich steigert und vertieft.«[35]

Bieses von der Würdigungsabsicht mitbestimmte Deutung betont Storms humanistisches Anliegen und die ästhetische Kunst individualistischer Menschendarstellung. Die ›Schuld‹ der anderen gilt ihm nicht als Indiz für eine möglicherweise anvisierte Gesellschaftskritik. Die Feststellung, am härtesten sei doch der Mensch gegen den Menschen, zementiert einen historischen Tatbestand, verallgemeinert ihn zu einer anthropologischen Konstanten und erhebt ihn dadurch zu einem unabwendbaren Schicksal.

Bieses humanistisch-›bürgerlicher‹ Interpretation steht die bereits früh formulierte Auffassung des Sozialdemokraten Johannes Wedde gegenüber, der im *Doppelgänger* ein Werk sozialen Protestes sah und unverkennbare Merkmale des Klassenkampfes darin vorzufinden glaubte. Weddes Rezension, auf die sich verschiedene neuere Arbeiten, in Ablehnung und Anerkennung, beziehen, lautet in ihren wichtigsten Partien: Die Novelle *Ein Doppelgänger*, in der sich Storms »wirkliches Volksverständnis« bekunde, schildere einen »von der Gesellschaft ausgestoßenen Proletatier [...] einen Menschen, auf welchen eine Gesellschaft der satten zahlungsfähigen Moral – hier symbolisch repräsentiert durch eine Zichorienfabrikantenschwägerin – als auf ein ›sittlich verkommenes Individuum‹ mit tugendhafter Verachtung herabblicken muß, der aber vor jedem, der mit Dichters Augen in die Geheimnisse des Lebens hineinschaut, so voll ehrenhafter Männlichkeit dasteht, daß es unmöglich ist, ihn nicht zu lieben, ihn bei seinem namenlos gräßlichen Ausgange nicht aufs innigste zu beklagen.« Ein gleichsam tendenziöser Gedanke verbinde die Geschwisternovellen *Bötjer Basch* und *Ein Doppelgänger*: ihre ›Helden‹ repräsentieren zwei Stände: »Sie wollen uns den Wert und die Tüchtigkeit der sogenannten ›kleinen Leute‹, des vom dummen Hochmut so oft geringgeschätzten gemeinen Volkes, zu Herzen führen, sollen uns veranschaulichen, auf welcher Grundfeste der Bau der Zukunft aufgeführt werden muß. Zugleich enthält der *Doppelgänger* – vielleicht unbewußt – einen schneidigen Protest gegen Zustände, die so edle Volkskraft so jammervoll zugrunde gehen lassen. Der dunkle modervolle Brunnen, in welchem der Mann der nackten Faust mit gebrochenen Gliedern elend verhungern muß, ist ein ganz unmißverständliches Sinnbild. Vertuscht und überzuckert wird hier gar nichts. Die ganze Not der Wirklichkeit von 1887 und 1888 schreit aus diesem (abgesehen von der nicht ganz glücklichen Rahmenerzählung) mit klassischer Meisterschaft ausgeführten Zeitbilde uns entgegen. Aber es fehlt auch nicht die Hoffnung auf eine erlösende Wendung der Dinge. Wenn – nach der Rahmenerzählung – Johns einzige Tochter an der Hand eines wackeren Forstmeisters eine neue, bessere Heimat findet und Johns Bild sich in ihrem trefflichen Sohne wiederholt ohne die verderblichen Züge, die jenem ein elendes Leben aufgenötigt hatte, so liegt darin ausgedrückt, daß die Kluft nicht für immer bestehen soll, welche jetzt die große Majorität der Volksgenossen vom Genusse vollen, reinen Menschentums scheidet, und daß eine Beseitigung dieser traurigen Scheidung wahrhaft im Interesse aller liegt [...].«[36]

Storm hat Weddes Deutung nicht vorbehaltlos zugestimmt. Nicht überall, so bemerkt er in seiner Antwort, könne er mitgehen. Dennoch begrüßt er Weddes Akzentuierung einzelner auch ihm selbst bedeutsamer, von der öffentlichen Kritik bisher übersehener Aspekte.[37] Wedde deutet die in der Rahmenerzählung vorgeführte Lösung, die Aufnahme von Hansens Tochter in die Gesellschaft, als »Beseitigung dieser traurigen Scheidung« zwischen Besitzenden und Besitzlosen. Er faßt die Rahmenerzählung offenbar als einen ›utopischen‹ Gesellschaftsentwurf Storms zur Versöhnung der Klassengegensätze auf. Ihr utopischer Gehalt würde insofern nicht als märchenhafte

Idylle, sondern als Protest gegenüber der Realität wirken. Freilich könnte erst eine konkret formulierte Kritik Weddes Annahme bestätigen, Storm beabsichtige eine Veränderung der Besitz- und Herrschaftsverhältnisse. Das *Konstatieren* eines sozialen Konfliktes allein würde zu solch weitreichenden Folgerungen nicht ausreichen.

Läßt man die verschiedenen Interpretationen der *Doppelgänger*-Novelle, die seit Biese und Wedde vorgelegt wurden, Revue passieren, so geben sie sich als Varianten dieser beiden Grundtypen zu erkennen. In der französischen Germanistik hat Weddes Interpretation der Novelle als Protest- und Anklagewerk Nachfolge gefunden. Robert Pitrou stellt, wenn er John Hansen einen »Jean Valjean du Nord« nennt,[38] Storms Novelle in eine Reihe mit Victor Hugos Roman *Les Misérables.* In der deutschen Germanistik hat Weddes Auffassung keinen unmittelbaren Widerhall gehabt. Erst Peter Goldammer zitiert Wedde zustimmend im Kommentar seiner Werkausgabe.[39] In den dreißiger und vierziger Jahren stehen alle Storm-Interpretationen in deutlicher Abhängigkeit von der herrschenden Ideologie; sie betonen die Werte der Sippe, der Gemeinschaft, des Heroismus und des Schicksalsglaubens.[40] Am dezidiertesten vertritt Hans Naue in seiner Dissertation *Das Problem von Schicksal und Freiheit bei Theodor Storm* diese Anschauung.[41] Johns aus »unschuldigem Herzen« kommende Tat werde zum »unabwendbaren Fatum«, gegen das seine Willensanstrengung machtlos sei und seine in Absicht und Tätigkeit sich äußernde Sühne wirkungslos bleibe. Wie bei den Konflikten zwischen Adel und Bürgertum konstituiere auch im *Doppelgänger* die »Unvollkommenheit der menschlichen Gesellschaft« das Schicksal.[42] Allerdings bemängelt er (mit Hermann Pongs[43]), daß Storm »das Gefühl für die göttliche Erhabenheit des Schicksals« fehle.[44]

Nachklänge dieser Auffassung finden sich in den Dissertationen von Ingeborg Welp[45] und Elisabeth Muchitsch,[46] die beide den Schicksalsgedanken in Storms Werken untersuchen. »Einer ehernen schicksalhaften Zwangsläufigkeit zufolge findet der ›Zuchthäusler‹ aber trotz seines Bemühens kein Erbarmen und Verständnis«, konstatiert die Thurnher-Schülerin Muchitsch,[47] die sich weitgehend der einflußreichen Monographie Franz Stuckerts anschließt.[48] »Die unerbittliche Abwehrstellung der Gemeinschaft« gilt als neue ›schicksalhafte Tatsache‹. Die Umwelt, der er machtlos ausgeliefert ist, wird dem ›Helden‹ zum Schicksal.[49]

Überwiegend ist in der Forschung die Meinung vertreten, Storm habe mit dieser Novelle »keine soziale Anklagedichtung schaffen wollen«, ihn habe »ausschließlich das menschliche Problem« beschäftigt, wobei der thematisch bedingte sozialkritische Ton nur beiläufig, wenn auch unüberhörbar anklinge.[50] Konsequent ordnet Franz Stuckert den *Doppelgänger* zum Typus der ›Schicksalsnovelle‹.[51] Die Tatsache, daß der gesellschaftliche Konflikt keine unmittelbare Lösung findet, scheint die Auffassung von Storms fatalistischem Schicksalsdenken zu bestätigen.

Verwandt mit der Deutung des schicksalhaften Untergangs ist die in der amerikanischen Storm-Forschung vertretene Ansicht, Storm habe (wie in *Renate* und *Im Brauerhause*) das Problem des Außenseitertums gestalten wollen. Generationenkonflikte und Isolierungsprobleme seien eines der Stormschen Zentralthemen. Als Darstellung der menschlichen Einsamkeit und Isolierung haben Frank X. Braun[52] und, ihm folgend, Lloyd Warren Wedberg[53] die Novelle interpretiert. Hansens Einsamkeit sei eine allgemein-menschliche: das Dekor sozialer Ungleichheit verwende Storm nur als Kulissen, »in which are borne the countless lonely souls, of which Hansen is only one«.[54]

Wedbergs ›existentialistische‹ Interpretation verdeckt jedoch, daß die moralische Isolation eine Folge der sozialen Ausstoßung ist. Er deutet Hansens Isolation als »outgrowth of his temperament and its interaction with social forces«. Die Aufnahme der Tochter in die Gesellschaft erscheint als Ausdruck der Hoffnung (»an antidote to loneliness«).

Die seit den siebziger Jahren an sozialen Problemen interessierte westdeutsche Germanistik hat sich bevorzugt dem Spätwerk Storms zugewandt. *Im Brauerhause*, *Bötjer Basch* und *Ein Doppelgänger* sind paradigmatische Objekte dieser Betrachtungsweise. Die Arbeiten von Ingrid Schuster[55] und Hartmut Vinçon[56] repräsentieren diesen Trend. Ein Vorläufer der sozialen Interpretation ist Fritz Böttgers Storm-Monographie von 1959. Er erkennt der »Proletariernovelle« nicht »den gleichen sozialen und künstlerischen Rang« zu wie der Novelle des Kleinbürgertums *Bötjer Basch*. Die Gestalt des Zuchthäuslers John Glückstadt werde der Problematik des aufkommenden Industrieproletariats zu wenig gerecht.[57] Seine Kritik an Storms bürgerlich-humanistischer Einstellung, die auf eine »Entwicklungstendenz zum Besseren« vertraue, anstatt »soziale Anklage« zu üben, geht von der unerwiesenen These aus, Storms Wunsch sei die Veränderung der gesellschaftlichen Zustände gewesen, die Hansens Ausschluß und Tod verschuldet hatten. Sie liegt implizit auch Hartmut Vinçons Deutung zugrunde. Er zitiert zustimmend Weddes »treffende Zusammenfassung« der Novelle.[58] Die Hoffnung auf die »erlösende Wendung der Dinge« äußere sich freilich nicht als »Befreiung der Arbeiterklasse«, sondern als Integration von Hansens Tochter in die bürgerliche Gesellschaft. Auch Fritz Martini sieht im *Doppelgänger* »die Tragödie des *Proletariers*«, der ein »Opfer der Gesellschaft« geworden ist.[59]

Erstaunlich ist es, daß bei den verschiedenen Interpretationen der Novelle der Blick zwar immer auf die menschliche oder die soziale Problematik gelenkt, nirgends aber der Titel als entscheidender Schlüssel für die von Storm intendierte Deutung gewürdigt wurde. Gehört doch der Titel zu den wichtigsten Signalelementen, mit denen der Autor die Rezeption seiner Leser zu steuern vermag.[60] Vergegenwärtigt man sich, wie sehr Storm gerade um die Formulierung des Titels gerungen hat, so leuchtet seine Funktion als zentraler Hinweis auf Storms Sinngebung noch mehr ein.

Storm hat die Novelle auf Bestellung geschrieben. Zunächst hatte er dem Schriftsteller Karl Emil Franzos, der für seine am 1. Oktober 1886 erstmals erscheinende Zeitschrift *Deutsche Dichtung* auch einen Beitrag von Storm erbeten hatte (18. Juni), eine Absage erteilt (25. Juni).[61] Da erzählte ihm seine zufällig anwesende Tante »den etwas unheimlichen Tod eines Husumer Menschen«. Dieser Bericht hat bei Storm unmittelbar ›gezündet‹: »Wie ich andern Morgens aufsteh, ist die Geschichte fertig in meinem Kopf [...]«.[62] Der neue Stoff schien ihn so zu fesseln, daß er die Arbeit am *Schimmelreiter* und an der Novelle *Ein Bekenntnis* zunächst einstellte, um sich sogleich an dessen Niederschrift zu begeben. In seiner kurzfristigen Zusage vom 5. Juli berichtet er Franzos: »Ich schreibe schon, und zwar für Ihr Blatt, seit mehreren Tagen und habe die andern Arbeiten bei Seite gelegt. Ich hoffe, daß es was wird, und so würde ich denn doch noch erträglich früh bei Ihnen mitkommen. *Der Brunnen* wird es vermuthlich heißen.«[63]

In seiner Antwort auf Storms Zusage begründet Franzos die notwendige Verteilung der Novelle *Der Brunnen* auf mehrere Hefte.[64] Entgegen Storms anfänglicher Hoffnung, die

Novelle in etwa sechs Wochen (bis zum 28. Juli) vollenden zu können, zogen sich die Schreibarbeiten doch bis Mitte September hin.[65] So ging die erste Folge bereits in den Satz, während er noch am Schluß arbeitete. Storm hat diese unter Druckzwang stehende Vollendung mehrfach als »Gewaltsarbeit« bezeichnet.[66] Der Titel schien noch nicht festzustehen, da Franzos am 7. August um dessen endgültige Formulierung bat.[67] Am 10. August kündigte Storm die Absendung des ersten Manuskriptteils an und fügte in einem Postscriptum hinzu, der Titel der Arbeit sei »gar nicht einzufangen«.[68] Der ersten Sendung vom 11. August legte er die Notiz bei: »Der *Titel* ist fast unfindbar; ich nenne es bis auf Weiter: *Ein Doppelgänger.*«[69] Im Brief an Erich Schmidt vom 16. September geht Storm bereits von diesem Titel als definitiv aus und projiziert ihn sogar in die Anfangsverhandlungen mit Karl Emil Franzos zurück.[70] Am 21. September liefert Storm den Schluß der Novelle ab: »Anbei denn der Schluß meines *Doppelgänger;* die Arbeit hat mich länger beschäftigt und ist länger geworden, als ich dachte; aber wenn ich die verschiedenen Motive einigermaaßen erledigen wollte, so mußte ich Ihnen schon so lange zur Last fallen. Ob das Ganze so berechtigt, ist mir noch nicht ganz klar. Einige Fehler sind bei dieser ungünstigen Art zu arbeiten, welche die Revision des Ganzen ausschließt, eingeschlichen: der Erzähler hat sich zu Unrecht im Anfang als junger Advokat eingeführt; auch die Zweitheilung der Person des John im Gedächtniß der Tochter hätte wohl etwas beunruhigender noch für sie betont werden müssen.«[71]
Die Novelle erschien erstmals unter dem Titel *Ein Doppelgänger* in sechs Fortsetzungen vom 1. Oktober bis 15. Dezember 1886; eine überarbeitete Buchausgabe kam 1887 heraus, doch blieb in ihr der Titel unverändert, ebenso in dem 1887 publizierten Band *Bei kleinen Leuten,* wo sie zusammen mit der Novelle *Bötjer Basch* abgedruckt war[72]. Die während des beschwerlichen Arbeitens eingeflossenen, von Storm selbst bemängelten »Raisonnements« wurden für die Einzelausgabe zwar beseitigt;[73] der Storm auch später nicht restlos befriedigende Titel blieb gleichwohl erhalten. Seinem Schwiegersohn, dem Pfarrer Ernst Esmarch, schrieb Storm am 19. Mai 1887:
»Es freut mich, daß mein *Doppelgänger,* dessen Titel freilich etwas geschraubt ist, den ich aber nicht mehr ändern kann, so auf Euch gewirkt hat; daß in beiden, dieser und der Geschwisternovelle *Bötjer Basch,* das Evangelium der Liebe stecke, ist mir wohl bewußt gewesen. Auf alle Seelsorger wird aber die Wirkung nicht eine solche sein.«[74]
Storms bis zuletzt konstatierbares Schwanken signalisiert die unentschiedene Tendenz des Textes selbst, die es erschwerte, einen völlig schlüssigen Titel zu finden. Eine Musterung der in der Novelle enthaltenen sozialkritischen Argumente wird dort an eine Grenze stoßen, wo es um ihren funktionalen Einsatz geht. Die Angehörigen der ›besseren‹ Gesellschaft *und* die Arbeiterkollegen distanzieren sich von Hansen[75] – schon allein dieses Faktum sollte vor der vorschnellen Annahme warnen, Storm vertrete eine Oppositionshaltung gegenüber der *bürgerlichen* Gesellschaft.
Die neueren Versuche, Storms Novelle als sozialkritische ›Proletarier‹-Dichtung zu deuten, sind ebenso einseitig wie die älteren Interpretationen, die in dem verworfenen Titel *Der Brunnen* das leitmotivische Symbol fanden und daraus die Gewähr für die Richtigkeit ihrer These ableiteten, *Ein Doppelgänger* sei ausschließlich eine ›Schicksalsnovelle‹. Die Analyse der Novelle wird also stärker auf den trotz aller Bedenken beibehaltenen Titel zu achten haben.
Das Motiv des Doppelgängers hat Storm aus Annette von Droste-Hülshoffs Novelle *Die Judenbuche* entnommen.[76] Während bei ihr das ethische Problem der Sühnung von

Schuld im Zentrum steht, rückt Storm den sozialen Aspekt in den Vordergrund. Der Stormschen Novelle fehlt die philosophische Problematik.[77] Das Doppelgängertum, als Konfrontierung eines Ichs mit seinem Spiegelbild, manifestiert sich traditionell im synchronen Auseinanderfall eines Ichs in zwei Individuationen. Die im Doppelgängertum sich konkretisierende Ich-Spaltung gilt als Ausdruck der Unvereinbarkeit zweier diametral sich gegenüberstehender und sich ausschließender Lebensprinzipien. Bei Storm besteht zwar für den ›Helden‹ ein Zwiespalt zwischen Wollen und Sein, zwischen der erwünschten Entfaltung seiner Fähigkeiten innerhalb der Gesellschaft und dem erzwungenen Ausschluß aus ihr. Doch stellt sich das Bewußtsein des Doppelgängertums erst im nachhinein und für den Außenstehenden her. Nicht ein psychischer Zwiespalt, sondern die Nichtübereinstimmung mit der Gesellschaft erzeugt den Konflikt, der den Eindruck des Doppelgängertums entstehen lassen konnte: die Bilder des im Kampf gegen die Gesellschaft negativ und des in der resignativ hingenommenen Isoliertheit positiv erinnerten Glückstadt. Storm selbst hat ja an seiner Ausführung dieses Gedankens bemängelt, die »Zweitheilung der Person« in der Erinnerung seiner Tochter hätte »etwas beunruhigender« ausfallen müssen. Die Entwicklung, die Hansen erfährt, ist am Wandel seiner Position gegenüber der Gesellschaft erkennbar.
In der ökonomischen Zwangssituation findet auch Ingrid Schuster die Begründung des Konfliktes. Während Brechts Shen Te sich aufteile – hier liegt also echtes Doppelgängertum vor –, illustriere Storm die »doppelte Persönlichkeit« durch zwei verschiedene »Erinnerungsbilder«.[78] In der Entwicklung John Hansens lassen sich drei Phasen unterscheiden. Als erste steht die des gesellschaftlich eingegliederten John Hansen vor seinem Delikt; als zweite die des Ausgestoßenen, der sich um Reintegration in die Gesellschaft bemüht, und als dritte, nach dem Tod seiner Frau, die Phase der resignativ hingenommenen Isolation. Das zweite Bild weicht entschieden von dem der ersten und der dritten Phase ab. Negativbilder bewahren Hansens Tochter Christine, der Oberförster und der das allgemeine Vorurteil der Gesellschaft referierende Erzähler.[79] Positivbilder dagegen Christine und der Bürgermeister.[80]
Eindringlich stellt Storm dar, daß Hansens Charakter nicht an sich verdorben war und damit nicht eine schlechte Erbanlage für sein Schicksal haftbar gemacht werden kann.[81] Die Arbeitslosigkeit, Hansens »müßige, aber wilde Kraft« und schlechter Umgang lassen den Plan des Einbruchdiebstahls reifen.[82] Jähzorn ist Hansens einziger Charaktermangel.[83] Er wirkt aber erst in von außen geschaffenen Situationen – fremde Beleidigungen,[84] gesellschaftliche Isolation und dadurch verstärkte Aggressionsanfälligkeit[85] lassen ihn zum Ausbruch kommen. Als Katalysator wirkt das mangelnde Artikulationsvermögen.[86] Die Tüchtigkeit des Arbeiters ist von Anfang an unbestritten; nur das Stigma des Häftlings – im Namen John Glückstadt allzeit gegenwärtig – läßt ihn im Vorurteil der Gesellschaft als negativen Charakter erscheinen.[87] Das Entstehen des Negativbildes stellt Storm als eine Folge der gesellschaftlichen Repressionen dar. Nur in den Augen des vorurteilsfreien Bürgermeisters, der den ›Mechanismus‹ durchschaut, bleibt Hansen bis zuletzt ein integrer Charakter. Er belehrt den Gendarmen: »Dieser John Hansen ist jetzt ein reputierlicher Mensch, der sich und seine Kleine ehrlich durchzubringen sucht.«[88] Bezeichnenderweise akzeptiert die andere Außenseitergestalt der Novelle, die »Küster-Mariken«, Hansen auch nach dem zweifelhaften Tode seiner Frau: »Sie trauen dir zwar nicht; aber ich kenn dich besser.«[89]
Die Doppelgängerschaft, die Aufeinanderfolge zweier unvereinbarer Erscheinungsbil-

der, beruht auf der Unmöglichkeit, den Wunsch nach Rehabilitation und die Tatsache des Ausgestoßenseins zu vereinen. Hansen anerkennt die Gesellschaft; er würde sich sonst nicht ernsthaft um Integration bemühen. Programmatisch spricht der Bürgermeister das Problem an, das Hansen die Wiedereingliederung verwehrt: Auch das scheinbare Liebesglück könne ihm sein Lebensrätsel, über dem er brüte, nicht lösen: »Wie find ich meine verspielte Ehre wieder?«[90] Der Begriff der ›Ehre‹ meint hier nicht nur den sittlich-moralischen Aspekt, sondern auch die ›äußere‹ Ehre, die gesellschaftliche Reputation. Die Gesellschaft honoriert ja Hansens strafrechtliche Sühne nicht durch soziale Rückgliederung. Die persönlich sühnbare ›Schuld‹ wird gesellschaftlich zum unwiderrufbaren Faktum, an dem Hansen schließlich scheitert.

Storms Darstellung des Konfliktes spricht Hansen nicht von Schuld frei, macht ihn jedoch nicht zum Allein-Verantwortlichen. Eine Mitschuld trägt die Gesellschaft, deren Inhumanität dem schuldig Gewordenen das Ertragen des Schuldbewußtseins nicht erleichtert, ja ihm eine endgültige Sühne unmöglich macht, weil sie ein Bewußtsein unauslöschlicher Schuld in Hansen erzeugt. Dieses Bewußtsein, das an die Stelle seines früheren Selbstvertrauens getreten ist, bestimmt alle seine Reaktionen, macht ihn wehrlos und liefert ihn den Vorurteilen der Gesellschaft ohnmächtig aus.

Der Versuch Hansens, *gegen* die Gesellschaft eine autonome Existenz zu errichten und seine moralische und gesellschaftliche Identität wiederzugewinnen, ist die erzwungene Konsequenz der Isolation. Die Liebe, in der Novelle *Im Schloß* als »die Angst des sterblichen Menschen vor dem Alleinsein« gedeutet,[91] vermag dem Außendruck auf die Dauer nicht standzuhalten. Stufenweise, bis zum Tod der Frau, wird die Zerstörung von Hansens Identitätssuche vorgeführt.[92] Das Verweigern der sozialen Rehabilitation wirkt sich auf Hansen als moralische Verunsicherung aus; das Bewußtsein »unsühnbarer Schuld«[93] unterhöhlt von innen heraus die fragwürdige Autonomie, die folgerichtig zu dem Zeitpunkt zerbricht, als die wirtschaftlichen Grundlagen nicht mehr ausreichen. Die Schlußphase der Binnenerzählung skizziert das Endstadium von Hansens Isolation. Die Wenzel-Episode läßt noch einmal die unveränderte Einstellung der Gesellschaft erkennen. Hansens Entlassung erfolgt lediglich auf den unhaltbaren Verdacht hin, den der in seinem Diensteifer gekränkte Gendarm, der ›Hüter der gesellschaftlichen Ordnung‹, über Hansen böswillig verbreitet. Die wirtschaftliche Not wächst in einem solchen Ausmaß, daß Hansen die Verantwortung für sein Kind nur durch einen erneuten Verstoß gegen die Gesellschaftsordnung wahrnehmen kann. Bei der Ausführung dieses Delikts kommt Hansen ums Leben.

Ein Haupteinwand gegen die Novelle bemängelt die von Storm verwendete Rahmenerzähltechnik. Die Idyllik des Rahmens schwäche die sozialkritische Tendenz der nur erinnerten, also vergangen-überholten Binnenerzählung ab.[94] Die bürgerliche Gesellschaftsordnung söhne durch die soziale Eingliederung der Tochter mit dem Schicksal des verfemten Zuchthäuslers aus. Böttgers Kritik wendet sich gegen Storms optimistischen »Glauben an die künftige soziale Harmonie« und an die »Erziehung des Menschengeschlechts«, der ihn zu der Annahme einer Vervollkommnung der bürgerlichen Gesellschaft verleitet habe.[95] Zu Recht hält Ingrid Schuster dagegen die in der Rahmenerzählung vorgeführte Idylle für die auf einem »Glückszufall« beruhende Ausnahme, während Hansens Schicksal die Regel sei.[96] Am dezidiertesten fällt Martinis Kritik aus: Die Erzählform überdecke das »thematische Wagnis«. »Sie dämpft durch das Medium der Erinnerung, sie rückt in die Ferne und versöhnt das einst grausame Geschick durch die gegenwärtige Idylle. Denn das Geschick des Vaters wird ausgeglichen durch das Bürgerglück der Tochter. Im Subjektiven verklärt sich die Realität. Der soziale Konflikt ›versumpft‹ im Gefühlvollen und Rührenden. Die Idylle hebt die Tragödie auf.«[97] Die Einseitigkeit dieser Auffassung korrespondiert der erwähnten Annahme, Storm habe im *Doppelgänger* »die Tragödie des Proletariers« gestalten wollen. Betrachtet man die Novelle unter dem titelgegebenen Doppelgängeraspekt, so schwächt das versöhnliche Schicksal Christines die Binnendarstellung nicht ab, sondern macht sie erst als Teil eines Ganzen verständlich. Die Rahmenerzählung ermöglicht erst die Zusammenschau beider Erinnerungsbilder – des positiven Bildes der Tochter und des überlieferten Negativbildes –, macht also auch für den Leser erst den »ganzen Menschen« John Hansen und seine Entwicklung faßbar.[98] Storms Anliegen ist von daher nicht als sozialkritisch einzustufen, eher als erzieherisch-humanistisch: Wer nur eines der verschiedenen Bilder kennt, soll nicht leichtfertig über einen Menschen den Stab brechen oder ihn blindlings verehren.[99]

Ein weiterer, ebenfalls von den sozialkritisch argumentierenden Interpreten vorgebrachter, im Zusammenhang mit dem erzähltechnischen Einwand stehender Kritikpunkt lautet, Storm habe in der Binnenerzählung selbst die sozialkritischen Akzente durch die Verwendung des *Brunnen-Motivs* verdeckt. Das Bild des Brunnens durchzieht leitmotivisch die ganze Novelle. Seine mit düsteren Ahnungen verknüpfte Erwähnung erinnert an die mittelalterliche Epentechnik, mit Vorhersagungen und Dingsymbolen auf die Unausweichlichkeit des Schicksals hinzuweisen. Das Brunnen-Motiv galt den Interpreten meistens als Indiz für die Schicksalhaftigkeit von Glückstadts tragischem Untergang – »ein düsteres und drohendes Warnzeichen«,[100] die Versinnbildlichung der »ständigen Gefährdung der Hauptgestalt«.[101] Seine »dunkle Tiefe« verkörpert für Ingeborg Welp »das Lebensfeindliche schlechthin«. In Hansens Angst vor dem Brunnen spiegle sich die Haltung, die er dem Leben gegenüber einnehme.[102] Auch Franz Stuckert betont die Bedeutung des symbolhaften Brunnen-Leitmotivs und bedauert es, daß Storm den ursprünglichen Titel *Der Brunnen* ausgetauscht habe (»wohl wegen seiner zu großen Deutlichkeit«) gegen den nach seiner Meinung »sachlich keineswegs zutreffenden Titel *Ein Doppelgänger*«.[103] Stuckerts Ansicht scheint ja durch Storms Äußerung, der Titel der Novelle klinge »etwas geschraubt«, gestützt zu werden.[104] Die Deutung als Schicksalsnovelle glaubt im Brunnen-Symbol ihre gewichtige Bestätigung zu finden, denn, wie Stuckert fast programmatisch ausführt, »in dem Brunnen verkörpern sich mit sinnbildlicher Klarheit das Glück und das Verhängnis, die über dem Leben des unglücklichen John Hansen stehen.«[105]

Am Brunnen findet die erste Begegnung Johns mit Hanna, seiner späteren Frau, statt; um ihretwillen läßt er ihn mit einem Brettergerüst verkleiden. Beim ersten Streit erinnert er sich sofort mit Entsetzen an den Brunnen. Angesichts seines frierenden Kindes fällt ihm der Bretterzaun wieder ein, und er begeht den ersten Diebstahl, um das Kind vor der Kälte zu schützen. Im letzten Stadium von Johns Leben gewinnt der Brunnen eine beherrschende Funktion. Der nonkonformistische Bürgermeister gewährt John das Darlehen mit der auf den Bretterzaun-Diebstahl bezogenen Warnung: »Damit Er nicht wieder in Versuchung komme.«[106] So beabsichtigt Hansen, um der Demütigung des abermaligen Bittgangs zu entgehen, einen zweiten Diebstahl: auf dem unmittelbar »neben dem von ihm beraubten Brunnen« gelegenen Kartoffelfeld.[107] Die Problematik, die sich aus dieser zentralen Stellung des Brunnen-Motivs für die Gestaltung des gesellschaftlichen Konflikts ergibt, scheint auf der Hand zu liegen: der im Brunnen-Motiv zum Ausdruck kommende Schicksalsbezug überdeckt den gesellschaftlichen Konflikt. Die Verlagerung von der gesellschaftlichen Verantwortung für Johns Untergang auf die schicksalhafte Determiniertheit reduziert die Schuldfrage zum Nebenproblem. Das Brunnen-Motiv steht offenbar nicht nur im Widerspruch zur ganzen sorgfältig entwickelten gesellschaftsbedingten Problematik, es scheint sie sogar zu ›verharmlosen‹ und geradezu aufzuheben. Der Widerspruch ist nicht durch einseitige Interpretation zu lösen.

Es ist sicher verfehlt, allein aufgrund des Brunnen-Motivs die Novelle als ›Schicksalsnovelle‹ zu interpretieren. Doch stellen der als »Sinnbild« für Hansens Lebensrätsel gedeutete Brunnen[108] und Hansens als »ungerechter Richtspruch der Gesellschaft und als grausames Gottesurteil« interpretierter Tod[109] Indizien dafür dar, daß Storm in Hansens Schicksal etwas Unabänderliches erblickte, dem durch einzelne menschliche Hilfsaktionen nicht zu begegnen war. Fritz Böttger hat denn auch das Brunnen-Motiv als »Restbestand aus der Schicksalsnovelle« kritisiert.[110] Daß es dagegen als »ganz unmißverständliches Sinnbild« der sozialen Mißstände zu verstehen sei, hat Johannes Wedde in seiner zitierten Besprechung behauptet. Wahrscheinlich fungiert der Brunnen weniger als bloßes Requisit eines übergesellschaftlichen Schicksals*glaubens,* er stellt eher ein (allerdings nicht sehr glücklich gewähltes) Symbol für die schicksal*artige* Bedrohung des »Ausgestoßenen« dar.[111] Er rückt folgerichtig in existentiellen Konfliktsituationen oder Notlagen ins Blickfeld.[112] Storms Darstellung eines durch gesellschaftliche Zwänge zerstörten Lebens zielt auf einen Schicksalsbegriff, der nicht weniger unabänderliche Tragik impliziert als das übernatürliche Verhängnis der antiken Tragödie. Der Titel *Ein Doppelgänger* bringt das ›moderne‹ Kernproblem klarer zum Ausdruck: die aus dem Scheitern der Rehabilitation erwachsende Zerstörung einer Existenz, die trotz moralischer Integrität am Rande der Gesellschaft dahinvegetieren muß und buchstäblich »zu Tode gehetzt« wird.

Diese Auffassung scheint wieder zu der Annahme hinzuleiten, Storm habe durch die Darstellung von Hansens ›Schicksal‹ auf die gesellschaftlichen Mißstände hinweisen wollen, habe durch Sozialkritik auf eine Änderung der bürgerlichen Strafrechtsnormen hingearbeitet. Davon kann wohl kaum die Rede sein. Storm hat mehrfach darauf hingewiesen, daß die modernen Manifestationen des Schicksals gesellschafts- und persönlichkeitsimmanent seien.[113] Anläßlich des 1870/71er Krieges spricht Storm seinen Abscheu vor der »von Zeit zu Zeit [...] mit elementarischer Stumpfheit« erfolgenden gegenseitigen Vertilgung aus: »Das Bestehen der Welt beruht darauf, daß alles sich gegenseitig frißt, oder vielmehr das Mächtigere immer das Schwächere; den Menschen als den Mächtigsten vermag keines zu fressen; also frißt er sich selbst, und zwar im Urzustande buchstäblich.«[114] Dieselbe pessimistisch-fatalistische, von sozialdarwinistischen Gedanken beeinflußte Anschauung begegnet in seinen tagebuchartigen Notizen: »Ich habe eben einer Spinne zugesehen, wie sie eine kleine zappelnde Fliege einwickelte und anbiß, und begreife aufs neue immer wieder nicht, wie denkgeschulte Menschen die Erschaffung dieser grausamen Welt einem alliebenden und barmherzigen Gott zuschreiben können.«[115]

Auf dieser weltanschaulichen Basis entwickelt Storm konsequent einen für seine Novellen geltenden Begriff von Tragik. Auf die Nachricht, ein Prediger wolle nachweisen, daß Storms Novellenfiguren »ohne eigene Schuld zugrunde gingen«, notiert

Storm bereits im Jahre 1880: »Wenn das ein Einwand gegen mich sein soll, so beruht er auf einer zu engen Auffassung des Tragischen. Der vergebliche Kampf gegen den Zustand, der durch die Schuld oder auch nur die Begrenzung, die Unzulänglichkeit des Ganzen, der Menschheit entsteht, von der der (wie man sich ausdrückt) Held ein Teil ist, der sich nicht abzulösen vermag, und sein oder seines eigentlichen Lebens herbeigeführter Untergang scheint mir das Allertragischste.«[116]

Damit stimmt überein, was Alfred Biese von einem Gespräch über Storms Auffassung des Tragischen berichtet: »Wir büßen im Leben viel öfter für die Schuld des Allgemeinen, wovon wir ein Teil sind, für die der Menschheit, des Zeitalters, worin wir leben, des Standes, in dem wir oder mit dem wir leben [...], für die Schuld der Vererbung, des Angeborenen und für die entsetzlichen Dinge, die daraus hervorgehen, gegen die wir nichts vermögen, für die unüberwindlichen Schranken daher [...]. Wer im Kampf dagegen unterliegt, das ist der echte tragische Held, und so ists in *Aquis submersus* u. a. ... Schuld und Buße, das ist mir zu eng, zu kriminalistisch!«[117] Für den ehemaligen Richter Storm ist diese Feststellung immerhin eine bemerkenswerte Konsequenz aus der Juristerei: er relativiert das staatlich sanktionierte Vergeltungsstrafrecht und dessen vordergründige Raster ›Schuld‹ und ›Buße‹.

Storms Äußerungen aus dem Anfang der achtziger Jahre gelten auch für den in der *Doppelgänger*-Novelle gestalteten tragischen Konflikt. Des Pfarrers Begriff von Tragik ist deutlich an Schillers Schuld- und Sühne-Theorie orientiert. Storms Anschauung trifft daher nicht zufällig mit Fontanes Zweifel an dieser eingeengten Tragik-Version zusammen. Fontane stellt die Schicksalstragödie über die eingebürgerte Schuldtragödie: »Das unerbittliche Gesetz, das von Uranfang an unsre Schicksale vorgezeichnet hat, das nur Unterwerfung und kein Erbarmen kennt und neben dem unsere ›sittliche Weltordnung‹ wie eine kleinbürgerliche, in Zeitlichkeit befangene Anschauung besteht, dies unerbittliche, unser kleines ›Woher‹ und ›Warum‹, unser ganzes Klügeln mit dem Finger beiseite schiebende Gesetz, *das* ist es, was die Seele am tiefsten fassen muß, nicht dies Zug- und Klippklapp-Spiel von Schuld und Sühne [...].«[118]

Die Auffassung vom objektiven Verhängnis, das über der moralischen Schuld steht und sich über deren moralische Sühnung hinwegsetzt, gilt Storm als moderne Variante des antiken Schicksalsbegriffs. Setzt man die bereits angesprochene Analogie zwischen Realität und dichterischer Gestaltung fort, so entspricht der Selbsttötung des Diebes in Storms Bericht vom 10. Oktober 1863 der Tod John Hansens im Brunnen. Der Selbstmord des Diebes bestätigte Storms ›gute Meinung‹ von ihm – diese Formulierung ist nicht in zynischer Absicht gebraucht. Zu ähnlich passivem Verständnis gelangt der meist als Storms Sprachrohr interpretierte Bürgermeister: »Nachdem dieser John von Rechtes wegen seine Strafe abgebüßt hatte, wurde er, wie gebräuchlich, der lieben Mitwelt zur Hetzjagd überlassen. Und sie hat ihn nun auch zu Tode gehetzt; denn sie ist ohn Erbarmen«,[119] ebenso der Erzähler des in »halbvisionärem Zustand« erinnerten Lebensberichtes: »Er war ein Mensch, er irrte und er hat gelitten.«[120] ›Schuld‹ an Hansens Tod ist die allgemeine ›Unzulänglichkeit der Menschheit‹. Schuld gerät in solcher Allgemeinheit zum ›Schicksal‹ und ist nicht einklagbar. Das Brunnen-Motiv gewinnt, aus dieser Perspektive betrachtet, die Funktion, beim Leser den Eindruck eines Schuld- und Sühne-*Mechanismus* zu beseitigen. Die Interpretation der Novelle als einer sozialen Anklage bleibt daher am Stofflichen haften und übergeht das eigentliche Thema Storms: die Tragik des schuldlosen Unterganges. Die moderne Verfilmung der Novelle unter dem

Titel *John Glückstadt* weicht vor dieser Konsequenz aus. Im Film entschließt sich Dieter Laser, der Darsteller John Glückstadts, mit seinem Töchterchen nach Amerika auszuwandern und ein neues Leben zu beginnen. Sein siegstrahlender Blick verheißt dem Unternehmen ein glückliches Gelingen. Freilich verfehlt diese glückliche Wendung Storms Intention. Sein ›Held‹ kann sich ja gerade nicht von dem ›Zustand‹ lösen, der durch die ›Unzulänglichkeit‹ der Menschheit entstanden ist, und erleidet infolgedessen notwendig einen schuldlos-tragischen Untergang. Die einzige angemessene Haltung einem solchen – für unabwendbar gehaltenen – Schicksal gegenüber ist für Storm daher nicht Protest und Kritik, sondern Mitleid. Diese Auffassung bekundet Storms Brief an Esmarch, in dem er vom »Evangelium der Liebe« spricht, das in den Geschwisternovellen *Ein Doppelgänger* und *Bötjer Basch* stecke.

Zeitgenössische Überlegungen, wie ehemaligen Strafgefangenen zu helfen sei, zielten sogar auf die Versetzung städtischer Arbeiter, die wegen der Konkurrenz der unbestraften Arbeiter oder dem Widerstand der organisierten Arbeiterschaft nicht in ihren früheren Beruf zurückkehren konnten, in die Landwirtschaft mit ihren patriarchalisch gestalteten Arbeitsverhältnissen, um »dem Rückfall des Entlassenen vorzubeugen«.[121] Prinz Emil von Schoenaich-Karolath etwa begründet diese Umsiedlungsaktion: »Im herben Ruch der Ackerschollen, im salzigen Seewinde liegen ungehobene Schätze an sittlicher Genesung und läuternder, sühnender Kraft.«[122]

Storm führt die romantische Vorstellung des Prinzen ad absurdum. Gerade in der kleinen, überschaubaren Dorfgemeinschaft, wo jeder jeden kennt, ist die soziale Integration noch schwerer. Drei Jahre nach der Stormschen Novelle hat Karl Krohne in seinem *Lehrbuch der Gefängniskunde* die Verstärkung bzw. Individualisierung der Vereinsbemühungen um Entlassenenfürsorge gefordert und ist für eine Verstaatlichung der Fürsorge auf Kommunalebene eingetreten.[123]

»Der Gefangene muß nach seiner Entlassung einen Menschen haben, den er kennt, dem er vertraut, an den er sich in Not und Verlegenheit um Rat und Hilfe wenden kann. Was ist ihm ein Verein, ein Magistrat, eine Armenbehörde, ein Kirchenrat, sie sind ihm fremd, und er ihnen. Soll er zu ihnen gehen und sich melden mit seinem gelben oder braunen Entlassungspapier, seine Lebens-, sowie Verbrechensgeschichte erzählen, um dann entlassen zu werden mit den Worten: ›Ich will einmal sehen, kommen Sie morgen wieder.‹ Wenn er morgen und übermorgen kommt, und es hat sich nichts gefunden, dann wird er unwirsch, er hat die ganze Fürsorgethätigkeit satt, und mit Recht. [...] Arbeit und geordnete Verhältnisse thun dem Gefangenen not, nicht Geld, das als Almosen gegeben und empfangen, das Vertrauen in die eigene Kraft herabsetzt und zum Betteln verleitet.«[124]

Von solchen staatlichen, auf Gesellschaftskritik basierenden Vorschlägen ist bei Storm nicht die Rede. Seine extrem individualistisch-darwinistische Weltanschauung konnte nicht als Basis fungieren, auf der er eine konkrete Kritik an der bürgerlichen Gesellschaft einerseits und andererseits konkrete Lösungsvorschläge hätte entwickeln können. Auch wo ein Hinweis nahegelegen hätte, propagiert Storm keine staatlichen Maßnahmen. Der Bürgermeister handelt nicht als Amtsperson bei seinen Hilfeleistungen, verkörpert also keine Lösungsidee. Er bleibt Privatperson, und seine dem Mitleid entsprungene Hilfe bleibt ebenso ausschließlich Privatinitiative ohne für die Gesellschaft verbindliche Reichweite. Die Vorwürfe, die in neueren Untersuchungen gegen Storm erhoben werden, er habe sich, aus Unkenntnis der materialistisch-ökonomischen Gesetze, zu keiner entschieden sozialkritischen oder protestierenden Haltung durchringen können,[125] verfehlen die typisch bürgerliche Einstellung Storms, der zur empfohlenen gesellschaftsverändernden Radikalkur keine Veranlassung sah. Eine solche Kritik an Storms Weltanschauung artet dann immer zur besserwisserischen Kulturkritik schlechthin aus. Da Storms ›Schicksalsbegriff‹ offensichtlich einer pessimistischen Grundstimmung entspringt, nimmt es nicht wunder, daß die Anhänger völkischen Schicksalsglaubens bei Storm erhebende Heroik und verklärende Erhabenheit vermißten. Ebensowenig erstaunt es, daß Vertreter einer sozialen oder ›politischen‹ Interpretation das Fehlen konsequenter gesellschaftlicher Darstellung und expliziter Sozialkritik bemängelten. Der Initiator der Novelle, Karl Emil Franzos, der in einer 1888 veröffentlichten *Erinnerung an Theodor Storm* die Novelle zu Storms besten Arbeiten rechnete,[126] hat Weddes und Bieses Storm-Publikationen rezensiert. Franzos wendet sich vor allem gegen Weddes »Versuch, dem Dichter Absichten unterzuschieben, die ihm sicherlich fern gelegen«. Nicht einmal »unbewußt« enthalte *Ein Doppelgänger* den von Wedde vermuteten Protest gegen soziale und politische Verhältnisse der Gegenwart.[127] Biese komme »der Absicht des Dichters zweifellos weit näher«, wenn er den »Geist edler [!] Humanität« hervorhebe.[128] Die von Biese akzentuierte Humanitätshaltung schließt ebensowenig die Erkenntnis sozialer Mißstände aus noch das Wissen um die Unabwendbarkeit der Konflikte. So bemerkt Storm zwar die Grenzen des bürgerlichen Vergeltungsstrafrechts, leitet daraus aber keine sozialen Lösungsvorschläge ab. Gerade die Einsicht in die Verflechtung des einzelnen in umfassende – gesellschaftliche und naturhafte – Bedingtheiten, aus denen er sich nicht befreien kann und denen er im Konfliktfalle erliegt, hindert Storm an der Konkretisierung sozialer Kritik und organisierbarer sozialer Hilfsprogramme. Die Novelle *Ein Doppelgänger* stellt im Rahmen von Storms weltanschaulichen Glaubenssätzen allenfalls stofflich das »modernste« Werk dar,[129] gedanklich führt sie konsequent das in *Aquis submersus*, *Carsten Curator*, *Hans und Heinz Kirch* gestaltete Thema des schuldlosen Verhängnisses fort, das im *Schimmelreiter* zu seiner vielleicht eindrucksvollsten, aber nicht minder zwiespältigen ›Lösung‹ gelangt. Ein ›Schicksal‹ ist die gesellschaftliche Stigmatisierung eines Zuchthäuslers gewiß. Die Entscheidung jedoch, ob Mitleid die einzig *mögliche* Haltung gegenüber dieser modernen Variante tragischen Verhängnisses sein *kann*, überläßt Storm dem Urteil des Lesers.

Anmerkungen

1 Theodor Fontane: Theodor Storm. In: Theodor Fontane: Werke in drei Bänden. Hrsg. von Kurt Schreinert. Bd. 3. München 1968. S. 879.

2 Ebd. S. 887.

3 Franz Stuckert: Idyllik und Tragik in der Dichtung Theodor Storms. In: Deutsche Vierteljahrsschrift für Literaturwissenschaft und Geistesgeschichte 15 (1937) S. 510.

4 Ingrid Schuster: Storms »Ein Doppelgänger« und Brechts »Der gute Mensch von Sezuan«. Eine Gegenüberstellung. In: Schriften der Theodor-Storm-Gesellschaft 23 (1974) S. 33.

5 Eda Sagarra: Tradition und Revolution. Deutsche Literatur und Gesellschaft 1830 bis 1890. München 1972. S. 323. Dagegen David Brett-Evans: Die späteren Novellen Theodor Storms als Vorboten des Naturalismus. In: Akten des V. Internationalen Germanisten-Kongresses

Cambridge 1975. H. 3. Bern / Frankfurt a. M. 1976. S. 314: »Futurologisch gesehen war Storm wohl der empfindlichste Seismograph seiner Generation, in dieser Hinsicht weit sensibler als seine Zeitgenossen Keller und Fontane, auch als der um dreizehn Jahre jüngere Raabe.«

6 Wolfgang Preisendanz: Gedichtete Perspektiven in Storms Erzählkunst. In: Schriften der Theodor-Storm-Gesellschaft 17 (1968) S. 26.

7 Vgl. etwa Kindlers Literatur Lexikon. Bd. 7. München 1974. S. 2832f.

8 Fritz Böttger: Theodor Storm in seiner Zeit. Berlin 1959. S. 346.

9 Juristische Thematik findet sich etwa in den Novellen »Ein Bekenntnis« und »Draußen im Heidedorf«. Generell dazu Otto von Fisenne: Theodor Storm als Jurist. Diss. Hamburg 1960 [masch.]; Oberlandesgerichtsrat Reichhelm: Theodor Storm als Dichter und Jurist. In: Deutsche Richterzeitung 16 (1924) S. 493–506; Eugen Wohlhaupter: Dichterjuristen. Hrsg. von H. G. Seifert. Tübingen 1957. S. 81–105.

10 An Emil Kuh, vom 21.8.1873. In: Theodor Storm: Briefe. Hrsg. von Peter Goldammer. Berlin/Weimar 1972. Bd. 2. S. 69f. Nr. 195.

11 An Heinrich Seidel, vom 22. 8. 1883. In: Theodor Storm und Heinrich Seidel im Briefwechsel. Hrsg. von Heinrich-Wolfgang Seidel. In: Deutsche Rundschau 188 (1921) H. 3. S. 201. Nr. 15.

12 An die Eltern, vom 24. 1. 1858. In: Theodor Storm's Briefe in die Heimat aus den Jahren 1853–1864. Hrsg. von Gertrud Storm. Berlin 1907. S. 102; an die Eltern, vom 26. 3. 1859. Ebd. S. 126; an Constanze, vom 28. 7. 1859. In: Theodor Storm. Ein rechtes Herz. Sein Leben in Briefen dargestellt von Bruno Loets. Wiesbaden o. J. [1951]. S. 207; an Wilhelm Petersen, vom 11. 2. 1880. In: Theodor Storm: Briefe an seine Freunde Hartmuth Brinkmann und Wilhelm Petersen. Hrsg. von Gertrud Storm. Berlin/Braunschweig/Hamburg 1917. S. 159. Generell vgl. Wohlhaupter (Anm. 9) S. 88ff.

13 An die Eltern, vom 18. 2. 1862. In: Briefe in die Heimat (Anm. 12) S. 178. Vgl. den Brief an Ludwig Pietsch, vom 20. 2. 1862. In: Blätter der Freundschaft. Aus dem Briefwechsel zwischen Theodor Storm und Ludwig Pietsch. Mitgeteilt von Volquart Pauls. Heide in Holstein 1939. S. 73.

14 An Pietsch, vom 22. 2. 1862. Ebd. S. 74.

15 Ebd.

16 An Constanze, vom 10. 10. 1863. In: Loets (Anm. 12) S. 238.

17 An Constanze, vom 30. 3. 1864. In: Loets (Anm. 12) S. 260.

18 Vgl. den Brief an Constanze vom 30. 3. 1864 über das »widerwärtige Grauen«, das Storm bei seiner ersten Leichenschau empfunden habe (Anm. 17).

19 An Hans Storm, vom 6. 8. 1865. In: Gertrud Storm: Theodor Storm. Ein Bild seines Lebens. Berlin 1913. Bd. 2. S. 105.

20 Storm war 1856–64 Kreisrichter in Heiligenstadt, 1864–67 Landvogt und 1867–80 Amtsrichter in Husum.

21 W[ilhelm] Starke: Verbrechen und Verbrecher in Preußen 1854–1878. Eine kulturgeschichtliche Studie. Berlin 1884; I. Illing: Die Zahlen der Kriminalität in Preußen für 1854 bis 1884. In: Zeitschrift des königlich preussischen statistischen Bureaus 25 (1885) S. 73–92.

22 Kriminalstatistik bei Starke (Anm. 21) Tabelle S. 138f.; vgl. auch die Haupttabelle Nr. 16a und die Ausführungen S. 143f. und 147f.

23 Starke (Anm. 21) S. 150.

24 Ebd. S. 149. Übrigens ist Starke bei der Ausrechnung der Mordfälle ein Fehler unterlaufen: er kommt (statt auf 51) nur auf 41 (= 63,7%) unselbständige Personen.

25 Theodor Storm: Ein Doppelgänger. Stuttgart 1967. (Reclams Universal-Bibliothek. Nr. 6082.) S. 23; Theodor Storm: Sämtliche Werke. Hrsg. von Peter Goldammer. 3. Aufl. Berlin/Weimar 1972. Bd. 4. S. 151. *Nach diesen beiden Ausgaben wird die Novelle zitiert; die Seitenzahlen der Goldammerschen Ausgabe stehen in Klammern.*

26 Von Fisenne (Anm. 9) S. 8.

27 Das Strafgesetzbuch für das Deutsche Reich. Erläutert durch Dr. F[riedrich] C[hristian] Oppenhoff. 4., verb. und bereicherte Ausg. Berlin 1874. S. 372.
28 Der § 214 ist im heutigen StGB weggefallen. Hansens Tat ließe sich auch unter § 252 ›Räuberischer Diebstahl‹ subsumieren. Für die Strafzubemessung wären § 250 (Schwerer Raub) und § 251 (besonders schwerer Raub) heranzuziehen.
29 Karl Krohne: Lehrbuch der Gefängniskunde unter Berücksichtigung der Kriminalstatistik und Kriminalpolitik. Stuttgart 1889. S. 153ff.
30 Hermann Kriegsmann: Einführung in die Gefängniskunde. Heidelberg 1912. S. 271–280; Krohne (Anm. 29) S. 276–284 mit Literaturangaben zur Tradition der Entlassenenfürsorge.
31 Eberhard Schmidt: Zuchthäuser und Gefängnisse. Zwei Vorträge. Göttingen 1960. S. 20f.
32 Ebd. S. 22f.
33 Ein Doppelgänger. S. 24 (152), 35f. (162), 40 (165), 44f. (169).
34 Krohne (Anm. 29) S. 277.
35 Alfred Biese: Theodor Storm. In: Preußische Jahrbücher 60 (Juli–Dezember 1887) S. 227f. Ebenso argumentiert Biese in seinem selbständig erschienenen Buch: Theodor Storm und der moderne Realismus. Berlin 1888.
36 Johannes Wedde: Theodor Storm. Einige Züge zu seinem Lebensbilde. Hamburg 1888. Auch abgedr. in: Storm: Sämtliche Werke (Anm. 25) Bd. 4. S. 643f.
37 An Wedde, vom 15. 5. 1888. In: Briefe (Anm. 10) Bd. 2. S. 389. Nr. 349.
38 Robert Pitrou: La vie et l'œuvre de Theodor Storm. Paris 1920. S. 699.
39 Storm: Sämtliche Werke (Anm. 25) Bd. 4. S. 643.
40 Wolfgang Kayser: Bürgerlichkeit und Stammestum in Theodor Storms Novellendichtung. Berlin 1938; Karl Boll: Die Weltanschauung Theodor Storms. Berlin 1940.
41 Hans Naue: Das Problem von Schicksal und Freiheit bei Theodor Storm. Diss. München 1941 [masch.].
42 Ebd. S. 106f. Naue nennt es eine »unschicksalsgemäße Konstitution des Storm'schen Schicksalsbegriffs«.
43 Hermann Pongs: Möglichkeiten des Tragischen in der Novelle. In: Jahrbuch der Kleistgesellschaft 1931 und 1932 (1932) S. 92. (Schriften der Kleist-Gesellschaft 13/14.)
44 Naue (Anm. 41) S. 77.
45 Ingeborg Welp: Das Problem der Schicksalsgebundenheit in den Novellen Theodor Storms. Motivwahl und Haltung des Erzählers. Diss. Frankfurt a. M. 1952 [masch.].
46 Elisabeth Muchitsch: Der Schicksalsgedanke in den Novellen Theodor Storms. Diss. Innsbruck 1958 [masch.].
47 Ebd. S. 87.
48 Franz Stuckert: Theodor Storm. Sein Leben und seine Welt. Bremen 1955. Vgl. auch: Stuckert: Theodor Storm. Der Dichter in seinem Werk. Halle a. d. S. 1940.
49 Muchitsch (Anm. 46) S. 88, 90.
50 Stuckert (1955, Anm. 48) S. 390; Ein Doppelgänger. Nachwort S. 78; von Fisenne (Anm. 9) S. 88. Von Fisenne schreibt übrigens Stuckert seitenlang wortwörtlich aus, ohne dies als Zitat zu kennzeichnen; auch in seiner Zusammenfassung: Theodor Storm als Jurist. In: Schriften der Theodor-Storm-Gesellschaft 8 (1959) S. 9–47, hier S. 39, gibt er Stuckerts Ausführungen – wie in der Dissertation – als die eigenen aus. Ähnlich konstatiert Reichhelm (Anm. 9) S. 502, es handle sich um keine »soziale« Novelle, »deren auf das Alltagsleben gerichtete Zielstrebigkeit Storm durchaus fern steht; auch hier herrscht vielmehr wie auch sonst Stormsche Stimmung und die Behandlung des inneren Verhältnisses zwischen Mann und Weib vor«.
51 Stuckert (1955, Anm. 48) S. 393. Hansens Tod sei »in keinem Falle als Buße für den harmlosen Holz- und den ebenso harmlosen Kartoffeldiebstahl gedacht«.
52 Frank X. Braun: Theodor Storm's »Doppelgänger«. In: Germanic Review 32 (1957) S. 267–272.

53 Lloyd Warren Wedberg: The Theme of Loneliness in Theodor Storm's Novellen. London / Den Haag / Paris 1964.
54 Ebd. S. 143.
55 Ingrid Schuster: Theodor Storm. Die zeitkritische Dimension seiner Novellen. Bonn 1971.
56 Hartmut Vinçon: Theodor Storm in Selbstzeugnissen und Bilddokumenten. Reinbek bei Hamburg 1972; ders.: Theodor Storm. Stuttgart 1973. (Sammlung Metzler. 122.)
57 Fritz Böttger (Anm. 8) S. 345ff. Diese Kritik verfehlt jedoch die soziale Situation der achtziger Jahre. Für die Aktualität des von Storm behandelten Themas spricht die heute aus dem Bewußtsein gerückte Tatsache, daß noch 1870 die Mehrzahl der deutschen Werktätigen in der Landwirtschaft beschäftigt war (Karin Gafert: Die Soziale Frage in Literatur und Kunst des 19. Jahrhunderts. Kronberg i. Ts. 1973. S. 10). Vgl. Wolfgang Köllmann: Politische und soziale Entwicklung der deutschen Arbeiterschaft 1850–1914. In: Vierteljahrsschrift für Sozial- und Wirtschaftsgeschichte 50 (1963) S. 480–504.
58 Vinçon (1972, Anm. 56) S. 510.
59 Fritz Martini: Deutsche Literatur im bürgerlichen Realismus 1848–1898. Stuttgart 1962. S. 660. (Hervorhebung *G.G.*)
60 Gunter Grimm: Rezeptionsgeschichte. Grundlegung einer Theorie. Mit Analysen und einer Bibliographie. München 1977. S. 32, 241f.
61 Der Briefwechsel zwischen Storm und Franzos ist abgedruckt bei Peter Goldammer: Theodor Storm und Karl Emil Franzos. Ein unbekannter Briefwechsel. In: Schriften der Theodor-Storm-Gesellschaft 18 (1969) S. 9–40, hier S. 13.
62 An Erich Schmidt, vom 16. 9. 1886. Ebd. S. 39, Anm. 20; auch in: Storm: Sämtliche Werke (Anm. 25) Bd. 4. S. 640.
63 An Franzos, vom 5. 7. 1886. In: Briefwechsel (Anm. 61) S. 16; vgl. den Brief an Erich Schmidt (Anm. 62).
64 Franzos an Storm, vom 9. 7. 1886. Ebd. S. 17.
65 Storm an Franzos, vom 21. 9. 1886. Ebd. S. 25.
66 An Franzos, vom 12. 7. 1886. Ebd. S. 19. An Elsabe Storm, vom 31. 7. 1886. In: Sämtliche Werke (Anm. 25) Bd. 4. S. 640.
67 An Storm, vom 7. 8. 1886. In: Briefwechsel (Anm. 61) S. 20.
68 An Franzos, vom 10. 8. 1886. Ebd. S. 21.
69 An Franzos, vom 11. 8. 1886. Ebd. S. 21.
70 Sämtliche Werke (Anm. 25) Bd. 4. S. 640: »[...] und ich schreib an Franzos, daß ich ihm einen ›Doppelgänger‹ schreiben werde.«
71 An Franzos, vom 21. 9. 1886. In: Briefwechsel (Anm. 61) S. 25.
72 Sämtliche Werke (Anm. 25) Bd. 4. S. 642.
73 Storm an Franzos, vom 4. 9. 1886. In: Briefwechsel (Anm. 61) S. 24. Vgl. Sämtliche Werke (Anm. 25) Bd. 4. S. 642f. Franzos' Bericht über die Entstehung der Novelle steht unter dem Titel »Zur Erinnerung an Theodor Storm«. In: Deutsche Dichtung. Hrsg. von Karl Emil Franzos. Bd. 5 (Oktober 1888) H. 1. S. 90–95, bes. S. 93f. (in der gleichzeitigen Quartausgabe S. 27–31).
74 An Ernst Esmarch, vom 19. 5. 1887. In: Sämtliche Werke (Anm. 25) Bd. 4. S. 643.
75 Braun (Anm. 52) S. 269. Ebenso Muchitsch (Anm. 46) S. 87.
76 Schuster (Anm. 55) S. 169.
77 Zur Tradition des Doppelgänger-Motivs Wilhelmine Krauss: Das Doppelgängermotiv in der Romantik. Studien zum romantischen Idealismus. Berlin 1930.
78 Schuster (Anm. 55) S. 166; vgl. dies. (Anm. 4) S. 33.
79 Tabelle der *Negativbilder*:
Perspektivgestalt Christine: 14 (143), 15 (144), 38 (164), 45 (169);
Perspektivgestalt Förster: 17 (146), 75 (194);
Erzähler: 15 (144), 20 (149), 23 (151), 24 (152), 40 (165).

80 Tabelle der *Positivbilder*:
Perspektivgestalt Christine: 13 (143), 14 (143f.), 17 (146), 54 (177);
Perspektivgestalt Bürgermeister: 64 (185);
Erzähler: 48 (172).

81 Ein Doppelgänger. S. 21f. (149f.). Dies trotz der für Storms Denken wichtigen Erbanlagetheorie. Dazu die Tagebuchnotizen Storms, bei Loets (Anm. 12) S. 450f.

82 Auch hier gehen die Beurteilungen auseinander, ob Hansens Charakter oder die Arbeitslosigkeit, also die gesellschaftliche Situation, den Anstoß zum Verbrechen gegeben haben. Vgl. Braun (Anm. 52) S. 269: »In short, Storm makes it abundantly clear that John Hansen's crime is predominantly the expression of personal maladjustment and does not result wholly from a need for self-defense against unjust society. Character, not social environment, furnishes the basic motivation.« Anders Schuster (Anm. 55) S. 167.

83 Die betreffenden Belege stehen auf den Seiten: Ein Doppelgänger. S. 20f. (149), 36 (162), 38 (164), 40 (165), 45 (169f.).

84 Ein Doppelgänger. S. 21 (149), 36 (162), die Beleidigung seiner Frau.

85 Ein Doppelgänger. S. 36–38, 44f. (162–165, 169f.).

86 Ein Doppelgänger. S. 40 (165): »Wo in der Leidenschaft das ungeübte Wort nicht reichen will, da fährt sie [die Hand, *G. G.*], als ob's auch hier von ihr zu schaffen wäre, wie von selbst dazwischen, und was ein Nichts, ein Hauch war, wird ein schweres Unheil.« Den Mangel an Artikulationsvermögen betonen auch Reichhelm (Anm. 9) S. 500; etwas überzogen Frank X. Braun (Anm. 52). S. 271.

87 Ein Doppelgänger. S. 24 (152): »›Der Mann sieht gefährlich aus‹, hieß es, ›ich möchte in der Nacht ihm nicht allein begegnen!‹«

88 Ein Doppelgänger. S. 64 (185).

89 Ein Doppelgänger. S. 50 (174).

90 Ein Doppelgänger. S. 32 (158).

91 Im Schloß. In: Sämtliche Werke (Anm. 25) Bd. 2. S. 35.

92 Zum Autonomiestreben Hansens vgl.: Ein Doppelgänger. S. 33 (160): »›Am besten‹, sagte er, ›nur wir zwei allein‹.« Vgl. Willy Schumann: Die Umwelt in Theodor Storms Charakterisierungskunst. In: Schriften der Theodor-Storm-Gesellschaft 11 (1962) S. 33.

93 Ein Doppelgänger. S. 36 (162).

94 Zum Erinnerungsmotiv vgl. Herbert Wegner: Die Bedeutung der Erinnerung im Erzählwerk Theodor Storms. Diss. Marburg 1953 [masch.]; zur Funktion der Erinnerung als Abschwächung des Realismus bes. S. 100. Zum Erinnerungsmotiv generell Karl Ernst Laage: Das Erinnerungsmotiv in Theodor Storms Novellistik. In: Schriften der Theodor-Storm-Gesellschaft 7 (1958) S. 17–39; zum Aufbau der »Doppelgänger«-Novelle vgl. das Schema bei Clifford Albrecht Bernd: Die Erinnerungssituation in der Novellistik Theodor Storms. Ein Beitrag zur literarischen Formgeschichte des deutschen Realismus im neunzehnten Jahrhundert. Diss. Heidelberg 1957 [masch.]. S. 242.

95 Böttger (Anm. 8) S. 347.

96 Schuster (Anm. 55) S. 170.

97 Martini (Anm. 59) S. 660f.

98 Ein Doppelgänger. S. 76 (195).

99 Das durch die Rahmenerzählung zum Ausdruck gekommene erzieherische Moment wurde bisher übersehen. Christine erfährt durch die Mitteilung der Binnenerzählung die ›ganze Wahrheit‹ über ihren Vater, und sie hat danach »mehr an ihm« (Ein Doppelgänger. S. 76 [195]). Gerade über einen geliebten Menschen – so ließe sich Storms ›Lehre‹ zusammenfassen – darf nicht ein Teil der Wahrheit vorenthalten werden. Die lichten Seiten seines Charakters machen ihn zwar liebenswert, die dunkleren aber lassen sein Wesen und Handeln erst begreifen. Die Kenntnis der ungeteilten Wahrheit setzt daher an die Stelle der ›kindlichen Verehrung‹ (Ein Doppelgänger, S. 17 [146]) das gereifte ›menschliche Verstehen‹.

100 Muchitsch (Anm. 46) S. 89.
101 Welp (Anm. 45) S. 36.
102 Ebd. S. 37.
103 Stuckert (1955, Anm. 48) S. 394. Auch Karl Emil Franzos spricht sich gegen den Titel »Ein Doppelgänger« aus – »der erste ›Der Brunnen‹ wäre zutreffender gewesen.« (Franzos [Anm. 73] S. 93) Ebenso Albert Köster in seiner Ausgabe: Theodor Storms Sämtliche Werke. Bd. 8. Leipzig 1924. S. 287.
104 Vgl. Anm. 74.
105 Stuckert (1955, Anm. 48) S. 394.
106 Ein Doppelgänger. S. 67 (188).
107 Ein Doppelgänger. S. 68 (188).
108 Stuckert (1955, Anm. 48) S. 393.
109 Schuster ([Anm. 55] S. 168; [Anm. 4] S. 35) interpretiert den Tod Hansens als Strafe für den Diebstahl. Als Indiz für den Strafcharakter des Unfalls gilt ihr die Tatsache, daß Hansen auf dem Feld, »wo vor ein paar hundert Jahren der dreibeinige Galgen [...] stand«, in den »Schinderbrunnen« gestürzt sei. Ein Doppelgänger. S. 24 (152), 71 (192).
110 Böttger (Anm. 8) S. 346.
111 Ein Doppelgänger. S. 68 (189), wo explizit vom »Trotz der Ausgestoßenen« die Rede ist.
112 Brunnen-Motiv S. 20 (148), 26–29 (153–157), 39 (164), 59f. (182), 67f. (188), 69 (190).
113 Zur Vererbungstheorie bei Storm vgl. Anm. 81; Boll (Anm. 40) S. 94f. Als Motiv von Storm verarbeitet in »Carsten Curator« und »John Riew«.
114 An Ernst Storm, vom 3. 8. 1870. In: Briefe (Anm. 10) Bd. 2. S. 19. Nr. 174. Vgl. Boll (Anm. 40) S. 97 (die ähnliche, von Storm gestrichene Passage aus der Novelle »Halligfahrt«).
115 Tagebuchaufzeichnung Storms vom 14. 8. 1883. In: Loets (Anm. 12). S. 452.
116 Mit einer syntaktischen Unklarheit abgedruckt bei Gertrud Storm (Anm. 19) Bd. 2. S. 175f.; bei Loets (Anm. 12) S. 409f.
117 Loets (Anm. 12) S. 451.
118 Theodor Fontane: Sophokles' »König Ödipus«. In: Theodor Fontane: Werke (Anm. 1) Bd. 3. S. 977.
119 Ein Doppelgänger. S. 70 (191).
120 Ein Doppelgänger. S. 74 (194).
121 Kriegsmann (Anm. 30) S. 272.
122 Gedanken eines Laien über die Gefangenen-Fürsorge. Zit. nach Kriegsmann (Anm. 30) S. 277. Anm. 2.
123 Krohne (Anm. 29) S. 278ff.
124 Ebd. S. 282f.
125 Dezidiert bei Vinçon (Anm. 56); dazu Brett-Evans (Anm. 5) S. 315.
126 In: Franzos (Anm. 73) S. 93.
127 Karl Emil Franzos: Schriften über Theodor Storm. In: Deutsche Dichtung. Hrsg. von K. E. F. Bd. 5 (1888). S. 277.
128 Ebd. S. 278; statt »echter«.
129 Schuster (Anm. 55) S. 169.

Literaturhinweise

Biese, Alfred: Theodor Storm. In: Preußische Jahrbücher 60 (Juli–Dezember 1887) S. 219–228.
Böttger, Fritz: Theodor Storm in seiner Zeit. Berlin 1959.
Braun, Frank X.: Theodor Storm's »Doppelgänger«. In: Germanic Review 32 (1957) S. 267–272.

Goldammer, Peter: Theodor Storm und Karl Emil Franzos. Ein unbekannter Briefwechsel. In: Schriften der Theodor-Storm-Gesellschaft 18 (1969) S. 9–40.
Schuster, Ingrid: Theodor Storm. Die zeitkritische Dimension seiner Novellen. Bonn 1971.
Stuckert, Franz: Theodor Storm. Sein Leben und seine Welt. Bremen 1955.
Wedde, Johannes: Theodor Storm. Einzige Züge zu seinem Lebensbilde. Hamburg 1888.

DIETER MAYER

Max Kretzer: *Meister Timpe* (1888) Der Roman vom Untergang des Kleinhandwerks in der Gründerzeit

Durch Max Kretzer (1854–1941) sei das Genre des Berliner Romans in die deutsche Literatur eingeführt worden,[1] wobei der deutsche ›Zolaist‹[2] sein französisches Vorbild an realistischer Deutlichkeit noch übertroffen habe.[3] Derlei Urteile beschäftigten bis heute die Forschung.[4] Dabei ist schon in den achtziger und neunziger Jahren des 19. Jahrhunderts darauf hingewiesen worden, daß diese Zuordnung unzutreffend ist und das Verständnis für die künstlerische Leistung Kretzers eher verstellt als erleichtert. Zum ersten Male wurde der Erzähler in Karl Bleibtreus naturalistischer Programmschrift *Revolution der Literatur* entsprechend fixiert:

»Die höchste Gattung des Realismus ist der *soziale* Roman. Hier nun leuchtet ein großgedachtes Werk uns Allen vor, dessen sich, wie ich zuversichtlich glaube, die Nachwelt erinnern wird. Urwüchsig, ganz aus sich selbst heraus, fern von jeder Modeströmung hat ein Bahnbrecher den *Berliner Roman* geschaffen. Er verdient daher gewissermaßen als Stammvater des deutschen Realismus gehalten zu werden.
Max Kretzer, der ebenbürtige Jünger Zola's ist der Realist par excellence.«[5]

Weniger die Unstimmigkeit in der Beurteilung, die es zuließ, daß Kretzer als Traditionalist und doch auch als Originalgenie gesehen wurde, weckte Widerspruch von verschiedenen Seiten, sondern vor allem die unkritische Überschätzung durch Bleibtreu, der meinte, daß Kretzer seine Vorbilder Dickens, Thackeray und Zola zugleich übertroffen habe.[6] »Copist der Natur«[7] nannte ihn einer, ein anderer konstatierte die »Neigung zur Hintertreppenromantik«.[8] Diese Unsicherheiten der Beurteilung haben sich bis in die neuere Forschung fortgeschleppt: Während die erste umfassende Untersuchung von Julius Erich Kloss (1896)[9] Kretzers künstlerische Qualitäten außerordentlich hoch einschätzte und auch noch Günther Keil (1928)[10] seine fortdauernde Bedeutung gerade für den Roman der zwanziger Jahre hervorhob, bemühte sich Egon Müntefer (1923),[11] die ästhetischen Mängel seiner Romane aufzuzählen (»schlechte Sprache« – 17; »ermüdende Länge« – 17; »dürrer Berichtstil« – 22; »langatmige Perioden« – 24 usw.), und für Helmut May (1930) gehörte er »zu den vielen, deren Namen vergessen wird und vergessen werden kann«.[12] Die Widersprüche in solchen Urteilen lassen sich auflösen, wenn man bedenkt, aus welchen Wissenschaftspositionen Kretzer jeweils gesehen wurde. Dem ästhetizistischen Ansatz des Bertram-Schülers May war der moralisierende Impetus der Romane und Erzählungen ebenso unverständlich wie der formästhetischen Untersuchung Müntefers, die sich auf eine von den Inhalten abgelöste Stil- und Formuntersuchung kaprizierte. Wo man dagegen Kretzers Gesellschaftskritik und deren ethische Prämissen ernst nahm, wie bei Haase,[13] Watzke[14] und Angel,[15] fiel das Urteil meist positiver aus. Vor allem in der gründlichen Arbeit Kurt Haases wurde detailliert nachgewiesen, daß Kretzer, ausgehend von den Kunstprinzipien des Bürgerlichen Realismus, seine Arbeit moralisch-didaktisch verstand, daß ihm daran gelegen war, die Ursachen des von ihm festgestellten sozialen Verfalls der preußischen Gesellschaft in den siebziger und achtziger Jahren am Beispiel einer Romanhandlung aufzuzeigen und dem Bürgertum, seinem eigentlichen Adressaten, Wege zu sinnvollen Reformen zu weisen.[16] Auch wegen seiner literaturtheoretischen Position am Übergang vom Realismus zum Naturalismus[17] verdient Kretzer Beachtung. Man hat sich bislang kaum um seine verstreuten kunsttheoretischen Versuche bemüht und auch nicht um die ungewöhnlich scharfen Angriffe, die Fontane in öffentlichen Äußerungen und privaten Notizen gegen Kretzer richtete.[18] Kretzer hat keinen Zweifel daran gelassen, daß er den literaturtheoretischen Vorstellungen der Naturalisten reserviert gegenüberstand und daher seine künstlerische Tätigkeit als einen Versuch begriff, reformierend auf die vorgefundenen gesellschaftlichen Verhältnisse einzuwirken. Er hoffte, diejenigen sozialen Kräfte, die von Einfluß auf das gesellschaftliche Geschehen sein konnten, durch die Inhalte und die Art der Darstellung in seinen sozialen Romanen auf Mißstände aufmerksam zu machen und Denkprozesse auszulösen, die dann zum praktischen Handeln führen sollten. Dies bestimmte Kretzers Stellung unter den Berliner Romanciers im späten 19. Jahrhundert.[19]

Im Gegensatz zur naturalistischen Gründergeneration, zu der Michael Georg Conrad, Conrad Alberti und die Gebrüder Hart gehörten, ging es Max Kretzer in seinen kunsttheoretischen Arbeiten nicht um eine Revolutionierung der Literatur[20] mittels der Prinzipien des naturwissenschaftlichen Positivismus oder durch die Rezeption künstlerisch fortgeschrittener Positionen im Ausland. Kretzer, der aus einer proletarisierten Bürgerfamilie stammte und als Autodidakt in den späten siebziger Jahren mit unbeholfenen, stark von der persönlichen Erfahrung im Milieu der Arbeitervorstädte des Berliner Ostens und Nordens geprägten Erzählungen und Romanen hervorgetreten war, schloß in der Handlungsführung und im Sprachlich-Stilistischen an den traditionellen Unterhaltungsroman an. Seine sporadischen literaturtheoretischen Reflexionen lassen sich als Versuch begreifen, die Anfänge einer künstlerischen Produktion theoretisch abzusichern und im ästhetischen Umfeld des Realismus zu definieren. Kretzer war bereit, sich angesichts des rapiden sozialen Wandels der Stadt Berlin von einer Fürstenresidenz zur Industrie- und Verwaltungsmetropole des Reichs mit dem Großstadt-Thema auseinanderzusetzen, aber er weigerte sich, dies mit den Mitteln der Naturalisten zu tun. »Für den Romanschriftsteller liegt der Stoff sozusagen auf der Straße«,[21] meinte Kretzer 1885, und er praktizierte diese Aufforderung in seinen ersten Romanen durchaus: »Ganze Stadtteile sind seit einem Jahrzehnt entstanden, Straßenzüge schafft der Lauf eines Jahres. Zu gleicher Zeit häufen sich auch Not und Elend, entbrennt der Kampf ums Dasein aufs Äußerste in demselben Maße, in dem Luxus und Reichtum überhand nehmen.«[22] Schon 1889 jedoch wandte sich Kretzer gegen Zolas vermeintlich mitleidloses Registrieren des Beobachteten, gegen die Statik des Gegenständlichen, und er stellte eine durch das künstlerische Subjekt gefilterte Wirklichkeitsdarstellung dagegen:

»Man spricht jetzt so viel von der Objektivität in der Dichtung und meint damit die kühle, parteilose, sachliche, wissenschaftliche Beobachtung und Wiedergabe der Wirklichkeit. Diejenigen, die in ihr das Allheilmittel erblicken, sind sicherlich keine wahrhaften Dichter; sie werden vielleicht vorzüglich *sehen,* sie werden den Menschen so auffassen, wie sie ihn erblicken, sich über ihn vorzüglich ausdrücken, aber sie werden ihn noch lange nicht ergründet haben.«[23]

Die Suche nach einer angemessenen realistischen Darstellung veranlaßte ihn, sich mit Problemen der Malerei zu beschäftigen,[24] weil sich hier durch die technischen Fortschritte im Bereich der Photographie Fragen der künstlerischen Leistung und der Differenz zwischen erfahrener und dargestellter Wirklichkeit mit besonderer Dringlichkeit stellten:[25]

»Denn das ist doch ein gewaltiger Unterschied: ob jemand die Natur durch die Camera obscura betrachtet und sie durch dieses technische Hilfsmittel zu fixieren sucht, also nur die Stelle einer notwendigen Schraube an einem Apparate vertritt, oder ob jemand den gewonnenen Eindruck erst geistig verarbeiten muß, ehe er ihn für einen zweiten und dritten wenn auch mit der ›Plastik eines Photographen‹ zur Anschauung bringt.«[26]

Kretzer betonte immer wieder die Notwendigkeit, sich mit der vorgefundenen Wirklichkeit auseinanderzusetzen,[27] aber er bevorzugte dabei die Methoden der ›Idealrealisten‹,[28] welche die totalitätsherstellende Phantasie des künstlerischen Subjekts für das spezifisch poetische Moment der Wirklichkeitsdarstellung gehalten hatten. Damit war Kretzer nicht allzuweit von Berthold Auerbachs Realismus-Begriff entfernt, in dem Aktualität, Alltäglichkeit und Gesellschaftlichkeit als die zentralen Attribute realistischer Kunst beschrieben worden waren.[29] Auch seine Zola-Rezeption unterschied sich kaum vom Gewohnten: Die Abwendung vom Prinzip des ›l'art pour l'art‹, das soziale Engagement und die Akzentuierung der sozialen Funktion aller Kunst nahm sich Kretzer zum Vorbild,[30] die scheinbar mitleidlos sezierende Beobachterposition dagegen und eine kurzschlüssige Gleichsetzung von naturwissenschaftlichem Experiment und künstlerischem Entwurf, wie sie im Programm zum Romanzyklus *Rougon-Macquart* entwickelt wurde, lehnte er ab. Im Rückblick resümierte Kretzer später seine »Stellung zum Naturalismus«:

»Die bloße Nachahmung der Natur, als welche man den Naturalismus in Kunst und Schrifttum bei Beginn der achtziger Jahre des vorigen Jahrhunderts auch in Deutschland hinstellte, habe ich niemals befolgt, schon weil die philosophische Auslegung des Naturalismus: er erkenne ein höheres Prinzip über die Natur nicht an, mir gegen mein innerstes, nicht nur ethisches, sondern auch religiöses Gefühl ging, was sich ja so ziemlich in fast allen meinen Büchern offenbart. Das ist es auch, was mich, soweit meine ›naturalistischen‹ Romane in Frage kommen, so erheblich von Zola unterscheidet, dem das kalte Seziermesser alles war, nicht aber der Arzt, dessen Hand es zum Heile führt und dessen Seele bei aller erworbenen Technik doch zittert bei dem Gedanken, daß seine Kunst versagen könnte.«[31]

Den ethischen Antrieb bei seiner Arbeit hat Kretzer ebenso immer wieder betont wie die Bedeutung persönlicher Beobachtungen und Erfahrungen. Eine Vorstellung von der Anwendung solcher Prinzipien vermitteln die zahlreichen Genreskizzen, die Kretzer in den achtziger Jahren in einer Reihe von Sammelbänden publiziert hat.[32] Zusammen mit dem Roman *Meister Timpe* gehören einige von ihnen zum Besten, was Kretzer geschrieben hat. Die tägliche Erfahrung der Großstadtszene, die Möglichkeit, mit dem Skizzenblock Erfahrungen unmittelbar festzuhalten, waren für Kretzer ein wichtiges Stimulans bei seiner künstlerischen Tätigkeit. Hinter dem Helden seines Romans *Die Madonna vom Grunewald*, dem Künstler Hauff, verbirgt sich der Autor selbst:

»Wenn [...] Hauff sich langsam von dieser Flut lebender Leiber forttreiben ließ, die, kaum auf Augenblicke eingedämmt, sich um so kräftiger dahinwälzte, so dehnte und weitete sich seine Brust bei dem Anblick dieser gewaltigen Regsamkeit, die sich scheinbar zersplitterte, mit tausend geheimen Fäden aber zusammenhing. Ein Freund abgeschlossener Stille bei der Arbeit, war ihm dieser unausgesetzt pochende Pulsschlag Berlins notwendig, sobald er ausging, um Eindrücke auf sich wirken zu lassen. Dieses Hasten und Drängen, das unzertrennbar von dem verhaltenen Grollen des Steinriesen war, erschien ihm wie frisches Blut, das unaufhörlich die Adern der Häuserrecken durchströmte, um seine Tatkraft frisch und stark zu erhalten.«[33]

Man darf freilich daraus nicht schließen, daß Kretzer die Verhältnisse in der modernen Großstadt uneingeschränkt begrüßt hätte, auch wenn es die unbeholfene Metaphorik der zitierten Äußerung und auch manche andere Textstelle seiner Berliner Romane und Skizzen nahelegen. Vielmehr stand er, wie gerade der Roman *Meister Timpe* klar beweist, dem raschen gesellschaftlichen Wandel von der noch relativ geschlossenen Ständegesellschaft zur offenen Industriegesellschaft im Hochliberalismus durchaus reserviert gegenüber. Die sich aus diesen Veränderungen ergebenden sozialen, wirtschaftlichen und politischen Probleme hat der seit 1867 in Berlin lebende Schriftsteller kritisch beobachtet und die Auswirkungen für das Kleinhandwerk in seinen Werken immer wieder zur Sprache gebracht. Die wachsenden Schwierigkeiten der altständischen, durch Zunft-Tradition gesicherten Schicht der Handwerker und Gewerbetreibenden standen ihm auch durch persönliche Erfahrungen nahe: Der Vater hatte als Gastronom in Posen Bankrott gemacht und mußte später als Fabrikarbeiter in Berlin seinen Lebensunterhalt verdienen.

Die Gewerbegesetzgebung in Preußen tendierte nach der gescheiterten Revolution von 1848 zu einer fortschreitenden Liberalisierung, obwohl die wiedererstarkte Monarchie zunächst (Novelle zur Gewerbeordnung im Jahre 1849) den Handwerkern, die in den vierziger Jahren durch Überbesetzung zunehmend verarmt waren,[34] einige antiliberalistische Hilfen bot. Doch die verordnete Rückkehr zum Innungszwang, zum gewerblichen Befähigungsnachweis und die Anpassungshilfen (Einrichtung von Handwerkerfortbildungsschulen) schlugen letztlich fehl, weil sich die preußische Regierung der Dynamik der seit den fünfziger Jahren voll einsetzenden Industrialisierung nicht entziehen konnte und den sozialpolitischen Wünschen des Großgewerbes nach Liberalisierung zunehmend nachgab. In der Folge kam eine oppositionelle Handwerkerbewegung auf (Gründung des »Deutschen Handwerkerbunds« im Jahre 1862), deren Programm sich freilich in der Forderung nach Rückkehr in die vorindustrielle Gesellschaftsordnung weitgehend erschöpfte. Die Handwerker, durch Staat und Innungsvorschriften an vielfältige Sicherungen gewöhnt, standen dem gesellschaftlichen Wandel hilflos gegenüber; ihre Lage verschlimmerte sich noch dadurch, daß nach Einführung der Gewerbeordnung von 1869, die zum Prinzip der Gewerbefreiheit der Steinschen Reformen zurückkehrte, zahlreiche Gesellen eigene Kleinwerkstätten eröffneten, so daß sich die Überbesetzung in den meisten Handwerkszweigen noch verstärkte. Dabei spielte auch eine Rolle, daß der durch die Industrie erzwungene Übergang vom qualitätvollen Einzel- zum Massenprodukt die handwerkliche Meisterschaft früherer Jahrzehnte zunehmend überflüssig werden ließ und es zu einer Nivellierung zwischen qualifizierten und angelernten Arbeitskräften kam. Der Höhepunkt dieser Entwicklung lag deutlich in den siebziger Jahren, als durch die Gründerphase und die nachfolgende Rezession das Handwerk zusätzlich belastet wurde.

Erst an der Wende zu den achtziger Jahren vollzog sich der Wechsel der staatlichen Politik zum Neomerkantilismus (Zollgesetz von 1879/80), in den später auch das Handwerk mit der gesetzlichen Verankerung der Zwangsinnungen (1897) einbezogen wurde.
Hand in Hand mit dem Übergang Preußens vom Agrar- zum größten Industriestaat im Deutschen Reich vollzog sich die Umgestaltung Berlins aus einer Fürstenresidenz in eine Industriemetropole, welche die Menschen aus ganz Preußen anzog, einem Land, das zwischen 1870 und 1910 von 25 auf 40 Millionen Einwohner anwuchs. In diesem Zeitraum verzeichnete die Hauptstadt Preußens und dann des Reichs einen Wanderungsgewinn von über einer halben Million Menschen, wobei sie von 800000 auf über 2 Millionen Einwohner anwuchs und in dieser Dynamik nur noch von Hamburg übertroffen wurde.[35] Das rasche Wachstum hatte eine grundlegende Veränderung des Stadtbildes zur Folge: Die alten Vorstädte wurden eingemeindet, neue – wie die Friedrichsvorstadt – wurden angelegt, Festungsanlagen wurden geschleift, Gräben zugeschüttet, und in den siebziger Jahren wurde die Stadtbahn, der in Kretzers Roman eine leitmotivische Rolle zufällt, als durchgehende Ost-West-Verbindung gebaut; 1882 war sie fertiggestellt. Vor allem die alten Quartiere des Berliner Ostens wurden durch den Bau ausgedehnter Fabrikanlagen gründlich verändert. Hier, in der Nähe des Schlesischen Bahnhofs, zwischen Jannowitzbrücke und dem Schlesischen Tor, situierte der Schriftsteller das Haus der Handwerkerfamilie Timpe:
»Über die Dächer der niedrigen Häuser hinweg konnte der Meister seinen Blick in die Ferne schweifen lassen. Wandte er den Rücken, so schaute er in das Treiben der Holzmarktstraße hinein, die sich längs der Spree hinzog. Rechts am diesseitigen Ufer tauchte das langgestreckte, schwarze Gebäude einer Eisengießerei auf; links davon in einiger Entfernung die Riesengasometer einer Gasanstalt, die sich wie Festungsbollwerke ausnahmen; und hinter ausgedehnten Holzplätzen eine Zementfabrik, deren ewig aufwirbelnde weiß-gelbe Staubwolken die Luft durchzogen und einen scharfen Kontrast zu den sich auftürmenden Kohlenbergen der Gasanstalt bildeten.
Und geradeüber, jenseits des Wassers, zeigte sich ein großes Mörtelwerk, im Hintergrund begrenzt von den Rückseiten hoher Mietskasernen, die aus der Entfernung betrachtet, den Eindruck riesiger Bauklötze machten [...]« (62).
Dies war ein Teil Berlins, der Kretzer vertraut war: Von 1867 an hatte er mit seinen Eltern in einer Hofwohnung im Nordosten gewohnt und war mit dreizehn Jahren als Lernbursche in die Stobwassersche Lampenfabrik in der Wilhelmstraße eingetreten, in der er jahrelang die materiellen und ideologischen Probleme einer deklassierten Bürgerfamilie unmittelbar erfuhr. Der Vater, der trotz des gesellschaftlichen Abstiegs auch angesichts der wachsenden Aktivitäten der Sozialdemokraten unter den Arbeitern zäh an den bürgerlichen Normen seiner Jugend festhielt und ein kaisertreuer Untertan blieb, mag das Vorbild für die Titelgestalt des Romans gewesen sein, welche am Ende des Romans ihr politisches Testament an der Wand des Handwerkerhäuschens festhält: »Es lebe der Kaiser... Hoch lebe der Kaiser!« (285) Kretzers Gesellschaftsbild war durch die wehmütige Erinnerung an die vorindustrielle Welt Alt-Berlins beeinflußt. In seinem Roman führt er am Beispiel einer Familie vor, wie diese Welt im Gründertum der siebziger Jahre untergeht. *Meister Timpe* ist der Roman von der Ohnmacht des altbürgerlichen Handwerkers, dessen Lebensmaximen durch Tätigkeit, Bescheidenheit und Neidlosigkeit bestimmt sind, gegenüber dem Egoismus und Gewinndenken

gründerzeitlichen Unternehmertums; er ist aber auch der Roman von den Schwierigkeiten der verzweifelt um ihre Existenz kämpfenden Kleinbürger, die nicht bereit sind, ihren unzeitgemäßen Bürgerstolz abzulegen und sich vorurteilsfrei mit sozialdemokratischen oder auch sozialistischen Vorstellungen auseinanderzusetzen. Diese Thematik durchzieht vom Roman *Die beiden Genossen* (1880) an immer wieder die Werke Kretzers aus den achtziger Jahren. So stehen sich in dem frühen Roman ein skrupelloser Kommunist (»sein Ideal war die Revolution, die offene, blutige Revolution«[36]) und der staatstreue Drechslermeister Schorn gegenüber, dessen Ansichten wie die Vorwegnahme einer ins Optimistische gewendeten Konfession Timpes anmuten:

»[...] der Tag wird anbrechen, wo unsere Ideen sich verwirklichen werden und die ehrliche Arbeit zu ihrem Rechte kommt. O, wenn ich's könnte, ich würde gerne sterben, um alle Menschen glücklich zu machen, und ich für meinen Teil will immer nur so viel haben, um mit Weib und Kind zufrieden leben zu können; müßte ich auch noch mehr arbeiten, als ich es heute tue, und gerade in der Arbeit, siehst du, finde ich den Segen auf Erden.«

Die altbürgerlichen Wertvorstellungen werden im Roman *Meister Timpe* vor allem durch die Welt des dreiundachtzigjährigen Ulrich Gottfried Timpe repräsentiert. Er hat im ersten Drittel des 19. Jahrhunderts von seinem Vater den Handwerksbetrieb übernommen und ist vor der eigentlichen Stadt, in der Holzmarktstraße, ansässig geworden. Damals »hatte sein Handwerk geblüht, wurde es in Ehren gehalten, galt die Schlichtheit des Mannes noch etwas, bestrebte sich nicht der Sohn des Meisters, das Arbeitsgewand des Vaters zu verachten, um über seine Verhältnisse hinaus zu wollen« (13). Kretzer stellt die radikale Zeitkritik des an den Normen der Restaurationsphase orientierten alten Mannes deutlich heraus; dem ganz aufs Bewahren gerichteten Denken des Greises ist der technische Fortschritt ebenso suspekt wie es die auf Liebe, Nachgiebigkeit und eigene Entscheidung des Jugendlichen gerichteten Erziehungsmethoden sind, die sein Sohn bevorzugt. Der Großvater »vertrat eine längst vergangene Epoche: jene Zeit nach den Befreiungskriegen, wo nach langer Schmach das Handwerk wieder zu Ehren gekommen war und die deutsche Sitte aufs neue zu herrschen begann« (20). Zu einer überlegten Auseinandersetzung mit den veränderten gesellschaftlichen Verhältnissen ist er nicht bereit: »Das Handwerk hatte einen goldenen Boden... Die Schornsteine müssen gestürzt werden, denn sie verpesten die Luft; aber die Handwerker haben selbst daran schuld. Sie sollten ihre Söhne nicht Kaufleute werden lassen, die nur noch spekulieren und nicht arbeiten wollen.« (28f.).

Unverändert hält der alte Timpe am Ideal des selbstgenügsamen Kleinhandwerks und am besonderen Wert der Handarbeit fest. Sein Sohn dagegen, der Drechslermeister Johannes Timpe, hat die in sich ruhende Sicherheit des Alten bereits eingebüßt. Zwar bleibt der Vater bis zu seinem Tode eine wichtige Instanz für alle Handlungen Timpes, doch kann sich dieser bei allen Vorbehalten gegenüber der rasch zunehmenden Technisierung und Industrialisierung einer gewissen Faszination durch die sich daraus ergebenden Veränderungen im Sozialgefüge und Erscheinungsbild der Stadt nicht entziehen (vgl. etwa 65). Im Grunde verrät Timpe die Ideale seines Standes selbst, weil er seinem Sohn rät, sich einen Beruf in der Kaufmannswelt des Rechnens und Berechnens zu suchen (vgl. 38), und kurze Zeit spielt der Handwerker selbst mit dem Gedanken, seinen zunächst noch florierenden Betrieb zu einer Fabrik umzugestalten: »Anbauen ... Kleine Fabrik errichten ... Das Geschäft kaufmännisch betreiben ... Seinen Sohn zum Kompagnon machen ... Neues Vorderhaus errichten« (19, vgl. auch 37f.). Das Schwankende, Ambivalente in Timpes Denken und Handeln hat Kretzer glaubhaft dargestellt. Gerade weil dem Handwerksmeister jene holzschnittartige Eindeutigkeit abgeht, die Kretzer unter dem Leitbegriff »Typik«[37] wiederholt als ein Ziel seiner künstlerischen Darstellung bezeichnet hat, ist er eine überzeugende Figur geworden, deren Reflexionen und Handlungen auch den heutigen Leser zu fesseln vermögen. Dies gilt besonders für die Darstellung von Timpes Haltung zur Arbeiterbewegung der siebziger Jahre, die im Roman breit ausgeführt ist. Wiederholte Zeitangaben verdeutlichen dem Leser, daß im Roman der Zeitraum vom Frühjahr 1872 bis zum Winter 1879/80 erzählt wird, also die Gründerphase und die nachfolgende langdauernde Rezession. Dabei verwendet der Autor besondere Sorgfalt auf die Ereignisse des Jahres 1872 (Kap. 1–7) und die letzten Monate der dargestellten Zeit (Kap. 18 und 19), während die dazwischenliegende Zeitspanne in zahlreichen Sprüngen und Raffungen wiedergegeben wird. Für die Sozialdemokraten brachten die siebziger Jahre mit dem Aufgehen des Lassalleschen »Allgemeinen Deutschen Arbeitervereins« in der »Sozialistischen Arbeiterpartei« (1875) einen ersten Erfolg – nach zwei Mandaten im Jahre 1871 errang die Partei 1874 bereits neun und 1877 zwölf Sitze im Reichstag, bevor mit dem Sozialistengesetz (1878) jene Behinderungen einsetzten, die zunächst die Öffentlichkeitsarbeit der Partei in beträchtliche Schwierigkeiten brachten, bevor dann von 1890 an der rasche Aufstieg zur größten Reichstagsfraktion einsetzte. Das Programm von 1875 war noch so gemäßigt, daß auch reformistisch denkende Kräfte den Weg in die Sozialdemokratische Partei fanden. Kretzer demonstriert dies im Roman an der Figur des Altgesellen Beyer. »Maßhalten« (78) ist sein Grundsatz, und er hält auch in der Not zu seinem ehemaligen Meister (vgl. 149). Nach intensivem Selbststudium sozialistischer Schriften vertritt er einen Sozialismus, der mit zahlreichen Gedanken der christlichen Morallehre durchsetzt ist und mit dessen Hilfe die sozialen Schäden, die die Industrialisierung gebracht hat, repariert werden sollen:[38] »Wir leben in einer Zeit, wo der Egoismus das Christentum immer mehr und mehr verdrängt. Es heißt nicht mehr ›Hilf deinem Nächsten‹ [...,] nicht mehr ›Liebet euch untereinander‹, sondern ›Fürchtet euch voreinander‹«. (150) Dem stellt Beyer in der Sozialdemokratie den »neuen Heiland« (183, vgl. auch 181) entgegen, der seiner Ansicht nach die Interessen der »Kleinmeister« (181) und der vom Zeitgeist Vernachlässigten vertritt: »Sehen Sie, Meister, das ist die große Lüge unserer Zeit: Nur der Schein blendet, der innere Wert spielt keine Rolle mehr [...] Meister, unsere Partei ist die einzige, die sich der Unterdrückten und Hilfsbedürftigen annimmt.« (196) Da ist nie die Rede von den klassenkämpferischen Zielen der Sozialistischen Partei eines Liebknecht oder Bebel, die nach wie vor durch das Eisenacher Programm (1869) in der Programmatik der neugegründeten Partei eine bedeutende Rolle spielten, sondern es dominiert der Grundsatz »Hilf deinem Nächsten« (200). Man kann davon ausgehen, daß dieser Beyer, der an Timpe bis zu dessen Tode so handelt, wie er es selbst immer wieder von der Öffentlichkeit fordert, das Sprachrohr des Autors ist. Diesem waren ähnliche sozialpolitische Vorstellungen durch seinen Förderer, den Altliberalen Franz Gustav Duncker, vermittelt worden, dem Verleger der gleichermaßen gegen die Konservativen wie die Marxisten gerichteten *Berliner Volkszeitung*, in der Kretzer seine ersten Prosaskizzen publizierte.

Duncker war Mitbegründer der »Gewerkvereine« (seit 1868), die bevorzugt die berufsständischen Interessen proletarisierter Handwerker vertraten. Deren Schwierigkeiten waren nach 1870 weiter angewachsen, wobei einige Handwerkerberufe in besonderem Maße betroffen waren. Zu ihnen gehörten auch die Drechsler,[39] aus deren Mitte Kretzer seine Titelfigur nahm. Obwohl mechanische Drehbänke und eine zunehmende Standardisierung der Produkte im Zeichen des Massenkonsums die Handwerker zunehmend in Schwierigkeiten gebracht hatten, nahm ihre Zahl in den siebziger Jahren, nach der – oben bereits erwähnten – Wiedereinführung der Gewerbefreiheit, erheblich zu. 1849 gab es in Preußen etwa 12000 Drechsler, von denen mehr als die Hälfte Selbständige waren (6800), während bis 1895 ihre Zahl auf über 19000 angewachsen war. Dabei ging die Zahl der Selbständigen etwas zurück, die der Unselbständigen stieg von 5300 auf 13500. Viele Holz-, Horn- und Beinarbeiten, die bisher das Schwergewicht der Drechslerproduktion ausgemacht hatten, wurden nun in Fabriken billiger hergestellt, vor allem Knöpfe und Spielwaren; auch wurden mancherlei Gegenstände, die für andere Gewerbe bestimmt waren (z. B. Spul- und Spinnräder), aber auch Geschirrstücke, Kleinmöbel und Treppengeländer entweder nicht mehr benötigt oder durch andere Materialien (Glas, Porzellan, Metall) ersetzt. In Berlin, das im 19. Jahrhundert eine sehr hohe Handwerkerdichte aufwies (1895 wurden hier auf je 100000 Einwohner 266 Handwerker gezählt, im gesamten Land dagegen nur 74), wirkte sich der Übergang zur Gewerbefreiheit besonders nachhaltig aus: Noch 1861 gab es hier 409 selbständige Drechsler, 1882 waren es bereits 757, während ihre Zahl in Gesamtpreußen leicht rückläufig war. Konkurrenz durch die Massenproduktion in den Fabriken, durch billigere Einkaufsmöglichkeiten im Ausland nach dem Ausbau der Verkehrsverbindungen und durch die Gründung neuer Handwerker-Kleinbetriebe – dies war der sozial- und wirtschaftsgeschichtliche Hintergrund für den im Roman geäußerten Zivilisationspessimismus. Kretzers Gesellschaftsauffassung, die mit der seiner Titelfigur im ganzen gleichzusetzen ist, war durch die Vorstellungen aus der ersten Hälfte des 19. Jahrhunderts geprägt, als das Handwerk noch besser gesichert und die Rollenverteilung in der Familie noch patriarchalisch fundiert war. In seiner großen Rede vor einer Streikversammlung geht Timpe den Veränderungen in der Familie nach:

»Kann man das aber ein geordnetes Familienleben nennen [...], wenn Mann und Frau das Haus verlassen und die Tochter in kaum entwickeltem Alter nach der Werkstatt oder Fabrik gehen muß, um, der Aufsicht der Eltern enthoben, unmoralischen Einflüssen aller Art preisgegeben zu werden? Das Weib gehört in die Familie, es ist dazu da, die Häuslichkeit zu pflegen, die Kinder zu erziehen, sie zu gesitteten Menschen zu machen, aber nicht, um ihre ganze Kraft dem Erwerb zu widmen und dadurch zur Verlotterung der Familienbande beizutragen.« (251)

Hier wirkten deutlich die Vorstellungen Wilhelm Heinrich Riehls vom »Bürger von guter Art«[40] nach, aber auch die für das calvinistische und protestantische Bürgertum des 18. Jahrhunderts kennzeichnende strenge Arbeitsmoral und die daraus abgeleitete Selbstbescheidung:[41]

»Laß jeden tun und jeden haben, was er will. Der Wert des Lebens besteht nicht darin zu sagen, ich bin das und das und ich besitze das und das, sondern darin, daß der Mensch sagt: Ich bin zufrieden. Liebe zur Arbeit, Neidlosigkeit dem Nächsten gegenüber und der Glaube an einen ewigen Gott – das sind die drei Dinge, die wir zuerst beherzigen müssen, wollen wir uns eines wirklichen, inneren Glücks erfreuen.« (31)

Auch die Veränderungen im Erscheinungsbild der Großstadt deutet sich Timpe, wenn er aus der Vogelperspektive seines Ausgucks die Umgebung seines Hauses betrachtet, als

Gegenwelt zum vermeintlich naturgewachsenen Alt-Berlin (vgl. 12f.), zum »patriarchalischen Viertel« (5) also, in dem er lebt. Die Gegenwart erscheint ihm bedroht von Wucherungen, die das Leben zunehmend ersticken:
»Dort der lachende Sonnenschein, die unbegrenzte Freiheit des Blickes, der Reiz einer eigentümlichen Landschaft und hier Hand in Hand mit dem Zerstörungswerk der Menschen der Aufbau steiler Wände, die das Licht des Himmels nahmen.« (64)
»Mit der Zeit überkam ihn eine Art Idee: Er bildete sich ein, daß seine Zukunft von der Vollendung des Riesengebäudes [der Fabrik seines Konkurrenten Urban auf dem Nachbargrundstück] abhängig werde, er fürchtete, die Mauern würden, je höher sie rückten, ihn, seine ganze Familie und das Häuschen nach und nach erdrücken.« (65)
Solche Untergangsvisionen im Massenzeitalter verfolgen Timpe (»Tausend Arme streckten sich ihm entgegen, riesige Hämmer wurden über seinem Kopf geschwungen [...]« – 83), er sieht sich, den zunehmend aus seiner bisherigen gesellschaftlichen Position verdrängten Handwerksmeister, als ruhelosen Ahasver (vgl. 83) in einer Zeit, die ihn nicht mehr braucht. Der drohende Untergang scheint ihm versinnbildlicht im Bau von Urbans Fabrik und in der Errichtung der Stadtbahn. Denn gerade durch sie sieht er das alte Häuschen bedroht, in dem er wohnt und arbeitet und das für ihn noch ein Relikt jenes »ganzen Hauses«[42] darstellt, welches einmal für den bürgerlichen Handwerksbetrieb konstitutiv gewesen ist. Immer wieder stellt Kretzer Timpes Haus, diesen »alten Sonderling« (145, vgl. auch 9, 11, 12, 37, 60, 156, 214), leitmotivisch gegen die Riesenerscheinung der Fabrik, durch deren Bau der schöne Nachbargarten mit seinen alten Bäumen zerstört worden ist (vgl. 27, 59, 83). Die Fabrik deutet er sich als Sinnbild der verhaßten hochkapitalistischen Prosperität. Mit Timpes Leben wird schließlich auch sein Haus zerstört: »Das Häuschen mit seinen eingeschlagenen Fenstern und Türen, der durchlöcherten Wand, mit seinen halbverkohlten Dielen glich einer Trümmerstätte.« (285)
In scharfem Kontrast stellt der Schriftsteller diesem Ende des Handwerkers die Eröffnung der Stadtbahn entgegen, die das alte Viertel an der Holzmarktstraße durchschneidet, historischen Baubestand und soziale Gefüge zerstört (vgl. 143ff., 155f., 208, 213) und deren Viadukte das alte Handwerkerhaus gleichsam erdrückt haben. Während man den toten Timpe aufbahrt, wird eben die neue Strecke zum ersten Male befahren; die Gaffenden, gerade noch mit Timpes traurigem Ende beschäftigt, gehen zur Tagesordnung über:
»Plötzlich ertönte ein tausendfaches Hurrarufen. Die Menge wandte die Köpfe und blickte in die Höhe. Ein dumpfes Ächzen und Stoßen wurde wahrnehmbar, heller Qualm wälzte sich über die Straße und unter dem Zittern der Erde brauste die Stadtbahn heran, die ihren Siegeszug durch das Steinmeer von Berlin hielt.« (286)
Bei der Darstellung Timpes, dem überlebten Handwerksmeister, seines Sohnes Franz, der sich – zunächst mit Billigung des Vaters – für die neue Zeit entschieden hat, und der Gründerfigur Urban hat Kretzer keinen Zweifel daran gelassen, wo seine Sympathien sind. Der Fabrikbesitzer verwirklicht konsequent sein sozialdarwinistisches Credo »Stirb *du*, damit *ich* lebe!« (138), und auch sein Vorzugsschüler, der junge Timpe, verbindet sein Kaufmannsdenken (»Die Zahl macht heute alles [...] ›Wir‹ Kaufleute sind die eigentlichen Macher« – 51) mit Genußsucht und betrügerischer Skrupellosigkeit. Während der Schriftsteller sich nicht genugtun kann, diese beiden Gründerfiguren als Vertreter des Bösen darzustellen (vgl. etwa 85ff.), ist es ihm gelungen, die Titelfigur des

Romans differenzierter zu charakterisieren. Denn der Drechslermeister ist bei aller Sympathie Kretzers für seine Orientierung an der vorindustriellen Gesellschaftsordnung doch auch mit einzelnen Zügen ausgestattet, die eine gewisse Distanz des Autors zum Denken und Handeln des Handwerkers demonstrieren. Die Darstellung der offensichtlichen Fehler in der Erziehungsmethode Timpes kann man freilich nur zum Teil dazu rechnen, denn hier nimmt der Erzähler deutlich die eingeengte Perspektive des Großvaters ein, der nicht begreifen kann, daß sein Sohn an die Stelle des tradierten Befehls- und Gehorsamsverhältnisses zwischen Eltern und Kindern eine Beziehung setzen will, die zugleich auf Zuneigung der Eltern und den eigenständigen Entscheidungen des Jugendlichen beruht. Dagegen vermittelt der Schriftsteller seine eigene Meinung, wenn er die Unfähigkeit Timpes beschreibt, sich rational mit den geschichtlichen Veränderungen in der Industriegesellschaft auseinanderzusetzen. Er zeigt, daß Timpes Handwerkerstolz so dominiert, daß dieser, um die zunehmende Deklassierung zu verschleiern, zu Lügen greift (vgl. 204ff.). So spielt er seinen ehemaligen Freunden eine Rolle vor, die den Realitäten nicht mehr entspricht. Da er nicht bereit ist, die Veränderungen um sich her zu akzeptieren, zieht er sich schließlich völlig aus der Gesellschaft zurück und führt fortan das Leben eines skurrilen, menschenscheuen Einsiedlers. Der Anschein bürgerlicher Wohlanständigkeit in seiner Familie ist ihm so wichtig, daß er auch noch dann, als er Gewißheit vom Einbruch seines Sohnes in die väterliche Wohnung erhält, den Sachverhalt vertuscht und den Altgesellen, der ihn durchschaut, ungerecht behandelt (vgl. 172ff.). Kretzer stellt in Timpe einen beklagenswerten, aber doch auch uneinsichtigen, zunehmend egozentrisch denkenden und handelnden Handwerksmeister dar, eine Romanfigur, welcher der Leser mit Bedauern und Befremden zugleich begegnet.

Götz Müller hat darauf hingewiesen, daß ein Zusammenhang zwischen Kretzers *Meister Timpe* und den Handwerkerapotheosen besteht, die seit E. T. A. Hoffmann (*Meister Martin der Küfner und seine Gesellen,* 1818) und Tieck (*Der junge Tischlermeister,* 1819/1836) in der deutschen Literatur des 19. Jahrhunderts immer wieder auftauchten. Sie hatten von Friedrich Hebbel (*Maria Magdalena,* 1844) über Otto Ludwig (*Zwischen Himmel und Erde,* 1856), Gottfried Keller (*Die drei gerechten Kammacher,* 1856) bis zu Wilhelm Raabe (*Pfisters Mühle,* 1884) die zunehmend bedrohte Lebensform handwerklicher Bürgerlichkeit zum Gegenstand: »Insofern ist der Roman [*Meister Timpe*] kein Neubeginn, sondern der realistische Abschluß einer langen Tradition.«[43] Tatsächlich thematisiert Kretzers Roman ebenfalls die ohnmächtige Rebellion eines deklassierten Handwerkers, der noch aus einer Zeit kommt, in der künstlerische und handwerkliche Tätigkeit kaum geschieden waren; er zieht die zunehmende Isolierung der drohenden Abwertung handwerklicher Arbeit im Fabrikbetrieb vor. Bürgerliche Familienehre und der Kampf um das Ansehen der eigenen Firma in einer Welt des wirtschaftlichen Egoismus – dies war auch Gegenstand von Daudets Sittenroman *Fromont jeune et Risler ainé,* der 1876, zwei Jahre nach seiner Veröffentlichung, in Berlin erschien und in Deutschland rasch populär wurde. Auf Daudet und Dickens im Ausland, auf Tieck, Freytag und den jungen Raabe muß verwiesen werden, wenn man die Vorbilder Kretzers sucht, und der Schriftsteller hat dies selbst getan.[44] Naturalistische Kunstvorstellungen, das ist oben gezeigt worden, haben für Kretzer keine dominierende Rolle gespielt.

Immerhin mag er von Zolas *Au bonheur des dames* (1883) eine Reihe von stofflichen Anregungen für *Meister Timpe* erhalten haben,[45] und auch die Strukturierung der Romanhandlung durch je einen Vertreter aus drei Generationen der gleichen Familie, an denen der Untergang des Kleinhandwerks demonstriert wird, ist von der naturalistischen Vererbungs- und Milieutheorie beeinflußt; noch ein Jahrzehnt später hat sie Thomas Mann für den Roman *Buddenbrooks* benutzt. Im übrigen aber setzte Kretzer den psychologischen Roman des Realismus fort. ›Realistisch‹ in diesem Sinne war auch die besondere Aufmerksamkeit, die der Schriftsteller auf den räumlichen Kontext der Romanfabel richtete; er benutzte ihn als »Weltaußenraum«,[46] d. h. als eine wichtige Grundbedingung menschlicher Existenz. Wie bei Raabe kam dem Raum dabei auch eine symbolische Bedeutung zu, doch hatte sich inzwischen der vertraute, erfahrbare Raum von der Gasse[47] in der zunehmend fremd werdenden Großstadt auf das Handwerkerhäuschen zwischen den gigantischen neuen Fabrik- und Verkehrsanlagen reduziert. Gleichzeitig unternahm es Kretzer, Stadtbilder und Straßenszenen gleichsam für sich stehend zu entwerfen, ein Verfahren, das er in seinen Berliner Skizzen immer wieder einsetzte. Dies rechtfertigt es, daß man Kretzer den wichtigsten Romancier des gründerzeitlichen Berlin und den bedeutendsten Vertreter des Berliner Romans genannt hat.[48] Denn Willibald Alexis thematisierte in seinen Berliner Romanen bevorzugt die Geschichte Brandenburgs und der Hohenzollern-Dynastie, bei Raabe dominierte der Blick auf Alt-Berlin, und auch in den Zeitromanen Fontanes blieb die Auseinandersetzung mit der modernen Großstadt ganz am Rande.[49] Daß Kretzers soziale Romane aus den achtziger Jahren in der Weimarer Republik eine Renaissance erlebten,[50] läßt sich aus dem damals erwachenden Interesse an der künstlerischen Gestaltung von Themen aus der Arbeitswelt erklären. Als Döblin eine »Senkung des Gesamtniveaus der Literatur«[51] forderte, um jenen Schichten Zugang zur Kunst zu ermöglichen, die bisher von ihrer Rezeption ausgeschlossen waren, und als die sozialtherapeutische Aufgabe der Literatur deutlich akzentuiert wurde,[52] entdeckte man die ästhetisch oft unbeholfenen Versuche eines Schriftstellers wieder, der bereits seine poetisch verschlüsselten Analysen sozialer Schäden im Industriezeitalter mit Vorschlägen zur Abhilfe verbunden hatte (s. o.). Es wäre aufschlußreich, zu untersuchen, wie sich von Kretzers *Meister Timpe* zu Willi Bredels Roman *Maschinenfabrik N & K* (1930) die dargestellte Arbeitswelt verändert hat:[53] Der altbürgerliche Drechslermeister ist nun durch einen klassenkämpferischen Metalldreher ersetzt, der Abscheu des Handwerkers vor den politischen Zielvorstellungen der Sozialdemokraten ist nun abgelöst durch die nicht weniger pauschalen und emotional aufgeladenen Sozialfaschismus-Vorstellungen der Kommunisten, die im Bund Proletarisch-Revolutionärer Schriftsteller in den späten zwanziger Jahren die SPD und auch linksbürgerliche ›Sympathisanten‹ bekämpften.

Max Kretzer ist der erste deutsche Schriftsteller gewesen, der im Roman den Versuch unternommen hat, das Milieu der Industrieviertel in einer Großstadt einläßlich darzustellen, und bei dem diese Beschreibungen von Industrielandschaften für die Handlung besondere Bedeutung gewinnen. Fontane konnte kein Verständnis für die oft unbeholfenen, ästhetisch wenig überzeugenden Romane Kretzers aufbringen. Der Meister der Causerien hatte die Mängel in Kretzers Dialogführung sogleich erkannt. Döblin, der Kretzer in seinem sozialen Engagement, im Mißtrauen gegen die sozialpolitischen Vorstellungen der Parteien und auch in der ambivalenten Einstellung zur modernen Großstadt durchaus nahestand, hat später die Berliner Skizze (*Der deutsche Maskenball,* 1919–21) und den Berliner Roman (*Wadzeks Kampf mit der Dampfturbine,* 1918; *Berlin Alexanderplatz,* 1929; *Pardon wird nicht gegeben,* 1935) wiederaufgenommen und dann auf ein bedeutendes künstlerisches Niveau gehoben.[54]

Anmerkungen

1 Vgl. Adalbert von Hanstein: Das jüngste Deutschland. Zwei Jahrzehnte miterlebter Literaturgeschichte. Leipzig 1900. S. 39; Julius Erich Kloss: Max Kretzer. Eine Studie zur neueren Literatur. 2. Aufl. Leipzig 1905. S. 7.

2 Hermann Hölzke: Zwanzig Jahre deutscher Literatur. Ästhetische und kritische Würdigung der Schönen Literatur der Jahre 1885–1905. T. 2. Kap. 3. Braunschweig 1905. Hölzke teilte der Gruppe der ›Zolaisten‹ neben Max Kretzer auch Clara Viebig und Wilhelm von Polenz zu.

3 Vgl. Karl Bleibtreu: Revolution der Literatur. Leipzig 1886. S. 39.

4 Aus der beträchtlichen Zahl der Arbeiten, die sich mit Kretzer beschäftigt haben, sind heute noch am wichtigsten: Günther Keil: Max Kretzer. A Study in German Naturalism. New York 1928. Neudr. New York 1966; Kurt Haase: Die Zeit- und Gesellschaftskritik in den sozialen Romanen von Max Kretzer. Diss. Würzburg 1953 [masch.]; Pierre Angel: Max Kretzer. Peintre de la société berlinoise de son temps. Paris 1966. Vgl. auch das perspektivenreiche Nachwort Götz Müllers zur Neuausgabe des Romans »Meister Timpe« in Reclams Universal-Bibliothek: Götz Müller: Nachwort des Herausgebers. In: Max Kretzer: Meister Timpe. Stuttgart 1976. *Nach dieser Ausgabe wird im folgenden zitiert.*

5 Bleibtreu (Anm. 3) S. 37.

6 Vgl. ebd. S. 39. Bleibtreu hat später sein Urteil weitgehend revidiert. Vgl. Bleibtreu: Geschichte der Deutschen National-Literatur von Goethes Tod bis zur Gegenwart. Berlin 1912. S. 12f.

7 Friedrich Kirchner: Gründeutschland. Ein Streifzug durch die jüngste deutsche Dichtung. Wien 1893. S. 85.

8 Vgl. Hölzke (Anm. 2) S. 81.

9 Vgl. Kloss (Anm. 1).

10 Vgl. Keil (Anm. 4).

11 Egon Müntefer: Max Kretzer und seine Bedeutung für den deutschen Roman der achtziger Jahre des 19. Jahrhunderts. Diss. Münster 1923 [masch.].

12 Helmut May: Max Kretzers Romanschaffen nach seiner Herkunft, Eigenart und Entwicklung. Diss. Köln 1930. Druckausg. Düren 1931. S. 1.

13 Vgl. Haase (Anm. 4).

14 Helga Watzke: Die soziologische Problematik bei Max Kretzer. Diss. Wien 1958 [masch.].

15 Vgl. Angel (Anm. 4).

16 Vgl. Haase (Anm. 4) S. 116ff.

17 Vgl. Müller (Anm. 4) S. 289; Angel (Anm. 4) S. 89ff. und S. 152ff.

18 Vgl. Dieter Mayer: Max Kretzer und Theodor Fontane. Zur Diskussion um die realistische Darstellung der Berliner Gesellschaft. Erscheint demnächst. – Wichtige Materialien hat Reuter veröffentlicht. Vgl. Theodor Fontane: Aufzeichnungen zur Literatur. Ungedrucktes und Unbekanntes. Hrsg. von Hans-Heinrich Reuter. Berlin 1969. S. 111ff. und S. 333ff.

19 Die Intention des vorliegenden Bandes und der zur Verfügung stehende Raum lassen es nicht zu, daß das Gesamtwerk Kretzers und damit die Entwicklung, die das soziale und ästhetische Denken dieses Autodidakten genommen hat, angemessen dargestellt wird. Auch auf eine ins Detail gehende Stil- und Formuntersuchung muß verzichtet werden.

20 Vgl. Wilhelm Emrich: Protest und Verheißung. Frankfurt a. M. 1960. Hans Kaufmann hat sich mit guten Gründen aus sozialgeschichtlicher und literatursoziologischer Perspektive gegen die

Bezeichnung ›Literaturrevolution‹ für die Phase zwischen 1890 und 1925 gewandt. Vgl. Hans Kaufmann: Krisen und Wandlungen der deutschen Literatur von Wedekind bis Feuchtwanger. Berlin 1969. S. 7ff. und S. 156ff.

21 Max Kretzer: Zur Entwicklung und Charakteristik des Berliner Romans. In: Das Magazin für die Literatur des In- und Auslandes 54 (1885) Nr. 43. S. 671.

22 Ebd. Immer wieder finden sich in den sozialen Romanen Kretzers aus den achtziger Jahren ausgedehnte Stadtbeschreibungen, die vor allem Arbeitervierteln und Industriequartieren gelten. Kretzer hat in diesem Zusammenhang auf den Einfluß durch die späte Malerei Menzels verwiesen. Vgl. Kretzer: Randglossen zum Kapitel »Berliner Kunstausstellung«. In: Der Kunstwart 2 (1888/89) H. 2. S. 27f.

23 Kretzer: Objektivität und Subjektivität in der Dichtung. In: Der Kunstwart 2 (1888/89) H. 2. S. 353.

24 Bereits in dem Roman »Die Betrogenen« (1880) hat Kretzer einem Nazarener der Düsseldorfer Schule den modernen Künstler Freigang gegenübergestellt, der das Genre der Kneipen und Fabriken in den Arbeiterquartieren sich zum Vorwurf nimmt. Wichtiger noch ist eine bislang von der Forschung übersehene Rezension zum Werk des Berliner Genremalers Karl Gussow, die Kretzers gebrochenes Verhältnis zu Zola und den deutschen Naturalisten schlüssig belegt. Vgl. Kretzer: Karl Gussow und seine Werke. In: Westermanns Illustrierte Monatshefte 54 (1883) S. 519–531.

25 Vgl. dazu Heinz Buddemeier: Panorama, Diorama, Photographie. München 1970; Erika Billeter: Malerei und Photographie im Dialog. Bern 1977.

26 Kretzer: Karl Gussow und seine Werke (Anm. 24) S. 520.

27 Diese Auseinandersetzung erwartete er mit besonderer Dringlichkeit vom Berliner Roman. Deshalb hielt er Paul Lindaus konventionell-unterhaltsame Romane für verfehlt. Vgl. Kretzer: Zur Entwicklung und Charakteristik des Berliner Romans (Anm. 21) S. 670.

28 Vgl. Stephan Kohl: Realismus. Theorie und Geschichte. München 1977; Helmuth Widhammer: Die Literaturtheorie des deutschen Realismus (1848–1860). Stuttgart 1977.

29 Vgl. Hermann Kinder: Poesie und Synthese. Ausbreitung eines deutschen Realismus-Verständnisses in der Mitte des 19. Jahrhunderts. Frankfurt a. M. 1973.

30 Vgl. Kretzer: Karl Gussow und seine Werke (Anm. 24).

31 Kretzer: Meine Stellung zum Naturalismus. Erstmals veröffentlicht bei Keil (Anm. 4) S. 105–108. Zitat S. 105.

32 Dazu gehören u. a. die Sammlungen: Berliner Novellen und Sittenbilder. Jena 1883; Gesammelte Berliner Skizzen. Berlin 1883; Im Sturmwind des Sozialismus. Erzählungen aus großer Zeit. Berlin 1884; Im Riesennest. Berliner Geschichten, Leipzig 1886; Im Sündenbabel. Berliner Novellen und Sittenbilder. Leipzig 1886. – Die künstlerische Qualität dieser meist sehr knapp gehaltenen Prosatexte ist außerordentlich ungleichwertig.

33 Kretzer: Die Madonna vom Grunewald. Leipzig 1901. S. 81.

34 Hierzu und zu den knappen sozialgeschichtlichen Angaben im folgenden vgl. Wilhelm Treue: Gesellschaft, Wirtschaft und Technik Deutschlands im 19. Jahrhundert. In: Bruno Gebhardt: Handbuch der deutschen Geschichte. Bd. 3. Hrsg. von Herbert Grundmann. 9. Aufl. Nachdr. Stuttgart 1973. S. 377–541; Karl Erich Born: Von der Reichsgründung bis zum Weltkrieg. Ebd. S. 224–375, vor allem S. 241ff.; Wilhelm Wernet: Kurzgefaßte Geschichte des Handwerks in Deutschland. 5. Aufl. Dortmund 1970; Annette Leppert-Fögen: Die deklassierte Klasse. Studien zur Geschichte und Ideologie des Kleinbürgertums. Frankfurt a. M. 1973.

35 Die Zahlenangaben sind entnommen: Ernst Kirsten / Ernst Wolfgang Buchholz / Wolfgang Köllmann: Raum und Bevölkerung in der Weltpolitik (Bevölkerungs-Ploetz). Bd. 2. Würzburg 1956. S. 218ff.

36 Kretzer: Die beiden Genossen. Berlin 1880. S. 39. Das folgende Zitat S. 19.

37 Vgl. Kretzer: Modelle. In: Das Magazin für die Literatur des In- und Auslandes 53 (1886) Nr. 27. S. 417–421.

38 Es ist an dieser Stelle nicht möglich, auf Kretzers spätere Zuwendung zu einer christlichen Morallehre (»Die Bergpredigt«, 1890; »Das Gesicht Christi«, 1896) einzugehen und auch nicht auf seine Sympathien für den eigenwilligen Mystizismus, der im letzten Drittel des 19. Jahrhunderts eine wichtige Rolle gespielt hat. Vgl. Richard Hamann / Jost Hermand: Naturalismus. Epochen der deutschen Kultur von 1870 bis zur Gegenwart. Bd. 2. München 1972.

39 Thissen zählte sie an der Jahrhundertwende zu den »vorzugsweise bedrängten Handwerkern«. Vgl. Otto Thissen: Beiträge zur Geschichte des Handwerks in Preußen. Tübingen 1901. Die folgenden Zahlenangaben sind den Tabellen dieser Schrift entnommen. Ergiebig ist auch Gustav Schmoller: Zur Geschichte der deutschen Kleingewerbe im 19. Jahrhundert. Halle a.d.S. 1870.

40 Vgl. Wilhelm Heinrich Riehl: Die bürgerliche Gesellschaft. Stuttgart 1851. S. 187ff.

41 Vgl. Max Weber: Die protestantische Ethik. I. 3. Aufl. Hamburg 1973; Dieter Mayer: Bürgertum und Bürgerlichkeit in Deutschland. Bamberg 1978.

42 Vgl. Otto Brunner: Das ›ganze Haus‹ und die alteuropäische Ökonomik. In: Neue Wege der Verfassungs- und Sozialgeschichte. 2. Aufl. Göttingen 1968.

43 Müller (Anm. 4) S. 297.

44 Kretzer: Zur Entwicklung und Charakteristik des Berliner Romans (Anm. 21) S. 670f.

45 Vgl. Müller (Anm. 4) S. 292ff.; Angel (Anm. 4) S. 152ff.

46 Bruno Hillebrand: Mensch und Raum im Roman. Studien zu Keller, Stifter, Fontane. München 1971. S. 35.

47 Vgl. Herman Meyer: Raum und Zeit in Wilhelm Raabes Erzählkunst. In: Deutsche Vierteljahrsschrift für Literaturwissenschaft und Geistesgeschichte 27 (1953) S. 236–267; Hubert Ohl: Bild und Wirklichkeit. Studien zur Romankunst Raabes und Fontanes. Heidelberg 1968.

48 Vgl. Haase (Anm. 4) S. 9ff.

49 Vgl. dazu den fast gleichzeitig mit »Meister Timpe« veröffentlichten Roman »Irrungen Wirrungen«, in dem sich Fontane bei der Stadtdarstellung weitgehend auf das Weichbild Berlins beschränkte und die industrielle Arbeitswelt, soweit er überhaupt auf sie einging, idyllisierend darstellte.

50 Die Auflagenziffern beweisen einen erstaunlichen Verkaufserfolg gerade der frühen Romane in den zwanziger Jahren. Vgl. die Nachweise bei Angel (Anm. 4) S. 167ff.; Keil (Anm. 4) S. 16f.

51 Alfred Döblin: Vom alten zum neuen Naturalismus. Akademie-Rede über Arno Holz. In: Aufsätze zur Literatur. Olten 1963. S. 145.

52 Vgl. zum Gesamtkomplex: Dieter Mayer: Linksbürgerliches Denken. Untersuchungen zur Kunsttheorie, Gesellschaftsauffassung und Kulturpolitik in der Weimarer Republik (1919–1924). München 1980 (im Druck).

53 Vgl. Jörg Petersen: Willi Bredels Roman »Maschinenfabrik N & K.«. In: Diskussion Deutsch 10 (1979) H. 45. S. 36–53.

54 Auch die Erstickungsmetapher hat Döblin zur Darstellung der Folgen technischer Entwicklung wiederaufgenommen und radikalisiert. Vgl. Alfred Döblin: Berge, Meere und Giganten. Berlin 1924. Diesen Aspekt des Romans hat Günter Grass in seiner Rede zur Eröffnung der Marbacher Döblin-Ausstellung (1978) angesprochen. Vgl. Günter Grass: Im Wettlauf mit den Utopien. In: Die Zeit (16. 6. 1978) Nr. 25. S. 29f.

Literaturhinweise

Angel, Pierre: Max Kretzer. Peintre de la société berlinoise de son temps. Paris 1966.
Cowen, Roy C.: Der Naturalismus. Kommentar zu einer Epoche. München 1973.

Haase, Kurt: Die Zeit- und Gesellschaftskritik in den sozialen Romanen von Max Kretzer. Diss. Würzburg 1953 [masch.].
Keil, Günther: Max Kretzer. A Study in German Naturalism. New York 1928. Neudr. New York 1966.
Kloss, Julius Erich: Max Kretzer. Eine Studie zur neueren Literatur. 2. Aufl. Leipzig 1905.
Kuczynski, Jürgen: Vom möglichen Nutzen unschöner Literatur (Willkomm, Spielhagen, Kretzer). In: Gestalten und Werke. Soziologische Studien zur deutschen Literatur. Berlin 1969. S. 184–209.
Lindemann, Margot: Studien und Interpretationen zur Prosa des deutschen Naturalismus. Diss Münster 1956 [masch.].
May, Helmut: Max Kretzers Romanschaffen nach seiner Herkunft, Eigenart und Entwicklung. Diss. Köln 1930. Druckausg. Düren 1931.
Müller, Götz: Nachwort. In: Max Kretzer: Meister Timpe. Stuttgart 1976. (Reclams Universal-Bibliothek. Nr. 9829 [4].)
Müntefer, Egon: Max Kretzer und seine Bedeutung für den deutschen Roman der achtziger Jahre des 19. Jahrhunderts. Diss. Münster 1923 [masch.].
Watzke, Helga: Die soziologische Problematik bei Max Kretzer. Diss. Wien 1958 [masch.].

HORST ALBERT GLASER

Theodor Fontane: *Effi Briest* (1894) Im Hinblick auf Emma Bovary und andere

Wenn der Ehebruch zu einem Standardmotiv in der Literatur des neunzehnten Jahrhunderts avanciert ist, dann deutet dieser Umstand nicht bloß auf einen Wandel im Arsenal literarischer Motive überhaupt, sondern auf einen in jener gesellschaftlichen Schicht, die diese Literatur trug: der bürgerlichen. Der realistische Roman, der wie kaum eine andere Gattung das Jahrhundert kennzeichnet, beschäftigt sich mit dem Wanken oder den Trümmern von Ehen, die ihre Partner ruinieren, wenn nicht unter sich begraben. Von Goethes *Wahlverwandtschaften* bis zu Theodor Fontanes (1819–98) *Effi Briest* erstreckt sich eine künstlerische Walstatt, die von Trümmern nicht allein bürgerlicher, sondern auch aristokratischer Ehen übersät ist. Betrachtet man, was da übriggeblieben ist von der Ehe des Bankiers de Nucingen (in Balzacs *Splendeur et misères des courtisanes*), des Landarztes Bovary (in Flauberts *Madame Bovary*) oder des Ministerialbeamten Karenin (in Tolstois *Anna Karenina*), so mag sich der Zerfall erklären aus dem Versuch, Elemente zu amalgamieren, die sich abstoßen müssen. Goethe zielte mit dem der Chemie seiner Zeit entlehnten Terminus der ›Wahlverwandtschaften‹ auf die verschieden starken Triebaffinitäten, die Individuen zusammentreiben und auch wieder auseinanderreißen können, während Fontane in seiner Effi auf die mythologische Melusine anspielt, die – Geschöpf des Wassers – nicht auf dem trocknen Lande und schon gar nicht im leeren Kasten gesellschaftlicher Formen zu leben vermag.

Doch der Ehebruch ist's nicht mehr als die Ehe selbst, die in den Ehebruchsromanen analysiert und – wie das Wort meint – zerfällt wird. Denn der Ehebruch ist die Katastrophe, die eine Entwicklung abschließt, die im Schoß der Ehe unbemerkt ihren Anfang genommen und den Leib der Familie aufgetrieben und ruiniert hat. Die Trümmer nach der Katastrophe zu mustern, kann nur das Ziel haben, sie zu dem Gebäude in Gedanken wieder zusammenzusetzen, aus dem sie stammen, und in den Bruchflächen die ersten Risse wiederzuerkennen, die das Gebäude durchzogen. So wird denn der Ehebruch zu einem Gericht über die Ehe und was sie ausmacht. Anderes ist nicht möglich, und auch Tolstoi, der wie Fontane die schlechte Ehe mit einer guten (in der Levin-Handlung) balancieren wollte, kann nicht verhindern, daß die Ehe der Karenins nun einmal nicht haltbar war – weder im Hinblick auf die Personen noch in dem auf die Umstände. Angesehen werden soll die Ehe hier als der Punkt, an dem die sexuellen Beziehungen von Individuen als soziale institutionalisiert werden. Insoweit aber ein Naturverhältnis kulturelle Vertragsform annimmt, gerät es unter Bestimmungen, die nicht die seinigen von Haus aus sind. Die fürchterliche Definition, die Kant der Ehe als Vertragsform hat angedeihen lassen, gibt preis, daß das Naturverhältnis in ein Gewaltverhältnis verwandelt werden soll und muß, das notwendigerweise und nur so das sittliche ist. Changiert so Ehe in den Aspekten von Sexualität, Herrschaft und Sittlichkeit, so ist abzusehen, daß die heterogenen Elemente einander fliehen werden, sobald die Bedingungen des sozialen Drucks schwinden, die das Agglomerat zusammenhalten. Eine dieser Bedingungen war die vorindustrielle Organisation der Arbeit, die der

Frau Schutz und Unterhalt allein im Familienverband bot. Reuter schreibt in seiner großen Monographie etwas schematisch, aber nicht falsch: »Daß Effis ›Schwäche‹ und ›Knax‹, ihre Verführbarkeit und Verführung nur eine letzte menschliche Konsequenz des als Eheschließung getarnten unmenschlichen Kaufes sind, muß ihr verborgen bleiben, ebenso wie ihren Eltern.«[1]

Fortschreitende Differenzierung der bürgerlichen Gesellschaft löste im Verlauf des neunzehnten Jahrhunderts auch die archaische Form der Kaufehe auf – selbst ihre subtilere Form, bei der die Familien mehr darauf achteten, daß sich Stand zu Stand und Vermögen zu Vermögen finde als Herz zu Herzen. Insofern focussieren in Ehekonflikten und Ehebrüchen nicht allein sexuelle Affinität und rechtlicher Vertrag, sondern zugleich die Bewegungstendenzen der bürgerlichen Gesellschaft, die individuelle Energien mobilisierte, indem sie ihre archaischen Bindungen löste. Zur Heldin dieser Bewegungstendenzen ist Nora Helmer aufgerückt, die Ibsen ihre Pflichten als Gattin und Mutter aufkündigen läßt, weil sie »die Pflichten gegen mich selbst« wahrnehmen will. Ihrem protestantischen Freiheitspathos, das im Drama allein gegen die Institution der Familie rebelliert, ist allerdings schon das polemische Motiv gegen eine gesellschaftliche Ordnung einbeschrieben, die von der Frau die Opferung für die Familie erwartet: »Ich muß herauskriegen, wer recht hat, die Gesellschaft oder ich« – sagt Nora, und kurz darauf fällt hinter ihr, die Mann und Kinder verläßt, »die Haustür dröhnend ins Schloß«.[2]

Zu solch kritischer Abrechnung mit der sozialen Institution Ehe war Fontane nicht aufgelegt. Aus seiner Abneigung gegen Ibsens Eheanalysen hat er kein Hehl gemacht. Anläßlich Ibsens *Gespenster* schrieb er: »Das Hin und Her vom einen zum andern, das Lieben auf Abbruch, die souveräne Machtvollkommenheit ewig wechselnder Neigungen über das Stabile der Pflicht, über das Dauernde des Vertrages, all das würde die Welt in ein unendliches Wirrsal stürzen und eine Verschlimmbesserung ohne gleichen sein.«[3]

Effi Briest ist denn keine hysterische Tugendheldin, die den Vertrag aufkündigt, ohne ihn gebrochen zu haben, sondern eine Verführerische und Verführte, die ihn umgeht und betrügt. Insofern kann man sie eher eine Schwester im Geiste von Emma Bovary nennen, von der sie doch wieder Schwäche und Moralismus trennen. Daß Fontane – anders als Ibsen und Tolstoi – den Bruch der Ehe weniger als moralischen, denn als sozialen oder bestenfalls psychologischen Casus behandelt, hat Stern bereits beobachtet. Ja, er konstatiert nicht falsch, daß es Fontane durchgängig um die Trennung des Sozialen vom Moralischen gehe.[4] Eine Trennung, die vorher schon Flaubert vorgenommen hatte – und zwar so gründlich, daß die Moral dabei gänzlich abhanden kam. Folgerichtig wurde denn sein Ehebruchsroman vom Staatsanwalt der »offenses à la morale publique et à la religion« beschuldigt und sein Autor zusammen mit dem Verleger und dem Drucker vor Gericht gestellt.[5] Solche Verfolgung widerfuhr Fontane nicht.

Daß Fontane den Ehebruch in der Familie von Innstetten als sozialen Casus ansah, dem er eine sozialpsychologische Behandlung angedeihen ließ, erhellt aus dem Umstand, daß er den Stoff der Chronique scandaleuse der Berliner Gesellschaft entnahm. Das Skelett der Handlung ist der Affäre von Ardenne nachgebildet, die 1886 Schlagzeilen machte. Die erste Fassung des Romans (mutmaßlich von 1890) nennt die Heldin noch Betty (nach Elisabeth von Ardenne), erst die Druckfassung von 1894 (erstmals in der *Deutschen Rundschau)* bringt den Namen Effi Briest. Wie im Roman endet die Affäre Ardenne mit einem Duell, zu dem der düpierte Armand von Ardenne den Galan seiner Frau, Emil

Hartwich, forderte. Der Konkurrent, übrigens ein Amtsrichter, unterlag wie im Roman dem Ehegatten, einem Rittmeister, damals bei den Düsseldorfer Husaren.

Es ist nicht ohne Bedeutung, Personen und Verlauf der Affäre Ardenne zu vergleichen mit dem Roman, den Fontane nach diesem Vorbild geschrieben hat. Der Verschiedenheiten sind ungezählte; hier sei allein auf die drei gravierendsten abgehoben. Armand von Ardenne war 22 Jahre alt, als er sich 1871 mit der 17jährigen Elisabeth von Plotho verlobte. Fontane vergrößerte den Altersunterschied auf mehr als zwanzig Jahre und rückte Geert von Innstetten zur Generation der Eltern hinauf. Die Vater-Imago wird komplettiert durch den Hinweis, daß er dereinst zu den Bewerbern um die Hand der Mutter gehörte und insofern auf Effi nicht bloß als Verlobte, sondern außerdem als eine mögliche Tochter blicken konnte. Auch die Zeitspanne, die Fontane verstreichen läßt, bis der Ehegatte vom Ehebruch der Ehegattin erfährt, der unterdessen sieben Jahre zurückliegt, ist eine Zutat. Die entscheidende Veränderung aber stellt der Tod Effis dar, auf den sie nach der Scheidung hinsiecht. Die wirkliche Ehebrecherin war von stabilerer Gesundheit und empfand ihr Leben wohl trotz Auflösung der Familie nicht als vernichtet. Als das Vorbild der Effi 1952 in Lindau am Bodensee starb, war sie nahezu hundert Jahre alt.[6] Nicht beachtet werden soll, wie Friedrich Spielhagen die Affäre in seinem Roman *Zum Zeitvertreib* behandelt hat. Doch bemerkenswert ist, daß Fontane in der früher (1880) entstandenen *L'Adultera* die Ehebrecherin nicht nur nicht zum Tode verurteilt, sondern eher wie eine Nora Helmer aufrechten Hauptes den Ehegatten verlassen und eine neue Ehe mit dem Geliebten eingehen läßt. Hierfür handelte sich Fontane die Beanstandung ein, daß er den Ehebruch nicht der Instanz der ›poetischen Gerechtigkeit‹ unterworfen habe, sondern sich an den tatsächlichen Verlauf der Ravené-Affäre hielt – eine Berliner Skandalgeschichte, die auch hier den Vorwurf lieferte. »Soll die Kunst den Moralzustand erhalten oder bessern, so haben *Sie* Recht, soll die Kunst einfach das Leben widerspiegeln, so habe *ich* Recht. Ich wollte nur das Letztre. Die Geschichte verlief so und die Dame, um die sich's handelt, sitzt unter einer Menge von Bälgen, geliebt und geachtet, bis diesen Tag oben in Ostpreußen.«[7] Es ist zu fragen, ob dieser Brief nur eine moralisierende Kritik abfertigen soll, indem Fontane sich aufs höhere Prinzip der realistischen Darstellungsweise berief. Denn weicht er in der Gestaltung der *Effi Briest* gerade vom realen Verlauf der Geschichte ab, so wäre das als Wandel in Fontanes ›Kunstanschauung‹ zu verstehen, derzufolge die Kunst nicht darzustellen, sondern moralisch zu bessern habe. Man wird das kaum annehmen dürfen. Wenn die geschiedene Melanie van der Straaten zu ihrem neuen Gatten sagt, »es braucht nicht alles Tragödie zu sein«,[8] dann klingt aus dieser Selbstbewußtheit etwas so Unbeschwertes, ja fast Fröhliches, daß der glückliche Schluß den Roman ins allzu Leichte und Idyllische verflattern sieht. Aber müssen Ehebrüche allemal in der Katastrophe enden, sobald sich ihrer ein Romancier annimmt, während in Wirklichkeit doch so oft alle Beteiligten weiterleben – unter Umständen glücklicher als zuvor? Fontanes Romane sollten ja keine Hebbelschen Tragödien sein, deren Ehepaare sich notwendigerweise aneinander ruinieren müssen. Die Kunst habe sich, wie Fontane in einem anderen Brief zu *L'Adultera* wissen läßt, »vor allem vor Übertreibungen nach der Seite des Häßlichen« zu hüten. Er gehe »dem Traurigen nicht nach«, ja befleißige sich vielmehr, »alles in jenen Verhältnissen und Prozentsätzen zu belassen, die das Leben selbst seinen Erscheinungen gibt«.[9] Lassen Goethe, Flaubert und Tolstoi ihre Ehebruchsromane in der Katastrophe enden, so ist – abgesehen von allen Erwägungen in Sachen

›poetischer Gerechtigkeit‹ – doch damit vor allem der Schwerkraft dessen Rechnung getragen, was hier zugrunde geht. Es zerfällt mit der sozialen Form auch die moralische, die sie dem Leben und die sich Leben in ihr gegeben hat. Das Leben ohne Halt kann in sich zusammenfallen und still verkümmern. Das war Effis Los, wie es Fontane sah. Emma Bovary stürzt sich dagegen lustvoll in den Abgrund der Laster, um im sozialen Abgrund, der hinter jenem sich öffnet, ein Leben zu zerstören, das sie in seiner sozialen Form nicht halten konnte und nicht halten wollte. Von den zweierlei Katastrophen, mit denen der deutsche und der französische Roman das Leben ihrer Heldinnen beenden, läßt sich einsehen, daß ihr Leben auch ein verschiedenes gewesen ist. Das Verhältnis, in das Fontane und Flaubert jeweils Leben zur sozialen Institution Ehe setzen, ist ein anderes. Der Staatsanwalt, der Flaubert des Immoralismus und des Nihilismus beschuldigte, hatte gewiß nicht Unrecht, wenn er in Emma Bovary diejenige sah, die im Roman Recht erhielt: »Et moi je dis que si la mort est la survenue du néant, que si le mari béat sent croître son amour en apprenant les adultères de sa femme, que si l'opinion est représentée par des êtres grotesques, que si le sentiment religieux est représenté par un prêtre ridicule, une seule personne a raison, règne, domine: c'est Emma Bovary. Messaline a raison contre Juvénal.«[10] Wenn Flauberts Verteidiger hierauf entgegnete, daß die Idee des Romans durchaus moralischer und religiöser Art sei, ja der Roman sich »l'excitation à la vertu par l'horreur du vice«[11] zum Ziel gesetzt habe – dann konnte dies nicht mehr als ein taktisches Argument sein. Zur Ambivalenz der Fontaneschen Romankunst gehört es hingegen, das Urteil über die Institution Ehe in der Schwebe zu halten. Dafür spricht nicht allein der Umstand, daß Effi nach der Scheidung wieder ins Elternhaus zurückkehrt, und das Schlußtableau des Romans, das die zwei alten Briests in einem heiteren Gespräch versammelt, während sie im Garten des Hauses sitzen und das Grab der toten Effi betrachten. An den alten Briests, die ihre Tochter überleben, wird deutlich, daß die ›poetische Gerechtigkeit‹, soweit von ihr gesprochen werden kann, nicht dem Naturkind Effi Recht und der Ehekonvention Unrecht geben wollte. Dagegen verschlägt nicht, daß Effi nach der Scheidung Züge einer Märtyrerin gewinnt. Schuster hat in einer klugen Analyse nachgewiesen, daß das Leben in der Königgrätzer Straße und später in Hohen-Cremmen einer Passion gleicht, wie überhaupt Fontane, spielend in der Manier des ›disguised symbolism‹, Effis Leben auf christliche Vorstellungsbilder ausgerichtet habe – wenn auch nur in ironischer Brechung.[12]

Ist aber die Verbannung, in der Effi erst in Berlin allein, dann bei ihren Eltern auf Hohen-Cremmen leben muß, ein Martyrium, dann dürfte diesem keine oder doch nur eine problematische Schuld entsprechen. Mit deren Begriff kann denn auch Effi nicht viel beginnen, als sie noch vor der Entdeckung des Fehltritts über ihr Leben nachdenkt. Was sie empfindet, sind nicht Schuldgefühle, sondern solche der Angst und der Scham. Die aber meinen etwas anderes: »Ich schäme mich bloß von wegen dem ewigen Lug und Trug; immer war es mein Stolz, daß ich nicht lügen könne und auch nicht zu lügen brauche, lügen ist so gemein, und nun habe ich doch immer lügen müssen, vor ihm und vor aller Welt, im großen und im kleinen, und Rummschüttel hat es gemerkt und hat die Achseln gezuckt, und wer weiß, was er von mir denkt, jedenfalls nicht das beste. Ja, Angst quält mich und dazu Scham über mein Lügenspiel. Aber Scham über meine Schuld, die hab' ich *nicht* oder doch nicht so recht oder doch nicht genug, und das bringt mich um, daß ich sie nicht habe.« (219)[13]

Entschiedener noch als vor der Entdeckung lehnt Effi es nach der Scheidung ab,

Sanktionen im Namen gesellschaftlicher Moral als solche zu akzeptieren. Moralität der Gesellschaft wird am Ende des dreiunddreißigsten Kapitels streng von objektiver Schuld abgetrennt. Nachdem sie erlebt hat, wie der Vater die Tochter zur »wenn ich darf«-Phrase abgerichtet hatte, bevor sie ihre Mutter besuchen durfte, bricht im Zorn über den »Schulmeister« und »Erzieher« von Ehemann auch alle Verachtung für eine Moral aus ihr heraus, die meint, daß der Ehebrecherin das Kind zu nehmen sei: »Mich ekelt, was ich getan; aber was mich noch mehr ekelt, das ist eure Tugend. Weg mit euch. Ich muß leben, aber ewig wird es ja wohl nicht dauern.« (275) Doch ob eine Schuld ist, die vom gesellschaftlichen Tugendbegriff nicht abhängt, bleibt unentschieden. Effi will im selben Monolog ihre »Schuld nicht kleiner machen«. Was aber ist der Inhalt dieser Schuld? Fontane trennt offenkundig die Sphäre objektiver Sittlichkeit, an der ein Schuldspruch abzulesen wäre, von der Sphäre gesellschaftlicher Moralität ab, deren Recht zweifelhaft ist. In den letzten Sätzen, die Effi vor dem Tode spricht, wird dem Ehegatten zugestanden, daß er »in allem recht gehandelt« (294) habe. Doch da das rechte Handeln ohne »rechte Liebe« gewesen sein soll, kann, im christlichen Verstande, das rechte Handeln nicht das sittliche sein. Soweit auf Fontanes Werk protestantische Begriffe sich anwenden lassen, wäre das rechte Handeln erst dann das sittliche gewesen, wenn diejenige Nächstenliebe hinzugetreten wäre, in deren Namen Christus der Maria Magdalena verziehen hat. ›Menschlichkeit‹ nennt das Ganze Fontane im Brief an Colmar Grünhagen, in dem er noch schreibt: »[...] ich verliebe mich in sie [die Frauengestalten], nicht um ihrer Tugenden, sondern um ihrer Menschlichkeiten, d. h. um ihrer Schwächen und Sünden willen. Sehr viel gilt mir auch die Ehrlichkeit, der man bei den Magdalenen mehr begegnet als bei den Genoveven.«[14]

Ist aber sittliches Handeln das menschliche, mit dem Schwächen und Sünden zu vereinbaren sind, wird die Rigidität des Sittengesetzes erweicht, wenn auch noch nicht aufgehoben. Doch führt die Erweichung dazu, daß als erstes alle Substanz aus den moralischen Normen des sozialen Handelns abfließt. Der »Ehrenkultus«, heißt es in dem ersten Gespräch zwischen Innstetten und Wüllersdorf, ist ein »Götzendienst« (237). Ein Gott, der um der Menschlichkeit willen alles verzeiht, verwandelt auf Erden moralisches Handeln in einen ›Götzendienst‹ – an einem Götzen allerdings, der »gilt«. Triebanarchie soll hinwiederum auch nicht herrschen. Nimmt man mithin den Satz vom ›Götzendienst‹ und die Rezension über Ibsens *Gespenster* zusammen, ergibt sich jene ›halbe Komödie‹, die Innstetten sein Duell mit Crampas nennt (243). Ist es aber eine ›halbe‹ Komödie, muß die andere Hälfte wohl oder übel Tragödie sein. Eine halbe Tragödie ist eine halbe Notwendigkeit. Der Götze der gesellschaftlichen Normen ›gilt‹ und gilt nicht. Das heißt: er gilt. Das meint jedenfalls unmißverständlich der Schlußsatz in der Rezension, die Fontane über eine Aufführung der *Gespenster* am 9. Januar 1887 auf der »Freien Bühne« schrieb: »Unsere Zustände sind ein historisch Gewordenes, die wir als solche zu respektieren haben. Man modle sie, wo sie der Modlung bedürfen, aber man stülpe sie nicht um. Die größte aller Revolutionen würde es sein, wenn die Welt, wie Ibsens Evangelium es predigt, übereinkäme, an Stelle der alten, nur scheinbar prosaischen Ordnungsmächte die freie Herzensbestimmung zu setzen. Das wäre der Anfang vom Ende. Denn so groß und stark das menschliche Herz ist, eins ist noch größer: seine Gebrechlichkeit und seine wetterwendische Schwäche.«[15]

Es sollte wohl der Wurm in der Ehe Innstettens gezeigt werden, wenn da einer die Tochter freit, der einst die Mutter hatte freien wollen. Unübersehbar, daß die Ehe von daher weniger Liebes- als Kaufehe war. »Tributopfer der Eltern« nennt Fleig die junge Braut.[16] Doch ebenso unübersehbar ist, daß selbst die Kaufehe sittliche Gewalt als Familie entfaltet. Die sieben Jahre, die der Autor zwischen Ehebruch und dessen Entdeckung legt (und die in der Ardenne-Affäre fehlen), geben kund, daß der ›Ehrengötze‹ nicht hohl und Effis Reden von ›Schuld‹ nicht nur Geplapper sein sollen. Benjamin hat an den *Wahlverwandtschaften* dargetan, welche zerstörerische Gewalt eine in sich nichtige Ehe noch zu entfalten vermag, wenn sie untergehen muß.[17] So erhalten – gut liberal und gut konservativ – Effi und Innstetten Recht. Mit ihrer Ehe soll nicht die Institution Ehe kollabieren.

Flaubert hingegen hebt, was geschieht, nicht in der ironischen Selbstreflexion seiner Personen wieder auf. Die vielberufene ›impassibilité‹ seines Stils meint hier wohl Ironie nur in dem Sinne, daß in dem kalt gezeichneten Kontrast, in dem Emmas Liebessehnsucht und die Moral der Familie zusammenstoßen, sich die eine als alberne Sentimentalität und die andere als hohler Anspruch decouvrieren. Rückt Fontane Liebe und Moral in das irritierende Licht seiner ironischen Brechungen, so verharren beide, Liebe und Moral, in der Schwebe – nicht aufgehoben und nicht bestätigt. Flaubert hebt da gründlicher auf. Emma Bovary verwechselt die Welt mit den sentimentalen Romanen, die ihr zu Kopf gestiegen sind, während Charles Bovary als verspießerter Landarzt gegeben wird, den seine Beschränktheit daran hindert zu sehen, mit welch einer Gierigen er verheiratet ist. Wenn die nicht miteinander können, dann sind auch die Ansprüche, die da auf beiden Seiten bestehen, ohne Substanz. Mit den Helden fallen, wie billig, die Kulissen zusammen, vor denen sie agiert haben. Flauberts objektive Ironie läßt die Dinge mitleidlos kollidieren und ruiniert sie hierdurch konsequenter, als das Fontane zulassen mag, der im ironischen Gespräch bestätigt, daß die Ansprüche der Dinge zwar aufgehoben seien, doch es unentschieden lassen möchte, ob die Aufhebung zu Recht erfolgt sei.

Vergleicht man darüber hinaus Flauberts Roman mit demjenigen Fontanes, fallen weitere Ähnlichkeiten auf. Nicht nur haben die Heldinnen dieselben Anfangsbuchstaben in ihrem Namen: E und B. Fontane muß den Namen Effi Briest mit Bedacht gewählt haben, denn in den Entwurfskizzen heißt sie noch Betty von Ottersund. (Daß sie ursprünglich aus einem Otternsund, d. h. aus dem Wasser, stammen soll, deutet ganz nebenbei auf das Melusinen-Motiv hin, mit dem Fontane bei den Meeresbildern gerne spielt.) Weiter führt der Vergleich von Kessin und Yonville – der beiden Provinznester, in denen Innstetten als Landrat und Bovary als Landarzt Dienst tun. Auch zwei Apotheker gibt es, die beide ihre Rolle in der Geschichte spielen: Gieshübler und Homais. Ist letzterer bei Flaubert als gefährlicher Karrierist mit politischen Ambitionen geschildert, so ersterer bei Fontane als liebenswürdiger Menschenfreund, der Blumen schickt und Liebhaberaufführungen veranstaltet, auf deren einer Effi unter der Regie von Crampas zu spielen hat – sinnigerweise die Heldin in Wicherts Lustspiel *Ein Schritt vom Wege*. Wie Gieshübler positiv gegen Homais kontrastiert, so auch Innstetten gegen den tumben Charles Bovary. Fontane hat getan, was er konnte, um Innstetten nicht zu dem ›Ekel‹ werden zu lassen, das dann doch die meisten Leser in ihm sehen wollten. Es hat Fontane nichts genutzt, daß er ihn ein »ganz ausgezeichnetes Menschenexemplar« nannte und sich darüber verwunderte, daß »korrekte Leute« allein »um ihrer Korrektheiten willen mit Mißtrauen, oft mit Abneigung betrachtet« werden.[18] Auch Kessin ist nicht das trostlose Yonville, sondern allenfalls ein etwas verschlafener Badeort, der sich nur im Sommer etwas belebt. Erscheinen also Kessin und seine Bewohner, soweit Fontane sie vorführt, gehoben in Hinsicht auf Yonville, so rangieren die Verführer ungefähr auf gleicher Stufe: Crampas und Rodolphe sind charmante Filous, denen das Amüsement wichtiger ist als die Folgen, die es haben muß.

Nicht entschieden werden kann und soll an dieser Stelle, ob nun Fontane oder Flaubert als der größere Realist anzusehen ist. Dennoch darf der Frage nicht ausgewichen werden, wie sich denn nun die Romanwirklichkeit jeweils zur Lebenswirklichkeit verhält. Absicht Fontanes war ja, in seinen Romanen alles »in jenen Verhältnissen und Prozentsätzen zu belassen, die das Leben selbst seinen Erscheinungen gibt«.[19] Sind die Prozentsätze der Lebenswirklichkeit sowohl bei Fontane als auch bei Flaubert gewahrt, oder verschiebt der eine das Verhältnis zum Häßlichen hin, wie der andere es zum Schönen? Die Frage zu beantworten heißt, zuvörderst Aufschluß über die realen Verhältnisse einzuholen. Möglich, daß ein Badeort in Pommern (Swinemünde steht im Hintergrund von Kessin) es besser hatte als ein Ackerdorf der Normandie. Diese Untersuchung kann hier nicht vorgenommen werden. Der Staatsanwalt im Immoralismusprozeß schien da anderer Ansicht als Flaubert gewesen zu sein. Für ihn war die Romanwirklichkeit ins Häßliche verzeichnet. Denn: »Qui peut condamner cette femme dans le livre? Personne. Telle est la conclusion. [...] S'il n'y a pas une idée, une ligne en vertu de laquelle l'adultère soit flétri, c'est moi qui ai raison, le livre est immoral!«[20] Unklar bleibt an dem Argument allerdings, ob es die Person geben könne, vor deren Lebensführung die Lebensweise Emmas unmoralisch und ihr Leben als unwirklich erscheint – oder ob diese Person aus Gründen der Moral bloß zu fordern ist. Denn weiter oben wird in der Anklageschrift nicht die Verzeichnung der Realität gerügt, sondern nur »la nature dans toute sa nudité, dans toute sa crudité«. Kunst und Moral, die hier wohl gleiche Aufgaben haben sollen, hätten »gaze« und »voiles« bereitzustellen, um die nackte Natur zu verhüllen.[21]

Fontane hat selbst gelegentlich von der ›Verklärung‹ gesprochen, derer sich die Kunst des Romans, wie überhaupt alle Kunst, zu befleißigen habe. Verklärung aber heißt, daß das Häßliche der Realität in ein ausgewogenes Verhältnis zum Schönen der Kunst gebracht werden muß. »So wie in den Romanen Zolas *ist* das Leben nicht, und wenn es so wäre, so müßte der verklärende Schönheitsschleier dafür geschaffen werden. Aber dies ›erst schaffen‹ ist gar nicht nötig, die Schönheit ist *da,* man muß nur ein Auge dafür haben oder es wenigstens nicht absichtlich verschließen. Der *echte* Realismus wird auch immer schönheitsvoll sein, denn das Schöne, Gott sei Dank, gehört dem Leben gerade so gut an wie das Häßliche. Vielleicht ist es noch nicht einmal erwiesen, daß das Häßliche präponderiert.«[22]

Die Verklärung, wie sie Fontane sich vorstellte, zielt auf die »Gesamtheit des Lebens«.[23] Diese wird im Roman verfehlt, wenn das Häßliche überwiegt. Ihm habe das Schöne an die Seite zu treten, da das Schöne wie das Häßliche gleichermaßen zur Lebenswirklichkeit gehören. Ist es hier nicht sogleich aufzufinden, so hat die Kunst zumindest die Hoffnung darauf nicht zu nehmen, hat sie das Schöne in Aussicht zu stellen. Genau so sagt es Fontane in einer Rezension der Aufführung des *Tiberius* von Julius Grosse: »Wir wollen nicht fünf Akte lang durch Blut waten, um schließlich den Trost mit nach Hause zu nehmen, daß Tiberius sel. Erbe da sei, und mit frischem Cäsarenwahnsinn das Geschäft fortzusetzen gedenke. Wir wollen wissen, daß ›Fortinbras klirrend einrückt‹ und daß der wüste Skandal endlich ein Ende nimmt. Selbst Richard III., in dem das ›Kopf herunter‹ wie Morgen- oder Abendsegen mitklingt, entläßt uns mit der Gewißheit, daß ein hellerer Tag heraufzieht und dem Streit der Friede und dem Fieber die Genesung folgt.«[24]

Meint ›Verklärung‹, daß in der Romanwirklichkeit das Häßliche durch das Schöne balanciert werde, weil dies auch den Verhältnissen in der Lebenswirklichkeit entspreche, so ist die Herkunft eines solchen Realismus-Begriffs aus der Schule des ›Poetischen Realismus‹ unübersehbar. Was der poetische Realismus im Unterschied zum kruden Realismus wollte, hat Karl Rosenkranz in der *Ästhetik des Häßlichen* (1853) formuliert: »Das Nachbilden der cruden Erscheinung ist noch nicht Kunst, denn diese soll von der Idee ausgehen, die Natur aber, da sie in ihrer Existenz aller Äußerlichkeit und Zufälligkeit preisgegeben ist, kann oft ihren eigenen Begriff nicht erreichen. Es bleibt Sache der Kunst, die von der Natur angestrebte, allein durch ihr Dasein in Raum und Zeit ihr oft unmöglich gemachte Schönheit, das Ideal der Naturgestalt, zu realisieren. Um aber diese ideale Wahrheit der Naturformen möglich zu machen, muß allerdings die empirische Natur sorgfältig studiert werden, wie dies auch alle echten Künstler tun und wie nur die falschen Idealisten es verschmähen. Die Wahrheit der Naturformen gibt dem Schönen die Korrektheit.«[25]

In solchen Worten hallt, etwas scheppernd schon, die klassische Ästhetik nach, die sich mit dem Häßlichen im aufkommenden Realismus beschäftigt, um es der Botmäßigkeit des Schönen wieder zu unterstellen.

Die »verklärende Aufgabe der Kunst« besteht für Fontane darin, dem erlebten Leben »Intensität, Klarheit, Übersichtlichkeit und Abrundung« zu geben, damit es hierdurch zum erdichteten Leben werden könne.[26] Wird das Prinzip realistischer Romankunst so gefaßt, dann ist erklärt, warum Effis Ehebruch nach sieben Jahren nicht einfach vergessen sein kann. Er muß Konsequenzen ernstlicher Art haben, wenn die Ehe selbst nicht als Bagatelle erscheinen soll. Mit den sieben Jahren, die Fontane einschiebt, ist die Ahndung des Ehebruchs von Gefühlen verletzten Stolzes und Rache abgesondert worden. Die Verletzung der Ehe fordert objektiv Sühne. Was aber verletzt werden und Sühne fordern kann, ist oder muß ein Objektives sein: Sittlichkeit. Dennoch vermag Innstetten, der Crampas im Duell getötet hat, nicht ganz zu glauben, daß die Sittlichkeit jenes Erhabene ist, das von Umständen und Zufälligkeiten der Lebenswirklichkeit nicht relativiert werden könnte. »Ich bin jetzt fünfundvierzig. Wenn ich die Briefe fünfundzwanzig Jahre später gefunden hätte, so war ich siebzig. Dann hätte Wüllersdorf gesagt: ›Innstetten, seien Sie kein Narr.‹ [...] Treibt man etwas auf die Spitze, so übertreibt man und hat die Lächerlichkeit. Kein Zweifel. Aber wo fängt es an? Wo liegt die Grenze? Zehn Jahre verlangen noch ein Duell, und da heißt es Ehre, und nach elf Jahren oder vielleicht schon bei zehneinhalb heißt es Unsinn. Die Grenze, die Grenze. Wo ist sie? War sie da? War sie schon überschritten? Wenn ich mir seinen letzten Blick vergegenwärtige, resigniert und in seinem Elend doch noch ein Lächeln, so hieß der Blick: ›Innstetten, Prinzipienreiterei ... Sie konnten es mir ersparen und sich selber auch!« (243)

So gilt die Ehe einmal als soziale Institution, ein andermal als sittliche. Analog sind die Neigungen, die Effi aus der langweiligen Ehe in das Abenteuer mit Crampas ziehen, verständlich und insofern berechtigt; nach dem zweiunddreißigsten Kapitel aber, mit dem die Reihe der Sühnekapitel anhebt, werden dieselben Neigungen dann doch wieder von Effi als Schuld gesehen, wenn auch nicht recht empfunden. Die Fronten verkehren sich im Verlauf des Geschehens unmerklich. Was vorher sich mit Notwendigkeit zu entwickeln schien und Berechtigung annahm, wird nach dem Fall langsam wieder abgetragen und als Schuld angesehen.

Georg Lukács hat dieses Hin und Her der Beurteilung, dieses Einerseits und Andererseits der Charaktere als die Halbheit der Fontaneschen Romankunst bezeichnet. Lebendiges Interesse und soziale Form decken sich nicht länger, doch hängen sie noch aneinander. Effi fällt aus der Platitüde ihrer Ehe in die Platitüde eines Verhältnisses und spricht trotzdem von Schuld. Innstetten erschießt den Nebenbuhler, aber sagt später: »Also bloßen Vorstellungen zuliebe ... Vorstellungen! ... Und da klappt denn einer zusammen, und man klappt selber nach. Bloß noch schlimmer.« (288) Sie sind denn beide halb das eine und halb das andere. Die Konvention wird als Götze gesehen – doch als geltender Götze. »Aber im Zusammenleben mit den Menschen hat sich ein Etwas ausgebildet, das nun mal da ist und nach dessen Paragraphen wir uns gewöhnt haben, alles zu beurteilen, die andern und uns selbst. Und dagegen zu verstoßen geht nicht; die Gesellschaft verachtet uns, und zuletzt tun wir es selbst und können es nicht aushalten und jagen uns die Kugel durch den Kopf.« (236) Der historische Ort, an dem diese Unterhaltung zwischen Innstetten und Wüllersdorf stattfindet, ist die Wilhelminische Gesellschaft, deren tragende Allianz von Junkertum und Bürgertum in ein prekäres Stadium getreten war. Soziale Wirklichkeit widersprach ihrer politischen Verfassung, die dennoch galt; wie der Ehrenkodex der Aristokratie dem Empfinden der Duellanten widersprach, die dennoch miteinander duellieren, da der Kodex galt. Wenn aber eine Gesellschaft wie die Wilhelminische in solchen Widerspruch zu sich selbst gerät, nur noch halb hinter sich selber steht, mit der anderen Hälfte schon auf der anderen Seite, dann ist der politische Kollaps nicht fern. Lukács meint: »Mit alledem prophezeit der alte Fontane hier ebenfalls – ohne sich darüber auch nur entfernt im klaren zu sein – seinem Bismarckschen Preußen-Deutschland ein neues Jena. Es ist freilich eine passive, eine skeptisch-pessimistische Prophezeiung. Die Kräfte der deutschen Erneuerung liegen völlig außerhalb seines dichterischen Horizontes. Die Lene Nimptsch, die Stine und andere plebejische Gestalten sind letzten Endes ebenso passive Opfer wie Effi Briest. In keiner solchen Gestalt sind auch nur menschliche, unbewußte Keime jener Kräfte sichtbar, die aus dieser Wüste einen fruchtbaren Boden machen könnten.«[27] Wie *Schach von Wuthenow* das Bild der Zeit vor dem Sturm von 1806 beleuchten wollte, so können die Berliner Gesellschaftsromane gelesen werden als Pathographie einer Gesellschaft, deren Bewegungen mechanisch wurden und deren ›Kitt‹ zerbröckelte. Das Erscheinungsjahr der *Effi Briest* war wohl noch zwanzig Jahre von 1914 entfernt, doch Fontane lieferte eine Analyse des gebrochenen Verhältnisses, in dem Bürger und Adlige zu den Formen ihrer Gesellschaft standen – eine Analyse, die in geschichtsphilosophischer Symbolik die politische Katastrophe von 1918 antizipierte. Daß dies unbewußt und ohne politische Spekulation geschah – eine Spekulation, die auf ökonomische Tendenzen oder die Arbeiterbewegung gar gesetzt hätte – bezeichnet den Fontaneschen Realismus als einen bürgerlichen, nämlich einen skeptischen. Es ist eben nicht so, wie Lukács in gläubiger Einfalt meinte, daß Fontane nur in eine Buchhandlung hätte gehen müssen, um »in den Werken von Marx und Engels Antworten auf alle seine Fragen schwarz auf weiß« zu finden.[28] Es hieße nicht allein den realistischen Roman, sondern die Literatur überhaupt mißverstehen, wollte man von ihr soziologische Analysen der Situationen verlangen, die sie bloß ausdrückt, oder gar den Aufweis eines Programms, wie die Situationen zu überwinden seien.

Dennoch: Fontane hätte mit *Effi Briest* keinen großen Roman geschrieben, wenn in seinem skeptischen Realismus nur halbherziger Liberalismus und halbherziger Konservatismus sich ein wackliges Stelldichein gäben. Der traurige Ausgleich von individueller Neigung und sozialer Form vollzieht sich nämlich allein auf der dargestellten Außenseite des Romans. Dort halten Glücksverlangen und Pflicht sich scheinbar die Waage – wenn auch zugestanden wird, daß das möglicherweise eine Täuschung ist. Blickt man tiefer, entdeckt man eine andere Schicht des Romans, auf der nicht einmal die Idee eines (wenn auch äußerlichen) Gleichgewichts sichtbar wird. Es ist die Schicht der ausgesparten Innenwelt. Bei Flaubert wird die Außenwelt des Geschehens balanciert durch die Innenwelt der Personen. Beide Welten korrigieren und vernichten einander. Was dagegen in Effi vorgeht, welche Enttäuschungen sie erlebt in der Ehe mit Innstetten und welche Hoffnungen sie sich auf eine Affäre mit Crampas macht, ja was ihr die Affäre denn bedeutet, als sie nun da ist – hierüber läßt Fontane den Leser nur mutmaßen. Er findet keine ausgedehnten Schilderungen des Phantasielebens seiner Heldin – Schilderungen, die ihr Verhalten erklärten und auch das Mißverhältnis verständlich machten, in dem sie zur banalen Prosa der Außenwelt steht. Darstellung der Innenwelt findet bei Fontane nicht statt. Was Gesten und Handlungen der Personen nicht sichtbar machen, kann allenfalls in den Unterhaltungen zur Sprache kommen. Das bedeutet aber, daß Empfindungen und Wünsche sich stets des Vokabulars der gesellschaftlichen Konversation bedienen müssen, um sich ausdrücken zu können. Doch im gesellschaftlichen Ton dringt Subjektivität nur gedämpft und gebrochen durch. Der Technik des inneren Monologs oder auch nur der erlebten Rede bedient sich Fontane nicht. Die Stilmittel seiner Prosa sind insofern kärglicher als diejenigen Flauberts und Tolstois. Die Scheu vor ›Intimitäten‹, wohl eine preußisch-protestantische Prüderie, hat es zuwege gebracht, daß Fontane die Innenwelt subjektiver Empfindungen und Wünsche hat durch Beschreibungen ihrer Außenseite geben müssen. Indirekte Darstellung ist hier das Stilprinzip Fontanes. Gesten treten an die Stelle von Empfindungen, und nur in Gesprächen wird die geheime Stimme der Leidenschaft hörbar. Nichts kennzeichnet seinen problematischen Konservatismus deutlicher als dieser Versuch, mit der Außenhaut des Geschehens innere Wirklichkeit des menschlichen Lebens einfangen zu wollen. Zeigt diese Außenhaut zudem nur solche Ausschnitte, die vom Anstand und der Konvention zugelassen sind, wird ahnbar, welcher künstlerischen Anstrengung es bedurfte, die knapp bemessene Außenhaut transparent für das Innere des Geschehens zu machen. Trotzdem reicht hier und dort die Außenschilderung nicht zu, alle inneren Vorgänge sichtbar zu machen, die zur Erklärung äußeren Geschehens dienen müssen, ja ohne die das Geschehen unverständlich würde. In die Leerstellen, die von der Außenschilderung und den Gesprächen nicht erreicht werden, treten Symbole. Dies ist die Funktion der Fontaneschen Symbolik, daß sie in Form der Allusion und Prolepse auf Vorgänge verweist, die selbst nicht dargestellt werden (können), doch deren Folgen das Geschehen verändern werden. Fontanes Stil ist insofern das eigenartige Produkt eines Synkretismus von realistischer Darstellung und symbolistischer Poesie. Daß der Romancier eine Karriere als Balladendichter hinter sich hatte, war nicht ohne Bedeutung für die späteren Romane.

Um Effis Charakter zu illustrieren, spielt der Autor häufig und gern mit den Bildern des Fliegens und des Wassers. Im Anfang und am Schluß des Romans stehen beide Bilder in enger Nachbarschaft. Die Mutter sagt ihrer Tochter: »Eigentlich hättest du doch wohl

Kunstreiterin werden müssen. Immer am Trapez, immer Tochter der Luft.« (8) Selbst im Unglück und kurz vor ihrem Tod kann sie das Schaukeln im Garten nicht lassen und erschreckt Pastor Niemeyer. »Sie sprang hinauf mit einer Behendigkeit wie in ihren jüngsten Mädchentagen, und ehe sich noch der Alte, der ihr zusah, von seinem halben Schreck erholen konnte, huckte sie schon zwischen den zwei Stricken nieder und setzte das Schaukelbrett durch ein geschicktes Auf- und Niederschnellen ihres Körpers in Bewegung. Ein paar Sekunden noch, und sie flog durch die Luft, und bloß mit einer Hand sich haltend, riß sie mit der andern ein kleines Seidentuch von Brust und Hals und schwenkte es wie in Glück und Übermut.« (281)

Peter Demetz hat im Bild des Fliegens die Idee »schwerelosen Glücks« erkannt – eines Glücks, das aus der »Schwere und der Schwierigkeit gesellschaftlicher Ordnung« herauswill, aber nicht herauskann.[29]

Auf fällt, daß der Flug oft am Rande oder über das Wasser hingeht. Die Schaukel im Garten von Hohen-Cremmen steht in der Nähe eines Teiches, in dem feierlich die Stachelbeerschalen versenkt werden, wobei Effi »übrigens einfällt, so vom Boot aus sollen früher auch arme unglückliche Frauen versenkt worden sein, natürlich wegen Untreue« (14). Im letzten Kapitel sind es die Nebel, die vom Teich heraufsteigend Effi »wieder aufs Krankenbett warfen« (292). Von ihm soll sie sich nicht mehr erheben. Als sie ein letztes Mal zum Fenster hinaushorchte, hörte sie, »daß es wie ein feines Rieseln auf die Platanen niederfiel. Ein Gefühl der Befreiung überkam sie. ›Ruhe, Ruhe.‹« (294)

Die Schlittenfahrt des neunzehnten Kapitels verläuft am Rande des Meeres und führt, da Crampas späterhin in den Schlitten von Effi steigt, zur entscheidenden Annäherung beider. Die Schlitten haben keine Schutzleder, und Effi erklärt Sidonie von Grasenabb, die sie vorm Hinausfliegen warnt: »Ich kann die Schutzleder nicht leiden; sie haben so was Prosaisches. Und dann, wenn ich hinausflöge, mir wär' es recht, am liebsten gleich in die Brandung.« (157) Des weiteren wird auf dieser Fahrt »etwas wie Musik« hörbar. Es handelt sich um einen »unendlich feinen Ton, fast wie menschliche Stimme ...«. Effi meint scherzhaft, daß dieser Ton, den allein sie hört, wohl von den Meerjungfrauen kommen müsse (157). Was sich symbolisch hörbar machen soll, ist die mythologische Melusine, jene dem Wasser entstiegene Nixe mit dem Fischschwanz, die einen Menschen heiratet, der mit ihr wie sie mit ihm nicht glücklich werden kann, so daß sie am Ende wieder in das ihr eigene Element zurückkehrt. Wie die Schlittenfahrt im ›Hinausfliegen‹ enden kann, so geht die Kahnfahrt von *L'Adultera* in ein zielloses ›Treiben‹ über. Melanie und Rubehn gleiten auf dem Wasser, dem formlosen Element, in eine Beziehung, die die gesellschaftliche Form der Beziehung zu van der Straaten, ihre Ehe nämlich, auflöst. Effi versinkt dagegen auf der Schlittenfahrt im Schloon. Das ist im Sommer ein »kümmerliches Rinnsal«, kann aber im Winter ansteigen, wenn der Wind nach dem Lande steht. Das aufgestaute Wasser unterspült den Sand, so daß Schlitten und Pferde in ihm versinken, ohne daß man die Gefahr hätte vorhersehen können. Das Bild des Treibsandes, in dem der Innstettensche Schlitten stecken bleibt, ist das ausgeführte Bild von Effis Seelenlandschaft: »Da wird es ein Sog, und am stärksten immer dann, wenn der Wind nach dem Lande hin steht. Dann drückt der Wind das Meerwasser in das kleine Rinnsal hinein, aber nicht so, daß man es sehen kann. Und das ist das Schlimmste von der Sache, darin steckt die eigentliche Gefahr. Alles geht nämlich unterirdisch vor sich, und der ganze Strandsand ist dann bis tief hinunter mit Wasser durchsetzt und gefüllt. Und wenn man dann über solche Sandstelle weg will, die keine mehr ist, dann sinkt man ein, als ob es ein Sumpf oder ein Moor wäre.« (159) Man geht wohl nicht fehl, wenn man in den unterirdischen Vorgängen ein Bild für die Vorgänge in Effi sieht. Da sie sich unterirdisch vollziehen, sind sie von außen nicht zu beobachten und nicht zu beschreiben. Es sind die Triebbewegungen, die der Kontrolle des Ich entgleiten, das, unterspült, sich aufzulösen und auseinanderzugleiten beginnt. Anders war es Fontane wohl nicht möglich auszudrücken, wie Effis sinnliche Verödung zu einem Triebstau führt, der ihre gesamte Psyche überflutet. Was der Autor über das Eheleben mit Innstetten mitteilt, ist karg, aber bezeichnend: »Um zehn war Innstetten dann abgespannt und erging sich in ein paar wohlgemeinten, aber etwas müden Zärtlichkeiten, die sich Effi gefallen ließ, ohne sie recht zu erwidern.« (103) Wie sie aber leidet und was sie sich von Crampas erträumt, nachdem er aufgetaucht ist, bleibt ungesagt. In einem Brief an die Mutter ist doppelsinnig und zweimal von einem ›Notstand‹ die Rede, aus dem Effi dem neuen Bezirkskommandeur, nämlich Crampas, wie einem »Trost- und Rettungsbringer« entgegensah (104). Wessen Effi in ihrer Ehe entbehrte und wie der Notstand sich in Wunschträumen auswirkte, die aus dem einarmigen Major einen Trostbringer machen, bleibt des Autors Geheimnis. Flaubert ist hier genauer. Wo Fontane sich damit begnügt, Effis sinnliche Frustration anzudeuten, indem er »etwas müde Zärtlichkeiten« erwähnt, da schreibt Flaubert übers Provinzelend seiner Emma: »Mais elle était pleine de convoitises, de rage, de haine. Cette robe aux plis droits cachait un cœur bouleversé, et ces lèvres si pudiques n'en racontaient pas la tourmente. Elle était amoureuse de Léon, et elle recherchait la solitude, afin de pouvoir plus à l'aise se délecter en son image. La vue de sa personne troublait la volupté de cette méditation. Emma palpitait au bruit de ses pas. [...] Ce qui l'exaspérait, c'est que Charles n'avait pas l'air de se douter de son supplice. La conviction où il était de la rendre heureuse lui semblait une insulte imbécile, et sa sécurité là-dessus de l'ingratitude. Pour qui donc était-elle sage? N'était-il pas, lui, l'obstacle à toute félicité, la cause de toute misère, et comme l'ardillon pointu de cette courroie complexe qui la bouclait de tous côtés?«[30]

Flaubert, der sich nicht – wie der deutsche Autor – genierte, die sexuellen Phantasien seiner Heldin beim Namen zu nennen, bildete auf diese Weise zur gegenständlichen Außenwelt auch eine Innenwelt der Gefühle und Empfindungen aus. Genauer in deren Beschreibung konnte erst Proust werden, der die imagerie des monologue intérieur mobilisierte. Für die deutsche Literatur hat Analoges Schnitzler mit *Fräulein Else* versucht. Da Fontane nur die äußere Schicht des Geschehens beschreibt, erfordert es gelegentlich detektivischen Scharfsinns, die Schicht des inneren Geschehens aus Allusionen und Prolepsen zu erraten. In *Cecile* hat Fontane ein Meisterwerk der zwei Ebenen geschaffen. Das Prinzip, das er befolgt, ähnelt dem des Kriminalromans: Aus der Schicht des berichteten Geschehens wird beständig auf ein anderes, nicht berichtetes Geschehen angespielt und verwiesen. Gelegentlich treibt Fontane den Symbolismus bis zur ironischen Koketterie. Die Symbolforscher, die solches Verfahren naturgemäß auf den Plan rufen mußte, haben im Eifer des Kombinierens die Ironie übersehen, mit der Fontane Symbole selbst wieder parodierte und aufhob. Dietrich Weber hat dem Kopfschütteln selbst eines Hundes nachdenkliche Sätze gewidmet, die der Komik nicht entbehren. Am Schluß des Romans läßt Fontane den Hund Rollo seinen Kopf schütteln, nachdem Frau von Briest sich gefragt hat, ob man denn Effi nicht zu jung verheiratet und insofern auch Schuld auf sich geladen habe: »Fragt man indessen nach ihrem [der Anspielung] Bedeutungsinhalt, so sieht man sich genarrt. Als allgemein verneinende

Gebärde, die die vorher gestellte Frage nach der Schuld für abwegig erklärt, sagt Rollos Kopfschütteln nichts anderes und nicht mehr als Briests resignierende Redewendung. Als direkte Verneinung ist es doppeldeutig; es kann sowohl Effis Schuld und alleinige Verantwortung besiegeln wollen als auch umgekehrt ausdrücken, daß Effi, wäre sie auch älter gewesen, dasselbe Schicksal erlitten hätte. Dabei ist diese erste Auslegung zweifellos falsch [... usw.].«[31]

Explizit begründet hat Fontane, warum er Effis Fall nicht beschrieben hat. Die Verführungsszene, mit der Flaubert etwa brilliert, findet im preußisch-protestantischen Roman nicht statt. Das zwanzigste Kapitel, das nun das ›Intimitätenkapitel‹ hätte sein müssen, bringt deren keine. Die berühmten »Schilderungen«, auf die das Publikum möglicherweise wartet, nennt Fontane den »Gipfel der Geschmacklosigkeit«.[32] Daß in ›totaler Dunkelheit‹ etwas geschehen sein muß, was die Öffentlichkeit scheut und was auch Fontane sich scheut mitzuteilen, geht indirekt nur aus dem kryptischen Abschiedsbrief hervor, den Effi an einen ungenannten Adressaten schreibt. Erst die drei Zettel von Crampas, die Innstetten nach sieben Jahren zufällig in die Hände fallen, geben einigermaßen kund, was wohl vorgefallen sein mag. Im zwanzigsten Kapitel selbst, dem Ehebruchskapitel im strengen Wortsinne, werden auf umständliche Weise nur sonderbare Spaziergänge beschrieben, die Effi zu einem Karussell und einem Holzschuppen führen, von dessen Bank aus sie »nach einem niedrigen Fachwerkhause« hinübersah, »gelb mit schwarzgestrichenen Balken, einer Wirtschaft für kleine Bürger, die hier ihr Glas Bier tranken oder Solo spielten« (171). Die Spaziergänge folgen einem Rebus, dessen Sinn im Lineament der Wege versteckt ist. Effi und auch Crampas verraten ihn nicht. Innstetten muß ihn selbst entdecken. Man mag solche Erzählweise prüde und langweilig nennen, doch es ist nicht zu übersehen, daß das Ungesagte als Bedeutungspotential der Sprache zuwächst. Im Gesagten zittert das Ungesagte nach. Anders die Offenheit Flauberts, dessen Schilderungen der ›chute‹ vom Staatsanwalt lasziv genannt wurden. »Le drap de sa robe s'accrochait au velours de l'habit, elle renversa son cou blanc, qui se gonflait d'un soupir, et, défaillante, tout en pleurs, avec un long frémissement et se cachant la figure, elle s'abandonna. [...] Alors, elle entendit au loin, au-delà du bois, sur les autres collines, un cri vague et prolongé, une voix qui se traînait, et elle l'écoutait silencieusement, se mêlant comme une musique aux dernières vibrations de ses nerfs émus. Rodolphe, le cigare aux dents, raccommodait avec son canif une des deux brides cassés.«[33] Der ferne Schrei ertönt auch bei Fontane. Doch da er in anderer Situation zu hören ist und als Gesang von Meerjungfrauen erklärt wird, gerät der Orgasmuslaut zum vagen Naturlaut. Dieser Laut begleitet Effi bis in die Sterbeszenerie des letzten Kapitels. Der Gesang der Meerjungfrauen hat sich hier verdünnt und abgeschwächt zum Rauschen des Regens. »Die Sterne flimmerten, und im Parke regte sich kein Blatt. Aber je länger sie hinaushorchte, je deutlicher hörte sie wieder, daß es wie ein fernes Rieseln auf die Platanen niederfiel.« (294)

Die Außenhaut der Erzählung muß, so wurde gesagt, transparent werden für das Nicht-Erzählte. Die Sprache kann auf das unter ihr Liegende verweisen, indem sie seine Bedeutung ins Sinnbild ihrer Sätze aufnimmt. Einerseits luzid, muß sie andererseits prägnant werden. So werden die realen Details zu symbolischen Arrangements, in denen das sprachlich und sozial Formlose sein verhängnisvolles Spiel treibt. Fontanes Figuren reduzieren sich letzten Endes auf die reine Oberfläche, wenn nicht auf die kahle Redefigur. Insoweit ihr Inneres unbestimmt bleibt, erhalten sich die Figuren in einer

Durchsichtigkeit, die ihnen das Aussehen exotischer Fische verleiht, die in einem Aquarium rätselvolle Bahnen ziehen. Dies macht sie zu Verwandten der Personen in Goethes *Wahlverwandtschaften*, die das Geheimnis ihrer Leere in der Durchsichtigkeit verbergen.

Nach der Scheidung schwindet Effi dahin, als sei mit der Ehe auch ihre Nabelschnur zum Leben zerschnitten worden. Bleicher und schwächer werdend, scheint sie unter dem Alp eines Schuldbewußtseins zu verstummen, der ihr das Blut aussaugt, als ob's ein Vampir wäre. Daß Effi außerhalb der sozialen Form nicht leben kann, die die Ehe trotz allem für sie bedeutet haben muß, bezeichnet erneut den Konservatismus Fontanes. Eines Konservatismus, dem die Formen der Vergesellschaftung letzten Endes auch organische Qualität annehmen, so sehr sie von außen betrachtet allein Paragraphengestalt zeigen. Schuster hat hinter Fontanes Symbolbildern gelegentlich Bilder der Präraffaeliten entdecken können, indem er den Hinweisen nachging, die Fontane in Besprechungen von Kunstausstellungen gab. Hunt, Millais und Rossetti sind es insbesondere, deren wächserne Schönheiten für Effi Modell gestanden haben sollen.[34] Effis letzter Aufenthalt in Hohen-Cremmen gleicht einem Verdämmern in präraffaelitischer Schönheit und erlesenem Ornament. Der ›disguised symbolism‹ der Präraffaeliten wird zum offenen Geheimnis von Fontanes poetischem Realismus. Sie nämlich bringen »frappante Wahrheit« und »lyrische Vertiefung« zur Übereinstimmung.

Fern von solch idyllischer Szenerie, wo die Personen hinter Ranken- und Blätterwerk verschwinden, hat Flaubert das Ende Emmas gestaltet. Effis letztes Bild gibt der Grabstein, den Heliotrop einrahmt. Im gärtnerischen Ornament endet der Lebensweg einer, deren Naturtrieb in der Ehe mit einem preußischen Landrat sich nicht erfüllte und den Fontane in (trotzdem geordnete) Natur zurückkehren lassen wollte.

Bei Flaubert löst sich das Leben schwerer aus seinen irdischen Formen. Qualvoll zerreißt der Zusammenhang, denn jenseits ist nichts. Die »souillures du mariage« und die »désillusions de l'adultère« sind das ganze Leben gewesen. Hinter Blättern, Blüten und Teichen dämmert kein Naturschoß, in den das fallierte Naturgeschöpf zurückzugleiten vermöchte. Gräßliche Konvulsionen schütteln Emma, die brutal ihrem Leben selbst ein Ende setzte, indem sie sich eine Handvoll Arsen in den Mund stopfte. Hier endet es auf schmerzhafte Weise und hat keine Fortsetzung im Heliotrop, zu dem Ovids Nymphe Clytia verwandelt wurde. Von Emmas Agonie heißt es nicht im poetischen, sondern in krudem Realismus: »Sa poitrine aussitôt se mit à haleter rapidement. La langue tout entière lui sortit hors de la bouche; ses yeux, en roulant, pâlissaient comme deux globes de lampe qui s'éteignent, à la croire déjà morte, sans l'effrayante accélération de ses côtes, secouées par un souffle furieux, comme si l'âme eût fait des bonds pour se détacher.«[35]

Anmerkungen

1 Hans-Heinrich Reuter: Fontane. Bd. 2. München 1968. S. 682f.

2 Henrik Ibsen: Nora oder Ein Puppenheim. III. Akt. In: Dramen. Bd. 1. München 1973.

3 Theodor Fontane: Noch einmal Ibsen und seine »Gespenster«. In: Werke, Schriften, Briefe. Abt. 3. Bd. 2. Hrsg. von Siegmar Gerndt. München 1969. S. 713.

4 »And this dissociation of the moral from the social, as well as this exhortation to avoid the

assertion of absolutes, is Fontane's consistent concern.« Weiter unten: »It is, I think, characteristic of this outlook that Fontane has portrayed characters who are lacking in passion and who may consequently be shown within a range of experience for which a direct invocation of the moral theme is not required.« (Joseph Peter M. Stern: »Effi Briest«: »Madame Bovary«: »Anna Karenina«. In: The Modern Language Review 52 [1957] S. 370)

5 Laut ›Réquisitoire‹ des Staatsanwaltes in dem Prozeß des Ministère Publique gegen Gustave Flaubert. Abgedruckt in: Œuvres. Bd. 1. Paris 1951. (Bibliothèque de la Pléiade.) S. 615 bis 633.

6 Vgl. Hans Werner Seiffert: Fontanes »Effi Briest« und Spielhagens »Zum Zeitvertreib« – Zeugnisse und Materialien. In: Studien zur neueren deutschen Literatur. Hrsg. von H. W. S. Berlin 1964. S. 255–300.

7 Fontanes Brief an Paul Pollack vom 10. 2. 1891. In: Briefe an die Freunde. Letzte Auslese. Bd. 2. Hrsg. von Friedrich Fontane und Hermann Fricke. Berlin 1943. S. 483f.

8 Theodor Fontane: L'Adultera. In: Werke, Schriften, Briefe. Abt. 1. Bd. 2. Hrsg. von Walter Keitel und Helmuth Nürnberger. München 1971. S. 119.

9 Briefe an die Tochter und an die Schwester. Hrsg. von Kurt Schreinert. Berlin 1969. S. 48.

10 ›Réquisitoire‹ (Anm. 5) S. 633.

11 ›Plaidoirie‹ des Verteidigers (Anm. 5) S. 634.

12 Peter-Klaus Schuster: Theodor Fontane. »Effi Briest« – Ein Leben nach christlichen Bildern. Tübingen 1978. Vgl. insbes. Kap. 4.

13 Theodor Fontane: Effi Briest. In: Werke, Schriften, Briefe. Abt. 1. Bd. 4. Hrsg. von Walter Keitel und Helmuth Nürnberger. S. 219. *Die Zitatnachweise im Text beziehen sich auf diese Ausgabe.*

14 Fontanes Brief an Colmar Grünhagen vom 10. 10. 1895. In: Fontanes Briefe. Hrsg. von Gotthard Erler. Bd. 2. Berlin/Weimar 1968. S. 382.

15 Fontane (Anm. 3) S. 714.

16 Horst Fleig: Sich versagendes Erzählen (Fontane). Göppingen 1974. S. 73.

17 Walter Benjamin: Goethes Wahlverwandtschaften. In: Gesammelte Schriften. Hrsg. von Rolf Tiedemann und Hermann Schweppenhäuser. Bd. I,1. Frankfurt a. M. 1974.

18 Fontanes Brief an Clara Kühnast vom 27. 10. 1895. In: Neunundachtzig bisher ungedruckte Briefe und Handschriften von Fontane. Hrsg. von Richard von Kehler. Berlin 1936. S. 109.

19 Vgl. Anm. 9.

20 ›Réquisitoire‹ (Anm. 5) S. 632.

21 Ebd. S. 627.

22 Brief an Emilie Fontane vom 14. 6. 1883. In: Briefe an den Vater, die Mutter und die Frau. Hrsg. von Kurt Schreinert. Berlin 1968. S. 200.

23 So Aust in seiner minuziösen Verfolgung des Begriffs. – Hugo Aust: Theodor Fontane. »Verklärung«. Eine Untersuchung zum Ideengehalt seiner Werke. Bonn 1974. S. 15.

24 Fontane: Werke... (Anm. 3) Abt. 3. Bd. 2. S. 336.

25 Karl Rosenkranz: Ästhetik des Häßlichen. Königsberg 1853. S. 56.

26 Fontane: Werke... (Anm. 3) Abt. 3. Bd. 1. S. 569.

27 Georg Lukács: Der alte Fontane. In: Werke. Bd. 7. Neuwied/Berlin 1964. S. 497.

28 Ebd. S. 467. Anm. 34.

29 Vgl. das Kapitel »Symbolische Motive: Flug und Flocke«. In: Peter Demetz: Formen des Realismus. Theodor Fontane. Kritische Untersuchungen. 2. Aufl. München 1966.

30 Gustave Flaubert: Madame Bovary. Mœurs de province (Anm. 5) S. 389f.

31 Dietrich Weber: ›Effi Briest‹ – »Auch wie ein Schicksal«. Über den Andeutungsstil bei Fontane. In: Jahrbuch des Freien Deutschen Hochstifts (1966) S. 460.

32 Brief an eine Dame vom 12. 6. 1895. In: Fritz Behrend: Aus Theodor Fontanes Werkstatt. Berlin 1924. S. 43.

33 Madame Bovary (Anm. 5) S. 438.

34 Vgl. Fontanes »Briefe aus Manchester«. – Siehe zum ganzen Zusammenhang Schusters Studie (Anm. 12) S. 29–40 und S. 155–163.
35 Madame Bovary (Anm. 5) S. 588f.

Literaturhinweise

Aust, Hugo: Theodor Fontane. »Verklärung«. Eine Untersuchung zum Ideengehalt seiner Werke. Bonn 1974.

Brinkmann, Richard: Theodor Fontane. Über die Verbindlichkeit des Unverbindlichen. München 1967.

Degering, Thomas: Das Verhältnis von Individuum und Gesellschaft in Fontanes »Effi Briest« und Flauberts »Madame Bovary«. Bonn 1978.

Demetz, Peter: Formen des Realismus. Theodor Fontane. Kritische Untersuchungen. 2. Aufl. München 1966.

Fleig, Horst: Sich versagendes Erzählen (Fontane). Göppingen 1974.

Kafitz, Dieter: Figurenkonstellation als Mittel der Wirklichkeitserfassung. Dargestellt an Romanen der zweiten Hälfte des 19. Jahrhunderts (Freytag, Spielhagen, Fontane, Raabe). Kronberg i. Ts. 1978.

Lübbe, Hermann: Fontane und die Gesellschaft. In: Theodor Fontane. Hrsg. von Wolfgang Preisendanz. Darmstadt 1973. S. 354–400.

Lukács, Georg: Der alte Fontane. In: Werke. Bd. 7: Deutsche Literatur in zwei Jahrhunderten. Neuwied/Berlin 1964.

Martini, Fritz: »Effi Briest«. In: Deutsche Literatur im bürgerlichen Realismus 1848–1898. 3. Aufl. Stuttgart 1974. S. 737–800.

Müller-Seidel, Walter: Theodor Fontane. Soziale Romankunst in Deutschland. Stuttgart 1975.

Reuter, Hans-Heinrich: Fontane. 2 Bde. München 1968.

Schuster, Peter-Klaus: Theodor Fontane. »Effi Briest« – Ein Leben nach christlichen Bildern. Tübingen 1978.

Seiffert, Hans Werner: Fontanes »Effi Briest« und Spielhagens »Zum Zeitvertreib«. – Zeugnisse und Materialien. In: Studien zur neueren deutschen Literatur. Hrsg. von H. W. S. Berlin 1964. S. 255–300.

Stern, Joseph Peter M.: »Effi Briest«: »Madame Bovary«: »Anna Karenina«. In: The Modern Language Review 52 (1957) S. 363–375.

Weber, Dietrich: ›Effi Briest‹ – »Auch wie ein Schicksal«. Über den Andeutungsstil bei Fontane. In: Jahrbuch des Freien Deutschen Hochstifts (1966) S. 457–474.

Wölfel, Kurt: »Man ist nicht bloß ein einzelner Mensch«. Zum Figurenentwurf in Fontanes Gesellschaftsromanen. In: Theodor Fontane. Hrsg. von Wolfgang Preisendanz. Darmstadt 1973. S. 329–353.

EGON SCHWARZ / RUSSELL A. BERMAN

Karl Emil Franzos: *Der Pojaz* (1905)
Aufklärung, Assimilation und ihre realistischen Grenzen

Was für ein Buch haben wir vor uns? Offenbar einen Künstlerroman mit tragischem Ausgang: trotz heißen Bemühens, trotz seines Talents gelingt es dem Helden nicht, sich aus seiner Misere, dem kleinbürgerlichen Milieu in tiefster Provinz zu befreien und seinem Traum gemäß als begnadeter Schauspieler die große Welt zu bezaubern. Zweifellos ist es aber auch ein Bildungsroman. Wir durchlaufen mit dem Helden alle Stadien seiner Entwicklung, von den ersten, wenig versprechenden Kindheitsjahren bis zum frühen, aber verklärten Ende. Wir erleben es mit, wie die Tabula rasa seines unberührten Gemüts sich nach und nach mit den Inhalten seiner Erfahrung füllt, wie sich alles, was seine karge Umgebung nur hergeben kann, in reichen Sinn verwandelt, bis er, der arme Waisenjunge, der nicht einmal seine wahre Abstammung kennt, am Ende in einem menschlichen Reifezustand entlassen wird, um den ihn die besser Weggekommenen beneiden müßten. Das hohe Ziel wird einmal im Roman, an einer sinnbeschwerten Stelle, in aller Klarheit dem Verständnis des Lesers enthüllt. In einem Gespräch, das an die Initiationen im *Wilhelm Meister* erinnert, gibt der junge Adept einem Mönch, seinem künftigen Lehrmeister, Aufschluß über die Triebkräfte seines Lebens. Warum er täte, was ihm doch offenbar verwehrt sei, wird er gefragt. »Weil ich nicht anders kann!« lautet die faustische Antwort. »Was suchst du in den Büchern?« geht das Verhör weiter, und sogleich folgt die unbeirrte Replik: »Wissen [...]. Die Bildung.« Schließlich ist der strenge Initiator überzeugt, daß der Held einem unwiderstehlichen inneren Drang gehorche, daß in seinem Schützling einer jener echten »Funken« schwele, die oft mitten »im tiefsten Dunkel [...] zur Leuchte« aufflammen (290/291).[1]

Alles dies: das Streben und die Künstlerschaft, die innere Bestimmung und das Bildungsziel, die geheimnisumwitterte Geburt, die enge, erstickende Umwelt, der sich der Held nicht durch materiellen Sieg, sondern durch die Aufschwünge seiner Seele entzieht, der ganze hohe Idealismus, der in der äußeren Welt scheitert, aber in der Innerlichkeit Triumphe feiert, mutet uns vertraut und zutiefst deutsch an. Und doch weicht das Werk vom üblichen Schema des deutschen Entwicklungsromans durch zweierlei entscheidende Inkongruenzen ab: nicht mit einer klassisch-romantischen Kunstepopöe haben wir es zu tun, so viele Züge davon wir auch wiedererkennen mögen, sondern mit einem Werk des Spätrealismus, entstanden gute hundert Jahre nach den berühmten Vorbildern der Gattung; und noch einschneidender dadurch, daß der Held mit dem unheroischen, wenn auch symbolischen Namen Sender Glatteis ein armer Judenjunge ist und das Milieu, dem zum Trotz er sich zur vollgültigen Humanität emporbilden soll, ein ostjüdisches, eingepferchtes Judenstädtel in Podolien[2] mit allen seinen Kümmernissen und Niedrigkeiten.

Wenn es nicht in New York, Tel Aviv, Kiew und anderen Orten einige alte Juden gäbe, die sich ihrer erinnern, dann wären selbst Ninive und Ekbatana nicht gründlicher verschollen als die ostjüdische Welt, die dieser Roman heraufbeschwört. Denn die Brutalität, mit der ihre Vertilgung ins Werk gesetzt wurde, war radikal und endgültig. So einmalig waren die Umstände dieser Vernichtung, daß sie ihrerseits zu philosophischer Reflexion herausgefordert und eine eigentümliche, grauenerregende Literatur hervorgebracht haben. Zorn, Wehmut, Verzweiflung, Resignation – das sind verständliche, ja notwendige Gemütsbewegungen, die das Gedenken an diese wunderliche, aber wie alles Lebendige liebenswerte Kultur im Leser aufsteigen läßt. Die Empfindung, die aber vor allem die Lektüre dieses Buches heutzutage in ihm erwecken wird, ist eine abgründige, bittere Ironie, weniger literarischer als geschichtlicher Provenienz. Das Heilmittel nämlich, mit dessen Hilfe Karl Emil Franzos (1848–1904) die vielfältigen Übel des ostjüdischen Gettos zu kurieren hoffte, der deutsche Geist und die deutsche Zivilisation, pervertierte in der historischen Wirklichkeit zu dem Werkzeug, das das Getto und seine Bewohner für immer zerstörte.

Die quälende Paradoxie besteht darin, daß uns aus Franzos' Evokationen des podolischen Judenstädtels das hohe Loblied des Deutschtums entgegenklingt. In seinem Vorwort zum *Pojaz*[3] verrät der Verfasser die beiden Grundsätze, in denen ihn sein Vater erzogen hat: »Du bist deiner Nationalität nach kein Pole, kein Ruthene, kein Jude – du bist ein Deutscher«; und diesen zweiten: »Deinem Glauben nach bist du ein Jude« (6), Prinzipien, denen Franzos sein Leben lang treu geblieben ist und die er außerdem immer wieder in seine dichterischen Gestaltungen umgesetzt hat. Im *Pojaz* hat er sie auf die Problematik des Ostjudentums angewendet.

Bei allem guten Willen, den Franzos aufbietet, das galizische Städtel als Realität anzuerkennen und sich als Schriftsteller seiner Erscheinungen anzunehmen, über sein letztgültiges Urteil kann kein Zweifel bestehen: das Getto ist ihm ein Anachronismus, der in die aufgeklärte Welt des neunzehnten Jahrhunderts nicht paßt; und die religiösen Satzungen, auf denen seine Kultur beruht, stellt er als Auswüchse eines absurden Aberglaubens dar, der unvereinbar mit einer vernünftigen Lebensführung ist. Abschaffung der ostjüdischen Lebensgemeinschaft hält er für die einzig mögliche kollektive, Flucht für die beste individuelle Lösung. Nur sie verspricht dem schöpferischen Einzelnen die Chance, sich in den Strom zeitgenössischer Gesittung einzubetten. Und das mythische Vorbild, die nahezu göttliche Macht, in deren Namen allein ein solches epochales Wagnis unternommen werden kann, ist das Deutschtum. Ein »Deutsch« zu werden, das heißt ein deutsch sprechender, in deutschen Sitten und Manieren versierter, in deutscher Literatur belesener Jude, das ist das Schreckgespenst für die orthodoxen Massenmenschen des Gettos, das ist aber auch die sehnsüchtige Hoffnung der (nach Franzos) besser Gearteten und Begabten. In zahlreichen Gesprächen, Bildern und Anspielungen, in seiner ganzen spürbaren Tendenz, hält der Roman an dieser Grundüberzeugung fest.

Bildung ist die Medizin, die der ostjüdischen Rückständigkeit abzuhelfen vermag. Von der Armut der Gettobewohner ist oft die Rede. Aber sie wird niemals zu einem konstitutiven Problem ihres Elends. Nicht wirtschaftlicher Aufstieg, nicht Gleichberechtigung vor dem Gesetz, nicht Volksbelehrung, sondern Säkularisierung und klassisch-weimarische Bildung sind die Ziele, die ständig gepredigt werden. In der symbolischen Gestalt Shylocks schießen alle die verborgenen und ausdrücklichen Anliegen des Romans zusammen: Klage über das geächtete und getretene Judentum, das, um zu existieren, seine häßlichsten Charakterzüge hervorkehren muß, der Wunsch nach Selbstbehauptung und Menschenwürde, die Schauspielkunst, die gleichzeitig der Überwindung und Verklärung einer düsteren Realität dienen soll, und das hohe Drama

als Inbegriff gebildeten Menschentums. Neben Shakespeare, der in der Schlegel-Tieckschen Übersetzung im 19. Jahrhundert fast zum deutschen Klassiker geworden war, sind es Lessing, Goethe und Schiller, die diese Ideale verkörpern. Von den Chronisten erfahren wir (und Franzos' eigener früher Schiller-Essay bestätigt ihre Annahme), daß hier kein Einzelfall, keine individuelle Geschmackspräferenz vorliegt, sondern ein vielverzweigter historischer Komplex wirksam wird. »Die russisch-deutsche Aufklärung«, heißt es bei einem der Kommentatoren, »der Widerstand gegen die altertümliche Orthodoxie stützte sich auf Schiller, über den – statt über einen jüdischen Text – sogar noch der Knabe Buber bei der Konfirmation in der Synagoge sprach.«[4]
Wir sehen also, daß die Formel »deutsch nach der Nationalität, jüdisch nach dem Glauben« nicht bloß ein persönliches Engagement vereinfacht ausdrücken soll, sondern daß sie ein erkennbares Programm, eine historische Position enthält. Es ist die Position, die philosophisch von Hermann Cohen artikuliert und 1893 um der Bekämpfung des neuaufflackernden Antisemitismus willen zur Grundlage des »Centralvereins deutscher Staatsbürger jüdischen Glaubens« gemacht wurde. Wem der Name nicht aufschlußreich genug ist, der kann sich in einer Broschüre genauer unterrichten, die von der neuen Vereinigung zur Erläuterung ihrer Ziele veröffentlicht wurde: »Wir sind nicht deutsche Juden, sondern deutsche Staatsbürger jüdischen Glaubens. Wir stehen fest auf dem Boden der Nationalität.«[5] Im Gegensatz zum »Centralverein« fühlte sich Franzos, an den Grenzen der Länder und Kulturen aufgewachsen, dem jüdischen Getto als Freund, Aufklärer und Kritiker verpflichtet. Mit dieser Feststellung befinden wir uns freilich schon mitten in der Problematik, in die der Leser des *Pojaz* unweigerlich hineingezogen wird. Bevor wir jedoch den Roman, der den Deutschen das jüdische Städtel verständlich machen und den Gettojuden den Weg zur deutschen Hochkultur zeigen wollte, einer eingehenderen ideologiekritischen Analyse unterwerfen, müssen wir Karl Emil Franzos in einen breiteren Zusammenhang stellen, um einer allzu begrenzten, nur von der Gegenwartsperspektive abhängigen Auffassung entgegenzuwirken.
Heute erscheint uns die von Karl Emil Franzos und dem »Centralverein« eingenommene Position als konformistisch, sehr wenig couragiert und nicht genug auf die kollektiven Menschenrechte einer Minderheit bedacht. Man muß aber bedenken, daß Assimilation ja nicht etwas ist, was man als Mitglied einer Minderheit wählen oder von sich weisen kann, sondern ein Prozeß, in den man hineingeboren wird. Jedes jüdische Kind, das in Deutschland aufwuchs, fand sich auf einer bestimmten Stufe der Anpassung an die deutsche Umwelt und sah sich alsbald widerstreitenden Kräften ausgesetzt, die es in die eine oder andere Richtung drängen wollten. Am stärksten lockten wohl die Vorteile, zu einer mächtigen und gefürchteten Nation zu gehören, sich durch nichts von den Nachbarn zu unterscheiden. Seit Moses Mendelssohn, der Aufklärung und der allmählichen Emanzipation der Juden hatte sich ein Wechselverhältnis herausgebildet, das einzig in der Welt war. Die schlichte Äußerung des Historikers: »Deutschland hat den Juden viel gegeben [...] und genau so haben die Juden Deutschland viel gegeben«[6], so wahr sie ist, vermittelt kaum eine angemessene Vorstellung von der Intensität und dem Ausmaß dieser weltgeschichtlichen Symbiose. Die Juden des gesamten Erdkreises blickten mit Neid und Dankbarkeit auf das deutsche Phänomen, auf die außerordentliche Anerkennung, zu der es ihre Stammesgenossen im Deutschen Reich gebracht hatten. Wir zitieren noch einmal unseren Gewährsmann: »Durch die deutsch-jüdische Assimilation und was mit ihr [...] einherging, wurden die Juden Ungarns, Skandinaviens, Hollands,

Englands, Nordamerikas, in geringerem Maß auch Frankreichs und Italiens in den deutschen Bannkreis gezogen.« Ähnliches galt auch für die in den slawischen Ländern Ansässigen: »In den polnischen Gebieten Österreichs ist der kulturelle Einfluß Deutschlands von den politischen Germanisierungstendenzen des Staates schwer zu trennen.«[7] Noch nach Ausbruch des Ersten Weltkrieges – man kann das so pauschal ausdrücken – neigt ein großer Teil des Weltjudentums zur deutschen Seite. »Besonders osteuropäische Juden haben in Amerika ihre Sympathie Deutschland zugewandt, ihre jiddischen Zeitungen wurden wegen Deutschlandfreundlichkeit nach Kriegseintritt der USA vorzensurpflichtig.«[8] Man könnte ausrufen: Welch großes politisches Kapital wurde hier vertan!

Es gibt freilich eine dynamische Macht, die Franzos in seinem *Pojaz* verschweigt: den virulenten deutschen Antisemitismus. Die Juden mußten ihre Erfolge in Deutschland gegen eine Feindseligkeit durchsetzen, die es verhinderte, daß sie sich um die Jahrhundertwende als wirklich akzeptierte Glieder der deutschen Gesellschaft fühlen durften. Was der genaue Inhalt der Anwürfe war, ob es nun hieß, die Juden seien der schlimmste Zweig der semitischen Rasse, oder ob ihnen als ihr Ziel Ausbeutung und Weltherrschaft unterschoben,[9] ob die Menschheit zum Mitleid mit den armen, von den Juden ausgesogenen Deutschen oder zum Zertreten des jüdischen »Ungeziefers«[10] aufgefordert wurde, ist nicht von großem Belang. Worauf es ankam, war, daß sich die Angehörigen dieser Minderheit ihr ganzes Leben hindurch in einem Netz der Lüge und Verleumdung, der Verdächtigungen und falschen Beschuldigungen in Buch und Presse gefangen sahen, daß sie von zahlreichen Berufen ausgeschlossen blieben, gesellschaftlich isoliert waren und daß bei jeder Krise, ja beim geringsten sozialen oder ökonomischen Mißbehagen die latenten Gesinnungen gegen sie mobilisiert wurden. Ritualmordprozesse wurden angezettelt, eine »Antisemitismusliga« gegründet, »internationale Antisemitismuskongresse« abgehalten. 1893, als der *Pojaz* beendet wurde (und wer kann zweifeln, daß Franzos genau über die Geschehnisse Bescheid wußte?), entsandten 263 000 Wähler 16 Judenhasser in den Reichstag. Und diese Leute waren nicht etwa alle, was man in den westlichen Ländern als »lunatic fringe«, als unzurechnungsfähige Randexistenzen bezeichnet. Von gefeierten, mit gekrönten Häuptern befreundeten Künstlern wie Richard Wagner mußten sich die Juden sagen lassen, daß sie die geborenen Feinde aller edlen Menschlichkeit seien.[11] Ein der regierenden Dynastie vielfach verbundener Mann, der Hofprediger Adolf Stöcker, durfte im Reichstag erklären, daß Christen, insbesondere Kinder, jahrhundertelang durch die Hand fanatischer oder abergläubischer Juden umkamen.[12] Und ein berühmter Historiker von beinahe offizieller Geltung wie Heinrich Treitschke prägte eine Phrase, deren Echo tief in die Zukunft hineinhallen sollte: »Die Juden sind unser Unglück.«[13] Dabei gehörte Treitschke noch zu den ›gemäßigten‹ Antisemiten, die bereit waren, Juden, vorausgesetzt, daß sie keine mehr waren, als Staatsbürger anzuerkennen. Unvorstellbar war für Treitschke allerdings, daß die Juden – was heute in den zivilisierten Ländern allen Minderheiten zugestanden wird – an ihrer ethnisch-kulturellen Besonderheit festhielten. »Zur Erfüllung solcher Wünsche gibt es nur ein Mittel«, erklärte er selbstherrlich, »Auswanderung, Begründung eines jüdischen Staates ... Auf deutschem Boden ist für eine Doppelnationalität kein Raum.«[14] Solche Vorstellungen brauchten die Nationalsozialisten nur aufzugreifen und in Aktion umzusetzen.

Es ist hier nicht der Ort, die Geschichte der unterschwellig und vielfach offen wirksamen antisemitischen Widerstände gegen die jüdische Emanzipation detailliert nachzuerzählen. Unsere skizzenhaften Andeutungen dienen nur dem Zweck, plausibel zu machen, daß der Entschluß einer Großzahl von Juden, sich zu deutschen Staatsbürgern jüdischen Glaubens zu erklären, nicht, wie es am Ende des zwanzigsten Jahrhunderts den Anschein haben könnte, eine Kapitulation vor den finsteren Mächten war. Es handelte sich vielmehr um ein strategisches Manöver, das innerhalb einer feindlichen Umgebung eine haltbare Bastion errichtete, ein psychologischer Schachzug, der den Wünschen der Mehrzahl der Juden und mancher Nichtjuden entsprach, und ein politischer Akt, der das Mögliche in einer prekären Lage erstrebte. Mit diesen Feststellungen sollte die Haltung Franzos', die mit diesem Standpunkt mehr oder minder identisch ist, relativiert und in eine historische Perspektive gerückt werden. Daß der Autor dabei nur *einen* Aspekt der Sache, den emanzipatorisch hoffnungsvollen, zum Ausdruck brachte und die heftigen Gegenstöße der antisemitischen Öffentlichkeit ignorierte, daß er demzufolge eine chemisch gesäuberte Version des Deutschtums ins Getto trug, die es in solcher Reinkultur gar nicht gab und die er doch als Allheilmittel anpries, gibt allerdings zu denken und wirft ein eigentümliches Licht auf seinen ›Realismus‹.

Wir sagten, die deutschen Juden hätten sich als gute Politiker auf das Mögliche beschränkt. War sie aber wirklich möglich, die viel verschrieene Assimilation? War sie nicht vielmehr eine einzige große Illusion, von vornherein verurteilt, in der geschichtlichen Wirklichkeit Schiffbruch zu erleiden? Dieses negative Verdikt, propagiert von zwei sonst miteinander uneinigen geistig-politischen Strömungen, der marxistischen und der zionistischen, scheint sich heute durchgesetzt zu haben. Unter Marxisten ist es üblich, vom notwendigen Versagen der Aufklärung zu reden. Schon Marx hatte ja in einer sehr anfechtbaren frühen Schrift über die Juden vorausgesagt,[15] daß die Einrichtungen des demokratisch-kapitalistischen Staates nicht ausreichen würden, um den Juden Gleichheit zu verschaffen, deren sie erst durch den Sieg des Sozialismus teilhaftig werden könnten. Da sich, wie bekannt, die Gleichberechtigung der Juden auch in den Ländern, die sich für sozialistisch halten, nicht eingebürgert hat, besteht Grund zur Annahme, daß die ökonomischen Organisationsformen nicht allein über die Behandlung von Minderheiten entscheiden. Und die europäische Aufklärung ist ja nicht schlimmer gescheitert als auch manch anderes Ideal in der historischen Wirklichkeit, was kein Grund ist, auf Ideale zu verzichten.

Daß auch die Zionisten, die aus all den versprengten, vielsprachigen und heterodoxen jüdischen Splittergruppen der Welt eine Nation machen wollen, vom notwendigen Fehlschlag der Assimilation überzeugt sein müssen, liegt in der Natur der Dinge. Aber wenn die These richtig ist, daß es in der Geschichte einen Funken Freiheit gibt, daß nicht die ganze deutsche Vergangenheit von Urbeginn an auf den Sieg des Nationalsozialismus angelegt war, daß bewußte Bosheiten begangen wurden, vermeidbare Fehler und unglückliche Zufälle geschehen mußten, um diesen Triumph in Szene zu setzen, daß es an jedem Kreuzweg eine Alternative gibt und daß, volkstümlich gesprochen, alles auch hätte anders kommen können, dann ist man zu dem Analogieschluß berechtigt, daß die apodiktische Behauptung von der zum Versagen verdammten Assimilation falsch ist. Sie scheint in anderen Ländern zu gelingen und hätte bei günstigerer Entwicklung, deren Möglichkeit man einräumen muß, wenn man nicht auf die Idee einer offenen, höchstens partiell vorgeprägten Zukunft verzichten und einem kruden Determinismus erliegen will, auch in Deutschland gelingen können. In den Vereinigten Staaten z. B., einem weder homogenen noch idyllischen Sozialgebilde, macht sie solche rapiden Fortschritte, daß ernstzunehmende soziologische Untersuchungen das baldige Verschwinden der Juden durch Aufgehen in der übrigen Gesellschaft, durch totale Anpassung, religiösen Indifferentismus, Mischehen und dergleichen mehr, als Wahrscheinlichkeit in Aussicht stellen.[16] Ethnisch bewußte Führer des Judentums, einschließlich der Zionisten, die doch ideologisch gegen die bare Annahme einer solchen Entwicklung immun sein sollten, rühren daher die große Alarmtrommel. Wir erwähnen das alles nur, um zu veranschaulichen, wie Karl Emil Franzos zu seiner Zeit nicht etwas völlig Vernunftwidriges für die Ostjuden im Sinne führte.

Unser Versuch einer Historisierung seiner Positionen ist um so notwendiger, als Franzos eine erstaunliche Neigung zeigte, die Geschichte zu entdynamisieren. Eine rasche Orientierung über die eigenartigen, den *Pojaz* betreffenden Zeitverhältnisse wird das veranschaulichen. Publiziert wurde der Roman im Jahre 1905 – posthum, anderthalb Jahre nach dem Tod des Autors. Über die Gründe, warum Franzos ein Werk, das er offenbar für sein reifstes und bestes hielt, unveröffentlicht liegen ließ, kann man nur spekulieren. Die gelegentlich gehörte Meinung, er habe es seiner Witwe sozusagen als Lebensversicherung hinterlassen, hat einiges für sich. Die Verzögerung könnte aber auch als Mißbehagen an der geschichtlichen Entwicklung ausgelegt werden, die manche von den weltanschaulichen Ingredienzen des Romans, namentlich die melioristischen und optimistischen, zu Anachronismen zu reduzieren drohte. Lassen wir es dahingestellt. 1893 hat Franzos die letzte Hand an sein Meisterstück gelegt, geplant war das Buch nach des Dichters eigener Aussage schon »über zwanzig Jahre« vorher (12), also etwa zur Zeit der Reichsgründung. Die Handlung versetzt uns vollends in frühere Epochen. Den Tod des Helden und seine letzte, bedeutsame Lebenszeit darf man ins Jahr 1852/53 verlegen (91), geboren ist er wohl zwanzig oder einundzwanzig Jahre davor. Damit hat man aber den historischen Urgrund noch nicht erreicht, wird doch die Geschichte seines Vaters, des Schnorrers Mendele Glatteis, wenn auch in gehöriger Verkürzung miterzählt, der »am Ausgang des achtzehnten Jahrhunderts geboren« sein soll (21). Trotz dieser enormen Spanne, die ein ganzes Jahrhundert umfaßt, begegnen wir einer befremdlichen Statik der Verhältnisse in den Schilderungen. Zwar finden sich manchmal Einschübe wie »heute ist es anders und besser« (192), wodurch der Eindruck erweckt wird, daß es etwas wie eine geschichtliche Veränderung gibt. Aber das Hauptmerkmal ist doch das einer großen, gleichmütigen Unwandelbarkeit. Schon zur Glanzzeit Mendeles war das Getto wie später: beherrscht von ebenso närrischen wie tyrannischen Rabbis, bevölkert von lenksamen, beschränkten Durchschnittsmenschen, die jedem Aberglauben, jeder absurden Satzung gehorsam sind. Nur in Posen war es besser, in Deutschlandnähe. »Hier waren die Städtchen reinlicher, die Gemeinden wohlhabender, aber auch die Gelehrsamkeit vernünftiger; ohne es selbst recht zu empfinden, standen die dortigen Rabbinen ein wenig unter dem Einfluß des deutschen Geistes und beschäftigten sich lieber mit wissenschaftlichen Problemen des Talmud, als mit Fragen über die Himmelsleiter.« (28) O Segen einer Ausstrahlung, die durch die bloße geographische Nachbarschaft den krausen Aberwitz der Juden zu glätten und die boshafte Dummheit ihrer Rabbis zu sänftigen imstande war! Im Grunde ändert sich daran auch zu Senders, des Sohnes Zeiten nichts: die Deutschen strahlen weiter Humanität aus, die Juden nehmen auf und werden zivilisiert oder sperren sich und bleiben Troglodyten.

Wie sieht also Franzos das Judentum des Gettos? Der Beantwortung dieser Kernfrage müssen wir uns jetzt zuwenden. So, wie gewisse dreidimensional wirkende Photographien das Resultat zweier heterogener optischer Eindrücke sind, so kann man in der von Franzos so prall und plastisch hingestellten Welt des jüdischen Gettos zwei einander überlagernde Perspektiven unterscheiden. Die eine ist satirisch. Dazu braucht der Autor die ein wenig allzu künstlich gewahrte Unveränderlichkeit des Städtels entgegen aller geschichtlichen Evidenz. Denn die Satire bedarf, um zu treffen, eines unbeweglichen Ziels. Aus dem astronomischen Abstand des westlichen Gebildeten betrachtet Franzos die Gebräuche und den Kulturzustand des Städtelbewohners mit dem pseudowissenschaftlichen, etwas herablassenden und doch wohlwollenden Blick eines ethnozentrischen, in diesem Fall germanozentrischen Anthropologen. Hier liegt zumindest *eine* Quelle seines Humors: er schafft gleichzeitig Distanz und mildernde Versöhnlichkeit. Was die ›Insider‹, die Mitglieder des ›wilden Volksstammes‹ als geheiligtes Um und Auf ihrer Existenz ansehen, das sind für den überlegenen, westlichen Beobachter teils putzige, teils schädliche Sitten, die der billigenden Bestätigung durch Vernunft und Zweckmäßigkeit entbehren.

Da das Hauptanliegen des Romans nicht die Schilderung des osteuropäischen Judentums ist, sondern die Beschreibung eines Versuchs, dem Getto zu entfliehen und sich der deutschen Kultur zu nähern, muß der Autor notgedrungen den Städtelbewohnern und ihrer Sozialstruktur gegenüber eine kritische Haltung einnehmen; denn sie sind es ja, die der Entwicklung des Helden hindernd im Wege stehen. Wir sind hier einem Problem nahegekommen, das Hans Mayer in seinem Buch *Außenseiter*[17] behandelt, wonach die deutsche Aufklärung die Juden ausschließlich auf der Grundlage von Besitz und Bildung akzeptiert. Vieles spricht dafür, Karl Emil Franzos als einen Wortführer dieser deutschen Aufklärung anzusehen, aber daß er von den beiden Pfeilern der Assimilation der Bildung eine unvergleichlich wichtigere Funktion zuweist als dem Besitz, ist bereits sichtbar geworden.

Franzos' Weigerung, sich mit unabweisbaren Aspekten der geschichtlichen Wirklichkeit wie dem Anschwellen antisemitischer Strömungen auseinanderzusetzen, ist nicht bloß eine weltanschauliche Schwäche, sie hinterläßt auch im Roman ihre Spuren und drückt sich sogar stilistisch in einem defensiven Ton aus, so als habe der Autor jemand etwas abzubitten. Es ist dies nicht das hervorstechendste stilistische Merkmal, aber dem genau Hinhorchenden bleibt es unüberhörbar und findet sich bereits in den allerersten Sätzen: »Der Held dieser Geschichte« – so beginnt Franzos. Aber schon unterbricht er sich mit dieser Einschränkung: »– und zwar in Wahrheit ein Held, wenn man diese Bezeichnung nicht einem Menschen, der mit Aufgebot aller Kraft leidvoll nach einem hohen Ziel ringt, ungerecht weigern will – hatte auch einen heroischen Vornamen.« (15) Fürchtet Franzos die Verachtung der Leserschaft einem ostjüdischen Helden gegenüber? Fühlt er sich deswegen bemüßigt, zu betonen, daß Leute des Namens Sender auch Helden sein können? Was vielleicht schwerer wiegt als dieser Einwand, ist die stilistische Feierlichkeit des Einschubs, die von der sonstigen Erzählhaltung abweicht. Dieser feierliche Ernst hängt noch mit etwas anderem zusammen, nämlich mit der Beschwörung einer glorreichen jüdischen Vergangenheit, die als Mittel eingesetzt wird, den Gegensatz zur drückenden Gegenwart herzustellen, aber auch zur Entschuldigung und Rechtfertigung dient. Zwischen den Zeilen schwingt die Versicherung mit, daß diese jämmerlichen Gestalten einem ehemals großen und stolzen Volk angehören. Verstärkt wird die Anspielung noch durch den Namen: Sender (Alexander) Glatteis. Wie etwa auch in

Thomas Manns *Tonio Kröger*[18] verkörpern sich die Polaritäten der erzählten Welt im Namen des Protagonisten, in der Assoziationsreihe Alexander–Griechentum–Humanismus–Theater–Assimilation gegenüber der ostjüdischen Misere, symbolisiert in der ebenso lächerlichen wie erbärmlichen Vokabel »Glatteis«. Von diesem Namen fällt ein Streiflicht auf die Problematik des auktorialen Tons: Tiefer Ernst und leichter Humor werden kontrapunktisch gegenübergestellt und erzielen zusammen eine groteske Wirkung. In ihr enthüllt sich die ambivalente Haltung des Erzählers seinem Helden gegenüber, die gemischt ist aus echter Teilnahme und dem milde herablassenden Spott, den der westliche oder westlich gewordene Jude für den Ostjuden bereithält.

Eine weitere stilistische Folge von Franzos' Rechtfertigungstechnik liegt in seiner merkbaren Anstrengung, Züge der ostjüdischen Kultur mit Hilfe von Symbolen plausibel zu machen, die der deutschen Kultur entlehnt sind. Um das jüdische Leben für die deutsche Leserschaft seiner offenkundigen Fremdheit zu entkleiden, ›germanisiert‹ er die Erscheinung des jüdischen Talmudschülers: »Wie der Scholar des Mittelalters von einer Universität zur anderen, noch öfter ins Blaue hinein, sorgenlos durch ganz Deutschland ziehen konnte, weil ihm sein Barett und sein bißchen Latein die Türe jedes Pfarr- und Bürgerhauses öffneten, so genügt noch heute in Halbasien das Wort: ›Ich bin ein Jeschiwa-Bocher‹ (Zögling einer Talmudschule), und die spitzfindige Auslegung irgendeiner Bibelstelle, um dem Knaben, dem Jüngling jedes jüdische Haus, in das er tritt, zur gastlichen Stätte zu machen.« (27) Ähnlich wird der Talmud mit einem Konversationslexikon, noch dazu mit einem widerspruchsvollen, verglichen (58).[19]

Der Doppeltendenz des Romans, die sich nicht nur »gegen die äußeren Feinde des Judentums« kehrt, sondern auch »gegen die inneren Gegner einer gesunden Entwicklung« (13), dient noch eine weitere Technik: die Betonung von jüdischen Tugenden, die auch den guten deutschen Bürgern zusagen mußten: »[...] er war ja der Sohn eines Stammes, dem die schwersten Opfer der Eltern für ihre Kinder etwas Selbstverständliches sind. Aber ebenso selbstverständlich ist diesem Stamme die dankbare Treue der Kinder für die Eltern [...]« (245). Die Wertgleichheit zwischen dem Autor, seinen christlichen sowie seinen jüdischen Lesern wird oft auch in einem Nebensatz, einer halben Anspielung hergestellt, z. B. in einem Abschnitt über das traurige Los des Schnorrers und seinen »Verzicht auf all die Güter, die auch dem Dürftigsten das Leben schmücken und erträglich machen: Heimat, Weib und Kind.« (16)

Das alles kann aber die Zwiespältigkeit von Franzos' Sicht nicht verdecken. Charakteristisch für seine Ambivalenz ist die Haltung, die er gegenüber einer zentralen, im Ostjudentum wirkenden Macht, der talmudischen Gelehrsamkeit einnimmt. Seine Lobpreisung des von der Gettogemeinschaft hochgehaltenen Bildungs- und Studienideals scheint sich unschwer in die Liste der jüdischen Wohlgeratenheiten einfügen zu lassen, die er den deutschen Lesern, Anerkennung heischend, vorlegt. Aber gerade hier zeigt sich mit nicht mehr zu übertreffender Deutlichkeit, daß er die jüdischen Vorzüge nur als Abstraktionen, losgelöst von den geschichtlichen Bedingungen, die sie hervorgebracht haben, gelten läßt. Es erinnert uns an heutige postkoloniale Praktiken, wenn er sich auf der einen Seite nicht genugtun kann über den »schönen und klugen Grundzug des jüdischen Volkstums, das Lernen zur religiösen Pflicht, [...] den Adel der Gelehrsamkeit zum einzigen im Judentum gültigen Adel zu machen«, und auf der anderen Seite rügend feststellt, »es wäre wünschenswert, daß die altgläubige Judenschaft dies auch von anderem Wissen gelten ließe, nicht bloß vom Hebräisch-Lesen und dem Pentateuch [...]« (53).

In ihrer Rolle als Hürde gegen die deutsche Kultur wird die religiöse Orthodoxie überhaupt zur Zielscheibe des Franzos'schen Abscheus. »Von der modernen Bildung hält ihn ja ebenso der Wille der Machthaber, wie der eigene fromme Wahn fern!« (17), heißt es einmal mit unverkennbarer Programmatik. Daher ist das ganze Buch voll Kritik gegen den Unsegen nicht etwa der jüdischen Religion – erinnern wir uns nur daran, daß sich ja Franzos selbst zum »jüdischen Glauben« bekennt –, sondern gegen den Komplex aus Brauchtum, klerikaler Hierarchie und spitzfindiger Scholastik, den er Orthodoxie nennt, aber in dumpfer und dabei instinktsicherer Ahnung für das jüdische Sonderdasein verantwortlich macht. Denn dieser Komplex ist es ja in der Tat, der jahrhundertelang Staat, Nation und Territorium ersetzen mußte. Typisch ist die Stelle, wo der Rabbi in einem Kapitel, das mit der Entdeckung von Senders Buchwissen und seiner Verfluchung endet, kategorisch erklärt: »Deutsch lesen und schreiben ist ein Makel fürs ganze Leben, noch mehr – ein Gift ist es!« (213) Und im folgenden Kapitel wird die politisch-kulturelle Erklärung für so viel Strenge nachgeliefert: »Mit den fremden Zeichen schleicht sich der Abfall in die Reihen Israels ein.« (226) Weil Franzos im Rabbinat das Zentrum des Widerstandes gegen deutsche Säkularisierung erblickt, ist er begierig, seine Angriffe mit allen verfügbaren literarischen Waffen in die Festung des Feindes hineinzutragen, so etwa, wenn er das Ablesen eines Talmudtextes mit dem »Singsang dreier verschnupfter Tenore« (211) vergleicht. Talmudische Orthodoxie ist für ihn ein Widersinn, ein Überbleibsel des Mittelalters: »Die Jahre kommen und gehen und werden zu Jahrzehnten, zu Jahrhunderten, immer neue Gebiete des Wissens tauchen auf und unzählige Arbeiter des Geistes mühen sich um sie und häufen sie höher und höher empor, im Osten aber grübeln sie noch heut wie im Mittelalter über die Linke des Herrn, den Apfelbiß und die Himmelsleiter. Und das ist noch heute dort der einzige Weg, sich als ›feiner Kopf‹ hervorzutun.« (22) Dies klingt sehr nach ironischen Attacken gewisser Aufklärer auf Exzesse der Scholastik und bestärkt uns nur in unserer geistesgeschichtlichen Zuweisung Franzos'.

Natürlich beschränkt sich Franzos' Kritik nicht auf die Rabbiner, sondern er läßt es sich angelegen sein, zu zeigen, wie die gesamte Bevölkerung des Gettos eingezwängt lebt in den starren Panzer ihrer dogmatischen Orthodoxie. *Eine* Einschränkung ist hier allerdings am Platz. Als Kenner des Ostens ist sich Karl Emil Franzos selbstverständlich klar darüber, daß er es nicht mit einer monolithischen Einheit zu tun hat, daß er mit seinen Angriffen nicht jede Tendenz im Städtel trifft. Was er vorbringt, ist gegen die fanatischen Chassidim[20] gerichtet, die er in Barnow ansiedelt. Obgleich prinzipiell gegen die gesamte ostjüdische Kultur eingenommen, geht er doch schonungsvoller mit den nüchternen, rationaleren Misnagdim[21] um, denen er das Nachbardorf Buczacz zuweist. Diese geographische Polarisierung psychologischer, sozialer und moralischer Eigenschaften erinnert, mutatis mutandis, an Kellers symbolische Gemeinden Seldwyla und Rüchenstein, was Franzos nach seinem probaten Mittel dem westlichen Leser wieder durch den Vergleich mit deutschen Phänomenen, »einem Herrnhuterorte und einer protestantischen Industriestadt« (58f.), nahezubringen trachtet.

Die Hauptanklage des Buches richtet sich also gegen die Gestaltung des jüdischen Lebens durch die Juden selbst. Die nichtjüdische Welt ist durch wenige Nebengestalten vertreten, die durchweg positiv gezeichneten Deutschen und ein paar abwertend dargestellte slawische Statisten. Franzos vernachlässigt die Unterdrückung der jüdischen Gemeinde durch Aristokratie und Regierung nicht völlig, obgleich dieser Aspekt ihres Leidens (nach der Bestimmung der Aufklärung als einem Hervorgehen aus selbstverschuldeter Unmündigkeit) der Kritik an Mängeln der Juden selbst untergeordnet ist. Immerhin wird die österreichische Bürokratie dafür gescholten, daß sie sich auf die Entgegennahme von Bestechungsgeldern konzentriere, statt aufklärerische, d. h. germanisierende Politik zu betreiben.

Das alles ist Kulturideologie oder -politik und mag als solche hingehen. Bedenklich wird die Kritik, wenn sie vom kulturellen Beiwerk auf angebliche Wesensmerkmale, von rational Erfaßbarem zu vermeintlich angeborenen Eigenschaften der Juden übergeht. Vorurteile dieser Art, die man heute »rassistisch« nennt, haben sich vielfach eingeschlichen. Ohne jede Erklärung, ja ohne die geringste Ironie übernimmt Franzos die von Antisemiten in Umlauf gesetzten Stereotypen von der jüdischen Körperlichkeit. Ebenso wie für die rassistisch argumentierenden Antisemiten ist für ihn die »typisch jüdische Physiognomie« abstoßend, ein »nichtjüdisches« Aussehen aber schön. Malkes Bildnis, des einzigen Mädchens, das Sender – unglücklich wie alles in seinem Leben – liebt, erinnert an die Heldinnen gewisser Trivialromane: »Goldbraunes Haar umwogte in leichten Wellen ein längliches, schmales, edel [!] geschnittenes Antlitz, in dem große blaue Augen standen.« (295) Senders Entzücken kennt denn auch keine Grenzen: »Aber war das überhaupt ein jüdisches Mädchen?« läßt ihn sein Schöpfer ungläubig ausrufen. »Er konnte nicht recht daran glauben. Wenigstens vermochte er nichts von dem Typus in den Zügen zu entdecken.« (296) Der Überdruß am Getto nimmt hier dubiose Formen an. Übrigens wird uns auch das genaue Gegenstück zu Malke nicht erspart. Es handelt sich um den verkrachten Schauspieler Kohn – die Namensänderung in Können hat sein Äußeres nicht zu verschönern vermocht –, dessen Konterfei allerdings von Arthur Dinter[22] oder aus dem *Stürmer* stammen könnte: »Zur Tür herein schob sich ein kleiner, hagerer Mensch in dürftiger Kleidung, so recht der Typus eines armseligen gedrückten Juden. Den Kopf gesenkt, schlich er trübselig auf seinen kurzen Beinen dem Tisch in der Ecke zu [...]« (404). Zu seinem »merkwürdig häßlichen Gesicht« gehört das unvermeidliche »krause, pechschwarze Haar«, die »niedrige, zurückfliegende Stirne« und zwischen den »kleinen, melancholischen Augen« die obligate »Riesennase«, die kühn hervorsprang, »als wolle sie einen Fuß lang werden, zog sich aber dann, wie über ihr eigenes, tolles Vorhaben entsetzt, in jäher Krümmung zu den dünnen Lippen nieder [...]« (405). Warum hat Franzos solch unbändigen Spaß an diesem Porträt? Der Verdacht ist schwer von der Hand zu weisen, daß er trotz seiner Abstammung und rechtschaffenen liberalen Intentionen die antisemitischen Klischeevorstellungen der Gesellschaft reproduziert, in der er lebt und der er auch das Ostjudentum zu seinem Heile einverleiben möchte. Die Verachtung des gepflegten ›Westlers‹ für den Ostjuden bekundet sich zu unmißverständlich, als daß man sie unbeachtet beiseite schieben könnte. Mitunter lugt sie in scheinbar nebensächlichen Phrasen aus dem Fluß der Erzählung hervor, z. B. wenn das schon erwähnte Buczacz ganz nebenbei als »ein erbärmliches galizisches Judennest« (58) charakterisiert wird. Das ist kein Lapsus linguae, sondern der adäquate Ausdruck einer Weltanschauung. Judentum und Deutschtum sind für Franzos trotz aller Beteuerung im Grunde einander ausschließende Alternativen. Was der »jüdische Glaube«, zu dem er sich bekennt, bedeuten soll, wird nirgends deutlich. Um mehr als eine private, nach außen nicht in Erscheinung tretende Qualität kann es sich nicht handeln. Alles *sichtbare*

Judentum ist ihm verpönt, letzten Endes gleichbedeutend mit östlichem Elend, nicht aber ein kultureller oder ethischer Wert. Paradoxerweise ist er hierin einer Meinung mit der Orthodoxie, die die Untrennbarkeit des Judentums von seiner osteuropäischen Erscheinungsform proklamierte.

Überhaupt spürt man vielfach die zeitgeschichtlichen Einflüsse auf das Werk. Daß es im Zeitalter des wachsenden Nationalismus und Chauvinismus entstanden ist, erkennt man daran, daß die Werte *einer* Nation absolut gesetzt und anderen nationalen Gruppen, in diesem Fall den Juden des Ostens, den Polen und den Ruthenen übergeordnet werden. Franzos ist natürlich nicht der einzige Schriftsteller, der unter diesem Einfluß steht. Es ist kein Zufall, daß so manches bei ihm technisch und weltanschaulich an Gustav Freytag, einen Mitbegründer und programmatischen Vertreter des Bürgerlichen Realismus, erinnert.[23] Freytag hat ja in *Soll und Haben* eine ähnliche Welt geschildert, in der die Polen und anderen Slawen verachtet, das Ostjüdische abgelehnt und die Deutschen verherrlicht werden. Wie Freytag weicht Franzos den eigentlich politischen Fragen aus, aber im Gegensatz zu ihm zeigt er nur geringes Interesse an ökonomischen Dingen. Dieses Ausklammern hat zur Folge, daß Franzos im Gegensatz zu Freytag nicht die wirtschaftliche Apotheose des Bürgertums gestaltet, sondern die Erlösung von der Kunst erwartet, was vielleicht mit der traditionellen Vorliebe der Juden für die deutsche klassische Literatur zusammenhängt, zu der der deutsche Realismus ein unsicheres Verhältnis hat.[24] Daß Franzos den Versuch der Selbstbefreiung durch das Theater scheitern läßt, ist allerdings eine Konzession an die skeptische, pessimistische Stimmung der Jahrhundertwende. Die Schärfe, mit der das jämmerliche Milieu der Provinzschmiere entlarvt wird, ist nicht mehr klassisch-romantisch, sondern naturalistisch.

Mit Freytags *Soll und Haben* hat *Der Pojaz* aber gemeinsam, daß Franzos' Vorstellungen zur Zeit ihrer Fixierung im Roman bereits ihre historische Gültigkeit verloren haben.[25] Bei Freytag ist es das Veralten des Einfamilienbetriebs und die von ihm nicht erkannte industrielle Anpassungsfähigkeit des Adels, bei Franzos das Wiederaufflackern eines rabiaten, politisierten Antisemitismus in Deutschland, das die Hauptthese ad absurdum führt. Der Unterschied zwischen ihm und manchen anderen ›Realisten‹ der Zeit liegt darin, daß deren ideologische Position für gewisse soziale Erscheinungen *blind* machte, während Franzos die seiner Konzeption entgegenstehenden Entwicklungen unmöglich verkennen konnte, aber aus kulturpolitischen Gründen vor ihnen absichtlich *die Augen schloß*. Wie die meisten von ihnen hing er dem Liberalismus an, der aber bei ihm durch die jüdisch-aufklärerische Komponente verstärkt war.

Hierin ähnelt er wahrscheinlich mehr dem Schweizer Gottfried Keller als den deutschen Vertretern der Richtung des poetischen Realismus, deren gründerzeitlicher Optimismus oft Inhumanes hinnimmt. Mit Keller hat Franzos auch die satirische Ader gemeinsam. Wie sein großer Zürcher Zeitgenosse erfindet er einen symbolischen Ort, an dem er alles zusammenträgt, was er moralisch und intellektuell verwerflich findet, einen Hintergrund, von dem er abweichende Einzelschicksale abheben kann. Und mit Keller und einer ganzen Reihe anderer Realisten teilt Franzos seine Vorliebe für den Humor als Darstellungsmittel, das gleichzeitig den Abstand des schriftstellerischen Bewußtseins vom behandelten Gegenstand und seine Bereitschaft zur Versöhnlichkeit signalisiert. Im *Pojaz* dient der Humor auch dazu, dem westlichen Leser die skurrilen Gepflogenheiten des Gettos menschlich näherzubringen. Zu diesem Zweck wird das krause Wesen des Städtels komisch heroisiert, nicht viel anders als im komischen Epos.[26]

Dieser Humor ist eng verknüpft mit einer anderen, für den realistischen Roman des 19. Jahrhunderts charakteristischen Erscheinung: der Allwissenheit des Autors. Der Humor zeigt seine Distanz vom Dargestellten. Diese erlaubt es ihm aber auch, in die verborgensten Abgründe der Herzen, in die den Mitspielern selber nicht zugänglichen Tiefen des Unterbewußtseins hineinzuleuchten. Im Besitz einer Wahrheit, in dem Gefühl, daß die Welt noch logisch und kontrollierbar ist, kann er sich dieses beneidenswerte Allwissen erlauben, so z. B. wenn er einräumt, daß heute etwas »besser« sei als früher (192), oder wenn er vom Imperfekt zur zusammengesetzten Vergangenheitsform übergeht: »Er hat diese Stunden nicht vergessen« (442). So spricht nur jemand, der ein ganzes Leben mit allen seinen Zusammenhängen überschauen kann. Dazu gehört ebenso die Diskrepanz zwischen der gehobenen, bilderreichen Sprache ganzer Passagen, die sich als erlebte Rede des Helden geben, und seiner geistigen Naivität bei anderen Gelegenheiten, wie beim Anblick der lateinischen Inschrift an der Bibliothekstür, deren Sinn dem Helden »natürlich verschlossen« (123) bleibt, die aber der Verfasser dem Leser mit freundlichem Entgegenkommen enträtselt. So ausgeprägt ist diese Tendenz bei Franzos, so erhaben fühlt er sich über das jüdische Städtel, daß man ihn statt einen allwissenden Autor einen besserwissenden nennen könnte.

Alle diese Beobachtungen weisen weit hinter das Veröffentlichungs-, ja das Abschlußdatum des Romans zurück, bis in die Jahrhundertmitte, in eine Welt, die sich noch für intakter hielt als das Fin de siècle. Die lange Entstehungsgeschichte des Werkes läßt uns das besser verstehen. Darin erschöpft sich aber seine Substanz nicht. In einer wichtigen Hinsicht verrät es so recht seine Zugehörigkeit zum ausgehenden Jahrhundert, als zeitgenössisches Produkt des Naturalismus. Wir sprachen von Franzos' Ambivalenz. Sie zeigt sich auch in dieser geistesgeschichtlich-formästhetischen Schicht seiner Konzeption. Es ist die Schicht, in der der gründerzeitliche Optimismus dunkel überschattet wird von einer anderen Lebenserfahrung. Sie bedingt es, daß der strebende Held überwältigt wird von der unbesiegbaren Macht seines Milieus. Der Kontrast zwischen der realistischen Aufmachung des Buches und einem unterschwelligen, naturalistischen Lebensgefühl könnte erklären, wieso sich neben aller zivilisatorischen Resolutheit die Resignation behauptet und warum der etwas forcierte Frohsinn des liberalistischen Realismus dem Ansturm düsterer deterministischer Gewalten nicht standhalten kann. So könnte man auch den problematischen Ton des Werkes, die kuriose Mischung aus Ironie, Humor, Ernst und Sentimentalität als die Folge eines Schwankens zwischen realistischer Hoffnung und naturalistischer Verzweiflung auslegen.

Kehren wir noch einmal zum Bild des Judentums zurück, das Franzos vor unseren Augen entwirft. Im Grunde gibt es zwei Arten von Juden bei ihm: die große rückständige Menge, die sich willig dem klerikalen Terror unterwirft, von der zwar einige Gestalten wie Rosel und Türkischgelb durch anziehende Eigenschaften abstechen, im großen und ganzen aber doch einer Welt angehören, die den westlichen Leser abstößt; und die kleine Gruppe von außergewöhnlichen, assimilierten Juden, denen es gelungen ist, sich das Gute in der deutschen Kultur anzueignen: Nadler, Malke, Salmenfeld, Ittinger, Dawison. Sender brennt mit ganzer Seele darauf, es ihnen gleichzutun, aber er versagt. Wie ist dieses Scheitern zu erklären? Wir stehen hier vor dem Kardinalproblem der Interpretation.

Der Weg über das klassische Drama und das deutsche Theater, Kernzonen der deutschen Kultur, führt nicht zum ersehnten Ziel der Integration in die europäische Welt. Aber im

Gegensatz zu Goethes *Wilhelm Meister*, wo das gleiche Versagen nur die Tore zu einer Transzendenz in noch höhere Sphären der Menschlichkeit öffnet, bedeutet es hier die endgültige Niederlage des Helden. Seine Unfähigkeit, dem Getto zu entrinnen, wird in symbolischer, beinahe metaphysischer Weise den Naturgewalten zugeschrieben, nicht nur dem Wetter und der Krankheit, sondern genetischen Erbeigenschaften und sozialen Hemmnissen innerhalb des Milieus, die in naturalistisch-deterministischen Kategorien wahrgenommen werden. In die Welt des strebenden, auf sich selbst gestellten Individuums drängen sich sonderbare Bilder ein. Wir lesen vom »ererbten Dämon« (67), vom »angeborenen dunklen Trieb« des Helden (130), von der geheimnisvollen »Stimme des Blutes« (59). Durch solche Anspielungen wird der Leser unsicher, ob nach der Auffassung des Autors der Mensch sein Leben selbst in der Hand hat oder bloß ein Spielball der Umstände, gar seines biologischen Erbes ist. Der Widerspruch zwischen liberalistischem Optimismus und naturalististischem Pessimismus bleibt im Roman unaufgelöst.

Trotz seiner langwierigen Einführung in die deutsche Literatur (die ihn sein Leben kostet), erkennt der Held mitsamt seinem Autor, daß auf diese Weise das Paradies nicht zu erreichen ist. In einem hellsichtigen Augenblick wird diese Einsicht wörtlich ausgesprochen: »Wißt Ihr, wie mir mein bißchen Bildung vorkommt?«, läßt Franzos ihn ausrufen, und nirgends stimmen wir mehr mit ihm überein als hier, »Da hab' ich da einen bunten Flicken auf meinen Kaftan geheftet und dort einen – wie ich sie eben bekommen konnte, aber ein deutscher Rock ist's nicht geworden.« (318) Dieser Mißerfolg ist tief in den deterministischen Regionen der Franzosschen Lebensphilosophie verankert. »Das Schicksal des ›Pojaz‹ ist dadurch bestimmt worden«, heißt es schon anfangs, »daß er dieser Eltern Sohn gewesen und von dieser Frau aufgezogen worden ist; er selbst hat im Grunde wenig dazu getan, wie denn überhaupt das Wort, daß jeder seines eigenen Glückes Schmied sei, wohl die größte Lüge ist, welche so durch all die Zeiten von Mund zu Mund geht.« (48) Solcher Fatalismus verträgt sich schlecht mit dem Liberalismus eines selbstbewußten Bürgertums. Wenn man dermaßen äußeren Einflüssen unterworfen ist, wo bleibt dann der Stolz und die Selbstbestimmung des Menschen? Wenn es von der Stiefmutter heißt, »Sie zürnte dem Knaben für das, was wahrlich nicht seine Schuld war: sein Blut und seine Erziehung« (52), so ist das »Erlebtes, Ererbtes, Erlerntes« in Reinkultur. Der Held ist das Produkt seines Milieus. Seiner Umwelt kann man nicht entfliehen. Ähnlich wie Adalbert Stifter schildert Franzos mit großer Meisterschaft die alles niederreißende Gewalt der Natur, sei's ein Eisstoß, sei's ein Sturm. Niemals aber würde Stifter gesagt haben: »Wütet er mit voller Wucht, so ist kein Entrinnen vor ihm, und alles Leben, das ihm in die grausamen Fänge gerät, erstickt und verkommt.« (377) Die Gewalt der Natur und die Macht des Gettos ziehen Sender nieder. Nicht böse Absicht, sondern die Trägheit der Welt, der zähe Widerstand des Milieus hemmen seinen Lauf.

Haltlos flattert das ›happy end‹ in dem Vakuum der unausgetragenen Tendenzen. »›Mein Leben‹, hauchte er. ›So schön ... so schön ...‹ Das waren seine letzten Worte.« (486) In Anbetracht der von Anfang bis zum Ende gedrückten Lebensumstände des Sterbenden, seiner auf Schritt und Tritt vereitelten Bemühungen und ewig ungestillten Sehnsüchte, fragen wir uns, wie wir diese Botschaft verstehen sollen. Als Delirium eines Todkranken? Aber nichts bereitet uns im letzten Kapitel auf eine solche Ironie vor. Als »offenes Ende« in der Art von Bertolt Brechts *Mutter Courage*, wo zum Schluß eine Aussage gemacht

wird, deren Widersinn der Leser durchschaut?[27] Auch damit können wir uns nicht befreunden. Viel bestechender im Licht unserer Überlegungen ist die Annahme, daß der ambivalente Autor, obgleich er die unabänderliche Hoffnungslosigkeit der Situation dargelegt hat, aller Evidenz zum Trotz verzweifelt an seinem liberalen Optimismus und den Verklärungstendenzen des poetischen Realismus festhält.
Zu diesem Schluß hat uns die Konfrontation des Romans *Der Pojaz* mit den geschichtlichen Umständen, in denen er entstanden ist und auf die er reagiert, geführt. Wir sind uns aber auch noch einer anderen Empfindung bewußt, zu der uns wohl der immer größer werdende zeitliche Abstand bewegt. Auf die Gefahr hin, selbst beschönigender Tendenzen beschuldigt zu werden, gestehen wir uns ein, daß die nicht ganz ohne Mitgefühl gebotene Gestaltung einer längst untergegangenen Kultur, das beharrliche Sich-Klammern an den Traum einer deutsch-jüdischen Verständigung uns und wohl auch andere Leser nicht ungerührt läßt. Zweifellos sind es solche, durch die ständig sich verändernden geschichtlichen Verhältnisse möglich gemachten Bedeutungsverschiebungen, die auch der älteren Literatur die Chance eines Weiterwirkens sichern. Und unter den bewundernswerten Leistungen der Dichtung ist nicht die verächtlichste ihre Fähigkeit, Menschliches, wie unzulänglich es auch immer dargestellt sein mag, der vernichtenden Zeit ein weniger länger vorzuenthalten.

Anmerkungen

1 *Zitiert wird nach: Der Pojaz. Eine Geschichte aus dem Osten.* 4. Aufl. Stuttgart/Berlin 1906. Sie enthält ein Vorwort vom Verfasser und ein Nachwort von Ottilie Franzos, seiner Frau. *Die Seitenangaben folgen den Zitaten im Text selbst.*
2 Städtel: jüdischer Wohnbezirk in osteuropäischen Ländern. – Podolien: ein Gebiet zwischen dem Dnjestr und dem Oberlauf des südlichen Bug, heute in der Ukrainischen SSR.
3 Pojaz: korrumpierte Form von ›Bajazzo‹, ursprünglich eine Figur aus der italienischen Volkskomödie.
4 Dieses (S. 108) und die folgenden Zitate nach H[ans] G[uenther] Adler: Die Juden in Deutschland. Von der Aufklärung bis zum Nationalsozialismus. München 1961. Wir haben diese Darstellung aus dem großen, zur Verfügung stehenden Angebot gewählt, weil sie kurz und leicht zugänglich ist. Wer detailliertere Informationen sucht, kann sie in einer umfangreichen Reihe von Büchern finden, vor allem in der »Schriftenreihe wissenschaftlicher Abhandlungen des Leo Baeck Instituts«. Besonders aufschlußreich für die Jahrhundertwende ist: Juden im Wilhelminischen Deutschland 1890–1914. Hrsg. von Werner E. Mosse und Arnold Paucker. Tübingen 1976.
5 Adler (Anm. 4) S. 116f.
6 Ebd. S. 106.
7 Ebd. S. 107f.
8 Ebd. S. 135.
9 Eugen Dühring, zit. ebd. S. 99.
10 Paul Anton de Lagarde, zit. ebd. S. 99f.
11 Ebd. S. 99.
12 Ebd. S. 101.
13 Ebd. S. 102.
14 Ebd. S. 102.

15 Karl Marx: Zur Judenfrage. In: Karl Marx / Friedrich Engels: Werke. Bd. 1. Berlin 1970. S. 347–377.
16 Vgl. Elihu Bergman: The American Jewish Population Erosion. In: Midstream 23 (Oktober 1977) H. 8. S. 9.
17 Hans Mayer: Außenseiter. Frankfurt a. M. 1975. S. 327–349.
18 Thomas Mann: Gesammelte Werke. Frankfurt a. M. 1974. Bd. 8. S. 271–338.
19 Die Parallelen zwischen dem Schnorrer Mendele und der Neuberin dienen dem gleichen Zweck (36).
20 Chassidim: Anhänger einer im späten 17. Jh. entstandenen mystischen Bewegung innerhalb des Judentums.
21 Misnagdim: die Gegner der mystischen Chassidim innerhalb des Judentums. Während die Chassidim großen Wert auf religiöse Ergriffenheit und Ekstase legten, betonten die Misnagdim die orthodoxe Auslegung der heiligen Schriften.
22 Arthur Dinter (1876–1948), nationalsozialistischer Schriftsteller, 1924 Abgeordneter der NSDAP im thüringischen Landtag, thüringischer Gauleiter. 1927 von diesem Amt abgesetzt, bald darauf aus der Partei ausgeschlossen. Bekannt durch seine Romantrilogie »Die Sünden der Zeit«: »Die Sünde wider das Blut« (1917), »Die Sünde wider den Geist« (1921), »Die Sünde wider die Liebe« (1922).
23 Vgl. die Interpretation von Freytags »Soll und Haben« in diesem Band.
24 Über das komplizierte Verhältnis der Realisten zur Klassik siehe Helmut Kreuzer: Zur Theorie des deutschen Realismus zwischen Märzrevolution und Naturalismus. In: Reinhold Grimm / Jost Hermand (Hrsg.): Realismustheorien in Literatur, Malerei, Musik und Politik. Berlin/Köln/Mainz 1975. S. 57ff.
25 Ebd. S. 55.
26 Z. B. Alexander Popes »Lockenraub« (1714).
27 Bertolt Brecht: Gesammelte Werke in acht Bänden. Frankfurt a. M. 1967. Bd. 2. S. 1437f. Vgl. auch S. 1443.

Literaturhinweise

Adler, H[ans] G[uenther]: Die Juden in Deutschland. Von der Aufklärung bis zum Nationalsozialismus. München 1961.

Hermand, Jost: Unbequeme Literatur. Heidelberg 1971.

Juden im Wilhelminischen Deutschland 1890–1914. Hrsg. von Werner E. Mosse und Arnold Paucker. Tübingen 1976.

Martens, Wolfgang: Über Karl Emil Franzos. In: Lenau Forum 2 (1970) H. 3–4. S. 62–67.

Reimann, Paul: Von Herder bis Kisch. Berlin 1961.

HELMUT G. HERMANN

Bürgerlicher Realismus und erzählende Prosa. Eine Auswahlbibliographie

Diese Bibliographie soll die (vorrangig auf Arbeiten zum jeweils interpretierten Werk beschränkten) »Literaturhinweise« der Mitarbeiter durch eine übergreifende Auswahl aus der Forschungsliteratur zum Bürgerlichen Realismus und seiner Erzählprosa sowie zu damit verbundenen Problemen des Realismus-Begriffs, des Epischen und der epischen Formen ergänzen. Eine Akzentuierung bestimmter Forschungsschwerpunkte wurde vermieden und statt dessen versucht, einen verbindlichen Längs- und Querschnitt durch das internationale Schrifttum zum Problemkreis zu ziehen.
Die unter den beiden thematischen Aspekten des Bandes, Realismus und Erzählprosa, angelegte Bibliographie ist chronologisch gegliedert, wobei für die Einordnung übersetzter Titel die Erstveröffentlichung in der Originalsprache maßgeblich ist. Sammelwerken ist in eckiger Klammer die bei einer Aufschlüsselung verwendete Abkürzung nachgestellt. Im zweiten Band des Dokumentarwerkes *Realismus und Gründerzeit* (s. Abschn. 2) ganz oder auszugsweise wiederabgedrucktes Quellenmaterial ist durch einen Stern vor dem Eintrag gekennzeichnet. Auf die im ersten Band des gleichen Werkes enthaltene »Quellenbibliographie« sei ausdrücklich hingewiesen.

Stand: Sommer 1979, mit vereinzelten Nachträgen.

1. Bibliographien, Literatur- und Forschungsberichte

Büchting, Adolph: Catalog der in den Jahren 1850–1869 in deutscher Sprache erschienenen belletristischen Gesammt- und Sammelwerke, Romane, Novellen, Erzählungen [...] in Original und Uebersetzung. 3 Bde. Nordhausen: Büchting, 1860–70.
Handschin, Charles H.: Bibliographie zur Technik des neueren deutschen Romans. In: Modern Language Notes 24 (1909) S. 230–234; 25 (1910) S. 5–8. – Fortgeführt durch:
Frey, John R.: Bibliographie zur Theorie und Technik des deutschen Romans. I: 1910–1938. In: Modern Language Notes 54 (1939) S. 557–567. – II: 1939–1953. Ebd. 69 (1954) S. 77–88.
German literature of the nineteenth century, 1830–1880. A current bibliography. 1–4: 1946–1949. In: The Modern Language Forum 32 (1947); 34 (1949); 35 (1950); 37 (1952). – 5–13: 1950–1958. Jährlich in: The Germanic Review 28–35 (1953–60).
Goedekes Grundriß zur Geschichte der deutschen Dichtung. Neue Folge (Fortführung von 1830 bis 1880). Bd. 1: [Sekundärliteratur; Autoren A–Ay.] Hrsg. von Georg Minde-Pouet und Eva Rothe. Berlin: Akademie-Verlag, 1962. [Mehr nicht erschienen.]
Schönhaar, Rainer: Schriften zur Theorie der Novelle seit 1915 in chronologischer Folge. In: Novelle. Hrsg. von Josef Kunz. Darmstadt: Wissenschaftliche Buchgesellschaft, 1968. S. 495–503. – Mit Nachtrag ebd. ²1973.
Schlawe, Fritz: Briefsammlungen des 19. Jahrhunderts. Bibliographie der Briefausgaben und Gesamtregister der Briefschreiber und Briefempfänger 1815–1915. 2 Bde. Stuttgart: Metzler, 1969.
Cowen, Roy C.: Neunzehntes Jahrhundert (1830–1880). Bern/München: Francke, 1970.

Auswahlbibliographie zur Erzählforschung. In: Erzählforschung (s. Abschn. 4, Sammelwerke). Bd. 1. Göttingen: Vandenhoeck & Ruprecht, 1976. S. 257–331. – Nachtrag. Ebd. Bd. 2. 1977. S. 297–300.

Quellenbibliographie. In: Realismus und Gründerzeit (s. Abschn. 2). Bd. 1. Stuttgart: Metzler, 1976, ²1979. S. 337–483.

Stuckert, Franz: Zur Dichtung des Realismus und des Jahrhundertendes. Ein Literaturbericht [1922–1940]. In: Deutsche Vierteljahrsschrift 19 (1941) Referatenheft. S. 79–136.

Martini, Fritz: Geschichte und Poetik des Romans. Ein Literaturbericht. In: Der Deutschunterricht 3 (1951) H. 3. S. 86–98.

– Deutsche Prosadichtung im 19. Jahrhundert. Ein kritischer Literaturbericht. In: Der Deutschunterricht 5 (1953) H. 1. S. 112–128.

– Deutsche Literatur in der Zeit des »bürgerlichen Realismus«. In: Deutsche Vierteljahrsschrift 34 (1960) S. 581–666. – Separatdr. u. d. T.: Forschungsbericht zur deutschen Literatur in der Zeit des Realismus. Stuttgart: Metzler, 1962.

Papst, Walter: Literatur zur Theorie des Romans. In: Deutsche Vierteljahrsschrift 34 (1960) S. 264–289.

Hamburger, Michael: »Realism« in German literature. In: Critical Quarterly 6 (1964) S. 367–372.

Polheim, Karl Konrad: Novellentheorie und Novellenforschung (1945–1963). In: Deutsche Vierteljahrsschrift 38 (1964) Sonderheft. S. 208–316. – Erw. Separatdr. u.d.T.: Novellentheorie und Novellenforschung. Ein Forschungsbericht 1945–1964. Stuttgart: Metzler, 1965.

Brinkmann, Richard: Einleitung zur zweiten Auflage: Zum Stand der Diskussion. In: R. B.: Wirklichkeit und Illusion. Studien über Gehalt und Grenzen des Begriffs Realismus für die erzählende Dichtung des 19. Jahrhunderts. 2. Aufl. Tübingen: Niemeyer, 1966. S. ix-xxv. Wiederabdr. in: Begriffsbestimmung des literarischen Realismus. Hrsg. von R. B. Darmstadt: Wissenschaftliche Buchgesellschaft, 1969, ²1974. S. 480–496.

Köhn, Lothar: Entwicklungs- und Bildungsroman. Ein Forschungsbericht. In: Deutsche Vierteljahrsschrift 42 (1968) S. 427–473, 590–632. – Separatdr., mit Nachtrag. Stuttgart: Metzler, 1969.

Forschungsbericht: Bürgerlicher Realismus. Von Bernd und Cordula Kahrmann [u. a.]. In: Wirkendes Wort 23 (1973) S. 53–68; 24 (1974) S. 339–356; 26 (1976) S. 356–381.

Martini, Fritz: [Forschungsperspektiven der Literatur bis 1973.] Nachwort zur 3. Auflage. In: F. M.: Deutsche Literatur im bürgerlichen Realismus 1848–1898. 3. Aufl. Stuttgart: Metzler, 1974. S. 909–969.

Wittrock, Ulf: Från Biedermeier och Vormärz till Imperialism och Symbolism. Periodindelning och syntesförsök inom väst- och östtysk germanistik. In: Samlaren N. S. 56 (1975) S. 72–141.

Brinkmann, Richard: Einleitung zur dritten Auflage. Noch einmal: Zum Stand der Diskussion. In: R. B.: Wirklichkeit und Illusion. 3. Aufl. Tübingen: Niemeyer, 1977. S. ix–xxx.

Eisele, Ulf: Realismus-Problematik. Überlegungen zur Forschungssituation. In: Deutsche Vierteljahrsschrift 51 (1977) S. 148–174.

2. *Material- und Quellensammlungen*

Meisterwerke deutscher Literaturkritik. Hrsg. von Hans Mayer. Bd. 2: Von Heine bis Mehring. 2 Tle. Berlin: Rütten & Loening, 1956 [u. ö.]. – Einbändige Neuausg. u. d. T.: Deutsche Literaturkritik im 19. Jahrhundert. Von Heine bis Mehring. Frankfurt a. M.: Goverts/ Darmstadt: Wissenschaftliche Buchgesellschaft, 1976; Frankfurt a. M.: Fischer-Taschenbücher, 1978.

Literarische Manifeste des Naturalismus, 1880–1892. Hrsg. von Erich Ruprecht. Stuttgart: Metzler, 1962. [U. a. wesentliche Dokumente zum sog. ›neuen‹ Realismus.]

Documents of modern literary realism. Ed. by George J. Becker. Princeton: Princeton University Press, 1963.
Meister der deutschen Kritik. Bd. 2: Von Börne zu Fontane. 1830–1890. Hrsg. von Gerhard F. Hering. München: Deutscher Taschenbuch Verlag, 1963.
Die deutsche Literatur. Texte und Zeugnisse. Hrsg. von Walther Killy. Bd. 6: Das 19. Jahrhundert. Hrsg. von Benno von Wiese. München: Beck, 1965.
Realism, naturalism, and symbolism. Modes of thought and expression in Europe, 1848–1914. Ed. by Roland N. Stromberg. London: Macmillan / New York: Harper & Row, 1968.
Theorie und Kritik der deutschen Novelle von Wieland bis Musil. Hrsg. von Karl Konrad Polheim. Tübingen: Niemeyer, 1970.
Theorie und Technik des Romans im 19. Jahrhundert. Hrsg. von Hartmut Steinecke. Tübingen: Niemeyer, 1970.
Romantheorie. Dokumentation ihrer Geschichte in Deutschland 1620–1880. Hrsg. von Eberhard Lämmert [u. a.]. Köln: Kiepenheuer & Witsch, 1971.
Literaturgeschichte zwischen Revolution und Reaktion. Aus den Anfängen der Germanistik 1830–1870. Hrsg. von Bernd Hüppauf. Frankfurt a. M.: Athenäum, 1972.
Die deutsche Literatur. Ein Abriß in Text und Darstellung. Hrsg. von Otto F. Best und Hans-Jürgen Schmitt. Bd. 11: Bürgerlicher Realismus. Hrsg. von Andreas Huyssen. Stuttgart: Reclam, 1974 [u. ö.].
Realismus und Gründerzeit. Manifeste und Dokumente zur deutschen Literatur 1848–1880. Hrsg. von Max Bucher, Werner Hahl, Georg Jäger und Reinhard Wittmann. Bd. 2: Manifeste und Dokumente. Stuttgart: Metzler, 1975, ^{2}1979.
Über Literaturgeschichtsschreibung. Die historisierende Methode des 19. Jahrhunderts in Programm und Kritik. Hrsg. von Edgar Marsch. Darmstadt: Wissenschaftliche Buchgesellschaft, 1975.
Steinecke, Hartmut: Romantheorie und Romankritik in Deutschland. Die Entwicklung des Gattungsverständnisses von der Scott-Rezeption bis zum programmatischen Realismus. Bd. 2: Quellen. Stuttgart: Metzler, 1976.
Realismustheorien in England (1692–1912). Texte zur Dimension der englischen Realismusdebatte. Mit einem einl. Essay hrsg. von Walter F. Greiner und Fritz Kemmler. Tübingen: Niemeyer, 1979.

3. Der Gesamtaspekt: Bürgerlicher Realismus

Epochendarstellungen, Literaturgeschichten u. ä.

Schmidt, Julian: Geschichte der deutschen National-Literatur im 19. Jahrhundert. 2 Bde. Leipzig: Herbig, 1853; 2., verm. und verb. Aufl. u. d. T.: Geschichte der deutschen Literatur im 19. Jahrhundert. 3 Bde. Ebd. 1855, ^{3}1856; 4., umgearb. und verm. Aufl. u. d. T.: Geschichte der deutschen Literatur seit Lessing's Tod. 3 Bde. Ebd. 1858; ebd.: Grunow, ^{5}1865–67.
Gottschall, Rudolf: Die deutsche Nationalliteratur in der ersten Hälfte des neunzehnten Jahrhunderts. Literarhistorisch und kritisch dargestellt. 2 Bde. Breslau: Trewendt & Granier, 1855; 2., verm. Aufl. 3 Bde. Ebd. 1860; ab ^{3}1872, ^{7}1901/02 ebd. u. d. T.: Die deutsche Nationalliteratur des neunzehnten Jahrhunderts. 4 Bde.
Prutz, Robert: Die deutsche Literatur der Gegenwart 1848–1858. 2 Bde. Leipzig: Voigt & Günther, 1859, ^{2}1860. – Neuausg. ebd.: Günther, 1870.
Kurz, Heinrich: Geschichte der neuesten deutschen Literatur von 1830 bis auf die Gegenwart. Mit ausgewählten Stücken aus den Werken der vorzüglichsten Schriftsteller. Leipzig: Teubner, 1872, ^{5}1894.
Hillebrand, Joseph: Die deutsche Nationalliteratur im XVIII. und XIX. Jahrhundert. 3. Aufl.,

durchges. und vervollständigt vom Sohne des Verfassers [Karl Hillebrand]. Bd. 3: Die deutsche Nationalliteratur des neunzehnten Jahrhunderts. Gotha: Perthes, 1875. [1. und 2. Aufl. des Bandes 1846 bzw. 1851.]

Imelmann, Johann: Die 70er Jahre in der Geschichte der deutschen Literatur. Berlin: Weidmann, 1877.

Hirsch, Franz: Geschichte der deutschen Litteratur von ihren Anfängen bis zur Gegenwart. Bd. 3: Von Goethe bis zur Gegenwart. Leipzig: Friedrich, 1885.

Stern, Adolf: Geschichte der neuern Litteratur. Bd. 7: Realismus und Pessimismus. Leipzig: Bibliographisches Institut, 1885.

– Die deutsche Nationallitteratur vom Tode Goethes bis zur Gegenwart. Marburg a. d. L.: Elwert, 1886, [6]1908.

Schmidt-Weißenfels, Eduard: Das neunzehnte Jahrhundert. Geschichte seiner ideellen, nationalen und Kulturentwicklung. Berlin: Lüstenöder, 1890.

Wolff, Eugen: Geschichte der deutschen Litteratur in der Gegenwart. Leipzig: Hirzel, 1896.

Lublinski, Samuel: Litteratur und Gesellschaft im neunzehnten Jahrhundert. Bd. 3–4. Berlin: Cronbach, 1900.

Meyer, Richard M.: Die deutsche Litteratur des neunzehnten Jahrhunderts. Berlin: Bondi, 1900; 3., umgearb. Aufl. 2 Bde. Ebd. 1906, [4]1910. – Einbändige Volksausg. ebd. 1912.

Weitbrecht, Carl: Deutsche Literaturgeschichte des 19. Jahrhunderts. 2 Tle. Leipzig: Göschen, 1901.

Engel, Eduard: Geschichte der deutschen Literatur von den Anfängen bis zur Gegenwart. Bd. 2: Das 19. Jahrhundert und die Gegenwart. Wien: Tempsky / Leipzig: Freytag, 1906; Leipzig: Koehler & Amelang, [38]1929.

Riemann, Robert: Das 19. Jahrhundert der deutschen Literatur. Leipzig: Dieterich, 1907, [2]1912; 3., völlig umgearb. Aufl. u. d. T.: Von Goethe zum Expressionismus. Dichtung und Geistesleben Deutschlands seit 1800. Ebd. 1922.

Bleibtreu, Carl: Geschichte der deutschen National-Literatur von Goethes Tod bis zur Gegenwart. Berlin: Herlet, 1912.

Witkowski, Georg: Die Entwicklung der deutschen Literatur seit 1830. Leipzig: Voigtländer, 1912.

Brecht, Walther: Zur deutschen Literaturentwicklung seit 1832. In: Zeitschrift für die österreichischen Gymnasien 67 (1916) S. 145–156.

Walzel, Oskar: Die deutsche Literatur von Goethes Tod bis zur Gegenwart. Berlin: Askanischer Verlag, 1918, [5]1929. Auch u. d. T.: Die deutsche Dichtung seit Goethes Tod. Ebd. 1919, [2]1920.

Oehlke, Waldemar: Die deutsche Literatur seit Goethes Tode und ihre Grundlagen. Halle a. d. S.: Niemeyer, 1921.

Bieber, Hugo: Der Kampf um die Tradition. Die deutsche Literatur im europäischen Geistesleben 1830–1880. Stuttgart: Metzler, 1928.

Cysarz, Herbert: Von Schiller zu Nietzsche. Hauptfragen der Dichtungs- und Bildungsgeschichte des jüngsten Jahrhunderts. Halle a. d. S.: Niemeyer, 1928.

Linden, Walther: Das Zeitalter des Realismus (1830–1885). In: Aufriß der deutschen Literaturgeschichte nach neueren Gesichtspunkten. Hrsg. von H. A. Korff und W. L. Leipzig: Teubner, 1930, [3]1932. S. 167–192.

Eloesser, Arthur: Die deutsche Literatur vom Barock bis zur Gegenwart. Bd. 2: Von der Romantik bis zur Gegenwart. Berlin: B. Cassirer, 1931.

Jaloux, Edmond: Du rêve à la réalité. Paris: Corrêa, 1932.

Deutsch-österreichische Literaturgeschichte. Ein Handbuch zur Geschichte der deutschen Dichtung in Österreich-Ungarn. [...] hrsg. von J. W. Nagl und Jakob Zeidler, und nach Zeidlers Tod von Eduard Castle. Bd. 3: Von 1848–1890. Wien: Fromme, 1935. – Sonderausg. des Bandes u. d. T.: Geschichte der deutschen Literatur in Österreich-Ungarn im Zeitalter Franz Josephs I. [...] hrsg. von Eduard Castle. Bd. 1: 1848–1890. Ebd. 1936.

Sternberger, Dolf: Panorama oder Ansichten vom 19. Jahrhundert. Hamburg: Govert, 1938; ebd.: Claassen, ³1955. – Neuaufl. Frankfurt a. M.: Suhrkamp, 1974.

Stuckert, Franz: Die Entfaltung der deutschen Dichtung im 19. Jahrhundert. Ein Versuch. In: Deutsche Vierteljahrsschrift 16 (1938) S. 376–400.

Zäch, Alfred: Der Realismus [1830–1885]. In: Deutsche Literaturgeschichte in Grundzügen. Die Epochen deutscher Dichtung [...]. Hrsg. von Bruno Boesch. Bern: Francke, 1946. S. 289–316; ²1961. S. 348–372.

Kassner, Rudolf: Das neunzehnte Jahrhundert. Ausdruck und Größe. Erlenbach-Zürich: Rentsch, 1947.

Alker, Ernst: Geschichte der deutschen Literatur von Goethes Tod bis zur Gegenwart. 2 Bde. Stuttgart: Cotta, 1949/50; ab 2., veränd. und verb. Aufl. einbändig u. d. T.: Die deutsche Literatur im 19. Jahrhundert, 1832–1914. Stuttgart: Kröner, 1961, ³1969.

Ermatinger, Emil: Deutsche Dichter 1700–1900. Eine Geistesgeschichte in Lebensbildern. T. 2: Vom Beginn des deutschen Idealismus bis zum Ausgang des Realismus. Bonn: Universitäts-Verlag, 1949. – Einbändige Neuausg., überarb. von Jörn Göres, u. d. T.: Deutsche Dichter 1750–1900. Frankfurt a. M.: Athenäum, 1961.

Lukács, Georg: Deutsche Realisten des 19. Jahrhunderts. Bern: Francke / Berlin: Aufbau-Verlag, 1951 [u. ö.]. Auch in: G. L.: Deutsche Literatur in zwei Jahrhunderten. Neuwied: Luchterhand, 1964. S. 187–200.

Burger, Heinz Otto: Der (plurale) Realismus des neunzehnten Jahrhunderts. In: Annalen der deutschen Literatur. Geschichte der deutschen Literatur von den Anfängen bis zur Gegenwart. Hrsg. von H. O. B. Stuttgart: Metzler, 1952, ²1971. S. 621–718.

Greiner, Martin: Zwischen Biedermeier und Bourgeoisie. Ein Kapitel deutscher Literaturgeschichte. Göttingen: Vandenhoeck & Ruprecht, 1953; Leipzig: Koehler & Amelang, 1954.

Koch, Franz: Idee und Wirklichkeit. Deutsche Dichtung zwischen Romantik und Naturalismus. 2 Bde. Düsseldorf: Ehlermann, 1956.

Bonniers allmänna litteraturhistoria. Bd. 5: Realism och naturalism. Huvudredaktör: Eugene N. Tigerstedt. Stockholm: Bonnier, 1962.

Martini, Fritz: Deutsche Literatur im bürgerlichen Realismus 1848–1898. Stuttgart: Metzler, 1962, ³1974.

Rieder, Heinz: Ideal und Verhängnis. Die österreichische realistische Dichtung des neunzehnten Jahrhunderts. In: Österreich in Geschichte und Gegenwart 8 (1964) S. 30–38.

Fehr, Karl: Der Realismus in der schweizerischen Literatur. Bern/München: Francke, 1965.

Hamann, Richard / Hermand, Jost: Gründerzeit. Berlin: Akademie-Verlag, 1965. – Nachdr. München: Nymphenburger Verlagshandlung / Darmstadt: Wissenschaftliche Buchgesellschaft, 1971.

David, Claude: Zwischen Romantik und Symbolismus. 1820–1885. Gütersloh: Mohn, 1966.

Ritchie, James M.: Realism. In: Periods in German literature. Ed. by J. M. R. London: Wolff, 1966. S. 171–195.

Fehr, Karl: Der Realismus [1830–1885]. In: Deutsche Literaturgeschichte in Grundzügen. [...] Hrsg. von Bruno Boesch. 3. Aufl. Bern: Francke, 1967. S. 348–406.

Istorija nemeckoj literatury. Pod. red. N. I. Balašova [u. a.]. T. 4: 1848–1918. Red.: R. M. Samarin i I. M. Fradkin. Moskva: Nauka, 1968.

Boeschenstein, Hermann: German literature of the nineteenth century. London: Arnold / New York: St. Martin's Press, 1969.

Deutsche Dichter des 19. Jahrhunderts. Ihr Leben und Werk. Hrsg. von Benno von Wiese. Berlin: Schmidt, 1969, ²1979.

Mittner, Ladislao: Storia della letteratura tedesca. Dal realismo alla sperimentazione. (1820–1970). Bd. 1: Dal Diedermeier [sic] al fine secolo. (1820–1890). Torino: Einaudi, 1971.

Sagarra, Eda: Tradition and revolution. German literature and society 1830–1890. London: Weidenfeld and Nicolson / New York: Basic Books, 1971. – Dt. München: List, 1972.

Sengle, Friedrich: Biedermeierzeit. Deutsche Literatur im Spannungsfeld zwischen Restauration und Revolution, 1815–1848. 2 Bde. Stuttgart: Metzler, 1971/72. [Bd. 3 in Vorb.]
Theiss, Victor: Deutsche Literatur zwischen 1848 und dem Naturalismus. Bucuresti: Universitatea, 1971.
Rosenberg, Rainer: Deutsche Literatur zwischen 1830–1871. In: Weimarer Beiträge 18 (1972) H. 1. S. 121–145.
Farese, Giuseppe: Poesia e rivoluzione in Germania, 1830–1850. Roma: Laterza, 1974.
Stein, Peter: Epochenproblem »Vormärz«. Stuttgart: Metzler, 1974.
Stern, Joseph P.: German literature in the age of European realism. In: German language and literature. Seven essays. Ed. by Karl S. Weimar. Englewood Cliffs, N. J.: Prentice Hall, 1974. S. 223–306.
Geschichte der deutschen Literatur. Von den Anfängen bis zur Gegenwart. Bd. 8: Von 1830 bis zum Ausgang des neunzehnten Jahrhunderts. Von einem Autorenkollektiv. Leitung und Gesamtbearb.: Kurt Böttcher. 2 Tle. Berlin: Volk und Wissen, 1975.
[Reclams] Geschichte der deutschen Literatur von den Anfängen bis zur Gegenwart. Bd. 4: Geschichte der deutschen Literatur vom Jungen Deutschland bis zum Naturalismus. Von Werner Kohlschmidt. Stuttgart: Reclam, 1975.
Aust, Hugo: Literatur des Realismus. Stuttgart: Metzler, 1977.
Geschichte der deutschen Literatur vom 18. Jahrhundert bis zur Gegenwart. Hrsg. von Viktor Žmegač. Bd. 2. T. 1: 1850–1945. Königstein: Athenäum, 1979.

Sammelwerke u. ä.

Comparative literature 3 (1951) Nr. 3: A symposium on realism. Arranged by Harry Levin.
Problemy realizma. Materialy discussii o realizme v mirovoj literature, 12–18 apr. 1957. Obščaja red. I. I. Anisimova i Ja. I. Elsberga. Moskva: Goslitizdat, 1959. – Dt.: Probleme des Realismus in der Weltliteratur. Hrsg. vom Institut für Slawistik der Akademie der Wissenschaften zu Berlin. Berlin: Rütten & Loening, 1962.
Der Deutschunterricht 11 (1959) H. 5: Zum Problem des literarischen Realismus.
Lebendiger Realismus. Festschrift für Johannes Thyssen. Hrsg. von Klaus Hartmann [...]. Bonn: Bouvier, 1962. [Abk.: *Lebendiger Realismus*].
Realism. A symposium [Chicago, 1965]. In: Monatshefte 59 (1967) S. 97–130.
Begriffsbestimmung des literarischen Realismus. Hrsg. von Richard Brinkmann. Darmstadt: Wissenschaftliche Buchgesellschaft, 1969, [2]1974. [Abk.: *Begriffsbestimmung*.]
Zur Literatur der Restaurationsepoche 1815–1848. Forschungsreferate und Aufsätze. Hrsg. von Jost Hermand und Manfred Windfuhr. Stuttgart: Metzler, 1970.
Beiträge zur Theorie der Künste im 19. Jahrhundert. Hrsg. von Helmut Koopmann und J. Adolf Schmoll gen. Eisenwerth. 2 Bde. Frankfurt a. M.: Klostermann, 1971/72.
Kultureller Wandel im 19. Jahrhundert. Verhandlungen des 18. Deutschen Volkskunde-Kongresses [...] 1971. Hrsg. von Günter Wiegelmann. Göttingen: Vandenhoeck & Ruprecht, 1973.
Positionen der literarischen Intelligenz zwischen bürgerlicher Reaktion und Imperialismus. Hrsg. von Gert Mattenklott und Klaus R. Scherpe. Kronberg: Scriptor, 1973.
Realismustheorien in Literatur, Malerei, Musik und Politik. Hrsg. von Reinhold Grimm und Jost Hermand. Stuttgart: Kohlhammer, 1975. [Abk.: *Realismustheorien*.]
Realismus und Gründerzeit (s. Abschn. 2). Bd. 1: Einführung in den Problemkreis, Abbildungen, Kurzbiographien, annotierte Quellenbibliographie und Register. Stuttgart: Metzler, 1976, [2]1979.

Monographien, Einzelaufsätze u. ä.

*Auerbach, Berthold: Schrift und Volk. Grundzüge der volksthümlichen Literatur, angeschlossen an eine Charakteristik J. P. Hebel's. Leipzig: Brockhaus, 1846.

Champfleury, Jules [d. i. J. Fleury-Husson]: Le réalisme. Paris: Lévy, 1857.
Schmidt-Weißenfels, Eduard: Julian Schmidt und die Realisten. In: Kritische Blätter für Literatur und Kunst (1857) S. 6–14, 25–35, 57–67, 81–88. Auch in: E. Sch.-W.: Charaktere der deutschen Literatur. Prag: Kober & Markgraf, 1859. S. 143–250.
Stern, Adolf: Realismus und Idealismus. Eine Streitfrage der Gegenwart. In: Anregungen für Kunst, Leben und Wissenschaft 3 (1858) S. 313–322, 353–361.
Merlet, Gustave: Le réalisme et la fantaisie dans la littérature. Paris: Didier, 1861.
Vischer, Friedrich Theodor: Kritische Gänge. Neue Folge. 6 Bde. Stuttgart: Cotta, 1861–73; 2., verm. Aufl. hrsg. von Robert Vischer. München: Meyer & Jessen, 1920–22.
Schaubach, Friedrich: Zur Charakteristik der heutigen Volksliteratur. Hamburg: Agentur des Rauhen Hauses, 1863.
*Frenzel, Karl: Das »Moderne« in der Kunst. In: K. F.: Neue Studien. Berlin: Dümmler 1968. S. 1–25.
*Scherer, Wilhelm: Bürgerthum und Realismus. In: Die Presse 23 (1870) Nr. 202 vom 24. Juli. Wiederabdr. in: W. Sch.: Kleine Schriften. Bd. 2. Berlin: Weidmann, 1893. S. 183–197.
Schmidt, Julian: Bilder aus dem geistigen Leben unserer Zeit. Leipzig: Duncker & Humblot, 1870.
Lindau, Paul: Gesammelte Aufsätze. Beiträge zur Literaturgeschichte der Gegenwart. Berlin: Stilke, 1875; ebd.: Freund & Jeckel, [2]1880.
Strodtmann, Adolf: Dichterprofile. Literaturbilder aus dem neunzehnten Jahrhundert. Abth. 1: Deutsche Dichtercharaktere. Stuttgart: Abenheim, 1879; Berlin: Abenheim, [2]1883.
Mauthner, Fritz: Von Keller zu Zola. Kritische Aufsätze. Berlin: Heine, 1887.
Lenoir, Paul: Histoire du réalisme et du naturalisme dans la poésie et dans l'art depuis l'antiquité jusqu'à nos jours. Paris: Quantin, 1889.
Meier, Sigisbert: Der Realismus als Prinzip der schönen Künste. Eine ästhetische Studie. München: Abt, 1900.
Heller, Otto: The German woman writer in the nineteenth century. In: The Bulletin of the Washington University Association 1 (1903) S. 46–87. Auch u. d. T.: Women writers of the nineteenth century. In:- O. H.: Studies in modern German literature. Boston: Ginn, 1905. S. 231–295.
McDowall, Arthur: Realism. A study in art and thought. London: Constable, 1918.
Jakobson, Roman: O chudožestvennom realizme. [Russ. Manuskript 1921; Erstabdr. in tschech. Übers.] in: Červen 4 (1921) S. 300–304. – Ukrainisch in: Vaplite Nr. 2 (1927) S. 163–170. – Russ. Originaltext erstmals in: Readings in Russian poetics. Compiled by Ladislav Matejka. Ann Arbor: University of Michigan, 1962. S. 29–36. – Dt.: Über den Realismus in der Kunst. In: Alternative H. 65 (1969) S. 75–81. – Russ./dt. Paralleldr. in: Texte der russischen Formalisten. Bd. 1: Texte zur allgemeinen Literaturtheorie und zur Theorie der Prosa. Hrsg. von Jurij Striedter. München: Fink, 1969. S. 373–391.
Kindermann, Heinz: Romantik und Realismus. In: Deutsche Vierteljahrsschrift 4 (1926) S. 651–675.
Brösel, Kurt: Veranschaulichung im Realismus, Impressionismus und Frühexpressionismus. München: Hueber, 1928.
Hasan, Syed Zafarul [d. i. S. Zafar-al-Hasan]: Realism. An attempt to trace its origin and development in its chief representatives. Cambridge [Engl.]: University Press, 1928.
Seiberth, Philipp: Romantik und Realismus. Lebensphilosophische Betrachtungen. In: The Germanic Review 4 (1929) S. 33–49.
Krauß, Ingrid: Studien über Schopenhauer und den Pessimismus in der deutschen Literatur des 19. Jahrhunderts. Bern: Haupt, 1931.
Dumesnil, René: Le réalisme [français]. Paris: Gigord, 1936. – Neuaufl. u.d.T.: Le réalisme et le naturalisme. Ebd. 1955.
Kohn-Bramstedt, Ernst (Ernest B. Kohn): Aristocracy and middle classes in Germany. Social types

in German literature 1830–1890. London: King & Son, 1937; rev. ed. Chicago: University of Chicago Press, 1964. [Bes. zur Romanliteratur.]

Reinhardt, Heinrich: Die Dichtungstheorie der sogenannten Poetischen Realisten. Diss. Tübingen 1937. – Dr. Würzburg-Aumühle: Triltsch, 1939.

Borgerhoff, Elbert B.: »Réalisme« and kindred words. Their use as terms of literary criticism in the first half of the nineteenth century. In: Publications of the Modern Language Association of America 53 (1938) S. 837–843.

Lempicki, Sigmund von: Wurzeln und Typen des deutschen Realismus im 19. Jahrhundert. In: Internationale Forschungen zur deutschen Literaturgeschichte. Julius Petersen zum 60. Geburtstag [...]. Leipzig: Quelle & Meyer, 1938. S. 39–57.

Nolte, Fred O.: Art and reality. Lancaster, Pa.: The Lancaster Press, 1942.

Auerbach, Erich: Mimesis. Dargestellte Wirklichkeit in der abendländischen Literatur. Bern: Francke, 1946, [6]1977.

Dresch, Joseph: La révolution de 1848 et la littérature allemande. In: Revue de Littérature Comparée 22 (1948) S. 176–199.

Lukács, Georg: Essays über Realismus. Berlin: Aufbau, 1948; ab 2. Aufl. erw. u. d. T.: Probleme des Realismus. Ebd. 1955; Neuwied: Luchterhand, 1964.

Magill, Charles P.: The German author and his public in the mid-nineteenth century. In: Modern Language Review 43 (1948) S. 492–499.

Becker, George J.: Realism. An essay in definition. In: Modern Language Quarterly 10 (1949) S. 184–197.

Müller, Joachim: Der Dichter und das Wirkliche. Prolegomena zu einer Ästhetik des Realismus. In: Wissenschaftliche Zeitschrift der Friedrich-Schiller-Universität Jena. Gesellschafts- und sprachwiss. Reihe 2 (1952/53) S. 63–72.

Schriewer, Franz: Realismus und Heimatdichtung. Flensburg: Grenzakademie Sankelmark, 1953.

Remak, Henry H.: The German reception of French realism. In: Publications of the Modern Language Association of America 69 (1954) S. 410–431.

Kaiser, Gerhard: Um eine Neubegründung des Realismusbegriffs. Gedanken zu Richard Brinkmanns »Wirklichkeit und Illusion«. In: Zeitschrift für deutsche Philologie 77 (1958) S. 161–176. Wiederabdr. in: Begriffsbestimmung. S. 236–258.

Heselhaus, Clemens: Das Realismusproblem. In: Hüter der Sprache. Perspektiven der deutschen Literatur. Hrsg. von Karl Rüdinger. München: Bayerischer Schulbuch-Verlag, 1960. S. 39–61. Wiederabdr. in: Begriffsbestimmung. S. 337–364.

Ritchie, James M.: The ambivalence of »Realism« in German literature 1830–1880. In: Orbis litterarum 15 (1960) S. 200–217. – Dt. in: Begriffsbestimmung. S. 376–399.

John, Erhard: Zu einigen Seiten des Realismusbegriffes in den Frühschriften Hermann Hettners. In: Weimarer Beiträge 7 (1961) S. 739–758.

Pracht, Erwin: Probleme der Entstehung und der Wesensbestimmung des Realismus. In: Deutsche Zeitschrift für Philosophie 9 (1961) S. 1079–1101. Auch in: Wissenschaftliche Zeitschrift der Humboldt-Universität zu Berlin. Gesellschafts- und sprachwiss. Reihe 10 (1961) S. 357 bis 375.

Wellek, René: The concept of realism in literary scholarship. In: Neophilologus 45 (1961) S. 1–20. Buchausg. = Groningen: Wolters, 1961. – Dt. in: R. W.: Grundbegriffe der Literaturkritik. Stuttgart: Kohlhammer, 1965. S. 161–182. Wiederabdr. in: Begriffsbestimmung. S. 400–433.

Schneider, Friedrich: Die Bedeutung des Realismus in der Erkenntnislehre des 19. Jahrhunderts. In: Lebendiger Realismus. S. 47–87.

Wagner, Hans: Über den Weg zur Begründung des Realismus. In: Lebendiger Realismus. S. 27–46.

Demetz, Peter: Defenses of Dutch painting and the theory of realism. In: Comparative Literature 15 (1963) S. 97–115.

Linn, Marie-Luise: Studien zur deutschen Rhetorik und Stilistik im 19. Jahrhundert. Marburg a. d. L.: Elwert, 1963.

Kunisch, Hermann: Zum Problem des künstlerischen Realismus im 19. Jahrhundert. In: Festschrift Helmut de Boor [...]. Tübingen: Niemeyer, 1966. S. 209–240.
Redeker, Horst: »Abbildung und Aktion.« Versuch über die Dialektik des Realismus. Halle a. d. S.: Mitteldeutscher Verlag, 1966.
Becker, Eva D.: Das Literaturgespräch zwischen 1848 und 1870 in Prutz' Zeitschrift »Deutsches Museum«. In: Publizistik 12 (1967) S. 14–36.
Demetz, Peter: Zur Definition des Realismus. In: Literatur und Kritik H. 16/17 (1967) S. 333–345.
Hermand, Jost: Gründerzeit und bürgerlicher Realismus. In: Monatshefte 59 (1967) S. 107–117.
Schwarz, Egon: Grundsätzliches zum literarischen Realismus. In: Monatshefte 59 (1967) S. 100–106.
Sučkov [Sutschkow], Boris L.: Istoričeskie sud'by realizma. Moskva: Sov. Pisatel', 1967, [3]1973. – Dt.: Historische Schicksale des Realismus. Betrachtungen über eine Schaffensmethode. Berlin: Aufbau-Verlag, 1972.
Träger, Klaus: Zur Stellung des Realismusgedankens bei Marx und Engels. In: Weimarer Beiträge 14 (1968) S. 229–276.
Becker, Eva D.: »Zeitungen sind doch das Beste.« Bürgerliche Realisten und der Vorabdruck ihrer Werke in der periodischen Presse. In: Gestaltungsgeschichte und Gesellschaftsgeschichte. [...] Fritz Martini zum 60. Geburtstag. Stuttgart: Metzler, 1969. S. 382–408.
Rosenberg, Rainer: Zum Menschenbild der realistischen bürgerlichen Literatur des 19. Jahrhunderts. In: Weimarer Beiträge 15 (1969) S. 1125–50.
Grant, Damian: Realism. London: Methuen, 1970.
Knüfermann, Volker: Realismus und Sprache. In: Zeitschrift für deutsche Philologie 89 (1970) S. 235–239.
Loofbourow, John W.: Literary realism redefined. In: Thought. A review of culture and idea 45 (1970) S. 433–443.
Schenda, Rudolf: Volk ohne Buch. Studien zur Sozialgeschichte der populären Lesestoffe 1770–1910. Frankfurt a. M.: Klostermann, 1970.
Sengle, Friedrich: Die deutsche Literatur des 19. Jahrhunderts, gesellschaftsgeschichtlich gesehen. In: Literatur – Sprache – Gesellschaft. Hrsg. von Karl Rüdinger. München: Bayerischer Schulbuch-Verlag, 1970. S. 73–101.
Winterscheidt, Friedrich: Deutsche Unterhaltungsliteratur 1850–1860. Die geistesgeschichtlichen Grundlagen der unterhaltenden Literatur an der Schwelle des Industriezeitalters. Bonn: Bouvier, 1970.
Stern, Joseph P.: Idylls and realities. Studies in nineteenth-century German literature. London: Methuen / New York: Ungar, 1971.
Steinmetz, Horst: Der vergessene Leser. Provokatorische Bemerkungen zum Realismusproblem. In: Dichter und Leser. Studien zur Literatur. Hrsg. von Ferdinand van Ingen [u. a.]. Groningen: Wolters-Noordhoff, 1972. S. 113–133.
Widhammer, Helmuth: Realismus und klassizistische Tradition. Zur Theorie der Literatur in Deutschland 1848–1860. Tübingen: Niemeyer, 1972.
Wiora, Walter: Der Trend zum Trivialen im 19. Jahrhundert. Ein kulturgeschichtliches Nachwort. In: Das Triviale in Literatur, Musik und bildender Kunst. Hrsg. von Helga de la Motte-Haber. Frankfurt a.M.: Klostermann, 1972. S. 261–295.
Kinder, Hermann: Poesie als Synthese. Ausbreitung eines deutschen Realismus-Verständnisses in der Mitte des 19. Jahrhunderts. Frankfurt a. M.: Athenäum, 1973.
Kunisch, Hermann: Dichtung und Gesellschaft im 19. Jahrhundert. In: Zeit- und Gesellschaftskritik in der österreichischen Literatur des 19. und 20. Jahrhunderts. Hrsg. vom Institut für Österreichkunde. Wien: Hirt, 1973. S. 5–55.
Škreb, Zdenko: Das Selbstverständliche im Realismus. In: Lenau-Forum 5 (1973) S. 1–13.
Stern, Joseph P.: On realism. London/Boston: Routledge and Kegan Paul, 1973.
Fülleborn, Ulrich: Frührealismus und Biedermeierzeit. In: Begriffsbestimmung des literarischen

Biedermeier. Hrsg. von Elfriede Neubuhr. Darmstadt: Wissenschaftliche Buchgesellschaft, 1974. S. 329–364.
Hartwig, Helmut / Riha, Karl: Ästhetik und Öffentlichkeit. 1848 im Spaltprozeß des historischen Bewußtseins. Fernwald: Anabas, 1974.
Jäger, Hans-Wolf: Gesellschaftskritische Aspekte des bürgerlichen Realismus und seiner Theorie. Bemerkungen zu Julian Schmidt und Gustav Freytag. In: Text & Kontext 2 (1974) H. 3. S. 3–41.
Jarmatz, Klaus: Forschungsfeld Realismus. Theorie, Geschichte, Gegenwart. Berlin: Aufbau-Verlag, 1975.
Kreuzer, Helmut: Zur Theorie des deutschen Realismus zwischen Märzrevolution und Naturalismus. In: Realismustheorien. S. 48–67.
Stern, Joseph P.: Über oder eigentlich gegen eine Begriffsbestimmung des literarischen Realismus. In: Literatur und Kritik 10 (1975) S. 24–33. Auch in: Realismus – welcher? 16 Autoren auf der Suche nach einem literarischen Begriff. Hrsg. von Peter Laemmle. München: Edition Text+Kritik, 1976. S. 19–31.
Eisele, Ulf: Realismus und Ideologie. Zur Kritik der literarischen Theorie nach 1848 am Beispiel des »Deutschen Museums«. Stuttgart: Metzler, 1976.
Heise, Wolfgang: Zur Grundlegung der Realismustheorie durch Marx und Engels. In: Weimarer Beiträge 22 (1976) S. 99–120, 123–144.
Mittner, Ladislao: Precisazioni sul »realismo poetico«. In: Filologia e critica. Studi in onore di Vittorio Santoli. Roma: Bulzoni, 1976. S. 415–436.
Tarot, Rolf: Probleme des literarischen Realismus. In: Akten des V. Internationalen Germanisten-Kongresses, Cambridge 1975. Hrsg. von Leonard Forster und Hans-Gert Roloff. H. 4. Bern: Lang, 1976. S. 150–159.
Demetz, Peter: Über die Fiktionen des Realismus. In: Neue Rundschau 88 (1977) S. 554–567.
Fuller, Gregory: Realismustheorie. Ästhetische Studie zum Realismusbegriff. Bonn: Bouvier, 1977.
Kohl, Stephan: Realismus: Theorie und Geschichte. München: Fink, 1977.
Widhammer, Helmuth: Die Literaturtheorie des deutschen Realismus (1848–1860). Stuttgart: Metzler, 1977.
Richter, Claus: Leiden an der Gesellschaft. Vom literarischen Liberalismus zum poetischen Realismus. Kronberg: Athenäum, 1978.
Heitmann, Klaus: Der französische Realismus. Von Stendhal bis Flaubert. Wiesbaden: Athenaion, 1979.

4. *Der Teilaspekt: Erzählprosa des Realismus*

Gattungsgeschichten u. ä.

Mähly, Jakob: Der Roman des XIX. Jahrhunderts. Berlin: Habel, 1872.
Mielke, Hellmuth: Der deutsche Roman des 19. Jahrhunderts. Braunschweig: Schwetschke, 1890; Berlin: Schwetschke, [3]1898; 4., umgearb. Aufl. u. d. T.: Der deutsche Roman. Dresden: Reissner, 1912.
Du Moulin-Eckart, Richard: Der historische Roman in Deutschland und seine Entwicklung. Eine Skizze. Berlin: Verlag der »Deutschen Stimmen«, 1905.
Pineau, Léon: L'évolution du roman en Allemagne au XIXe siècle. Paris: Hachette, 1908.
Riemann, Robert: Die Entwicklung des politischen und exotischen Romans in Deutschland. Progr. Leipzig 1911.
Rehm, Walther: Geschichte des deutschen Romans. Auf Grund der Mielkeschen Darstellung neubearbeitet. 2 Tle. Berlin: de Gruyter, 1927.
Altvater, Friedrich: Wesen und Form der deutschen Dorfgeschichte im 19. Jahrhundert. Berlin: Ebering, 1930. – Reprogr. Nendeln: Kraus, 1967.

Bennett, Edwin K.: A history of the German Novelle from Goethe to Thomas Mann. Cambridge [Engl.]: University Press, 1934 [u. ö.]; 2nd ed., rev. and contin. by H. M. Waidson. Ebd. 1961.
Spiero, Heinrich: Geschichte des deutschen Romans. Berlin: de Gruyter, 1950.
Lockemann, Fritz: Gestalt und Wandlungen der deutschen Novelle. Geschichte einer literarischen Gattung im neunzehnten und zwanzigsten Jahrhundert. München: Hueber, 1957.
Markwardt, Bruno: Geschichte der deutschen Poetik. Bd. 4: Das 19. Jahrhundert. Berlin: de Gruyter, 1959.
Majut, Rolf: Geschichte des deutschen Romans vom Biedermeier bis zur Gegenwart. In: Deutsche Philologie im Aufriß. 2., überarb. Aufl. [...] hrsg. von Wolfgang Stammler. Bd. 2. Berlin: Schmidt, 1960. Sp. 1463–1532.
Himmel, Hellmuth: Geschichte der deutschen Novelle. Bern/München: Francke, 1963.
Wiese, Benno von: Novelle. Stuttgart: Metzler, 1963, ^{7}1978.
Kunz, Josef: Die deutsche Novelle im 19. Jahrhundert. Berlin: Schmidt, 1970, ^{2}1978.
Hillebrand, Bruno: Theorie des Romans. Bd. 2: Von Hegel bis Handke. München: Winkler, 1972.
Emmel, Hildegard: Geschichte des deutschen Romans. Bd. 2. [Ausgang der Goethezeit – Erste Hälfte des 20. Jahrhunderts.] Bern/München: Francke, 1975.
Hein, Jürgen: Dorfgeschichte. Stuttgart: Metzler, 1976.
Swales, Martin: The German Novelle. Princeton: Princeton University Press, 1976.

Sammelwerke u. ä.

Der Deutschunterricht 3 (1951) H. 2; 5 (1953) H. 1: Deutsche Novellen des 19. Jahrhunderts. I–II.
Der deutsche Roman. Vom Barock bis zur Gegenwart. Struktur und Geschichte. Hrsg. von Benno von Wiese. Bd. 2: Vom Realismus bis zur Gegenwart. Düsseldorf: Bagel, 1963.
Nachahmung und Illusion. Kolloquium Gießen, Juni 1963. Vorlagen und Verhandlungen. Hrsg. von Hans Robert Jauß. München: Eidos [recte Fink], 1964, ^{2}1969.
Deutsche Romantheorien. Beiträge zu einer historischen Poetik des Romans in Deutschland. Hrsg. und eingel. von Reinhold Grimm. Frankfurt a. M.: Athenäum, 1968. – Bearb. [und verm.] Neuaufl. ebd.: Athenäum Fischer Taschenbuch Verlag, 1974. [Abk.: *Romantheorien.*]
Novelle. Hrsg. von Josef Kunz. Darmstadt: Wissenschaftliche Buchgesellschaft, 1968, ^{2}1973. [Abk.: *Novelle.*]
The theory of the novel. New essays. Ed. by John Halperin. New York: Oxford University Press, 1974.
Erzählforschung. Theorien, Modelle und Methoden der Narrativitik. Hrsg. von Wolfgang Haubrichs. 3 Bde. Göttingen: Vandenhoeck & Ruprecht, 1976–78.
Der liberale Roman und der preußische Verfassungskonflikt. Analyseskizzen und Materialien. [...] hrsg. von Bernd Peschken und Claus-Dieter Krohn. Stuttgart: Metzler, 1976.
Zur Struktur des Romans. Hrsg. von Bruno Hillebrand. Darmstadt: Wissenschaftliche Buchgesellschaft, 1978.
Formen realistischer Erzählkunst. Festschrift for Charlotte Jolles [...]. Ed. by Jörg Thunecke, in conjunction with Eda Sagarra. Nottingham: Sherwood Press, 1979.

Monographien, Einzelaufsätze u. ä.

*Saint-René Taillandier [d. i. René Gaspard T.]: Du roman et de la critique en Allemagne. In: Revue des Deux Mondes N. S. Bd. 14 (1846) S. 917–934. – Dt.: Über Roman und Kritik in Deutschland. In: Die Grenzboten 5 (1846) 3. Qrtl. S. 17–33. [Aus Anlaß von Auerbachs »Schwarzwälder Dorfgeschichten«.]
*Fontane, Theodor: Unsere lyrische und epische Poesie seit 1848. In: Deutsche Annalen zur Kenntniß der Geschichte und Erinnerung an die Vergangenheit 1 (1853) S. 353–377. Wiederabdr.

u. a. in: Th. F.: Sämtliche Werke. Bd. 21. T. 1: Literarische Essays und Studien. T. 1. München: Nymphenburger Verlagshandlung, 1963. S. 7–33.
*Freytag, Gustav: Neue deutsche Romane. In: Die Grenzboten 12 (1853) 2. Qrtl. S. 121–128.
Saint-René Taillandier: Mouvement littéraire de l'Allemagne. I: Le roman et les romanciers. In: Revue des Deux Mondes N. Pér. Sér. 2 Bd. 1 (1853) S. 516–542. [U. a. Gutzkow, Auerbach, Menzel, Schefer, Gerstäcker.]
*G. D.: Deutsche Dorfgeschichten. In: Jahrbücher für Wissenschaft und Kunst 1 (1854) S. 211–227.
Gottschall, Rudolf: Der neue deutsche Roman. In: Die Gegenwart. Eine encyklopädische Darstellung der neuesten Zeitgeschichte für alle Stände. Bd. 9. Leipzig: Brockhaus, 1854. S. 210–263.
*Ludwig, Otto: Volksroman – Volkslitteratur. [Ca. 1855. Erstabdruck] in: O. L.: Gesammelte Schriften. Bd. 6. Hrsg. von Adolf Stern. Leipzig: Grunow, 1891. S. 179–202.
*Schmidt, Julian: Der neueste englische Roman und das Princip des Realismus. In: Die Grenzboten 15 (1856) 4. Qrtl. S. 466–474.
[Lewes, George H.?]: Realism in art: Recent German fiction. In: The Westminster Review vol. 70 (1858) S. 488–518. – Ebd. American edition. S. 271–287. [Heyse, Mügge, O. Ludwig, Freytag und Keller.]
Schmidt, Julian: Neue Romane. In: Die Grenzboten 20 (1860) 4. Qrtl. S. 481–492.
Müller-Samswegen, Emil: Realismus und Idealismus in der Romanliteratur. In: Blätter für literarische Unterhaltung (1864) S. 933–936, 951–956.
*Frenzel, Karl: Der historische Roman. In: Deutsches Museum 16 (1866) T. I. S. 3–12. Leicht überarb. auch in: K. F.: Neue Studien. Berlin: Dümmler, 1868. S. 70–86.
Saint-René Taillandier: Le roman et la société allemande. In: Revue des Deux Mondes Pér. 2 Bd. 84 (1869) S. 391–429. [U. a. zu Auerbach, Spielhagen und Grimm.]
*Duboc, Julius: Über die Darstellungsweise im Roman. In: Deutsche Warte 1 (1871) S. 617–623.
Kreyßig, Friedrich: Vorlesungen über den deutschen Roman der Gegenwart. Literatur- und culturhistorische Studien. Berlin: Nicolai, 1871.
Mamroth, Fedor: Die Frau auf dem Gebiete des modernen deutschen Romans. Literaturhistorische Contouren. Breslau: Skutsch, 1871.
*Rutenberg, Adolf: Der deutsche Roman der Gegenwart. In: Die Gegenwart 3 (1873) S. 376–380, 394f.
Keiter, Heinrich: Versuch einer Theorie des Romans und der Erzählkunst. Paderborn: Schöningh, 1876; 2. Aufl. u. d. T.: Theorie des Romans und der Erzählkunst. Essen: Fredebeul & Koenen, 1904; 3. Aufl. u. d. T.: Der Roman. Geschichte, Theorie und Technik des Romans und der erzählenden Dichtkunst. Ebd. 1908, [4]1912.
*Schlieben, Erwin: Zur Theorie des Romans. Preisschr. In: Neue Monatshefte für Dichtkunst und Kritik 3 (1876) S. 334–347.
*Spielhagen, Friedrich: Beiträge zur Theorie und Technik des Romans [aus den Jahren 1871–82]. Leipzig: Staackmann, 1883. – Faks.-Dr. Göttingen: Vandenhoeck & Ruprecht, 1967.
*Hillebrand, Karl: Vom alten und neuen Roman. In: Deutsche Rundschau 38 (1884) S. 422–435. Auch in: K.H.: Zeiten, Völker und Menschen. Bd. 7: Culturgeschichtliches. Berlin: Oppenheim, 1885. S. 168–196.
Troll-Borostyani, Irma von: Die Wahrheit im modernen Roman. In: Die Gesellschaft 2 (1886) S. 215–225.
Morsier, Edouard de: Romanciers allemands contemporains. Paris: Perrin, 1890. [Bes. Spielhagen, Heyse, Freytag, Raabe.]
Rehorn, Karl: Der deutsche Roman. Geschichtliche Rückblicke und kritische Streiflichter. Köln/Leipzig: Ahn, 1890.
Vorberg, Max: Ein Streifzug durch die moderne Belletristik. Gotha: Perthes, 1890.
Ebeling, Friedrich W.: Der deutsche Roman. Ein Mene Tekel. Berlin: Trautvetter, 1891.
Gerschmann, Hermann: Studien über den modernen Roman. Progr. Königsberg i. Pr. 1894.

Schian, Martin: Der deutsche Roman seit Goethe. Skizzen und Streiflichter. Görlitz: Dülfer, 1904.

Bracher, Hans: Rahmenerzählung und Verwandtes bei G. Keller, C. F. Meyer und Th. Storm. Ein Beitrag zur Technik der Novelle. Leipzig: Haessel, 1909, ²1924. – Reprogr. d. Aufl. 1909. Hildesheim: Gerstenberg, 1975.

Bastier, Paul: La nouvelle individualiste en Allemagne de Goethe à Gottfried Keller. Essai de technique psychologique. Paris: Larose, 1910.

Friedemann, Käte: Die Rolle des Erzählers in der Epik. Leipzig: Haessel, 1910. – Reprogr. Darmstadt: Wissenschaftliche Buchgesellschaft 1965; Hildesheim: Gerstenberg, 1976.

Dresch, Joseph: Le roman social en Allemagne (1850–1900): Gutzkow – Freytag – Spielhagen – Fontane. Paris: Alcan, 1913.

Lukács, Georg: Die Theorie des Romans. Ein geschichtsphilosophischer Versuch über die Formen der großen Epik. In: Zeitschrift für Ästhetik und allgemeine Kunstwissenschaft 11 (1916) S. 225–271, 390–431. Buchausg. = Berlin: P. Cassirer, 1920; 2., um ein Vorw. verm. Aufl. Neuwied: Luchterhand, 1963.

Floeck, Oswald: Skizzen und Studienköpfe. Beiträge zur Geschichte des deutschen Romans seit Goethe. Wien: Tyrolia, 1918.

Grolman, Adolf von: Über das Wesen des historischen Romans. In: Deutsche Vierteljahrsschrift 7 (1929) S. 587–605.

Petsch, Robert: Wesen und Formen der Erzählkunst. Halle a. d. S.: Niemeyer, 1934, 2., verm. Aufl. 1942.

Humbert, Gabriele: Motivverwandtschaft und Motivverwandlung in der deutschen Novelle des 19. Jahrhunderts. In: Publications of the Modern Language Association of America 51 (1936) S. 842–850.

Rieder, Heinz: Liberalismus als Lebensform in der deutschen Prosaepik des 19. Jahrhunderts. Berlin: Ebering, 1939. – Reprogr. Nendeln: Kraus, 1967.

Wehrli, Max: Der historische Roman. In: Helicon 3 (1940) S. 89–109.

Zellweger, Rudolf: Les débuts du roman rustique, Suisse – Allemagne – France, 1836–1856. Paris: Droz, 1941.

Baumgart, Wolfgang: Goethes »Wilhelm Meister« und der Roman des 19. Jahrhunderts. In: Zeitschrift für deutsche Philologie 69 (1944/45) S. 132–148.

Müller, Günther: Die Bedeutung der Zeit in der Erzählkunst. Bonn: Universitäts-Verlag, 1947.

Martini, Fritz: »Bürgerlicher« Realismus und der deutsche Roman im 19. Jahrhundert. In: Wirkendes Wort 1 (1950) S. 148–159. Wiederabdr. in: Wirkendes Wort. Sammelband 3 (1963): Neuere deutsche Literatur. S. 202–213.

Hatfield, Henry: Realism in the German novel. In: Comparative Literature 3 (1951) S. 234–252.

Bonwit, Marianne: Der leidende Dritte. Das Problem der Entsagung in bürgerlichen Romanen und Novellen, besonders bei Theodor Storm. Berkeley: University of California Press, 1952.

Bunje, Hans: Der Humor in der niederdeutschen Erzählung des Realismus. Neumünster: Wachholtz, 1953.

Silz, Walter: Realism and reality. Studies in the German Novelle of poetic realism. Chapel Hill: University of North Carolina Press, 1954, ²1962. – Repr. New York: AMS Press, 1979.

Lämmert, Eberhard: Bauformen des Erzählens. Stuttgart: Metzler, 1955, ⁶1975.

Lukács, Georg: Der historische Roman. Berlin: Aufbau-Verlag, 1955; Neuwied: Luchterhand, 1965.

Wagner, Reinhard: Die theoretische Vorarbeit für den Aufstieg des deutschen Romans im 19. Jahrhundert. In: Zeitschrift für deutsche Philologie 74 (1955) S. 353–363.

Pascal, Roy: The German novel. Studies. Manchester: University Press, 1956; London: Methuen, 1965.

Brinkmann, Richard: Wirklichkeit und Illusion. Studien über Gehalt und Grenzen des Begriffs Realismus für die erzählende Dichtung des 19. Jahrhunderts. Tübingen: Niemeyer, 1957, ³1977.

Mayer, Hans: Der deutsche Roman im 19. Jahrhundert. In: H. M.: Deutsche Literatur und Weltliteratur. Berlin: Rütten & Loening, 1957. S. 268–284. Auch in: H. M.: Von Lessing bis Thomas Mann. Pfullingen: Neske, 1959. S. 297–316.

Trautmann, René: Die Stadt in der deutschen Erzählkunst des 19. Jahrhunderts, 1830–1880. Winterthur: Keller, 1957.

Martini, Fritz: Zur Theorie des deutschen Romans im deutschen Realismus. In: Festgabe für Eduard Berend [...]. Weimar: Böhlau, 1959. S. 272–296. Auch in: Romantheorien. S. 142–164; Neuaufl. 1974. S. 186–208.

Nientimp, Margret: Zur Bedeutung der Erzählerfigur und der Erzählhaltung in Novellen des Realismus. In: Die Pädagogische Provinz 13 (1959) S. 349–356.

Sengle, Friedrich: Der Romanbegriff in der ersten Hälfte des 19. Jahrhunderts. In: Festschrift für Franz Rolf Schröder. Hrsg. von Wolfdietrich Rasch. Heidelberg: Winter, 1959. S. 214–228. U. a. auch in: Romantheorien. S. 127–141; Neuaufl. 1974. S. 171–185.

Martini, Fritz: Die deutsche Novelle im »bürgerlichen Realismus«. Überlegungen zur geschichtlichen Bestimmung des Formtypus. In: Wirkendes Wort 10 (1960) S. 257–278. Wiederabdr. u. a. in: Novelle. S. 346–384.

Booth, Wayne C.: The rhetoric of fiction. Chicago: University of Chicago Press, 1961. – Dt.: Die Rhetorik der Erzählkunst. 2 Bde. Heidelberg: Quelle & Meyer, 1974.

Martini, Fritz: Der Bildungsroman. Zur Geschichte des Wortes und der Theorie. In: Deutsche Vierteljahrsschrift 35 (1961) S. 44–63.

Meyer, Herman: Das Zitat in der Erzählkunst. Zur Geschichte und Poetik des europäischen Romans. Stuttgart: Metzler, 1961, ²1967.

Sagave, Pierre-Paul: Recherches sur le roman social en Allemagne. Aix-en-Provence: Editions Ophrys, 1960 [recte 1961].

Seidler, Herbert: Wandlungen des deutschen Bildungsromans im 19. Jahrhundert. In: Wirkendes Wort 11 (1961) S. 148–162.

Kirchner-Klemperer, Hadwig: Der deutsche soziale Roman der vierziger Jahre des neunzehnten Jahrhunderts. In: Wissenschaftliche Zeitschrift der Humboldt-Universität zu Berlin. Gesellschafts- und sprachwiss. Reihe 11 (1962) S. 241–280.

Pascal, Roy: Fortklang und Nachklang des Realismus im Roman. In: Spätzeiten und Spätzeitlichkeit. Vorträge, gehalten auf dem II. Internationalen Germanistenkongreß 1960 in Kopenhagen. [...] hrsg. von Werner Kohlschmidt. Bern: Francke, 1962. S. 133–146.

Killy, Walther: Wirklichkeit und Kunstcharakter. Neun Romane des 19. Jahrhunderts. München: Beck, 1963; 2. Aufl. u. d. T.: Romane des 19. Jahrhunderts. Wirklichkeit und Kunstcharakter. Göttingen: Vandenhoeck & Ruprecht, 1967.

Preisendanz, Wolfgang: Humor als dichterische Einbildungskraft. Studien zur Erzählkunst des poetischen Realismus. München: Fink, 1963, ²1976.

Gansberg, Marie-Luise: Der Prosawortschatz des deutschen Realismus. Unter besonderer Berücksichtigung des vorausgehenden Sprachwandels 1835–1855. Bonn: Bouvier, 1964, ²1966.

Stanzel, Franz K.: Typische Formen des Romans. Göttingen: Vandenhoeck & Ruprecht, 1964, ⁹1979.

Weinrich, Harald: Tempus. Besprochene und erzählte Welt. Stuttgart: Kohlhammer, 1964, ³1977.

Beaton, Kenneth B.: Der konservative Roman in Deutschland nach der Revolution von 1848. In: Zeitschrift für Religions- und Geistesgeschichte 19 (1967) S. 215–235.

Hasubek, Peter: Der Zeitroman. Ein Romantypus des 19. Jahrhunderts. In: Zeitschrift für deutsche Philologie 87 (1968) S. 218–245.

Kolbe, Jürgen: Goethes »Wahlverwandtschaften« und der Roman des 19. Jahrhunderts. Stuttgart: Kohlhammer, 1968.

Ohl, Hubert: Bild und Wirklichkeit. Studien zur Romankunst Raabes und Fontanes. Heidelberg: Stiehm, 1968.

Roeder, Arbo von: Dialektik von Fabel und Charakter. Formale Aspekte des Entwicklungsromans im 19. Jahrhundert. Diss. Tübingen 1968; Tübingen: Huth, 1969.
Klein, Albert: Die Krise des Unterhaltungsromans im 19. Jahrhundert. Ein Beitrag zur Theorie und Geschichte der ästhetisch geringwertigen Literatur. Bonn: Bouvier, 1969.
Klotz, Volker: Die erzählte Stadt. Ein Sujet als Herausforderung des Romans von Lesage bis Döblin. München: Hanser, 1969.
McInnes, Edward: Zwischen »Wilhelm Meister« und »Die Ritter vom Geist«. Zur Auseinandersetzung zwischen Bildungsroman und Sozialroman im 19. Jahrhundert. In: Deutsche Vierteljahrsschrift 43 (1969) S. 487–514.
Delius, Friedrich Christian: Der Held und sein Wetter. Ein Kunstmittel und sein ideologischer Gebrauch im Roman des bürgerlichen Realismus. München: Hanser, 1971.
Eggert, Hartmut: Studien zur Wirkungsgeschichte des deutschen historischen Romans 1850–1875. Frankfurt a. M.: Klostermann, 1971.
Hahl, Werner: Reflexion und Erzählung. Ein Problem der Erzähltheorie von der Spätaufklärung bis zum programmatischen Realismus. Stuttgart: Kohlhammer, 1971.
Hillebrand, Bruno: Mensch und Raum im Roman. Studien zu Keller, Stifter, Fontane. München: Winkler, 1971.
Löwenthal, Leo: Erzählkunst und Gesellschaft. Die Gesellschaftsproblematik in der deutschen Literatur des 19. Jahrhunderts. Neuwied: Luchterhand, 1971.
Friesen, Gerhard: The German panoramic novel of the 19th century. Bern: Lang, 1972.
Jacobs, Jürgen: Wilhelm Meister und seine Brüder. Untersuchungen zum deutschen Bildungsroman. München: Fink, 1972.
Schöll, Norbert: Vom Bürger zum Untertan. Zum Gesellschaftsbild im bürgerlichen Roman. Düsseldorf: Bertelsmann, 1973.
Miles, David H.: The picaro's journey to the confessional. The changing image of the hero in the German Bildungsroman. In: Publications of the Modern Language Association of America 89 (1974) S. 980–992.
Worthmann, Joachim: Probleme des Zeitromans. Studien zur Geschichte des deutschen Romans im 19. Jahrhundert. Heidelberg: Winter, 1974.
Schiffels, Walter: Geschichte(n) erzählen. Über Geschichte, Funktionen und Formen historischen Erzählens [von Scott bis Bobrowski]. Kronberg: Scriptor, 1975.
Steinecke, Hartmut: Romantheorie und Romankritik in Deutschland. Die Entwicklung des Gattungsverständnisses von der Scott-Rezeption bis zum programmatischen Realismus. Bd. 1: Darstellung. Bd. 2: Quellen. Stuttgart: Metzler, 1975/76.
Weber, Albrecht: Deutsche Novellen des Realismus. Gattung – Geschichte – Interpretation – Didaktik. München: Ehrenwirth, 1975.
Zimmermann, Peter: Der Bauernroman. Antifeudalismus – Konservativismus – Faschismus. Stuttgart: Metzler, 1975.
Beaton, Kenneth B.: Gustav Freytag, Julian Schmidt und die Romantheorie nach der Revolution von 1848. In: Jahrbuch der Raabe-Gesellschaft 1976. S. 7–32.
Geppert, Hans Vilmar: Der »andere« historische Roman. Theorie und Strukturen einer diskontinuierlichen Gattung. Tübingen: Niemeyer, 1976.
Morciniec, Dorota: Das Aschenbrödel in der »Gartenlaube«. Ein Beitrag zum bürgerlichen Trivialroman. In: Germanica Wratislaviensia 27 (1976) S. 137–148.
Neuschäfer, Hans-Jörg: Populärromane im 19. Jahrhundert. München: Fink, 1976.
Edler, Erich: Die Anfänge des sozialen Romans und der sozialen Novelle in Deutschland. Frankfurt a. M.: Klostermann, 1977.
Kaiser, Herbert: Studien zum deutschen Roman nach 1848. Karl Gutzkow: Die Ritter vom Geiste. Gustav Freytag: Soll und Haben. Adalbert Stifter: Der Nachsommer. Duisburg: Braun, 1977.
Preisendanz, Wolfgang: Wege des Realismus. Zur Poetik und Erzählkunst im 19. Jahrhundert. München: Fink, 1977.

Rarisch, Ilsedore: Das Unternehmerbild in der deutschen Erzählliteratur der ersten Hälfte des 19. Jahrhunderts. Ein Beitrag zur Rezeption der frühen Industrialisierung in der belletristischen Literatur. Berlin: Colloquium, 1977.

Ruckhäberle, Hans-Joachim / Widhammer, Helmuth: Roman und Romantheorie des deutschen Realismus. Darstellung und Dokumente. Kronberg: Athenäum, 1977.

Baur, Uwe: Dorfgeschichte. Zur Entfaltung und gesellschaftlichen Funktion einer literarischen Gattung im Vormärz. München: Fink, 1978.

Hirschmann, Günther: Kulturkampf im historischen Roman der Gründerzeit 1859–1878. München: Fink, 1978.

Huber, Hans Dieter: Historische Romane in der ersten Hälfte des 19. Jahrhunderts. Studie zu Material und »schöpferischem Akt« ausgewählter Romane von Achim von Arnim bis Adalbert Stifter. München: Fink, 1978.

Kafitz, Dieter: Figurenkonstellation als Mittel der Wirklichkeitserfassung. Dargestellt an Romanen der zweiten Hälfte des 19. Jahrhunderts (Freytag, Spielhagen, Fontane, Raabe). Kronberg: Athenäum, 1978.

Rhöse, Franz: Konflikt und Versöhnung. Untersuchungen zur Theorie des Romans von Hegel bis zum Naturalismus. Stuttgart: Metzler, 1978.

Fries, Marilyn S.: The changing consciousness of reality. The image of Berlin in selected German novels from Raabe to Döblin. Bonn: Bouvier, 1979.

Morgenthaler, Walter: Bedrängte Positivität. Zu Romanen von Immermann, Keller, Fontane. Bonn: Bouvier, 1979.

Die Autoren der Beiträge

Russell A. Berman

Geboren 1950. Studium der Germanistik und Sozialwissenschaften an der Harvard University und der Washington University in St. Louis, Missouri. PhD. Assistant Professor an der Stanford University in Stanford, California.

Publikationen:

Aufsätze über Lukács (1977) und Adorno (1977/78).

Heidi Beutin

Geboren 1945. Zweiter Bildungsweg. Studium der Germanistik und Politologie in Hamburg. Arbeitet an einer Abhandlung über das Werk Maries von Ebner-Eschenbach.

Wolfgang Beutin

Geboren 1934. Studium der Germanistik und Geschichte in Hamburg und Saarbrücken. Dr. phil. Freier Schriftsteller; Lehraufträge an Universitäten und Volkshochschulen.

Publikationen:

Königtum und Adel in den historischen Romanen von Willibald Alexis. Berlin 1966. – »Deutschstunde« von Siegfried Lenz. Eine Kritik. Mit einem Anhang: Vorschule der Schriftstellerei. Hamburg 1970. – Das Weiterleben alter Wortbedeutungen in der neueren deutschen Literatur bis gegen 1800. Hamburg 1972. – Literatur und Psychoanalyse. Ansätze zu einer psychoanalytischen Textinterpretation (Hrsg.). München 1972. – Sprachkritik – Stilkritik. Eine Einführung. Stuttgart [u. a.] 1976. – Berufsverbot. Ein bundesdeutsches Lesebuch (Hrsg., mit Thomas Metscher und Barbara Meyer). Fischerhude 1976. – Aufsätze zur mittelalterlichen deutschen Literatur, zur deutschen Literatur der frühen Neuzeit, zur Medienkritik sowie zur Methodologie der Literaturwissenschaft. – Ferner belletristische Veröffentlichungen, zuletzt: Unwahns Papiere. Roman. Fischerhude 1978.

Horst Denkler

Geboren 1935. Studium der Germanistik, Geschichte und Philosophie in Berlin und Münster. Dr. phil. Professor für Neuere deutsche Literatur an der Freien Universität Berlin.

Publikationen:

Drama des Expressionismus. Programm – Spieltext – Theater. München 1967, [2]1979. – Georg Kaiser: Die Bürger von Calais. Drama und Dramaturgie. München 1967, [2]1974. – Einakter und kleine Dramen des Expressionismus (Hrsg.). Stuttgart 1968. – Gedichte der ›Menschheitsdämmerung‹. Interpretationen expressionistischer Lyrik (Hrsg.). München 1971. – Alfred Brust: Dramen 1917–1924 (Hrsg.). München 1971. – Der deutsche Michel. Revolutionskomödien der Achtundvierziger (Hrsg.). Stuttgart 1971. – Restauration und Revolution. Politische Tendenzen im deutschen

Drama zwischen Wiener Kongreß und Märzrevolution. München 1973. – Il teatro dell'Espressionismo. Atti unici e drammi brevi (Hrsg., mit Lia Secci). Bari 1973. – Ernst Elias Niebergall: Datterich. Des Burschen Heimkehr (Hrsg., mit Volker Meid). Stuttgart 1975. – Amerika in der deutschen Literatur. Neue Welt – Nordamerika – USA (Hrsg., mit Sigrid Bauschinger und Wilfried Malsch). Stuttgart 1975. – Die deutsche Literatur im Dritten Reich. Themen – Traditionen – Wirkungen (Hrsg., mit Karl Prümm). Stuttgart 1976. – Berliner Straßenecken-Literatur 1848/49. Humoristisch-satirische Flugschriften aus der Revolutionszeit (Hrsg., mit einer Studentengruppe). Stuttgart 1977. – August von Platen: Die verhängnißvolle Gabel. Der romantische Oedipus (Hrsg., mit Irmgard Denkler). Stuttgart 1979. – Adolf Glaßbrenner: Ausgewählte Werke in drei Bänden (Hrsg., mit Bernd Balzer, Wilhelm Große und Ingrid Heinrich-Jost). Köln 1980. – Aufsätze zur Literatur des 19. und 20. Jahrhunderts und Rezensionen.

Hartmut Eggert

Geboren 1937. Studium der Germanistik und Geographie in Freiburg i. Br. und Berlin. Dr. phil. Studienrat, Privatdozent für Neuere deutsche Literatur und Didaktik des Deutschunterrichts an der Freien Universität Berlin.

Publikationen:

Studien zur Wirkungsgeschichte des deutschen historischen Romans 1850–1875. Frankfurt a. M. 1971. – Romantheorie. Dokumentation ihrer Geschichte in Deutschland (Hrsg., mit Eberhard Lämmert, Karl-Heinz Hartmann u. a.). Bd. 1: 1820–1880. Köln 1971; Bd. 2: 1880–1970. Köln 1975. – Schüler im Literaturunterricht. Ein Erfahrungsbericht (mit Hans-Christoph Berg und Michael Rutschky). Köln 1975. – Literarisches Rollenspiel in der Schule (Hrsg., mit Michael Rutschky). Heidelberg 1978. – westermann texte deutsch (Lesebuch für Gymnasialklassen 7–10; mit Gerd Stein u. a.). Braunschweig 1978/79. – Aufsätze zur Literaturgeschichte, Rezeptionsforschung und Literaturdidaktik.

Horst Albert Glaser

Geboren 1935. Studium der Literaturwissenschaften, Philosophie und Soziologie in Frankfurt a. M. und Berlin. Dr. phil. Professor für Allgemeine und vergleichende Literaturwissenschaft an der Universität Essen/Gesamthochschule.

Publikationen:

Restauration des Schönen. Stifters »Nachsommer«. Stuttgart 1965. – Das bürgerliche Rührstück. Stuttgart 1969. – Sexualästhetik der Literatur. Aufsätze über Sade, Bataille, Genet, Miller, Nabokov, Schnitzler und Wedekind (Hrsg.). München 1974. – Hrsg. von *Deutsche Literatur – eine Sozialgeschichte* in 10 Bdn. Hamburg 1979. – Aufsätze zur amerikanischen, deutschen, englischen und französischen Literatur des 18., 19. und 20. Jahrhunderts.

Gunter Grimm

Geboren 1945. Studium der Germanistik, Geschichte, Politischen Wissenschaft in Tübingen und Stuttgart. Dr. phil. Wissenschaftlicher Assistent an der Universität Tübingen.

Publikationen:

Die Hiob-Dichtung Karl Wolfskehls. Bonn 1972. – Literatur und Leser. Theorien und Modelle zur Rezeption literarischer Werke (Hrsg.). Stuttgart 1975. – Satiren der Aufklärung (Hrsg.). Stuttgart 1975. – Lessing. Epoche – Werk – Wirkung. Ein Arbeitsbuch für den literaturgeschichtlichen Unterricht. Von Wilfried Barner, G. G. [u. a.]. München 1975, [4]1980. – Rezeptionsgeschichte. Grundlegung einer Theorie. Mit Analysen und einer Bibliographie. München 1977. – Theodor Storm: Gedichte (Hrsg.). Stuttgart 1978. – Mithrsg. der *Arbeitsbücher für den literaturgeschichtlichen Unterricht.* München 1975ff. – Hrsg. der Reihe *Literaturkabinet.* Deutsche Literatur des 17. und 18. Jahrhunderts in Reprints. München. – Aufsätze, Rezensionen, Lexikonartikel.

Werner Hahl

Geboren 1940. Studium der Germanistik und Anglistik in Heidelberg und München. Dr. phil. Wissenschaftlicher Assistent am Institut für Deutsche Philologie der Universität München.

Publikationen:

Reflexion und Erzählung. Ein Problem der Romantheorie von der Spätaufklärung bis zum programmatischen Realismus. Stuttgart 1971. – Realismus und Gründerzeit. Manifeste und Dokumente zur deutschen Literatur 1848–1880. Mit einer Einführung in den Problemkreis hrsg. von Max Bucher, Werner Hahl, Georg Jäger und Reinhart Wittmann. 2 Bde. Stuttgart 1975/76. – Aufsätze zu Jeremias Gotthelf, Gottfried Keller, Adalbert Stifter.

Peter Hasubek

Geboren 1937. Studium der Germanistik, Geschichte, Romanistik und Philosophie in Frankfurt a. M., Marburg und Hamburg. Dr. phil. Professor für Deutsche Sprache und Literatur und ihre Didaktik an der Technischen Universität Braunschweig.

Publikationen:

Karl Gutzkow »Die Ritter vom Geiste« und »Der Zauberer von Rom«. Studien zur Typologie des deutschen Zeitromans im 19. Jahrhundert. Diss. Hamburg 1964. – Der Roman im Unterricht (mit Rolf Geißler). Frankfurt a. M. [2]1972. – Das deutsche Lesebuch in der Zeit des Nationalsozialismus. Ein Beitrag zur Literaturpädagogik zwischen 1933 und 1945. Hannover 1972. – Sprache der Öffentlichkeit (mit Wolfgang Günther). Düsseldorf [2]1975 (mit Textbd.). – Die Detektivgeschichte für junge Leser. Bad Heilbrunn 1974. – Karl Immermann: Münchhausen. Eine Geschichte in Arabesken. (Hrsg.). München 1977. – Die Briefe Karl Immermanns. Textkrit. und komment. Ausg. in 3 Bdn. München 1978ff. – Die Fabel. Theorie und Geschichte (Hrsg., unter Mitarbeit zahlreicher Fachgelehrter). Berlin 1980. – Texteditionen von Georg Herwegh, Karl Immermann, Detektivgeschichte. – Aufsätze über Zeitroman, Zeitgedicht, Fabel, Gebrauchstexte, Lesebuch, Jugendliteratur sowie über die Autoren Büchner, Gutzkow, Heine, Immermann, Broch.

Jürgen Hein

Geboren 1942. Studium der Germanistik, Philosophie, Pädagogik und Theaterwissenschaft in Köln. Dr. phil. Professor für Neuere deutsche Literaturwissenschaft und Literaturdidaktik an der Pädagogischen Hochschule Westfalen-Lippe, Abt. Münster.

Publikationen:

Spiel und Satire in der Komödie Johann Nestroys. Bad Homburg 1970. – Ferdinand Raimund. Stuttgart 1970. – Theater und Gesellschaft. Das Volksstück im 19. und 20. Jahrhundert (Hrsg.). Düsseldorf 1973. – Dorfgeschichte. Stuttgart 1976. – Deutsche Anekdoten (Hrsg.). Stuttgart 1976. – Das Wiener Volkstheater. Raimund und Nestroy. Darmstadt 1978. – Mehrere Nestroy-Editionen, Kommentarbände (Keller, Lessing, Nestroy) und Aufsätze zur deutschen Literatur des 19. und 20. Jahrhunderts.

Helmut G. Hermann

Geboren 1928. Studium der Germanistik, Geschichte und Romanistik in Marburg, Bonn, Paris und an verschiedenen amerikanischen Universitäten. Freiberuflich in Amherst, Massachusetts.

Publikationen:

Sinn aus Unsinn: Dada im internationalen Kontext (Hrsg., mit Wolfgang Paulsen). In Vorb. – Aufsätze zur Literatur des 20. Jahrhunderts, bibliographische Arbeiten, Rezensionen.

Uwe-K. Ketelsen

Geboren 1938. Studium der Germanistik und Geschichte in Göttingen, Berlin und Kiel. Dr. phil. Wissenschaftlicher Rat und Professor für Neuere deutsche Literaturwissenschaft an der Universität Bochum.

Publikationen:

Heroisches Theater. Untersuchungen zur Dramentheorie des Dritten Reichs. Bonn 1968. – Von heroischem Sein und völkischem Tod. Zur Dramatik des III. Reiches. Bonn 1970. – Die Naturpoesie der norddeutschen Frühaufklärung. Stuttgart 1974. – Völkisch-nationale und nationalsozialistische Literatur in Deutschland. 1890–1945. Stuttgart 1976. – Textausgaben zur Barockkomödie, zu Gottsched, Drollinger und Klopstock. – Aufsätze zur deutschen Literatur des 18.–20. Jahrhunderts. – Rezensionen.

Michael Kienzle

Geboren 1945. Studium der Germanistik, Geschichte und Erziehungswissenschaften in Freiburg i. Br. und Konstanz. Dr. phil. Wissenschaftlicher Mitarbeiter am Institut für Literaturwissenschaft der Universität Stuttgart.

Publikationen:

Der Erfolgsroman. Zur Kritik seiner poetischen Ökonomie bei Gustav Freytag und Eugenie Marlitt. Stuttgart 1975. – Zensur in der Bundesrepublik Deutschland. Ein Handbuch (Mithrsg.). München 1980. – Aufsätze zur Literaturdidaktik, zur Literatur des 19. Jahrhunderts, zur populären Literatur und zur Wissenschaftspolitik.

Manuel Köppen

Geboren 1952. Studium der Germanistik und Kunstgeschichte in Bochum und Berlin. M. A. Arbeitet an einer Dissertation über die literarische Vermittlung sozialdemokratischer Wirklichkeitssicht in den Romanen Karl-Alwin Gerischs.

Martin Machatzke

Geboren 1933. Studium der deutschen und der klassischen Philologie in Göttingen und Berlin. Dr. phil. Wissenschaftlicher Angestellter an der Freien Universität Berlin.

Publikationen:

Gerhart Hauptmann und Erkner. Studien zum Berliner Frühwerk (mit Walter Requardt). Berlin 1980. – Editionen von Gerhart Hauptmann, u. a. Centenar-Ausgabe. Bd. 10–11. Berlin 1970–74; Italienische Reise 1897. Tagebuchaufzeichnungen. Berlin 1976. – Aufsätze zur Literatur des 18.–20. Jahrhunderts.

Peter von Matt

Geboren 1937. Studium der Germanistik, Anglistik und Kunstgeschichte in Zürich, Nottingham und London. Professor für Neuere deutsche Literatur an der Universität Zürich.

Publikationen:

Der Grundriß von Grillparzers Bühnenkunst. Zürich 1965. – Die Augen der Automaten. E. T. A. Hoffmanns Imaginationslehre als Prinzip seiner Erzählkunst. Tübingen 1971. – Literaturwissenschaft und Psychoanalyse. Eine Einführung. Freiburg i. Br. 1972. – Franz Grillparzer: Gedichte (Hrsg.). Stuttgart 1970. – Adelbert von Chamisso: Gedichte (Hrsg.). Stuttgart 1971. – Ludwig Uhland: Gedichte (Hrsg.). Stuttgart 1974. – Heinrich Heine: Die Bäder von Lucca. Die Stadt Lucca (Hrsg.). Stuttgart 1978. – Aufsätze über Hoffmann, Keller, Heine, Grabbe, Grillparzer, Nestroy, Sternheim, George, Brecht, Robert Walser, Max Frisch, Kroetz sowie über Themen der Literaturpsychologie, der Dramaturgie und der romantischen Poetik.

Dieter Mayer

Geboren 1934. Studium der Germanistik, Philosophie, Geschichte und Geographie in Würzburg und München. Dr. phil. Seminarleiter Deutsch am Studienseminar in Schweinfurt. Professor für Neuere deutsche Literaturgeschichte an der Johannes Gutenberg-Universität Mainz.

Publikationen:

Alfred Döblins »Wallenstein«. Zur Geschichtsauffassung und Struktur. München 1972. – Texte zur Romantheorie. Texte und Materialien zum Literaturunterricht. Frankfurt a. M. 1976. – Bürgertum und Bürgerlichkeit in Deutschland. Arbeitsbuch zur Literaturgeschichte und Literatursoziologie. Bamberg 1978. – Hans Fallada: Kleiner Mann – was nun? Materialien, Unterrichtsmodell und Lehreressay. 2 Bde. Frankfurt a. M. 1978/79. – Linksbürgerliches Denken. Untersuchungen zur Kunsttheorie, Gesellschaftsauffassung und Kulturpolitik in der Weimarer Republik (1919–1924). München 1980. (Im Druck.) – Aufsätze zur Literaturgeschichte und Literaturdidaktik.

Bernd Neumann

Geboren 1943. Studium der Germanistik, Psychologie und Geschichte in Hamburg, Berlin und Frankfurt a. M. Dr. phil. Professor für Neuere deutsche Literatur an der Freien Universität Berlin.

Publikationen:

Identität und Rollenzwang. Zur Theorie der Autobiographie. Frankfurt a. M. 1970. Übers. ins Span. u. d. T.: La identidad personal: autonomía y sumisión. Buenos Aires 1973. – M. W. Th. Bromme: Lebensgeschichte eines modernen Fabrikarbeiters (Hrsg.). Frankfurt a. M. 1971. – Reihe Deutsche Autobiographien (Hrsg.); Bd. 1: J. Chr. Edelmann: Selbstbiographie (Hrsg.). Stuttgart 1976. – Utopie und Mimesis. Zum Verhältnis von Ästhetik, Gesellschaftsphilosophie und Politik in den Romanen Uwe Johnsons. Kronberg 1978. – Aufsätze zur Literatur des 18.–20. Jahrhunderts und Rezensionen.

Karl Prümm

Geboren 1945. Studium der Germanistik und Geschichte in Marburg und Saarbrücken. Dr. phil. Wissenschaftlicher Assistent an der Gesamthochschule Siegen.

Publikationen:

Die Literatur des Soldatischen Nationalismus der 20er Jahre (1918–1933). Gruppenideologie und Epochenproblematik. 2 Bde. Kronberg 1974. – Die deutsche Literatur im Dritten Reich. Themen – Traditionen – Wirkungen (Hrsg., mit Horst Denkler). Stuttgart 1976. – Erik Reger: Union der festen Hand. Roman einer Entwicklung (Hrsg.). Kronberg 1976. – Fernsehsendungen und ihre Formen. Typologie, Geschichte und Kritik des Programms in der Bundesrepublik Deutschland (Hrsg., mit Helmut Kreuzer). Stuttgart 1979. – Aufsätze zur Literatur- und Mediengeschichte, zur Medientheorie. – Rezensionen.

Karlheinz Rossbacher

Geboren 1940. Studium der Germanistik und Anglistik in Wien, Innsbruck, Lawrence (University of Kansas), Salzburg. Dr. phil. Professor für Neuere deutsche Sprache und Literatur an der Universität Salzburg.

Publikationen:

Lederstrumpf in Deutschland. Zur Rezeption James F. Coopers beim Leser der Restaurationszeit. München 1972. Mit Walter Weiss [u. a.]: Gegenwartsliteratur. Zugänge zu ihrem Verständnis. Stuttgart [2]1977. – Heimatkunstbewegung und Heimatroman. Zu einer Literatursoziologie der Jahrhundertwende. Stuttgart 1975. – Lesen auf dem Lande (mit W. Hömberg). Salzburg 1977. – Aufsätze zur Literatur des 19. und 20. Jahrhunderts.

Gert Sautermeister

Geboren 1940. Studium der Germanistik und Romanistik in Tübingen, Wien, Paris und München. Dr. phil. Professor für Neuere deutsche Literaturgeschichte an der Universität Bremen.

Publikationen:

Idyllik und Dramatik im Werk Friedrich Schillers. Zum geschichtlichen Ort seiner klassischen Dramen. Stuttgart 1971. – Literatur als Geschichte. Dokument und Forschung (Mithrsg.). München 1972–75. – Schwerpunkte Germanistik (Hrsg.). Wiesbaden (seit 1975). – Louis-Ferdinand Céline: Kanonenfutter (Mithrsg. und Übers.). Reinbek bei Hamburg 1977. – Thomas Mann: Mario und der Zauberer. München 1980. – Text und Geschichte. Modellanalysen zur deutschen Literatur (Mithrsg). München (ab 1980). – Sozialgeschichte der deutschen Literatur. Restauration und Revolution, 1815–1848 (Hrsg., in Vorb.). – Literaturwissenschaftliche Aufsätze, Lexikonartikel zur deutschen und französischen Literatur.

Jörg Schönert

Geboren 1941. Studium der Germanistik und Anglistik in München, Reading (England) und Zürich. Dr. phil. Privatdozent für Neuere deutsche Literaturgeschichte an der Universität München.

Publikationen:

Roman und Satire im 18. Jahrhundert. Ein Beitrag zur Poetik. Stuttgart 1968. – Carl Sternheims Dramen. Zur Textanalyse, Ideologiekritik und Rezeptionsgeschichte (Hrsg.). Heidelberg 1975. – Die Leihbibliothek als Institution des Literarischen Lebens im 18. und 19. Jahrhundert (Hrsg., mit Georg Jäger). Hamburg 1980. – Aufsätze zur Theorie und Praxis der Trivialliteraturforschung, zur Literatur der Aufklärung und des Poetischen Realismus.

Egon Schwarz

Geboren 1922. 1938 aus Wien ausgewandert. 11 Jahre als Wanderarbeiter in Südamerika. Seit 1949 in den USA. Studium der Germanistik und Romanistik. PhD. Rosa May Distinguished University Professor in the Humanities und Professor of German an der Washington University in St. Louis, Missouri.

Publikationen:

Hofmannsthal und Calderon. Cambridge, Mass. 1962. – Nation im Widerspruch. Hamburg 1963. – Verbannung. Aufzeichnungen deutscher Schriftsteller im Exil (Mithrsg.). Hamburg 1964. – Joseph von Eichendorff. New York 1969. – Das verschluckte Schluchzen. Poesie und Politik bei Rainer Maria Rilke. Frankfurt a. M. 1972. – Keine Zeit für Eichendorff. Chronik unfreiwilliger Wanderjahre. Eine Autobiographie. Königstein 1979. – Veröffentlichungen in Zeitschriften, Sammlungen und Zeitungen.

Hartmut Steinecke

Geboren 1940. Studium der Germanistik, Geschichte, Philosophie in Saarbrücken und Bonn. Dr. phil. Professor für neuere deutsche Literaturgeschichte an der Gesamthochschule Paderborn.

Publikationen:

Hermann Broch und der polyhistorische Roman. Studien zu Theorie und Technik eines Romantyps der Moderne. Bonn 1968. – Theorie und Technik des Romans im 19. Jahrhundert (Hrsg.). Tübingen 1970. – Nikolaus Lenau: Faust (Hrsg.). Stuttgart 1971. – Theorie und Technik des Romans im 20.

Jahrhundert (Hrsg.). Tübingen 1972, ²1979. – E. T. A. Hoffmann: Kater Murr (Hrsg.). Stuttgart 1972. – Romantheorie und Romankritik in Deutschland. Die Entwicklung des Gattungsverständnisses von der Scott-Rezeption bis zum programmatischen Realismus. 2 Bde. Stuttgart 1975/76. – Hrsg. von *Grundlagen der Germanistik* (1976 ff.), *Zeitschrift für deutsche Philologie* (1978 ff.), *Philologische Studien und Quellen* (1979 ff.). – Aufsätze zur Literatur des 18.–20. Jahrhunderts und zur Literaturtheorie.

Rüdiger Steinlein

Geboren 1943. Studium der Germanistik, Philosophie, Geschichte und Kunstgeschichte in München und Freiburg i. Br. Dr. phil. Wissenschaftlicher Assistent am Germanistischen Seminar der Freien Universität Berlin.

Publikationen:
Theaterkritische Rezeption des expressionistischen Dramas. Ästhetische und politische Grundpositionen. Kronberg 1974. – Aufsätze zur Literatur des 18.–20. Jahrhunderts und Rezensionen.

Personenregister

Das Register erfaßt Autoren der Primär- und Sekundärliteratur sowie andere im Kontext relevante Personen. Es bleibt auf den Text und die Anmerkungen (A) der Beiträge beschränkt.

Prosa des Bürgerlichen Realismus

Textauswahl aus Reclams Universal-Bibliothek

Anzengruber, Ludwig: Die Märchen des Steinklopferhanns. Nachwort von Karlheinz Rossbacher. 504

Ebner-Eschenbach, Marie von: Krambambuli und andere Erzählungen (Die Spitzin. Er laßt die Hand küssen). Mit Erinnerungen an die Dichterin von Franz Dubsky. 7887

Fontane, Theodor: Effi Briest. Roman. Nachwort von Kurt Wölfel. 6961 [3]
- Frau Jenny Treibel. Roman. Nachwort von Walter Müller-Seidel. 7635 [3]
- Irrungen, Wirrungen. Roman. 8971 [2]
- Mathilde Möhring. Roman. Nachwort von Maria Lypp. 9487 [2]
- Der Stechlin. Roman. Nachwort von Hugo Aust. 9910 [5]
- Stine. Roman. Nachwort von Dietrich Bode. 7693 [2]
- Unwiederbringlich. Roman. Nachwort von Sven-Aage Jørgensen. 9320 [4]

u. a. Romane

Gotthelf, Jeremias: Uli der Knecht. Herausgegeben von Hans Peter Holl (in Vorb.)

Heyse, Paul: L'Arrabiata. Das Mädchen von Treppi. Im Anhang: Beiträge zur Novellentheorie. Herausgegeben von Karl Pörnbacher. 8301

Keller, Gottfried: Das Sinngedicht. Novellen. Nachwort von Louis Wiesmann. 6193 [3]
- Die Leute von Seldwyla. Novellen. Sämtliche Titel in Einzelausgaben.
- Züricher Novellen. Sämtliche Titel in Einzelausgaben.

Kretzer, Max: Meister Timpe. Sozialer Roman. Nachwort von Götz Müller. 9829 [4]

Kurz, Hermann: Die beiden Tubus. Erz. Nachwort von Konrad Nußbächer. 3947 [2]

Ludwig, Otto: Zwischen Himmel und Erde. Erz. Nachwort von Konrad Nußbächer. 3494 [3]

Meyer, Conrad Ferdinand: Jürg Jenatsch. Roman. 6964 [3]
- Die Richterin. Nov. 6952
- Die Versuchung des Pescara. Nov. 6954

Sämtliche Novellen in Einzelausgaben

Raabe, Wilhelm: Die Akten des Vogelsangs. Erz. 7580 [3]
- Das Odfeld. Erz. Nachwort von Ulrich Dittmann. 9845 [3]
- Stopfkuchen. Eine See- und Mordgeschichte. Nachwort von Alexander Ritter. 9393 [3]
- Zum wilden Mann. Erz. Nachwort von Wolfgang Schlegel. 2000 [2]
- Pfisters Mühle. Nachwort von Horst Denkler. 9988 [3]
- Horacker. Nachwort von Wolfgang Preisendanz. 9971 [2]
- Prinzessin Fisch. Nachwort von Heide Eilert. 9994 [3]

Reuter, Fritz: Ut mine Stromtid. Mit Gustav Freytags Nachruf auf den Dichter (nur geb. 23,80 DM)

Storm, Theodor: Aquis submersus. Nov. 6014
- Ein Doppelgänger. Nov. 6082
- Hans und Heinz Kirch. Nov. Nachwort von Walter Hermann. 6035
- Der Schimmelreiter. Nov. Nachwort von Wolfgang Heybey. 6015 [2]

u. a. Novellen

Philipp Reclam jun. Stuttgart

Paperbacks zur Literatur

Die amerikanische Literatur der Gegenwart. Aspekte und Tendenzen. 16 Beiträge. Hrsg. M. Bungert. 347 S.

Die deutsche Literatur der Gegenwart. Aspekte und Tendenzen. 25 Beiträge. Hrsg. M. Durzak. 512 S.

Die deutsche Exilliteratur 1933–1945. 38 Beiträge. Hrsg. M. Durzak. 624 S.

Die deutsche Literatur im Dritten Reich. Themen – Traditionen – Wirkungen. 23 Beiträge. Hrsg. H. Denkler, K. Prümm. 552 S.

Die deutsche Literatur in der Weimarer Republik. 20 Beiträge. Hrsg. W. Rothe. 486 S.

Deutsche Literatur zur Zeit der Klassik. 23 Beiträge. Hrsg. K. O. Conrady. 462 S.

Romane und Erzählungen des Bürgerlichen Realismus. Neue Interpretationen. 23 Beiträge. Hrsg. H. Denkler. 422 S.

Gegenwartsliteratur und Drittes Reich. Deutsche Autoren in der Auseinandersetzung mit der Vergangenheit. 14 Beiträge. Hrsg. H. Wagener. 342 S.

Geschichte der politischen Lyrik in Deutschland. 13 Beiträge. Hrsg. W. Hinderer. 375 S.

Kinder- und Jugendliteratur. Zur Typologie und Funktion einer literarischen Gattung. 18 Beiträge. Hrsg. G. Haas. 487 S.

Literatur und Leser. Theorien und Modelle zur Rezeption literarischer Werke. 14 Beiträge. Hrsg. G. Grimm. 444 S.

Die römische Lyrik. Texte, Übersetzungen, Interpretationen, Geschichte. Von K. Büchner. 391 S.

Schillers Dramen. Neue Interpretationen. 12 Beiträge. Hrsg. W. Hinderer. 390 S.

Zeitkritische Romane des 20. Jahrhunderts. Die Gesellschaft in der Kritik der deutschen Literatur. 16 Beiträge. Hrsg. H. Wagener. 392 S.

Philipp Reclam jun. Stuttgart